致家庭教育者
ZHI JIATING JIAOYU ZHE

好妈妈

胜过好老师

方士华 / 编著

民主与建设出版社

图书在版编目（ＣＩＰ）数据

好妈妈胜过好老师 / 方士华编著. —— 北京：民主
与建设出版社，2019.11

（致家庭教育者）

ISBN 978-7-5139-2688-1

Ⅰ.①好… Ⅱ.①方… Ⅲ.①家庭教育 Ⅳ.①G78

中国版本图书馆CIP数据核字(2019)第257802号

好妈妈胜过好老师

HAO MA MA SHENG GUO HAO LAO SHI

出 版 人	李声笑
编 著	方士华
责任编辑	刘树民
封面设计	三石工作室
出版发行	民主与建设出版社有限责任公司
电 话	（010）59417747 59419778
社 址	北京市海淀区西三环中路10号望海楼E座7层
邮 编	100142
印 刷	三河市天润建兴印务有限公司
版 次	2019年11月第1版
印 次	2020年1月第1次印刷
开 本	880毫米×1230毫米 1/32
印 张	30
字 数	756千字
书 号	ISBN 978-7-5139-2688-1
定 价	198.00元（全六册）

注：如有印、装质量问题，请与出版社联系。

　　所谓家庭教育者，就是家庭里能够对孩子产生影响和教育的人，主要是指孩子的父母。家庭是孩子人生的第一站，也是孩子第一所学校。孩子在父母的抚育关怀和直接教导中学习，也从父母的一言一行中进行模仿，父母的潜移默化使孩子受到了最初的教育。因此，父母是孩子的第一任老师，也是孩子永远的老师。

　　著名教育家苏霍姆林斯基说过：“如果没有整个社会的教育，特别首先是家庭高素质的教育，那么不管在学校老师付出了多大努力，都可能达不到完美的效果。孩子在学校里的一切问题，都会在家庭里折射出来，而学校复杂教育过程所产生一切困难的根源也都可以追溯到父母。”由此可见，父母对孩子教育的作用是多么的重要啊！

　　其实，所有父母都希望培养出一个优秀的孩子，都希望自己孩子从小就具有良好的品格、出众的成绩和较强的能力，长大以后更是能够出类拔萃，功成名就，集成功与荣耀于一身。

　　但是，愿望毕竟是愿望，要使美好的种子开花结果，就必须进行辛勤施肥和浇灌，就必须进行良好的家庭培育。因为只有把根基扎稳了，才能长出参天的大树来。

问题是每个父母都尽其所能地教育和培养自己的孩子，可为什么有的孩子能够十分优异，而有的孩子却非常平庸呢？造成孩子差别的根本原因，就在于有没有采用正确的教育方法，如果从心理学的角度来说，就是有没有根据孩子的心理特点采取针对性和适宜性地教育，这是孩子是否成才的关键。

俗话说，知子莫如父，知女莫如母，这个"知"就是指要知道孩子的心理，然后采取有的放矢的教育。如果你连自己孩子的心理都不知道，那么就枉为人父和枉为人母了，更谈不上正确的教育和培养。

那么，怎样了解孩子的心理，又怎样针对孩子的心理进行良好的教育呢？

为了帮助家庭教育者解决家庭教育的困惑，我们特地编撰了本套丛书，包括《好习惯让孩子受用终生》《父母是孩子最好的玩具》《好妈妈胜过好老师》《好父母不吼不叫》《如何说孩子会听，怎样听孩子才会说》《没有教不好的孩子，只有不会教的父母》六册书，分别讲述了作为家长如何培养孩子的良好习惯、怎样提高孩子的情商智商、如何培养孩子的学习精神、道德品质以及独立能力等问题。可以说，这些是成就孩子一生的最重要资本。

总之，本套书集针对性、指导性和实用性于一体，对于进行良好的家庭教育大有好处，每个父母都可以从中发现适宜用来教育孩子的不同方法和诸多措施，是一套家庭教育的优秀读本，适合不同年龄段孩子的父母学习和珍藏。

目　录

第三章　重视孩子的情商开发

第四章　激发孩子的学习动力

第五章　训练孩子的生存能力

第一章
构建温暖的爱心平台

　　家庭是每一个孩子的第一生活环境，也是人一生中接受教育的开端。天下没有哪个父母不爱自己的孩子，也没有哪个父母不期盼自己孩子成才。

　　父母应把家庭当成一个爱心平台，让自己的爱心化成缕缕春风和丝丝细雨，滋润孩子的心田，抚慰他们的心灵，帮助他们健康成长。

以身示范重于简单说教

任何人从出生到长大，都离不开家庭的教育和影响。做父母的一言一行、一举一动对子女都起着言传身教、耳濡目染的作用。

就沟通而言，其途径和形式并非是单一的，而是多样的。既有语言沟通，也有文字沟通，还有行为沟通。以身示范重于简单说教，就是要发挥父母自身言传身教的力量，由此对孩子传递出良好的感染力。

对孩子全方位的示范作用

家庭是孩子的第一所学校，父母是孩子的第一任老师。父母作为孩子效仿的最直接的榜样，对孩子的示范作用是全方位、立体化的。

古语说："教子弟于幼时，便当有正大光明气象；检身心于平日，不可无忧勤惕厉工夫。"也就是说，要在孩子幼年时，便培养他们身上光明磊落的气概，平时则要时时刻刻反省自身，检查一下自己是否做过不正当的行为。其实，两句话结合在一起，也就是"父母如何身教"的问题。

言传固然也有一定的教育作用，但它所生的效力往往不能持续，并且它更适用于那些比较听话的孩子。对于那些较为叛逆的孩子来说，身教的意义往往更大，效用也会更持久，更好。

从子女出生到长大成人，这期间每个父母都付出了艰辛的努力和汗水，可以说父母是孩子最早接触的导师。

因此，父母在日常生活中的一举一动、一言一行都对孩子具有很大的影响，往往能在子女的身上起到潜移默化的作用。父母良好的行为方式，可以直接促进子女的心理健康，而坏的影响则让孩子受害无穷。

作为父母，谁不希望自己的儿女成长为有用的人才？谁不渴望自己的孩子是人们赞不绝口的好学生？尤其是在现在这样一个科技飞跃发展的时代，竞争越来越激烈。孩子是否优秀，成为他们未来能否在社会上立足的最关键因素。

在现实生活中，我们经常会听到父母这样的抱怨："我家的孩子实在是太不听话了，越来越难管，真是拿他没办法。"这种情况其实还是属于沟通出现了障碍，教育方法出现了问题。

　　小静刚上小学那会儿，学习情绪特别高，每天放学回家第一件事就是写作业复习功课，成绩自然也就十分优秀，是爸爸妈妈心中的骄傲。

　　可是过了一段时间，小静的爸爸却发现越来越不对劲儿了。因为小静的成绩开始出现了下滑，而且毛病也有不少。父母每次说她时，她也像是在静静地听，可却不见任何的长进。

　　原来，小静的爸爸是公司里的骨干，由于最近业务不断扩展，为了工作的需要，他便买了一台液晶电脑。平时，工作完成时，就会在网上浏览网页，玩一下游戏。

　　哪知，才上3年级的小静看爸爸每次在电脑前都很开心，对这台电脑却表现出了很大的好奇心。

　　刚开始，小静每天回家只要一做完作业，就会坐在电脑前玩一会儿，后来发展到作业也不想做了。放学回家就直奔电脑，尤其在周末情况更加严重，甚至饭都不去吃了。

直至期中考试后，她的爸爸妈妈才意识到了问题的严重性，因为小静的成绩一落千丈，从以前的数一数二一下子降至20名以后。急得妈妈傻了眼，不知道该怎么办才好。后来，小静的父母商量了一下，决定从电脑上开始做起，而且自己要起带头作用。

从那以后，小静的父母每天晚上吃过晚饭后，就去看书写字看报纸，从来不去电脑旁。即使有时需要上网查资料，也从不当着女儿的面。一开始，小静还是如痴如醉地玩电脑，可几天过去后，她便没有那么积极了。慢慢地，她玩电脑的时间越来越少了，后来根本不用父母督促，自己一放学就去写作业。从此，她的成绩又提高了。

小静的父母由于及时采用了科学正确的教育方法，将女儿从网瘾边缘拉了回来。从这个事例中，我们可以看到父母身教对孩子的重大影响。

父母树立榜样的重要作用

既然以身示范重于言教，做父母的就要在平时注意树立榜样的形象。如果父母能够在平时的一言一行中起到表率的作用，说到做到，子女就会对他们的教育更加信服，从而在无声之中就能提升沟通的效果。那么，父母究竟应从哪些方面树立榜样呢？

（1）正派上进

在发展市场经济的今天，官员有腐败现象，社会有道德滑坡，能够做到为人正派，是不容易的，也是非常可贵的。这需要父母有正确的人生观、是非观，对社会上的丑恶现象，不但能分辨清楚，而且嫉恶如仇。该反对的反对，能抵制的抵制，决不同流合污。让孩子看到父母鲜明的态度，这对孩子的影响是巨大的。

上进心，既体现在工作态度上，也体现在思想作风上。父母在事业上不断有所追求，不断有新的进步，这不仅对孩子有很大的激励作用，也可以让孩子从父母的精神风貌中，学到做人的真谛。

（2）勤俭自律

勤俭是持家、立身之本。勤劳和节俭相辅相成，不勤劳的人，不懂得物质财富来之不易，往往不珍惜劳动成果。

一个人需要很强的自律精神，人生要想获得任何成功和进步也离不开自律精神。自律是人的意志品质的反映，父母是一个有毅力、肯吃苦的人，才能够要求子女严格自律。如果父母意志薄弱，自己懒散放纵，那是不可能教育好自己的子女的。

（3）拒绝说谎

有些父母，做错了事喜欢为自己找各种理由和借口，甚至不惜用谎言来欺骗大家或者朋友。其实，将事情如实地说出来，即使可能让朋友或者其他人不太高兴，但是你的诚实却可给孩子一个正确的引导。有了不足不要紧，重要的是要想办法弥补，而不能靠说谎给自己开脱。

另一方面，也同时告诉了孩子，因为自己的疏忽而造成的错误，必须要付出更多的时间来补偿。这样，在培养孩子认真做事的同时，教育孩子做一个敢于承担责任的人。同时，也会从一个侧面让孩子明白：信守诺言的重要。

（4）敢于认错

在日常生活中，很多父母平时总是教育孩子知错就改，然而，在面对自己所犯下错误的时候，却不愿意直接向孩子认错。在许多的父母看来，如果向孩子认错，将会失去自己在孩子面前的威信。

事实却并不是这样的，孩子对你的认错会很善意地接受，并在心里佩服父母的公正。这不但不会减低父母在孩子心目中的威信，反而会提高父母的人格魅力。

（5）勿施于人

己所不欲，勿施于人。这是很多人都明白的道理。在日常生活中，要求孩子做到的事情，自己必须首先做到。如果父母不允许孩子随意看电视了，自己也最好不随意看，或是做到不影响孩子的学习。

否则，不但会使孩子不能集中精力在作业上，而且会造成孩子的逆反心理：凭什么你们在看电视，我却要写作业？即使被逼坐在书桌前，然而他的心思也不知道早就跑到哪去了，相信这样的结果是每个父母都不愿意看到的。

所以，父母从自身做起，做一个品德高尚的人，做一个富有良知的人，做一个纯粹真诚的人，做一个光明磊落的人。不要忘记，孩子那双天真的眼睛正在望着你们。

做一个善于引导孩子的导师

对孩子的教育是一个永恒的话题，每一位父母都希望自己的孩子健康成长，幸福快乐，能够学有所成。其实，教育孩子健康成长，帮助孩子走向美好人生的金钥匙，就掌握在父母的手中。

正如教育家们所认为的：孩子生下来时是一张白纸，而最终这张纸是否能够被描绘成一幅精美的图画，那完全取决于他们的父母。为此，父母必须努力做一个善于引导孩子人生的导师。

当好孩子人生导师的意义

自古以来，教育子女的问题就是父母的头等大事。父母采用何种教育方法，对孩子人生观和道德观的形成有着极为深刻的影响。没有哪个父母不希望自己的孩子拥有良好的品质和优秀的才华。

古代故事"孟母三迁"就是一个典型的例子。孟母的决定成就了孟子伟大的一生，孟母的良苦用心也成了父母育人的千古典范。古人说："从师虽重，家教更急"。

当好孩子人生最初的导师，引导孩子走上健康成长的道路，不能仅仅依靠在学校里的教育，更要靠父母的指导。因为目前我国的教育方式还是以考学为主，对于德、智、体、美等各方面的素质教育还不够完善，学校的重视程度也不够。

众所周知，一个孩子能否成长为有用的栋梁之材，光有书本知识显然是远远不够的。因此，如何让孩子的人生更加完美，便是父母需要着力解决的问题。孩子的大部分举动都是模仿而来的。因此即使是为了孩子以后的人生着想，父母也要改掉身上的一些坏毛病，如不讲脏话，不随地扔果皮纸屑，不随地吐痰等。

当然，那些自身有着很多小缺点的父母，肯定会觉得这样做很累，但为了教育孩子，一定要有足够的意志力去克制。

有教育家说："父母对自己的要求，父母对自己家庭的尊敬，父母对自己一举一动的检点，这是首要的和最基本的教育方法。"

要想当好孩子的导师，积极引导孩子的人生，父母对于自己孩子所产生的影响是不言而喻的，小时候的差之毫厘，长大后可能会失之千里！

引导孩子成长的注意事项

（1）要善于营造良好的家庭氛围

父母与孩子之间关系的好坏，对孩子的成长发育有着极大的影响，甚至对他们人格的发展也能起到一定作用。因此，父母应该谨记时刻和孩子保持良好的亲子关系。但必须注意，这并不是要求父母将孩子当成"小皇帝"，而是要和他们平等相处和沟通。

有些父母唯恐自己的孩子受到一点委屈，有什么好吃的先让孩子吃，有什么好玩的赶紧给孩子买，结果导致孩子养成了"唯我独尊"的毛病。以后再想纠正孩子错误的习惯，就会很难的。因此父母一定要给孩子营造一种平等的、民主的家庭气氛。这也是良好沟通的重要内容。

（2）防止孩子过早涉入情感之河

兵兵是一名高二的学生，学习成绩一直十分优秀，父母和老师都对他寄予厚望，希望他能在高考中取得好成绩。这一天，兵兵回家后看起来脸色不太对劲儿，说话一直吞吞吐吐的，好像要和父母说什么却又不敢说，但父母并没有逼问。

直至吃晚饭的时候，兵兵才说出了心里话，原来他喜欢上了班里的一个女生，很想和她在一起，其实也就是我们所说的"早恋"。原以为父母会大发雷霆，因为这势必会影响他的学习成绩，而且兵兵也做好了挨训的准备。

但出乎他的意料，父亲只是很平静地对他说："很好啊儿子，不过我想对你说的是，如果将来你想在县城里有所作为，那么你就在县城解决；如果你想到省城里一展宏图，那么你就到省城解决；要是你想有更进一步的发展，那么你就到人生合适的时候再解决。"

兵兵听了父亲的话，想了一会儿，瞬间似乎明白了什么，轻松地对父亲说："我知道了，我还是以后再考虑吧！"

面对儿子的早恋，兵兵的父亲没有心急如焚，也没有大发雷霆，而是采用一种近乎奇妙的方式，轻松地就打消了儿子早恋的念头，这种方法十分值得父母们拿来借鉴。除此之外，最值得注意的是，当发现孩子有早恋倾向时，不要急于向老师汇报，更不能跟孩子的同学打听消息，因为这样会严重挫伤他们的自尊心。

因此，最根本的方法还是应该从孩子自身做起，只有当他们的思想上有了彻底领悟，才能最终解决问题。当然，很多父母都感觉这种问题不方便和孩子当面讲，那么书信也是一种不错的选择。

这种方式能够表达出一些口头难以表达的内容，更有利于孩子理性思考和接受父母的观点。

（3）帮助孩子循序渐进戒掉网瘾

高科技的发展为社会带来了诸多好处，它促使国家昌盛，经济繁荣，在21世纪的社会里，每个人都能够切身感受到科技的魅力和带来的便利。然而，也正是应了那句话：凡事有利必有弊。

高科技所带来的负面影响，也是难以估计的。最有代表性的例子莫过于对孩子的侵害，网络游戏、黄色网站、各种各样的八卦新闻等，无一不是把孩子们迷得颠三倒四，学业也因此而荒废。当你的孩子因为沉溺于网络而不顾学业时，父母该怎么办？这应该是大多数父母都会碰到的难题，同时也是一个最揪心和头疼的问题。

有些父母对孩子好言相劝，不断地向他们灌输迷恋网络的危害，甚至为帮孩子戒掉网瘾而不惜上演苦肉计。但往往事情的结果是：可以收到立竿见影的效果，孩子只能恢复几天的平静期，等时间一长就把父母的苦口婆心抛至九霄云外。反反复复，既浪费时间和精力，又没有什么成效。

还有一些父母，软的不行就来硬的，为了彻底戒掉孩子的网瘾，各种各样的招式都使了出来。如将儿子反锁在家中，或对儿子一顿暴打，或用严厉的口气说"再发现你去上网，就把你的手指头剁掉！"结果呢？却总是事与愿违。孩子不仅没有被吓住，还变本加厉，"越不让我上我就越上"。

其实，上网是一个循序渐进的过程，谁都不是一开始就被网络迷得颠三倒四的，那么戒掉网瘾也需要一个循序渐进的过程。父母想要达到目的，就首先得让孩子心服口服地承认"网瘾是有害的"。

其次就是要慢慢地疏导，不要期望一下子就让孩子从此和网络不再有见面的机会。父母可规定出孩子上网的时间，如每天一个小时，节假日可增加一个小时等。当孩子慢慢地接受这种规律时，他就会远离"网瘾的威胁"。

在对待孩子的教育问题上，有心的父母和无心的父母所收到的效果是完全不同的。正确有序的方法和杂乱无章的方法，更是有着明显的差别。

父母要切记：教育不只是情感，而是一门科学，它不能靠短暂的感情来支撑，而必须靠长时间细腻的沟通来进行。

多与孩子沟通

沟通是指人与人之间、人与群体之间思想或感情的传递与反馈的过程，以求思想达成一致和感情的融洽。父母和孩子的沟通，是一个双向互动的过程。父母能否与孩子进行良好、有效的沟通，对孩子的自身成长非常重要。

就家庭教育而言，沟通作为一门学问，一门艺术，是父母为培养孩子健康成长而必须学习的重要必修课。

和孩子沟通的重要性

在我们的日常家庭生活中，父母和孩子沟通十分重要。在孩子成长过程中，沟通可以帮助父母与孩子之间建立良好的亲子关系，对孩子施加科学的教育，是促进孩子健康成长的不可或缺的重要环节。

合格的父母，不仅是孩子衣食住行的提供者，也是孩子的良师，更是孩子的益友。良好的亲子沟通可以把父母的期望、爱和教育充分地传递给孩子。也能让父母了解孩子的所思所想，帮他们解决成长中的问题，只有这样父母才能给孩子提供有效的家庭教育。

但在现实生活中，要么是一些父母不重视亲子沟通，要么是方法不得当。很多父母虽然很想了解孩子的内心感受，但是无意中流露出的传统角色总会造成亲子沟通的障碍。

有些父母常以"指挥者"的身份自居，他们在与孩子交谈时总是带有命令的口气；有些父母则像个"说教者"，这样的父母喜欢唠叨，告诉孩子应该怎样不应该怎样，而并不是从孩子的角度分析问题。还有一些父母觉得自己比孩子聪明，在孩子面前总会摆着一副无所不知的样子，这样的态度也很容易让孩子觉得很反感；有一类父母则是批评者，他们的言语中常带有嘲笑、讽刺或给孩子贴标签。试想，如果父母都用以上态度与孩子交谈，是肯定无法获得良好的沟通效果的。可以说，父母与孩子沟通是一门学问，一门艺术，也是父母为培养孩子健康成长而必须学习的一门必修课。

学会与孩子沟通方法

心理专家认为，与孩子沟通应把握以下几种方法：

（1）与孩子要坦诚交心

坦诚交心才能了解孩子的心境，才知道孩子在想什么，需要什么，发现了问题然后才能对症下药，给予适当的引导和帮助。

譬如遇到孩子有些不良行为时，如上网成瘾、抽烟等，父母首先要冷静处理。要以体贴、谅解的语气鼓励孩子说出原因或心中感觉，巧妙地使用沉默与倾听，领略孩子谈话的要点或者弦外之音。

由于父母的态度诚恳友善，孩子会毫无保留地宣泄内心的情感，通过聆听、对话的方式，父母逐渐引导孩子重新思考问题的核心，共同摸索一个解决的办法。孩子知道父母尊重他，愿意接受他，愿意了解他和帮助他，当然孩子也就会听父母的话，改正不良毛病。一位母亲说：

> 我有一个16岁的女儿，特别贪玩，一玩起来就不愿回家。说不想回这个家，她也说不清为什么，反正在外面比在家里开心。
>
> 其实，我们父母对她也还是很宽松，你说这到底是为什么？有时她玩的时候连个电话也不给我们打，我们每天为

她担心。其实孩子本来还是蛮优秀，现在交了一些不好的朋友，我实在是无法接受，这应该怎么办？

有时她自己也觉得对不起我们，也很痛苦，我们是又气又心疼，觉得什么方法都用过了就是不管用。

首先，孩子要想贪玩这是正常现象，父母应当给予理解和满足，这样孩子才会喜欢这个家；其二、要改变孩子贪玩的毛病，改变教育，要先从改变亲子关系入手。有了好的关系才会有好的教育，要让孩子在家里住下来，让孩子对这个家有安全感；其三、要坦诚地与孩子交心，孩子有了问题，解决只能慢慢来，治疗不能操之过急，更不能放弃不管。

其实没有哪个孩子不想学好，孩子走到这一步肯定是有特别的原因。只有关心和信任孩子，帮助孩子打开心结，才有成功的希望。孩子成长过程就是解心结的过程，心结解不开，内心就会不痛快。

（2）温和的态度很关键

如果父母在孩子面前总是处于居高临下的地位，总是以一副威严的面孔对孩子，以严厉的语气与孩子讲话，无形中会使孩子产生畏惧的心理，从而不敢和父母交流，有的孩子甚至还会产生逆反的心理。

这样不仅达不到教育孩子的目的，而且还会阻断亲子间的沟通。父母只有以温和的态度对待孩子，才能使孩子感到爱和温暖，才能使孩子愿意向父母吐露心声，才能达到孩子愿意接受教育的目的。

相反，父母用粗暴野蛮的方式打孩子，就会造成孩子反抗。打孩子是愚蠢的行为，最终只会出现两种结果。一是打出一个小霸王，你打他他就打别人；二是打出一个窝囊废，他见了谁都害怕。

这是父母愿意看到的结果吗？当然不是，所以还是要与孩子耐心的讲道理，以理服人。

（3）交流时要多听少说

许多父母在与孩子沟通过程中，总是自己说让孩子听，特别是当孩子在某一个问题上申诉时，父母就以翅膀长硬了为理由，堵住了孩子说话的机会。而这样的交流，实际上是父母给自己设置了与孩子沟通的障碍。

如果父母要真正了解孩子的想法与感受，就应当多让孩子说。即便是孩子真的犯了错误，父母也要静下心来，以同情与认同的态度，站在孩子的立场让他倾诉。不要轻易打断孩子的说话，也不要随意加插自己的意见与批评，孩子心中的感受得以抒发后，烦恼自然就会消失一半。

温和的态度不但可增进亲子沟通的感情，也可以让孩子明白，当遇到任何烦恼时，回到家里都会得到父母的体谅和支持。这会增加孩子的安全感。当然，孩子也更愿意在这种安全感中多与父母交谈和沟通，把自己的所感所想都倾诉给父母。

（4）一起探讨教育方法

不少父母为教育孩子彻夜难眠，到处打听教育孩子的方法，却忽略了一个简单的道理，如农民种庄稼，知道庄稼最需要的养料是最好的养料。企业家懂得顾客最满意的商品才是最好的商品。同理，孩子最喜欢的方法才是最好的方法。

父母不妨和孩子一起探讨，什么教育方法才是受孩子欢迎的。父母应当怎么做才是孩子感到快乐并愿意接受的。教育者的态度和行为方式，最直接深刻地影响教育对象。在这个过程中我们要给孩子什么，必须先明确他需要什么？

如现在的孩子追星的问题，有一个妈妈就特别明智。她的女儿偶像是周杰伦，妈妈说作为我个人并不欣赏周杰伦，但因为女儿喜欢，我只好试着去了解，如果妈妈看不起周杰伦，那么与女儿之间必然形成代沟。

妈妈说，我搜集周杰伦的资料，发现他是奋斗出来的天才，青少年喜欢他是有原因的，他生活在单亲家庭，对母亲非常孝顺，这是很感人的，出售周杰伦的书我是见一本买一本，跟女儿一起学唱他的歌。然后妈妈对孩子进行有效的引导，理性地对待偶像，母女之间就有了共同的话题。妈妈认为自己歌唱得好不好并不重要，关键是与孩子沟通，沟通比水平更重要。

（5）孩子要有个人空间

孩子不希望父母完全控制他们的生活，只希望父母充当顾问或支持的角色。父母过多的干涉，他们会有一种被监督的感觉，认为失去了自由，便会产生一种不满情绪，就会躲避父母，并产生隔阂。所以父母要尊重孩子，给孩子充分的个人空间，放手让他们自己去思考、去设计、去独立完成自己想做的事，真正实现孩子自己的愿望。

（6）尊重孩子信任孩子

尊重孩子首先要把孩子看成是自由、独立、完整、有独特个性、有人格和尊严的人。父母要尊重孩子的兴趣和爱好；尊重孩子的情绪和情感；尊重孩子的个性差异；尊重孩子的抱负和志向；尊重孩子的选择和判断及个人的意愿。切忌伤害孩子的自尊心，杜绝体罚或变相体罚孩子。

父母尊重孩子才会激起孩子的自尊。人性最大的悲哀是缺乏自尊。自尊是一个人灵魂中伟大的杠杆，没有尊严的人等于是一具躯壳。父母尊重孩子，孩子才会尊重他人、尊重社会，才能获得外界对他的尊重。

（7）要讲究家庭教育的艺术

经常有一些苦恼的父母，殚精竭虑，什么招都用了，孩子就是不听话。究其原因，则可能是父母自己落伍了。

现今社会是个多元化的时代，孩子面前的诱惑很多，从客观上讲教育的难度确实是增大了，但孩子的父母有没有与时俱进努力学习，则是一个很重要的问题。

我国有70%的父母没有系统地学习过养育孩子方面的知识，使用的方法多是上一代养育方法的延续，有的则是一成不变的方法来培育不同年龄阶段的孩子，难免在教育孩子时力不从心。

倾听孩子的心灵之音

为有许多父母抱怨，孩子越大越不愿意和他们交流。其实部分原因是源于，孩子在小的时候倾诉的意愿没有得到完全的重视，因而渐渐地孩子也就不愿意和父母交流了。

其实，孩子年纪越小，越是代际沟通的黄金时期。对此，父母懂得倾听孩子的心灵之音非常重要，如果坚持下去，孩子即便大了，也会习惯于与您交流沟通。

倾听是沟通的一门艺术

不知父母有没有注意到，每当把孩子从幼儿园接出来的时候，孩子总是兴致勃勃地讲幼儿园里的事，不管你爱不爱听，孩子总是讲个没完。孩子最需要的便是一个忠实听众，而父母是最合适的人选。遗憾的是，不少父母并没有意识到孩子的这个需求，总觉得听孩子说话浪费时间。每次孩子和父母说话时，父母总是做出很忙的样子，对孩子的讲话不屑一顾。如此势必很难形成一个良好的沟通。

对于父母来说，倾听孩子说话其实是一门艺术，一门学问。倾听，能使孩子从小学会以平等与尊重的心态与人建立关系，能使孩子觉得自己很重要，更有利于孩子学会独立思考。

大多时候孩子的倾诉，并不是为了得到什么，而只是为了满足一下向自己崇敬的人、信赖的人倾诉的愿望。他只需要你耐心听完他背的古诗，他只需要你分享他昨晚做的美梦，他只需要你共享他成功后的喜悦……父母作为孩子信赖的对象，不要吝于倾听。

作为父母对于孩子的倾诉，应静下心来，耐心、仔细地聆听，做一个好的倾听者。其实，倾听孩子童贞的话语是一件很美妙的事情，满足孩子倾诉的愿望要比你的其他事情要有意义、有价值的多。

每个孩子都渴求倾听，而孩子的第一个听众就是自己的父母。父母要善于倾听，有倾听的耐心，有倾听的激情。如果你发现自己的孩子不爱说话，或者说话紧张，甚至听你讲话时漫不经心，你就应该意识到，你是否犯了"不耐心倾听孩子说话"的毛病，你必须马上改变自己。

父母和孩子之间平等的交谈，父母得到的是生命的信息，而孩子得到的是人的自信。这种平等，是心理上的平等，它让一个孩子从小体味到了作为一个人的尊严。

倾听孩子言谈的注意事项

倾听并不是简单的听听了事，它需要你全身心投入，专注倾听。父母在倾听孩子诉说时，要注意以下几点：

（1）营造轻松的谈话环境

要让孩子愿意说，就要给孩子一个轻松的环境。倾听时要讲究礼仪，要耐心、细心、热情、诚恳，除恰当地使用语言和语气外，还要善于运用态势语言。

在倾听孩子谈话时，父母的表情应该自然，以微笑待人。微笑是礼貌的表示，更是和睦相处的反映。微笑能使孩子消除紧张感，使之感到亲切和平易近人，从而拉近父母与孩子之间的心理距离，使孩子愿意将心里话和盘托出。

运用表情、姿态、动作等态势语言来传递有关信息，直接表情达意，可以弥补有声语言的不足，增加倾听的效果。父母不仅要学会用耳朵听，而且还要学会用眼睛"听"，要睁大眼睛看着说话的孩子。眼神是表达思想感情的重要方式，在运用眼神时，既要克服眼神的呆滞和犹豫，又要避免那种在眼神中表现出故弄玄虚、高深莫测的样子。让孩子知道父母是尊重他的，以增加孩子表达自己想法的勇气。

（2）做出全心倾听的姿势

①一定要与孩子平视，不可居高临下。

②身体要稍稍向前倾，这是表示有兴趣的姿势。

③不要制造"墙壁"。如用手捂着嘴巴，两手抱着胳膊，或翻看着书。这些举动对孩子来说，都是一种障碍。

④用眼睛"听"。要睁大眼睛看着说话的孩子，很自然地用眼睛来表达你的兴趣和愉悦。

（3）引导孩子准确表达有关意思

随着孩子生活经历的日渐丰富、交往面日渐扩大，他想说的也就越来越多，但他掌握的词汇和语句还很有限，因而往往语言不完整，不丰富、甚至不准确。父母在听的时候就需要帮助他们扩充词汇，加长句子，引导孩子完整地、丰富地、准确地运用语言进行表达。例如：孩子看到一幅图片，说："图上有白云。"

父母可以回应："图上有几朵白云在湛蓝的天空上悠闲地散步。"同样让孩子按父母说的重复一遍。

这样既维持了孩子原来的意思，又引导了孩子。日子久了，孩子便能学会讲比较完整的话。

（4）倾听孩子完整的叙述

当孩子与父母分享情绪感受时，父母要不时地与孩子眼神接触，但不是紧盯不放地注视，同时要避免打断孩子的说话，表现出注意、轻松、有兴趣了解的表情。

父母们在倾听孩子谈话的过程中，可以用简单的诸如"太好了！""真是这样吗？""我跟你想的一样。""你的想法太好了，请继续说！""我简直不敢相信！"等话语来表示你的兴趣。偶尔点点头来表示你对他说话内容的注意，鼓励孩子继续说下去。

还有就是要保持微笑，并常常做出吃惊的样子。孩子最爱吃惊，用大人的话是"大惊小怪"，他们希望看到大人对自己所说的事情表示出吃惊的表情。能把大人吓住，说明自己很有本事。父母这些种种表现最能流露"我关心、我正在听"的信息。

在沟通的过程中，父母倾听时千万不可以到处走动、边做事边听或背对着孩子，因为这些行为可能令孩子认为你不关心他，对他所说的一切没有兴趣。

此外，父母要避免对孩子说："好啦！我知道你的意思。"因为这句话常常会让孩子不想说了，而父母所谓了解也许并不完全正确，毕竟并不能真正知道别人的感觉，只能猜测罢了。

（5）要蹲下来和孩子说话

孩子的世界，大人只有蹲下来才能更好地理解。父母只有学会和孩子处在同一个水平线上去看待和理解，才能更好地对他们进行鼓励或批评。特别是在批评教育方面，显得更加重要。孩子因其年幼，也许会有许多错误，父母或老师在指出时，就更应当明白孩子和大人之间的交流应该是平等的。用包容的心去正确引导孩子，远比用成年人的模子来束缚他们更为有效。

（6）要允许孩子表露情绪

父母对待孩子的情绪流露的典型反应，是采取措施帮助他恢复平静。之所以这样，是因为成年人非常担心孩子会变得没理性，不能不带偏见地观察事物。

然而许多父母的做法却是南辕北辙，事实是，当有人给予起码的关心、肯定和尊重时，孩子的情绪流露肯定会改善他的观察力和自信心。所以应当允许孩子适当地发发脾气。总之，只有当孩子把父母当成可以信赖的倾诉对象时，父母才能和孩子进行有效的沟通。

批评孩子要注意方法

批评是常用的教育方式之一，也是沟通的一种形式。可以说，批评是一面照耀孩子灵魂的镜子，能让孩子更加真实地认识自己。

但批评不当，不仅起不到相应的效果，还会产生极大的负面效应。为此，注重批评孩子的方法十分重要。

批评孩子的三大原则

孩子犯错误了，父母有责任批评和管教。但怎样的批评才能既有作用，又不至于伤害孩子呢？

心理专家告诉我们，在批评和尊重之间，了解孩子的承受能力，并选择适合的批评方式，会帮助父母找到平衡。

（1）批评的态度

批评管教少不得，而孩子尚且年幼的心灵也该得到保护，怎么拿捏其中平衡呢？教育专家说，父母保护孩子自尊的意识必不可少。可有时，有些父母却把对孩子的尊重和对孩子的管教这两件事简单对立起来了，好像保护孩子的尊严，就要放弃最基本的管教和批评。

其实，如果了解孩子在不同的年龄段对批评的接受方式，父母就完全可以根据他的承受能力，进行适当的批评。并且，在孩子做错事时，父母明确地告诉他"这件事你做得不对"是非常必要的，不能因为担心伤害，就不批评、不管教。

（2）批评的目的

父母如果本着尊重孩子的出发点，来选择批评的方式，批评便是公平的。不会以大欺小地指责、谩骂孩子，也不会因为他年龄小就放松管教，任由孩子一再犯错。

比如对一个4岁的孩子，应当让他知道，用硬邦邦的玩具打妈妈的头，妈妈会很痛，他也不应该用这样的方式去攻击别人。像这样的批评，并不存在不尊重或伤害。

而对孩子造成伤害的批评，往往是由于我们忽略了自己该告诉孩子的重点是什么。

比如说，孩子打了妈妈，父母可能一时气急说，你竟敢打妈妈，真是个坏孩子！但这样会把一件具体的事，扩大到坏和好的区分，给孩子留下长远的影响。

（3）批评的方法

批评孩子的目的是为了让他知道，做什么样的事会带来什么样的后果，而不是为了伤害他或给他打上坏孩子的标签，这样就不会给孩子造成心理阴影。

教育心理学认为，父母的批评一定要针对具体的事情，比如孩子回家后又忘记洗手，我们应该告诉他，每个人回家后都要洗手，不洗手是不对的，而不要扩大到其他事情上。

而当孩子的错误举动涉及人际关系时，最理想的方式是用两个步骤去完成一次批评，即先把自己对于孩子某个行为的感受直接告诉他，然后，平静地告诉孩子，你知道他是一个好孩子，只是这次做错了。

批评孩子的六个技巧

怎样批评孩子，里面有着不少学问。说深了，怕伤了孩子的自尊心；说浅了，又怕孩子不把批评当回事。那么，怎样批评孩子，才能产生最佳的教育效果又不至于伤到孩子呢？

（1）要注意时间和场合

批评孩子尽量不要在以下时间：清晨、吃饭时、睡觉前。在清晨批评孩子，可能会破坏孩子一天的好心情；吃饭时批评孩子，会影响孩子的食欲，长此以往会对孩子的身体健康不利；睡觉前批评孩子，会影响孩子的睡眠，不利于孩子的身体发育。

批评孩子不应在下列场合：公共场所、当着孩子同学朋友的面、当着众多亲朋的面。孩子的自尊心往往很强，在公开场合批评孩子，会让孩子感觉很没面子，会打击孩子的自信心，还可能会让孩子对父母心怀不满甚至心生怨恨，会影响父母同孩子之间的感情。

（2）先要自己冷静下来

孩子犯了错，特别是犯了比较大的错误或者屡错屡犯时，做父母的难免心烦意乱，情绪波动会比较大，很可能会在一时冲动之下对孩子说出不该说的话，或者做出不该有的举动。这都可能会对自己和孩子产生极为不良的影响，有人甚至因此而酿成千古大错。

因此，不管孩子犯了什么样的错误，在批评孩子之前，父母一定要强迫自己冷静下来。

只有冷静，才能对孩子所犯错误有一个客观公正的评判，才能有利于问题的解决，才能帮助孩子找出犯错误的原因和改正错误的方法。

（3）要给孩子申诉机会

导致孩子犯错的原因是多种多样的，有孩子主观方面的失误，但也有可能是不以孩子的意志为转移的客观原因造成的。从主观方面来说，有可能是有意为之，也有可能是无心所致；有可能是态度问题，也可能是能力不足等。

所以，当孩子犯错后，父母不要剥夺孩子说话的权利，要给孩子一个申诉的机会，让孩子把自己想说的话和盘托出，这样父母会对孩子所犯的错误有一个更全面、更清楚的认识，对孩子的批评会更有针对性，也让孩子能心悦诚服地接受父母的批评。

（4）可先进行自我批评

父母是孩子的第一任老师，孩子所犯错误，父母或多或少都会有一定的责任。在批评孩子之前，如果父母能先来一番自我批评，如这事也不全怪你，妈妈也有责任；只怪爸爸平时工作太忙，对你不够关心等。

这样会让父母和孩子的心理距离一下子拉得很近，会让孩子更乐意接受父母的批评，还可以培养孩子勇于承担责任，勇于自我批评的良好品质，一举多得，我们做父母的，又何乐而不为呢？

（5）要形成教育的合力

我国有句古话叫严父慈母，很多家庭至今还沿袭着这一传统。父亲和母亲，在教育孩子方面，一个唱红脸，一个唱白脸，其实这对孩子的成长是不利的。

如果这样，当孩子犯错后，他们所想的不是如何去认识和改正错误，而是积极去寻求一种庇护，寻求精神的"避难所"，他们甚至可能因此变得肆无忌惮，为所欲为。

所以，当孩子犯错后，父母一定要旗帜鲜明，保持高度一致，形成教育合力，共同努力，让孩子能正视自己所犯的错误并努力去改正自己的错误。

（6）给孩子心理上安慰

孩子犯错误后，情绪往往会比较低落，心情往往也会受到影响，父母在批评孩子后，应及时给孩子一些心理上的安慰。

可以从语言上来安慰孩子，比如说些"没关系，知道错了改正就行""我知道你是个聪明的孩子，自己会知道怎么做""爸爸妈妈也有犯错的时候，重新再来"之类的话。

也可以从行动上安慰孩子，比如握握他们的手，拍拍他们的肩，或给他们一个微笑，一个拥抱等。

这样就会让孩子感到，虽然他们犯了错误，但父母还是爱他们的，还是信任他们的，他们会对父母充满感激，也会对自己充满自信。

疏导为先平等沟通

疏导为先，是沟通的一种艺术。平等沟通，是一剂通心的良药。父母们采用疏导为先平等沟通的方法，能有效地改正孩子身上的缺点，打通孩子心理上的症结，使孩子恢复自信，培养孩子直率、快乐的性格。

在对待孩子的缺点与不足上，父母切莫一味地强制孩子去改变，这样效果往往适得其反，正如河流一样，疏则通，堵则溢。

从某种意义上说，把孩子当做朋友是父母最明智的选择。一些高高在上，不拿孩子当回事的父母是不明智的，他们在教育孩子上也往往会是失败者。

疏导远胜于强制

孩子是棵小树，父母应当精心扶植，疏导成长，而不应严加捆绑或随意修剪。否则，只能把孩子变成符合父母意愿的、仅供观赏用的"盆景"。

父母命令孩子做事情，或强迫他去做，是在显示父母的权力。而这种权力无非是身份、年龄或体力的差别，孩子当然无法在这些方面去与大人竞争，然而孩子的反抗心理却与日俱增。

其实，这并不意味着父母不能引导和影响孩子做正确的事情，只是意味着父母没有用心去寻找多样的、有效的方法。

命令孩子做事不是一个可取之法，这往往会导致孩子的逆反心理，不但收不到好的教育效果，反而会适得其反。因此，父母的态度尤为重要，父母的教子方式更是严忌命令式的指示。

其实，对孩子的强制命令往往收效并不大。因为孩子没有弄清楚，为什么要这样做或为什么不能那样做。

很多成功的家教验证了这样一种有效的方法，那就是，疏导远胜于强制。当父母想命令孩子干什么时，一定要先想一想：孩子不是自己的士兵。

当孩子犯了错误，父母要了解错误的原因，合理地进行疏导，往往比直接强迫孩子如何如何更有效。

父母要成为朋友

和孩子成为朋友，便于父母了解孩子的变化，也会使孩子感到幸福快乐，有利其改正缺点，有助孩子健康成长。渴望家教成功的父母们，当从成为孩子的朋友开始。

父母和孩子做朋友，是尊重孩子、信任孩子的基础。有缺点的孩子在成长进步中，更需要父母做自己最值得信赖和帮助的大朋友。现代家教中，父母们只有先学会做孩子的朋友，才能当好一个称职的父母。有一位学生家长在教育孩子的问题上，这样认为：

我们从孩子小的时候就帮他分析事物，明辨是非，鼓励他对家庭的任何事情谈出自己的看法，并将与他的谈话录下来。

我们把孩子的启蒙画保留下来，把他的学习成绩、身高等按逐年变化绘制成为线图，从小就教他唱歌、游泳、吹口琴、钓鱼，带他到博物馆参观、看展览、看节目，有空还带他到大自然中去，呼吸新鲜空气……

在各种活动中，我们不以自己是孩子的父母就说一不二，或摆出什么都对、什么都懂的样子，而是做能给予他知识和欢乐的最知心、最可靠、最值得信赖的朋友。我们经常组织家庭会议，讨论大家共同关心的问题；由于家庭气氛民主和谐，孩子生活得无忧无虑。

孩子有事跟我们讲，从不在心里放着。出门说"再见"，进门问好，做饭当帮手，饭后洗碗擦桌扫地。平时买菜、洗菜，给父母盛饭、端汤、拿报纸、捶背。有时父母批评过了头，也不当面顶嘴，过后再解释。

我常对孩子讲："我们是父子，也是朋友，我们有义务培养教育你，也应该得到你的帮助。你长大了，会发现我们有很多的不足之处，发现我们很多地方不如你，这是正常的。因此，要像朋友一样互相谅解，互相帮助。"

在家里，不管是父母，还是孩子，都应该是平等的，孩子提出的看法，父母们都要认真思量，有道理的就接受。只有和孩子成为好朋友，才能当好一名称职的父母。

真正的朋友是无年龄、无性别、无职位、无地位之分。与孩子交朋友，用通俗的话说就是要看得起孩子，对他有一种认可的态度，而不是用成人的眼光，不能用完美无缺的标准和高出孩子实际年龄的尺度来要求孩子。

否则，就会造成孩子对父母惧怕的心理，甚至是存有戒心。那么他就会敬而远之，不可能向父母袒露胸怀。父母只有与孩子平等相处，尊重他的意愿，孩子才会把你当做真正的朋友，愿意和你分享他的喜乐忧愁。

由此，父母才能给孩子真正的朋友感觉，父母在孩子的心目中才是真正的力量源泉，父母给孩子的爱才能永不衰竭，从而成为孩子向上的精神支柱，成为孩子心灵的永久归属。

沟通的问题要具体化

在大多数家庭里，对于孩子来说，父母是他们绝对的权威。父母们的话就像圣旨一样，不需要孩子同意，只需要他们执行。在这种强制的教育方式之下，沟通就会变得极为困难。如何才能和孩子建立无障碍交流，成为很多父母潜心研究的重要课题。

要真正地达到沟通的目的，还要求每位父母把沟通的问题具体化。孩子毕竟是孩子，在他们的思想里，一切都是那么的单纯，父母的空洞的话他们不想听，深奥的话他们不理解。具体的问题具体性地进行沟通，就显得非常必要。

那么，如何做到沟通的具体化呢？

学会设计启发式问题

大部分父母受到了成长时期种种因素的制约，有的人可能比较难以接受新思想，因此在教育孩子时脑海中的思维和语言是很贫乏的。

他们对于沟通两个字没有正确的认识，往往误认为只要自己说的话孩子听了，就算是沟通成功。这种想法的错误在于，父母没有以一个平等的身份和孩子沟通，而是采用居高临下的姿态来命令孩子。

小聪是一个14岁的女孩，从小就是家里的掌上明珠。她的衣食住行等等，父母都帮她安排地十分周到，唯恐女儿受到一点委屈。

可是，这样的生活小聪过得并不开心，原因就是因为母亲对她的行为查的过严，她没有一点私人空间。

妈妈每次和她说话时，都不是心平气和地一起交流，而是带有质疑和询问的口气，如：

"你昨天放学后回来这么晚，去哪儿了？"

"今天有个电话找你，他是谁？"

此外，妈妈还偷看女儿的日记，私自拆开女儿的信件，检查女儿的房间等。

小聪对母亲的行为实在忍无可忍，为了表示抗议，她在自己的房间里贴了一张字条：不经允许，不得随意翻动桌上的东西。还在抽屉上装了一把锁，就连日记本也是买带锁的，接电话时为了故意气妈妈，她还故意说是男同学打来的。

母亲知道后十分生气，说女儿把她当成外人，当成小偷来防范，母女之间的关系弄得越来越紧张。

在心理学上，有一种说法叫做"对立违抗"，它所说的主要就是"最亲近的人往往会被孩子设为攻击面"。因此，作为父母要认真地考虑一下，哪些东西是孩子能够轻易接受的，而哪些又是孩子无法接受的，权衡利弊之后再进行沟通。

在进行沟通的过程中，父母要会设计一些问题，如用问句的形式和孩子说话，很多专家都认为"问"是一种高级的交流形式，它能够迅速提高孩子沟通的能力，而且训练他们的思维和反应能力。

在问的同时，最好带有一定的鼓励性，这样比较容易调动孩子的积极性。

学会设计实质的内容

大多数的父母都很容易陷入一种错误的教育方式，即用语重心长的口气和孩子说话，但说出来的话又没有实质性的内容，比较空洞。如"你可得努力学习啊！"

这样的表达方式，对于现在的孩子来说是不会产生效果的，同时也是无益的。因为这些话没有具体的方向，缺乏明显的可操作性，而孩子的身心发育并不成熟，他们基本上把握不住，反倒容易产生焦虑和紧张的不良情绪。

倩倩是一名初一的学生，性格十分开朗活泼，同学们都说她是大家的开心果，只要有她在的地方就会充满了笑声。

不过，在家里的她却和在学校时判若两人，特别安静。如果不是父母主动和她说话，她能一个人沉默一整天。有时候，她还特别不耐烦地对妈妈说"别再唠叨了"之类的话。

她的父母很不理解，不知道自己到底是哪里做错了，让女儿如此"大脾气"，就连倩倩的好朋友也觉得倩倩的做法有些不应该。

后来，倩倩终于说出了自己的想法。原来，父母虽然每天都和自己说好多话，但总结起来不过只有几句话：

"早餐一定得吃好，不然没力气上课"；

"骑车的路上小心点，过马路时一定要谨慎"；

"上课时好好听老师讲课"；

"和同学好好相处";

"放学后赶紧回家，别在路上逗留"。

每天只有这几句话，颠来倒去地说，难怪倩倩会感到十分地厌烦，后来干脆就什么也不说，保持沉默。

每个父母都关心自己的孩子，一遍一遍地叮嘱着孩子，生怕出事，或者是犯错误，这心情是可以理解的。但是，这样千篇一律的话语是很容易让孩子厌烦的，有时甚至会促使他产生叛逆的心理。因此，作为父母，与孩子的沟通要做到具体化。

针对孩子出现的问题，就需要父母与孩子进行一次心与心的有具体内容的交流。父母对孩子有一个充分的了解，然后再帮助孩子将以后的人生道路做一个大致的规划，为他们制订出一个又一个的小目标，既具体又能催人向上，让孩子每一步都体会到成功的乐趣。

学会对具体问题具体分析

在和孩子进行问题的沟通时，父母需要注意以下两个方面：

（1）根据孩子的性格，找到孩子易接受的语言

每个孩子都有不同的性格特点，有些孩子比较外向，而有些孩子则相对内向。因此，父母应该根据孩子不同的性格特点，有针对性地和其进行沟通，尽量使用适合他们的方式，才能取得良好的效果。

（2）在具体进行沟通的过程中，要尊重孩子

尊重孩子，向来都在教育孩子的问题中占有重要地位，人人都明白，人人也都会说，可谓是一个老生常谈的问题，但可笑的是，人们往往说了无数遍却还是没有多少人能真正做得到。

父亲正在书房里工作，儿子突然走了进来说道："爸爸，陪我一起去公园玩吧？"

　　这个时候，父亲会怎么回答呢？有的父亲会说："找你妈去"，也有的说："你这孩子真不懂事儿，没看我正忙着呢，一边玩去"，更有的会说"哎呀！赶快出去，别烦我了"等。其实，这就是典型的不尊重孩子的表现。

　　其实，这时是跟孩子进行交流的最佳时机。你可以明白地告诉孩子你的工作需要完成，可以这样和孩子说："爸爸还有工作没有做完，如要陪你去玩而完不成的话，就像你们老师批评没有完成作业的学生一样，爸爸也会受到责备的。"或者，可以先把工作放一放，和孩子约定好玩的时间，时间一到就回来……

第二章

塑造孩子的阳光心态

　　培养孩子的阳光心态，对父母的心理素质提出了较高的要求。在日常生活中，父母要重视阳光心态的培养，自己首先要有阳光的心态。父母对自己所从事的工作、对孩子对亲人要有爱有情，更要有责任。

　　为了培养孩子的阳光心态，父母不妨记住三句话，即我是重要的，我是能干的，我是快乐的。这样，阳光、智慧的父母一定能够造就阳光、智慧的孩子。

了解阳光心态的特质

　　每一个人都渴望拥有灿烂的人生，但真正能够活得精彩无限，有滋有味儿，是那些始终以积极的方式回应生活的人。

　　所以，培养孩子的阳光心态，就意味着父母在为孩子构筑灿烂的人生，这也是父母施以孩子最大的爱，它能使孩子享受到最大欢乐和幸福。

阳光心态的重要意义

　　所谓阳光心态，就是指一种积极、宽容、感恩、乐观和自信的心智模式。生活是一种态度，倘若一个人能拥有阳光的心态，那么他就能良好的驾驭自己，这就可以为他开拓精彩的人生输送极其宝贵的能量。父母作为孩子的人生导师，必须懂得阳光是世界上最光明、最美好的东西，它能驱赶黑暗和潮湿，温暖人们的身心，并且阳光的心态对我们的思维、言行都有导向和支配作用。人与人之间细微的心态差异，就会产生成功和失败的巨大差异。

　　阳光的人视失败为垫脚石，消极的人视失败为绊脚石。阳光的人在忧患中能看到机会，消极的人在机会中看到忧患。阳光的人用心态决定成败，消极的人用成败决定心态。阳光的人用心态驾驭命运，消极的人心态被命运驾驭。

　　心理学家米切尔·霍德斯说："其实，我们周边的环境从本质上说是中性的，是我们给它们加上了或积极或消极的价值，问题的关键是你倾向选择哪一种？"

生活中不能无限制地任凭情绪反应发展，压抑尽管对于情绪有适当的控制作用，也不是最好的方法。许多人在心情不愉快时，会使自己陷入一种含有敌意的自暴自弃当中。实际上，如果能转换一个角度，客观地评价和对待自身所面临的问题，结果就会有所不同。心态影响人的能力，能力影响人的命运。所以父母必须重视对孩子阳光心态的培养，这对孩子未来获得光辉而灿烂的生活必将大有裨益。

阳光心态的主要内涵

阳光心态的内涵主要包括以下三个方面：

（1）认识自我，追求更好

认识自我是自我发展、自我教育的前提，每个人都应树立明天比今天更美好的目标。这就要求父母审视自己的孩子，他有什么特点，与别的孩子有什么差异，并从小鼓励孩子努力做最好的自己。

（2）真诚善良，宽容尊重

人是社会中的人，需要与他人相处、沟通和交流，做人首先要真诚，要有爱心。因此，父母一定要从心理上呵护孩子，平时要学会倾听，倾听不仅仅是一种行为，更是对孩子的一种尊重。父母还要注意宽容孩子的错误。孩子是未成年人，是在成长和发展中的人，从某种角度上讲，犯错误是孩子的权利。每个人的人生之路总是不平坦的，父母要让孩子懂得成功固然精彩，而失败是成功之母，让孩子能平静经受失败，以增强其受挫能力。

（3）心态平和，积极快乐

心态平和，关键是要有一颗平常心，也就是对己对人不强求，顺其自然，不以物喜，不以己悲。

例如，孩子在学习上要能从自己原有的水平出发，同伴之间要提倡相互学习，取长补短；更要自己和自己比，自己只要在不断进步，就是好样的。要有自信心，在日常生活、学习和人际交往中，保持一种积极向上、乐观快乐的心态。

不要让虚荣心扭曲自尊

虚荣，简单地说就是表面上虚假的荣耀，也是一个人过于自尊的一种表现。有很强虚荣心的人，有时为博得炫耀，往往竭力地去追求浮华、虚名，由此会表现出一种不正常的荣誉观。

从心理学的角度来说，虚荣心一旦侵蚀到孩子的内心并发生膨胀，就会扭曲孩子的自尊心。父母必须重视对孩子这方面的教育。

虚荣心的涵义

心理学上认为：虚荣心是自尊心的过分表现，是个人为了取得荣誉和引起普遍注意，而表现出来的一种不正常情感。

虚荣心是一种被扭曲了的自尊心，它追求的是一种脱离了自己客观实际而夸大了的虚假的荣誉，俗称"打肿脸充胖子"或者是"死要面子活受罪"。一般来说，虚荣心具有以下一些特点：

（1）具有一定的普遍性

虚荣心是一种常见的心态，因为虚荣与自尊有关。人人都有自尊心，当自尊心受到损害或威胁时，或者内心过分自尊时，就可能产生虚荣心。

（2）为了吸引他人的注意

为了表现自己，常采用炫耀、夸张甚至戏剧性的手法来引人注意。如用不男不女的发型来引人注目。

（3）一味追赶社会时髦

时髦是一种社会风尚，是短时间内到处可见的社会生活方式，其制造者多为社会名流。虚荣心强的人为了追赶偶像，显示自己，也模仿名流的生活方式。

（4）华而不实的浮躁

功名心是一种竞争意识，是人们通过扎实的努力与付出取得功名的心理，是现代社会提倡的健康意识。而虚荣心则是通过炫耀、卖弄等不正当的手段来获取荣誉的不健康心理。

虚荣心很强的人，往往是生活中华而不实的浮躁之人。这种人在物质上讲排场、搞攀比；在社交上好出风头；在人格上很自负、嫉妒心重；在事业上缺乏踏实作风。

虚荣心的产生有着家庭原因的影响。现在许多父母从小溺爱自己的孩子，总喜欢讲自己孩子的优点，甚至在亲朋之间也炫耀自己的孩子，亲朋为了礼貌也都讲孩子的优点，孩子在生活中一直听到的都是一片赞扬声，很少有人讲孩子的缺点。这样也就慢慢形成孩子的虚荣心。

虚荣心的危害

法国哲学家帕格森曾经这样说道："虚荣心很难说是一种恶行，然而一切恶行都围绕虚荣心而生，都不过是满足虚荣心的手段。"由此可见，虚荣心对孩子而言，是一种不良的心态，其危害性是较大的。

首先，有虚荣心的孩子，不善于发现自己的缺点，即使发现了也不敢正视自己的缺点，甚至掩盖自己的缺点。其次，有虚荣心的孩子也不能认真学习，对不懂的课程也不愿意提问。由于这种心态的影响，学习成绩慢慢下降，从而使自己对学习失去了信心和兴趣。

有虚荣心的孩子，在情绪上也是不稳定的，经常波动的。当自己的成绩好时，就高兴，当别人成绩好时，自己又会产生自卑的情绪。有虚荣心的孩子，做事情也缺乏坚强的意志，当生活或者学习碰到一点挫折时，就失去信心。有虚荣心的孩子也容易对朋友产生猜忌，从而与周围人的人际关系也很难处理，往往处于孤立地位。可见，虚荣心对孩子的成长具有极大的妨碍作用。

克服的方法

解决任何问题都需要讲究方法，所以对于虚荣心较严重的孩子，父母应根据虚荣心产生的原因来帮助孩子克服这一缺点。

（1）树立远大目标，培养奋斗精神

虚荣心产生的原因之一是过于短浅的眼光，过少的努力。过短的眼光只看眼前利益，胸无大志，斤斤计较名利得失，而不放眼未来；过少的努力指不能脚踏实地付出艰苦劳动，创造赢得荣誉的资本。

比如一个想成就大业的人，其强烈的求知欲促使他放弃虚荣而谦虚好学好问，并为之付出艰辛努力，什么个人得失完全抛在脑后。在这个意义上讲，消除虚荣的根本在于消除自私，要以整体和长远利益为重，培养乐于奉献的奋斗精神。

正如一位哲人所说："虚荣者注视自己的名字，光荣者注视祖国的事业。"只要人们能胸怀祖国大业，并为之奋斗，虚荣心自然也就毫无栖息之地了。

（2）培养意志品质与坚定的信念

虚荣心有时并不是由自己自发，而是因群体的影响引起。

比如在接受某一新观点时，绝大多数人表示理解和支持，而自己却不能苟同，但由于碍于面子也不得不站进理解支持者的行列。

如不懂装懂这种虚荣心，是由于本身固有的意志薄弱、信念不坚定的心理品质在外在压力影响下表现出来的，从众的一种表现。

从众是指个人因受到群体压力而在知觉、判断、动作等方面做出的与众人趋于一致的行为。虚荣心与从众既有不同又有联系。但不论是排除虚荣心，还是克服从众心，都需要全面考虑问题，分析其利弊，不能削足适履。从这个意义上讲，勇敢的意志品质与坚定的信念是医治虚荣的"良药"。

（3）培养自信自尊，练就过硬本领

虚荣均有两面性，一是自我贬低，自己勇气不足，看不起自己；二是唯恐别人贬低自己，看不起自己。虚荣的自我贬低不同于自卑，自卑是干脆甘拜下风，而虚荣是既怀疑自己而又不甘拜下风，不得不违背客观实际，弄虚作假。

唯恐别人看不起自己，归根到底还是自己没有什么能耐，表现出心虚。从这个意义上讲，克服虚荣主要靠自信、自尊和练就过硬本领。因此，父母可以利用孩子的虚荣心理，促使孩子努力学习，在各方面都取得进步，使虚荣变成实实在在的荣誉，从而克服虚荣的心理。

帮助孩子克服焦虑心理

焦虑是与阳光心态格格不入的一种心境，是一种常见的消极情绪反应。焦虑是低沉、灰暗的情感基调，它会使人自信降低乃至丧失，往往会对人生的成长产生不可忽视的干扰作用。

焦虑症的原因

近年来患焦虑症的孩子越来越多。据有关报道，专家通过对某地学生的抽样调查，发现有32%的中小学生存在明显的心理问题，如厌学、抑郁、焦虑、恐惧等。

其中，中小学生的焦虑症状更为普遍一些。究其原因，主要是过重的学习负担和不当的家庭教育方式所致。那么，孩子焦虑症到底是什么原因造成的呢？

（1）家庭环境不和谐

家庭是孩子的避风港，家庭和睦可以培养孩子活泼聪明的天性。相反，夫妻不和会给孩子的心灵造成难以愈合的创伤，孩子的情绪会变得焦虑起来。

家庭不和谐会使孩子痛苦难言，受伤的心灵、受压抑的性格和焦虑的情绪会使孩子万念俱灰、悲观厌世。这种焦虑状态如果不能得到调节和解脱，无形之中会毁掉一个人的成长。

（2）父母期望值过高

使孩子早日成才，几乎是所有父母的心愿。有多少父母处心积虑，呕心沥血为孩子寻觅成才的路。但是，人们往往会因情急心切、不明方向和方式，而落得事与愿违的结果。

（3）惧怕考试生焦虑

读书、升学、就业是父母对孩子成长的期望。但父母过高的期望值，会产生强烈的负面效应，给孩子造成严重的焦虑心理。这种焦虑会使孩子在考场上情绪激动紧张，甚至会因恐惧而出现怯场现象。

有的孩子考前患得患失，神经紧张，不能保证必要的睡眠时间；有的在考场上则头昏眼花，注意力不集中，思维迟钝，严重干扰和影响了正常水平的发挥。

心理学家认为：学生惧怕考试，更多的是惧怕失败。有的考生心理承受能力较差，一旦头场考试失败后就担心下一场又失败，结果造成恶性循环，失分现象接踵而至。

消除焦虑的方法

父母必须关注孩子的心理变化，只有帮助孩子消除焦虑，建立自信，才能帮助孩子坚强地构筑起壮丽的人生大厦。

（1）创造良好的家庭环境

家庭环境是孩子的天然课堂，父母是孩子最早的启蒙老师。孩子整体素质的基础，是从小在父母身边耳濡目染、潜移默化的熏陶。要想把孩子培养成自信、豁达、活泼、开朗的人，家庭环境一定要整洁、朴实、明快；家庭成员之间要互敬、互助、和睦。

（2）父母适当的指点和帮助

在孩子成才方面，父母要依孩子的天性、爱好给予适当指点和帮助，要不急不躁。在家中应尽力为孩子开辟一个属于他自己的学习天地，最大限度地满足孩子的求知欲。

（3）不要对孩子要求太高

作为父母，应当准确把握孩子的考试情绪，不要有意无意地给孩子施加压力。父母望子成龙的心情可以理解，但应该看到，孩子准备考试已投入了很多，即使达不到理想的成绩，只要尽力就行了。千万不要对孩子唠唠叨叨，嘲讽挖苦，或者板着脸不搭理，这样会使孩子感到压抑，或是出于逆反心理而对抗，加重孩子的焦虑。

抑郁心理的排解与克服

抑郁是主体的需要未能满足又觉得无力改变现状，无力应付外界压力而产生的一种消极情绪，常伴有痛苦、羞愧、自卑甚至厌世等情绪体验。对大多数人来说，抑郁只是偶尔出现，很快会消失。

但也有少数青少年长期处于抑郁状态，甚至导致抑郁症。性格内向孤僻、多疑多虑、不爱交际、生活中遭遇意外的挫折、长期努力得不到报偿的人，更容易陷入抑郁状态。

抑郁是一种心理障碍

抑郁是一种不愉快的心境体验。青少年抑郁障碍主要是以抑郁情绪为核心，伴有相应的思维改变。原因包括孩子在学校发生一些矛盾而感到环境压抑，常常因此而心烦意乱、郁郁寡欢，有时逃学，还要求调换学校等。抑郁的表现为，对自己喜欢的事情失去兴趣，情绪低落，思维和行为迟缓，上课不专心听讲，常常因疲劳而失眠、头晕胸闷不愿与父母或他人交流，情绪严重者还会有自杀的意识和行为。

抑郁心境是指在长时间内所体验到的占优势地位的一种抑郁情绪或抑郁心情。抑郁症是一种较持久的忧伤情绪体验，它往往被躯体症状所掩盖。

> 小甲有点内向，总觉得自己什么都不行，事情做不好，是别人的麻烦。又觉得自己很笨，书读得不好，觉得自己对不起父母。感到自己喜欢的人不能对其表达，经常因为一句话一点小事就想到很多不开心
>
> 小甲变得对学习和生活没有信心，自卑感太严重，觉得别人不关心他，甚至有了自杀的想法。

据调查研究显示：现在青少年的抑郁患病率直线上升。其中有1/5的青少年有情绪障碍，大多都是以抑郁为主。

有关资料明确显示，青少年时期的抑郁患病率是0.4%至8.3%，而且，男女生之间的比例为1：2。其发病率的原因是由遗传因素、青春期的生理变化、认知能力及社会文化因素有关。

抑郁心理的具体表现

抑郁是长时间的心情低落状态，多半是因为焦虑、身体不舒服和睡眠不足等造成的心理障碍。抑郁这种现象具有较强的隐蔽性。这是最常见，同样也是最不容易识别的心理障碍。

（1）企求不断更换环境

可能在学校里发生过一些矛盾，使有的孩子感到所在环境有沉重的压力，经常心烦意乱使其不能安心学习，迫切要求父母为其调换班级和学校。当到了一个新的学习环境时，其心态还是与以前一样没有好转，还认为新环境里的一切都不尽人如意。因此，就反复地要求更换环境。

（2）情绪忧郁或低落

有些青少年在遭受挫折或失败时，不能从困难中崛起，长时间的情绪抑郁或低落持续在两周以上，这些不良反应都是青少年时期抑郁心境的重要表现。

（3）目标理想没实现

不能一帆风顺达到目标和理想，感到忧伤和痛苦。例如：为担忧考不上名牌大学而愁眉苦脸等。

（4）认知感知能力弱

因为缺乏精力，而导致自己的认知能力或感知能力减退，使自己在学习、生活及社交中的效率明显下降。

（5）潜意识不良心理

如有些学生一到学校或教室就会感觉头晕、恶心、四肢无力等，只要离开这个特定的环境，一切就会正常。这种表现都是潜意识的不良心理。

（6）内心情感表达差

在对高兴、欢乐、悲哀、愤怒及恐惧的认识上，不能正常地向别人表达心中的愉快和不满，尤其是不能用表情及时准确地表达出来。这种行为就是情感或情绪的表达障碍。

（7）与父母情绪对立

认为父母的管教过严，处处与父母闹对立。例如：不整理自己的房间，衣鞋乱扔，不按时完成作业等。较严重的夜不归宿、离家出走等。

消除抑郁的方法

情绪抑郁对于我们的生活和学习影响极大，表现在情绪低落，思维迟缓，郁郁寡欢，闷闷不乐，兴趣丧失，缺乏活力，反应迟钝，干什么都打不起精神，不愿参加社交，故意回避熟人，对生活缺乏信心，体验不到生活的快乐，并伴有食欲减退、失眠等。可见，抑郁心理严重地影响了青少年的健康成长。

那么，青少年应如何克服抑郁的心理呢？

（1）学会正确地发泄

有抑郁心理的青少年可以尝试，把心中不愉快的事向父母或知心朋友诉说，不要把它存放在心里，这对身心健康是极不利的；如果你的内心感到非常难受而身边又没有对象诉说时，可以把自己关在房间里大哭一场或记日记等。这些都有助于消除抑郁心理。

（2）多结交知心朋友

经常和朋友保持联系的人，自己的精神状态远比喜欢孤僻的人好得多。因为一个人生活如果在集体中，就感到集体的力量，这样不仅可以增强自信心，还能减轻情绪上的抑郁。

（3）勇敢地面对现实

拥有一个快乐的心态，能使人的神经系统的兴奋水平到达最佳状态。所以，有抑郁心理的青少年遇到不愉快的事，要多往好的方面想想，用一个乐观的心态去面对一切，保持豁达、乐观的情怀。不要好高骛远，应该勇敢地面对现实。

（4）参与力所能及的运动

体育活动能够使生活丰富多彩，以清除心理紧张，陶冶情操，开阔心胸。所以，有抑郁心理的青少年每天应适当地做些力所能及的运动，比如慢跑、散步、踢毽、体操等，这些都有助于排解郁闷的心情。所以，适当的体育运动不仅有助于青少年的身体健康，而且还会有利于情绪乐观、稳定。

（5）增强能力与自信

有抑郁心理的青少年要学会容忍和包容，并磨炼自己坚强的意志力。通过自己的意志力来消除心中不愉快的情绪，并保持一个乐观向上的积极情绪。改变认知，完善自身的人格，增强面对困难和挫折的能力与自信。只有这样，才能真正达到克服和排解抑郁的目的。

驱散孤独自闭的心理

孤独就是对周围一切缺乏了解，对所处环境及周围的人缺乏情感和思想的交流。感到孤独的孩子往往自卑感强，自信心差。因为他们很少与他人接触，而且业余爱好少，学习能力得不到锻炼。而能力越差，自卑感会越强。

孤独感产生的原因

孤独感是一种封闭心理的反映，是感到自身和外界隔绝或受到外界排斥所产生出来的孤独苦闷的情感，它是在日常交往中产生的一种寂寞和被冷落、遗弃的心理体验，这是一种消极的情绪表现。

常见的情感障碍有害羞、恐惧、愤怒、嫉妒、狂妄等。其中，与孤独感密切相连的是害羞和恐惧。害羞和恐惧往往就会使人产生逃避行为，从而避开与他人交往的情境，离群索居，封闭自我。

青少年产生孤独感的原因，主要有以下几方面：

（1）产生自闭行为

独立意识是一种向外的力量，处于身心健康全面发展的时期，是从不成熟走向成熟的过渡时期。此时，青少年的社交和实践范围也在逐渐扩大，思维和各方面能力也在迅速增长，于是不愿再盲目地依从父母，而是积极地用自己的眼睛观看世界，感觉自己长大了，不需要依靠父母了，但残酷的现实又觉得心惊胆战。

为了摆脱这种困惑，大多数青少年积极和同龄人交往，以获得情感的认同与扶助。但也有一部分青少年不屑于与同龄人交往，害怕挫折从而转向自闭。

（2）过高自我评价

有些青少年往往对自己的自我评价过低，这样不仅会产生自卑心理，还容易因缺少朋友而产生孤独感。而有些青少年在自我评价过高时，会比较清高看不起他人。这种类型的人在交往中，一般表现为不随和、不合群、不尊重他人，容易引起别人的不满。因此，过高自我评价的人往往因缺乏朋友而感到孤独。

（3）自我意识较差

自我意识是一种向内的力量，青少年时期自我意识开始觉醒并逐渐建立，产生了解他人并被其他同龄人接受的需要。很关心自己在他人心目中的地位和形象，重视他人的评价。自我意识较差的人会将自己隐藏起来。一方面他们觉得自己心中有很多秘密，又不愿告诉别人；另一方面他们又渴望别人能真正了解自己。这种需要得不到满足时，便会陷入惆怅和苦恼，产生孤独感。

消除孤独的最佳办法

孤独心理对孩子的健康发展极为不利。心理孤独的孩子难以应付各种复杂的人际关系而变得自卑和羞怯。所以，引导孩子以积极的心态对待生活，是每个为人父母的重要职责。

消除孩子孤僻的办法，主要有如下方面：

（1）留些时间与孩子交往

作为父母不仅要关心孩子们的衣食住行，更要关心孩子们的内心和精神世界。对孩子们内心世界的忽视和冷漠，会导致他们产生很多心理问题和品德问题。为此，作为父母应多与子女进行思想交流，了解自己子女的思想脉搏。

（2）树立孩子的集体观念

父母要让孩子懂得，个人的行为应该符合社会的准则，知道社会是个大课堂，要帮助孩子在群体中树立集体观念。

有些爸爸妈妈代替孩子写作业，为了让孩子不参加社会综合实践活动而谎请病假。父母的这些行为实际上是人为地拉大了孩子与集体之间的距离，不利于合群意识的培养，给孩子的身心发展造成了不良影响，势必会给孩子的发展留下隐患，反而会害了自己的孩子。

（3）鼓励多参加集体活动

有的父母认为，孩子只要成绩好就行了，别的事不用管。这是目光短浅的表现，没有看到孩子健康成长的大局。有的父母往往会担心孩子上当、受欺负。其实这些都是不必要的。因为，挫折也是一种宝贵的学习机会，孩子在和同伴的磨合中更容易自觉地调整自己的行为，更能学会适应。

有的父母以为，自己的经验传授足以代替孩子的实践，只要告诉孩子怎么做就行了，何必要让他们去学习呢？其实不然，孩子从别人口中听说到的东西，和自己在实践中亲身体验到的东西是有所不同的。孩子只有在具体的活动中才能更好地掌握某些技能。

（4）帮助孩子与他人建立友谊

教育家曾说过："儿童应与年龄相同的儿童生活，然后才能学到与人相处之道。与成年人一起，相依赖式的自卑心理，很难打破，将来离家进入社会是莫大之困难。"

父母要想方设法创造条件，为子女提供与小伙伴交往的时间和空间。只有在与自己的伙伴交往中，孩子们才能不断认识、完善和发展自我。也只有在交往中，孩子们才能克服怕羞、自负、自卑、孤僻等不健康的心理，找回自尊和自信，从而变得开朗起来。

总之，孤独是一种不健康的情绪情感体验。战胜孤独，是孩子健康成长、正常发展的前提。如此这般，才能让孩子摆脱孤独的压抑，勇敢地面对人生。

帮助孩子克服害羞心理

一个人要想成功，就要敢于表达自己的观点，让自己变得胆大起来。一个生性内向，见人就脸红，说话办事都害羞的人是很难成功的。因为害羞，他们不被人理解；因为害羞；他们不被人认可；因为害羞，他们就会失去本应拥有的机会。

有些孩子很害羞，只要你稍稍注意就会发现，课堂提问时，他们总是低下头，不敢正视老师的眼睛；与老师相遇时他们急忙绕道而行；在班会上发言时，常常面红耳赤，声音弱小。长此以往，由于害羞而不敢说话，不愿多与人交往，同时他们也为自己的害羞而烦恼、痛苦。

别让害羞影响成长

一般来说，害羞都会带来一定的弊端。比如：不敢与陌生人接近从而减少与他人交往的机会；不敢表达意见因而丧失个人权利；使人神经过敏，反应过度；增加依赖的心理而无法培养独立人格；常常因紧张而临场表现失常等。长期这样下去也会耽误青少年的美好前程。

作为青少年，现在与将来面临的竞争将会更加激烈。在竞争中你也许与你的对手实力相当，不分上下，那么你靠什么能取胜呢？在这个关键的时刻，就要让更多的人了解你认可你，就不要羞于表达，多与他人接触，争取所有的机会，别让害羞影响成长，甚至误了前程。

认识害羞形成原因

要改掉孩子害羞的个性弱点，就有必要分析这种性格的形成原因。综合地归纳一下，导致害羞的原因大多有以下几个方面：

（1）家庭管教过于严格

孩子没有宽松和谐的生活环境，性格不能得到全面的发展，只能变得扭曲、内向、顺从。

（2）容易产生恐惧心理

由于种种压力致使孩子情绪紧张、焦虑，对外界事物的反应过于敏感、心虚，对自己缺乏应有的自信心。焦虑过重的人很容易对一些事物产生恐惧心理，他们或者担心、犹豫，或者坐立不安，临场退缩。

（3）曾经有过痛苦经历

俗话说"一朝被蛇咬，十年怕井绳"。有的父母不注意教育方法，对孩子过于粗暴，在孩子回答不上来问题的时候，把孩子训斥一顿。或者嘲笑、讥讽、数落孩子，使孩子的自尊心大受损伤。以至于孩子一遇到类似的情形就胆小、害羞、紧张甚至浑身发抖。

帮助克服害羞方法

要想改变孩子害羞的性格缺陷，父母应耐心地对孩子进行引导。

（1）对孩子的要求应适当

父母对孩子的要求要与孩子的年龄、能力水平相当，既不要过于苛刻，也不要过于溺爱。如果对孩子的要求过高过严，孩子就会在遇到老师提问，或当众表演节目时不能很好地发挥，而且出现气短、心跳、出汗、头晕、呕吐、腹泻等生理上、心理上的不适应。

（2）培养孩子充分的自信心

培养孩子坚强的意志和开朗的性格。爱害羞的孩子性格多比较内向，意志不坚强，而且比较沉默寡言，不能承受挫折。父母应在日常生活中多给孩子锻炼的机会，并带孩子参加各种各样的活动，或经常带领孩子外出游玩，逐渐改变孩子腼腆内向的性格。

（3）及时表扬孩子

父母应选择一些简单易行的活动让孩子自己去做，并在孩子取得成绩时及时给予表扬。由于儿童的过分羞怯，如果总是让他们碰到挫折、困难，会使他们变得更加胆小内向。父母若能根据实际情况，选择一些孩子力所能及的活动让孩子参加，并在孩子做得好时加以鼓励、就可增强孩子们的自信心，使他们的性格变得开朗活泼。

（4）父母应允许孩子犯错误

有的父母，一看到孩子在某些方面做得不如意时，就不分青红皂白地把孩子批评一顿，有时甚至用很尖刻的语言来伤害孩子的自尊心。这样做，会使孩子变得更加胆小孤独、沉默寡言。总之，孩子的心灵是非常敏感、非常容易受到伤害的，父母一句很不在意的话，都可能给孩子的心灵造成创伤。所以我们父母在与孩子相处时，一定要谨慎。

孩子出现的心理问题，多半是由父母的教育方法不当而引起的。如果父母能够注意用科学合理的方式来教育孩子，相信自己的孩子一定会身心健康地成长。

帮助孩子克服嫉妒心理

嫉妒是人的一种天性，它是人际关系中较为普遍存在的社会心理和情绪心理的表现。

一个人如果产生了嫉妒心理，那么他常常会以自己为中心，看不见别人的优势也发现不了自己的不足，整天满脑子的都是为什么别人比自己出色，其结果只能是自寻烦恼。如果让嫉妒心理长存心中，它就会演变为嫉妒行为，最终害人又害己。所以，为了孩子的健康成长，父母应帮助孩子远离嫉妒心理。

认识嫉妒心理的危害

嫉妒是自己对别人的快乐、成功等所感觉到的一种强烈而阴郁的不快。嫉妒者从狭隘、自私的心理出发，对他人的成绩和优越处境很是眼红；然后由眼红转为嫉恨，进而由嫉恨发展为损害他人的嫉怒行为，最后由嫉怒发展至做出严重损害他人之事。因此，嫉妒是人类的一种劣根性，是既害人又害己的心理恶魔。

现实生活中，尤其还不够成熟的孩子最容易产生嫉妒心理了。

如有的孩子看到同学比自己成绩好，其他方面的能力也比自己强，生活条件也比自己优越，受到的表扬和得到的荣誉都比自己多，就容易产生嫉妒和不满。

嫉妒是阻碍孩子前进的拦路虎，嫉妒的人总是拿别人的优点来折磨自己。具体来说，心存嫉妒对孩子的成长有哪些危害呢？

（1）损害别人自尊心

嫉妒的突出表现就是中伤别人，损害别人的自尊心，打击别人的进步，这不利于孩子之间的正常交往。在特定的条件下嫉妒便以各种消极的情绪、情感和有害的行为表现出来，并外化为种种不良甚至邪恶的力量，造成一些无可挽回和令人痛心的危害。

（2）影响健康人格的形成

嫉妒会使人心胸狭窄，目光短浅。嫉妒心理使人经常处于紧张焦虑状态，不仅影响学业进步，影响身体健康，更会影响其健康人格的形成。

（3）易造成心理压力

嫉妒能够潜移默化地磨灭人们奋发向上的锐气。倘若一名青少年长期处在嫉妒的心境之中，那么他就会在内心深处产生一种压抑感，给自己造成莫大的心理压力。

克服嫉妒心理的方法

当孩子产生嫉妒心理时，父母应该怎样做，采用哪些心理学方法，帮助孩子去克服嫉妒心理呢？

（1）注意孩子的暗示

孩子很难控制自己的情绪，但对于父母们来说，观察孩子的行为方式、掌握孩子的情绪趋向却并不难。当孩子嫉妒心理爆发的时候，他们的行为经常会出现相应变化，比如搞破坏、哭泣或者说嫉妒对象的坏话等。有时候，嫉妒心理也会反映在孩子的心理和身体方面，如胃疼、难过、焦躁、情绪低落或者没有干劲。这时候，父母需要对孩子表示同情和理解，并帮孩子把他们的想法说出来。

（2）不要盲目与别人对比

你可能注意不到，在谈论其他孩子时一句无心的"婷婷越来越可爱了"，或者只是一个微笑、一个耸肩的动作，甚至抬一抬眉毛都可能被孩子解读为"比"。尤其是当你的孩子在某一方面做得不好的时候，他们更容易对那些有能力做好的孩子感到嫉妒。

有一次，美美的妈妈跟一位阿姨说，邻家女孩的卷发很可爱，可惜自己女儿的头发却是直的。没想到，第二天，美美就要求妈妈带自己去美发厅要把头发烫成卷发。美美妈妈一下子就意识到是自己的评价引发了女儿的嫉妒心理，从此之后，她再也没有评价过女儿的头发，同时非常注意不拿女儿和别的孩子做无意义的比较。

（3）不强调负面东西

孩子会通过观察大人的做法来塑造自己的行为方式，因此当你发觉孩子感到嫉妒的时候，在表示同情的同时，不要过多强调孩子的立场，更不要指责受到嫉妒的对象，否则不但会进一步刺激孩子的嫉妒情绪，还会导致孩子养成动辄归咎于他人的不良习惯。

假如自己的孩子发现同桌被邀请参加同学的生日派对，而自己却没有被邀请。这时候父母决不能指责那个过生日的孩子"不够意思"，而应该告诉孩子，父母理解你的委屈，但是别难过，每个人都有不同的朋友。自己过生日的时候，不是也不可能把自己认识的所有人都请来吗？这样，孩子就会理解并不是因为自己不受欢迎而未受邀请，也不会因此而记恨那个过生日的同学。

（4）要发现自己长处

缺乏自信心的孩子总喜欢强调自己的弱点，而且那种低人一等的感觉，更容易刺激他们的嫉妒心理。因此，父母必须帮助孩子建立自信，让他知道自己也有优点，也有为自己而骄傲的资本。假如孩子在画画方面有天赋，父母就应该多多鼓励。

每当孩子自己解决了一个问题或者取得了一点进步，哪怕只是一道简单地算术题，也应该让他知道爸爸妈妈注意到了他的成绩，并且为他而骄傲。

当孩子为自己感到骄傲的时候，他们就更容易接受别人在某方面得到比自己更多的关注。这种自信不但可以帮助孩子克服自己的嫉妒心理，更有利于他们塑造自我，这才是真正值得别人艳羡的本领。

（5）找到解决的办法。感到嫉妒的孩子总是希望自己得到和他人同样的待遇，假如此时父母能够诱导孩子控制好自己的情绪，不但能够缓解嫉妒的心理，还有助于建立孩子的自信心和自尊心。

假如孩子觉得球队一个队友比自己上场的时间长而抱怨，父母可以问他，如果你加强练习的话，情况会不会有所改变呢？

这时，孩子会发现，虽然自己控制不了教练的选择，却可以控制自己的选择，通过刻苦练习提高自己的球技，上场的机会自然就多了。或者，当孩子对别人父母对子女所倾注的重视感到嫉妒的时候，父母更应该采取行动消除孩子的误会。

第三章

重视孩子的情商开发

情商主要是指人在情绪、情感、意志、抗挫折等方面的品质。如果一个孩子从小性格孤僻、不易合作；自卑、脆弱，不能面对挫折；急躁、固执、自负，情绪不稳定等等，那么，就是他智商再高，也很难取得成就。

因此，父母要注重对孩子情商的训练培养，千万不要使孩子变成聪明的"傻瓜"。

情商比智商更重要

智商，即人的智力发展水平，通常用智力商数来表示。智商反映了一个人的观察力、记忆力、思维力、想象力、创造力等等。情商，即认识管理自己情绪和处理人际关系的能力，通常用情绪商数来表示。情商涵盖了一个人的自制力、热情、毅力、自我驱动力等等。

人的智力发展中，智商是前提，情商是保证，两者的关系相辅相成，缺一不可。两者相比，情商比智商更为重要。弘扬个性，发展能力是素质教育的目标，但这一切都源于心理情商的提高。

为此，父母应善于提高孩子的情商水平，使孩子树立良好的价值观及人生观，以增强其心理适应能力。

培养情商应从小开始

简明而言，情商主要是指人在情绪、情感、意志、耐受挫折等方面的品质，即指一个人控制情绪、管理情绪的能力。心理学家认为，情商主要包括以下几个方面的内容：

一是认识自身的情绪，只有认识自己，才能成为自己的主宰。二是妥善管理自己的情绪，即能调控自己。三是自我激励，它能够使人走出低潮，重新出发。四是认知他人的情绪，这是与他人正常交往，实现顺利沟通的基础。五是人际关系的管理，即领导和管理能力。

心理学家们还认为，一个人是否具有较高的情商，和童年时期受到的教育培养有着密切的关系。一般来说，情商形成于婴幼儿时期，成型于儿童和青少年阶段，它主要是在后天的人际互动中培养起来的。青春期是一个人的黄金时代，因为这是一个人走向成人的一个过渡时期。在这个时期，青少年的学习和发展任务是非常重要的。

但是，中学生由于面临着生理上、心理上的急剧变化，还有学业上的巨大的压力，这些，都会使中学生造成心理失衡和复杂的心理矛盾，甚至产生种种不良的后果。据一份对22个城市的调查报告显示，我国中学生中有各种心理问题者达15%至20%，表现形式以亲子矛盾、伙伴关系紧张、厌学和学习困难、考试焦虑等现象为多。

这些问题的发生，大多与学生的自我控制能力有关，多是源于其心中时常涌出的各种非理性情绪。因此，培养情商应从小开始。

要认识情商重于智商

以往的理论认为，一个人能否在一生中取得成就，智力水平是第一重要的，即智商越高，取得成就的可能性就越大。但现在心理学家普遍认为，情商水平的高低对一个人能否取得成功有着重大的影响作用，甚至其作用要超过智力水平。

在人们对智商和情商的研究中，得到两个数字，一个人的成功，智商占20%，情商占80%。而事实上，真正成功的人，他们又是智商和情商结合的典范，这又是为什么？单纯的高智商不一定成功，单纯的高情商也不一定成功，成功需要高情商和高智商的完美结合。这又是什么道理呢？

情商现在对人们来说已不是一个陌生的概念。对于情商，人们更多地谈到，要善于与人交流，富有自觉心和同理心。自觉心就是常说的"有自知之明"，对自己的素质、潜能、特长、缺陷、经验等有一个清醒的认识，对自己在社会中、在工作生活中可能扮演的角色，有一个明确的定位。

而同理心，就是将心比心。那么情商意味着：有足够的勇气面对可以克服的挑战，有足够的度量接受不可克服的挑战，有足够的智慧来分辨两者的不同。认清自己该做些什么，以及对自己的行为负责。家庭教育应抓住教育契机，提升孩子的情商因素。

情商中的性格、意志、情感、社交等因素，与智商中的记忆、观察、想象、思考、判断等因素，存在着既对应又交叉的影响力。情商因素就像太阳光的赤橙黄绿青蓝紫，智商因素就像禾苗的氢氧氮磷钾氯氨。离开了情商因素，智商因素就成了无源之水。

提高孩子情商的方法

父母如何提高孩子的情商，心理学家提出了以下建议：

（1）经常表达爱意

父母和孩子的身体接触和眼神交流，都有助于提高孩子的情绪智力。父母在同孩子一起玩耍、吃饭和交谈当中，经常表达出爱意，可以培养孩子的健康情绪。

（2）帮助表达情感

父母帮助孩子了解和认识各种情绪的表达，也很重要。很多时候，孩子是因为不懂得如何控制情感，才表现为愤怒。

（3）引导自主决定

独立是情商中最重要的方面，只有让孩子从小学会自己拿主意，才能培养出独立的性格。

（4）帮助控制情绪

允许孩子说出自己的愤怒，而不是告诫他们"不要生气"。此外，询问孩子生气的原因，对帮助他们控制情绪也很重要。切记不要在孩子愤怒时试图压抑他们的情绪。

（5）肯定取得的成绩

对孩子的智力永远要予以肯定，避免贬低他们的作为，否则会让孩子对失败失去接受能力。当孩子遇到挫折时，父母注意教会他们积极应对和克服负面情绪的方法。

（6）不要过分溺爱

避免说"这事你干不了，我来替你吧"这样的话，这会伤害孩子的自信心，失去对自身的安全感。孩子作为一个发展性的个体来到世界上，他所要求的发展应该是合理的、全方位的，而不是畸形的、单一的。在发展孩子智商的同时，父母更应该注意孩子情商的发展，这样才能塑造出一个有用的现代社会型人才。

鼓励孩子多与他人交往

心理学家认为，高情商者善于洞察并理解别人的心态，会设身处地为别人着想，领悟对方的感受，平等客观地对待别人。他们善解人意，与人为善，成人之美。这种人善于人际沟通与合作，人际关系和谐融洽，有着良好的人际关系网络，在复杂的人际环境中游刃有余，自然也就容易获得成功。

与他人交往的重要性

孩子正处在一个接受知识、认识社会、了解人生和探索事业的发展阶段，孩子与同龄人之间的接触交往并建立友谊，是一种正常的心理需要。在这期间，孩子如果总是封闭自己、不爱与人交往、在同龄人之间的人缘不好，就会影响孩子的交往能力，使孩子无法适应复杂多变的社会。

更有甚者，会让孩子形成孤僻、抑郁、偏执等心理障碍。所以，父母鼓励孩子多与他人交往，具有重要的积极意义。

每个孩子都会期盼有一些在思想上、学习上以及生活中志同道合的朋友，能够经常从朋友那里获得鼓励、信任和支持。

在与周围的人相处时，朋友的肯定态度总是多于否定的态度，孩子们就会感到与他人有一种休戚相关、安危与共的情感，并愿意牺牲自己的利益去为他人谋利益，这是一种自我发展的需要。

因此，父母在教育孩子的过程中，对于孩子与他人交往的问题要给予足够的重视并对其加强正确的引导。

与他人交往的方法

（1）养成一种乐观的性格

开朗乐观的孩子总是比较受欢迎的。因此，要想孩子养成善于与人交往的习惯，父母首先要让孩子摆脱自卑。自卑会使孩子感到孤独和压抑，在人际交往中缺少自信，从而产生退缩、逃避的行为。父母应该告诉孩子，要树立信心，让自己成为一个受人欢迎的人。

乐观首先要保持一个良好的心态，父母在平时教育孩子时要让其发现事物好的一面，凡事多往好的方面想，不要总想着不好的；教孩子笑脸迎人，出门之前打理好自己的仪容仪表，带着愉快的心情去学校。这些都有助于孩子自信地面对同学，愉快与同学交往。

父母要引导孩子多参与集体活动，让孩子融入集体生活中去。鼓励孩子在集体活动中做一些自己能做的事情，加强与同学的交往，增加同学对自己的好感和信任。

在集体活动中，应教育孩子多干事情，少指挥人。如果自己总是不做事，却喜欢指挥别人，那么同学就会对他产生反感，直至讨厌与他交往。因此，父母还要教育孩子养成在集体活动中尊重他人，当他人遇到困难时，主动提供帮助，这样才能让自己的人际交往面更广。

（2）鼓励孩子带小伙伴来家玩

父母要支持并鼓励孩子带自己的伙伴回家，还要帮助孩子热心地招待他的小伙伴，提高孩子在朋友心目中的形象。父母的热心会让孩子的同学和朋友增加对他的好感，从而愿意与孩子保持良好的朋友关系。父母也可以邀请邻居家的孩子到自己家来玩，让孩子在与他人的交往中增加信心，学习人际交往的方法。

有所学校做过一个叫"一日营"的活动，就是让五六个孩子到其中一个孩子家里去共同生活一天。这个活动十分受欢迎，不仅孩子们非常喜欢，父母们也非常乐意。孩子们对去同学家都感到即新奇又兴奋，感觉同学家的东西什么都是新鲜的。他们会与自己的伙伴共同学习、玩耍、买菜、做饭，还会抢着打扫卫生。在这个过程当中，孩子们的身心得到了愉悦和放松，与人交往的能力也得到了锻炼。

让孩子单独到朋友或邻居家去串门，也是一个锻炼孩子交际能力的机会。串门做客，牵涉到寒暄、问候、交谈和有关礼物等的问题。孩子一个人去就成了主角，与对方的一切接触都得由自己来应酬，这无疑把孩子推到了前线，促使其考虑如何交际。

如果家里来了客人，不妨试着让孩子出面接待，特别是当客人或朋友中有与孩子年龄相仿的小客人时，父母千万不要包办代替。

（3）传授同学之间交往的技巧

随着时代的发展，现在的孩子非常讲究个性，要想与之保持良好的关系，也需要一定的技巧。父母可以教给孩子一些交往的技巧，帮助孩子得到同学的友谊。这些交往技巧有：

①教育孩子使用礼貌用语，如"谢谢""再见""对不起""没关系"等，不对别人说粗话、做不礼貌的动作。

②教育孩子要主动和同学打招呼问好，礼貌可以打开友谊大门。

③教育孩子在与同学的交往中，宽容同学的缺点和过错，不为区区小事而斤斤计较。教育孩子与人交往要注重给予，而不凡事注重回报。

④教育孩子懂得不无故打断他人的讲话，要认真听他人说话，不要心不在焉或只顾做自己的事情。

⑤教育孩子不在背后议论他人，也不打听别人的秘密和隐私。

⑥教育孩子真心诚意待人，讲信用，不欺骗说谎。

⑦教育孩子不用捉弄、嘲笑方式吸引他人注意，这样反而引起他人的反感。教育孩子在与同学的交往中，善于发现他人的优点和长处，多赞美他人，不因为自己的某些特长而处处炫耀自己。

⑧教育孩子与他人谈话时，尽量讲一些两人都感兴趣的话题，不要独自一人说个不停而不考虑他人的感受。

这些交往技巧，能够帮助孩子在与人交往中获得他人的好感。

教育孩子讲文明讲礼貌

良好的礼仪不仅能展现一个人的修养和魅力，而且能够帮助一个人的健康成长。从外表上看，礼貌是一种表现或交际形式，从本质上讲，礼貌反映着自己对他人的一种关爱之情。所以，真正的礼貌必然是发自于内心的。

礼貌是一种行为规范

讲究礼貌是处理人际关系所不可或缺的一种行为规范。人与人之间的互相观察和了解，通常都是从最初接触的礼仪开始的。举止优雅、彬彬有礼的人，会更容易交到朋友、找到工作、得到帮助。

有位哲人说：凡是比较明智和有礼貌的人们，他们都特别谦虚谨慎，从不装腔作势、装模作样、夸夸其谈、招摇过市。他们都是用自己的行为来证实自己的内在品性，而不是用语言。

一个有教养的孩子懂得如何礼貌待人，而这样的孩子很受他人欢迎，这就是心理学上所说的"被众人接纳的程度高"。文明礼貌是要从小培养起来的，只有从小就重视孩子的言行，才能形成良好的习惯。

礼貌从父母做起

父母首先要为孩子树立一个好的榜样。要知道，父母良好的行为举止是对孩子最生动、最直接、最有效的教育。比如，父母可以利用家里来客人的时机提醒孩子该怎样做，并为孩子做出榜样。

（1）为孩子树立榜样

音音7岁了，有一次家里来了客人，可音音在接待客人时并没有运用礼貌用语。妈妈发现后，并没有当场在外人面前指责孩子。因为妈妈知道批评和指责通常会造成孩子的逆反和不服心理，而且这种做法本身也是不礼貌的。

妈妈在客人离去后，把音音叫到身边，温柔地对她说："音音，叔叔今天送你的礼物喜不喜欢啊？"

音音马上回答道："喜欢。"

妈妈接着说："那你对叔叔讲话时，没有运用礼貌用语呢？这是不对的。你应该说'谢谢叔叔'，你说是不是？"

音音恍然大悟地说："哦！对不起，妈妈，我忘记了，以后会注意的。下次见了叔叔再跟他说'谢谢'行吗？"

妈妈听了之后笑了。妈妈在事后通过耐心提醒和引导，让孩子了解到自己错在了什么地方。

父母要以身作则，要语言文明，在家里不要讲粗话、脏话，家人之间要多使用礼貌用语，说话要和气。通过自己的行为潜移默化地影响孩子，一定能使孩子在良好的环境中养成文明礼貌的习惯。

（2）要净化语言环境

孩子不懂文明用语的根源，往往来自于周围的环境。要想让孩子成为一个文明礼貌的人，就要善于净化孩子周围的语言环境。

洋洋刚刚上小学一年级，可是从他到学校开始就满口脏话，还经常欺负女生，甚至对女老师也很不恭。

班主任联系了洋洋的妈妈，没想到他的妈妈却对老师哭诉洋洋对她也是如此无礼。于是班主任便开始苦口婆心地教育洋洋要讲礼貌，但收效甚微。

有一天，班主任到洋洋的家里去家访。开门迎接老师的是洋洋的爸爸，班主任老师便随口问了声洋洋的妈妈在哪里，洋洋的爸爸则轻蔑地说："那个死猪婆，到现在还懒在床上呢！"

班主任老师马上就明白了为什么洋洋会满口脏话、不讲礼貌的原因了。

有这么一位当着孩子的面如此侮辱自己的妻子父亲，而且还不顾有外人在场，孩子怎么可能会讲礼貌呢？班主任老师非常愤怒，当着洋洋的面，严厉地批评了他的爸爸。洋洋的爸爸也意识到自己的行为对孩子的不利影响，后来逐渐改掉了说脏话的习惯，也慢慢地学会了尊重妻子，不讲粗话。而洋洋也跟着不再说脏话了，并且变得越来越懂礼貌了。

注重礼仪的要点

父母在平时要有意识地向孩子强调注重个人礼仪的重要性，并注意从以下几方面来培养和要求孩子。

（1）仪容仪表

教育孩子要保持仪容仪表的整洁，要把脸、脖子、手都洗得干干净净；勤剪指甲勤洗头；早晚刷牙，饭后漱口，注意口腔卫生；经常洗澡，保证身体没有异味；衣着要干净、整洁、合体。

（2）行为举止

教育孩子的行为举止。目标就是"站如松，行如风，坐如钟，卧如弓"，主要从站、坐、行以及神态、动作方面提出要求。

优美的站立姿态给人以挺拔、精神的感觉；身体直立、挺胸收腹、脚尖稍向外呈V字形。要避免无精打采、耸肩、塌腰，千万不能半躺半坐。走路要昂首挺胸，肩膀自然摆动，步速适中，防止内八字或者外八字脚、摇摇晃晃，或者扭捏碎步。

（3）表情神态

父母要教育孩子表现出对人的尊重、理解和善意。须知，日常的一个动作，一个神态就会影响自己在别人心中的位置。与人交往要面带自然微笑，千万不要出现随便剔牙、掏耳、挖鼻、搔痒、抠脚等不良的习惯动作。

（4）言谈措辞

要求孩子使用文明礼貌用语。如"您好、谢谢、请、对不起、没关系"等。接人待物时，要求孩子做到态度诚恳、亲切、使用文明语言、简洁得体，既不能沉默寡言，也不能啰嗦重复。

父母向孩子强调文明礼貌的常识时，不要用教训、命令的口吻，而是要循循善诱、谆谆教导。同时，父母还要让孩子明白，人与人之间若出现互相挤撞，不要恶言恶语，要有理解、宽容态度；要求孩子做到行为文明，如：和人见面时主动打招呼、和别人说话时专心、爱护公共环境、遵守交通规则等。

挫折教育是一门必修课

当今的孩子大都是在万千宠爱中成长的，父母过多过细的照顾保护，造成孩子依赖性强，自觉性和独立性差。从孩子发展的需要看，生活中，挫折无处不在。可以说挫折伴随着孩子成长的每一步。

父母有意识地让孩子受点苦和累、受点挫折，尝试一些生活的磨难，使孩子明白，人人都可能遇到困难和挫折，有利于孩子敢于面对生活或者学习的困难，正视挫折，提高克服困难的能力。这对于孩子的健康成长，有着十分深远的意义。

对孩子进行挫折教育

生活中的挫折，是一种客观事实。但是因为遭受挫折而引发了不同的感受，则是每个人心理的主观体验。也就是说，同样都是遭受挫折，但是不同的人会有不同的感受，产生不同的情绪，采取不同的行动，造成不同的结果。

一般而言，易受挫折的孩子往往追求的目标不切实际，对追求目标过程中可能遇到的困难缺乏心理准备，缺乏应对困难的能力，夸大困难、缺乏自信等。

父母们要做的就是给孩子一个能量，一个面对挫折打击时，能够自己调适、奋起，不断积极寻找幸福的内心的能量。否则，很少遭受挫折的孩子长大后，会因不适应激烈竞争和复杂多变的社会而深感痛苦。

挫折教育不仅包括吃苦教育，还包括生存教育、心理教育，旨在提高孩子对挫折的心理承受力，其核心是培养孩子一种内在的自信和乐观。因此，可以说，挫折教育关乎孩子的终生幸福。

进行挫折教育的方法

有些父母误以为，如果对孩子进行挫折教育，孩子会因此而吃很多苦，其实不然。真正的挫折教育，是在正确的教育思想指导下，依据孩子身心发展和教育的需要，创造或者利用某种情境，提出某种难题，让孩子通过动脑动手，来解决矛盾。从而使他们逐步具备应对困难的承受力和对环境的适应力，从而培养出一种敢于迎难而上的坚强意志。

如果孩子没有经受挫折，便很难应对即将经历的挫折，很容易向挫折低头。那么应怎样对孩子进行挫折教育呢？

（1）引导孩子正确认识挫折

孩子自己生活中有不同的活动，当孩子面临困难时，父母们应该让他直观地了解事物发展的过程，从反复体验中逐步认识到挫折的普遍性和客观性，从而真切地感受到要做任何事情都会遇到困难，成功的喜悦恰恰来自于问题的解决。只有让孩子在克服困难中感受挫折，认识挫折，才能培养出他们不怕挫折、敢于面对挫折的能力。

（2）提高孩子的挫折承受力

在孩子的生活、学习活动中，父母可以随机利用现实情景，或模拟日常生活中出现的难题，让孩子开动脑筋，根据已有的生活经验，经过自己的努力克服遇到的困难，独立完成任务。

孩子在经历了由不会到会、由别人帮助到自己完成的过程后，心理上会得到一种满足。同时，也锻炼了他们的自理能力。父母还可以创设一些情境，如：把孩子喜爱的玩具藏起来让孩子寻找，让孩子到黑暗的地方取东西等。

但是，在创设和利用困难情景的时候，要注意几个问题：

①必须注意适度和适量。设置的情景要能引起孩子的挫折感，但不能太强，应该循序渐进，逐步增加难度；同时，孩子一次面临的难题不能太多。否则，过度的挫折会损伤孩子的自信心和积极性，使其产生严重的受挫感，从而失去探索的信心。

②在孩子遇到困难而退缩时，要鼓励孩子。在孩子作出努力并取得成绩时，要及时肯定。让孩子体验成功，从而更有信心去面对新的困难。

③对陷入严重挫折情景的孩子，要及时进行疏导，防止孩子因受挫折而产生失望、冷淡等不良心理反应。在必要时，可帮助孩子一步步实现目标。

（3）增强孩子的抗挫折能力

向孩子讲述一些名人在挫折中成长并获得成功的事例，让孩子以这些名人做榜样，从而不畏挫折。

在幼小孩子的眼中，父母的形象非常高大，无所不能，他们对待挫折的态度和行为，会潜移默化地影响孩子的态度和行为。所以父母要以良好的行为孩子树立榜样，增强孩子抗挫折能力。

（4）要改变孩子的挫折意识

孩子只有不断得到鼓励，才能在困难面前淡化和改变挫折意识，获得安全感和自信心。成人要多鼓励孩子做自己力所能及的事，一旦进步，要立即予以表扬，强化其行为，并随时表现出肯定和相信的神态。成人的鼓励和肯定既能使孩子的挫折意识得以改变，又能提高他们继续尝试的勇气和信心。

对孩子进行挫折教育是父母的重要课题。对此，父母一定要注意，不能对孩子提出过高要求，要根据孩子的年龄特点和兴趣进行培养，否则，孩子在压力面前会就容易产生强烈的挫折感。

孩子如果经常笼罩在挫折感中，会损害他们心理的健康发展。总之，在孩子成长的过程中，没有挫折不行，挫折过多、过大也不行。所以，父母要正确引导，使孩子能正视并战胜挫折，健康发展。

鼓励孩子正确面对失败

人的一生不可能是一帆风顺的，会经历很多的失败。因此，父母应教育孩子正确地看待生活中可能遇到的失败，树立正确的成败观。父母要让孩子懂得，失败不可怕，可怕的是被失败击倒，只有在失败面前鼓足勇气和信心才会成功。同时，父母应允许孩子失败，并在失败中帮助孩子总结经验教训，鼓励孩子在失败中奋起。让孩子在失败中成长，在失败中进步，在失败中咀嚼人生。

鼓励孩子勇于接受失败

人生的道路并非一帆风顺，可能是崎岖、充满挫折和困难的。人的一生也许要经历许多次的失败，如何正确面对失败，这是每个人必须经历的事。身为父母，要教育孩子不但要有勇气去接受失败，而且要把它作为走向成功的财富，这也是每一个生活强者的必经之路。父母应帮助孩子顺利度过生活的难关，从各方面锻炼孩子战胜困难的能力。

孩子面对的失败有考试没考好、落榜等。这时孩子会情绪低落，郁郁寡欢。在这种时候，父母应耐心询问孩子的情况，心平气和地听孩子诉说，对孩子的心情表示同情和理解，在稳定孩子情绪的基础上再提出合理化建议，帮助孩子走出情绪的低谷。

当孩子遭遇了一些失败时，父母千万不要对孩子讲："把事情都弄糟了，你怎么搞的？""你都忘了怎么做了，是猪脑子？""早知如此，不如当初不要你！""你根本就不是学习的料！"等等。如果孩子经常处于这些话语的反复"暗示"下，往往会接受这种错误判断，从而将这些错误判断作为自我评价的一个部分。长此下去，必定形成怯懦、自卑、害怕挑战的心理，认为自己什么都不行。

当孩子对自己的评价过低时，就会失去战胜困难的勇气和动力，如果遭到失败，有可能会一蹶不振，最终可能会一事无成。父母应该鼓励孩子正确面对失败，帮助孩子具体分析失败的原因，并帮助孩子从失败中走出来，继续面对生活和学习中的各种困难。

帮助走出失败阴影方法

为了帮助孩子走出失败的阴影，度过失败的难关，父母应做好以下几方面的努力：

（1）培养正确对待失败的态度

当孩子遭遇失败时，他们常会产生消极情绪，对周围的人和事物的态度，易受情绪因素的影响，不能以正确态度对待挫折和失败，常常表现出逃避、退却、畏缩、依赖等消极行为。

父母应告诉孩子："别灰心丧气，只要你努力，一定能做好的。从失败中吸取教训，多想想以后怎么做"。孩子对父母的态度十分敏感，更希望得到父母的帮助。父母需要告诉孩子，父母关心并理解他，但是战胜困难却要依靠他自己的努力。

（2）帮助孩子找出失败的原因

生活中造成失败的原因，是多种多样的。父母要结合孩子的具体情况，与孩子一道分析、寻找失败的原因，使孩子懂得做事的方法不对头、努力不够、条件不足等，都可能引起失败。

父母始终要注意保护孩子的自信心，使他不自卑，不失望，不放弃，保持继续努力的勇气。

（3）要多给予孩子肯定和鼓励

在孩子遇到问题时，父母切忌对孩子消极、否定的评价。父母要多给孩子一些积极肯定的评价，可对他说："你一直都在努力着，只要再加把劲，你一定会获得好成绩。"既要肯定了他的失败，同时也给他提供了动力，指出了今后努力的方向。尽量鼓励孩子尝试着自己独立解决问题。

（4）锻炼孩子战胜失败的毅力

学习和生活，都是一个积累经验的漫长过程，应对能力的提高需要一定的时间。孩子需要时间去理解、观察、掌握知识，也需要时间去巩固知识和练习能力。

父母和教师要为孩子提供各种机会，给他们充足的时间，让他们从各方面锻炼战胜困难的能力和毅力，成为一个生活中的强者，健康成长。

给孩子坚强的意志淬火

坚强是一个人一生中必不可少的精神支柱。学会坚强，你会在这激烈竞争的世界中站得更稳。学会坚强，你才能从困难和挫折的废墟中解脱出来。学会坚强，在痛苦绝望时才能给自己增添生活的勇气和经验。有很多青少年的心理很脆弱，经不起一点挫折和打击，承受能力较差，没有坚强的意志，这是很可怕的一件事。

让孩子学会坚强，在生活中是非常重要的。因为，苦难是人生的最大的财富，不幸和挫折可能会使人沉沦，也可能造就成一个人坚强的意志，并成就一个人辉煌的人生。

锻炼孩子做事的坚强意志

苦难是人生的一位良师，从某种意义上来说，那些艰难困苦是磨炼人格的最高学校。现代的青少年生活在一个富有的年代，大都不知道什么是贫穷和艰难。对此，父母应加强对孩子坚强意志的教育，因为只有意志坚强的孩子才能勇敢地与困难作斗争，从而打开成功之门。

具有坚强的意志，对一个人来说是非常的重要。所以，就家庭教育来说，培养孩子坚强的意志对于孩子人生的成长，具有相当重要的作用。父母应教育孩子使他们懂得，在成长的道路上，需要克服许多困难，抵制许多诱惑，放弃许多享受，做到这些都需要坚强意志的支持。因为，坚强的意志和一个人受到的磨难是分不开的。

教育孩子学会坚强的方法

只有经受住生活的考验和磨砺，才能拥有坚强的意志和顽强的毅力，才会在困难和挫折中表现得镇静自若、永不退缩。克服困难的过程就是意志活动的过程。因此，坚强的意志就是在不断克服困难的过程中锻炼出来的。让孩子学会坚强，可从以下方面做起：

（1）做到持之以恒

让孩子学会坚强就先要让他们学会摆脱世俗的困扰。从小事做起、持之以恒，在一定的条件下，要正确取舍、认真做事，才能不负少年心。

（2）认真面对失败

爱迪生曾经说过："失败是我需要的，它和成功一样有贵重的价值。"对此，父母要教育孩子，在享受成功的同时也要品尝失败的滋味。因为，人生道路上不可能是一帆风顺的，总会有许多的坎坷和困难。只有懂得认真地面对失败，才能具备坚强的意志力，才能克服前进道路上的种种困难。

（3）善于克制自己

培养孩子坚强的意志，还需要让孩子学会善于管理自己的情绪。让他们把自己日常行为做个有条不紊的计划，然后，根据计划来管理或约束自己的行为，从而达到培养孩子坚强意志的目的。

（4）艰苦是一种锻炼

著名的思想家卢梭曾说："如果人害怕痛苦，害怕疾病，害怕不测的事情，害怕生命的危险，那么，他就会什么也不能忍受的。"一个人的意志与品格是完全一致的，意志越强大，品格的形成就越快。

因此，坚强的意志是与克服困难相联系的。艰难、困苦和不幸，是生活中真正的磨刀石，它是力量、纪律和品格形成的最好源泉。

让孩子学会控制情绪

心理学家认为，凡情商较高者都善于控制自己的情绪，任何时候都能做到头脑冷静，行为理智，抑制感情的冲动，克制急切的欲望。情商较高者能够及时化解和排除自己的不良情绪，使自己始终保持良好的心境，从而保持心理健康。对此，父母教育孩子学会控制情绪，这对他们未来的人生无疑十分重要。

保持乐观向上的心境

控制情绪的能力是情商的重要内涵之一，这种能力可以及时摆脱消极情绪，保持乐观向上的心境。幼儿时期是情绪智力的黄金发展期，帮助孩子形成初步的情绪调控能力，是对孩子进行情商教育的目标之一，也是对孩子情感教育的重要内容。

一般来说，脾气是天生的，不管是孩子，还是年过花甲的老人，无一例外都会有自己的脾气。但是，每个人都应学会控制自己的情绪，如果不会控制自己的坏脾气，那么在人生道路上便会多出很多麻烦，就会伤害朋友，破坏感情，甚至更糟。教育专家建议，父母应教育孩子从小就学会控制自己的情绪。

任何人遇事不如意或遭遇突发事件时，都会表现出情绪不稳定情绪，但是孩子往往会表现得更加夸张，或者是大喜大悲，或者是做事不顾后果，容易冲动。而善于自我管理的孩子就知道情绪是怎么回事，情绪的体验是什么，更知道如何去释放自己的情绪。

在生活中，有的孩子一生气就喜欢骂人，说脏话。他们虽然知道骂人、说脏话是不对的，每次骂人、说脏话以后也常常后悔，但是由于已经习以为常，所以总是无法控制住。

针对这种情况，父母要教育孩子正确对待与他人的摩擦。许多孩子的骂人其实是对自己受到伤害的一种情感宣泄。例如：东西被他人拿走，自己被他人踩了一脚等。父母应教会孩子如何抒发自己的情绪，并让孩子用宽容的心对待他人的过失。

如何控制孩子的情绪

孩子在发脾气时，父母不要乱了手脚，应该心平气和地告诉孩子，你可以生气，但是不可以伤害别人或者做伤害自己的事，把孩子带出那种一触即发的环境，并试着分散他发脾气时的注意力。

假如父母的心平气和还是化解不了孩子的怨气，孩子仍然执意要发脾气的话，建议暂时不要理睬孩子，站在孩子附近，但是不要介入，让你的孩子明白你不会被他的怒气所控制。

如果孩子的怒气不是来自于父母，那父母就可以教孩子一些消除压力和怒气的办法。比如到操场去打篮球、玩游戏和接触小狗小猫等，以转移孩子的注意力。另外，耐心的开导也会收到良好的效果。孩子易怒与父母的脾气也有一定的联系，专家建议，父母要充满幽默感，放弃那种想要全面控制孩子的冲动。

当然，父母也可以制订一些条规，比如：不许大喊大叫、不许使用暴力、不许说侮辱人的话等。若违反条规，则做出相应的惩罚。比如取消原本安排好的外出游玩计划，减少孩子的零花钱等。

父母只有帮助孩子学会如何控制自己的情绪，孩子才能逐步纠正发火、骂人、说脏话的不良习惯。当然，让孩子学会控制自己的情绪，父母需要帮助孩子找到适当的宣泄方法。

如：鼓励孩子把不高兴、不愉快的事情告诉父母，以缓解心中的不快；教孩子不要轻易放任自己的情绪，激动的时候应该在心中默数"一、二、三"；鼓励孩子自我隔离，来达到冷静；培养孩子乐观的性格和幽默感等。

尊重是一种文明的体现

尊重是一种文明，一种修养，一种心灵的教育，也是培养和提高孩子情商的重要内容之一。

就现实来看，由于父母在生活中向孩子过多地渲染父母与孩子间的朋友关系，并在孩子面前随意抱怨老师以及其他一些孩子的长辈，而这些言行其实是在向孩子发出信号："不尊重权威是可以的"，以至在孩子的心目中也就几乎没有了"尊重"这个条目。

要改变这种情况，父母该注意哪些方面呢？

培养孩子尊重他人的心理

懂得尊重的孩子都懂得尊重自己，懂得如何来维护自己的人格尊严。懂得尊重他人的孩子，在自己说话时往往会顾及他人的感受。所以，父母在日常的生活中要做到尊重自己的孩子，进而培养孩子尊重他人的心理。

英国著名的教育家斯宾塞曾说过："野蛮产生野蛮，仁爱产生仁爱，这就是真理。你对待儿童没有同情，他们就变得没有同情；而以应有的友情对待他们，就是一个培养他们友情的手段。"

这就是说，只有以应有的尊重来对待孩子，孩子才会懂得尊重。

在德国的一个家庭里，母亲包莉如果想要让孩子帮助做什么事时，总是对孩子说："请你帮我好吗？"她从来不会用一些生硬的句子，或强硬的命令语气来迫使孩子做事。孩子做完了某件事，母亲总会说声"谢谢"。不管遇到什么事情，父母总会和孩子商量一下。如父子俩一块看电视时，倘若父亲想换另一个频道，就会先对孩子说："马克，咱们换个频道看看好不好？"

在圣诞节那天，父亲给马克买了一个高尔夫球台作为礼物。有一次，父亲的朋友到家里来做客，他想和朋友一起玩一下，父亲就问孩子："马克，能不能把高尔夫球台借给我玩一下？"

这位父亲认为，既然已经是送给孩子的礼物，它就是孩子的物品。不管是谁，如果想要使用这个物品，必须得到孩子的同意。父母的这种教育方法，使孩子慢慢养成了彬彬有礼的习惯。

懂得尊重自己也尊重他人

有些孩子从小就养成了以自我为中心的习惯，这并不能说孩子是自私的，而是幼小的孩子还不懂得该怎样去关注除了自己以外的其他人。

父母要注意从日常生活中的一些小事，来教育孩子尊重他人。如：教育孩子在学校主动向老师和同学问好，遇到熟人要热情打招呼，请人帮助时要用礼貌用语等。同时，父母可以多向孩子讲一些亲朋好友的性格优点，鼓励孩子学习他人的优点。

此外，父母还要教育孩子谦虚谨慎，不骄傲自满，正确地对待自己的成绩和他人的缺点不足，不以自己的长处比他人的短处，让孩子明白"金无足赤，人无完人"的道理。

在我们的现实生活中，有些孩子不管是在说话还是在做事，都不懂得去顾及他人的感受。如：给老师和同学取绰号、当同学遇到困难时上前去围观起哄、见到他人陷入了困境自己却表现出幸灾乐祸、上课时同学回答错了自己还在私底下挖苦、没有征求同学的同意就拿走人家的东西、不认真听取他人的意见……

孩子们这样做的原因，有时只是因为好奇，想看热闹，有时只是想和对方开个玩笑，有时则是盲目地跟着别的孩子做。但是，不管出于哪种原因，如果一直这样下去，将会严重影响到孩子们之间的友谊，也会影响到孩子自己的健康成长。

对此，父母要引起高度的重视。父母如果发现孩子身上有这种情况，要先平静地问问孩子这么做的原因，然后有针对性地给孩子指出这样做的坏处。父母要让孩子设身处地体会到不受别人尊重时的感觉，要让孩子知道，有教养的孩子只会同情、帮助、尊重别人，不会嘲笑、挖苦、鄙视别人。要让孩子从小就学会如何尊重他人，并且养成尊重他人的习惯。

让孩子学会自我激励

每个人都希望被鼓励与认可，孩子更是这样。也许父母不经意的一句话就能让孩子信心百倍，但是对于孩子，更主要的是要让其学会自我激励，因为父母终究不会伴随自己一生，只有孩子学会了自我激励，遇到事情才不会气馁，才会走得更长远！

认识自我激励的重要性

自我激励是孩子成长过程中不可缺少的环节。自我激励能提升孩子的自我形象，同时，这些好形象、好表现，又会成为他自我激励的理由。如此形成一个良性循环后，就能从根本上推动孩子取得更大的进步。当然，教会孩子自我激励是一个长期、细致的过程，需要父母坚持不懈的努力。

　　小翔是个高中生，平时性格内向，沉默寡言，遇事总是闷在心里。但他最大的弱点还是对自己所遇到的挫折不能拿出足够的勇气来面对，更不会自我激励。

　　虽然他付出了艰苦的努力，但是期末考试成绩却很糟糕，他认为靠这样的成绩根本无法去面对父母殷切的目光。于是，他精神抑郁了！

　　其实，在这个学期中，他已经有了不小的进步。然而，他没有看到自己的进步，也没有借此激励自己，而是把自己深陷于苦恼之中。

德国人力资源开发专家斯普林格在其所著的《激励的神话》一书中写道："强烈的自我激励是成功的先决条件。"

在1972年墨西哥奥运会马拉松比赛中，出现了一个非常感人的场面：

一位黑人选手在左膝盖受伤的情况下，凭着自己坚强的意志跑完了全程。

当他到达终点时，其他选手早已回去休息了。对他来说，跑不跑到终点，都已经没有名次了。但是，他还是坚持跑完了全程。

当他跑到终点时，一位记者问他："是什么力量让你坚持跑完全程的？"

他回答："我只是不断地告诫自己，一定要跑完！"这位选手积极的自我激励精神赢得了全场最热烈的掌声。

自我激励是一种习惯内化的结果。父母必须让孩子学会自我激励。鼓励孩子自我激励，让孩子不只重视父母的赞扬或者物质上的奖励，更注重对自己努力的肯定，并能正确地面对物质上的诱惑。

当孩子取得好成绩或有所进步时，父母虽然可以不断地赏识和夸奖孩子，但最终还是要靠他自己的力量来自我激励，从而强化自己的行为。总之，父母的赏识、尊重、信任及指导，是鼓励孩子自我激励的重要所在，它有助于孩子增强自信心，并保持继续努力的积极态度。

帮助孩子学会自我激励方法

孩子的不断进步有很多原因，其中家庭教育起着极为重要的作用。父母对孩子的鼓励，可以帮助孩子开发智力，快速成长。聪明的孩子在父母的鼓励下，会变得更加聪明，愚笨的孩子会在父母的鼓励下，变得不再愚笨。

（1）父母要经常性地激励孩子

激励孩子并不是单纯地靠物质奖励，更应该重视精神层面的激励。当孩子取得优异成绩时，父母的"孩子，你真棒，我们相信你会做得更好"，远比给孩子买多少礼物，给孩子多少钱更加让孩子受益。

　　强强患有先天性腿部残疾，走路一瘸一拐的，因为这个问题，伙伴们经常嘲笑他，他也一度对生活失去了信心。但是强强的妈妈并没有因为这个原因对孩子有丝毫的失望，相反，她用尽很多办法想帮助孩子树立自信。

　　每天早上醒来，妈妈都会到强强的房间，对孩子说："孩子，新的一天开始了，要有新的收获哦。"

　　最初强强对自己很没信心，可是妈妈说这句话的次数多了，他就觉得自己如果不努力，就对不起妈妈的良苦用心。于是，每天他都对自己说加油，用好成绩去证明自己。

　　在妈妈的鼓励下，李强的成绩在班里总是名列前茅，再也没有同学对他投去鄙夷的目光了。

父母对孩子的鼓励，也许只是一句话，一个眼神，一个不经意的动作，这却可以唤起孩子良好的情感体验。孩子会将父母的鼓励转化为自己前进的动力，不断督促自己进步。

父母要学会悦纳自己的孩子，赏识孩子的每一点进步，这样孩子才会在父母的赏识中肯定自己的价值，发挥出自己的潜能，取得更加理想的成绩。

（2）引导孩子学会自己鼓励自己

父母要告诉孩子，求人不如求己，没有人有义务和责任一直给予你鼓励和支持，重要的是要学会自我激励，这样孩子在没有外人鼓励的前提下，也可以获得大的进步。

在拿破仑·希尔的《思考致富》一书里面，首次揭示出6个自我激励的"黄金"步骤：

一是你要在心里确定你希望拥有的财富数字——泛泛地说"我需要很多、很多的钱"是没有用的，你必须确定你要求的财富具体数额；

二是确确实实地决定，你将会付出什么努力与多少代价去换取你所需要的钱——世界上是没有不劳而获这回事的；

三是规定一个固定的日期，一定要在这日期之前把你要求的钱赚到手——没有时间表，你的船永远不会"泊岸"；

四是拟定一个实现你理想的可行性计划，并马上进行。你要习惯行动，不能够再耽于空想；

五是将以上4点清楚地记下——不可以单靠记忆，一定要白纸黑字；

六是不妨每天两次，大声朗诵你写下的计划的内容。一次在晚上就寝之前，另一次在早上起床之后，当你朗诵的时候，你必看到、感觉到和深信，你已经拥有这些钱！

爱迪生曾写信给拿破仑·希尔："我感谢您花了这么长的时间去完成'成功学'，这是一个很健全的哲学，追随您学习的人，将会获得很大的效益。"

这是一个经济学中的步骤，但是在家庭教育中也有重要的意义，父母可以将其作为参考，利用到对孩子的教育当中，让孩子读懂这个黄金步骤，在此基础上，制订自己的学习步骤，从而实现自己的理想。

（3）指导孩子确定自己目标

目标对于孩子的影响是巨大的，它会决定孩子的学习态度和学习劲头。善于自我激励的孩子，一定是有明确目标的孩子。只有在目标的引导下，孩子才会为之进行自我激励，朝着自己的目标不断前进。孩子通常自己会设定一个目标，但由于年龄的限制，目标会存在不符合实际的情况。父母要根据孩子的情况，帮助孩子设定一个目标。即使孩子的目标很幼稚，也不要对其进行挖苦讽刺，而是鼓励孩子说出来，然后帮助孩子分析，引导孩子朝着目标前进。

由于孩子的自我约束能力很差，可能刚刚确定目标的时候斗志昂扬，没过三分钟，热情就不在了。父母在教孩子自我激励时，一定要让他有紧迫感。

不妨建议孩子每天大声朗读自己的目标计划，在朗读的过程中，无形加强了他对目标的认知。光有认知还是不行，还要让他知道世上没有不劳而获的事情，付出和回报是成正比的，有多少付出才会有多少回报。如，孩子想组装一个模型，你需要告诉他，成型之前的模型是什么样子的，经过什么样的努力，才能达到现在的样子。

最后，还要对孩子的目标给予适时的时间限制。如果没有时间限制，孩子会觉得这个目标太过遥远，从而自我放松。因此，孩子的每一个目标都要规定一个固定的时间，并要求孩子在规定的时间之前达到目标。有了时间约束，孩子的行动才会有紧迫感。

（4）要让孩子学会自我暗示

孩子如果学会了积极的自我暗示，就会调动全身心的各种潜能，朝着既定方向前进。当孩子在奋斗的过程中遇到困难和挫折的时候，父母要让孩子学会暗示："我可以做到。"当孩子参加长跑时，可以让孩子暗暗对自己说："坚持，胜利就在前面。"

积极暗示会增强孩子的自信心，孩子的心态也会随之平稳，也就更容易成功了。

君君还有两个月就要参加中考了，可在最近的模拟考试中，她的成绩很不理想，老师也说她升入重点高中的希望很渺茫。她回家后闷闷不乐，将自己的成绩和老师的话都告诉了妈妈。

妈妈尽管很担心，可还是面带笑容地说："没事，你的成绩上普通高中是没问题的。再说现在离中考还有两个月，一切都是有可能的。"妈妈让君君每天在心里对自己说："我能行，我相信自己。"君君将妈妈的话记下了。

慢慢地，妈妈发现君君有了新的变化，她脸上又出现了久违的笑容，她的学习成绩也不断地提高。

当孩子参加有挑战性的活动时，父母要让孩子学会在心里暗暗地鼓励自己：我可以战胜困难。在这样的积极暗示下，孩子会变得坚强和勇敢，也就能够克服任何困难了。

父母还要教给孩子如何自我暗示，比如要用积极的正面话语："我一定要成功！""我没问题的。"不要让孩子对自己产生怀疑，这样孩子才不会产生"我做不到"的潜意识。父母一定不要让孩子忽略潜意识的作用。孩子学会积极、正确的暗示，就会自觉抵制那些消极的影响，最终达到目标和理想。

（5）要给孩子选择一个标杆

给孩子选择一个标杆，也就是给孩子找一个好榜样，孩子在生活中和学习上有了自己的榜样之后，会模仿他们的言行，朝着他们的榜样努力。在这个学习的过程中，孩子会不断地激励自己，给自己加油打气。

父母可以为孩子选择身边比较熟悉的人作为学习的榜样，也可以选择在孩子比较感兴趣的领域里有突出贡献的人作为他们的榜样。在为孩子选择榜样时，父母要注意说话的口气和态度，不要对孩子有任何的嘲讽和挖苦。

为了更好地让孩子学会自我激励，父母还应注重如下要点：

（1）教孩子在面对困难时自我激励

著名儿童诗人金波作词、著名作曲家瞿希贤作曲的歌曲《我能行》的歌词是这样的：

如果面前有一座山峰，我们就勇敢去攀登；如果遇到一场暴风雨，我们就是翱翔的雄鹰。跌倒了，爬起来，说一声，我能行！骨头变得更硬；失败了，不气馁，说一声，我能行！再去争取成功。我能行，有信心；我能行，更坚定；我能行，去开创新的人生。

孩子在遇到困难时，容易失去信心，放弃坚持，父母可以教孩子在遇到困难和挫折时自我激励。比如，当孩子失去了参加一次数学比赛的资格时，可以教孩子这样激励自己："尽管这次比赛没有让我参加，但是，我的确已经尽力了，瞧，我的数学成绩明显提高了！"

当孩子在做作业的时候产生烦躁、懈怠的情绪时，可以教孩子这样激励自己："再坚持一下吧，只剩下最后一道题目了，做完题目就可以看一会儿动画片了！"

（2）教孩子面对挑战时自我激励

这似乎很神奇，而实际上就是自我暗示、自我激励的重要作用。当孩子要参加一些富有挑战性的活动或者重要考试及比赛的时候，父母一定要教孩子学会自我暗示，提醒自己沉住气、别紧张，胜利一定是属于自己的。这样自我激励能够让孩子增强自信心，避免不良情绪造成不良后果。

（3）父母要强化孩子的自我激励

把孩子对自我的肯定稳定下来，并且加以强化。这非常重要，孩子们可以从中领会到：自己的努力和良好的行为是一种很好的奖赏。

在鼓励孩子自我暗示和自我激励时，要注意让孩子用正面积极的语言，比如"我一定成功"，而不说"我不可能失败"；说"这件事对我来说很容易"，而不说"这件事对我来说并不难"。因为肯定的语气在孩子的大脑中种下的是成功的因子，他的潜意识会指挥他去"成功"；而否定的语气往往会埋下失败的因子，他的潜意识会给自己设置"失败"的障碍。

教育孩子善待他人

孟子曾经说过："君子莫大乎与人为善。"善待他人、不求回报是获得成功的基石，如果凡事斤斤计较，为人又自私自利，不仅找不到合作伙伴，甚至有可能成为孤家寡人。

善待他人是人们在成长过程中应该遵守的一条基本准则。在现如今这个凡事都讲究合作的社会里，人与人之间更是一种互动的关系。

只有表示友善，善待他人，善意地为他人提供帮助，才能处理好人际关系，从而获得他人的愉快合作。

懂得善待他人的真谛

有人曾经说过："幸福并不取决于财富、权力和容貌，而是取决于你和周围人的相处。"父母如果想让自己的孩子成为一个幸福快乐的人，那就要从现在起教会他善待他人。

也许有人会问：怎样才算是善待他人，与人为善呢？善待他人说起来简单，可是做起来却不是一件容易的事，它包括相当广泛的内容。如：关心他人，当朋友遇到困难的时候主动伸出友谊之手；尊重他人，不去探究他人的隐私，不在背后议论他人；善于和别人沟通、交流，善于和那些与自己兴趣、性格不同的人交往；承认别人的价值，负起自己该负的责任……

总而言之，善待他人最重要的原则就是"己所不欲，勿施于人"。父母要教育孩子凡事从对方的角度来考虑，只要孩子养成了这个习惯，那将来肯定会获得许多好朋友、好伙伴。

生活中往往就是这样：对他人多一份理解和宽容，其实就是支持和帮助自己。就如中国古语说的那样：授人玫瑰，手留余香。

在追求成就的过程中，任何人都离不开与他人的协作。特别是在现代社会里，倘若你想取得成就，就应该想方设法获得周围人的支持和帮助。只有你真诚地善待他人，别人才会与你真诚合作。请牢记这句话：善待他人也就是善待自己！

要引导孩子善待他人

父母若要教育孩子善待他人，可以通过角色转换的方法让孩子摆脱以自我为中心的想法，学会心中有他人，宽容他人。

有一个孩子，他不懂得回声是怎么一回事。有一次，他独自站在小山岗上，大声叫道："喂！喂！"

远处小山立即反射出他的回声："喂！喂！"

他又叫："你是谁？"

回声答道："你是谁？"

他又尖声大叫："你是傻瓜！"

立刻又从山上传来"你是傻瓜"的回答声。

孩子非常生气，向小山骂起来，然而，小山仍旧毫不示弱地回敬他。

孩子怒冲冲地回家对母亲抱怨，母亲对他说："孩子呀，那是你做得不对。如果你恭恭敬敬地对它说话，它就会和和气气地对待你。"孩子说："那我明天再去那里说些好话。"

"应该这样，"他的母亲说，"在生活中，无论男女老少，你对人好，人便对你好；如果我们自己粗鲁，是绝不会得到人家友善相待的。"

父母应该教孩子对同学、同伴多一点忍让，多一份关心，这样别人也会遇事宽容自己，体谅自己，为自己着想。其实，只要孩子学会了善待他人，那他就会赢得朋友，就会真正体会生活的快乐。只有当孩子学会了与人交往的实践，道德意识才有可能萌发。教给孩子如何对待他人，其实是一种道德学习。

鼓励孩子与人合作

合作是现代社会生活的最基本要求，也是现代社会人们必须具备的一个重要能力。现代社会只有在人与人相互合作之下，才能正常有序地运转，个人也才能更好地获得成功。

培养孩子与人合作的习惯，是引导孩子健康成长的重要内容。

与人合作是孩子的必修课

每个人的能力都是有限的，学会与人合作，可以整合资源，取人之长，补己之短，达到自己原本达不到的目的。

每个人成功的道路各不相同，但是总有一些共同之处，杰出者大多是善于与他人合作的人，团结协作是许多成功人士的共同特征。在现代社会中，只有懂得合作的人，才能获得生存空间；只有善于合作的人，才能赢得发展机会。

培养孩子与人合作的习惯，必须让孩子明白：第一，合作就是每个人都向同一方向努力；第二，诚信是合作的立足点；第三，理解是合作的基础；第四，宽容是合作的黏合剂。

一个懂得合作的孩子，成年后会很快适应社会并发挥积极作用，而不懂合作的孩子在生活中将会遇到很多麻烦和挫折。懂得合作、善于合作、乐意合作的孩子往往都拥有良好的人际关系，在各种场合都能与他人和睦相处。

美国著名教育家戴尔·卡耐基强调，一个人事业上的成功，只有15%是由于他的专业技术，而85%是靠人际合作的能力。美国成功学研究专家罗宾说："依我看来，人生中最大的财富便是善于合作。"当今社会，善于与他人合作共事的能力，是最有价值的个人无形资产。合作的力量总是大于每个部分的总和。由此可见，让孩子学会与人合作是一门重要的必修课。

培养孩子与人合作的方法

日常生活中，有很多行为仅凭个人的力量是无法做到的，它必须要靠两个或两个以上的人合作才能达成。父母可以充分利用这样的机会，让孩子从中体会到无法完成的挫败感，从而懂得与人合作的重要性。

（1）让孩子认识合作的重要性

有一位小学老师为了让自己的学生对合作有更进一步的了解，在上课时先请一位同学走上讲台，并让他伸出自己的手，分别谈一下每根手指头的优势和长处。

这位学生说道："大拇指可以用来赞扬别人，食指可以用来指示事物，小指可以用来勾东西，中指可以……"还没等这位学生说完，台下的学生就纷纷帮他说了许多每个手指的其他优势。

老师听了之后笑着从她的包里拿出一只玻璃杯，只见玻璃杯里面有几个玻璃球。老师对大家说："大家回答的都非常好，下面我们来玩个游戏，你们把玻璃球从玻璃杯里取出来，每个同学都有一次机会。你们可以用你们认为最有本事的那个手指把玻璃球从杯子里取出来！但是有一点要记得——只能用一个手指。"

孩子们的热情都被老师鼓舞起来了，教室里的气氛变得异常热烈。每个同学都认真地走上去，用他们的手指去取玻璃球，但是，不管他们怎么努力，玻璃球就是取不出来。

为此，孩子们都很着急。这时，老师笑眯眯地对孩子们说：

"大家不用急，现在你们可以试着邀请另外一个手指与原来那个手指合作，一起来取玻璃球。"这次，孩子们都面露喜色地把玻璃球取了出来。

游戏结束之后，老师对孩子们说："从这个游戏当中大家应该都明白了，一个人就算有再大的才能，他也有无法独立完成的事情，人与人的合作是多么的重要。"

父母在日常生活中也可以跟孩子玩一些类似的游戏。比如，家里的柜子需要挪动时，父母不要帮忙让孩子一个人先来试试，孩子肯定是搬不动的。这时，父母再和孩子一块将柜子移开。这期间父母就可以适时对孩子讲解与人合作的重要性。

再比如，孩子想玩游戏时，先不要与他配合，让他一个人玩，等他体验到一个人玩的无趣，希望有人与自己一起玩时再加入。如此一来也可以让孩子体验到与人合作的重要性。

父母应该充分利用生活当中的一切机会，让孩子领悟到合作的重要性。

（2）让孩子在合作中体验乐趣

成功的合作可以为孩子带来良好的体验，这种体验能够让孩子产生无穷的乐趣，进而促进孩子的合作意识和合作行为。

有一位老师在讲到"合作与竞争"时，让学生们做了一个小游戏。老师在讲台上放了3个啤酒瓶，每个酒瓶里面放入两个比瓶口略小的玻璃球，这两个玻璃球都是用绳子拴住的。

之后，这位老师请了6位同学来共同玩这个游戏。这6位同学被分成了3组，每两人为一组。游戏规则是：6个人分别抓住一条绳子，当老师喊开始的时候，都必须在3秒钟内以最快的速度将玻璃球拉出来。

老师喊了"开始"后，3个组同学都开始了行动，但是，3个组的结果却是不一样的。

第一组的两个同学当听到老师喊"开始"的时候都想第一个拉出玻璃球，两人都拼命拉绳子，结果，绳子被拉断了，两个玻璃球还是留在酒瓶中。

第二组的两个同学虽然也想自己在第一时间内拉出玻璃球，但是，他们不如第一组的同学那样使劲，结果，两人没有把玻璃球拉出来，却把酒瓶子拉起来了。

第三组的两个同学是唯一在规定时间内完成游戏的，他们是一前一后地把两个玻璃球拉出了酒瓶。老师问他们为什么会成功。

其中的一位同学回答说："玻璃球只比瓶口小一点点，如果我们两个人都在同一时间用力拉，肯定都会卡在瓶口出不来。所以我想让他先把玻璃球拉出来，然后我再拉，这样我们都可以在规定时间内顺利地把玻璃球拉出来。"

这位同学深刻体会到了合作的重要性，并在游戏中体验到了合作的乐趣，在以后的生活中，他必然会更加注意与人合作。

在生活中，父母可以多为孩子设置一些合作竞赛，让孩子们通过合作去完成任务，去体会成功的愉悦。

（3）教孩子在合作中竞争，在竞争中合作

人与人之间的合作与竞争是并存的。有很多父母总是教自己的孩子要勇于与人竞争，希望自己的孩子能够超越他人。确实，竞争具有一种无形的力量，它不但可以调动孩子的积极性，还可以激发孩子的上进心。

林林的学习成绩一直都不太好，有一次居然考了个全班倒数第一。他的爸爸这才意识到林林缺乏竞争精神，于是对他说："失败是成功之母，现在你已经是最后一名了，你再也不会退步，而是只会进步了。只要你找一个竞争对手，你就能慢慢赶上去。"

然后，林林的爸爸教他找一个比自己的学习成绩稍微好一点的同学作为竞争对手，并努力去赶超他。于是林林就找了这么个竞争对手，并开始暗暗努力，没过多久他的成绩就超过了这位竞争对手。

在林林成功后，爸爸又叫他找一个学习成绩更好一些的竞争对手，这样，林林又开始了暗暗努力，结果也成功了。后来，林林就在不断竞争的过程中取得了意想不到的优异成绩。

据一项问卷调查显示，父母最关心、最注重的是孩子的学习成绩，最高兴的是孩子在班级中学习成绩名列前茅。这种片面强调智力竞争，忽视培养合作精神的现象是很有害的。

其实，对孩子而言不管是竞争还是合作，都是非常重要的。如果孩子不懂得与人合作，在将来的人生道路上将严重影响到他的成长发展。

美国的谈判高手斯腾伯格认为：只要你有合作的精神，对手往往可以成为朋友。他总结自己的经验，认为化敌为友的方法主要有：

一是与分享自己价值观的人密切合作；

二是尽可能多地向对手学习；

三是创造一个合作而冲突的气氛；

四是在面对威胁时，表现出不畏惧；

五是学会聆听，习惯于沉默，避免妥协折中；

六是绝对不要将一个看来要失败的争论推向极端；

七是发展关系，而不是征服。

作为父母，要教育孩子在竞争的过程中摆正心态，要保持一个良性的竞争。竞争目的主要在于实现目标，而不在于反对其他参与竞争的对手。

父母要让孩子明白，只能把其他同学作为学习上的竞争对手，在生活上要作为合作伙伴，千万不能一味地把他人当成竞争对手和敌人，不顾一切地与他人对立。要让孩子知道这种思想是不健康的。

父母要教给孩子一些与人合作的技巧，让孩子养成与人合作的习惯，要教育孩子有集体荣誉感，要学会在关键时刻约束个人的行为，牺牲个人的利益来完成集体的利益。如果孩子没有这种合作的意识或者精神，是很难养成与人合作的习惯的。

第四章

激发孩子的学习动力

一个不努力学习的孩子，难以适应当今及未来这个飞速发展的社会环境，更谈不上获得良好的发展。

所以，对于孩子来说，学习是他们生活的重要内容。父母应该让孩子意识到，学习是他们的责任，从而引导孩子主动、积极地去学习。

学习是孩子必做的事情

学习是孩子们获得知识和经验的唯一途径，而知识和经验是孩子在未来社会上生存所必须具备的。

没有丰富知识和经验，孩子是不可能懂得如何去适应环境、发展自我的。因此，父母应该及早告诉孩子：学习是你必须要做的事情。

学习是通向未来的抉择

社会发展至今天，对国民素质的要求越来越高，特别是在升学、就业、务工、任职等一系列重大问题上，对知识和素质要求的门槛越来越高。对此，很多家庭里，父母重视孩子学习的程度几乎已远远超出于其他方面。但孩子毕竟是孩子，况且孩子学习最终需要他们自身去努力。

所以父母在重视孩子学习的同时，必须在培养和教育的方法上下工夫。要让孩子知道，学习是每个孩子自己必做的事情。只有这样才能使孩子认识到学习的重要性，从而不断自主地去付出努力。

一个人的实力绝大部分来自学习。知识需要学习，本领需要学习，机智与灵活反应也需要学习。健康的身心，同样也是来自学会了健康的生活方式，特别是养成了健康的心理活动模式的结果。

人生有许多困惑、许多选择。当一个人面临选择的时候，可以用学到的知识抚慰自己的焦虑，缓解痛苦，启迪智慧，寻找问题的答案。学习归根结底是通向真理、通向知识、通向未来的抉择。

心理学家研究表明，人的生理和心理会逐渐成熟。但是，成熟并不是完全脱离外部环境和学习影响的纯自然过程，而是必须依靠孩子不断的自主学习才能获得。因此学习是每个孩子都必须要做的事情。

引导孩子学习的方法

（1）讲述学习的意义

学习可以使个体生命更加完善，使人类文明得以发展，具有非常重要的意义。有人说，一个人一天不学习，就会落后他人一大步。因此，父母应该经常向孩子讲述学习的意义，帮助孩子认识到，学习是他们必须要做的事情。

蓉蓉是个四年级的女孩。蓉蓉以前非常不爱学习，写作业需要妈妈一遍又一遍地催促。

一天，她好奇地问妈妈："我每天学这些做什么啊？"

妈妈便告诉她："拿学习语文知识来说吧，可以培养你的语言能力，以后你在社会上便能够自如地与他人交流。你看看电视里那些叔叔阿姨说出来的话啊，如果没有丰富的词汇量和阅读水平、语言组织能力的积累，他们怎么能说出那么逻辑完整的优美语句呢？"

从那以后，妈妈常常跟蓉蓉讲学习的意义，并告诉女儿："学习是你必须要做的事情，不仅现在要学习，以后你也要不断地学习，否则就不能进步啊！"

父母应该从小就告诉孩子，不学习，人就不能独立地生存下去，更谈不上将来能够生活得更好；没有学习，人类社会就永远不能获得发展。父母要教育孩子懂得，只有不断学习，他们才能更好地适应不断变化的环境和飞速发展的社会。

（2）学生天职是学习

学习是每个孩子必须要做的事情，因为孩子还处于积累知识和经验的重要时期。如果他们这时候不努力学习，将来进入社会便难以适应。父母应该明确告诉孩子，在学生这个时期他们最重要的任务就是学习，只有打好坚实的知识基础，将来进入社会才能获得更多的发展机会。

> 12岁的小竹不太爱学习，成绩也不理想。她常常问妈妈："为什么你们要把我送到学校去呢？为什么我不能像爷爷奶奶一样每天去公园里跳舞、练太极呢？"
>
> 妈妈耐心地告诉她："你还小，知识储备不够，生活经验积累得也不多，因此，你必须学习。现在你必须掌握知识和经验，以便在将来获得更好的发展。你和爷爷奶奶是不一样的，爷爷奶奶在你这个年龄的时候，那时候条件非常艰苦，他们学习比你更刻苦、更有劲头呢。"
>
> 小竹点了点头，便开始埋头写作业了。在以后的学习过程中，她越来越体会到了妈妈这些话的重要。

父母应该告诉孩子，学生的天职就是学习，尤其在知识经验严重不足的童年时期。为了适应将来的社会生活，孩子必须学习一定的知识，掌握一定的生活经验。

（3）不学习就会落后

不学习就会落后于他人，甚至难以在社会上生存。1972年联合国教科文组织国际教育发展委员会发表著名的题为《学会生存》的研究报告，就把学习同生存直接联系在一起，可见学习的重要性。

> 方仲永是宋朝末年的一个神童，有很强的写作天赋，很小的时候就可以写诗作对。5岁时，他的父亲让他当众作了一首诗，那首诗得到了很多人的好评。
>
> 可是，他的父亲为了炫耀，带着方仲永到处拜访，到处给人当众作诗。他认为既然自己的孩子是神童，就没有必要让他再学习。
>
> 又过了几年，仲永已经十二三岁，著名诗人王安石去看望他，并叫他当场作一首诗，却发现其文采与辞藻都已经大不如从前。又过了7年，他已经变得和普通人一样了。

在平时的生活中，父母应该多给孩子讲一讲不学习的严重后果，利用古今中外那些不认真学习导致人生失败的例子，引导孩子意识到学习的必要性和他肩上所负的责任。

（4）培养孩子负责的意识

学习，说到底也就是孩子现阶段最重要的责任。如果孩子没有对自己负责任的意识，他就不能意识到自己肩负着学习知识、积累生活经验的重要性，更不可能会主动、自觉地学习了。

> 斌斌是个六年级的男孩，极具责任心，而且学习也很努力、认真。斌斌的妈妈从小就告诉他："你自己的事情要自己做，而且必须学会自己做。学习也是你自己的事情，因此也是你必须要做的一件事情。这是你的责任。"

在妈妈的指导下，斌斌把学习当做自己的事，因此总是主动、积极地去学习，成绩也很好。

因此，父母要培养孩子对自己负责，养成对自己人生和未来负责的意识，让孩子们意识到现在的学习关系到以后人生的成败，努力学习是他们对自己的未来负责任的一种表现。

用奋斗目标来激励孩子

俗话说"一个确定的目标是成功的一半。"一个人只有确定了奋斗目标，才有一个努力拼搏的方向，才不会在前行中迷失自我。要相信，善于自我激励的人必然有着自己的前进目标，所以才会不断地朝着自己的奋斗目标前进。

为此，作为父母，必须要懂得用目标来激励孩子的学习热情。

了解目标的重要性

据有关调查表明，芸芸众生中，真正的天才与白痴都是极少数，绝大多数人的智力都相差不多。但是，这些人中有的成为赢家，有的却碌碌无为。在这些智力相近的一群人中，为何人们的成就却有天壤之别呢？

美国哈佛大学曾就这一问题对一群智力、学历、环境条件都相差无几的学生进行过一次关于人生目标的调查。调查表明，27%的人没有目标；60%的人目标模糊；10%的人有清晰但比较短期的目标；3%的人有清晰而长远的目标。

25年后，哈佛对上述对象再一次进行调查，结果令人吃惊：3%的人25年间他们朝着一个方向不懈努力，几乎都成为社会各界的成功人士，其中不乏行业领袖、社会精英。

10%的人他们的短期目标不断地实现，成为各个领域中的专业人士，大都生活在社会的中上层。60%的人他们安稳地生活与工作，但都没有什么特别成绩，几乎都生活在社会中下层；剩下27%的人，他们的生活没有目标，过得很不如意，并且常常在抱怨他人、抱怨社会、抱怨这个"不肯给他们机会"的世界。

这是一个令人深思的结论。其实，他们之间的差别仅仅在于，25年前，他们中的一些孩子知道要干什么，而另一些孩子则不清楚或不很清楚自己的人生目标。

目标是人生的希望，是人生的动力。没有目标，就没有事业的成功和人生的辉煌。所有的成功者都是在执著的奋斗中，靠着顽强的信念在实践着自己的梦想与目标。

确定了自己的目标之后，一定要相信你自己，别让他人的一句话将你轻易击倒。不管别人怎么说，记住，命运在你自己的手里，而不是在别人的嘴里。

孩子确定目标方法

目标，是实现人生理想阶段性的要求。人只有通过完成各个不同时期的目标，才能逐步实现人生的最大目标，即理想。如果孩子没有具体的奋斗目标，或是目标过高、过低，都不好。这不但不利于孩子的健康成长，还可能难以实现目标或落后于目标，而直接影响到孩子实际能力的锻炼。因此，父母应善于为孩子确定目标。

（1）目标要有明确性

父母激励孩子树立奋斗的目标，是孩子正确认识自我的前提。

若自己的孩子比较外向，喜欢谈自己的理想、自己的未来，就算孩子有时说的不太靠谱，这时父母也不要嘲笑孩子天真烂漫的梦想，而应该对孩子说出来的目标或梦想表示鼓励，同时引导孩子向着自己的目标努力去做。

比如一个只有几岁的孩子说，自己的目标是要当世界闻名的大科学家。这时，聪明的父母不妨引导孩子把这个目标写下来，并把它当成行动的计划，去做一些能够实现目标的事情。这样一来，才能离孩子奋斗目标越来越近，才能把梦想变成现实。

父母在教育孩子学习书本文化知识时，可以让孩子在一年内学习两册科学知识读本。当然也不能一概而论，只有树立当科学家、艺术家之类的远大目标才有意义。目标没有高低贵贱之分，不管孩子的目标是什么，只要父母善于引导孩子、正确地教育孩子，它都是一个好目标。

（2）目标要有挑战性

作为父母，在引导孩子树立自己的奋斗目标时，不宜过高也不宜过低，应该与孩子沟通后，找出孩子对哪个方面感兴趣，并且通过孩子的努力去实现。比如说，许多女孩喜欢唱歌、跳舞，父母可以引导孩子通过这些来延伸编舞或是作曲等。

（3）目标要有针对性

兴趣是奋斗的源泉，是激发孩子参与活动的动力。父母在为孩子寻找目标时，并不是单一地早早帮孩子确定以后要从事的职业方向，而是帮孩子发现他本人最想得到的和最感兴趣的东西。

只有最感兴趣的东西，孩子做起来才会不觉得累，才会以饱满的精神去面对，在取得成功时才能感觉到真正的成就感。

父母应该是最了解孩子的人，必须帮助孩子找到自己的奋斗目标，并帮助他们去实现它，则是父母势在必行要做的事情。而这一目标将会成为孩子生活的动力，其中也会让孩子发现，自己走在一条自己所选择的道路上，所以就会很注意自己的一言一行、一举一动。因为他知道，自己今天所做的一切都是为了更好地实现远大的目标，也是会离目标越来越近。

父母在给孩子树立目标之前，不妨先与孩子面对面地、推心置腹地交流一番，然后再根据孩子的兴趣进行慢慢培养。聪明的父母会从日常生活中发现孩子的兴趣、爱好，因为这些经常会在孩子的生活、玩耍中显露出来。

作为父母，应该尊重孩子的兴趣、爱好、特长，并为之感到高兴。当父母发现孩子的兴趣与自己想象的相差甚远时，父母不要打击、讽刺孩子。父母们一定要记住：只有孩子感兴趣的东西，他才会专心、用心地去做，才会取得更好的成绩。

无数的事实证明，勉强孩子去做自己不喜欢做的事情，那么其结果往往是背道而驰，费心又费时，只是蹉跎而已。如果父母发现孩子没有特别感兴趣的东西或是中间出现其他的情况时，一定要及时帮助并调整孩子的心态。

（4）目标要有创造性

每一个孩子的思维方式都各不相同。但是，也并不是与大多数不一样就是不正确的。事实证明，人云亦云的人，才是没有思考能力的。

世界著名的作曲家莫扎特小时候曾从师于伟大的作曲家海顿。有一天，年幼的莫扎特对海顿说："老师，我写了一首曲子，你肯定弹奏不了。"

"怎么可能呢？"海顿不以为然，"到底是什么样的曲子呢？"

这时，莫扎特将自己写好的曲谱递给海顿，海顿仔细看过曲谱，突然大声叫了一声道："这是什么曲子呀？乱弹琴，当两只手分别放在钢琴两端弹奏时，怎么会有一个音符出现在键盘的中间呢？这样看来，这首曲子是不能弹奏出来的。"此刻，只见莫扎特在遇到键盘中间的音符时，便俯下身体，用鼻子弹了出来。海顿对此感慨不已。

为孩子实现理想创造条件时，首先在激发孩子对目标的向往，父母自身应做好一个榜样。如果连父母都不好，更何谈是年幼的孩子呢？激发孩子对目标感兴趣的事例无处不在。

（5）目标要有长远性

俗话说："一口不能吃个胖子，胖子是一口一口吃出来的。"谁都想实现自己的远大理想，但是又有谁能真正地做到脚踏实地这一点了呢？所以，父母教育孩子对感兴趣的东西树立目标，也要分短期与长期的规划。

就拿学生的月考来说，父母对孩子的要求越高，也就容易给孩子造成压力，易使之失去信心。

因此，父母不宜将孩子的目标定的太高，一定要拿第一或前几名。只要孩子每次的月考成绩比前几次好，哪怕是一点点的进步，父母也要不断地鼓励孩子，帮孩子树立自信心。那么，孩子才会在考试过程中，越来越好，甚至可达到令人意想不到的效果。

要解决孩子上进心的关键，是在孩子心目中树立一个经他们努力能达到的好目标。所以，父母不妨试一下"一点点进步欣赏法"。其具体操作是把大目标形象化，从中间划分成一个又一个的小目标逐渐完成它。

（6）目标要有可行性

目标很容易，但是要想实现这个目标，却不是那么简单的事。要知道，实现目标的过程是坎坷的，如果孩子在努力中失败了，父母要及时开导他，帮他分析失败的原因，并找回勇气从头再来。

在这个过程中，父母要有足够的耐心与精力，同时也要注意言传身教的作用。例如说，在孩子学习时，父母不看电视或不娱乐，做自己工作分内的事，或者和孩子一起学习。这样的话，孩子看在眼里才会更有动力。

由此可以看出，制定目标也是要靠父母与孩子相互沟通交流得出的一个具体结果，并且还要在一定的家庭氛围内逐渐形成的。父母要用心去倾听孩子的心声，帮助孩子找到自己生活的目标和航向，进一步引导孩子走在他自己所期望的道路上。

不要给孩子施加太多压力

有些父母要求孩子努力学习，不是根据孩子的兴趣爱好培养特长，激发学习热情，而是通过孩子来实现父母自己未曾实现的理想。这是父母的一种代偿心理，会给孩子造成巨大的压力。

日本教育学者山本光明，把从事某种活动的意愿表现为充满斗志、被强迫做、不想做、无法做四种方式。认为凡是被强迫学习的孩子都缺乏学习的主动性和动力。所以，父母不要给孩子一味地施加太多压力，应以一颗平和的心态来教育孩子。

压力大会导致心理危害

现如今，有心理障碍的孩子越来越多。心理学家指出，压力过大则是导致孩子出现心理问题的一个重要因素。目前，有很多中小学生面对着学习和考试压力。这种学习压力，确确实实已大大超过了他们目前的心理和生理的承受能力，从而致使出现一系列的逆反心理乃至精神变异。

众所周知，对孩子的教育并不是一朝一夕就能见到成效的，而是一个循序渐进的过程，其中包括认知能力、自控能力、人际社交能力、生活独立自主能力等，都是需要长时间的教育才能养成的。

家庭教育是一门艺术，父母最好不要给孩子树立过高的期望值，别一味关注分数，要多给孩子游戏和玩耍的时间，尽量让孩子每天保持一份快乐的心情。

父母对孩子的要求过分苛刻，会让孩子因压力过大而精神受到压抑，无法释放。孩子年龄小，有时压力过大，也不会用语言的形式来表达出来，就算是表达也无法让大家听得明白。因此，有的时候他们无法得到成人一样所期望得到的帮助。除此之外，他们也会因自身对事物不了解、缺乏独立处理问题的能力等，导致无法排解压力。

专家说，当压力过大或持续过长时，孩子就会产生抑郁症、失眠症、恐惧症等一系列的生理或心理连环反应；孩子学习压力过大，还会导致孩子在整个学习过程中思维混乱，无心学习，对问题回答时缓慢，犹豫不决，进而影响到对问题的第一认识。

另外，父母高压制度下，往往都是孩子更不听管教，更不爱学习，可见，过度施加压力，这是一种极不正确的教育方式。

以平和的心态看待成绩

父母在看到孩子的成绩时，首先要找出没有考好的原因；其次多让孩子做这方面的作业，避免下次再犯同样的错误。每个父母都希望自己的孩子更优秀，比自己更有出息，但这也不是急就能急出来的。

所以，父母不妨降低你的期望值，为孩子减去过重的压力负荷，让孩子可以轻松自如地前行。

父母应保持一颗平和的心态，特别是在看待孩子的成绩时，更应该保持良好的心态。因为，父母的心态将在决定孩子今后成绩好坏中起着至关重要的作用。

与其给孩子处处施加压力，还不如给他提要求、定目标，要尽量恰如其分，帮助孩子树立一个"跳一跳，够得到"的目标。

常言道：知子莫如父母。孩子的秉性如何，其他各方面的能力如何，做父母的可谓是心如明镜。作为父母，不要一味地抱怨孩子如何不争气，不要总是不知足，不要将目标定得太高，不要时刻给孩子强调只许成功，不许失败的话语。

只有化解了这种不良的教育观念，才能减轻孩子过大的精神压力，进而坚定学习的信念。因此，只有父母的心态好，才有利于孩子学习态度的改变。

"欲速则不达""水到渠成"，这些词语所表达的含义是永恒不变的真理。父母们要想提高孩子的学习质量，千万不可有急躁情绪，不能操之过急，尤其是在孩子的学习兴趣上，更不要处处施压。如果你逼得太紧，孩子就会产生焦躁、不耐烦、潜意识产生抵触情绪。让孩子对学习产生恐惧感，那可是后患无穷。

帮助孩子消除压力要诀

为了避免给子女施加太多压力，父母很有必要注意自己的言谈举止及教育方式。对此，心理专家为父母们提出了如下一些建议，必将对孩子的教育有良好的促进作用。

（1）谨防孩子逆反心理

一旦孩子产生了逆反心理，那么便会和父母的关系处于紧张的对抗边沿。他讨厌父母督促、检查他的一举一动，不愿意和父母讨论有关学习的事情，更不愿意与之进行推心置腹的交流，会对父母提出的成绩及排名要求非常反感……如果连进取心都没有了，哪里还谈得上有学习兴趣？

（2）平等地与孩子沟通

对于这一点，相信很多父母都很难做到。正所谓"爱你没商量"是很多父母奉行的理念，但从某角度来讲，这种爱是极其自私自利的。父母不应该把自己的意志与意愿强加于孩子的身上，放下自己所谓的经验与长辈的架子，用心去融入孩子天真无瑕的纯洁世界，才能让孩子做回真正的自己。

实际生活中，有许多父母很少与孩子进行心与心的交流，更多的是压制与指责。其实，父母不妨静下心来与孩子多沟通，平等地与孩子进行沟通，看他真正需要的是什么。

让孩子尝试生活，他才能发现生活，从而拥有正常生活的权利。让孩子真切地了解自己是怎么样的一个人，正确地认识自己，分析自己，找出自己的优点与缺点，从而扬长避短、战胜自我、挑战自我、超越自我，成为新我。父母们只要跟孩子站在一起，像朋友一样去帮助孩子前进，实现目标，成就终究会属于他自己的未来。

（3）不要轻易与他人相比较

通常情况下，父母常常拿孩子与别人相提并论，往往使孩子产生厌恶心理，还没有站在起跑线上，就自动放弃比赛，放弃进取。

在生活中，我们不难听到"你怎么就这么笨呀？你看看人家，学得不但好，每次考试不是90分就是100分，而且还有特长。你说你是怎么考的呢？"这样贬低自己孩子、抬高别人孩子的做法，无疑是给孩子幼小的心灵雪上加霜。

父母老是这样拿自己的孩子与他人轻易进行比较，会使孩子怀疑自己的能力是不是真的那么差劲，并渐渐开始给自己一种"我不行"的心理暗示。久而久之，孩子的自卑心理就越来越强。

我们知道，孩子在自己的学习成绩不好的情况下，心里本来就难免伤心，甚至是打退堂鼓。特别是那些经济条件不好的孩子，更是如此，会觉得自己很对不起养育自己的父母。父母的这种比较做法，无疑更是加重孩子不必要的心理负担，进而学习成绩也就更难上去了。

（4）多给予鼓励和赞美

一个全面发展、心灵健康的孩子，无论到哪里都是人才。作为父母，要保持一颗平常心看待孩子的学习成绩，多给孩子一些鼓励、支持和赞美，使他相信在自己人生的道路上，他并不孤单。

父母的信任及鼓励能够增强孩子的自信心，对孩子的学习有极大的帮助。另外，相对宽松的环境和心态，才能激发孩子的潜能，才更有可能做得更好。

（5）及时了解学习状况

父母及时了解孩子的学习基本状况，对教育孩子非常重要。只有充分地了解了孩子的学习基本状况，父母才能及时给予孩子帮助、鼓励和支持。特别是在发现孩子学习以外的优点长处时，及时表扬，不仅达到强化学习动机的目的，还能给孩子自信。

比如：孩子学习差究竟是什么原因？有些孩子学习差，是因为他本来的底子就很差，所以在老师授课时几乎听不懂在讲些什么；

也有的孩子是由于临场发挥紧张过度，导致进考场后脑子一片空白。若是这些情况父母应该帮助孩子从最基础的内容补起，同时帮助孩子树立自信心。

如今学生的学习压力，不亚于工作竞争中的父母们。孩子们从小到大面临着考试、升学、就业等诸多因素的影响，从主观上已经对孩子产生了心理的压力。可怜天下父母心。一语道破所有父母的迫切心情。所以在教育过程中，父母要冷静，不对孩子唠唠叨叨；要修身养性，从自己的改变做起，千万不要给孩子太多的压力，以避免物极必反、事与愿违。

让书本生活化学习游戏化

我国著名教育学家叶圣陶先生曾说："全部的课程就是全部的生活，一切生活就是一切课程。"书本中有太多的知识，都是来源于生活中的点点滴滴。只是长期的、单一的应试教学模式，使原本的生活内容逐渐背离了生活。

生活犹如一个大课堂，在这个大课堂里可以让孩子学到更多的知识，并且在学习中愉悦心情。

父母做到适时事事启发孩子

生活中，大多数父母要孩子学这学那、背这背那，总是强逼孩子死记硬背一些公式和定理法则，其实这完全不符合现代教育理论。聪明父母的做法，则是启发孩子发现问题、解决问题，培养其独立学习和生活的能力。而这种能力无论在任何情况下，都是必不缺少的。在家里，父母们要注意给孩子创造良好的学习环境和生活空间。不管是父母教孩子整理衣物、放置物件，或是使用各种劳动工具，都要提出具体的要求，并在其过程中给予具体的指导，使孩子做事井井有条、有始有终，养成不达目的誓不罢休的精神。

如今的教育方式绝不能局限以往的应试教育，而是越来越靠近科学教育，就是我们常常提起的"素质教育"，教育孩子全面发展。有许多父母认为孩子只有"一心只读圣贤书，两耳不闻窗外事"整天闭门不出才是真正的"学"。当他们看到孩子玩耍时，就一脸的不高兴。现实生活中，有很多孩子在父母们的催逼下学习，其效果却没有明显的提升。

其实这并不是因为孩子笨，而是因为学习方法不佳所造成的。真实的情境带给孩子的是所见即所得、所做即所悟。这个时候，父母要善于引导、善于发现、善于将教学中的内容融入日常生活中，做到信手拈来，创设一些生动、有趣、贴近生活的实例，并且把生活中的教学原形生动地运用到课堂上，使孩子感到学习不再那么枯燥乏味。从而也使孩子一改往日的厌倦心理，富有感情、具有活力地去学习。

只有这样不断地丰富孩子的知识面，扩展生活视野，注重培养他们多方面的能力，才会不断发展他们的形象思维，促进语言和抽象思维的发展。

书本生活化学习游戏化的方法

让书本生活化，让学习游戏化，重要方法在于父母应该经常引导孩子认真观察生活，保持在学习中愉快、在愉快中生活的良好状态。

现实生活中，有很多父母常常带孩子一块去公园游玩，这时便可以教导他，关注游玩过程遇到的人、事物、景物，并如何在头脑中留下深刻的印象，游玩过后再问一下孩子自己简单的感想。

教育专家说，当孩子还处于发育阶段时，他的大脑就好比是一棵小树苗的成长，需要得到充分的养分与尽心尽力、方法得当的养护。因此，父母在促进孩子的智能发育上，应从营养和教育这两方面入手，抓准时机、抓住根本，才能起到最佳的成效。

有关教育专家建议，为了更好地做到让书本生活化，让学习游戏化，父母还应该让孩子亲身体验和了解居住地区的发展轨迹、风土人情、自身所处的环境。从根本上说，学习地理是为了了解我们的生存环境，并在利用环境的同时来协调融合，达到"天人合一"的目的。父母应密切关注周围的生活现象，并适时地引入孩子的学习中，和孩子一起探究其形成发展的地理原因，从而也提高了孩子的综合知识。

特别是语文课本上的知识无疑是生活的外延，换句话来说就是等于生活，因为阅读的内容都是反映生活的，在生活中阅读，让生活的乐趣在阅读中充分得到发挥。父母应该告诉孩子，人生的每一个阶段都要活出绚烂，活出精彩，要学会珍惜生命，珍惜学习的机会。

消除孩子的考试恐惧症

与平日的学习压力一样，过分的恐惧对考试成绩的好坏有着直接的联系。所以，在孩子备考期间，父母应尽量让孩子摆脱各种外界的干扰，经常保持比较平和的心态，这对孩子能以稳定的情绪、良好的心态去对待考试是很有意义的。

考试恐惧症产生原因

孩子对考试的恐惧已成为一个普遍存在的现象。越来越多的青少年在父母带领下走进咨询中心，以便在或长或短的治疗中解决与考试恐惧相关的情感冲突。仔细的人们也不难发现，在完全不同的社会体系中，对考试及有关知识的恐惧，影响着周围的每一个人。

考生每逢遇到对自己具有代表性的考试时，比如说毕业、升学、就业等考试，考生的心理状态就会发生一系列的异常变化。比如在考试前情绪上明显焦虑不安、烦躁、紧张，睡眠不足等。

有的孩子平时很用功，考试前也会做一系列的温习工作，积极备战，但是当真正走进考场时，就会感到头晕、恶心、手心冒出冷汗等，以至于头脑一片空白。交卷后才醒悟过来，此时为时已晚了。

正常情况下，孩子在考试过程中，常有这么两种压力导致考试恐惧症。一种是来自于对自身的过高期望；另一种是来自于自身的知识经验准备不足，担心自己是否能够顺利通过考试，从而常常在学习中表现出焦虑不安等一些不良情绪。就算是成绩名列前茅的孩子在考试时，也会过分地担心考试结果到底如何。

有的孩子平时成绩好，所以处处要求自己过高，争强好胜的心理也会占据上风，总想着拿第一，希望自己能考出好成绩，却不能面对考试不好的结果。有时，越是强烈地要求自己考好，可往往事与愿违，其结果总是不尽人意。

众所周知，孩子的学习中，面对着繁多的功课、父母的厚望以及自身对未来美好前途的强烈渴望。内心的矛盾让孩子产生害怕考试，进而发展到恐惧考试的心理。过高的期待水平，是影响考生考试恐惧的重要因素。这种现象往往是考生对自己的要求，远远超过了自身所具有的水平，在考试之前没有把握而失去信心，影响学习效果及考试质量。有的甚至是在心烦意乱的情况下，注意力不集中，连正常的水平都得不到发挥。

燕燕今年面临着中考，她不停地对妈妈说："妈妈，我希望我快点长大。"妈妈很好奇，便问她，为什么要长大，现在的生活不是很好吗？

只见燕燕频频摇头，以示不愿意。细问原因之后才知，原来答案竟然那么简单明了，那就是：大人不用考试。因为燕燕对考试有一定的恐惧，所以她的情绪极不稳定，生活、学习都相继进入了低迷期，同时成绩也是起伏不定。

这种现象给她的妈妈带来了很大的困扰，一时无措，不知如何是好？并且随着时间的推移，燕燕的考试恐惧症越来越严重，让人担心不已。

燕燕对考试的恐惧，只不过是生活中众多例子的一个缩影，像这样的例子比比皆是。那么，怎样解决这一问题呢？

消除考试恐惧症方法

心理专家建议，消除孩子的考试恐惧症，既要治标，又要治本。对此不妨注意如下方面：

（1）扭转孩子的消极态度

一般情况，有些孩子在考试前往往会产生焦虑的心理体验，自我威胁，自我恐惧等，这完全是由于自信心不足所造成的，对自己的评价过于消极。这时父母应做的，就是教会孩子表达出自己的内心情感，扭转自我消极情绪，克服不当的学习压力和考试恐惧。

（2）适当转移注意力

父母平时多注意孩子的一举一动，及时引导孩子走出心理阴影。正常情况下，大部分的孩子在考试前情绪一般都较低。这时，父母不妨把孩子感到不愉快的事情，转移到孩子感兴趣的地方上来。比如让孩子唱他最喜欢的歌，带他去最想去的地方，或是让他重新布置一下自己的小房间……这些方法都在改善不良心理的过程中，起着至关重要的作用。

在简而易做的情况下，较高的心理压力会产生奇佳的成绩；在复杂难做的情况下，较低的心理压力将产生较高的成绩。

（3）帮助孩子放轻松身心

在考试之前，细心的父母会发现，有的孩子非常想好好学习，可就是学不进去。尤其是对一遍又一遍重复学习的知识，逐渐产生厌倦心理；还有一些孩子越是临近考试，成绩越是提高的慢，比起以往的记忆力也差之又差，为此烦恼不堪……

这时父母要做的就是，尽力让孩子放松，让他把心中的郁闷、恐惧心理说出来，并结合孩子的年龄，对考试给予适应的准备。

要让孩子明白，考试不过是检验他平时学习状况的一个手段，不能代表未来，只有这样才能改变孩子不佳的情绪状况。

如果父母一味地把分数看重，孩子就会把每次考试看重，给自己增加压力，进而对考试产生恐惧心理，这种后果非常严重。父母要明白，学习压力与考试焦虑总是结伴而行的。

培养孩子良好阅读兴趣

阅读兴趣是孩子积极阅读的意识倾向。父母应该有意识地培养孩子的阅读兴趣。比如给孩子介绍书籍时先描述其中吸引人之处，或者和孩子一起收藏书籍等。

值得注意的是，书在今天的概念，已经不仅仅是纸质的传统印刷品，它涵盖一切可以提供知识的多媒体电子读物。

喜不喜欢阅读，善不善于阅读，与孩子的阅读兴趣有很大的关系。那么，父母该如何培养孩子的阅读兴趣呢？

书是人类进步的阶梯

莎士比亚说："生活里没有书籍，就好像没有阳光；智慧里没有书籍，好像鸟儿没有翅膀。"书，是前人智慧、经验的结晶。

读书，就是让孩子在有限的时间内吸取人类数千年成就，使得孩子有可能"站到巨人肩上"。

有人做过统计，发现人们90%以上的信息来源于阅读。在信息量飞速增长的今天，阅读能力的高低已成为个人能否成才的重要条件之一。乐于阅读、善于阅读正是成功者的重要品质。

1995年联合国教科文组织把4月23日确定为"世界读书日"。从"开卷有益"的古训，至"读万卷书，行万里路"的劝勉，从"热爱书吧，书是知识的源泉"的激情召唤，至"书是人类发出的最美妙声音"的深情吟唱，人们相信，一切时代的精华尽在书中，书籍是人类共同的精神财富，是人类进步的阶梯。

通过阅读，可以把孩子引入一个神奇、美妙的精神世界，使他们的生活更加丰富多彩、乐趣无穷。同时，还可以使孩子从知识中获得人生的经验。因为人生短暂，不可能事事都去亲身体验，书中的间接经验，将有效地补充个人经历的不足，增添生活的感受。

让孩子养成良好的阅读兴趣，是许多父母关心的问题。读书，与其说是一种爱好，不如说是一种习惯，只要从小培养，它就会像吃饭睡觉一样成为生活中最自然的事情。天长日久，书籍会成为孩子最知心的朋友。

认识读书的意义

爱读书，善于读书，对人生的意义确实非常重大。简要来说，表现为如下方面：

（1）使人不断丰富知识，扩大视野

读书如同结交了许多名人名家一样，从而让自己获得众多信息，跟上时代的步伐。

（2）锻炼思考能力

读书是一件进入创造性思维和提高人格修养的乐事，是一种高尚的享受。

（3）读书是一种积极休息的健身方法

因为人脑有比较明确的区域定位，有的部分管人体运动，有的部分管手的操作，有的部分管数学计算，有的部分管音乐美术。读书和其他活动交替进行，能使大脑各部分得到轮流休息和保养，使身心舒适健康。

（4）培养自学能力

阅读的最重要的意义是培养自学能力，提高理解能力，这是孩子学会依靠自身的力量，争取全面发展和充分发展的必由之路。

培养阅读兴趣的法则

法则一：电视做媒

茶余饭后，常见孩子们与父母一起看电视。但很多父母都觉得小说改编的电视剧没有原著好，希望孩子能去读读书。在银行工作的林女士就是其中一个。

以前演电视连续剧《围城》的时候，她就总是跟孩子说电视哪里哪里改编得好，哪里有出入，哪个人物比较具有原创性，哪一个不同于原著。

于是，孩子便有心去翻看一下钱钟书的原著，那是他第一次将一部长篇小说看完，觉得受益匪浅。之后林女士的孩子便在电视作品与纯文学作品中找到了一块阅读的天地。到现在林女士的孩子看的小说已经比妈妈多多了。

法则二：旁敲侧击

为让孩子读书，在医院工作的王女士想了很多方法，却都不得要领。有一次，晚饭过后她没有去看电视，而是和丈夫就报纸上推荐的几本图书大发议论。

一旁的孩子再也写不下作业了，王女士和丈夫的争论被他通通记住。几天后在家中那几本热卖书一一出现，孩子也对大人谈一些他对这些书的想法，谈得很幼稚，但他们很高兴。这些书并非很深刻，但让孩子现在就去读大师巨作毕竟不现实，应由浅入深，孩子读书的前途广阔着呢！

法则三：营造氛围

在研究所工作的武女士举了一个例子："女儿刚出世时，家里居住面积小，书又多，她的儿童床上都铺了厚厚的一层书。就这样女儿一天天在书堆上长大，她没有弄脏、弄破一本书。

女儿似乎对书有一种眷恋，长大了她从不挑吃挑穿，她的漂亮衣服比别人少，但她的各色藏书比别人多，她可以从书柜里为你挑选出不同题材的精美图书。"

法则四：见缝插书

学生和父母经常会抱怨没时间读书，其实很多时候人们的大脑都处于空闲状态。比如在车站候车。"见缝插书"无疑是可以立竿见影的。

林先生对女儿的读书问题特别重视，他特地在家中的角落里放个小书架，上面摆有名人的自传、科普杂志和一些散文集。每次女儿在房间里玩耍时都可以顺手拿一本翻，根本不用父母劝导读书了。

法则五：对症下药

"书中自有黄金屋"这是我国的一句古语。可现在有很多孩子却意识不到这一点，为此严先生巧施一计，让他的儿子从书中尝到甜头：

"每次我让孩子看书，他都以功课忙为理由，一律拒读。但我却找到了他的一处软肋，就是他的作文差。一次，他在写一篇作文之前，我先让他看了一本书，读一遍，记一遍，让他将所有能理解的词汇尽量恰如其分地用在作文中。结果，老师的评语是'语言生动感人'。于是孩子在阅读的过程中逐渐找到了写好文章的方法，自己便主动找书来读。"

法则六：吊足胃口

孟女士说，她小时候父亲常给她讲故事，可往往讲到一半就刹住话题，让她自己去查书，寻找故事的结局。孟女士就这样慢慢地培养起了良好的读书习惯。

现在已经当了妈妈的孟女士，谈起小时候父亲引导他们兄妹几个读书的情景："爸爸那时特爱考我们问题，还时常说我们答得不对，或不完全。孩子们不服，他就会告诉我们去查书。有时他故意说错，考我们书读得仔细不仔细。孩子们都不示弱，劲儿就用在看书上了。"

法则七：以身作则

现在很多孩子不看书，关键原因在于父母就不看书。在某校初二年级的一个班里随机询问了几名同学，他们说平时父母晚饭后就看电视连续剧，很少见他们阅读什么东西，所以孩子也很少看书，多是跟父母一块看电视。

但武女士就不同，她晚上很少看电视，都是坐在孩子旁边和女儿一起看书。女儿起初特别不愿意，眼睛总往电视的方向瞄。武女士干脆也剥夺了丈夫看电视的权利，组织全家一起读书，女儿这才静下心来。渐渐地女儿开始真正意识到书的含金量了。现在不用武女士督促，女儿也能自觉读书了。

在对孩子阅读习惯的培养上，还有以下几方面经验供参考：

（1）购买或者借阅一些有趣的书

父母可以选一些对孩子的阅读来说比较容易接受的书。换句话说，就是那些比孩子的阅读能力稍低一些的书。根据孩子的兴趣来选书：棒球、骑马、地理、动物等。买一本神话书、笑话书或者是关于流行的电影明星或者运动员的书，甚至可以是漫画书。

不要对这些书做任何的评论，只是将它们放在孩子一定能看到的地方。想要成为一位优秀的读者，孩子需要一些练习。如果父母能够找到孩子感兴趣的书，他就能够通过这些来进行大量的练习，这样他以后就能读其他更复杂的书了。

（2）给孩子办图书馆借阅卡

带孩子去图书馆，告诉他该如何使用电脑以及各种可利用的资源。很多图书馆都提供了教孩子们如何使用这些资源的课堂。父母定期带孩子去图书馆，并且确保在去的时候，你有充足的时间等他，这样孩子就能够有足够的时间来看书了。

（3）给孩子提供一些高级游戏软件

利用孩子对电脑游戏的喜爱，买一些需要经过大量阅读才能玩的健康游戏软件，例如互动游戏、旅行游戏、神话游戏等。远离那些简单粗暴的电脑游戏。

（4）孩子养成睡前阅读习惯

为孩子买一盏床头灯，或者一盏小小的读书灯。告诉他从今以后，他必须在某个时刻上床，他可以选择睡觉或者看书。大部分孩子除了睡觉什么都愿意做，因此这就是你培养他养成睡前阅读习惯的绝妙良机了。

（5）帮助孩子选择适用好书

英国思想家培根说过："读史使人明智，读诗使人聪慧，数学使人周密，科学使人深刻，伦理学使人庄重，逻辑修辞学使人善辩……"每一类书籍有不同的作用和功能。

教育学家认为，孩子需要那些与他们的年龄、兴趣及能力相适宜的图书，他们也喜欢图书题材的丰富多彩。父母在为孩子选择健康有益的图书的同时，要尽可能地让孩子多接触不同方面的读物，比如书籍、报纸、杂志，乃至街头的标语广告、商品包装等，通过多种形式的阅读，使孩子在各方面受益。

（6）要掌握循序渐进的规律

让孩子掌握正确的阅读方法，父母要先进行引导与训练，然后才能放手。在孩子的阅读过程中，要采取先易后难、先略读后精读、先单篇文章后成本著作的原则，同时也要坚持好书多多益善的原则。孩子阅读能力的提高，需要在大量的阅读实践中完成。

古人说：腹有诗书气自华。父母应该多为孩子选一些好书，让孩子养成每天阅读的习惯，让孩子在阅读中多一些好奇心与探索精神，多一些幽默与想象力，多一些文化韵味与书卷气，在阅读中提升孩子的品质与素养。

引导孩子善动脑勤钻研

就家庭教育而言，父母应引导孩子在学习的同时，要善于动脑，勤于钻研。思想就好比一双好腿脚，它能够帮助我们成长、前进。孔子说："学而时习之"。这就是告诉我们，要勤奋学习，也要善于动脑并时常地巩固和复习。

要学好，勤动脑

在学习中，青少年不要迷信老师和书本以及权威，要善于自己发现问题，提出问题，勇于解决问题，把自己培养成一个勤于思考、善于动脑的具有时代精神的人。否则，以后就会难以立足于社会，被社会所淘汰。凡是对人类发展作出巨大贡献的伟大人物，都善于动脑。科学家牛顿就是因为在进行试验时，善于动脑才取得了众多的发明和创造。

当牛顿费尽心血计算出"万有引力定律"后，没有急于发表。而是继续孜孜不倦地深思了数年，研究了数年，埋头于数字计算之中，从未对任何人讲过一句。

后来，牛顿的朋友、大天文学家哈雷，在证明一个关于行星轨道的规律遇到困难时，专程登门请教牛顿。牛顿把自己关于计算"万有引力"的书稿交给哈雷看。哈雷看后才知道他所要请教的问题，正是牛顿早已解决、早已算好了的问题，心里羡慕不已。

在1684年11月某一天，哈雷又到牛顿的寓所拜访。当谈到有关天文学的学术问题时，牛顿拿出写好的关于论证"万有引力"的论文，请哈雷提意见。哈雷看后，对这一巨著感到非常惊讶。

他欣喜地对牛顿说："这真是伟大的论证、伟大的著作！"他再三劝牛顿尽快发表这部伟大著作，以造福于人类。可是牛顿没有听朋友的好意劝告，轻易地发表自己的著作。而是经过长时间的一丝不苟的反复思考、验证和计算，确认正确无误后，才于1687年7月将《自然哲学的数学原理》发表于世。

牛顿是个十分谦虚的人，从不自高自大。曾经有人问牛顿："你获得成功的秘诀是什么？"

牛顿回答说："假如我有一点微小成就的话，没有其他秘诀，唯有勤奋而已。"他又说："假如我看得远些，那是因为我站在巨人们的肩上，我善于动脑和思考。"

这些话多么意味深长啊！它生动地道出牛顿获得巨大成就的奥妙所在，这就是在前人研究成果的基础上，以献身的精神，勤奋地创造，开辟出科学的新天地。

勤思考，苦也乐

勤奋并不等于蛮干，也要讲求方法，只有方法适当，才能成功。一位哲人曾说过：这个世界需要勤奋努力的人，更需要的是勤奋思考的人。的确，如果对学到的知识、调查得到的情况，不做深入思考，就难以留下深刻的烙印，最终收效甚微。

科学家贝费里齐在《科学研究的艺术》中讲过一个令人哭笑不

得的试验：一位老师用手指沾糖尿病人的尿样来尝味，然后让学生们都做一遍。学生们愁眉苦脸地照着做了，一致说尿样是甜的。

这时老师说："我在教你们观察细节。谁观察得仔细，发现我伸进尿样的是拇指，舔的是食指？"学生们的失误就在于主观上的想当然，过分相信别人的经验，一没有认真观察；二没有深入思考。

父母要教育孩子使他们充分理解思考的重要意义，并懂得蛮干的结果往往会导致无用功。

其实，人与人之间的智商差异并不大，差距就在于看谁思考得多、思考得深、思考得对。自然，坐在那里默默沉思是一种思考，把自己的所读所想记述下来、表达出来，也是一种思考。长期坚持，积极思考，必有大的进步。青少年要在勤于动脑中创造自己的自强人生。

从游戏中开发孩子智力

孩子天生爱玩，而且整日不知疲惫。有些父母以为，游戏属于体力运动，对孩子智力的发展没有好处。恰恰相反，引导孩子做一些有益的游戏会对他们的智力发展大有帮助。

游戏，不仅是儿童的世界，也是他们亲手发明的世界。几乎所有的孩子在玩游戏时，大脑处于一种高度兴奋的状态，而在这种兴奋状态下，孩子学习某种东西形成某种能力就会比较轻松，比较快。在游戏中，孩子不但没有精神上的压力，而且还有助于孩子智力的提高。

游戏有益于智力提高

孩子从蹒跚学步开始，就十分好动，蹦蹦跳跳，整日不知道疲倦。有些父母认为，游戏属于体力活动，无益于智力。其实不然，让孩子欢快游戏，并加以科学引导，对孩子智力开发十分有益。

小勇今年5岁了，已经学会了自己用筷子吃饭。在他学会了用右手吃饭、写字之后，为了训练他左手的灵活性，爸爸专门买来了刀叉，教他吃西餐。

爸爸告诉小勇正规的西餐吃法："左手拿叉，右手拿刀，用左手拿叉子叉住食物，右手拿刀把食物切下一小块，然后用叉子把小块食物送入嘴中。"

小勇刚一接触这种新鲜事物，当然很高兴地说："太好玩了，我也要试试。"他就吵着爸爸将刀和叉子给他玩。此时，小勇将这种学习当成了一种游戏，并且很快地学会了。为了使孩子的左手更灵活，爸爸故意与小勇说："我们用左手拿刀，右手拿叉来试试好不好？"

玩性心理很重的他马上就认同了爸爸的好主意。虽然小勇左手拿刀切东西时有些吃力，但他仍然热衷于这个带有挑战性的小游戏。

在游戏中，小勇锻炼了他左右手的灵活程度，同时也锻炼了他的左右脑，这的确有利于智力的开发。

为了孩子智力的开发，父母们不妨也试试类似的游戏。对于已经上幼儿园的孩子来说，他们喜欢接触、尝试新鲜事物。这种刀叉训练法很容易引发孩子的兴趣，从而就能使孩子的左手变得更灵活，同时孩子的智力也得到了开发。

在现实生活中，有不少父母认为，游戏就是玩，只要孩子高兴就行，凡事都让着孩子，结果导致一些孩子养成只能赢不能输、别人都得围着他转的不良习惯。事实上，在游戏中的一切因素孩子都当真，所以跟孩子玩游戏不能太随意。例如在玩拍球等游戏时，别给孩子总是造成他处处胜利的假象。因为孩子与成人的思维方式不一样，他们把游戏当成工作一样对待，要在游戏中让孩子知道有输有赢，并锻炼他承受输局的心理压力。

父母只要理解了游戏的利益和重要性，就不会认为游戏是挥霍时光，也不会一味要求孩子把课余时光全用在学弹琴或学字画。仔细的父母还可以从孩子的游戏中察看到他们的幻想、愿望、焦虑等。

游戏是孩子在文化和心理上获得的第一个成绩，他们在游戏中表达了自己难以用言语表达的想法和情感，有时甚至还会以游戏来战胜眼前或过往的复杂的心理困扰。

游戏对开发智力益处

游戏，不仅是儿童玩耍的世界，也是他们亲手创造的世界。游戏对于开发孩子智力的益处表现如下：

（1）能力养成的重要环境条件

游戏中欢乐愉快的气氛，是孩子主动性、创造精神和思考能力养成的重要环境条件。孩子的欢乐情绪，是生长发育和健全心理形成的重要环境因素。

缺乏双亲爱抚、经常挨打受骂的孩子，因缺少欢乐的环境气氛，其智力与健康水平都不佳。游戏可以给孩子创造欢乐气氛，并能够在孩子脑海之中留下深刻的记忆痕迹，所以是开发孩子智力的积极手段。

（2）有助反应判断能力的形成

孩子在游戏中常常需要及时作出反应判断，这种反应判断方式十分生动活泼。孩子在欢乐中不知不觉养成了敏捷的思考反应能力，对这一时期孩子脑功能的发育极有帮助。

（3）有助发展孩子的思维能力

一些形象的游戏，如"老鹰抓小鸡"等可发展孩子的想象能力，通过游戏又使孩子去思考如何取胜、为什么失败等。

(4)有助激发孩子的求知欲望

游戏有助于培养孩子对体力和智力活动的兴趣，激发求知欲望。孩提时代往往通过一些游戏去逐步感知和认识世界。天才的秘密就在于强烈的兴趣和无限的热情，游戏正是给天才的形成添加一分力量。

（5）有助培养积极向上的意志力

游戏有助于培养孩子积极向上的自信心和努力达到目的的意志力，这是孩子成长极重要的心理品质。一切有成就的科学家和发明家，都有惊人的自信心和意志力。游戏中孩子那种认真执着的神情和夺取胜利的劲头，正是养成这两种心理品质的萌芽。

懂得游戏的好处和重要性，父母就不会认为游戏是浪费时间，也不会一味要求孩子把课余时间全部用来学弹琴或学书画。细心的父母还可以从孩子的游戏中观察到他们的理想、欲望、焦虑等。

游戏是孩子在文化和心理上获得的第一个成就，他们在游戏中表达了自己难以用言语表达的想法和感情，有时甚至藉游戏来克服眼前与过去的复杂的心理困扰。

第五章

训练孩子的生存能力

　　人生，需要自己去开拓。所以父母不妨早点放手，让孩子在成长过程中不断锻炼自己，把握未来，早点养成独立生存的能力，这对孩子的未来受益无穷。

　　孩子的独立生存能力如何，决定了孩子将来能不能立足于社会。所以，父母不要过度溺爱孩子，不要事事包办，因为独立的孩子才最具竞争力。

培养孩子的劳动能力

热爱劳动是一种良好的品德，是培养孩子独立生存能力的重要内容。因为，没有任何一种生存能离开劳动而存在。

从教育的角度看，劳动不仅能培养孩子的动手能力，而且有利于培养孩子的健康人格。美国哈佛大学的学者威特伦花了40年的时间，追踪观察了256名波士顿少年。

结论是：从小爱劳动的孩子成年后，与各种人保持良好关系的比例，较不爱劳动的孩子多2倍，收入多5倍，失业少16倍，健康状况也好得多，生活过得充实美满。因为劳动能使孩子获得各种能力，体会到自己的人生价值。所以父母应努力培养和锻造孩子的劳动能力，可以说，这是造就孩子未来人生的一辈子的财富。

了解热爱劳动的重要意义

（1）劳动是最光荣的

父母要明确地告诉孩子，劳动是最光荣的。之所以说劳动光荣是因为它创造了世界，创造了人类历史，是人类一切进步和幸福的源泉。劳动人民是历史的创造者，创造了丰富的物质财富和精神财富，推动了人类社会的发展。

劳动，不管是脑力劳动还是体力劳动，都是为社会作贡献。我们的衣食住行，哪一样都离不开艰苦的劳动，都是劳动人民创造的。劳动光荣，劳动人民应该得到人们的热爱和尊重。因此，父母在对孩子进行教育的同时，劳动教育应该是不容忽视的重要内容之一。

（2）劳动能让孩子独立

劳动在一定程度上可以提高孩子的独立能力。在劳动中，孩子可以体会到自己解决问题的能力。很多孩子怕脏怕累，贪图安逸，厌恶劳动，生活自理能力差。他们在父母的呵护下，过着衣来伸手、饭来张口的生活。有的孩子连自己的手帕和袜子都不会洗。

如果孩子从小没有受到劳动的磨炼，没有养成劳动习惯，将来离开父母就难以适应独立的生活。在孩子以后的工作中，如果遇到困难、受到挫折，就难以经受考验。教育孩子热爱劳动，是父母应该做的工作。

（3）劳动有利智力发展

孩子的智力发展应该是每位父母都关心的问题，劳动在一定程度上可以促进孩子的智力发展。

劳动不仅对孩子将来的生存有重要的作用，而且对孩子智力的发展也有着十分重要的作用。经常参加劳动的孩子思维敏锐、应变能力强，这对增强孩子的智力发展是大有好处的。所以，教育孩子热爱劳动的意义重大，父母更要培养孩子热爱劳动的习惯。

教育孩子热爱劳动的方法

（1）父母要教育孩子懂得劳动带来财富

父母要让孩子懂得，是劳动给我们人类创造了财富，包括物质财富和精神财富。劳动不仅为我们提供了丰富的物质资料，还为我们提供了宝贵的精神智慧。

（2）父母要培养孩子热爱劳动的习惯

一般来说，大多是母亲教孩子劳动，指导孩子学会洗衣、做饭等劳动技能。其实，父亲在教育孩子热爱劳动方面也同样起着重要作用。

每一位父母在教育孩子的过程中，都应积极地帮助孩子建立起热爱劳动的心理，锻炼出热爱劳动的能力。

培养孩子自我管理的能力

孩子总会有长大的那一天，总有一天是要自立于社会。

假如父母在孩子很小的时候就培养他们自己的事情自己做，自己的东西自己管，自己的生活自己安排这一习惯，就能增强孩子行动的独立性、目的性和计划性，这对于提高孩子未来独立生存本领、享受成长的快乐和生活的幸福，是有极大帮助的。

学会进行自我管理

自我管理，在管理界的意义非常深刻。对于孩子来说，学会自我管理也是一件非常重要的事情。就孩子的成长而言，孩子走上社会前，必须要学会进行自我管理。随着孩子一天天长大，懂的东西越来越多，活动范围的不断扩大，他会意识到自己需要管好自己，也就是自我管理。但是，许多孩子由于经验太少，缺乏自我约束的意识，在自我管理上往往表现得比较欠缺。

许多父母都希望把孩子送到国外留学。出国留学，需要孩子有较强的自我管理能力。有专家认为，我国学生的问题不是智力问题而是管理的问题。绝大部分学生因从小就没有养成自我管理的习惯，以至于一旦离开父母，就无法很好地管理自己。

的确，自我管理能力强的同学在独立生活中更容易应付自如。

能不能在生活中管好自己，这是自我管理能力中最重要的要求。如果孩子连最简单的生活起居都无法管理的话，我们很难想象他们能够管好其他事情。

培养自我管理方法

孩子自我管理能力的培养，有个从被动至主动，从低级至高级，从不自觉到自觉的发展过程。虽然，通常情况下，随着年龄的增长和知识的提高，孩子的自我意识水平会不断增强，孩子的自我管理能力及自我管理水平也随之提高，但是父母的有意识培养更是少不了。

那么，父母该如何培养孩子自我管理的能力呢？

（1）要从小事做起

孩子从小应培养起自我管理的意识。若不然，依赖性一旦形成，即便是孩子会做的事也不愿自己动手。父母可通过言传身教，使孩子具备一定的主动做事的意识，从小事培养孩子动手的好习惯，树立自己的事情自己做的观念。

在自我管理中，各种物品的收拾整理是非常重要的一环。每个孩子从小就有自己的生活空间，父母要鼓励孩子自己收拾自己的小房间。要尽可能地用积极的方式吸引孩子参与收拾整理，并坚持不懈不断强化，最后形成习惯。

（2）自己安排生活

自己安排生活这对于自我意识还没有形成的孩子来说，确实有点勉为其难。但这种意识却是要在点滴的生活小事中及早播种的。父母每次带孩子出门，可以用启发式的口气问孩子是否少带什么东西，或许经过几次的提醒，孩子以后便会主动想起要戴好帽子或穿好外套。

有一句话叫"人小鬼大"，说明孩子虽小，但也是有思想的人。孩子经过思考以后，可试着让他安排一下今天到哪里玩？准备做些什么？并帮助孩子分析这样做的优劣和可能性。慢慢地孩子就会合理安排自己的生活了。

（3）切忌父母包办

比如，早上送孩子上学，如果发现孩子忘了带要交的作业或是课本时，父母千万不能自揽责任包办代替，而要让孩子意识到自己想做的事自己应该安排好，并且学着负责到底。父母注意每次给孩子相关的提醒和帮助，孩子便逐渐有了这种的意识。

总之，早期的习惯培养就如同是在播种，绝不能等到要收获的季节才匆匆忙忙想到播种，而是要赶在生命的春天里就有意识有计划地撒种，并坚持不断地施肥，灌溉，这样才能使孩子自我管理的意识及早生根发芽，茁壮成长，并在人生成长之路上结出累累硕果。

让孩子学会独立生活

现代许多父母由于害怕孩子吃苦，对于孩子的吃饭、睡觉、玩耍、交朋友等方面可谓是全部揽了下来。很少鼓励孩子去独立思考、独立做决定、建立自信心，从而导致了孩子离不开父母这根"拐杖"。时间久了，很容易令孩子形成脆弱的性格。父母给孩子的庇护越多，孩子的独立性就会越差，生存能力就会变得越弱。

了解自立的重要性

在日常生活中，我们常会看到这样的情况：当孩子看到其他小朋友想要动自己玩具时，就会跑上去告诉别人玩具是自己的；吃饭的时候要自己动手吃，不要父母喂自己吃等。

对孩子来说，其实在他们很小的时候就已经有了自立自主的心理品质。这些行为其实就是孩子自立自主的表现。在成长的过程中，他们的自我表现力就更突出了。

所以在这个时候，父母应该尊重孩子的各种需要，尊重他们的兴趣和爱好，鼓励他们表达自己的思想和情感，遇事多和他们商量，多听他们的意见，允许他们自己作选择和决定，允许孩子有不同的见解。放手让孩子去接触生活，让孩子在生活中经受磨炼，从而增长才干，提高社会适应能力。

有些父母总是认为，孩子年龄还小，还不到自立自主的时候。一些父母甚至会说："孩子是我的，当然得听我的。"

因此，很多父母在进行教育或处理问题时，往往处于主导地位，自己说了算，很少给孩子自由发表意见的机会，对孩子较多的是训斥和说教，渐渐束缚了孩子开拓、自立、创造意识的发展。

然而，现代社会是一个快节奏、高效率、大信息、竞争激烈的社会，它对人才素质的要求越来越高，尤其是创造力、适应能力、自立、自主、坚强意志等品质。

由于从小受到父母的过分呵护，许多的孩子在长大后无法自立。让孩子学会自立，学会正常的社会交往，长大后才能顺利步入社会生活。没有自立自主意识和能力，谈何成才？父母应重视培养孩子独立做事的能力，让孩子学会自己驾驭生活。

培养孩子自立的方法

（1）为孩子提供和谐的家庭生活

在孩子的成长历程中，家既是他们生活的基地，也是其活动的主要场所。和谐的家庭气氛对于孩子的精神、情操、性格、求知欲等都会产生不同程度的影响。孩子自主意识的培养也同样需要宽松、和谐的家庭氛围做基础。作为父母，应该把孩子当做平等对话的一方，充分赋予孩子以自由发表意见的机会，不要经常以类似"你要不听我的话，我再也不管你了"之类的话语来喝令孩子。

这种对孩子缺乏真正信任、理解、不能同孩子进行协商和沟通的居高临下的说教，再加上一副威严的面孔，亲子之间的交往，顷刻间便会缺少轻松的气氛和宽容的态度，给孩子造成极大的心理压力，使得父母无法成为孩子的知心朋友，与孩子的共同语言也变得越来越少。

（2）充分尊重孩子的自主权

父母一定要认识到，孩子在家里具有与自己平等的地位。孩子在家也有着自己的权利和责任，父母应给孩子自主行使权利的机会，逐渐培养孩子的自主意识。

在处理一些家庭小纠纷时，父母不要一味地独断专行、自作主张，应该以平等协商的方式，让孩子也来参与，发表自己的意见；涉及孩子的问题时，应尊重孩子的自主权，尊重孩子的选择，避免采取施压和服从方式。使孩子在平等、和谐的家庭氛围中健康地成长，逐渐培养出自主做事的意识。

（3）引导孩子学会自己处理问题

父母要引导孩子去完成一些他们力所能及的事情，在处理事情的过程里确立主体意识。如一些孩子本来到了一定的年龄，已经完全能够做一些自己力所能及的事情。但仍有一些父母总是不愿撒手，以至于孩子事事依靠父母的照顾，依赖家庭的呵护，表现出发展迟缓的特征：不会玩，不会表达自己的需要；不会安排自己的活动；不会与其他孩子交往等。

一切活动都必须有父母相伴，对于一些不需要成人参加的属于孩子的自由活动里，孩子却会总是感觉不习惯。

对此，父母一定要用心正确引导孩子去独立做事。比如，平时孩子的穿衣、吃饭、洗漱、整理玩具等事情都可以让他们自己去做，做不好时可以耐心地加以引导。

当孩子遇到做错事或自己能处理的事时，大人不要急于干涉，说长道短，尽量让孩子自己处理或参与，使他们成为主角。比如，在布置孩子的房间时，可以引导孩子自己选择所喜爱的色调以及家具、用品等，鼓励孩子有自己独创的想法，坚持自己的主见。这样一来，孩子自己的才艺、能力可以得到尽情发挥和展现，他们从自己的创造成果中感受莫大的快乐。这样，孩子就会养成自己的事情自己做的习惯，逐渐形成了自己的主见，具备独立做事的能力。

让孩子做事情有计划

古人说："凡事预则立，不预则废"。意思是说，不论做什么事，事先有准备，就能得到成功，不然就会失败。所以，父母要教育孩子，无论做什么事情，事先都要有周密的计划，这样才能有条不紊，从而把事情办好。

做事要有计划性

做事情缺乏条理，没有计划，或许是小孩子的一种自然反应。但是，如果父母对孩子不注意加以引导，孩子们往往会因此养成不良习惯，这对孩子的成长是不利的。在走向成功的道路上，做事没有条理、没有计划的孩子，将会比其他人走得更曲折、更辛苦，从而给良好的生存带来麻烦。做事有计划，不仅是一种良好的作风，也反映出一个人的内心态度，这也是日后能否从容有致、良好生存的重要因素。

做事有计划的方法

在日常生活中，不管孩子在做什么事，父母都要引导孩子将其做得有条有理。比如房间摆设井井有条；晚上睡觉之前，整理好书包、准备好第二天要穿的衣服等。这些都能够使孩子逐渐养成做事有条理的好习惯。

（1）抓住契机适时引导

物品的条理远比事情的逻辑性更易于被孩子所理解，可以此作为切入口，让孩子体会什么是条理。父母做内务整理时可以让孩子参与进来做小帮手，这是培养孩子劳动观念与技能的途径，也是一个让孩子亲眼观摩父母分类摆放、物归原处、井井有条的好习惯的机会。

在熟悉了大人衣物、用具、书籍等东西的整理方式后，父母可以给孩子买几个整理箱和一个抽屉式文件柜，让孩子尝试着整理自己的玩具、用品，学会做标记、贴标签、分类放、摆整齐，以后逐步拓展到自己收书包、摆书架、理衣柜，再到自己准备活动用品等。

当然，让孩子养成做事有条理的习惯不是一朝一夕的事，需要父母的耐心和恒心，还要善于抓住教育的契机进行适时地引导。只要父母能够持之以恒地影响和培育孩子，久而久之，孩子便可以从整理散放的物品中，感受到条理性的意义和技巧。

（2）帮助孩子制订计划

想要让孩子做事有计划，父母本身也应养成习惯，经常向孩子示范一下自己的计划。即把自己的计划告诉孩子，并且征求孩子的意见，让孩子帮着制订计划。

比如在周末的清晨，可以这样对孩子说："今天我们好好安排一下，吃完早饭后，我们到公园去看花展，然后回家吃午饭，午后你小睡一会儿，14时我们去少年宫学画画，16时带你去海洋馆玩，到家后，你将今天的见闻写下来，你觉得如何？"

这种示范，不仅能够使孩子充分理解计划的重要性，还会开始试着去安排自己的事情。当孩子提出某项请求时，父母可以问孩子："你的计划呢？"

当孩子习惯了事先安排活动的内容和次序，他也会像大人一样把计划做得合情合理，甚至把学习、劳动之类他不十分情愿做的事也自觉地安排到他的计划内。

倘若孩子对父母的计划提出了疑问，或者孩子心里已经有了计划意识时，那么，父母就应让孩子自己来安排和计划，这样孩子会更好地遵守自己的计划。

（3）让孩子按计划办事

父母平时要注意向孩子强调计划的重要性，并及时为孩子的各项行为制订计划。当然，这些计划的制订应该让孩子参与进来，与父母一起来制订计划。当计划制订了以后，孩子必须按计划办事，不能半途而废。

对幼小的孩子来讲，父母应该要求他们在玩的时候自己把玩具拿出来，玩完以后自己收好。对小学生来说，就要要求他们看书做作业的时候要认真，写完之后才可以去尽情玩耍。对于中学生来说，则要求其做事有责任心，把握好做事的进度。

帮孩子提高生活自理能力

何谓生活自理，通俗地讲就是自我服务，自己照顾自己。它是一个人应该具备的最基本的生活技能。孩子生活自理能力的形成，有助于培养孩子的责任感、自信心以及自己处理问题的能力，对孩子今后的生活也会产生深远的影响。

生活中有许多孩子依赖性强，自理能力差，以至于不能很好地适应新的环境。因此，培养孩子的生活自理能力非常重要，这项能力的培养，应该作为家庭教育活动的重要内容之一。

生活自理是一种能力

关于生活自理的话题，曾有一组相关调查数据：20.4%的孩子明确表示"缺少生活自理能力"；18.3%的孩子"做事容易依赖别人"；28%的孩子"很少帮助父母干活"；15.1%的孩子"缺少保护自己的能力"；只有18.2的孩子表示"具有生活自理能力"。

看到这组令人心惊的数字，让人不禁发问：一个人如果在孩童时期事事依赖别人，没有独立做事的锻炼，在成年之还能独立于社会？还能成为国家需要的栋梁之材吗？

也难怪，现在的孩子多是家中的独生子女，在家中个个充当的都是"小皇帝""小公主"的角色，衣来伸手，饭来张口，什么事情都是由大人包办，造成孩子什么事情都不会做也不肯做。这会对他们将来的人生产生极为重要的影响。

自己的事情自己做，可以让孩子经历一定的挫折和艰辛，即从小就懂得要想获得成功，必须得掌握一定的技术，经受住各种考验。正因为这样，这些孩子长大后他们适应社会的能力较强才能够迅速融入社会。因此，父母应从小培养孩子学会劳动、学会生存，学会自理。

培养孩子自理能力的方法

为了良好地培养孩子生活自理的能力，父母应逐渐减少对孩子的照顾，不要包揽一切。

孩子一开始做，难免会出现一点小问题，如打碎碗，棉被叠得不整齐等。这都是正常的现象，这时候千万不能指责、埋怨，也不能放任自流，而应热情鼓励，并适当加以指导、点拨。这样，就能使孩子充满自信和兴趣，持之以恒地做下去，最终内化为一种不自觉的习惯行为。

（1）激发生活自理兴趣

父母可利用讲故事、唱儿歌、做游戏等形式，使孩子懂得自己的事应该自己做，让孩子知道自己的小手可以做许多事情的。从做细小的事情入手，激发孩子生活自理的兴趣。

要重视孩子的每一个具有独立意识的要求和行为，并加以鼓励和提供实现的条件。例如当父母在洗衣服时，孩子若要来帮忙，就不要怕孩子是在搞乱，为自己添麻烦，而要欣喜的接受，并鼓励孩子自己洗自己的衣服。

要知道，如果你拒绝、训斥孩子要洗衣服的念头，就在无意间扼杀了孩子独立动手的意识。其实这正是培养孩子生活自理能力的大好时机。如果错过了，就是在拿孩子的未来做交换。因此父母在平时要给予孩子鼓励和引导，帮助孩子建立自信心，培养孩子生活自理的行为。

（2）遵循循序渐进原则。父母要根据孩子的年龄特点和能力，来培养孩子的自我服务技能。孩子的成长就是在不断地独立中进行的，优秀的孩子都有事事独立的特点。

（3）有持之以恒的耐心

培养孩子生活自理能力不是一朝一夕就能完成的，父母要从生活的小事中开始培养，要持之以恒。

孩子刚开始动手做事时，往往做得很慢，有时甚至闯祸。父母不要因此就不让孩子动手，而要给孩子示范正确的动作，耐心教他们怎样做，鼓励孩子坚持劳动，养成习惯。例如：教孩子自己穿脱衣服、系扣子、系鞋带，父母要先教给他们正确的方法，要及时地鼓励，耐心地帮助。

俗话说："习惯之始如蛛丝，习惯之后如绳索"。待孩子养成生活自理的习惯后，一切行为就会显得顺其自然。

这里父母要特别注意以下三点：

一是在培养孩子生活自理能力时，父母不可操之过急，要遵循孩子的年龄特征和生长发育规律。比如说让一个刚学会走路的幼儿就要学会叠被子，是不可能的事情。

二是在培养孩子生活自理能力的过程中，如果孩子碰到问题或发生错误行为，父母一定要采用积极的正面教育。如鼓励、激励、表扬等形式，否则就会伤害孩子自尊心，从而让孩子不再敢主动操作。

三是对孩子生活自理能力的培养，一定要持之以恒，不能三天打鱼，两天晒网。这样就不利于孩子良好生活习惯的养成，以至于影响孩子整体自理能力的持续发展。

训练孩子耐心做事

很少有孩子能够长时间专注于一件事情，加上父母平时并不是特别在意培养孩子的耐心，使得他们往往缺乏有始有终的专注。耐心也是一种习惯，而习惯是后天培养成的，不是天生带来的。所以父母应从小培养孩子的耐心和坚强意志。

在对孩子的教育过程中，肯定会遇到一些难以跨越的难题，父母必须首先自己要有耐心，同时给予孩子以持续的动力。可以说，培养孩子耐心的习惯会让他终身受益。

了解孩子缺乏耐心的表现与原因

平时经常会听到一些父母抱怨自己的孩子："我孩子很聪明，就是干什么都没耐心，做事总是虎头蛇尾，半途而废。"事实上，孩子做事是否有耐心是相对而言的。年龄越小，其注意的稳定性和持久性就越差。其原因有多个方面，归纳起来，大致有以下几类：

（1）环境方面的原因

如有的父母管教孩子没有经验，在孩子面前又急躁又啰嗦，孩子干任何事情，他们都爱问长问短，看似关怀备至，实则干扰了孩子的注意力和兴趣，这很容易造成孩子心烦意乱，不知所措。

另外，有些家庭夫妻关系紧张，经常吵吵闹闹，处于这种氛围里的孩子，容易产生心情抑郁，从小就缺乏安静专注的习惯。

有些儿童调换环境过于频繁，年幼的儿童对环境的变化是相当敏感的，而适应性则很差。环境的改变，意味着要儿童重新进入一个陌生的环境中，这种变化可能导致儿童产生一种不安全、不信任感。

（2）生理方面的原因

有些儿童身体孱弱，对周围的事物缺乏必要的精力和热情，他们由于体弱多病，往往爱故意撒娇，容易疲劳，因此，很难专注于某事某物。

不少父母对儿童的心理需要缺乏必要的认识，对孩子有求必应。以玩具为例，只要孩子喜欢就尽力买下来。父母认为，玩具可以开发儿童智力，自然多多益善。但他们却忽略了，儿童在琳琅满目的玩具面前晕头转向，无所适从，这种情况下儿童没有耐心就不足为怪了，个别的甚至会养成玩具破坏癖。

假如父母不了解孩子真正的心理需求，对孩子百依百顺，也会致使孩子无所事事，无法静下心耐心地做事。

另外，父母要关注孩子是否表现出以下情况：

一是面前的食物还没吃完，您的孩子便迫不及待地嚷着要吃另外的食物；

二是在游乐场看到好玩的滑梯，无视前面正在排队的小朋友，自己硬要抢先上去玩；

三是上兴趣班时，发现自己怎样也无法做好时，便轻易放弃；

四是当要求不能被及时满足的时候，立即发脾气，甚至情绪失控；

五是变得一天比一天霸道，不能遵守社会的规范，例如排队轮候；

六是做事缺乏计划性，想什么时候做就什么时候做，想什么时候放弃就什么时候放弃；

七是不懂得什么是坚持，为什么要坚持；

……

以上所列举的这些情形，都是孩子缺乏耐心的常见表现。

缺乏耐心的孩子很容易被自己的情绪所左右，稍不如意就觉得无法忍受，不能够冷静地思考解决问题的方法，不能承受挫折，以至于影响自己的学习和生活。

专家强调，父母应该及早地了解自己孩子的能力及脾气秉性。如果您的孩子属于缺乏耐力群中的一员，那就要从现在开始立即训练孩子的耐性，否则年龄越大，越难训练。

培养孩子耐心的方法

很多孩子在面对一件既复杂又耗时的事情时，往往只有三分钟热度，无法用心将事情做完。对于孩子缺乏耐心的问题，父母一定要了解孩子的特点。

孩子缺乏耐心，这是由其年龄特点决定的，他们正处于发育阶段，身体的各种机能还不是很健全，注意力、意志力都处于萌芽状态。因此，坚持性比较差，常常会一件事没做完，又去做另一件事，表现出虎头蛇尾没有耐心。年龄越小这种现象就越突出。

所以，孩子做事是否有头有尾，有始有终，属于心理活动中的意志品质问题。但是，意志是否坚强，对长大后学习、工作的成败都有重要的影响。那么，父母应如何培养孩子的耐心呢？

（1）父母要做耐心的典范

父母要切记自己是孩子的榜样，单纯的孩子还没建立自己的行为模式，他是一个默默的观察者，今天父母做事的习惯就是明天他做事的标准。如果父母做事无耐心、无规律，你能期待孩子做事井井有条吗？

俗话说："上梁不正下梁歪"。如果想让孩子从小养成做事耐心的良好习惯，那么"上梁必须正"，父母必须以身作则，不管处理什么事情，都要认真、耐心、圆满地将其完成，做好孩子的表率。

（2）父母适当设置点障碍

在要求孩子做事时，父母应有意识地为其设置一些点障碍，从而为孩子提供克服困难的机会。这样能够激发起孩子的好胜心，让他有动力持续地做下去。当然，这个难度一定得是孩子努力后所能达到的。

因为耐心是坚强意志磨炼出来的，越是在困难的环境中，越能锻炼孩子的耐心。要鼓励孩子做事不能半途而废，让他明白，做好一件事要经过努力才能完成。而当孩子经过努力完成一件事时，对其给予及时的表扬，使孩子意识到自己耐心的做事是一件正确的、值得骄傲的事情。

（3）父母不要立即满足孩子期望

值得父母注意的是，不要对于孩子那些时时闪现的要求全部马上予以满足，应要求他们对正在做的事情集中精力，使其持久地沉浸在一种活动之中。要让孩子们从实践中懂得，生活里有许多事情都是需要耐心和等待的。

对于年龄较小的孩子来说，他们在感觉肚子饿之时会马上要求吃东西，渴了便要求马上要喝，想要什么玩具当时就想要得到。这时，父母不要立刻满足孩子的要求，学会有意延缓一段时间再满足孩子的要求，以从小培养孩子的耐心。

（4）有意识地培养孩子的耐心

在平时的教育实践中，要有意识地训练孩子的耐心，让其逐渐学会等待。让孩子懂得在适当的时候做某件事，懂得与别人协调行事等。

这种训练是必须的。因为随着年龄的增长，孩子的要求会越来越多，父母不可能做到满足孩子的每一个要求。如果一味地满足，很容易会让孩子误以为世界是以他们为中心的，将自己的要求排在第一位。父母要让孩子们明白，每个人都有自己的要求，等待是必不可少的，失望也是在所难免的。

孩子只有具有了耐心，才能做到很好地控制自己，执着地去做每一件事。对此，为了更好地培养孩子的耐心，父母除了掌握上述方法外，还应注重如下技巧：

（1）小游戏帮大忙

想要培养孩子有耐心的习惯，首先要先培养专注力，专注力是忍耐力的基础。如果小孩子的专注力好，自然容易有耐性。父母可多陪同孩子玩一些有助提高专注力的游戏，例如"找不同""找错误"、拼图游戏、听故事……让孩子集中注意力，长时间专注做某一件事。

（2）小奖赏不能少

小朋友拥有自己的目标，做事自然有毅力。当孩子渴望得到某样东西时，父母可以要求他们先达到某一个目标，达到后作为奖赏给他。孩子越大，要求也要相应的高一些，最重要的是所订下的目标必须清楚、明确、合理。因此，不妨采用"奖励卡"或"奖励贴纸"这些小道具，让孩子更容易掌握自己的努力成果。

（3）多项历练考验

孩子的兴趣越广泛，就越容易磨炼出个人耐心。其实，要培养个人耐心，关键就在于建立延迟满足欲望的能力。而在这一过程中，如果时间和精力容易消磨，情绪也不容易波动，耐心自然而然就建立起来了。因此，父母不妨安排孩子多参与各种不同类型的兴趣活动。

对孩子进行储蓄教育

心理专家建议，在孩子4岁至10岁时应帮助其掌握理财的最基本知识，如消费、储蓄、给予等，并鼓励孩子进行尝试。这是培养孩子理财的一个最好时期。

有意识地从小就培养孩子的理财能力，指导孩子熟悉、掌握基本的金融知识与工具，从短期效果看，是养成孩子不乱花钱的习惯。从长远来看，将有利于孩子及早形成独立的生活能力，使其在高度发达、快速发展的时代中，具有可靠的立身之本。这无疑对于孩子提高未来独立生存能力是有极大意义的。

认识对孩子进行储蓄教育的意义

在当代社会里，教给孩子科学的理财方法，是每位父母义不容辞的责任，所以父母们不应仅仅满足于孩子对钱的了解认识，还要在实践生活中培养、训练孩子的理财能力，对他们进行储蓄教育。可以说，从小没有"储蓄罐"的孩子是不健全的孩子，这是一个颇有见地的认识。父母要培养孩子把属于他的零钱存进"储蓄罐"，这能使他养成节省"自己的钱"的习惯。

石油大王洛克菲勒，是美国19世纪的三大富翁之一，洛克菲勒享有98岁高寿，一生至少赚进10亿美元，捐出的就有7.5亿美元。

但他平时花钱却十分节俭。有一次，他下班想搭公交车回家，缺1美元，就向他的秘书借，并说："你一定要提醒我还，免得我忘了。"

秘书说："请别介意，1美元算不了什么。"

洛克菲勒听了一本正经地说："你怎么说算不了什么？把1美元存在银行，要整整10年才有1美元的利息啊！"

看了洛克菲勒的小故事，给人直接的启发就是，从小教育孩子理财，储蓄习惯的养成即是其中重要一环。

有些父母认为孩子还小，不适合学理财。其实，教小朋友理财并不难，不需要告诉他们艰涩的投资理论或金融操作模式，只要就孩子平常接触到的部分，例如购买零食、文具及玩具等，树立正确的金钱观，让他们懂得如何让钱发挥最大的效用就行了。

日常生活，处处离不开钱。作为父母，只要不失时机地对孩子进行理财教育，就能取得"随风潜入夜，润物细无声"的效果。在储蓄过程，可以让孩子学会"等待"和了解"复利"。

为何要学"等待"？因为储蓄即是牺牲目前的消费，等待换取未来能有更大的消费，如此，从小就养成不会冲动消费的习惯后，长大自然就没有变身成为"月光族"及"卡债族"的问题。

另外，"等待"也有其他意想不到的好处，在《EQ》这本书中曾提到有关4岁和5岁孩童的分组实验；一组是宁愿立刻拿到，但只有一颗糖果；另一组是愿意等一下，之后可拿两颗糖果。结果愿意等待，以拿更多糖果的这一组孩童，经追踪结果，后来不管是的学业、人际关系，都比较好。

而把钱储蓄存在银行，则可以让孩子了解大钱生小钱的好处，即是"复利"力量的呈现，可以帮助我们的钱以更快的速度增长。目前一般储蓄账户的定存利率约为2%，孩子不容易体会到复利力量的强大。

所以父母可以采取一些富有创意的措施，来增强储蓄的吸引力。例如，您可以按照他们每月所获利息，向其账户存入与该月利息相等的钱，从而使其利率翻倍，同时和你的孩子做相同游戏，即可令他加深复利的惊人力量。

财富的累积，讲究的是滴水穿石。人们都知道"积少成多，万涓成水"的道理，可是没有几个人能做到，只有从小接受过良好的教育并对自己具有充分约束力的人，或许在成长的道路上能够做到这一点。

这就是个人能力的所在。简单的动作重复做，简单的话反复说，这就是成功的秘诀。说穿了，成功其实很容易，就是先养成成功的素质。

教育孩子储蓄的方法

培养孩子存钱的方法主要有如下方面：

（1）及时储蓄

有时我们发现，得到一笔钱时往往我们延后了储蓄。结果到最后发现，已经把钱花得没有必要存了。所以要帮助孩子做事之前就把钱先存起来。

孩子3岁时，爸爸妈妈和他在家里玩存钱游戏，让孩子把钱存在自己的存钱罐里。5岁时，鼓励孩子把钱存在家里的小银行里，给孩子一张手写的存折，爸爸妈妈便是银行的工作人员。到年龄允许时，就可以带着孩子一起去银行真正开个账户，让孩子养成第一时间把钱存起来的习惯。

（2）用动力带动储蓄

也许你的孩子梦寐以求希望得到一架遥控飞机，那么就给他一张遥控飞机的彩色照片，贴在他的床头或者房门上，孩子每天看着他的"目标"，储蓄的热情会大大增长，为了很快得到它，他便会更自觉地积极储蓄了。当他通过这种方法实现愿望后，他更会发现储蓄的好处，而且更懂得珍惜自己所拥有的。

（3）让孩子知道他的钱能买什么

有些孩子没有金钱的多少的概念，遇到什么想要的东西如果爸爸妈妈没有买给他，他就会觉得是爸爸妈妈不愿意给他买，而从来不会从这个东西的价格"是否能够接受"的角度去思考问题。

所以，当孩子一角一元的把钱储蓄起来的时候，他就能深刻地感受到钱来之不易，而且不是所有的东西我们都能买得起，从而更理解父母赚钱的辛苦。

（4）合理的花钱

如果孩子已经上了幼儿园或者小学一年级，父母便可以给他一些零用钱。但要时刻提醒孩子少带些钱在身上。并且在花钱之前要自己想一想，这个东西是不是必须要买的。起初父母要监督孩子零用钱的支出，并及时评价孩子每次花钱是否正确、合理。

随着孩子年龄的增长和理财经验的丰富，父母可以慢慢放手，给孩子一些自由支配的权利，但父母必须给予指导。

美国有一本叫《钱不是长在树上的》的畅销书，书的作者戈弗雷在谈到储蓄原则时指出：孩子们可以把自己的零花钱放在3个罐子里。

第一个罐子里的钱用于日常开销，购买在超市和商店里看到的"必需品"；

第二个罐子里的钱用于短期储蓄，为购买"芭比娃娃"等较贵重物品积攒资金；

第三个罐子里的钱则长期存在银行里。

为了鼓励孩子存钱，可以陪孩子一起去银行存钱，并以孩子的名义开一个户头。当孩子在铅印的存单或存折上见到自己的名字时，会使他们感觉到自己长大了，变得重要了。

银行的另一个好处是：它能使孩子们充分理解钱并不是随便可以从银行领出来，而是必须先挣来，把钱存到银行里去。以后才能再往外取，而且还会得到多出原来存入的钱的利息。

致家庭教育者

ZHI JIATING JIAOYU ZHE

没有教不好的
孩子
只有不会教的
父母

方士华 / 编著

民主与建设出版社

图书在版编目（ＣＩＰ）数据

没有教不好的孩子，只有不会教的父母 / 方士华编

著. —— 北京：民主与建设出版社，2019.11

（致家庭教育者）

ISBN 978-7-5139-2688-1

Ⅰ.①没… Ⅱ.①方… Ⅲ.①家庭教育 Ⅳ.①G78

中国版本图书馆CIP数据核字(2019)第257803号

没有教不好的孩子，只有不会教的父母

MEI YOU JIAO BU HAO DE HAI ZI ZHI YOU BU HUI JIAO DE FU MU

出 版 人	李声笑	
编 著	方士华	
责任编辑	刘树民	
封面设计	三石工作室	
出版发行	民主与建设出版社有限责任公司	
电 话	（010）59417747 59419778	
社 址	北京市海淀区西三环中路10号望海楼E座7层	
邮 编	100142	
印 刷	三河市天润建兴印务有限公司	
版 次	2019年11月第1版	
印 次	2020年1月第1次印刷	
开 本	880毫米×1230毫米 1/32	
印 张	30	
字 数	756千字	
书 号	ISBN 978-7-5139-2688-1	
定 价	198.00元（全六册）	

注：如有印、装质量问题，请与出版社联系。

所谓家庭教育者，就是家庭里能够对孩子产生影响和教育的人，主要是指孩子的父母。家庭是孩子人生的第一站，也是孩子第一所学校。孩子在父母的抚育关怀和直接教导中学习，也从父母的一言一行中进行模仿，父母的潜移默化使孩子受到了最初的教育。因此，父母是孩子的第一任老师，也是孩子永远的老师。

著名教育家苏霍姆林斯基说过："如果没有整个社会的教育，特别首先是家庭高素质的教育，那么不管在学校老师付出了多大努力，都可能达不到完美的效果。孩子在学校里的一切问题，都会在家庭里折射出来，而学校复杂教育过程所产生一切困难的根源也都可以追溯到父母。"由此可见，父母对孩子教育的作用是多么的重要啊！

其实，所有父母都希望培养出一个优秀的孩子，都希望自己孩子从小就具有良好的品格、出众的成绩和较强的能力，长大以后更是能够出类拔萃，功成名就，集成功与荣耀于一身。

但是，愿望毕竟是愿望，要使美好的种子开花结果，就必须进行辛勤施肥和浇灌，就必须进行良好的家庭培育。因为只有把根基扎稳了，才能长出参天的大树来。

问题是每个父母都尽其所能地教育和培养自己的孩子，可为什么有的孩子能够十分优异，而有的孩子却非常平庸呢？造成孩子差别的根本原因，就在于有没有采用正确的教育方法，如果从心理学的角度来说，就是有没有根据孩子的心理特点采取针对性和适宜性地教育，这是孩子是否成才的关键。

　　俗话说，知子莫如父，知女莫如母，这个"知"就是指要知道孩子的心理，然后采取有的放矢的教育。如果你连自己孩子的心理都不知道，那么就枉为人父和枉为人母了，更谈不上正确的教育和培养。

　　那么，怎样了解孩子的心理，又怎样针对孩子的心理进行良好的教育呢？

　　为了帮助家庭教育者解决家庭教育的困惑，我们特地编撰了本套丛书，包括《好习惯让孩子受用终生》《父母是孩子最好的玩具》《好妈妈胜过好老师》《好父母不吼不叫》《如何说孩子会听、怎样听孩子才会说》《没有教不好的孩子，只有不会教的父母》六册书，分别讲述了作为家长如何培养孩子的良好习惯、怎样提高孩子的情商智商、如何培养孩子的学习精神、道德品质以及独立能力等问题。可以说，这些是成就孩子一生的最重要资本。

　　总之，本套书集针对性、指导性和实用性于一体，对于进行良好的家庭教育大有好处，每个父母都可以从中发现适宜用来教育孩子的不同方法和诸多措施，是一套家庭教育的优秀读本，适合不同年龄段孩子的父母学习和珍藏。

目　录

第一章
了解孩子的天性

　　现在的孩子们从上幼儿园起，就被沉重的书包压弯了脊梁，他们没有童年，没有欢乐，有的只是无休无止的作业和各种各样的培训班……这样的孩子正常吗？我们了解孩子的天性吗？有几个父母想过这个问题，又有几个父母想过要改变这种状况呢？

爱玩是孩子的天性

孩子的天性是什么？是玩。专家学者认为，世上只有两种儿童不爱玩，一种是天生弱智；另一种是处于患病的孩子。正常的孩子都爱玩。对于孩子们来说，玩是最快乐的事，是自发的，玩起来浑身是劲，不会觉得累；而学习往往是大人强迫的，枯燥无味。

父母多数都有这样的情形，看到孩子专心致志地学习很高兴，对孩子玩很不满意。幼儿时期孩子爱玩，父母还挺高兴。小学时期爱玩父母还能容忍，但到中学你就忍无可忍了，可能会把正常的玩也称之为贪玩了。

在许多父母看来，如果孩子玩心太重，必然会影响学业，而学业又是和学习成绩联系在一起的。于是，这些孩子就被父母们定义为"淘孩子"，甚至是"坏孩子"。

逐渐的，这些爱玩的孩子就成为了坏孩子的代名词之一。而判定他们是坏孩子的唯一标准，就是他们在玩上花费了太多的时间，可能会影响学习。

这样看来，父母并没有认清孩子玩耍的真谛和重要性。父母们可以想想，你们的童年是如何度过的，是在不同的游戏中，和泥土、玩具、小伙伴一同度过的。

但反观现在的孩子呢？他们天天忙碌于各种学习当中，往返于不同的补习班，在各种才艺班中默默地努力。父母们看到这些，是不是也汗颜了，原来自己为孩子加了这么重的负担，完全剥夺了孩子游戏的时间和权利。现在的孩子快乐吗？很明显是不快乐的。

教育孩子的目的，是想让孩子有一个快乐的生活和美好的未来，但是现在父母的所作所为剥夺了孩子的快乐，那么，教育的意义又从何谈起呢？所以，作为父母，一定要正确认识玩在孩子成长过程中的地位。

1989年第44届联合国大会通过的《儿童权利公约》明确规定：儿童有权享有休息和闲暇，从事与儿童年龄相宜的游戏和娱乐活动，应尊重儿童参加活动的权利，并应鼓励提供从事文化、艺术、娱乐和休闲活动的适当和均等的机会。强调游戏是儿童的权利。

《儿童权利公约》还指出：父母主要关心的问题是儿童的最大权益得到保障，而儿童的最大权益中最主要的就是游戏。

爱玩是孩子的天性，游戏是儿童的生命。玩，是从婴儿到老人都喜欢的活动，这是人的天性，难道父母们不爱玩吗？著名的迪士尼公司就是一家制造"玩"的公司。

你们也是孩子，只是年龄大点而已。只要孩子不因为玩而荒废了学业。其实玩对人类是很重要的，甚至玩在某种意义上是有潜在的作用，当时看不出，但只要在脑子里留下印迹，未来的某一时刻都会派上用场。

其实，孩子应该有孩子的天地，游戏更是激发孩子潜能的极佳手段。孩子会将木棍当马骑，将纸飞机当火箭，正是这些在成年人看来十分幼稚甚至可笑的行为，构成了孩子创造力的源泉和动力，成为日后天才的基石。

天才是什么？许多名人都用自己的切身体会，给天才下了各种各样的定义。大科学家爱迪生说："天才就是1%的灵感，加上99%的汗水。"由此可知，天才对每个孩子来说，并不是遥不可及的概念，每个孩子都是天才，每个孩子身上都有自己的天赋和不可估量的潜力，就看父母怎么挖掘了。

19世纪学前教育之父福禄培尔提出对幼儿进行游戏教育的主张。在他创立的世界上第一所幼儿园里，实施以游戏为基础的教育取得好效果。20世纪60年代以来，各国教育心理学家在对幼儿发展规律的研究中，对游戏教育有一致看法。

他们指出：幼儿期蕴藏着丰富的发展潜力，这些潜力可在游戏中挖掘。因此，为使孩子成长为一个完整的人，实施教育的正确途径与方法是组织好游戏活动。可见，游戏教育是对孩子进行的科学的育儿教育。

受"业精于勤，荒于嬉"的说法的误导，父母反对孩子玩游戏，控制和禁止孩子的玩。他们不了解，在世界范围内，无数教育学、心理学家的研究证实："孩子应当在游戏中学习，在游戏中成长。"

其实，正常的游戏并不像父母想象的那样会影响孩子学习，相反，游戏对孩子的智力发展，情商发展方面都有着极为重要的作用。引导得当，孩子可以玩出天才。玩和学习并不是相冲突的，对孩子来说，玩是一种最佳的学习方式。

牛顿小时候常做"蠢事"。他曾把灯笼系在风筝上做实验。爱迪生小的时候也坐在鸡蛋上企图孵出小鸡来。飞机的发明家莱特兄弟小时候对月亮好奇，好几次天真地爬到树上"摸月亮"，有一次差点摔下来。

游戏的过程就是孩子的学习过程。你看过孩子玩玩具吗？他们在充满新奇、幻想和奥秘的玩具世界里，小脑袋不停地问，并努力去摆弄、操作以期得出答案。

不倒翁为什么不倒？陀螺怎么会转？火车怎么会叫、会冒烟？这些问题不仅激发孩子丰富的想象力、思维力，同时也成了孩子认识世界的工具，启迪他们智慧的教科书。

美国语言学家斯特金娜夫人，她常和女儿维尼玩语言游戏、表演游戏。维尼3岁就会写诗，4岁写剧本，5岁出诗集。由于游戏为孩子们提供了一个轻松愉快、具有丰富刺激的、能鼓励幼儿自己学习的良好环境，使他们获得安全感、自尊和自信，获得对学习的持久热情，从而终身受益。

而一些父母力图让孩子提早学习，其结果很可能适得其反。因此，游戏是促进孩子身心全面发展的重要手段，应充分发挥它的教育作用。

玩有利于培养学习兴趣和提高学习效率

历史上有许多的名人就是从玩中成名的。爱迪生上小学时，老师过于严格，死板的教学使他对学习丧失了兴趣。后来，他母亲南希带着他去小河边，一边欣赏春天景色，一边教他学习；又带他爬上瞭望台，一边乘凉，一边讲解罗马帝国兴衰的历史知识。

这种学、玩结合的教学方式使爱迪生对学习产生了浓厚的兴趣，也训练了他的思维能力，对他后来成为一名伟大的发明家起了很大的作用。

国外有一种教儿童学习外语的启发教学法，又叫洛扎洛夫教学法。教学过程是让儿童在听音乐、做游戏中完成的，效率比一般教学提高5倍以上。由此看来，玩不是父母认为的那种单纯的贪玩，而是开发孩子能力的一种方法。

游戏是儿童认识世界的途径

因为孩子在游戏中玩弄着各种玩具，运用着各类游戏材料的同时，不仅辨别了它们的颜色、形状，比较着它们的轻重、大小，也认识了不同材料的性质、用途。他们在游戏中要假装是什么人，就要知道他该干些什么，该怎样行动，该说些什么话，就要有目的地去观察、回忆、想象，去运用他们已有的有关周围生活的知识。

游戏前要想玩什么，怎样玩；游戏中要想办法发展游戏的内容，解决游戏中出现的困难，协调同伴间的关系，思维和语言都在积极活动之中。所以游戏还能促进孩子智力的发展。给孩子一个玩的机会，就等于给孩子一个认识世界的途径。

游戏还可以满足孩子社会性交往的需要

小孩子更喜欢与大人和小伙伴一起玩，所以游戏的过程是小孩子最早的社会性活动。在2岁以前孩子一般与大人交往，2岁以后逐渐对小伙伴发生兴趣，大人代替不了小伙伴的位置。

伙伴交往在以后的过程中越来越重要的。在游戏当中，让孩子自己制定目标、制订计划，孩子就不会有挫败感，每一次玩，他都可以体验到自己的成功，有一种自我肯定的需要，有一种成就感。给孩子一个玩的途径，你就是间接的帮助孩子与人交往。

有些父母认识到了玩的重要性，但却不知道怎样玩才是最好的，那么父母应该怎么做呢？不少父母给孩子买玩具从不计较数量和价格，但不关心孩子的玩。他们认为孩子玩就玩吧，只要不闯祸就行。

其实他们不知道游戏有好与坏之别，不是任何游戏都具有教育价值的。如孩子玩"死人"的游戏，反映迷信的内容，就是不好的游戏。玩好游戏时，如缺乏正确指导，同样也会给孩子以不良影响。

如运动量过大的游戏会损害健康，不掌握玩具操作技能的游戏会危及生命。在游戏中常处于被支配地位的孩子会形成胆小、软弱的性格，而那些霸道孩子在游戏中如得不到指正，将会形成自私、骄横的性格。游戏中的教育因素，需父母去引发才能达到游戏教育的目的。在孩子玩耍中，父母应注意：

允许孩子选择自己的玩耍方式，允许他充分地研究和探索玩具，即使方法不对也不要去干涉，除非他要求，才去帮助他。这对孩子的健康成长很重要，死板的规定会阻碍孩子的好奇心和创造力。

作为父母，要善于引导孩子玩，要主动的、有意识的，带领孩子做游戏和玩耍，支持孩子玩的天性。在同孩子玩的过程中，给予支持和限制，玩就要玩好，学就要学好。在玩中学，在学中玩，主动的培养孩子学习的兴趣。

当然，玩中学不能理解用玩来替代学习，只是说明适度的玩，对激发孩子的潜能是有好处的。只有在这个前提下，父母要帮助孩子玩、和孩子一起玩。如果可能的话，每天都要花一点时间与孩子在一起玩一会儿。

玩耍使孩子逐渐了解自己周围的世界，在玩耍中培养儿童与其他人积极相处的能力，在玩耍中学会以适当的方式关注别人。玩耍能提高孩子的注意力，为今后进学校学习打下基础；玩耍能促进大脑左半球和右半球的发育；玩耍中可以发展孩子的好奇心，锻炼了他们解决问题的能力和自主性。

英国有句谚语说得好：整天用功不玩耍，聪明孩子也变傻。因此，父母要懂得玩的重要性和功能，了解自己的孩子对游戏的需要，在游戏中的表现，创造玩的环境，善于和自己的孩子一起"玩"，使孩子玩得快乐、专注、尽兴，让孩子在玩中得到教育和发展。

成绩不是衡量好坏的标准

什么样的孩子是好孩子，什么样的是坏孩子，相信大多数的父母在面对这个问题时，考虑的第一要素肯定是孩子的成绩。这成了大多数父母衡量孩子好坏的标准之一。

在他们的眼里，课堂上，能按照老师的思路回答出问题的就是好孩子；那些爱提怪问题，爱钻牛角尖的就是坏孩子；拿到试卷后，分数高的就是好孩子，反之就是"不用功"的坏孩子……

分数高才是好孩子。孩子从托儿所开始就考试，一直到高考。以分数为标准的排名次也从托儿所开始一直到高考。几乎所有的荣誉都与分数有关，分数几乎成了包治百病的灵丹妙药。

这说明父母甚至是整个教育制度都对孩子的教育存在着一个误区，以孩子的分数论成败。"望子成龙""望女成凤"，为人父母者天下同心。但这种期盼的重心，在大多数父母的心目中已从德才兼备向"看重学习成绩"偏移。

相关部门对某省的129个未成年人的父母进行了调查。调查问卷中，在回答当父母者"您考虑孩子前途时最为关心的问题是什么"的问题时，比例最高的"学到知识"的占80.6%，其次才是"良好行为习惯"，占43.9%，身体健康占37.3%。

同时，在调查问卷中问及"您认为好孩子的主要标准是什么？"父母的回答前3项依次为学习成绩好占50%；道德品质好占36.2%；身体好占27.8%。有近一半的父母要求孩子进入高一级的重点学校。这表明，父母评价孩子的首要标准是学习成绩。

如果仅仅把成绩好、听话作为"好"的标准，那么，数学成绩只有15分的钱钟书岂不成了笨蛋？因成绩差而被学校开除的爱迪生岂不是愚蠢至极……

韩寒现象引起了教育界乃至整个社会的反响。反响的焦点和落脚点不同，因而便产生了众说纷纭的观点。这些观点，使人们越来越糊涂，不知道今天的教育问题到底出在哪里，韩寒是不是个好孩子？

1999年，他的成绩单上有7门课不及格，按规定只得留级，重读高一。2000年，韩寒还是7门功课不及格。在父母的眼中他肯定不是一个好孩子，而是坏孩子的典型代表，但是，不可否认的是，韩寒在大多数人的眼中是天才，而且他成功了。这不得不引起父母们的反思。

其实，培养单纯成绩好的孩子不应是教育的目的，培养创新人才是教育的目的。创新人才都是有个性的人才，无法用孬好来衡量。你说比尔·盖茨和杨振宁谁孬谁好？你说爱迪生和歌德谁孬谁好？那些有成就的人物，哪一个不是从小充满个性的孩子。

爱迪生小时候只上了几个月的学，就被老师辱骂为"愚钝糊涂"的"低能儿"而退学，可他决心长大了在世界上做一番事业。他曾因要实验人身体里充满气体能否飞上天，而让小伙伴喝下一种药，差点送了小伙伴的命，被爸爸打了一顿还不让再搞实验。最后他还是靠倔强的个性成了一个伟大的发明家。

相反，在以分数论成败的思想下，又造成了多少高分低能者，难道"高分低能"就是父母所追求的好孩子的最终模型吗？

新生康宁入学不到100天的时间不得不休学，究其原因，康宁的妈妈为了孩子学习好，不让康宁做过任何家务，所有学习外的事情他都不用费心。

除了学习之外，康宁没有可以骄傲的另一个支点，如今到了大学成绩低落，他就非常压抑。同时，极度的生活无能使康宁完全不能独立生活，衣物物品不知如何打理、时间不会安排、金钱不会管理，不得不选择休学调整。

他的妈妈是多么悔恨自己的教育方式，因为这种教育方式培养了一个只会读书不会生活的低能儿。

其实父母以分数作为评价孩子的首肯标准，给孩子带来了很大的危害，也许这就是逼迫着孩子真正的走上了"坏孩子"道路的原因。

一位不满15岁的初中女生，因为期终成绩不好，为了逃避爸爸的一顿可怕的毒打，离家出走整整一年。孩子离家出走后，父母才醒悟、追悔莫及……

有一对夫妇是高级知识分子，他们认定孩子应该具有与他们一样的智力和能力，对于孩子学习成绩差，他们认定是孩子学习不努力所致，从而以购买孩子喜爱的运动鞋作为条件，激励孩子努力考高分。

殊不知孩子的智商达不到父母的要求，所以他要运动鞋的愿望只是可望而不可即。情急之下，在商场里偷了一双名牌运动鞋，抓获后被送到了工读学校。

过分看重分数，加大了孩子的心理压力。有一个孩子在小学时的学习成绩总是遥遥领先，因此一直生活在赞扬声中，这也给孩子带来了压力。

他一到考试时就特别紧张，头脑中总是想：如果考不好，我就不是别人夸奖的好孩子了。由于心理负担过重，考试没考好，进初中后，厌学情绪非常严重，来到医院治疗，医生诊断为"学校恐惧症"。

据某市统计，有一年仅半年时间内该市青少年离家出走的就有375例，在出走的孩子中多数是小学高年级和初中生。这个年龄段的孩子生理和心理都不成熟，十分脆弱，精神上非常需要父母的关怀。

但很多父母不了解孩子的心理需求，教育子女的方法粗暴、简单，对孩子管得过死。片面认为孩子分数高就是好孩子，对孩子的内心活动、思想见解及孩子对社会的看法不屑一顾甚至反感，很少与孩子沟通，与孩子之间的心理距离越来越远。

一个孩子能否成材，要看各个方面的综合素质。而很多父母却在教育孩子中，把考分当作孩子的"命根子"，把学习成绩当作衡量孩子优劣的唯一标准：孩子成绩好，一切皆好；成绩差，一切皆差。

不少父母不关心孩子的非智力因素的培养，忽视了他们意志品质、道德情操的发展，以致上演了一幕幕的家庭悲剧。这使得未成年人从小就形成了一些不良的思想和行为习惯，如只会读书不知世间万物；以自我为中心，不会关心他人；性格拘谨，缺乏生活兴趣。

同时，父母对孩子学习成绩的期望过高，有的连一次小测验都要看名次找过错，往往会给孩子造成难以承受的心理压力，扭曲孩子的人格，造成孩子厌学、逃学，甚至走上自杀之路。

考试分数是学校在教学过程中对学生的某门课程在一定阶段上的检查所做的成绩评定。它只是在一定程度上反映学生的知识掌握情况，而不能反映孩子的智力水平和综合素质，更不能以分数的高低来衡量学生优劣。

作为父母，注重孩子的学习成绩，是关心孩子的一个具体表现，但应如何看待分数，却是一个科学而又严肃的问题，它反映着父母对子女教育的态度、方法及其成败。

一般说来，父母对孩子分数认识的误区有以下两个方面：

将分数视为衡量孩子好坏的标准

有些父母片面夸大分数的功能，不仅将其视为学习好坏的唯一标准，更将其看作是孩子好坏的衡量因素。

父母看到孩子考试分数比前次考试高了，就喜上眉梢，认为孩子学习下工夫了，成绩进步了，进一步推论孩子懂事了，在学校各方面表现肯定优秀。

反之，若分数下降了，就认为"不争气""没出息"，甚至恶语相讥，拳脚相加，伤害孩子的自尊心与自信心。一个小学生因考试分数未达到父母的要求而被父母活活打死的惨痛事件，就是父母片面看重分数功能而导致恶果的一个特例。

一个孩子的好坏不是片面、单纯而论的。高分者也有许多走上了犯罪道路，其犯罪的手法与危害更高于那些智力低的人。思想品德、行为习惯都要在衡量孩子好坏方面占相当大的比重。

机械片面地分析分数，得出错误结论

不能正确分析分数，会被表面现象迷惑，最终将使父母、孩子都被误导而进入学习的误区。仅因某次分数的下降就否认孩子学习的进步，会使孩子失去学习兴趣。

而仅依据某次分数的表面分析，来指导孩子学习时间与精力的分配，无疑会使孩子忽视真正的困难，得不到真正的帮助，使问题长期得不到解决。久而久之，等到问题暴露时，很可能良机已失，悔之晚矣。

父母应如何对待分数，才能发挥分数的功效，才能使你眼中的"坏孩子"变成好孩子？

正确看待孩子的考试分数。既要重视分数，而又不唯分数。孩子的学习主要从学习成绩上反映出来，但并不是说分数决定一切，分数高不能说明孩子就聪明，反之也不能说明孩子蠢笨。

因为思想品德、活动能力、表达能力等在分数中是无法体现的，知识毕竟不是能力。在科学史上有许多科学巨匠，例如达尔文、爱迪生等，在童年时代，甚至到中学时代学习成绩都不很出众。但他们后来都成了闻名于世的伟大科学家和发明家，这些都是大器晚成的典型例子。

父母要善于发现"坏"孩子的亮点。我国的教育方针指出要让每个学生德、智、体、美诸方面因素全面、和谐发展，但全面发展不等于平均发展。

父母要在尊重孩子个性及认知特点的基础上，发掘其潜能，让每个孩子都能在各自不同的方面显现出自己的优势，要让"坏"孩子也意识到自己的优点和价值，确信自己不是坏孩子。

要发掘孩子的优点，扬长补短。任何人的欠缺都比才干多得多，而且大部分欠缺都是无法弥补的。父母也是如此，你能正视自己身上的优缺点，就不能正确对待孩子的缺点吗？你不能只看到孩子在分数上的缺点，而忽略了他在其他方面的优势。

因此，父母不能为了刻意弥补"坏"孩子的缺点而扼杀了他们的优点，更应提倡"扬长避短"，是兔子就让它去跑步，是鸭子就让它去游泳。

总之，父母们应该清楚，在大力提倡素质教育的今天，孩子考试分数的高低，不足以代表其综合素质的全面发展。正因为如此，目前一些教改区的高中招生，已不再把升学考试成绩作为录取的唯一标准，而是把综合素质评价结果、创新实践成果评价等共同作为招生录取的主要依据。

中国的发展需要有创造力的、有个性的孩子。个性不仅是人的灵魂，也是教育的灵魂，更是一个民族的灵魂。你们父母眼中的"坏孩子"也许将成为世界的主宰力量。

保护孩子的好奇心

经常和孩子在一起，你就会发现他们似乎有问不完的问题，闯不完的"祸"。父母经常感觉孩子多动，破坏能力太强，弄得大人往往觉得他们挺烦，于是常常搪塞他们或听而不闻。当然，有时孩子的淘气举动还会招致大人的斥责，甚至大动干戈。

在父母的眼中这样的孩子就是坏孩子，不听话，不乖巧……所有的一切在父母的眼中看来都是坏行为，长期发展下去，孩子将无可救药。这样的孩子真的就是"坏孩子"吗？

相信大多数的父母都会说是，但是他们根本就没有看到这"破坏"背后的奥秘。其实，这些都是孩子的好奇心在作怪。

好奇心是孩子们的天性，也是他们探索新知，敢于创新的动力。创造精神就像一双巨大翅膀，能带着孩子在知识的天空里展翅高飞。

研究证明，一个富有好奇心的人能够保持旺盛的求知欲，在获得知识的过程中体验乐趣。这种乐趣又会激励他不知疲倦地去探究未知的领域，促进其智力的发展。好奇心，就像是性能优秀的赛车引擎，保证赛车勇往直前，在激烈的竞争中遥遥领先。

保护孩子的好奇心，就是保护孩子的未来幸福。保持孩子的好奇心，因为这是人获得智慧的关键。

世界上第一架飞机的发明者莱特兄弟，小时候是一对富有好奇心的孩子。有一次，兄弟俩在大树底下玩，两人产生了爬上树去摘月亮的想法。结果，不仅没有摘到月亮，反而把衣服钩破了。他们的父亲见此情况，不仅没有责骂他们，而是耐心地开导他们。

在父亲引导下，兄弟俩日夜为制作能骑上天的"大鸟"而努力。这期间，父亲不失时机地买了各种他们喜爱的玩具送给他俩，这更加激发了他们对制造升空装置的浓烈兴趣。

他俩不断地学习升空技术方面的知识，翻阅了大量有关飞行的资料。在父亲的鼓励下，经过多次试验，兄弟俩终于发明了世界上第一架飞机。这些也说明了玩是开发孩子智力的最好的催化剂。

说了这么多，也许很多父母就会有了这样的疑问：到底该如何面对孩子的"坏行为"呢？其实，好动、好哭、好"破坏"是孩子的天性，摔杯子、拆物品、撕东西，"坏"起来就乐此不疲，有时候真叫爸爸妈妈哭笑不得，不知道该制止还是该鼓励。

教育家苏霍姆林斯基说过："儿童的智慧在他的手指头上。儿童的双手掌握的技巧越高超，这个孩子就越聪明。"孩子喜欢摆弄各种物品和工具，尝试自己想做的事，正是在这样的动手探索过程中，智慧得以发展。

如果不去分析孩子的动机和心理特点，就采取断然阻止或粗暴批评的行为，会挫伤孩子的好奇心和积极性，浇灭孩子智慧的火花，对孩子的成长不利。

著名教育家陶行知先生曾碰到这样一件事。一位母亲对他抱怨说，她的儿子非常淘气，把一块贵重金表给拆坏了，她把儿子打了一顿。陶行知先生当即说："可惜呀，中国的爱迪生让你给枪毙了。"

陶行知先生的这番话确实道出了目前在家庭教育中，父母怎样无意识地扼杀了孩子可贵的好奇心。这可直接影响到一个人的创造性的形成。

好奇心是孩子最宝贵的东西，因为只有富有好奇心的人才能够保持旺盛的求知欲，才能够不知疲倦地去探究未知的领域，并在这个过程中，体验乐趣，充盈生命，发展智力。

如果你静下心来，便会从孩子问这问那，摸这摸那中看出，其实他们是对大千世界充满了好奇，他们渴望通过自己的探索了解世界，探个究竟。所以，做父母的，一定要理解珍视并保护好孩子的好奇心，并将孩子的好奇心发扬光大，而不是去扼杀它。

那么，如何保护孩子的好奇心？

保护孩子的好奇心不是一句空话，做父母的要理解孩子。如果孩子看到新鲜好奇的东西，做父母则表现出漠然的样子，就会冷了孩子的心。即使孩子因好奇而惹了麻烦或做错了事，父母也要正确引导，切不可动手打孩子。

保持孩子好奇心的诀窍是大人要有童心，要换位思考。大人对孩子的好奇心不能理解，甚至不耐烦，是因为孩子问的问题，大人早就都知道了，站在大人的角度，没什么可问的。

正如作家桑姆·金丽所说："我们的眼睛变得只盯着追求的目标，以至于对眼前的玫瑰花也不惊奇。"因此，首先要解决的问题是，父母尊重孩子的好奇，允许他提问。

当孩子的好奇心冲破父母的知识范围时，这也是很正常的，这时父母可以通过翻书或向人请教，有了正确的答案，事后再告诉孩子。千万不能不耐烦地说："就你能！""就你话多！"或者饭桌上父母回答不了孩子的问题时，就用"吃饭吧！"来加以搪塞敷衍。

有的父母面对孩子提出的问题不经意地说"怎么连这也不懂啊！"这也会使孩子的敢于质疑的萌芽遭到扼杀。

诺贝尔奖获得者利奥彼德·鲁齐卡的父母没有什么文化，可是幼儿的鲁齐卡富有强烈的好奇心，他常瞪着大眼睛问父母："天为什么是蓝的？""水从哪里来？"……许许多多的"为什么"使他的父母解答不了，但他的父母并不为此感到难堪，也不因此阻止儿子发问，而是怀着喜悦的心情鼓励儿子："好好学习吧！相信你将来会弄懂的！"正是这样的鼓励，使鲁齐卡不断奋进，从而最终登上了科学的巅峰。

鼓励孩子积极探索。好奇、好问、好动是孩子的天性，应加以爱护，并给他们充分的自由，允许他们大胆地去想象。即使产生了一些稀奇古怪的想法，也不能盲目否定，而应采取他们能理解的方式，耐心解答，共同讨论，或提出问题引导他们继续思索。

允许孩子探索。家中如果有贵重东西，尽量放在孩子看不到的地方，只要他看到了给拆了，就千万不要责备他。否则对孩子的好奇心是致命的打击。

遇到孩子有拆物品、做实验的行为，父母应该用科学的方式予以鼓励和引导。首先应该给予的是称赞而不是批评，更不是训斥。即使是孩子发怒摔东西，父母也不要打骂孩子，因为一次训斥就会挫伤孩子探索未知世界的热情。

在这一方面，我国著名的数学家陈景润就做得很到位。陈景润的儿子陈由伟天生聪明，每当他拿玩具，便好奇地把玩具拆开看个明白。一个玩具几十元，当母亲的便拉下脸来严肃批评儿子。

这时，陈景润总是乐呵呵地站在儿子一边说："孩子有好奇心是件好事。他能拆开玩具证明他有求知欲望，能研究问题。当父母的要支持他才对。"

陈景润认为，教育培养孩子，要因人而异，不同环境、不同性格，教育的方式方法也要不同。这正是这位举世闻名的数学家的过人之处。

要关心孩子们的那些在大人看来是"错误"的行为。要善于发现他们"错误"中的创造成分，帮助他们选用适宜的方法，继续展示出来。父母要及时肯定孩子与众不同的想法和做法，激发他们的创新意识，以保证他们自由探索的空间。

在保护想象、创造热情的基础上，父母还需不断扩充这个空间，尽量为他们提供丰富的环境和材料，鼓励他们利用自己已有的知识、经验继续探索，及时肯定他们所付出的努力。这个保护好奇——支持探索——培养创新精神的过程，犹如在孩子好奇心的背后，架起一座有利于他们自己探索、感受成功的桥梁。

当然，这里所说的成功，不是大人眼中的成果，而是他们大胆尝试，包括尝试错误（避免危险、伤害）而产生的快乐，继续探索的兴趣和再创新的信心。因为好奇永远是孩子探索的源泉。

为孩子提供动脑、动手的机会。根据孩子模仿性强、爱动的特点，可以让他们利用手边的工具，充分运用各种感官，自己观察，自己动手操作，让孩子体验到一种自我成就感和乐趣。

他们对于自己动脑筋想出来、自己动手做出来的东西，有一种偏爱和特殊的兴趣，因而类似活动有利于激发起他们强烈的好奇心和求知欲，从而逐渐培养起学习兴趣。

正如一位哲人说过："知识是一种快乐，而好奇心则是知识的萌芽！"面对今天的孩子，未来的栋梁，有什么能比精心保护他们的好奇心，努力培育那刚刚绽露的创造萌芽更有意义呢！

了解孩子的个性

成为好父母的精髓在于，真正了解孩子的个性，并以此来调整你教育他们的方法。没有两个孩子是完全相同的，所以用心去了解你的孩子的个性，用最适合他的方式来对待他，那样将会把困难和矛盾减到最小。

很多父母都自诩对自己的孩子了解，他们认为自己和孩子朝夕相处，更重要的是，是他们生了他，并养育了他。他们也许还停留在"婴儿一哭就是要奶喝"的遥远的记忆当中。可是，当有一天，他的孩子"离经叛道"的时候，他们总是会伤心得冒出一句：

"哎，原来，我还不了解他。"

其实，问题的关键在于，父母们没有注意了解自己孩子的个性特质，盲目地搬用别人成功的、却不适用于自己孩子的经验。事实上，就像世界上没有两片完全相同的树叶一样，也没有两个个性完全相同的孩子，即使是孪生兄弟或姐妹也是如此。

作为父母，对不同的孩子有相同的期望是错误的。因为每个孩子都有与生俱来的个性，而且每种个性都有着成功的可能，关键在于父母如何发掘和引导孩子的个性。所以，要教育好孩子，就必须遵循孩子自身的个性特点，因材施教。这就要求父母做到：

了解孩子的基本特征

著名儿童心理学家、教育家陈鹤琴提出：儿童心理有"三好"：好游戏、好模仿、好奇。"四喜欢"：喜欢成功、喜欢野外生活、喜欢合群、喜欢称赞。这是儿童的基本特征，是父母应当首先了解的。

了解孩子的气质特征

这里所谓的"气质"与日常生活中所说的气质不是一个概念。这是心理学上专用的概念，是指一个人与生俱来的典型而稳定的心理活动的动力特征。

人与人之间在气质方面具有显著的个别差异。比如，有的孩子脾气暴躁，容易激动，喜欢喜形于色；有的孩子生性活泼好动，反应快；有的孩子生性沉着冷静，喜怒不形于色。

一般来说，气质具有稳定、不易改变的特征。关于气质的类型和特征，根据心理学理论，可将气质分成胆汁质、多血脂、黏液汁和抑郁质四种。

胆汁质的孩子表现为精力充沛，好动、易兴奋、情绪变化快而强，言语动作急促迅速且能自制，内心活动外露、热情、急躁、易怒。

多血脂的孩子活泼好动，富有精力且有生气，情绪变化快而弱，表情丰富，言语动作敏捷、灵活、乐观、浮躁、轻率。

黏液汁的孩子沉着、冷静，情绪变化慢而弱，心境不外露，言语行动迟缓，反应慢而不灵活，坚忍、执拗、冷漠。

抑郁质的孩子较弱、娴静，情绪变化慢而强、持久而富有自我体验，言语行动缓慢无力、细心、敏感、胆小、孤僻。

只有了解了孩子的气质，父母才能预期孩子在什么情况下会有什么反应，也因此能够对孩子的行为多一些理解和谅解，并且改变自己不合理的要求和期待。

例如：一个总是闯祸的孩子，或许是天生具备好动又好奇的特质，如果父母一直用打骂来回应，未必能够减少孩子闯祸的频率，只会让孩子倍感挫折，觉得自己真的是个坏孩子。

对于孩子的天生特质，父母要避免以负面的字眼来形容，例如：骂一个常惹事的孩子是"天生顽劣""无可救药"等。也许孩子不是故意要闯祸的，老是造成这样的结果，他也很懊恼呢！孩子的心很敏感，父母要小心别伤了他的自尊心。

气质的评估需要整体的判断，不可光凭几个明显的特质就断言孩子是属于何种气质。父母要试着以客观的态度，回想孩子从小到大的反应倾向，长时间观察孩子的行为模式，才能够真正了解孩子的气质。

其实，心理学研究表明，气质并无好坏优劣之分，任何一种气质类型的人通过努力都会获得成功。这是每个父母都必须认真注意的一点。

了解孩子的性格特征

性格是一种表现在人的行为和态度方面较为稳定的具有核心意义的个性心理特征，比如正直、诚实、虚伪等，它是个性心理的重要组成部分。

人的性格不是天生的，而是在社会生活中逐渐形成的，有一个由低级到高级不断完善的过程。人的性格具有可塑性，当然，性格的塑造不是一蹴而就的，同时性格一经形成又具有相对的稳定性。

对小学阶段的孩子而言，其性格虽然尚未定型，但是他们彼此之间的个别差异已有相当明显的表现。一般有如下表现：

性格开朗、活泼、爱说爱动的孩子：这类孩子思维活跃、反应灵敏，自我表现欲和交往能力也很强；但是自控能力差，做事没有耐心。对这类孩子应采用高标准、严要求的方法，让他们认真地做每件事，并善始善终。

性格调皮、专横、大大咧咧的孩子；这类孩子适应能力强，敢说敢干，富有创造性但意气十足，爱打闹，规则意识较差。对这类孩子宜采取批评与鼓励相结合的方法，对孩子进行爱心培养，使孩子体会到同伴间友谊的乐趣。

性格孤僻、胆小、不爱说话的孩子：这类孩子比较稳当，做事不易出差错，专注力强、听话，但他们不爱交往，自我表现欲不强，不愿把自己的想法告诉别人。对这类孩子应采用欣赏的方法，多亲近他们，给他们创造与别人交往、在集体场合说话的机会。

性格温柔、听话、沉稳的孩子：这类孩子自尊心强，有主见，做事有条理、认真，但是很爱面子，做错了事不能当面批评，否则会伤害他们的自尊心。对这类孩子宜采取多鼓励、多表扬、少批评的方法，细心体察孩子的变化，任其解释自己的新发现，从一点一滴着手培养孩子的探索意识和创造意识。

尊重孩子的个性差异

在家庭教育中，父母还应了解孩子的个性差异。个性差异包括个性倾向和个性心理特征两个方面。前者包括需要、动机、抱负、理想、信念等；后者包括气质、性格、能力等。父母要根据孩子个性特点进行教育。

要考虑孩子的兴趣爱好

良好的兴趣是孩子未来发展的前提，只要不是不良的兴趣，父母就要支持。达尔文说："就我记得的我在学校时期的性格来说，其中对后来发生影响的是：我有强烈的多样性的趣味，沉溺于自己感兴趣的东西，深入了解任何复杂的问题和事物。"

良好的兴趣还是发明、创造的前提。父母不要从自己的兴趣发展，强迫孩子改变兴趣，这样不利于孩子的发展。

根据这些差异、区别，有针对性地制定一个符合孩子的实际计划。比如，孩子的记忆力好，可以让孩子多背诵唐诗宋词、英语；口才好，可向演讲、朗诵方向发展；听力好，有音乐"细胞"，可向音乐方向发展；想象力丰富，可以训练他编讲故事和写作的能力。一种能力的发展往往能带动其他能力的提高。

父母要做的，应该是正确地看待孩子间的差异，不盲目相信自己的孩子更聪明，不盲目认为自己的孩子更笨。尽管孩子各有性格，但作为父母应该明白，不管哪种类型的孩子，都要顺其自然。

因为每种类型的孩子都有成功的可能，关键看你如何发掘和引导孩子身上的这种特质和潜能。人生成功是没有固定模式的，作父母的只有注意认真观察，正确了解，仔细分析，因材施教，引导他用自己的方式做到最成功。这样才能使孩子的个性发展扬长补短、日臻完美。

理解孩子的成长

"你理解你的孩子吗？"在各地"父母学校"巡回演讲时，一位讲师无数次地这样问父母。回答大多是肯定的。如果你问孩子"你的父母理解你吗"，回答几乎又都是否定的，"不，他们不理解。"

相信每个人肯定不会怀疑父母们确有理解孩子的愿望，但愿望归愿望，能不能让孩子感到"被理解"却又是另外一回事。不信，看看周围有没有这样的现象：

孩子回家嚷"好热"。妈妈说，别人不热，就你热？你这孩子好怪！过一天孩子放学回来又叫冷，妈妈生气了：昨天不热你说热，今天不冷你说冷，这么大了，怎么连冷热也搞不清，于是不分青红皂白地又把孩子数落了一顿。

其实"热"，是孩子踢球踢的；"冷"，是他感冒发烧了……可见，感觉是个人的，不同的人会有不同的感觉，没有标准答案，父母又怎好以自己的感觉去评判孩子感觉的"对"与"错"呢？

孩子有自己的逻辑，有自己的哲学，有自己理解的特点（自我中心、泛灵性、直观性、情绪性等）和自己的小天地。

例如，孩子往往按自己的感知觉来推知其他事物：当他们感到冷，就会往鱼缸里加热水，好让鱼儿"暖和暖和"；当他们"自私"地不想让你吃他的葡萄时，他甚至会用儿童特有的"狡猾"的眼神看着你，然后颇像那么一回事地说："好酸呢！"这就是孩子的"智慧"。

因此，父母要理解孩子，必须要尊重孩子，要倾听孩子的真实想法，要学会等待孩子的回答。而在现实中，父母由于疏忽等原因还不能走进孩子的内心，真正地理解孩子。那么如何才能更好地理解孩子呢？

掌握一些教育理论和技巧

父母要多看一些有关孩子心理、生理、教育方面的书籍，抓住孩子不同年龄段的特点，有针对性地进行教育。有关专家建议注意以下孩子发育的关键期：

幼儿时期：教孩子认识性别角色，启发孩子的想象力，注意孩子社会行为的发展；配合认知和情感的发展，给孩子提供适当的活动素材；

儿童时期：由于孩子认知能力的显著发展，父母必须多给孩子思考、讨论、求证与发展的机会；同时帮助孩子树立健全的自我概念；学会愉悦自我、接纳自我；

青年时期：孩子将面临许多的挑战，父母要帮助他们认识身心改变的现实，培养责任感，鼓励孩子完成学业，并对职业选择、恋爱、婚姻进行指导。

要了解孩子的心理

不了解孩子的心理就不会有童心，尽管你是为了孩子着想，但很难取得好的效果。

比如，孩子下雪天想和小朋友一起去打雪仗，可是妈妈怕孩子着凉，把他关在屋子里。孩子苦苦哀求："妈妈，让我玩一会儿吧，玩一会儿就回来。"妈妈却说："外面天气冷，当心着凉。他们比你大，会欺负你的。你有这么多玩具，在家自己玩！"孩子哭了，这小天地怎么能与小伙伴打雪仗相比呢？

每个孩子在思想观点、感情、感受、快乐、不安、忧愁方面都是一个独特的世界。谁了解孩子的心理，谁就会赢得孩子的心，取得教育的主动权；反之，则会产生顶牛现象，甚至遭到孩子的怨恨，费力而不讨好。

与孩子经常交流沟通

现代社会最宝贵的品质是人与人之间的沟通，父母不仅要和孩子及时沟通，还有和孩子周围的人，比如老师、同学等进行交流，及时了解孩子的动态。

有很多这样的情况，早晨父母上班的时候，孩子还没有醒；晚上孩子已经进入梦乡，父母还因为加班、应酬等这样那样的原因回不了家。这就导致了亲子之间根本没有交流的时间和机会，导致大批有父母的"孤儿"出现。

据一项调查表明，父母每天和孩子交流的时间不足15分钟。试想一下，如果一个人开个公司，每天只花15分钟打理，公司不垮掉才怪！而父母们面对的是有血、有肉、有思想、有感情、有需要的活生生的孩子！

要想理解孩子，就应该及时和孩子交流，专门制定出和孩子谈天的时间，并把它作为一项事业去完成。

做父母的应该抱着理解的目的，耐心地去倾听孩子所说的一切，帮助理清孩子的思想和感觉。以孩子看世界的方法来看世界，了解孩子的思维模式和感受。

消除孩子与父母交谈的内容之间的障碍，使他相信父母是真诚倾听并希望理解他的。以理解为目的倾听，来缓解以至消除父母和孩子之间的误解，经常有意识地进行类似的倾听和交谈，使孩子与父母间有更深层的沟通，彼此的信任亦有更大程度的加深。

有针对性地进行教育

教育孩子不是一朝一夕就能完成，也不是某一方面的单独努力就能一蹴而就。在教育的过程中，家庭和社会教育的合力，在培养孩子的过程中起到很大的作用。每个孩子都是一本精彩的书，父母担负着读懂他，理解他的责任。孩子的稚气意味着他要长大，但还没有长大；他像小大人，但不是大人。

孩子的很多作为会和成人不同。成人不能用要求成人的目光看待孩子，成人要能做到换位思考，理解孩子。

孩子的成长也是遵循量变到质变的原理，父母在看待孩子成绩与缺点时，不作横向比较，而应和孩子的过去比。孩子的成长可以在几天里被发现，也可以是几周后才表现，更有可能是几个月才会有飞跃。父母要努力配合，做好孩子发展的引导者，更要做耐心的观察者，发现孩子的成长和进步，鼓励促进孩子的成长和进步。

注意语言禁忌

这包括不理解、不利于孩子反思、伤害孩子的禁语。

否定："你不应这样想。"（可改为：我很想知道你这样想的原因，能说说吗？）

"你不应这样做。"（可改为：我很想知道你这样做有什么好处，能说说吗？）

"你值得这么伤心、生气吗？"（可改为：你感到伤心和生气，是吗？）

轻视："啊呀，怎么会是这样呢？太好笑了！"

责怪："你怪谁呢？要怪就怪你自己。"

强加："我要是你，就……"

轻视："说了半天，你怎么就这么拎不清呢？"

绝望："好了，我看你这孩子是无可救药了。"

没有理解就没有真正的爱。不理解孩子，父母对孩子的爱反而会使孩子反感，其重要的是父母脱离了孩子的实际，强人所难，甚至把孩子当成执行自己意志的工具。

相反，站到孩子的立场上以孩子的目光看待自己的要求，支持孩子的正当要求，与孩子同喜、同忧、同乐。心理相通，情感交融，这样才能爱得准，爱得深，爱得正当。

当然，理解不是目的，而是教育的起点。理解代替不了教育，但没有理解往往也很难教育。有些孩子和父母情绪对立，往往是父母不理解孩子，简单粗暴教育孩子造成的。理解就是为了避免这样的做法，变简单粗暴为耐心诱导，变单纯禁堵为积极疏导。

还给孩子快乐的假期

假期是属于孩子们的，父母不要夺走孩子们翘首企盼的假期，把假期还给孩子，把快乐还给孩子。放假对孩子们来说，犹如鸟儿冲出樊笼，鱼儿回归江河，属于他们自由放飞的自主空间。

每当寒暑假来临，各类特长班的招生广告就塞满了父母的手，父母们纷纷给孩子报起了特长班，让孩子一刻不得闲。学校教育为什么要实行寒暑假制度？目的就是为了适应孩子身心发展的需要，这是有科学根据的。

孩子平日学习生活紧张，利用假期放松一下，有张有弛，有利于孩子身心发展，到了下学期，可以更好地提高学习效率。假期就是要孩子好好玩，彻底放松，这样才能更好地迎接新学期的学习生活。

大多数父母却把假期当成孩子另外一个课堂，甚至把双休日也变成学习的延续，这是违背科学规律的。所以，在假期里，让孩子拥有自己的一片自由天空，无忧无虑地享受自己的快乐生活，做自己喜欢做的事情，这样惬意的事情对于孩子成长非常有利。

望子成龙，望女成凤，是父母们的心愿，但是把孩子变成一个上满发条的闹钟，一刻不停地学这、学那，既不利于孩子提高学习效率，也会让他们的童年变得不快乐。

每当孩子假期临近，有些父母就开始忙着给孩子安排假日的学习计划了。学什么呢？数学得打基础，英语与国际接轨，琴棋书画、音乐舞蹈决不能放过，兴趣爱好培养十分重要。于是乎，择校、寻师不惜血本。

殊不知，父母过高的期望值剥夺了孩子的时间、空间、自由、快乐，极大地影响了孩子的健康成长。

本来，一个学期150余天的高度紧张，课业的满负荷，让孩子已喘不过气来。就这么短短的30天假期，父母又要把孩子装进自己的口袋里，用"施舍"的办法逼孩子学这个学那个，结果令孩子失去了自己支配时间的机会，快乐被扼杀，心灵被摧残，极易造成孩子的逆反心理。

著名教育家陶行知先生早就呼吁过："解放孩子的创造力，解放孩子的头脑，解放孩子的空间，解放孩子的双手，解放孩子的时间，解放孩子的嘴。"

解放孩子的前提是尊重孩子。著名心理学家卢勤也说过：人类最不能伤害的就是自尊，在家庭中建立起亲情乐园，创造和谐、宽松的环境，要从尊重孩子开始。

假期里，孩子的收获多与少，完全取决于孩子自己对时间、空间的利用和支配。父母们让孩子参加各种课外补习班，有时候会起到适得其反的效果。有的孩子正是被繁重的课外补习压得喘不过气，所以产生了厌学的情绪。

每位父母都应该清楚，恐怕没有几个孩子是自己主动心甘情愿去参加补习班的，多数都是父母们苦口婆心给孩子报了补习班，被逼无奈去参加的。这种赶鸭子上架的被动学习，极大地消磨了孩子的学习积极性，显而易见效果不会太好，甚至会适得其反。

假期里孩子们常常还没睡醒就被父母从被窝拽出来，硬睁着一双惺忪的睡眼背上书包晃悠悠地赶往补课的地方。每天奔忙于各个补习班，每天头昏脑涨，弄得疲惫不堪，哪里还有好心情迎接新学期的到来呢？孩子们像一只只被束缚了翅膀的小鸟，他们多么渴望在蓝天上自由地翱翔，他们多么希望能拥有一个轻松愉快的假期啊！

曾几何时，一个轻松愉快的假期竟然成了孩子的奢望，孩子们不再热切地盼望着假期来临，甚至害怕假期的到来。他们的脸上少了天真烂漫的笑容，取而代之的是无奈的沉重和疲惫。有的孩子放假甚至比平时上学还要忙，一个又一个补习班在等着他们，将孩子们本该轻松愉快的假期时间全部霸占。

假期本该是属于孩子的，轻松愉快的，可是看看今天的孩子吧，有多少孩子在假期里仍然背着书包，奔波于各个补习班之间。究竟是谁剥夺了孩子们快乐的假期？是谁过早地剥夺了孩子们应有的童趣？是谁把孩子们拖下了厌学的苦海？

玩是孩子们的天性，让他们快乐地学习，做自己喜欢做的事情，这是教育的根本，也是孩子成长的一条重要规律。把假期还给孩子们吧，让他们轻轻松松、痛痛快快地享受属于他们的假期。

走进美丽的大自然

著名教育家苏霍姆林斯基说："竭力做到在孩子们打开书本读音节之前，先读几页最美丽的书——大自然。"大自然包罗万象，包含天文地理等各个学科，是一个生动有趣、可以直接接触与感知的客观世界，是一本绚丽多彩、天天展示在孩子身边的大百科全书。

大自然对孩子充满魅力，是孩子们快乐的源泉，在这里，他们会看、会听、会摸、会闻，会有许多发现，会有丰硕的收获。

人是大自然之子，大自然中的花草树木、虫鸟禽兽、山川河流、风霜雪雨，向孩子的好奇心、探索精神发出声声呼唤。亲近大自然，本来就是人的本性。

如今在城市里成长的孩子离蓝天、阳光、花草、动物等大自然因素越来越远，这是中国城市中一种十分普遍的现代生存状态。

在钢筋混凝土构筑的高楼以及防盗门里，在父母过分呵护和溺爱下，在电视、音响、电子游戏、电脑所制造出来的"狭小空间"中，孩子逐渐丧失了亲近大自然的本性。这犹如在动物园中长大的野生动物一样，失去了自然生态条件，就势必失去许多野性和本能。

对学生的一次调查表明，几乎所有孩子都渴望户外活动，但至少60%的孩子说自己平时很少有机会去跋山涉水、种树养花、认识动植物，甚至还有30%的孩子说："如果我去外面玩，就要挨父母骂。"

玩耍是孩子的天性，在大自然中玩耍更是一种认识世界、陶冶性情、锻炼身体、增长知识的有益活动。毫无疑问，父母应该带领孩子走进大自然。父母必须激发孩子对大自然的兴趣。

虽然孩子天生爱玩，但也有一些孩子性格内向、行事胆小，另有一些孩子则沉湎于玩具，不愿过多地进行户外活动。遇上这种情况，父母就更要有意识地加以引导了。

你可以从美丽的童话中激发他对大自然的兴趣，也可以从讲述自然常识入手，掌握若干知识后再带其走进大自然，还可以用提问的方式潜移默化地引导孩子。

对于独生子女，一方面让其融入自己的朋友圈，另一方面还应与他共同玩耍，一同欣赏大自然。极少数孩子缺乏对大自然了解、认识的渴望，这往往与极少有机会亲近大自然有关。

父母以"平时工作较忙""孩子还是多读点书"等为由，不主动给孩子走进大自然的自由和机会，显然是错误的。应该带孩子到大自然中去，给孩子一个快乐的童年。

不过，现实生活中，有些父母尽管带孩子走进了大自然，但不能让孩子兴奋过度，这也是父母们需要注意的问题。

有这样一个故事：

两对父母在假日时带着孩子去爬山。第一对父母带着小孩爬山，偶然停下来喘口气，又赶紧催孩子往上爬。"快点！还差一点就到了！"爸爸和妈妈说。

第一家人下山时，第二家人还在上山的半路上。"妈！你看这个！"第二家的孩子指着地上的一个空蝉壳给他的妈妈看。然后全家人蹲在地上细心地瞧着孩子的新发现。

"这样爬山要爬到什么时候？"第一对父母看到了这种情形不禁摇摇头。

第一对父母带孩子爬山是以"达到终点"为目标。这种方式也许无可厚非，但是一味地赶到目的地，会错过路上的很多风光。

第二对父母爬山的方式和第一对的不同就在于：到不到得了目的地并不重要，要紧的是玩得尽兴，时时停下来看看路上有什么好玩的东西，欣赏沿途的风光景致。

带孩子出来玩，就要让他们玩得高兴，享受大自然的奇异绚丽，彻底放松身心，玩得尽兴。除此之外，带孩子走进大自然，还有很多好处。

走进大自然，增长孩子的知识

大自然这所"蓝天下的学校"是孩子学习、增长知识得天独厚的课堂。在大自然中，我们能看到郁郁葱葱的田野，能看到碧波荡漾的河水，能看见各种各样的植物，能听到充满生命力的小动物的声音。

孩子在与大自然的交互作用中，不仅获得了大量直接的感性知识，而且能养成积极主动的探求新知识的习惯。如孩子在对小草的探索中，发现它不仅可以给人类提供休息场地，也是一些小动物的嬉戏之处；不仅是很多动物的饲料，还可以造纸、做草药、清洁空气……

观察大自然的美景，培养孩子的观赏能力

季节的周而复始，为孩子欣赏自然美景提供了丰富的素材。

例如春天，可以带孩子投进大自然的怀抱，红的桃花、白的梨花、黄的迎春花、绿的垂柳，小鸟在枝头欢唱，使孩子仿佛置身于诗般美丽的画中，感受到大自然美的熏陶。

再让孩子用"美丽的春天"为题，进行写生，让孩子把观赏到的大自然美景用图画表示出来，提高孩子表现美的能力。

利用大自然创设生动活泼的动物角，丰富孩子的生活

在日常生活中，随着季节的变化，带孩子走出居室，走进大自然去逛一逛，让孩子捕捉各种各样的昆虫，是一件非常有趣的活动。为孩子准备好广口瓶，跟孩子一起捕捉蝴蝶、瓢虫、蝈蝈等，孩子们对此类活动特别感兴趣。

对待孩子们亲自捕捉的昆虫，绝不能轻易扔掉，父母和孩子一起把这些小东西喂养一个阶段，既丰富了孩子的生活，又培养了孩子的观察、认识能力。

第二章

认清家庭教育的误区

　　家庭是一个人成长启蒙的第一课堂，家庭教育作为社会教育的重要部分，在孩子的成长中起着奠基的作用。家庭教育的误区将可能迫使孩子走向歧途。所以，父母们要对家庭教育有一个正确的认识和态度，以引导孩子的健康成长。

爱就是严格的管束

谈到教育孩子要"严格要求"，父母都是赞成的。从古到今，人们都充分注意到了不严格要求孩子的不良后果，轻则害己败家，重则败族祸国。所以人们对父母提出了若干警句："小时偷针，长大偷金""不依规矩，不成方圆""黄荆棍下出好人"等等。告诫做父母的不能放松管教，以免出败子。

然而，严格要求是否等于愈严格愈好？这里面有一个分寸。现在家庭教育的民主化和个性化水平还不高，有的父母在"严格"过程中，不自觉地剥夺了孩子独立于社会的能力，在家里孩子除了学习之外，啥也不能干。

曾有一位父亲，工作勤奋、品德端正。他只有一个儿子，对儿子的要求异常严格。他禁止儿子与其他孩子一起玩耍，不准上网，生怕儿子耽误了学习。

在现实生活中，如果留意观察一下周围，会发现类似的、程度不同地存在过于严格管束的消极教育结果。这位父亲教育失误在什么地方呢？就在于没有把握"严格"的分寸，不懂得这种严格会剥夺孩子的正常发展，扼杀他们的创造天性。

还有的父母或宽或严的教育方式都缺乏依据，什么事都随心所欲，教育效果就更难保证。自己一高兴，对孩子百依百顺，该约束的也放任不管；自己心里有气，一点小事就将孩子大加管束，严厉得可怕。有的父母平日一贯溺爱孩子，时间长了，孩子的坏毛病出来了。父母感到问题严重，立即"急刹车"，进行严格管教，不择时间、场合，方法简单，强迫孩子保证以后再也不犯错误。然而多时积累起来的毛病，怎么可能因父母突然"严格要求"就立即消失了呢？所以这种严格也是无济于事的。

一天，寺里来了两位施主，看起来是一对母子，母亲约在中年，孩子年龄看起来不大，个头和寺里的两个小和尚一般高矮，大概也是十一二岁，母亲领着孩子进了佛堂，母亲在佛堂中拜佛，而孩子却东张西望的。

母亲一刻不停地关照孩子，拜佛的时候一定要注意，要一心一意。只是孩子却仿佛也不太在意母亲的话，母亲说什么也不怎么听从，两人说话的时候好像在闹别扭一样。

又过了一会，寺院的钟声传来，孩子忽然兴奋起来，四处寻觅钟声的来源，母亲刚想叫孩子安心拜佛，可是孩子已经跑出了佛堂，去钟旁边玩去了。

母亲远远地看着儿子，不觉叹气，她对着佛堂里的师父诉苦道："我这个孩子，平日里让我费了不少心思，可是他总是喜欢和我对着干，叫他东就偏往西，叫他不做便偏要做，我也不知道应该怎么样管束他了。"

师父听了她的话笑了，他对女施主说："其实未必最严格的管束，才是教育孩子的最佳方法。"师父顺手从桌上拿起了一个弹簧，把弹簧举到女施主面前，用手轻轻地捏捏，弹簧被压缩成小小的一块，猛然松手，弹簧恢复了原状，再用手拉扯着弹簧的两端，把它拉长，然后再次松手，弹簧又恢复了原状。

师父对女施主说："每个人的心中都有着自己的弹性与张力，无论你出于何种目的，都不太可能强行去改变他，就好像这个弹簧一样，你对它所用的力气越大，它反而越会向相反的方向发展的越厉害。"

女施主伸手拿过弹簧，不断地拉扯，若有所思，她笑着问师父："师父的意思是说，很多事情的处理，都可以顺其自然，如果一味用蛮力去解决，可能适得其反吧。"

师父笑着点点头，女施主带着孩子满意的下山去了。

在中国有一句老话"不打不成才"。直到今天，好多父母仍然说：我管得比较严，这小子没少挨打。因此，我们可以常常看到因考试不合格不敢回家而在街头溜达的调皮男孩，因犯一个小错误站在父母面前一言不发的女孩。一个"打"字，成了有些父母教育孩子的"秘密武器"。

一份调查显示，中小学生有85%不愿在吃饭时面对父母。其原因，一是害怕父母们盘根追底的询问，二是询问之后，害怕父母会施以"武力"。可见，孩子们对父母的"打"的管教方式从内心里是反感的。

有的孩子，由此产生了逆反心理，导致家庭教育陷入恶性循环的怪圈。美国专门从事家庭教育的研究人员指出，从来没有挨过打或极少挨打的孩子在智力测验中的表现，要比经常挨打的孩子好得多，并且孩子挨打或接受其他形式的体罚次数越多，他们在测验中的得分越低。可见，打孩子并非是使其成长的良好途径。

父母对孩子的教育，应该是引导而不是严格管束。

严格管束孩子对孩子的成长是极为不利的。教育孩子要得法，要懂得去激励孩子。激励是人生进步最大的动力。人的一切行为都是受到激励而产生的，通过不断地激励，就会产生一股内在的动力，朝向所期望目标前进，最终达到成功的顶峰。

每一个孩提时代走过来的人，回头看看自己的成长和成功的经历，都会体会到他人的激励所起到的作用，哪怕是一句鼓励的话，一件小礼物都会产生巨大的动力，促使自己鼓足干劲，奋勇向前。

孩子同样也渴望激励。他们在成长的过程中，可能因为年龄、心理、生理、外在条件的影响和限制，犯了一些或大或小的错误，需要父母的教育，帮助他们认清原因，改正错误，但他们渴求的是说服和激励，而不是呵斥和打骂。这同你我孩提时的需求是一致的。

成年人中的有些人，曾经受到过父母的严厉管教，如今成为有名气、有地位的人，就误以为是过去父母打出来的，才会取得今天的成绩。于是，效而仿之，把简单粗暴的管教方式延续到下一代身上。其实不然，管教孩子要严，但更要科学合理，严要严在促其良好习惯的养成上，但不能影响到孩子人格的正常发展。

健康的人格是孩子将来走向社会、参与竞争最基本的条件。否则，即使有本事、有文化也难以在以后激烈的竞争中立于不败之地。

更何况，经常挨打受骂的孩子，感受不到家庭的温暖，感受不到父母的亲情，容易养成孤僻冷酷的性格，又怎能在以后的人生道路中健康发展呢？

望子成龙、望女成凤

望子成龙是中国多数父母的期望之一。有些人望子成龙、望女成凤情结太迫切了，以至于到了"拔苗助长"的程度。分析中国人望子成龙情结的主要原因，一是来自于封建社会的宗族观念，光宗耀祖思想及"根文化"的影响；另一方面是官本位意识在自己身上的延续。

每个人都盼着自己的子女成龙成凤，在自己身上没有实现的愿望都希望下一代全力承当起来，这种思想发展到极致，异化为对儿女残酷的欲望。

在某贫困山区，一个离异的妇女为了把孩子送进大学校门，不惜把家中所有的东西都卖光了，最后又靠捡垃圾供孩子在大学的开销。孩子毕业了，却认为母亲丢了他的人，竟然不认她了。这个可怜的母亲因为受不住这样的打击疯了。

还有无数的事实与活生生的实例，没有必要再写下去了。要说哪个父母不盼着自己的儿女出人头地、成龙成凤？但毕竟成龙成凤的是少数，不要把那个重重的精神枷锁从小就压在孩子身上。

父母最明智的办法是一方面尽量对孩子起到教育、引导的作用，给孩子创造一个宽松的发展环境，顺其自然，根据孩子的兴趣、爱好、特长帮助孩子选择发展的道路。至于将来的成败与否，不是父母能够控制的事了。

父母们对孩子寄予厚望，"望子成龙"心切，期望子女有比自已更高的学问，更优的待遇，更好的声望。因而不顾孩子的实际情况，用过高的标准来要求孩子，过早的进行"智力开发"，让孩子念英语、背唐诗，剥夺了孩子幸福快乐的童年。

曾有这样一则新闻，一位父母出资20万为儿子请家教。这位父母曾表示：他家经济条件不错，可全家没有一个大学生，可以说，儿子身上肩负着改变"全家人知识成分"的重任。

考虑到儿子平时的表现，他决定请一个可以24小时陪儿子读书的家教。这位父亲对儿子的家教硬件条件要求很严，他要求应聘者是男生，必须从重点大学毕业，且必须连续2年在孩子所在地陪儿子读书，所有精力都必须用在辅导儿子学习这方面，只有寒暑假可以适当回家。

虽然门槛高、要求严，但男子开出的薪水非常丰厚。他表示，儿子如果考上一类本科，将支付奖金20万元，二、三类本科支付10万元，即使儿子没考上大学，也会支付相应的工资。一切日常的生活开销和零花钱，甚至去外地度假等费用他都负责。

"我还给儿子在学校附近买了一套房子，请了保姆负责照料饮食起居。只要求家教能帮儿子考上好大学。"

为人父母者谁不希望自己的孩子成龙成凤，这位父亲的行为可以理解。但是，这种24小时全天候陪读的方式，能培养出重点大学的本科生吗？

采访中，一些大学老师表示，学习比的不只是成绩，而是独立学习、独立分析、独立思考的能力。所以，即使自己的儿子靠别人"扶持"考上了大学，但如果失去了"拐棍"，他也很难在大学校园中生存。

望子成龙，望女成凤本是父母的心愿，这出发点当然是好的啦！没有父母希望自己的孩子是一事无成吧！

可是正因为"望子成龙，望女成凤"，父母有时候的做法可能不怎么好，有的父母可能对孩子期望过大，而孩子没那个实力，感觉压力负担大，很容易厌烦父母这种做法！相信若父母对孩子用合适合理的教育方法，这就是最好的了！

俗话说：强扭的瓜不甜。孩子的年龄特点决定了他们爱玩、爱动、自我约束力差的天性，父母不能不考虑这些因素，而盲目地让孩子顺着自己的意愿去做。孩子不但不能实现父母"望子成龙"的美好愿望，反而不能发挥自己的特长，搞得一事无成。

这时，倒不如根据孩子的兴趣爱好，加以适当引导，变成有利因素，对他们将来的发展起一些积极的作用。

大部分父母期望子女成龙成凤，这主要是对人生的过分功利性理解。父母往往把人生看成一场名利的争夺战，以占有金钱的多少、权力的大小视为衡量人生成功与否的最重要标准，甚至是唯一标准。

无可否认，名利是人生中的重要内容，也是人生发展的重要动力。但并不能因此就把人生等同于名利本身。其实，除名利外人生仍然包含着许多内容，如宝贵的亲情、友情、爱情等，如兴趣发展、个性成长等精神生活等。

人生中非功利性因素对人生的意义，并不是功利性因素所能代替的，也并不是人生所能或缺的。在我们身边，有多少功成名就的不幸之人？就人生本身而言，我们追求的是幸福人生，而不是追求名利人生。

对人生而言，只有名利能够带来人生的幸福时，才是有意义的；如果名利不但不能带来幸福，而成为人生幸福的沉重负担时，名利又有什么意义呢？这确如古语所言：方孔眼中世界小。

许多父母认为，希望儿女成龙成凤是为了子女好。真是如此吗？其实不然。什么是龙，什么是凤，并不是子女的选择和意见，往往是父母意愿。

也就是说，过分希望子女成龙成凤的父母，往往要求儿女沿着自己为他们设计的人生之路走下去。这就等于把子女看成实现自我理想的另一种工具。

其实，父母虽然生儿育女，但并不能因此而把儿女看成自我可以随意支配的财产。生养儿女与买车买房不一样，买车买房有所有权，生养儿女父母没有所有权。

儿女们在本质上与父母一样，都是独立的个体。虽然他们小，但他们不会因为年龄小而缺乏自我的独立性。为人父母的，可以帮助儿女，但不能代替儿女，更不能占有儿女。儿女有其自己的人生之路。

孩子的成长当然离不开父母的引导。重要的是父母对孩子的教育引导要讲究科学、讲究方法，要因人而异、循序渐进，切莫急于求成。不要迫切的要求孩子成长，要根据孩子的实际能力而定，拔苗助长对孩子是没有一点好处的，只会过早的扼杀了孩子的天性。

要注重引导孩子找准适合自身特点的成才之路，作为父母，切勿将自己的思路和模式强加给孩子。当前，在不少父母心中，"乖孩子——学习好——上大学"是孩子唯一的成长模式。

孩子必须按照这一模式发展，当孩子"不听话"时，父母便焦急、怨恨、愤怒，甚至对孩子打骂。事实证明，这种教育方式有悖于人才成长的规律。

教育孩子应该循序渐进，不要急于求成。培养人的工作不能苟求立竿见影的效果，不能寄望于一朝一夕的教化。有的父母在教育孩子的过程中急于求成，不遂意时，往往打骂相伴，不仅挫伤了孩子学习的积极性，而且使孩子产生了逆反心理。

要允许孩子有失败，让孩子在失败中找到教训；要鼓励孩子勇于探索，敢于冒险，让孩子在探索和冒险中培养创新精神；要看到孩子的闪光点，坚定孩子的自信心，让孩子在自信中成长进步。

一心望子成龙，一厢情愿地强迫孩子去学这个，做那个，不肯给子女一点自由的空间，随意束缚孩子的举动。是不能培养出有能力有魄力的孩子的，而只会造成孩子以后不自立、懦弱的性格。

家庭是育人的摇篮，家庭教育好似整个教育事业的重要组成部分，希望每位父母都能正视家教中的误区，切实转变自己落后的家教观念，学习科学的教子方法，真正掌握家教的艺术，全面提高自身的家教水平和家教素养，才能最终避免家教误区。愿家庭教育开出成功之花，结出成功之果。

分数代表一切

人们往往有这样的误解：分数不仅是学生的命根，它同样是教师、学校的命根。因为分数是衡量学生的唯一标准，所以，父母在择校的时候就以学校的升学率作为选择的依据。

在现实中，往往升学率较高的学校是父母为孩子择校的首选。因此，中考、高考分数就成了学校招揽生源、创收的命根子。没有好的考试成绩，就无法做出有力的宣传，也就形不成好的社会效应，也就无法收到好的学生和他们不菲的择校费。没有雄厚的资金，学校的发展也就无从谈起。

因此，学校一切的工作都是围绕教学质量，学校对教师称职、甚至优秀与否的评价基本上也以学生的成绩为标准。这种现象在重点学校更严重，几乎就以成绩论教师的英雄。

哪个教师的学生考试成绩好，他就是学校、同事、父母心目中的好教师。至于这位老师上课是否优秀、是否有教研能力，对学生是否有爱心，是否真正为了学生终身的发展都不在考虑范围之内。成绩就是最权威的证据，学校只重结果，不重过程；只重分数，不重能力。

也许每一位父母都看重孩子的分数，或许好多人都认为做孩子好，天真无邪，无忧无虑。但又有几个人能理解这些学生心中的痛苦与不快呢？

每天被学习压得透不过气来，好不容易盼到周末，却被父母拉着去做习题。考试时从不鼓励一下，只看重考试的分数，看重结果，却从来没有去感受一下孩子们为之努力的过程。

或许，考试的分数能为父母脸上增光。但是，100分真的代表着一切吗？假如是那样，孩子们抄作业，改分数等行为，是否也会获得父母的赞扬呢？

难道孩子们作弊得来的满分也意味着前途一片光明？不，绝对不是的！那只是一种形式。所以，亲爱的爸爸妈妈，请你们不要只是顾着看分数是多少，偶尔也要想想自己儿女那努力的情景。

虽然孩子们有时考得不好，分数低，但孩子却努力过了。分数低，并不意味着没前途，那只是激励孩子们下一次考得更好的证明。有了这次的失败下次孩子会更加的努力。

闻名于世的大公司美国微软公司的面试是由5到10名考官分部分依次进行的，每个考官的面试都是一个小时，主考官是各个方面的专家，每个人都有一套问题，各自具有不同的侧重，问题的清单通常并未经过集体商量，但是有4个问题是考官们共同关心的：

是否足够聪明？是否有创新的激情？是否有团队精神？专业基础怎么样？按照这一原则，学校考试成绩并不是衡量一个人的最重要的标准，一个人的分数只要没有差到平均线以下，就有足够的资本走进微软的殿堂。

一些在大学里面分数第一的人，在这里却不能通过面试的审核。与此相应的另外一种情况是，学校导师拼命推荐的学生不一定能为微软接受，导师竭力说"不"的学生，也不一定会被微软拒绝。

面试的目的，正在于检验应试者的书本之外的能力。这和我国的教育标准有着完全不同的趋势。你如果作为一个应试者进入微软，就会觉得以往的书本知识全都用不上，不得不调动自己的应变能力加以应对。所以说分数最多代表一个人的智商，并不代表一个人的情商，更不能体现一个人的综合能力。

所以，绝对不能用成绩来衡量一个人的好坏，更加不能决定一个人的命运。它所起到的作用，只是为一个人的学习状况提供参考而已，也仅是参考！

真正值得提高的，是孩子们的内在。孩子们真正应该得到的，同样也是其内在的一种能力，不管是理论方面的还是实际应用方面的。所以父母不应该把成绩看得过重，同时忽略对实际能力的培养！

而且，由于成绩的原因不顾一切去批评孩子们的一切，这样不仅有可能断送一个孩子的前程，更加会使这个时代得不到发展！

父母一定要注重孩子全面素质的培养。作为父母，不能过分要求孩子追求考分，而应该注重提高孩子的身体素质、心理素质和良好的思想品德素质，培养孩子终身学习的观念和自学的能力，培养孩子敢于创新的意识和善于创造的能力，使孩子德、智、体、美、劳全面发展，成为社会的栋梁之材。

读书过人自然是好事，但中国应试教育早受人质疑并提议改革，曾在报纸上看到一则新闻，说是神童竟是连鞋带都不会系的生活低能儿。没错，他一心扑在书本上，他科科都红榜有名，并小小年纪考入大学，他生活的全部目的就是读书，除了读书，他一无所长，一无用处。这就是应试教育环境下衍生出来的怪胎。

于是，高考对众多学子来说，是险滩行船，负载人生众望，仿佛是上帝甩给他们的最后一条绳，你抓稳攀越就能上天堂。压力可想而知，为此父母望子成龙不惜塑造出一个高分低能的"龙子"来。

如果培养出来的高分天才连最起码的生活自理能力都没有，那么这样的天才为以后的社会又能做些什么呢？

在提倡素质教育的今天，常说分数并不代表学生的一切，那么我也要说分数更不能代表老师的一切。

其实一个老师的能力是多方面的，学生的平均分只能表现冰山之一角，如果纯粹依据学生的平均分来定老师的生死，那无疑是把老师推向应试教育的泥潭，我们的教师就会为了该死的平均分，为了哪怕是0.1分，让学生机械的抄三天三夜的书也在所不惜。最终社会要来承受恶果。

曾经，一个16岁的女生走上不归路，原因竟然是：前一天停电太久，女孩没有复习好，心里紧张。惋惜之余，也许有很多人久久不肯相信这个理由：难道学习的好坏、分数的高低真的给了16岁女孩这么大的心理压力？难道在16年的生命中，女孩没有觉得有什么比分数更重要？

女孩自杀是个例，但自杀的原因，却具有群体性，因为绝大多数学生都被灌输了分数至上、分数才是硬道理的思想。一位学生这样说过：老师偏心，"三好学生"都给了一个学习好的同学，不过该同学却经常骂别的同学。这么看来，在"认为分数好才是真好"的氛围中，女孩因怕考不好而选择放弃生命就似乎有点可以理解了。

没有了生命，几个阿拉伯数字还有什么意义？老师和父母在教育孩子时，没能让孩子多明白生命的价值也就罢了，但千万别让孩子以为分数大于生命！

再有是著名高校频频有在读研究生跳楼的现象。专业出色有何用？心理质素不过硬，这是一片薄薄的成绩单所无法给予的，接受了多年的高等教育还是无法帮助他们过心理一关。

家庭教育最重要的任务，是建筑人格长城。生活中看人常常是一俊遮百丑。有了高分数，好成绩就被看作好孩子。事实上，影响终身发展的因素中，分数并不是最重要的，起着制约作用的是品德、品格，是做人的快乐，是受人欢迎、尊重，而不是知识学问。

点点滴滴的影响，将会对人格的健全发展奠定厚实的基础。不少父母过多关心学习，只要考出好成绩，什么要求都答应，什么愿望都满足，什么承诺都兑现。品德低下却不被关注，有些孩子说谎，拿家里东西或别人东西，以自我为中心，不考虑别人感受。这样的教育理念、方式令人忧虑。

那么，父母应如何对待分数，以充分发挥分数的功能，使分数成为促进孩子学习的催化剂呢？最重要的是父母要转变分数最重要的观念。不应以分数高低论成败。

衡量一个人是否有才能，不能只看分数的高低，因为分数不能用来判定除考试以外更多的东西。

现代心理学认为，人的能力，除智力之外，还有语言能力、交际能力、动手操作能力和运动能力等。人的许多能力和综合素质水平是不能通过简单的比较来衡量的。

往往在学习上循规蹈矩的人，容易获得好分数，而在求知上异想天开的人，却常常思维活跃，还可能有创新。论分数，后者不如前者，但论思维能力，后者可能更有潜在优势。实践中发现，应试教育下的高分低能，早已不受人们的欢迎。

因此，父母们不要一看到孩子的某次分数不高就失望。"天生我材必有用"，孩子的潜力是很大的，而且是多种多样的，干这行不行，干另一行很可能就是高手。

父母科学地分析分数，并能对孩子学习分数的高低采取明智的态度，对孩子的学习有很大的帮助。

明智的父母在孩子考试成功时提醒他不要骄傲，不要轻浮，要脚踏实地，一步一个脚印去迎接更艰巨的挑战；而在孩子考试失利时，首先要给与孩子他最渴望得到的安慰和鼓励，然后帮助他分析失利的原因，树立不怕困难、迎头赶上的勇气。这样，孩子才可能以更优异的成绩来回报关心他、爱护他的父母。

所以，为人父母者不要只把自己的眼光停留在孩子的考试分数上，分数只是孩子的一个方面，不要孩子学习不好就嘲笑指责，甚至大打出手。要去发现孩子其他方面的闪光点，不见得每个大学生都能成为高素质的人才，也不见得不上大学的孩子将来就一定没出息。

分数并不是孩子人生的全部，可以培养孩子其他方面的天赋，虽然孩子成不了学习方面的天才，但一定会成为其他方面的精英！

过度保护孩子

父母对孩子过度保护，指的是有些父母不遗余力地将孩子的日常事情都由自己代替，生怕孩子做些力所能及的事就会吃苦、受罪。父母对孩子过度保护，是溺爱的一种形式。主要是怕孩子受到伤害而采取的过分的限制和保护。但从心理发展理论来看，过度保护会影响儿童的心理发育。

父母总是事无巨细地关照、保护孩子，会限制孩子能力的发展。孩子最终要走上社会，在激烈的社会竞争中"最好的保镖是自己"。父母的过度保护使孩子的能力没有得到发展，一走上社会就会相形见绌。

现实生活中不乏这样的例子，什么事情都有父母包办，对孩子来说可真所谓做到了衣来伸手饭来张口的程度。然而父母们大多看不到让孩子自己做事过程中蕴含的智力发展因素，如创造力、想象力以及可贵的心理品质，如好奇心、探索钻研精神等，这些孩子身上闪现的兴趣火花容易被父母们轻易扑灭。

如凭这种陈旧的教育观念长期干涉下去，而不懂得积极支持和正确引导。结果是，对于倔强的孩子会变得暴怒、浮躁，性格里潜藏了破坏性、反抗性等特征；而对于懦弱的孩子则变得胆小、畏缩、自卑、没有自信，不敢尝试。

不管哪种孩子，都会失去积极进取、勇于探索的"初生牛犊不怕虎"的可贵品质，阻碍了孩子心智的发展。

父母爱怜孩子，孩子依恋大人，这近乎是一种天性。但是，父母对孩子给与过度的保护，导致的是孩子独立性的缺失和自我生存能力的弱化。

父母事无巨细地关照、保护孩子，这样看起来是为了孩子好，但实际上使孩子失去了独立解决问题的机会，限制了孩子能力的发展，并使得孩子变得无能。

在激烈竞争的社会中，最好的守护神是自己。孩子能不能在社会上站得住脚，与他们独立解决、处理问题的能力密切相关。有的父母在这个问题上管得太宽，过度的保护使孩子成为温室里的花朵，孩子的能力没有得到充分发展。

而一些有眼光的父母，则在孩子很小的时候，就开始有意识地培养他们独立生存与发展的能力。

生活中，你也许会不止一次碰到这样的情景：儿子长得比妈妈还高了，但还像个婴儿一样依偎在妈妈怀里要买这买那，稍不顺心就捶胸顿足，旁若无人地又吵又闹，根本就不像那么大的孩子。

父母对孩子过多的关注和过度的保护剥夺了儿童的独立性，引起更强烈的自卑感，导致成年后的人格问题。例如，对孩子的"淘气"行为，有些父母要么不管，要么完全压制。

父母总是想时时刻刻保护孩子，玩滑梯时别摔着，别被其他的孩子欺负，企图回避生活中许多丑陋的现实。结果，孩子长大后，根本就没有应付各种生活问题的能力，不能自谋生路，不能自己做决定，不能应付生活中面临的日常问题和挫折。

父母捍卫子女，不让子女们受到痛苦，是可以理解的，但是过度的保护，反而会让孩子缺乏从错误中学习的机会。爱很重要，但却无法保证孩子会出现良好的行为。孩子不但需要有爱心的父母，他们更需要接受过训练的父母。

父母对孩子过度保护，会对孩子的心理发育有哪些不良影响呢？

影响孩子的社会性

孩子的社会化过程就是指孩子的心理成熟过程。孩子的社会性是在日常生活中慢慢培养起来的。孩子渐渐长大离开父母的怀抱进入了同龄伙伴的范围内，但伙伴关系和母子关系不同。

母子关系是保护与被保护的关系，而伙伴关系则是要求友情、信赖、协调的关系。孩子为了在伙伴中保持良好的关系，就得学会某些必要的品质，发展自我意识、自我评价、自我控制的能力，并发展独立性，在心理上体验到自己是社会的一员，进而主动适应社会并承担自己的义务。

受到过分保护的孩子，人际交往局限于父母和同胞，不能从广泛的交往中体验他人的情感、意识以及价值观念等等，进入社会（幼儿园或学校）后，不知道与人交往的手段和方法，从而形成孤僻、依赖、抑郁的性格，甚至产生严重的社会行为问题。这对孩子健康快乐地成长是极为不利的。

压制孩子的求知欲和学习动机

处在保护圈中的孩子，会丧失求知的欲望和学习的动机。人的一切活动都由动机所推动所支配，而动机又是由需要而引起的。心理学家认为：个体在生理上或心理上有某种需要，这种需要的内驱力——动机，由此推动个体产生为满足其需要的一系列行为。

但是，受到过分保护或限制的孩子，其父母从各个方面已全部满足了他的需要，这样便抑制了他活动的内动力，大大降低了他对外界事物的兴趣和好奇心，并削弱了孩子探索外界事物的主动性、积极性和意志力。生活在这样环境里的孩子，会感觉生活没有动力，从而渐渐消沉下去。

明明的爸爸妈妈在城里工作繁忙，把刚出生不久的明明寄养在退休后住在农村的爷爷奶奶家里。爷爷奶奶照看孙子，又是在空气新鲜的农村里，本来是很惬意的事。

可明明的妈妈总是对爷爷奶奶的养育方式横加干涉，还不成文地"约法三章"。不允许明明玩泥土沙石，不允许明明在大街、山坡等地方玩；不允许明明与街坊邻居家的孩子一起玩耍，说农村孩子太野，容易染上一些不良习气……

妈妈给明明圈定的活动范围只剩下家住的几间平房和一个干净平整的水泥地院子，平常交往和接触的人只有爷爷和奶奶。

转眼间明明到了上学的年龄，妈妈将他接到城区一所小学上一年级。这下麻烦来了，明明见人就怕，更不与老师和同学们交流，每天到校后总是又哭又闹，根本无法独立在学校学习。妈妈无奈休假一个月陪读，以帮助孩子适应学校生活。可妈妈上班后，还是无济于事。奶奶只好继续陪读……这不是长久之计，后来，明明只能休学一段时间。

妈妈这时才意识到自己当初的"约法三章"对孩子的成长是有害无利的，过度的保护它不仅影响孩子，推迟学业，更为严重的是影响了孩子健全的心理、生理甚至良好人格的形成。

　　父母的爱是子女成长途中的阳光，无论何时都让他感受到你的爱，但爱不等于过度保护和替代。过度保护孩子，不是爱孩子，而是害孩子，因此做父母的要很好地把握家庭教育的度。

　　弹簧的伸缩原理告诉人们，拉力适度，使弹簧的功能保持；拉力过度弹簧将失去了弹性，无力复原。教育也同样如此，了解子女是父母教育子女的前提。孩子是成长和发展中的人，教育的内容和方法也应适合他们的变化，给孩子一个可以自己支配的空间，对孩子放手一点。

　　注意研究自己孩子的特点，看到孩子的优势和不足，实事求是的、客观的因人施教，定一个孩子跳一跳能摸得着的目标，就容易树立孩子的自尊和自信心，就能激发孩子积极上进的勇气和决心。

　　所以，一个合格的父母应该学会让孩子飞出自己的保护伞，给他们一片属于自己飞翔的蓝天。让孩子自己去解决问题，自己作决定，即便他们有时会做错，对他们的未来也会大有好处。

　　否则，他们成年后生活的特点就是"绝对没有信心、犹豫不决、过度敏感、缺乏耐性、离不开别人的支持"，更不要提有什么发展，获得什么成就了。

缺乏心理教育

21世纪是我国市场经济蓬勃发展的新时期，各行各业对人才素质也有了更高的要求，除了十分强调思想品德、文化素质外，也越来越重视人的心理素质。

这是因为现代社会是一个复杂多变、竞争十分激烈的时代，每个人都将面临来自各方面的挑战。正如一些专家断言，从现在到21世纪中叶，没有一种灾难像心理冲突一样能给人们持久、深刻的痛苦。随着社会的进步和发展，生活节奏加快，充满矛盾变化的世界经常会给人们带来这样或那样的心理压力。

人们如何面对成功、面对失败、面对挫折，甚至面对灾难，这将取决于人的心理承受能力和良好的社会适应能力，即人们心理素质，这是决定竞争成败的重要条件。因此，要特别重视孩子的心理素质教育。

所谓心理包括认识、情感、意识等心理活动的过程，以及在此基础上形成的各种需要、能力、性格等个性心理，而心理素质是指人的心理发展水平以及对社会生活的适应能力。

心理素质包含着认识自我的能力和情绪，妥善管理自身的情绪，自我激励，认识他人的情绪。人际关系的管理对人生具有重要的意义，恩格斯曾把良好的心理素质誉为"地球上最美好的花朵。"

现代社会关于"健康"的概念已超越了传统的医学观点，不仅仅指躯体的健康、生理健康，还应该指精神、心理健康。当今社会竞争激烈，造成人们心理压力重，学生在这样的社会大环境下生存，面临升学压力，心理脆弱，心理压抑得不到一定的宣泄；再者，现在独生子女以自我为中心的问题也显得越来越严重；更甚者，由于家庭的残缺，如父母离异、丧父或丧母的单亲家庭，隔代抚养孩子等现象，都使孩子缺乏良好的生活环境和教育环境。

有关研究表明：心理发生变化的高发区在青春期，中学生存在问题令人触目惊心，学校里学生各种不良现象屡禁不止，各种失控越轨行为时有发生，原因固然是多方面的，但与学生素质不高，尤其是心理健康水平不高，心理素质较差有极大的关系。

如果只重视学生生理健康的教育，而不重视心理健康的教育，对学生的健康成长极为不利。就目前状况而言，对学生进行心理健康教育尤为重要。随着素质教育的全面推进，学生因心理健康而引发的问题日益浮出水面，影响孩子的学习、生活。

纵观现在的中学生心理健康状况，大部分的孩子心理是健康的。然而，由于个体心理发展具有不平衡性、动荡性、自主性、前瞻性、进取性、闭锁性和社会性等特点，他们思维敏捷，但片面性较大，容易偏激；他们热情奔放，但容易冲动，有较大的波动性；他们的意志品质发展迅速，但在克服困难中毅力还不够，往往把坚强与执拗、勇敢与蛮干、冒险混同起来，在行为举止上表现出明显的冲动性，是意外伤亡率最高的时期。

中学生在心理上正处于脱离父母的时期，美国心理学家霍林渥斯把它称为心理上的断乳期。另外，中学生所承受的各种压力逐渐增大，这既可能成为学习上的动力，也可能造成心理上的障碍。中学生的不良心理会严重影响学生的健康成长，不可等闲视之。

青春发育期的孩子心理问题表现得非常明显，心理矛盾也非常突出。现在青少年的主流是健康的，但也不能否定，在他们当中经常出现懒惰、消极、退缩、孤独、依赖，缺乏社会责任感等诸多问题。

表现在学习上就是怕吃苦、懒于独立思考，遇到困难缺乏信心和勇气，心理脆弱，易产生消极情绪，取得成绩时则认为是自己的天智和勤奋，不能认识到群体的作用。

在群体生活中，往往表现出自私，对集体的活动不热心，对社会舆论不在乎，我行我素，不能正确对待表扬和批评，甚至导致个别学生因受到严厉批评或考试成绩不合格而走绝路。这一切都反映了相当一部分青年学生心理素质不够健康。

心理不健康的孩子危害自己的同时也危害社会，所以加强孩子的心理健康教育已经迫在眉睫。

初三年级的小刘学生，本来性格就比较内向，家庭生活中父母又离异，对她心理打击非常大，时常出现无助感，甚至产生自杀的念头，小刘学生由此出现了心理障碍，她的各方面习惯都比较差，成绩总处于不及格状态，针对上述情况，作一下分析。

首先，从调节她的心理状况出发，帮助她建立起与同学交流的"伙伴网"，同龄人的接近、交流和帮助使她内心情感得以释放。

接着，老师对她提出了学习上的要求，并持之以恒地督促、检查，经常鼓励她的进步，使她逐步养成良好的学习习惯，培养起克服困难的心理意识。经过努力，该生学习习惯有了明显的提高，脸上有了真挚、天真的笑容。

如果教育工作者不去正确引导，那么如此发展下去，他们怎能去面对未来社会激烈竞争呢？而今天青少年学生的思想道德心理素质，将关系到未来全民族的思想道德心理素质。因此，加强对青少年的心理素质的培养已经刻不容缓了。

综合中学生成长过程中的心理问题，就其主要表现，可归纳为这样几种类型：

学习焦虑型。高强度的学习任务，满负荷的课余安排，再加上频繁的考试竞赛，学生稍感不适，就可能造成精神紧张，心情压抑。实际上，许多学生面对竞争激烈的学习生活，已经产生焦虑。

生活挤压型。在父母"望子成龙"，老师"盼生成名"的高期望下，学生心理负担加重也是顺理成章的事情。面对来自社会，学校，家庭的挤压，学生的自信心很容易受到挫伤。学习生活中的种种不如意，也就使他们有了在生活的夹层中活着的感觉。

思想封闭型。现代生活观念的变革引发了人生价值取向的重新定位。然而，许多父母的世界观却停留在曾经的人生经验里，沉重的生活压力，剥夺了他们与子女交流的时间。因此随着年龄的增长，许多学生不能很好地度过人生的"第二断乳期"，思想倾向消极，以致郁久成疾。

情感自卑型。花季的烦恼，家境的贫寒，学习成绩的低下，阅历的浅薄等等，总要在举手投足间表现出来，于是许多事往往不尽如人意，结果经常受到父母、老师的批评指责，长此以往，学生容易产生自卑心理。

中学生因心理问题而离家出走、自杀、违法犯罪等事件的发生率逐年呈上升趋势，青少年已同环境污染和吸毒贩毒一起被称为世界三大公害，成为一个全球性的严重社会问题。青少年学生的心理问题已引起全社会的广泛关注，加强中学生的心理素质教育已迫在眉睫。那么，该从哪些方面加强孩子的心理教育呢？

开设心理教育课程

加强孩子的心理教育，不仅仅是父母家庭的责任，也是学校老师的责任。在中学开设专门的心理健康教育课程，帮助学生了解心理科学知识，掌握一定的心理调节方法。内容可以分为两部分：

一部分为知识理论课，如心理卫生常识讲座，心理调节问题答疑，焦点问题讨论等，在心理知识的学习中明确认识、矫正观念，以积极的态度去对待自己的心理冲突。

另一部分为活动训练课，这是在中学生开展心理健康教育最为有效的方法。活动内容包括：小品表演，角色模拟游戏，互访互问以及其他活动形式。在活动中学生不仅可以学习介绍自己、了解别人，与人交往的社交技能，还可以掌握一些诸如转移情绪、宣泄痛苦、发泄愤怒的心理调节手段，防患于未然。

引导孩子建立积极向上的人生观

父母与孩子接触的时间最长，父母是孩子的行动指南针。所以，父母要注重自身的言谈举止，为孩子做榜样示范作用，引导孩子建立积极向上的人生观、高尚的爱好。

家庭心理健康教育主要通过孩子耳濡目染、潜移默化的方式产生的，父母的一言一行对孩子来说都是教育。

教育家马卡连科说："不要认为只有你同孩子谈话、教训他、命令他的时候才是教育。你们在生活中的每时每刻，甚至你们不在场的时候，也在教育孩子。你们怎样穿戴、怎样同别人说话，怎样议论别人，怎样欢乐和发愁、怎样对待朋友和敌人，怎样笑、怎样看书读报……这一切对孩子都是重要意义。"

马卡连科的这段话，形象说明了家庭心理教育的特点在于：父母影响着孩子。当前有些父母自己沉湎于搓麻将等不良的生活爱好中，这极容易造成孩子对学习的厌恶，也喜欢玩。

有的父母游手好闲，那么你的孩子也会把你的不好的做法作为模仿的对象。中国有句俗话："有其父必有其子。"要培养出色的孩子，父母首先就要把自己在孩子眼中的形象培养好，注意生活中的细节，在无形中让孩子感受到家庭良好的教育。

进行心理辅导

父母和老师在教育孩子的过程中，要渗入一些心理辅导的内容。实际上各科教学本身都包括有心理教育的内容，只要老师备课时加入心理教育的导向，就可以使授课内容深入一层。

如语文课就包含有许多情感教育的因素，劳动课、体育课又可安排挫折教育，增加学生的抗挫折能力，锻炼他们的意志力。最佳的做法是在各门学科的教学目的中，加入心理教育的分节目标，使教育模式由知识教育向素质教育、心理教育转化。

家庭心理教育和学校的心理教育是缺一不可的，应为塑造孩子健康的心理而共同努力。

放纵孩子"自由"

人往往喜欢自由自在，像天上云，水中鱼，没有挂念，没有负担。潇洒，飘逸的心情，让我们向往，追求。

时间能够改变一切，于是这种向往、追求埋下了种子，萌发了一种急迫、渴求的动机，一旦有让自己高兴忘乎所有的事情，人们就会不假思索的做，甚至不惜一切代价。因为他们做的是自己非常愿意做的事，这是一种人的本能。

岂知，不经意的一瞬间，自己就可能感情用事。那一刻，自由变成了一种放纵的方式。

现在的家庭教育中，很多父母都特别重视培养孩子的创造力和个性，所以父母留给了孩子充分的自由空间。相比较而言，国外的基础教育要比国内自由开放得多，许多有国外生活经历的父母都非常崇尚建立自由宽松的教育氛围，释放孩子的天性，发展他们的个性。自由是一种相对而言的产物，自由过火就是放纵了。

这本身是正确的，是广大父母的家庭教育观念得到更新的好现象。但是任何事物都过犹不及，片面强调自由而忽视规则的教育，对孩子的健康成长是极其不利的。

有的父母认为，尊重孩子的自由是培养个性和创造意识的前提。但是这里的"自由"是有规则的自由，而不是漫无边际的自由。自由的界限太宽泛了，太过火了会影响了别人，别人就会反对你的自由，不但让孩子变得没有自由而言，而且还会造成其他一些不良影响。

有的父母教育观念也会走向另一个极端，那就是希望培养出听话的孩子。他们认为听话的孩子让父母省心，很少惹出麻烦事儿来，养个小孩儿像一个小大人似的规规矩矩。这种观念多表现在控制欲望比较强的父母身上。

这类父母口头上也承认应该尊重孩子的愿望，但是这种尊重是因为孩子的愿望正好与他的要求一致。如果孩子的愿望与他的要求不一致，则会强迫孩子服从大人，并且认为这是管教严格、不娇惯孩子的表现。

长期生活在这种控制氛围中的孩子，做事和思维的依赖性比较强，动辄请求大人的帮助，害怕尝试新事物，遇到挫折常常惶恐不安，而且调整情绪变化的灵活性比较弱。长久下去，孩子的探索与创新意识也比较薄弱。

现在大多数家庭的孩子，成长环境大多比较自由，父母限制孩子自由的做法，常常是出于担心孩子安全而过度保护所致。爸爸妈妈的口头语就是：危险！宝宝不要这样，宝宝不要那样！

孩子的行为模式则是：爸爸，我这样行吗？妈妈，我那样行吗？得到爸爸妈妈的点头和许诺，他才放手去做，得不到父母的同意，他就不断地征求意见和被动等待。

控制性比较强的父母很满足，觉得这是自己管教有方的表现。其实这在某种程度上限制了孩子好奇心和探索性的发展，不利于培养他自主独立解决问题的意识和能力。

"规则"和"自由"可以兼得。没有规则的自由是放任，没有自由的规则是遏制，都是家庭教育不得法的表现。理想的状况是把握好规则与自由的张力，让孩子在规则中自由成长，这样的孩子既有责任心，又有开拓性。

这需要父母善于根据事物发展的预期情况和实际情况，掌握好自由与规则的"度"，让孩子既安全又自由。

在一次亲子采摘中，父母高高兴兴地带着孩子到花生地和白薯地里感受秋天的硕果，父母的有些做法没有把握好自由与规则的"度"。

父母心里首先想的是"花生和白薯"，同时还有孩子的安全，但是孩子心里首先想的玩乐。白薯地里是疏松、细致的沙土，一个孩子拿着铲子扬土，玩得特别开心，妈妈说："你别扬土了，别扬到别人身上了，快扒白薯。"

其实这时候，孩子身边没有他人，父母就不宜用暂时不可能发生的事情来限制他们的兴趣。应该做的是给孩子设立一个安全的环境，如果发现他人要走入这个区域，赶紧提醒别人绕开行走，大家互相尊重兴趣和需要，就会其乐融融。

当然，不少父母善于尊重孩子的需求，采摘的花生和白薯多点少点都没有关系，关键是要"采摘"许多乐趣带回家才值得。于是有的父母在旁边耐心地等着、欣赏孩子采摘时的快乐；有的父母只带了少许花生和白薯，却把孩子爱不释手的土装了很多带回来了。

人们都向往自由，追求自由。但现实的情况往往是形式上的自由增加，随之而来的是实际的自由的削减。

不知不觉，自由慢慢地褪去，不再是拥有时间，而是去寻找时间。这时，再理性地看待，自由已经发生了质的变化。于是，不能自控，开始了放纵。

放纵，使我们迷失了自己，以为自己真正地找到了"自由"。于是，越陷越深，最后不可自拔。像表面凝固的淤泥，不小心，就会危害你的孩子的一生。

重智商忽略情商

现在，许多父母望子成龙，望女成凤，这固然没错，但只关心孩子的智商，即学习成绩，而忽视孩子的情商，造成孩子高分低能，只会做学问，不会做人，甚至成为书本的奴隶，生活的书呆子。

更严重的情况是父母为孩子包办一切，久而久之，孩子就把父母的一切所为看成是理所应当的事情，完全没有了责任意识。因此，父母应该从童年起就有意识地培养孩子的社交能力和群体意识，从小就给孩子灌输关心人、尊重人的观念，甚至在生活中刻意培养他们的协调力、组织力和号召力。

学习成绩好当然重要，但还要他们学会生存，学会生活，学会待人接物，学会独立思考，学会做人处世，在社会实践中培养他们良好的性格和健全的人格，成为一个德才兼备的人。

智商，即人的智力发展水平，通常用智力商数来表示，英文简称为IQ。智商反映了一个人的观察力、记忆力、思维力、想象力、创造力等。

情商，即认识管理自己情绪和处理人际关系的能力，通常用情绪商数来表示，英文简称为EQ。情商涵盖了一个人的自制力、热情、毅力、自我驱动力等。

智商是前提，情商是保证，两者的关系相辅相成，缺一不可；两者相比，情商比智商更为重要。

情商又称情绪智力，是近年来心理学家们提出的与智力和智商相对应的概念。它主要是指人在情绪、情感、意志、耐受挫折等方面的品质。

以往认为，一个人能否在一生中取得成就，智力水平是最重要的，即智商越高，取得成就的可能性就越大。但现在心理学家们普遍认为，情商水平的高低对一个人能否取得成功也有着重大的影响作用，有时其作用甚至要超过智力水平。

把孩子培养成才，是天下父母的共同心愿，也是广大父母辛苦劳作的精神寄托。但是，只注重知识的灌输，对制约孩子成长的其他因素则很少过问。

父母认为孩子只有上大学才有出息，才能出人头地，于是整天让三四岁的孩子背唐诗、背宋词、认汉字、算加减，扼杀了孩子爱玩的天性，阻碍了孩子的全面发展。智力是能力的核心和灵魂，发展幼儿的智力、培养幼儿的能力固然重要。但是，如果家庭教育只注重智力因素，结果可想而知。

相反，应该从孩子全面发展入手，培养他们的自信心、进取心、毅力、自制力和勇敢精神等，如在日常生活中让孩子坚持自己的事情自己做，使他们相信自己的力量，并予以表扬和鼓励。

当孩子在做某件事情因其他原因半途而废时，就应及时地给予督促、鼓励，使他们坚持把事情做完做好；在游戏中让孩子担任某些他们不喜欢的角色，以使他们的行为服从集体要求等等，这样就能使他们的正常智力得以充分发挥。

为了提高孩子的智力水平，父母们也都乐此不疲。给孩子报一些特长班，每到周末，孩子们就忙得不亦乐乎，赶场似的接受着寄托了父母厚望的所谓特长教育。

的确，孩子们在某些方面的能力有所增长，但是父母们却忽略了应该与孩子智商同时发展的情商。因此造成了与孩子年龄不相符的畸形能力发展。

主要表现为孩子的智力水平偏高，而与孩子年龄相符合的自理能力、自立能力、社会认知能力等等水平较低的现象，因此而造成的孩子在生活和学习过程中过分依赖父母及成人，任性、自私表现尤为突出，自我中心和自我优越感强，很难与他人相处，语言沟通能力差等等。

发展孩子的智力无可厚非，而且是十分必要的，但是父母在发展孩子智力的同时，应该注意到孩子的智商应该与情商协调发展。为了孩子的未来，为了社会的需要，注意孩子的全面发展，塑造一个健康成长的孩子。

孩子可以在感兴趣的事情中，慢慢地培养自己的情商。孩子们最怕寂寞无聊、闷着没事，他们有一种强烈的愿望，总想投入到某项最喜爱的活动中去。

当孩子们专心致志地投入到某种喜好的活动中时，他们的内心就会充满"成就感"，愉悦之情溢于言表。父母应该了解并尊重孩子的意愿，为孩子提供自由探索的天地和活动场所，并进行热心的鼓励。

因为兴趣、自信是进步的动力。即使孩子没有超常的智力，只要有较好的心理品质，将来也可以成材，反之，将来有可能无所建树，甚至成为"废品"。

作为父母，要想使自己的孩子有出息，就必须在培养孩子智力因素的基础上，注重孩子的全面发展。这样孩子在小时就受到了科学的家庭教育，他们将会受益终生。

在人们对智商和情商研究中，得到两个数字，一个人的成功，智商占20%，情商占80%。智商与情商巨大的差别，给人们一个印象，既然情商那么重要，我们就专门培养情商。

而事实上，真正成功的人，他们又是智商和情商结合的典范，这又是为什么？单纯的高智商不一定成功，单纯的高情商也不一定成功，但是高情商和高智商的结合一定成功，这又是什么道理呢？

情商现在对人们来说已不是一个陌生的概念，对于情商，许多人士更多地谈到要善于与人交流，富有自觉心和同理心。

自觉心就是常说的"有自知之明"，对自己的素质、潜能、特长、缺陷、经验等有一个清醒的认识，对自己在社会工作生活中可能扮演的角色有一个明确的定位。而同理心，就是将心比心。

那么，情商意味着：有足够的勇气面对可以克服的挑战，有足够的度量接受不可克服的挑战，有足够的智慧来分辨两者的不同。认清自己该做些什么，以及对自己的行为负责。

家庭和学校的教育应抓住契机，提升青少年的情商因素。因为人的情商因素性格、意志、情感、社交与智商因素记忆、观察、想象、思考、判断，存在着既对应又交叉的影响力。

情商因素就像太阳光的赤橙黄绿青蓝紫，智商因素就像禾苗的氢氧氮磷钾氯氨。反映在人的成长过程中，如果没有良好的性格、意志、情感、社交的修养和能力，想有良好的记忆、观察、想象、思考和判断的能力是不可能的。

离开了情商因素，智商因素就成了无源之水。按照国外的理论，曾有人提出情商与智商关系的新的可能：人的成功因素中，智商占30%，而情商占70%。可见情商在人的发展中的意义。一个人情商的高低几乎决定了他这一生的成败，也同时决定了他一生的命运。

提到微软大家也许就会不约而同地想起比尔·盖茨，对于他大家也许都不陌生。作为智商天才的比尔·盖茨，其实情商也很高，而且他是把情商和智商很好地结合起来。

比如，他的情商高很重要的表现在他重视人，他重视人的作用。有人问比尔盖茨说，盖茨先生，如果你离开你现在的微软公司，你能再造一个微软公司吗？比尔·盖茨说，能。但是有一个条件，要我带走我们公司一百个人。

他没有说我要带走厂房，我要带走设备，我要带走好多好多电脑，他没有带走这些物，他要带走他高素质人一百个，他重视人的作用，而不是见物不见人。这就是高情商。

可以说盖茨是一个情商和智商都很高的全面的天才。他把智商和情商结合起来，结合起来表现在哪里？他善于合作，他和他的伙伴合作，和艾伦合作，特别进入21世纪的新千年，他把他微软公司总裁，最高CEO主动让出来了，让给他长期的合作伙伴，斯迪夫·巴尔诺，他保留了董事局主席一个职务。

同时，他兼任了一个新的职务就是首席软件设计师。盖茨在微软财富极具膨胀的关键时刻，放弃了这最有权力的位置，有人说是不可理解，令人不可思议，但这就是他的高智商的表现。通过上面的事例可以很明确的得出如下结论：

智商情商不是对立的，不是相反的。情商并不是智商的反义词，不能说智商高，情商就低，情商高智商就低，不是对立的，不是反义的。事实上，他们二者存在相关性，像智商特别低的人或者情商特别低的人，在生活中是很少见的。

智商情商是密切相关的。他们紧密联系甚至是相互渗透的，有不少因素是重叠的。智商和情商的不少因素他们是重叠的，甚至有人认为，情商就是另类的智商。情商就是另一种形式的智慧形式。我们既找不到脱离智商的情商的存在，也找不到脱离情商的单纯的智商的存在。

孩子作为一个发展性的个体来到世界上，他所要求的发展应该是合理的、全方位的，而不是畸形的、单一的。在发展孩子智商的同时，也应该注意孩子情商的发展，这样才能塑造出一个对家庭，对社会有用的现代社会型人才。

第三章
关注孩子的成长

　　孩子的健康成长离不开学校和家庭的共同努力。关注孩子的成长，要倾听孩子的心灵之音，关注孩子的心灵需求，做孩子的朋友，把强迫学习变成孩子的自觉学习。这样，才能激发孩子的学习积极性，培养出敢于创造、能够创新的新一代人才。

留心观察孩子的兴趣

兴趣的源泉是人的天性——好奇心。正因为如此，人们才带有感情色彩地积极去探究某种事物和活动，人们才会产生揭示自然和人类奥秘的强烈欲望。今天，从社会角度看，兴趣是爱学、会学的重要基础。孩子一接触到自己感兴趣的学习内容或活动，态度就积极，心情就愉快，思维就活跃。著名的教育家苏霍姆林斯基说过："所有的智力活动都依赖于兴趣，没有兴趣就没有创造。"这表明兴趣对孩子成长有着重要作用。

兴趣作为人积极探究事物的认识倾向，能促使整个心理活动积极化：使观察更加敏锐，记忆得到加强，想象力更加丰富，克服困难的意志力得到增强，从而使智力活动的效能大大提高。

同时，兴趣往往是成功的先导，易使孩子获得好学、乐学、善学的品质和能力，使其终身受益。兴趣是最好的老师，天才的秘密就在于强烈的兴趣和爱好及由此产生的无限热情。兴趣是勤奋的重要动力，爱迪生就是一个好例子。爱迪生几乎每天都在他的实验室辛苦工作长达18个小时，在里面吃饭、睡觉。

但他丝毫不以此为苦，他宣称："我每天都其乐无穷。"难怪他会取得这么大的成就。事实上，每个从事他无限热爱的工作的人，都能成大事。到目前为止，还没有发现有人在他不感兴趣的领域能够取得巨大成就的。

兴趣的作用如此重要，教育孩子更不能忽视孩子的兴趣。

当孩子有了某种兴趣倾向时，父母无疑应该高兴才是，并且还应助他一臂之力。为什么呢？因为当孩子的兴趣集中于某一点时，有两个非常大的好处：其一，孩子会因此而培养出很高的注意力；其二，当孩子沉浸于某一件事情时，自然也会展开对与此相关的事物的思考，精力越集中，思考也越深入，其结果是提高了智力。

一个孩子专注于某一事物，本身就是一种思考活动。如此不断地思考下去，孩子的思维将会达到相当的深度。像这样培养出来的思考力，即使以后孩子把兴趣转向了别的事物，也依然能够发挥其作用。

例如，著名的英才教育家伏见猛弥先生，他偶然的一次机会发现自己两岁的孩子很喜欢汽车和火车，从此，他不仅外出回来都买这一类的玩具给孩子做礼物，而且还很留意帮助孩子发展这一兴趣。结果，这个孩子的注意力变得非常集中，而且还具有异常敏锐的观察力。

但是不少的父母会感到困惑：孩子的兴趣常常是稀奇古怪、阴晴不定，实在难以琢磨。的确，很多孩子的兴趣是非常广泛的，他们的兴趣如同他们的胃一样，生来就已经准备好接受各种各样的"食物"。作为父母，此时就要开启"慧眼"，做孩子兴趣的捕捉能手。

精心呵护孩子的好奇心

每个孩子都有无数的好奇心。好奇"滋生"兴趣，好奇心是孩子学习兴趣的源泉。好奇、好问、好动，渴望通过自己的探索来了解世界，是孩子的天性。那么，父母该如何呵护孩子的好奇心呢？

好奇是孩子的天性：看着五花八门的兴趣班，孩子"蠢蠢欲动"；望着帅气或漂亮的授课老师，孩子"心花怒放"；玩着可爱的橡皮泥、各色颜料孩子"惬意无比"；看着自己的酷造型，神气的Pose，孩子"乐在其中"……孩子的兴趣就是在这些貌似"不靠谱"的各种动机之中"滋生"的，使他们跃跃欲试。但是通过尝试，孩子最终会知道围棋、美术、跆拳道、轮滑、钢琴等都是怎么回事，也能认识到这些是否适合自己，自己是否真正喜欢、擅长，由此达到自我认识。

所以作为父母，不妨让孩子多接触、了解、尝试各种兴趣班，有利于帮助孩子发现自己真正的兴趣。

能否给孩子自由思考的空间和时间，这是呵护孩子好奇心的关键。父母如果经常给孩子下达一些强制性的智力作业任务，那么孩子会感到总是在一种有压力的环境之中，他们便会将思考问题看作是一种额外的负担。久而久之，他们的好奇心和学习的兴趣就会消失殆尽。因此，对于强制性的智力作业，要少些再少些。

了解孩子的兴趣和爱好

经常听到一些父母这样讲："孩子提问，别理就是了，烦都烦死了……"殊不知，孩子爱提问题正是一件好事，说明他有强烈的求知欲和探索精神。孩子爱提问，表明孩子对这一事物充满好奇，有强烈的求知欲，这正是兴趣的先导。但是有些父母漠视孩子问的"为什么"，有的甚至加以阻止，"怎么这么多事，真烦"。其实，父母不仅可以从孩子的提问中帮助他们解决问题，还可发现其兴趣所在。

父母要善于从发问中挖掘孩子的兴趣爱好，帮助他们解决"为什么"，认识"是什么"。例如：大发明家爱迪生小的时候就喜欢问"为什么"，他的母亲充分肯定了他的敢于问个"为什么"的发问精神，并加以培养，使他成为人所共知的大发明家。

发展孩子现有的兴趣

在日常生活中，父母要留心观察，注意发现孩子已有的兴趣，并采取措施引导和发展孩子的兴趣。例如，父母发现孩子对风、云、雨等自然现象感兴趣，可引导孩子从不同方面和角度观察这些自然现象的变化，以浅显易懂的语言告诉孩子这些现象形成的原因，鼓励孩子与自己一起做些相关的小实验……

让孩子闻其未闻，见其未见，激发他们的兴趣。父母还可在此基础上有意识地引导孩子去注意其他的事物，扩展孩子的兴趣。如果你的孩子看上去没有任何兴趣，那就需要做父母的帮助孩子去探寻这个世界，找出他的兴趣所在。此时，父母需要注意几下这些方面：

你的孩子喜欢什么活动；孩子喜欢读的书籍；孩子喜欢看的电视；孩子浏览的网页；孩子用什么方法度过他的空闲时间；和孩子讨论每一种活动，他喜欢干什么，不喜欢干什么。带孩子去博物馆、艺术长廊、动物园、医药治疗特殊场所、社区活动和体育活动；让孩子尽量去尝试特殊的课程活动，如艺术课、计算机课、运动课等，鼓励孩子开始收集，帮助他决定在收集时做些什么。

挖掘孩子的兴趣和爱好

以手工劳动和绘画为例，有的孩子喜欢做汽车、火车、轮船，描绘打仗的场面；而女孩子大多数喜欢画装饰图案和制作穿着各种服装、梳着花样发式的布娃娃等。从孩子的劳动中，就可以发现出孩子在这些方面的兴趣和爱好，从而加以培养和引导。

及时鼓励，正确引导

发现孩子对某一学科产生了哪怕一点点兴趣，父母都要及时鼓励，让其充满信心地学习。成就感的大小和兴趣的浓厚成正比，在不断的肯定中，孩子会有充足的马力去主动学习。

当父母发现了孩子的某一种潜在的兴趣亮点时，父母要不失时机地把它挖掘出来，创设各种情境或条件加以引导，有意识地去培养。

对于爱拆拼的孩子，父母应多买些拆拼玩具，如积塑、插片、变形金刚等，有艺术细胞的孩子，最好去学琴学画，对数字感兴趣的孩子，可以和他玩数学游戏，如利用扑克牌比大小、排序、加减的游戏。

对于孩子的兴趣，父母不应该过多干涉禁止，而应该正确引导。这样，在不久的将来，许多年轻的画家、指挥家或科学家会脱颖而出。

另外，引导孩子享受自己的能力，体验其中的快乐，也是非常重要的。兴趣所致，乐在其中，这恐怕是学习的最高境界。无论是音乐、美术、英语、游泳、舞蹈，还是下棋、武术、体操、书法，父母都要逐渐把孩子的兴趣引向活动本身。在音乐、舞蹈中体验美，在武术、游泳中体验驾驭身体的快感，在美术、书法中感知妙手偶得的乐趣……让这种兴趣和技能伴随孩子终生，为孩子的一生带来快乐与幸福，关键是父母要当有心人。在现代社会中，一个人现在做什么，将来做什么，与兴趣有很大的关系。特别是当一个人的某方面兴趣与他的志向结合起来时，也就是说兴趣与他的理想、目标结合起来时，就形成了志趣。

这时的兴趣会对他的未来发展起到全面的准备作用。父母要深刻理解"兴趣"这个普通但神奇的方向盘，只有从这里出发，才能真正地驾驶好未来的生命之舟。

倾听孩子的心灵之音

不知父母有没有注意到，每当你把孩子从学校接出来的时候，孩子总是兴致勃勃地讲校园里的事，不管你爱不爱听，孩子总是讲个没完。这时，孩子最需要的便是一个忠实的听众，而父母是最合适的人选。遗憾的是，不少父母并没有意识到孩子的这个需求，总觉得听孩子说话浪费时间，每次孩子和父母说话时，父母总是做出很忙的样子，对孩子的讲话不屑一顾。

"去去去，怎么这么烦，一回来就说个没完。"原来是孩子回家跟妈妈讲老师请父母配合做的一些事情和一天的所见所闻。"小孩子哪有这么多事？"孩子的妈妈正忙着做自己的事，对儿子的喋喋不休很不耐烦，三言两语就把他打发掉。

父母们也许没有想到，正因为自己的"忙碌"，无形中给孩子的语言表达带来了障碍。孩子为了在有限的时间里把话说完，便讲得很快，慢慢地变得讲起话来结结巴巴的，甚至有的孩子变得孤僻，不爱讲话。

对于父母来说，倾听孩子说话其实是一门艺术，一门学问。倾听，能使孩子从小学会以平等与尊重的心态与人建立关系，能使孩子觉得自己很重要，更有利于孩子学会独立思考。

大多时候，孩子的倾诉，并不是为了得到什么，而只是为了满足一下向自己崇敬的人、信赖的人倾诉的愿望。他只需要你耐心听完他背的古诗，他只需要你分享他昨晚做的美梦，他只需要你共享他成功后的喜悦……

父母们，作为孩子信赖的对象，不要吝于倾听吧！父母对于孩子的倾诉，应该弯下腰，静下心，耐心、仔细地聆听孩子的倾诉，做一个良好的倾听者！其实，倾听孩子的话语是一件很美妙的事情，满足孩子倾诉的愿望要比做其他事情要有意义、有价值的多。

每个孩子都渴求倾听，而孩子的第一个听众就是自己的父母，父母们要善于倾听，有倾听的耐心，有倾听的激情。如果你发现自己的孩子不爱说话，或者说话紧张，甚至听你讲话时漫不经心，你就要应该马上意识到，你是否犯了"不耐心倾听孩子说话"的毛病，你必须马上改变自己。

父母和孩子之间平等的交谈，父母得到的是生命的信息，而孩子得到的是人的自信。这种平等，是心理上的平等，它让一个孩子从小体会到了作为一个人的尊严。当你成为一位非常好的听者时，便是你成为高明的说话者之时，你也就具备了成为孩子们喜欢的好朋友的条件。然而，倾听并不是简单地听，它是全身心投入，专注地听，父母在倾听孩子诉说时，要注意以下点。

营造一个民主轻松的谈话环境

首先，要让孩子愿意说，就要给孩子一个轻松的环境。

其次，倾听时要讲究礼仪，要耐心、细心、热情、诚恳，除恰当地使用语言和语气外，还要善于运用态势语言。在倾听孩子谈话时，父母的表情应该自然，以微笑向人。微笑是礼貌的表示，更是和睦相处的反映。微笑能使孩子消除紧张感，使之感到亲切和平易近人，从而拉近父母与孩子之间的心理距离，使孩子愿意将心里话和盘托出。

运用表情、姿态、动作等态势语言来传递有关信息，直接表情达意，可以弥补有声语言的不足，增加倾听的效果。父母不仅要学会用耳朵听，而且还要学会用眼睛"听"，要睁大眼睛看着说话的孩子。

眼神是表达思想感情的重要方式，在运用眼神时，既要克服眼神的呆滞和犹豫，又要避免那种在眼神中表现出故弄玄虚、高深莫测的样子。让孩子知道父母是尊重他的，以增加孩子表达自己想法的勇气。

做出听的姿势

一定要与孩子平视，不可居高临下。

身体要稍稍向前倾，这是表示有兴趣的姿势。

不要制造"墙壁"。如用手捂着嘴巴，两手抱着胳膊，或翻看着书。这些举动对孩子来说，都是一种障碍。

用眼睛"听"。要睁大眼睛看着说话的孩子，很自然地用眼睛来表达你的兴趣和愉悦。

引导和帮助孩子说话

随着孩子的生活经历日渐丰富、交往面日渐扩大，他想说的也就越来越多。但他掌握的词汇和语句还很有限，因而往往语言不完整，不丰富、甚至不准确。父母在听的时候就需要帮助他们扩充词汇、加长句子引导他完整地、丰富地、准确地运用语言进行表达。

认真地倾听

当孩子被烦恼占据时，他会有很多的委屈或心里话想给自己最信任的人诉说一下，特别是胆小、内向的孩子，父母更应该认真倾听孩子的心声，并做好合理的引导。

对孩子的言行、情感表现等多给予正面的评价、正面的引导，少一些否定评价和反面限制。在这种父母与孩子的诉说与倾听的互动过程中，双方的心态都是积极的。

即使孩子的问题很幼稚，不知如何作答，也可以告诉他们："我也不知道，但我们可以找到它。"然后与孩子们一起探索。父母在和孩子一起探索的过程中，他们可以教会大人很多东西，孩子的真诚、孩子的想象力、孩子的认真态度，还有孩子身上蕴藏的天然好奇心、天真、自然，常会感染到大人，纯洁成人的心灵。如果每个人都能理解，会在倾听孩子们的心声中，得到许多净化的机会。

给孩子良好的反馈

当孩子与父母分享情绪感受时，父母要不时地与孩子眼神接触，但不是紧盯不放地注视，同时要避免打断孩子的说话，表现出注意、轻松、有兴趣了解的表情。

在倾听孩子谈话的过程中，用简单的诸如"太好了！""真是这样吗？""我跟你想的一样。""你的想法太好了，请继续说！""我简直不敢相信！"等等话语来表示你的兴趣。

偶尔点点头来表示你对他说话内容的注意，鼓励孩子继续说下去也是可以的。还有就是要保持微笑，并常常做出吃惊的样子。

孩子最爱吃惊，用大人的话是"大惊小怪"，他们希望看到大人对自己所说的事情表示出吃惊的表情。能把大人吓住，说明自己很有本事。

父母这些种种表现最能流露"我关心、我正在听"的信息。在沟通的过程中，父母倾听时千万不可以到处走动、边做事边听或背对着孩子，因为这些行为可能令孩子认为你不关心他，对他所说的一切没有兴趣。

此外，父母要避免对孩子说："好啦！我想我了解，我知道你的意思。"因为这句话常常会让孩子不想说了，而父母所谓了解也许并不完全正确，毕竟对别人的感觉我们并不能真正知道，只能猜测罢了。

蹲下来和孩子说话

孩子的世界，大人只有蹲下来才能更好地理解。父母只有学会和孩子处在同一个水平线上去看待和理解，才能更好地对他们进行鼓励或批评。特别是在批评教育方面，显得更加重要。

孩子因其年幼，也许会有许多错误，父母在指出时，就更应当明白孩子和大人之间的交流应该是平等的。用包容的心去正确引导孩子，远比用成年人的模子来束缚他们更为有效。

允许孩子表露情绪

父母对待孩子的情绪流露的典型反应，是"采取措施"助他恢复平静。之所以这样，是因为成年人非常担心孩子会变得没理性，不能不带偏见地观察事物。然而父母的做法却是南辕北辙。事实是，当有人给予起码的关心肯定和尊重时，孩子的情绪流露肯定会改善他的观察力和自信心。所以应当允许孩子适当地发发脾气。

总之，只有当孩子把父母当成可以信赖的倾诉对象时，父母才能和孩子进行有效的沟通。如果父母用了以上的方法，和孩子相处、对话，还要从孩子的反应来注意到，做父母的到底有没有倾听到孩子的内心世界。

以下是一些表现：第一个现象是你和孩子的关系会比较亲密，孩子会主动找你讲事情。第二个现象是孩子的答话会是"是啊""就是这样"。第三个现象是孩子解决事情的能力提高了。第四个现象是孩子是安心的。第五个现象是你和孩子的话题会一直持续下来，不会分开。第六个现象是话题能更深入核心问题。

当你和孩子对话有了以上现象时，那就表示你做到倾听了。所以，父母要多练习倾听，有好的倾听，才会有好的亲子关系。

倾听孩子，既不意味着你认可他的情绪，也不意味着你纵容他。父母通过倾听孩子，孩子可以逐渐增长应付重要挑战的能力，学会控制并处理自己的情绪，形成健全的人格和健康的心理，成功地接受人生的挑战。

关注孩子的心灵需求

爱孩子就要关注孩子心灵的成长。鲁迅先生说：谁塑造了孩子谁就塑造了未来。所以塑造健康美好的心灵，就是为孩子铺就了一条洒满阳光、开遍鲜花的大道。

目前对孩子成长的关注现状，是忽视孩子的心灵。这是中国当代家庭教育最大的盲区。因为父母没有意识到孩子的心理健康是一个问题。只注意学习好、身体好。没有分析孩子学习中出现的问题是什么？实际上你的孩子需要的是心理调节。

孩子的心灵是一个没有杂质的净土，没有谎言，没有欺骗，一切都直来直去。他们的行为，都是基于想满足自己某种单纯需要所致。但是，如果父母和老师对他们的行为缺乏敏锐触觉，则可能引起不良的行为问题。关注孩子内心的需求，不要只把自己的目光停留在孩子的学习及表面现象上。

与关注孩子的身体需求相比，父母对孩子心理需求方面的关注要少得多。很多人不懂得孩子的心理需求，不明白孩子的情绪和行为背后的心理诉求，让孩子感到心里不舒服。压抑得久了，孩子就会下意识地做出一些逆反的事，做一些让父母伤心事，以此来表达自我，这样就造成亲子间心理和行为上的冲突和矛盾。直到此时，父母才知道孩子心理健康的重要性。

有人说，孩子学习不好没关系，最起码要有个健康的心理。天下做父母的就是这么可怜。孩子发展好的时候，对孩子的要求越来越高，当孩子发展不好的时候，对孩子的要求就节节降低，其底线就是要有个健康的心理，可怜天下父母心！

孩子的成长过程中需要父母、老师的肯定，但是在孩子的成长过程中很少得到肯定。父母、老师常对孩子说：你再努力努力，成绩可以再提高些。你再努力努力，就可以考到前几名，等等。

这样就会导致孩子出现的心理问题是：逢到考试就头痛、一看书就头痛，而无法继续学习，感到压力很大。然而压力对一个孩子意味着不是成功而是失败。

父母应该明白，不能仅仅用学业成绩预测孩子的未来。不能忽略小孩子究竟有多大的承受力这一问题，许多有心理障碍、精神障碍的人，追溯根源多源自上学阶段。

父母和孩子两代人正处于社会价值观的转轨时期，父母与孩子的矛盾刚好在与孩子的亲子沟通中体现出来。不要以为自己都是从那么大长过来的，就用自己的想法去猜测孩子的心理，如果这样做，十有八九会猜错。父母应该蹲下来，用孩子的眼睛看世界，感受孩子的感受，了解孩子的需求，满足孩子心理成长的需要。心灵的成长与身体的成长的需求是一样的，要营养均衡。

孩子心灵成长需要肯定、自由、情感、宽容和梦想。孩子取得好成绩，不能放在心里偷着乐。父母要学会欣赏孩子，要让孩子感受到亲情之爱，爱在心，口常开。会表达爱的父母给孩子带去的是阳光。要让孩子感受到父母之爱，帮孩子与父母架起一座相互理解的桥。

父母要用爱作桥，勤于沟通。父母与孩子之间缺乏沟通，必然会产生隔阂、成见。父母要放下架子，与孩子以朋友相处，充分尊重孩子的人格，民主地接受孩子对自己的意见和建议，学会聆听孩子的呼声，取得孩子的信任，孩子就会"主动地"向你叙述自己的事情了，慢慢地你就会走进孩子的心灵。

当然沟通的方式可以是多种多样，灵活机动的。饭前茶后、节假闲暇，共观一部电影、同逛一次大街，都是与孩子沟通的好机会，且效果颇佳。家庭沟通是父母与孩子之间的互动过程，通过这样的一种过程，父母与孩子之间相互理解、相互尊重，学会接纳对方。

孩子心灵成长的五大营养因素是肯定、自由、情感、宽容和梦想。爱孩子就要关注孩子心灵的成长。父母对孩子的爱无可置疑。但在父母否定声中成长的孩子，面临今后激烈竞争的自信从哪里来？

自信心对一个人意味着什么？法国著名哲学家卢梭说：自信对于一个人就是一个奇迹，有了它，一个人的才能才会取之不尽、用之不竭。一个没有自信的人，一生中不可能抓住任何一次机会。所以，充分肯定会产生不可思议的威力。

所有的孩子都希望得到父母的肯定，每位父母都希望孩子健康成长。走近孩子的内心世界，倾听孩子的心声，与孩子做零距离的心理沟通，做孩子的知心妈妈、知心爸爸，为孩子创建宽松的环境，使孩子有健康美好的心灵。

被肯定，是一个孩子心灵成长的关键。一个孩子只有在肯定的环境中，才能培养出他坚毅的品格和自信心。作为父母，让孩子感到肯定的重要方法是学会赏识自己的孩子。

对孩子的教育要有信心和肯定作为基础，你的教育才不会徒劳。不要指责孩子，要大声赞美孩子。张开你的双臂用你的爱把孩子紧紧拥抱在你的怀中。没有批评的教育不是完美的教育。如何掌握赏识和批评的尺度很重要。

父母在关心孩子成长过程中，更要关注孩子心灵的健康，细心呵护。从沟通开始，走进孩子的心灵。上小学前，孩子的心理需求相对要小一些，孩子逐渐长大之后，烦恼会多起来，心理需求也就多了起来，他们渴望得到父母的肯定，希望知道怎么处理人际关系、怎样排除烦恼等。因此，父母要多与孩子沟通，了解孩子，做孩子的朋友。要给足孩子心灵成长所需要的营养。这些营养是：亲情、自由、宽容、梦想、肯定、自信。

比陆地更大的是海洋，比海洋更大的是天空，比天空更大的是心灵。未来的竞争不但是知识和创新的竞争，也必将是"心灵"的竞争。为了孩子能够健康成长，为了孩子能够有一个美好的未来，让父母们与孩子架起心灵之桥，做孩子的朋友。

走进孩子的心灵，关注孩子的心灵，孩子才会健康快乐。父母们如此辛苦工作，说到底，无非是为了下一代，为了孩子的健康发展，孩子的健康也能反哺父母的健康。试想，辛苦工作了一天，回到家里，看到孩子健康的身体和阳光的笑脸，身上和心中的疲劳就会一扫而去，这是人生之美啊，忙点累点也值。

倘若回到家，看到是孩子病态的身体和心理，又怎么能高兴得起来。久之，自己也会抑郁和愤怒的。所以从这个意义上说，孩子的健康关系到家庭的幸福和安康，大一点说，也关系到社会的和谐。

生命是丰富多彩的，达尔文说过："世界上没有两片完全相同的叶子。"只要给他们一片土地，每个孩子都能得到健康的成长。

我们的孩子是一个活生生的人，我们的目光就绝对不能"眼里没有人"。如果你能用关注的目光关注孩子的心灵，从生命的角度去看孩子，你就会发现他们有多可爱！

"成功的殿堂里没有名额的限制，但有条件的限制。"走进教育成功的殿堂，第一个条件就是：关注心灵，走进心灵。当人们用人格培养人格，用心灵赢得心灵时，对孩子的教育才能真正地起作用。

只要教育得法，那么孩子将来的人生与幸福有约、与成功有约、与快乐有约是可能的。

做孩子的朋友

13岁的小强是某中学的一名学生。由于爱子心切，家里从小就对小强严格管教，既不允许他单独下楼，也不准他和其他同伴玩耍，每天上下学都是父母亲自接送。

过多的呵护并没有使小强快乐，反而让他对任何东西都失去了兴趣，产生了厌学情绪，还经常与同学发生争执。他觉得自己做的所有事情都只是为了父母。

医师分析，父母习惯于将自己的想法强加于孩子身上，这就对孩子的自我鉴定过程产生了严重影响。而在这个过程中，一些父母与孩子之间缺乏沟通，经常以居高临下的姿态强制孩子的行为，这些都容易导致孩子心理问题的出现。

因此，父母要加强与孩子之间的交流，以朋友式的平等相处来对待孩子。但是，许多父母并未有意识地把孩子当作自己的朋友。对于孩子，不少父母总想永远保持一种长者的威严，更多的时候是教育、管制、训斥，甚至是棍子加耳光、恶语加体罚。

就是关心、体贴、溺爱，也是因为"孩子永远是孩子"的思维定式使然。"慈母心肠""教育有方"，这些都是报刊上经常出现的优美颂词，父母们听了这样的颂词，往往神采飞扬，心安理得。然而，为人父母的你可曾体会过孩子的心情：一个处处受父母管束的孩子，他能感到轻松和幸福吗？

大量事实证明，父母如果能像朋友一样对待孩子，了解孩子，关心孩子，爱护孩子，就会得到孩子的热爱和敬重。孩子与父母交往中的许多心理障碍，也会在与父母的平等交流中得到消融和缓解。

这样也使孩子更加亲近父母，从而在孩子和大人之间架起一座信任的桥梁，使孩子乐意和父母推心置腹地谈思想、谈学习、谈生活，心往一块想，劲往一处使。这样使父母能得以把自己的爱撒向孩子心田的每一个角落，帮助孩子健康的成长。许多父母成功的经验之一就是学会跟孩子交朋友。那么，如何和孩子做朋友呢？

做朋友就要先学会尊重孩子

孩子虽小，但他们已经有了自己的思想，在他们的内心深处，总渴望得到成人的尊重。但父母往往忽略了这一点，认为孩子还小，什么事都不知道。

在很多的家庭中，甚至有的父母还会说："你怎么这么没用，这点小事都办不好？""你要能考满分太阳都从西边出来。"有的父母会抱怨："我家孩子总是听老师的话，而不听父母的话，那原因是什么呢？"这些都可能是你经常不尊重孩子造成的。

如过节日，孩子送你一副自己画的画作为礼品，你可能不以为然，随手就丢在一旁。试想，如果是你自己的东西，被别人扔在了旁边，你会有何感想？相反，如果来一句"谢谢，你画的真棒！"或"收到你的礼物很高兴"等，这样会让孩子感觉到"分享"的快乐，同时也让他感觉受到了别人的尊重。

让孩子自己玩，给孩子创造自由空间

作为父母，不要妨碍孩子的自由，要给孩子广阔的发展空间。节假日只要天气情况允许，可以带孩子到野外去玩，一来可以呼吸新鲜空气，激发孩子的灵感，二来也可以陶冶情操，净化孩子的心灵，使他们热爱大自然。如果你的孩子因为自己的"创作"而弄的家里凌乱，不要只顾发脾气训斥，而应让他把弄乱的东西自己收拾好，不要依赖大人，培养其自理能力。

把孩子当作朋友，和他谈心

讲故事是与孩子建立和谐关系的一种好方法。父母可讲些在自己年轻时发生的一些有益有趣的事。孩子特别喜欢听父母讲自己小时候做的一些蠢事，一些能让孩子分清是非和引他们发笑的事。那样做是在鼓励孩子把自己的秘密告诉父母。

父母还可以告诉孩子你每天经历的事，也可以问他一天经历的事。如果他告诉他做了什么"不该做"的事情，不要训话，不要生气，多听少讲。当他认为和你聊天没有"被惩罚的威胁"时，他才会无所不谈。刚开始，如果他有点不敢讲时，先对他保证不生他的气。

父母要经常与孩子一起参加一些活动，但切忌在每件事上都期望孩子有大人那样的乐趣。在孩子小的时候，你可带他去看看消防站、警察局和报纸印刷机的运转。孩子长大后，还会带着兴奋的心情回忆这些往事。要设法使你的孩子信任你，而信任来自你坦率、诚实地对待他们。信任也意味着践约，当你许诺你要为他做某事，坚持到底是十分重要的。

多花一些时间理解那些流行的东西

无论是歌星、青少年偶像、新电脑游戏，做父母的都应该花一些时间理解。这样一方面可以给你更多的话题，另一方面告诉孩子你对他的"在乎"。而且还可以让你觉得年轻些！

换位思考，多从子女的角度思考

做父母的要站在子女的角度考虑问题，或模拟孩子的心态猜度事物发展的趋势、结果，设身处地替孩子着想，用孩子的心情去感受，用孩子的眼睛看世界。这种要求的实质是请父母学会尽可能排除自己的主观因素的干扰，用一颗客观、愿意感受的心去接触孩子的内心世界，洞悉、体验子女的兴趣爱好、忧愁烦恼、需求愿望等等。

同样一件事，社会阅历丰富的成人与涉世未深的孩子对其的看法、感受、反应是不一样的。父母们有时会抱怨："你怎么这么不懂事！"可你有没有考虑到，有些道理对你来说不言自明，而对孩子来说却是较高要求。

在做孩子朋友的同时，做孩子的榜样

千万不要忘记了你还是孩子的父母。所以，你既要做孩子的朋友，更要成为他们生活、学习的榜样。

要做孩子的老师和心理医生，父母要重视自身榜样的作用，以身作则，要自律。常常看到有的父母要求孩子好好学习，自己却从不学习，甚至到要晋升考试时，还作弊；父母要孩子诚实，自己却经常撒谎；父母要孩子讲究卫生，自己却不讲卫生。

生活中，孩子的困惑很多来自父母的行为，他们会十分困惑地问：为什么大人那么"假"？为了减少孩子的这类困惑，父母必须加强自身的修养。要求孩子做到的，自己必须首先做到。

拍拍孩子的"小马屁"

为孩子的行为制订些简单的短期目标，让他意识到哪些行为是你鼓励他去做的，哪些是你想要劝阻的。一位希望孩子能帮助收拾大房间的母亲，一旦发现孩子在收拾整理自己的衣服，就有意识地赞许地笑笑，说些夸奖的话。

孩子的好行为应立即予以奖励使其巩固。一开始这类奖励应是经常的，日子久了孩子需要父母的奖励也只是偶然就行了，因为他们已意识到自己的行为对自己是有益的。

也许很多父母会说："如果你真的把孩子当作成人、朋友一般来交流，父母会不会没有威信，孩子以后不怕你，那怎么办呀？"

其实不然，这只能说明父母不知道怎样把握与孩子做朋友的尺度。如果在这方面你担心的话，你不妨试一下如下几点：

首先和孩子定好"规矩"，比如说：在遵循尊老爱幼、遇事讲理、办事公道等这些原则的基础上，视具体情况制定家规的具体方案。

其次，在和孩子做了好朋友的基础上，一定注意随时把握好孩子言行的尺度。他毕竟是孩子，很多时候会想爸妈和我是朋友了，这件事情就自己做主了，他们肯定不会计较的。

这时候父母一定注意：用一个眼神、脸部的细微表情或轻微的举手投足提示孩子非常重要，要表达的意思就是：这种做法爸爸妈妈肯定不赞成。

最后，孩子犯了严重的错误，他会很侥幸地想象：爸妈和我是朋友了，肯定会原谅我的，我跟他们做点"工作"，"贿赂"一下，撒一下娇，肯定会"一带而过"的。

此时，父母切记把好"尺度关"，该严肃指出的错误，毫不留情地说清楚理由，一定让孩子被罚得心服口服。这样父母既和孩子做好了朋友，又不失父母往日的威严。

有位哲人说过，假如你有一个快乐，与朋友分享就会变成两个快乐；如你有一个烦恼，与朋友分担，就会变成半个烦恼。那么，就让父母们在孩子的人生跑道上最需要的时候，和孩子一起分享快乐，分担忧伤。这样做忧伤也少了，快乐也多了，家里的笑声也多了。其乐融融的一家人多幸福！爱自己的孩子吗？那就试着做他的朋友吧！

不要强迫孩子学习

教育就像喂鸡一样，散养效果才好。如果强迫孩子去学，他是不愿学的；但如果放手，让孩子按自己的意愿去学，他不但愿学，而且会学得很好。

在教育孩子方面，很多父母一般易犯主观主义错误，他们把自己的意志强加到孩子身上。自己认为好的书，就强迫孩子去读；自已看不顺眼的，就禁止孩子学习。这种教育方法，孩子自然会产生了逆反心理。

有的父母，没有征求孩子的意见，不顾他们的统筹安排，强行叫他们读课外书，破坏了他的整体学习计划，同样不能收到好的效果。有一个关于陶行知先生的故事：

陶行知先生一次到武汉大学做教育学报告，进教室时怀里抱着一只鸡。听众莫名其妙，不知老先生葫芦里卖的是什么药。

只见他一言不发，把鸡放在讲桌上，按住鸡头，掰开鸡嘴，抓起一把米强行喂给鸡吃，但是无论如何鸡也不吃米。过了一会儿，他放开鸡，离开一段距离，那只鸡却使劲吃起米来。

现在有的孩子对学习缺乏兴趣，父母就用打、骂、不给饭吃等手段，强迫孩子学。这样做是不会有好结果的。俗话说："牛不喝水强按头。"但不论怎么驯服的牛，只要它不渴，尽管能将它牵到河边，也无法让它自行饮水。

正确地引导孩子学习

同样，孩子对学习没有兴趣，无论你怎样强迫，只要他本人不想吸取学习内容，他就学不到东西。那么，父母怎样引导孩子主动学习呢？

第一，父母要对孩子有信心，并让孩子知道你对他的自信心是坚信不疑的。因为，信念对孩子来讲是一种无意识的暗示。至少会变成一种动力，使孩子主动地坐到书桌前。

第二，要让孩子认识到知识有用，这是调动其学习积极性的根本。在这点上，不能光向孩子讲大道理，要让孩子在脑子里有一个具体的印象。

第三，培养出孩子的某种特长，将会带动孩子的全面发展。父母应尽可能地让孩子参加各种活动，让他在活动中去试探、观察、感受，给他一个展示才能的机会。一旦他的某一方面才能被人肯定，他就会对自己有信心，学习兴趣也就随之上升。

第四，要帮助孩子消除蒙在学习上面的艰苦的印象。当孩子对不喜欢的科目感到畏难时，应让他先做一会儿自己擅长的科目。

第五，父母自己要以身作则。俗话说身教胜于言教。孩子学习时，父母也学习，久而久之，家里有了浓厚的学习气氛，孩子就会把学习当作是一件很自然的事了。

千万不要骂孩子，骂孩子取得的教育效果是暂时的，孩子是做给你看的。父母要学会自我控制，不要以为自己是父母，可以随便骂孩子，要平等地交流，很多父母都没认识到这一点。

父母只能引导孩子，不能强迫。学习上加压，孩子就会厌学，行为上强迫，孩子就会逆反。所以，父母要很有耐心地去引导孩子。要引导孩子去学习，首先要培养孩子的学习兴趣，

孩子兴趣的产生往往是在小时候。不同的年龄段，由于各自不同的素质，孩子的兴趣往往有自己的独特性。孩子兴趣的发展和表现，往往是他天赋和素质的先兆。

父母要经常问一问孩子的兴趣是什么，要引导孩子不断发展兴趣。有位学者曾把孩子学习的兴趣和向上的积极性，比作父母撒在孩子心田里的一粒小小的火种。

当父母将这粒火种在孩子心中点燃的时候，就像面对需要点燃

的一堆柴草，小小的火种落在上面，风大了就会吹灭，风小了燃不起来，柴草太紧了不透风，太松了又聚不起火，柴草潮湿了还不行。这时候，父母要小心呵护这小小的火苗，要"哄"着它一点点燃起来，旺起来，最后成为熊熊烈火。

培养孩子学习兴趣的方法

那么，父母该如何去培养孩子学习的兴趣呢？

首先是尊重孩子的兴趣。现在很多父母"望子成龙"比较心切，从小孩一入学开始，就千方百计想让孩子学得好，懂得多，所以父母把孩子的双休日，节假日都安排得满满的，孩子被剥夺了玩的权利。

事实上，孩子多学点东西是好的，父母这个出发点也是好的。但自己的孩子是否喜欢学呢？父母就不理，不顾及孩子的感受，使孩子学得非常辛苦、吃力，不想学。

比如有的孩子不喜欢学琴，但父母一定要孩子学，使他一看到琴就产生厌倦的情绪。试问孩子又怎能学得好呢？

其实，孩子好比各种的树苗，有的像松柏苗，有的像杨柳苗，有的像榕树苗等，不论是什么树苗，都可以长成各种各样的材料。所以做父母的责任，并不在于强迫孩子学这一样，不学那一样，而是应该多给孩子一些自由宽松的空间，让他们自己去选择感兴趣的、喜欢的事。

其次是试着让孩子创造问题，增强子女的求知欲。孩子是学习的当事人，被迫学习，被迫考试，学习处于被动状态，时间久了，孩子对学习生厌是可以理解的。

父母指导孩子学习时，可以换一种方法，不是经常让孩子去解答问题，而是采取让孩子创造问题的学习方法。这不仅会改变孩子的学习态度，而且会激发厌学的孩子的学习兴趣。

试着让孩子创造问题，孩子会考虑什么地方是要点，父母也可以在指导孩子学习时以此为中心。另外，孩子一般会对自己理解非常充分或自觉得意的地方提出问题，这对父母来说，就很容易掌握孩子在哪些方面比较擅长，在哪些方面还有欠缺。

如果坚持这种学习方法，孩子就会在平常的学习中准确地抓住学习的要求和问题所在。此外，这还有助于提高孩子的表达能力，满足孩子的自尊心，学习自然就会取得良好的效果。

再次是让孩子的学习活动带上一定的游戏色彩。有些西方国家甚至提出这样的口号：低年段孩子应该让他们在玩中学，高年段孩子应该让他们在学中玩。

不论这样的话是否有过分之嫌，但至少有一点是可以肯定的，那就是游戏在儿童成长中的作用不可低估和替代。我们知道，玩是孩子的天性，学是孩子的天职。如何将"学"与"玩"有机结合起来，兴趣就是它们的媒介和催化剂。

因此，父母应懂得，利用直观生动的实物、模型、图片和故事录音等手段，容易激发孩子的学习兴趣。如理解课文可以采用讲故事的形式；分析自然现象可以运用实物的演示；练习20以内进位加法和退位减法和熟记表内乘法，可以利用对口令的方法等等，用生动活泼的游戏形式来达到学习的目标。

另外，父母对孩子要有耐心。面对孩子千奇百怪的问题，有的父母会显得不耐烦。这样非常不妥，孩子爱提问是求知欲强的表现，父母应该耐心面对，用通俗易懂的语言为其解释。

如果是父母也解释不清楚的问题，可以对孩子说："这个问题我们一起去翻翻书，查一查资料。"这样不但满足了孩子的求知欲，还告诉了孩子一个信息：翻书查找资料能学到知识。

同样，要培养孩子的学习兴趣并非一朝一夕的事，所以父母切勿急于求成。不能强迫孩子学习，逼得太紧的话，孩子会变得焦虑、不耐烦，使他感到学习是件"苦差事"，潜意识中产生反抗的情绪，因此变得善忘，一下子就会把刚学过的全部遗忘。

如果父母再加以训斥、打骂，"火上加油"，就会大大打击孩子的学习情绪，乃至对整个学习生活失去兴趣，其后果不堪设想。做父母的责任，应敏感地发现孩子的兴趣，让兴趣进一步发展，则成为终身为之奋斗的志向。

在具体的过程中，父母可提一些有益的建议启发孩子去思考，鼓励他动脑筋，想办法克服困难取得成功。

除此以外，父母的行为和态度方面都应该注意一下。在接触到的大部分作业速度比较慢的孩子中，他们经常在家中被爸爸打、妈妈骂、拿他们和班里的优秀学生比较，父母还经常在孩子面前明显地流露出对他的不满，对孩子自尊心的挫伤和无情的嘲笑。

这种做法只会伤害了孩子的心，使孩子自暴自弃，对学习失去信心，没有兴趣，造成一种恶性循环。所以，父母要注意自己的言行，一定要以一种积极的态度去看自己的孩子，相信自己的孩子是可以改变的。

当孩子作业速度比以前哪怕有一点点的进步时，父母都要给予适当的鼓励和表扬，让孩子意识到他是在慢慢改变的。父母要学会拿孩子的现在和以前比，而不要和其他同学比，因为每个孩子都是不同的。

父母除了态度方面要注意外，在行为上还需要做到的就是对孩子的优秀行为及时强化，不良的行为适当惩罚。当孩子没有完成作业时，千万不要给预定的奖励。

比如：要改变孩子作业速度慢的问题。开始时，父母可以与孩子进行比赛："妈妈做作业，你也做作业，看谁做得快。如果你做得快，妈妈可以让你做你自己愿意做的事，玩自己喜欢玩的游戏。"

孩子有一种好胜心，他们都很想赢，他们就会认真去做。当孩子没有完成作业时，父母是绝对不能给孩子玩的机会，应该把孩子留在比较清静的房间里面做作业，直到做完为止，这也是对孩子行为上的惩罚。

另外，父母平时一定要仔细观察，自己孩子最需要的东西，最爱好的活动是什么。遇到孩子有了进步时，父母可以拿这些爱好和行为作为一种强化物，去刺激孩子，使孩子的优秀表现不断出现。

当孩子在家里有了良好的改变的时候，父母可以和老师联系或沟通，让老师在学校或班里给予鼓励和表扬，及时强化他们的好行为。这样就会慢慢地提高孩子的学习兴趣，教育孩子需要父母积极的引导，强迫孩子只会适得其反。

但现实中一些父母唯恐孩子不"达标"，盲目地和别的孩子比，往往采取强迫孩子做的办法，有时可能会暂时奏效，但却不能真正激发孩子的好奇心和求知欲，反而会使孩子感到厌倦。

因此，不必打断孩子的活动，也不要强迫孩子学习。而是当好孩子的顾问，将发展目标悄悄加进孩子的活动中去。对孩子加以正确的引导，只有这样孩子才会渐渐的真正喜欢上学习。

当好孩子人生的导师

虽然历史的车轮是永不停息的，但一代又一代的父母们却是同心相连的，他们为自己的子女上演着同样的故事，告诉孩子同样的道理，毫无怨言地弯下自己的脊梁为自己的儿女做台阶，愿他们走得更远，站得更高。

但是，许多疑问也浮上了心头：是不是有所求就有所得呢？后代一定能够超越前辈们吗？答案是肯定的。但是，这个答案有一个前提，那就是：父母必须做好孩子人生当中的导师。

自古以来，教育子女的问题就是父母们的头等大事，父母采用何种教育方法，对孩子人生观和道德观的形成有着极为深刻的影响。

没有哪个父母不希望自己的孩子拥有良好的品质和优秀的才华，故事"孟母三迁"就是一个典型的例子，孟母的决定成就了孟子伟大的一生，孟母的良苦用心也成了育人的千古典范。

古人有云："从师虽重，家教更急"。当好孩子人生当中的导师，引导孩子走上正确的健康成长道路，不能仅靠在学校里的教育，更要靠父母的指导。

因为目前我国的教育方式还是以考学为主，对于德、智、体、美等各方面的素质教育还不够完善，学校对其的重视程度也不够。

众所周知，一个孩子能否成长为栋梁之材，光有书本知识显然是远远不够的。因此，如何让孩子的人生更加完美，便是父母着力需要解决的问题。

孩子的大部分举动都是模仿而来的，因此即使是为了孩子以后的人生，父母也要改掉身上的一些坏毛病，如不讲脏话，不随地扔果皮纸屑，随地吐痰等。

当然，那些自身有着很多小缺点的父母，肯定会觉得这样做很累，但为了教育孩子，一定要有足够的意志力去克制。

著名教育家马卡连柯这样说过："父母对自己的要求，父母对自己家庭的尊敬，父母对自己一举一动的检点，这是首要的和最基本的教育方法。"

父母对于孩子所产生的影响是不言而喻的，小时候的差之毫厘，长大后可能会失之千里！

营造良好的家庭氛围

父母与孩子之间关系的好坏，对孩子的成长发育有着极大的影响，甚至对他们人格的发展也能起到一定作用。

因此，父母应该谨记时刻和孩子保持亲密的亲子关系，但须注意这并不是要求父母将孩子当成"小皇帝"，而是要和他们有福同享，有难同当。

有些父母唯恐自己的孩子受到一点委屈，有什么好吃的先让孩子吃，有什么好玩的赶紧给孩子买，结果导致孩子养成了"唯我独尊"的毛病。以后，再想纠正孩子错误的习惯就会很难的，因此父母一定要给孩子营造一种平等的、民主的家庭气氛。

及时了解子女的成长规律。孩子都正处于长身体的时期，父母如果没有足够的了解，势必无法对症下药，有目标的养育必有成效。

仔细观察我们不难发现，现在的家庭都流行"世袭教育"，如父亲是钢琴家，就一定要把儿子也培养成钢琴家。母亲是舞蹈家，那么女儿也要朝着舞蹈的方向发展。

但专家们却认为，这并不一定是最好的教育方法。因为孩子的兴趣爱好不一定会遗传父母的因子，也许他们对钢琴和舞蹈并不十分感兴趣呢？

所以，父母还是要从多方面来培养自己的后代，平时带孩子多参加一些活动，到一些大型场所见识一下，如展览会、体育馆、大型文艺演出等。从细微处发现孩子的兴趣所在，而不是每天都待在家里练钢琴，即使孩子对这些表现出了极大的好感，也不能如此单调地安排他们的生活。

有些孩子习惯对父母发火。现在的孩子都是在蜜罐里泡着长大的，全家人都围着他一个人转，结果造成他不知天高地厚的性格，不管和谁说话都是一副"天老大，我老二"的派头，即使和自己的父母也没大没小，经常会出现因为一些芝麻绿豆大的小事，而和父母争吵的现象。

这个时候，做父母的心里一定很生气，但千万要注意不能失控，因为如果父母也和孩子一样互相争吵，甚至采取打骂的粗暴方式，事态只会越来越严重。对于那些个性较为强烈的孩子，甚至还有可能离家出走。

因此，父母要试着去冷静克制自己心中的怒火，即使是孩子的错，也要等双方都平静下来之后再进行交流，且父母的语气要温和亲切，用词不要过于激烈，以平等的身份去和孩子讲道理。

在这种情形下，大部分孩子都会为自己之前的顶嘴行为感到抱歉和愧疚，也能正确地认识到自己的错误。

当孩子过早地涉入情感之河

当发现孩子有早恋倾向时，父母不要急于向老师汇报，更不能跟孩子的同学打听消息，因为这样会严重挫伤他们的自尊心。

最根本的方法，还是应该从孩子自身做起，只有当他们的思想上有了彻底地领悟，才能解决最终问题。

赵兵是一名高二的学生，学习成绩一直十分优秀，父母和老师都对他寄予很高的厚望，希望他能在高考中取得好成绩。

这一天，赵兵回家后看起来脸色不太对劲儿，说话一直吞吞吐吐的，好像要和父母说什么却又不敢说，但父母并没有逼问。

直到吃晚饭的时候，赵兵才说出了心里话，原来他喜欢上了班里的一个女生，很想和她在一起，其实也就是我们所说的"早恋"。

原以为父母会大发雷霆，因为这势必会影响他的学习成绩，而且赵兵也做好了挨训的准备。

但出乎他的意料，父亲只是很平静地对他说："很好啊儿子，不过我想对你说的是，如果将来你想在县城里有所作为，那么你就在县城解决；如果你想到省城里一展宏图，那么你就到省城解决；要是你想更进一步到首都发展，那么你就得到北京解决。"

赵兵听了父亲的话，想了一会儿，瞬间似乎明白了什么，轻松地对父亲说："我知道了，我还是以后再考虑吧。"

面对儿子的早恋，赵兵的父亲没有心急如焚，也没有大发雷霆，而是采用一种近乎奇妙的方式，轻松地就打消了儿子早恋的念头，这种方法十分值得父母们拿来借鉴。

网络之毒瘾，何时能戒

高科技的发展为社会带来了诸多好处，它促使国家昌盛，经济繁荣，在21世纪的社会里，每个人都能够切身地感受到科技的魅力和它带来的便利。

然而，也正是应了那句话：凡事有利必有弊。高科技所带来的负面影响也是难以估计的，最有代表性的例子莫过于对孩子的侵害，网络游戏、黄色网站、各种各样的八卦新闻等，无一不是把孩子们迷得颠三倒四，学业也因此而荒废。

当你的孩子因为沉溺于网络而不顾学业时，父母该怎么办？这应该是大多数父母都会碰到的难题，同时也是最让他们揪心和头疼的问题。

有些父母对孩子好言相劝，不断地向他们灌输迷恋网络的危害，甚至为帮孩子戒掉网瘾而不惜上演苦肉计。但往往事情的结果是：可以收到立竿见影的效果，孩子只能恢复几天的平静期，等时间一长就把父母的苦口婆心抛到九霄云外。

反反复复，既浪费时间和精力，又没有什么成效。还有一些父母，软的不行就来硬的，为了彻底戒掉孩子的网瘾，各种各样的招式都使了出来。

如将儿子反锁在家中，或对儿子一顿暴打，或用严厉地口气说"再发现你去上网，就把你的手指头剁掉等"……结果呢？却总是事与愿违。

孩子不仅没有被吓住，还变本加厉，"越不让我上我就越上"。

其实，上网是一个循序渐进的过程，谁都不是一开始就被网络迷得颠三倒四的，那么戒掉网瘾也需要一个循序渐进的过程。父母想要达到目的，就首先得让孩子心服口服地承认"网瘾是有害的"。

其次就是要慢慢地疏导，不要期望一下子就让孩子从此和网络不再有见面的机会，可规定出他上网的时间，如每天一个小时，节假日可增加一个小时等。当孩子慢慢地接受这种规律时，他就会远离"网瘾的威胁"。

在对待孩子的教育问题上，有心的父母和无心的父母所收到的效果是完全不同的，正确有序的方法和杂乱无章的方法更是有着明显的差别！父母要切记：教育不是情感，而是一门科学，它不能靠短暂的感情来支撑，而必须靠长时间细腻工作来进行！

帮助孩子走出阴影

在成长过程中，孩子难免会失败。没有失败就不会有心灵的成长，但是，失败毕竟会给孩子带来消极的影响，会在孩子的心里留下阴影。如果父母不善于开导失败的孩子，那亲子之门就会关闭。

善于沟通的父母总是在孩子失落的时候，坚定地站在孩子的身边，安慰孩子、开导孩子、鼓励孩子。

日本教育家谷口雅春说："人都有生就的天赋，而父母不懂真相才没有把他当成天才。孩子身上的天赋是未经加工的钻石，所以不能因为表面上没有天赋的闪光而失望。这种天赋要靠表扬来磨制。夸奖孩子，让自己的孩子发挥出他所有的能量吧！"

"哪怕天下所有人最后都看不起我们的孩子，我们做父母的也应该眼含热泪地欣赏他、拥抱他、称颂他、赞美他，为他们感到自豪，这才是每个孩子的成才之本。"这是一位聋哑儿童的父亲周宏在教育女儿的过程中发现的一个奥秘。明智的父母，为什么不多给孩子一些赞赏呢？

一位老师这样写道：

有一天，一位学习并不理想的学生在课余时来问我："老师，我的解题方法对吗？"

我感觉他对这道题的解答相当有把握，于是不失时机地说："老师建议你换另一种方式提问：'老师，我是不是达到了优秀？'一个人应该相信自己呀！"

他的脸上闪过一丝惊奇。在以后的几次作业中，他次次都是优秀。同时，只要遇到问题就很愿意与我交谈。

期中考试前，我发现一名学习有困难的学生总显得力不从心。于是我就适时地走近他，说："尽你所能，千万别放弃！"

他略感意外地抬起头，感激地点了点头。成绩揭晓，他竟然取得了近来最好的成绩。

美国教育家塞德兹的儿子小塞德兹是个聪明的孩子，他不到7岁就完成了小学学业。但是，在学校里，因为小塞德兹是年龄最小的孩子，因此在体育方面显得有点薄弱。

在一次由学校组织的体育比赛中，小塞德兹得了倒数第一名。事后，他非常难过。塞德兹非常理解儿子的心情。

在他的著作《俗物与天才》一书中他记录了自己开导儿子的过程：

得到儿子得了倒数第一的消息之后，我并没有仔细问他，也尽量不去提这件事，因为我知道他此刻的心情。我本想让时间来使他将这件事淡忘，没有想到儿子却把这件事看得很重很重。

大约过了一个星期，儿子仍然闷闷不乐。见他这样，我认为有必要帮助他摆脱那种可恶的失意情绪。

"儿子，你还在为那件事难过吗？"我问道。

"是的，我真是太笨了，竟然得了倒数第一名，太丢脸了。"儿子难过地说。

"是啊！得最后一名是不怎么光彩，可是你想到过其中的原因没有？"我问。

"原因？这还有什么原因，这只能说明我太笨了。"儿子说。

"不，这其中有别的原因。"我说。

"那是什么原因呢？"儿子问。

"因为年龄。你想想看，你的对手都是比你大的孩子，这个很正常……"

"可是我不能因为年龄小就比他们差呀。"儿子不服气地说，"虽然我比他们小，可我的功课比他们都好，只有体育一样不行，这多丢脸呀。"

"不，你这样说并不正确。智力是能通过教育和勤奋得到发展的，但年龄却是任何人也不能改变的。他们跑得比你快完全是因为他们年龄大，个子高。他们的腿都比你要长许多，如果跑得还没有你快，那不是太糟糕了吗？"我对儿子说。

"这也有道理，可是我毕竟是最后一名。同学们都在嘲笑我。"儿子还是很难过。

我知道儿子的性格，他是一个对自己要求极其严格而从不服输的人。正因为如此，他固执得往往去钻牛角尖。

于是，我进一步对他进行开导："虽然你现在是最后一名，我想这并不能表明你的体育不行，因为这完全是年龄造成的。我敢肯定，等你长到十一二岁时一定会比那些孩子跑得快。如果不信，以后我来组织一个体育比赛，让年龄一样的孩子公平竞争。到时候，你一定会得第一的。"

"真的吗？"儿子问。

"当然是真的。因为那天我问过你们的体育老师，他说你的失败完全是因为那场比赛对你不公平；他还说你的体育成绩在同龄的孩子中是最好的。他还专门给我看了成绩单，年龄与你相仿的同学无论在哪一方面都比你差。"

"是吗？可是同学们为什么要嘲笑我呢？"儿子已经不像刚才那么失落了。

"至于那些同学，你没有必要去理他们。他们以为自己很行，却没有认识到他们的无聊。以大欺小，这算什么本事？我不是和你说过吗？我们的世界存在着大量的俗物，那些自以为是而又不明真相的人正是俗物。你干吗要去和那些俗物们计较呢？"

听我这样说，小塞德兹似乎在眨眼间得到了一个真理，顿时从失意之中走了出来。

在孩子失败时与孩子谈心，及时鼓励孩子，不仅可以让孩子认识到自己的错误所在，更可以挖掘孩子的潜能，促进孩子发挥自身特长，努力上进，并形成良性的亲子关系。

孩子希望得到父母的鼓励，更希望得到老师、同学或者是其他有威望人士的鼓励。有时候，孩子因为得到父母的鼓励较多，对父母的鼓励产生了一定的免疫性，往往效果不是太大。这时，如果父母有意识地借他人之口来鼓励孩子，往往会激发孩子自信，使亲子关系更加融洽。

浙江万里教育集团董事长徐亚芬是一位事业上十分成功的女性，在儿子的教育上，她也同样成功。有一次，"知心姐姐"卢勤去宁波参观万里教育集团，徐亚芬向卢勤讲了一个发生在她儿子身上的故事。

徐亚芬的儿子上小学时，语文成绩很好，但不爱学数学，所以成绩较差。一次，儿子从学校回来，对妈妈说："学校给我们测智商了。老师说我右脑比左脑发达，形象思维能力强，数字概念差，所以我的语文成绩比数学好。看来，我的数学成绩是上不去了。"

徐亚芬惊讶地说："是这样吗？有空我去问问老师。"

她真的去了学校，找了班主任，并暗地里与班主任达成了一项协议。几天后，徐亚芬十分认真地对儿子说："儿子，告诉你一件大事，我去学校问过老师了，老师说他搞错了，你是左脑比右脑发达，学数学会比语文强多了！"

"是真的？老师真是这么说的？"儿子睁大眼睛，兴奋极了。

"是呀，老师说，他看错结果了，他说的是另一个同学而不是你，你是左脑比右脑发达。"

儿子信以为真，真的认为"我的数学一定能够学好，我很行"。这使他完全改变了对自己的看法。从此，在学数学的时候，他恢复了自信，提起了精神。

父母借他人之口来鼓励孩子，孩子往往会觉得父母以自己为荣，心理上更加愿意接纳父母，对父母产生认同感，这样，亲近感就成为亲子关系的润滑剂。

父母一定要相信自己的孩子是最棒的，要经常鼓励自己的孩子，给孩子打气。在孩子犯错误的时候，不要急于批评，要鼓励他改正错误，并且告诉他犯了错误不是什么大事情，只要肯改正还是好孩子。

多夸夸孩子

每个人都希望得到别人对他的肯定，别人的肯定能使你在任何情况下，都树立起坚定的自信心，它更是产生神奇力量的法宝。举个例子：如果你在上班时老是得到领导夸奖或同事称赞，你是不是工作起来会更加努力？

对于孩子来说也是一样，他们幼小的心灵更是希望得到别人对他们的肯定。所以作为家长，要多给孩子一些肯定，多给孩子塑造"你是最棒的、你一定行的"等类似的自信观念，那孩子一定振翅高飞、越飞越远。

反之，如果一味加以批评、指责，只会造成孩子的心灵扭曲，产生"我真的不行，我比别人笨"等的消极想法。

飞飞的妈妈就没有注意到这一点。

"妈妈，今天跑步我得了第一名。"飞飞高兴地对妈妈说。

"和谁跑步啊？为什么跑步啊？"妈妈淡淡地问了一句。

"今天上体育课，老师让我们比赛跑步，我是跑得最快的，老师夸我很有运动才能呢。"飞飞的脸上带着得意的笑容。

"哦，知道了，今天留作业了吗？快去做作业吧！"妈妈好像没有听到飞飞说的话。

听到妈妈这么说，飞飞觉得非常失望，闷闷不乐地到一边去了。他不明白为什么自己跑了第一名，妈妈却一点都不高兴，也不夸奖他。

许多父母总是忽视了孩子的成绩，从而失去了鼓励孩子的最佳时机。

飞飞因为没有及时得到妈妈的鼓励，心里非常失落。如果妈妈再对他说："你要好好学习，在考试上取得第一名。"飞飞的逆反心理就会表现出来。

朱永新在《新教育之梦》中说："理想的父母是永不对孩子失望，绝不吝啬自己的表扬和鼓励，决不使用侮辱性批评的父母。"明智的父母应该重视孩子的每一个进步，及时鼓励孩子。

在上例中，如果飞飞妈妈说："是吗？真了不起，我家飞飞是最棒的！"这时，孩子必然会荡漾起高兴的情绪，于是，妈妈可以趁机鼓励道："飞飞，你在学习上也要努力，如果也能得第一，那就更厉害了！"孩子必然会从成就感中激发斗志，这样的鼓励才是积极的鼓励。

现代家庭教育中最大的问题是孩子没有自信。因为父母老是瞧不起自己的孩子，老是拿自己的孩子跟人家比较，觉得人家的孩子是金子，自己的孩子是沙子；人家的孩子是天才，自己的孩子是蠢材。

总觉得自己孩子不如别人的孩子。这样心态就变得特别急躁："你瞧人家，再看看你自己。"于是孩子没了自信。其实人都是一个宝藏，都是一个未被开采的宝藏。

我们说21世纪有两大任务：一个是探索宇宙，一个是探索人类自己。很多很优秀的人死的时候，潜能才开发了4%，大部分都没开发出来，都被浪费了。

家长应该相信每个孩子都是有巨大潜能的。我们只有充分看到这一点，换一种眼光看孩子，用积极的态度对待孩子，孩子才能真正成功。

张先生的儿子参加田径训练有一段时间了，开始的苦和累他撑下来了，毅力还是够坚强的，每当脚上的水泡起来消失，消失再起来的时候，他没有面对训练的艰辛而放弃训练，成绩慢慢有了很大的提高，作为父亲张先生永远给他说地一句话就是：你是最棒的！

有的父母和张先生恰恰相反，根本看不上自己的孩子，认为孩子简直太平庸了，我怎么有你这个笨儿子，我简直太倒霉了，那他们的孩子肯定优秀不起来。

每个人都是生长在环境之中，说你棒就是正信息，说你笨就是负信息；说你行就是正信息，说你不行就是负信息。事实上，每个孩子都是天使，他们身上都有积极因素，都有闪光点。

孩子的成长道路犹如跑道和战场，父母应该为他们多喊"加油"，高呼"冲啊"，哪怕孩子一千次地被打倒，也要坚信他们一千零一次能站起来。

有一年的母亲节，华盛顿大学的校园网上，贴出这么一张问卷《你从母亲那儿继承了什么？》在打开问卷的地方做了一幅小小的动画，目的为了吸引人们回答，同时也给来访者一个暗示：只要你回答这个问题，就会告诉你比尔·盖茨是怎样回答的。

这样做是为了纪念华盛顿大学的董事长比尔·盖茨的母亲玛丽·盖茨，她不久前去世了。那么，比尔·盖茨究竟从母亲那儿继承了什么东西呢？

网上并没有直接回答，而是出现了比尔·盖茨在1975年正在哈佛大学读二年级时，母亲节时寄给他母亲一张问候卡，卡上写着这么一段话："我爱您，妈妈！您从来不说我比别的孩子差；您总是在我干的事情中，不断寻找值得赞许的地方：我怀念和您在一起的时光。"

从这张问候卡上，人们都可以感觉到，这位独步天下的世界首富，从他母亲那儿得到了一份被许多母亲忽视了的东西，那就是赏识。比尔·盖茨能够脱颖而出，成就一番伟业，原因固然很多，但不可否认，其中一个重要原因是得益于母亲对他的赏识。

伟大的教育家陶行知先生，早在半个世纪之前就深刻指出：教育孩子的全部秘密在于相信孩子和解放孩子。相信孩子，解放孩子，首先要赏识孩子。

没有赏识就没有教育。学会赏识，应当是每个家长的座右铭。欣赏孩子，不仅仅是因为他们年龄小，需要关心和爱护，更重要还在于他们从出生起就是一个独立的个体，他们的自我评价能力还很弱，常常把家长的评价作为自我评价的重要依据。

家长的赏识对提高他们的自信心有着不可忽视的作用。真诚地赏识孩子，热情地赞扬孩子，就要注重孩子的优点和长处，对其"小题大做"，让孩子在"我是好孩子"的心态中觉醒和成长。

美国著名心理学家杰丝·雷耳说："称赞对温暖人类的灵魂而言，就像阳光一样，没有它，我们就无法成长开花。"

日本和田加津说，作为母亲，我改变了过去一见孩子就批评、申斥的做法，经常鼓励、赞许孩子，"好样的，干得不错！"

这应该是每一个父母懂得的教育规则。做父母的都希望自己的孩子健康和快乐的成长，让自己的孩子既聪明又活泼吧。那么请天下的父母们每天都跟自己的孩子说一句：你就是最棒的。

称赞孩子的闪光点

每个孩子都有优点，都有表现欲，发现孩子的优点并加以赞赏，会让他更加乐于表现。更重要的是，要让孩子发现自己的优点，使孩子充满自信。自信就是相信自己，心理学习上认为它是种积极的心理暗示，是对自己的正确认识，在自己的心目中有一个良好的自我形象。

一位哲人说得好："谁拥有自信谁就成功了一半。"自信是孩子成长过程中的精神核心，是促使孩子充满信心去面对困难，努力完成自己愿望的动力。

那么，怎样帮助孩子建立自信心呢?

孩子的自信来自于成长感、价值感和胜任感。因此，我们在日常生活中，经常告诉孩子，他在长大、在进步；他是有用的、被需要的、被喜爱的；他是有能力的，会做越来越多的事情……

例如，让孩子自己穿衣服，不要说："你如果自己穿衣服，我下午就给你买玩具。"而是用成长来鼓励他："我想你已经长大了，能够自己穿衣服了。"

在这样的暗示下，他努力穿好了，就会感到自己确实长大了，并在以后每天的努力中巩固这种感觉，从而获得自信。

平时，可以经常给孩子量量身高，称称体重，告诉孩子在长大，强化孩子的成长感。在表扬孩子的时候，应该比较他的过去和现在，如"你的这幅画色彩很漂亮，比上个星期画得好多了。"让他看到自己的进步。

看看下面的案例：

我国南北朝时期南朝的科学家祖冲之小时候经常受到父亲的责骂。祖冲之的父亲祖朔之是一位小官员，他望子成龙心切，总是希望祖冲之出人头地。

祖冲之不到9岁，父亲就逼迫祖冲之去背诵深奥难懂的《论语》。两个月过去了，祖冲之只能背诵十多行，父亲气得把书摔在地上，怒气冲冲地骂道："你真是一个大笨蛋啊！"

几天后，父亲又把祖冲之叫来，对他说："你要用心读经书，将来就可以做大官；不然，就没有出息。现在，我再教你，你再不努力，就绝不饶你。"

但是，祖冲之却非常不喜欢读经书。他对父亲说："这经书我是说什么也不读了。"

父亲听了祖冲之的话，气得伸手打了他两巴掌。祖冲之就大哭起来。

这时，祖冲之的祖父来了，当他得知事情的真相后，对祖冲之的父亲说："如果祖家真是出了笨蛋，你狠狠打他一顿，就会变聪明吗？孩子是打不聪明的，只会越打越笨。"

接着，祖父批评祖冲之的父亲，"经常打孩子，不仅不能起到任何好的作用，而且还会使孩子变得粗野无礼。"

祖朔之无奈地说："我也是为他好啊！他不读经书，这样下去，有什么出息？"

"经书读得多就有出息，读得少就没有出息？我看不一定吧。有人满肚子经书，只会之乎者也，却什么事也不会做！"祖冲之的祖父批评说。

"他不读经书怎么办？"

"不能硬赶鸭子上架。他读经书笨，说不定干别的事灵巧呢。做大人的，要细心观察孩子的兴趣，加以诱导。"

听了祖冲之祖父的话，祖朔之同意不再把祖冲之关在书房里念书，还让祖冲之跟着祖父到建筑工地上去开开眼界，长长见识。

祖冲之不用再读经书了，他感到非常高兴。

有一次，祖冲之问祖父："为什么每月十五的月亮一定会圆呢？"祖父说："月亮运行有它自己的规律，所以有缺有圆！"

看到孙子对天文感兴趣，祖父对祖冲之说："孩子，看来你对经书不感兴趣，对天文却是用心钻研，正好，咱们家里的天文历法书多得很，我找几本你先看一看，不懂的地方就问我。"

就这样，祖冲之的天文兴趣被祖父发现了，父亲祖朔之也改变了对儿子的看法。从此，父亲不教祖冲之学习经书，祖冲之对天文历法越来越有兴趣。后来，成为一名科学家。

孩子从小其能力倾向便会显露，有的孩子能跑能跳，爱好运动；有的孩子爱唱爱跳，擅长文艺；有的孩子舞文弄墨，酷爱绘画。家长的责任就是及时发现孩子的专长，顺势加以引导及培养，促进他们在某方面具备其他孩子所不及的专长。

这样，即便孩子将来在学习上不佳，也不致因此而灰心丧气，反倒会在自己擅长的领域奋发努力，或许还能干出一定的成就来。培养孩子的专长，孩子就有了一种竞争优势，具有了上进的动力，孩子也会因此变得越来越自信。

为了让孩子发现自己的闪光点，家长可以尝试下面的办法：

把自己孩子身上的优点及每一次的成功用一张纸写下来，贴在家中最醒目的地方，以便全家人都能看到，并且经常大声地念给孩子听，这对孩子来说应该是最好的激励方法。

家长还可以设计一些游戏来帮助孩子发现自己的优点，建立自信。游戏的目的在于帮助孩子发现自己的优点，并在大家相互交流、肯定和鼓励中建立自信。

比如，家庭成员在一起，轮流说出自己的优点。爷爷说："我喜欢自己做的菜。"奶奶说："我织的毛衣好漂亮。"爸爸说："我喜欢自己设计的房间。"妈妈说："我把房间打扫得真干净。"

刚开始孩子说不出来，家长可以帮他说，慢慢地，他就能发现自己的优点了。比如，他可能会说："我能自己穿衣服""我的画画得好""我有礼貌"……

再者，就是家人围坐在一起，请孩子担任"小老师"，给大家出一些题目，请予解答。如果没人能答出，最后请"小老师"告诉大家正确答案。

游戏的时候，家长总是有些题目能回答，有些不能回答。"小老师"告诉正确答案后，就对他进行肯定和鼓励，称赞他"真聪明"。

在类似这样的活动中，孩子能表现自己，认识到自己的能力，会因为出了一些爸爸妈妈都不能回答的问题而自豪，同时也因获得了成人的鼓励而增强自信。

另外，父母要结合学校的教育做到下面三个方面：

让孩子了解自己的长处，获得"成就感"

每一个人都有自己的长处和短处，孩子也一样。孩子上学后，在学习、品德、纪律等方面都会取得不同的成绩。他做得好，受到老师的表扬，同学的敬佩，证明了自己的力量，就开始有了自信心，往后就会不断地努力，不断地取得成就，不断地证实自己的力量，自信心也就不断地得到增强。

父母要对孩子有热切的期望，相信自己的孩子

父母的期望和信任是一种强大的精神力量，如果连父母都认为孩子没有成功的希望了，孩子肯定失败，如果父母不管在什么情况下都热切地盼望孩子成功，相信孩子能成功，那么他很可能就会成功。

因为，孩子总希望自己不辜负父母的期望，特别是在别人看不起自己的时候，父母仍然抱有坚定的信心和热切的期望，会激励孩子更加顽强地坚持学习，从而取得优异的学习成绩，父母一定要给孩子这种力量，使孩子抬起头来走路，始终具有顽强的进取心。

用表扬和鼓励的方法，激励孩子进步

恰当的表扬和鼓励是培养孩子自信心的重要方法，当孩子付出了努力或取得成绩时，父母要给孩子表扬。

对孩子的表扬和鼓励不仅是已经取得的成绩，更重要的是针对孩子所做出的努力，只要孩子付出了艰辛的劳动，尽管最终的成绩不够理想仍然要给以鼓励和表扬，使孩子感到父母是最理解他的，他的努力没有白费。

做父母的千万不要只盯着孩子的分数，而忽视了孩子其他方面的发展。其实，只要孩子在自己擅长的领域里做出卓越的成绩，达到一个新高度都会获得别人的敬佩，树立起做人的尊严和自信，享受到人生的幸福和快乐。

美国教育家斯宾塞曾经说过："身为父母，千万不能太看重孩子的考试分数，而应该注重孩子思维能力、学习方法的培养，尽量留住孩子最宝贵的兴趣与好奇心。绝对不能用考试分数去判断一个孩子的优劣，更不能让孩子有以此为荣、辱的意识。"

不要总是训斥孩子

每当孩子犯了错误，父母总会训诫孩子，并且在父母训诫孩子的过程中，一个最典型的现象就是父母自取失败。自取失败的结果，不仅不能达到我们培养孩子的长期目标，而且会随时在家里制造暴乱情景。

为什么父母用这些方式来训诫孩子时常常自取失败呢？且以威胁孩子为例，来说明这个问题。

在孩子不太听话的时候，大多数父母都会不自觉地威胁孩子。殊不知，威胁孩子，就等于是鼓励他重复做一件禁止他去做的事情。

比如，当孩子听到你说"如果你下一次再这样做……"的时候，他不会听到"如果"两字，只会听到"下一次再做"。有时候，他会把话里的意思翻译为："妈妈希望我再做一次，要不然她会失望的。"

因此，这一类的警告在成人眼里看起来很好，但是对孩子来说，却比不用还糟。它会百分之百的使你不高兴的事再出现一次。因为警告对于孩子的自主意识作出了挑战，如果这个孩子是一个有自尊心的人，他肯定会再犯一次，以便向他自己和他人表示他不怕事。

5岁的小刚然在经过好几次警告以后，仍然继续向窗子扔皮球。最后，妈妈生气了，只好拿出撒手锏说："如果你再向窗子扔一次，我就要揍死你。我说到做到。"

只过了一分钟，玻璃的破碎声音告诉母亲，她的警告产生了一个效果：皮球最后一次击中了窗子。随之发生的事情，可想而知。

相反的，下面这个例子却说明了不需要威胁，也能控制孩子偶尔可能犯下的恶劣行径：

7岁的亮亮用小气枪的橡皮塞打他妈妈的宠物狗。宠物狗很小，很害怕，不会躲藏，只会汪汪叫。妈妈听见了，对亮亮说："不准开枪打小狗，去打枪靶。"

接着，妈妈又听到了一声清脆的枪声。于是，妈妈走过来拿走了气枪，并对亮亮说："枪不是用来打小动物的。"

在这个例子中，亮亮的妈妈做了她必须做的事：保护弱小者，同时以适当的行动来支持自己所说的话。亮亮在他的自我意识毫无受损的情况下，从他的行为后果里上了一课。

对他来说，母亲所暗示的意义非常清楚：要是不用枪打枪靶，就会永远失掉玩枪的权利。

因此，在这一件事情上，母亲避免了通常会遭遇到的可悲的失败。她没有走上注定要失败的路："亮亮，不准这么做！除了小狗，你就没有别的东西可打？为什么不去打枪靶？如果你再做一次，你听着，只要你再做一次，你就永远别再玩枪！"

如果亮亮不是很谦恭顺从的孩子，他对于这一种忠告的反应就必然是再重复做一遍禁止他做的事。

因此，在训诫孩子的时候，对于孩子心理健康影响最恶劣的，无过于父母具有讽刺的才能。这样的父母在语言方面的"天赋"就像巫师一样，自己给自己建立了一道"屏障"来施加语言的魔力：

"这件事我重复说了多少遍了？难道你是聋子吗？为什么你总是听不见？"

"你野得就像是个野人。你是不是在原始森林里长大的？你知道吗，你也只配在那种地方生活！"

"你到底是怎么一回事儿：你是疯子，还是头脑有毛病？我早就料到会有这个结果！"

这些父母可能没有警觉到，他们的"评注"是有攻击性的，必然会遭到反击。因为他们的评判阻隔了与孩子之间的情感交流，煽起了孩子一心一意要寻求报复的野心。

如果孩子真的犯了错误，即使要批评，也要注意批评的语言，讲究批评的方式。语言的魔力在于它给你提供了一种理解世界和看待自我的方式。

当你把一系列的否定性评价施加与孩子的时候，孩子最初可能会抗辩说："不，我不是这个样子！"可是时间一长，由于他一再听到你这样讽刺、评价他，再加上他相信父母的结果，他可能就会以你的评价方式来评价自己，认为他真的就是野蛮、不讲规矩、迟钝。

于是，他就会放弃自己对自己的塑造："反正我都这样了，努力也没用，无所谓。"

　　一位5岁的孩子与邻居小伙伴发生了摩擦，情急之下，孩子挥拳打了小伙伴一下，结果，把小伙伴打哭了。

　　孩子的父亲知道这件事后，非常生气，他把孩子叫到面前，恶狠狠地对他说："你怎么可以欺负小伙伴，你竟然把他打哭了，看我不揍你！"结果，父亲在孩子的屁股上狠狠地打了一巴掌。

在这里，这位父亲的做法是相当错误的。他的做法实际上暗示了孩子，对于自己不满意的事情，应该用暴力来解决，这种负面的暗示会让孩子在遇到相似的情形时毫不犹豫地用暴力行为来解决。

正确的做法应该是：父亲把孩子叫到面前，对孩子说："你把小伙伴打哭了，你看他现在好伤心，如果是你被他打了，你会难过吗？"

孩子必然会反思自己的行为。父亲可以进一步地开导："如果你们只是为了争夺玩具，那么方法会有许多，比如，你让他先玩一会，然后再让你玩一会。或者你们两个一起玩。"

孩子似乎意识到自己的行为有点莽撞。父亲接着说:"现在,你不顾小伙伴的感受,把他打哭了,他心里肯定很难过。如果你想继续和他成为伙伴的话,就向他道个歉,并把自己的玩具借给他玩几天。"

由此可见,在孩子犯错误的时候要帮助孩子分析问题,告诉孩子解决问题的方法,引导孩子走向正确的道路,这样孩子才会明白自己应该怎样做。

当孩子不会做某件事情的时候,你需要向孩子示范,引导孩子学会如何做;当孩子做错了某件事情的时候,你需要引导孩子自我反省,找到错误的地方,从而改正过来;当孩子取得一点成功的时候,你需要引导孩子看到更高更远的目标,从一个成功走向另一个成功。

反之,当孩子不会做某件事情的时候,你呵斥他,孩子就会有一种受挫感;当孩子做错了某件事情的时候,你责骂他,孩子就会觉得非常委屈和无助;当孩子取得一点点成功的时候,你生硬地说道:"一点点成功,有什么好骄傲的!"孩子的情绪一下子会非常沮丧。

长期生活在这种环境下的孩子,必然对父母产生了极大的怨恨,亲子关系必然不可能和谐。

父母可以先夸奖孩子说:"你做得不错。""你已经很努力了。"这就是前段的感化,因为这些语言对孩子来说比较容易接受。然后父母再指出孩子失败的原因,帮助孩子不断进步,这是教育的目的。

最后父母不要忘了安慰孩子:"如果你再努力一些,你就能做得更好!"这样的正面教育能使孩子自动地检讨失败的原因,减少下次犯错误的机会。

引导孩子改正错误

孩子的成长不可避免地会发生错误。关键问题是在孩子的错误面前，做家长的是大惊失色，想一棒子打掉错误呢，还是熟视无睹，任其发展？

一些父母会不听孩子的解释就把孩子狠狠地训一顿；相反，另外一些父母会在孩子做错事的时候并不责骂，而是表现出对孩子的关心和包容，并且和孩子一起总结错误的原因，并找到改正错误的方法。

这样孩子的内心会极大地体验到父母对自己的爱，为了回报父母，他会努力改正自己的错误，做一个让父母满意的好孩子。

来看看丽丽的妈妈是怎么做的：

"丽丽，这段时间在学校表现如何？"晚饭后，妈妈来到女儿的书房，看她正在收拾书包，随意问道。

"还不是跟以前一样。"8岁的丽丽也显得心不在焉，径自收拾她的书本。好长时间没有关心她的学习了，妈妈突然想起该看看她的作业了。

丽丽似乎有些不乐意，但她还是把本子递给了妈妈。一页页都是工工整整的书写，几乎每天都有老师的红色"A+"符号。妈妈为丽丽的出色学习而暗喜：尽管我没时间管她，但她学习还是挺自觉的。

突然，一个"A++"符号跃入妈妈的眼帘，妈妈有些惊喜：女儿的作文真是越写越棒了！不由得仔细地读了起来，题目是《巧捞菜刀》，说的是她跟哥哥去池塘帮妈妈洗菜不小心把菜刀掉进了水里，用磁铁把刀巧捞起来的经过。

妈妈边读边纳闷：没有的事儿呀？我们这儿哪来的池塘？再说也不可能到池塘里去洗菜呀？丽丽对妈妈的表情变化并没有察觉，继续清理她的书桌。

"女儿，你和哥哥到哪里洗的菜？洗菜还要带菜刀吗？"妈妈尽量让自己的语气变得平和些。

"上一次，你不知道的。"丽丽狡辩道。

"你明明写的是帮妈妈洗菜，我怎么会不知道呢？"妈妈穷追不舍。

"给我！我要装进书包了，烦人！"丽丽显然怕事情败露，在耍赖了。

妈妈没有说什么，而是悄悄翻看了她的《字词句篇》，真的找到了她们正在学的单元的范文《巧捞菜刀》，跟丽丽作业本上的内容大同小异。一切都明白了！

妈妈开始觉得事情非同小可，这不是"仿写"与"创作"的问题，而是关系着做人是否诚信。

于是，妈妈明确地给丽丽指出："你这是在抄袭，是在偷窃别人的劳动成果，是不道德的。"

丽丽显然还不太懂什么是道德，什么是抄袭。她强词夺理："我不会写，仿照着写都不可以吗？老师说过可以仿写的。"

"你这不叫仿写，女儿，仿写是仿照别人的写法，而不是搬内容。你这样抄别人的文章，一旦被作者知道，他会把你告上法庭，说你侵权。"

妈妈尽量把后果说得严重些。但妈妈还是担心未谙世事的孩子根本就不懂什么是"侵权"，于是继续唠叨，"再说了，虽然老师在不知情的情况下给你打了A++，但同学们多数都有《字词句篇》，他们会发现你是抄的，到时，他们就会认为你是个不诚实的孩子，甚至你以前写的那么多好文章，他们也会认为你是去抄的。谁愿意跟一个不诚实的孩子一起玩呢？……"

妈妈的话还没有说完，先前气呼呼的丽丽居然嘤嘤地哭泣起来。这是妈妈没有料到的，因为女儿遇事总认为自己是对的，根本不会哭。妈妈知道丽丽已经意识到问题的严重性了，如果再步步紧逼，后果不堪设想。

妈妈为丽丽擦干眼泪，笑着说："妈妈想帮助你渡过难关，你愿意吗？"

"怎么帮？你又不是我们学校的老师！"丽丽的哭泣声减弱了些。

"妈妈知道你一向是个诚实的孩子，从不撒谎骗人，对吗？"

丽丽重重地点点头，既而又摇摇头。

"妈妈，可这次的作文，我……"

"能告诉妈妈为什么要照抄吗？"妈妈想了解事情的原因。

"今天学了《捞铁牛》一课，老师让我们回家写一写自己曾经经历过的用智慧做成功的事情。我实在想不起自己曾经经历过什么用智慧做成功的事情，你和爸爸又不在家，直到晚上9点钟你们还没有回来，我的作文也一直没写。我担心作文没写好老师要批评，时间又很晚了，我想睡觉，于是只好抄了一篇，改了很少的内容……"

噢，原来是这样！听完丽丽的哭诉，妈妈开始深深地自责。

"你想向老师坦白抄作文的事吗？"妈妈问。

"想，但是我不敢。"丽丽的声音轻极了，妈妈知道她担心什么。"我也是老师，当我的学生做错了事，主动承认时，我会无比欣慰，绝不会再批评他。你的老师肯定也会这样，相信妈妈的话，勇敢地承认错误，改正错误。"

"妈妈，那我该怎样和老师说呢？"丽丽的态度有了巨大的转变，有了想向老师交代的意愿。

"直接和老师说，这是最简单的办法。"妈妈试探着抛出第一个方案。

"不行，我说不出口。"瑶瑶又噘起了小嘴儿。

"那，利用上课前两分钟在班上做个检讨……"妈妈知道这样做对极要面子的女儿来说是残酷的，但还是说出了第二种方案。

"不！就不！"女儿斩钉截铁地否定了。

妈妈假装陷入了沉思，因为她想让女儿自己想办法。

良久，女儿的眼睛突然亮了一下："妈妈，我想写篇作文，告诉老师。"

"好哇，将功补过！题目就叫——"妈妈一阵窃喜。

"《老师，对不起》"

"我认为照抄别人的东西就像是偷东西一样，把不属于自己的东西据为己有。干脆就叫《第一次做'贼'》，怎么样？"

就这样，丽丽马上坐在书桌前，掏出本子，认认真真地写起了表示她忏悔的作文。

从这个案例可以看出，教育孩子有很多学问！丽丽抄袭事件如果没有被妈妈察觉，如果被察觉后一顿臭骂，或者轻描淡写，不加理睬，后果会是什么呢？

有多少孩子撒谎就像吃饭一样自然，有多少孩子在家长面前从不坦言，有多少孩子错上加错直到不能自拔，这不是他们的第一次犯错误留下的印痕吗？

教育孩子，首先要尊重孩子。因为受到别人尊重的孩子才会去尊重别人。与成年人一样，孩子也有他们的权利，也有受到别人尊重的权利，而这种权利不应因为他们还不能独立和弱小就被轻视或取消。

一个从小被别人尊重的孩子，长大后才会去尊重别人，才会理解尊重的真正内涵是什么。这种金子一般的品质，会帮助他走向成功之路。

孩子最初的受人尊重的感觉是从父母那里得到的，尊重别人的意识也是在日常生活中经过多次的训练、教育，不断地强化而逐渐建立起来的。

现在有些年轻父母由于自身受过良好的教育，对孩子的成长需求认识得比较到位，在日常生活中能尊重孩子。但也有相当一部分家长虽说也知道一些尊重孩子的道理，但在实际生活中却做不到。

在他们眼里，孩子是自己的私有财产，子女必须一切听从大人的安排。这样的父母往往把孩子置于完全依附家长自己的位置上，没有把他们当成一个独立的个体来对待。

一旦孩子的行为与他们的意志相左，或达不到他们的期望与要求，斥骂、棍棒随之而下。对不少家长而言，学会尊重孩子不是一件容易的事，因为它不是一朝一夕想学就成，它应建立在正确的认识基础上，花费百倍心思，万般工夫，真正发自内心的自觉行为。

如果我们的家长，我们的教育在孩子的错误面前不惊慌失措，沉着冷静，抓住教育契机，对孩子们进行"润物细无声"的教育，减轻孩子们的心理压力，相信我们的孩子明天会更美好！

第四章

助力孩子的理想

　　作为父母，我们应当创造良好的学习氛围，用心挖掘孩子的潜能，开启孩子的智力，唤醒孩子的思维能力和创新能力，激发孩子的运动天分，努力培养德智体全面发展的孩子，为他们美好的明天而竭尽全力。

让家庭中充满笑声

时下，不少年轻父母为了使自己的孩子健康聪明，煞费苦心地购买营养补品让孩子服用，结果却收获甚微。与其买补品，还不如给孩子创造一个欢欣愉悦的家庭环境。家庭和睦是孩子最好的"补品"。

心理学研究表明，从小就生活在气氛紧张的"缺陷家庭"中的孩子，智商一般较低，而且存在不少心理问题；而生活在恩爱和睦家庭中的孩子，不但心理比较健康，而且智商也较高。

美国一位心理学家对4000名独生子女调查发现：家庭气氛和睦、常有笑声相伴的家庭，孩子的智商都比不和睦家庭孩子的智商高。研究人员认为，提高儿童智商的因素是多方面的。家庭气氛活跃，会使孩子性格开朗。在轻松、愉悦的环境中学习、生活，能使知识面拓宽，从而促进脑细胞的发育。

在夫妻恩爱、和睦温馨的家庭里，孩子过着无忧无虑、井然有序的幸福生活。父母经常带孩子散步、逛公园、参加体育锻炼、做游戏等，孩子可以全方位接受教育，从而使孩子热爱生活，对周围的事物充满好奇和求知欲。再加上生活照顾周全，这样的孩子能不聪明吗？

反之，若夫妻感情不和，家庭气氛紧张，父母不仅无心照顾孩子，甚至还会将孩子当作"出气筒"。这种家庭的孩子感情上很痛苦，精神上很压抑，健康和智力都会受到严重影响。

为了使你的孩子健康又聪明，父母们把愉快的家庭气氛这份最好的"补品"献给孩子吧。

　　良好家风的重要基础是团结、平等、和谐的家庭关系。家庭关系不正常，互相指责、埋怨、争斗，孩子感受到的是冷漠、冷酷、敌对情绪，心灵深处就会留下痛苦的伤痕，甚至会影响到学习成绩。

　　某大学曾对81名大学生进行调查，发现这些学生中，家庭和睦的有55名，占67.9%；父母性格热情开朗的有70名，占87.3%。可见，家庭良好的气氛促进了孩子的学习效果。

　　为了给孩子的成长创造一个良好环境，家庭成员之间应该和睦相处，互相关心，互相爱护。父母对孩子也要民主，主动倾听他的意见、平等协商。为了孩子，一定要加强家庭成员之间的团结，给孩子创造和谐的家庭环境。

　　如果父母不注意家庭中和美环境的建设，不注意情感投入，夫妻争吵甚至动手，孩子就会在争斗的环境中形成野蛮的行为。

　　一个留级生说："我没法不留级，我在家没法学习。爸爸妈妈整天吵架，不是砸玻璃就是摔东西，有时妈妈几天不回家，爸爸就拿我撒气，有时我看到爸爸坐在墙角抽烟，一抽就是几个钟头，我心里也烦极了，哪有心思学习呀。"大家想想，这样的家庭关系怎能培养出有教养的文明人。

　　另外，家庭中不能没有歌声和笑声。要让孩子的生活充实，家庭中必须有健康的精神生活。人们需要物质生活，同时也需要精神生活；需要学习、工作，也需要游戏、休息；需要严肃，也需要活泼、幽默。家庭气氛过于沉闷，不利于孩子良好性格的形成。

　　有些父母担心与孩子嬉笑打闹有失长辈的尊严，其实不然。与孩子在一起欢乐地游戏，有助于调节两代人的感情，孩子和你亲近了，反而会听你的话。父母如果总绷着脸，孩子反而会敬而远之。

总之，要使家庭充满欢乐情趣，才能使孩子、大人的情绪得到调节，体会到天伦之乐，提高家庭的凝聚力，从而形成综合的家庭教育力量，推动孩子健康快乐地成长。

心理作用对人体健康有至关重要作用，而家庭的氛围，对人的心理作用极大。因此，您想拥有欢乐、健康，必须努力造就成一个乐观、开朗的家庭。

幽默。幽默是一种美的"转化剂"他可以使烦恼化为欢愉，能让痛苦变为愉快，会将尴尬转为融洽，因此，幽默夫妻常是知心的伴侣，幽默家庭即是幸福的驿站。

游戏。家庭经常举行各种生动活泼的游戏，不仅能活跃家庭气氛，使家庭充满欢声笑语，而且对丰富家庭生活，密切长幼、夫妻、兄弟、姐妹之间的关系也大有裨益。

逗笑。是一种令人忍俊不禁的欢乐艺术，它有利于调节情绪，有利于消除身心疲惫。家庭小屋若常有欢歌笑语荡漾飘洒，那你的家庭一定少有忧愁烦恼。

赏乐。经常欣赏优美动听的音乐，不仅有益陶情冶趣，舒心爽志，而且还有化干戈为玉帛、使家人和睦相处的奇妙作用，生活中就有不少夫妻吵翻靠醉人的音乐和好的例子。

观花。在阳台上或庭院中养殖数盆美艳的花草，业余闲暇时观赏玩味，任凭色彩斑斓美化"眼界"，听任雅芬佳卉抚摸心灵，置身在花丛之中，心境自然舒乐爽然。与花为伴，与花为友，浇花、施肥、剪枝、插扦、移植，能使人的性格变得开朗活泼起来。

创造良好的学习氛围

在现实生活中，很多父母往往怀着强烈的"望子成龙"心理，为孩子创造了饭来张口、衣来伸手的优裕条件。可是，他们恰恰忽视了对孩子健康成长至关重要的一个方面，即为孩子创设良好的家庭学习环境。

一些父母自己下班回来只顾自己娱乐，不是玩手机，就是开电视机，或是把一些无所事事的人约到家里喝酒聊天，玩牌，打麻将。有的家庭连孩子读书学习必备的学习用品也不添置，如《现代汉语词典》，学生电脑等，更不用说其他辅助用具。

有的家庭夫妻感情不好，两天一小吵、三天一大吵，家庭纠纷不断，搞得孩子每日心事重重、精神紧张。有的搞个体经营的父母，晚上回到家里，不是叫孩子帮忙经营，就是算经济账……

试想，在这种气氛中，孩子怎么能够静下心来读书学习、怎么能够热爱学习呢？大量调查表明，许多学生学业不良没有学习兴趣，正是由于他们生活的家庭缺乏良好的学习环境与学习气氛。环境是影响青少年成才的重要条件之一。

对于正在学校里学习的孩子来说，学校的学习环境固然重要，但是，家庭是孩子生活的基地。家庭的学习环境也决不能忽视。一天24小时，孩子在家里要待16小时以上。

每天在学校学习的知识，必须回到家里来进行消化吸收。因此，家庭这个基地的学习环境如何，对孩子学习的好坏及良好习惯的形成也是至关重要的，父母万万不可大意！

目前人们的生活水平普遍提高，住房条件渐趋宽敞。有条件的家庭，一定要为孩子增设单独书房，里面配上写字台、书柜和电脑等。

房间的布置不要花哨，以免孩子在学习时分心，可以在内墙上挂上名人名言、制定好的家规、家庭学习守则等。

如果你的孩子年龄较小，而家里又有足够的空间，你还可以专门为孩子设置各种功能角，如家庭儿童乐园、学习角、操作角、亲子游戏角等等。

家庭儿童乐园可以有小型滑梯、健身器、益智与娱乐玩具；家庭学习角，可以放置大人、小孩的图书与纸笔；家庭的操作角，可以有收集的废旧材料，有美术用具，有孩子与爸爸妈妈一起动手制作各种有趣的玩具；家庭亲子游戏角，可以有供亲子体育与娱乐游戏的玩具。

住房条件不允许的家庭，也要为孩子安排一个固定的墙角，放一个书桌。这张书桌不能用做他用，是专门供孩子学习的。

书桌要美观舒适，抽屉里要备有做各门功课所需的工具：剪刀、裁纸刀、胶水、胶带、颜料、水彩笔、白纸等。这样当孩子需要时，立刻就能找到，不会因为缺少某件工具而中断作业，心生烦躁。

书桌要整洁，在学习前把书桌上与学习无关的东西都收干净，只留下学习用品、书籍、作业本等，这样既免得其他东西分散孩子的注意力，又有利于孩子铺开了写。

给孩子提供一个固定的学习地点非常重要。孩子在学校有固定的座位，在座位上的任务就是学习。在家里，孩子也应有个固定的学习地方，它的作用主要是形成一种学习地点的定向。就是说，每当孩子在习惯的地方坐下来，便条件反射般地想到学习，就像医生走进病房，科学家走进实验室一样，这在心理学上叫做地点动力定型。

用心发掘孩子的潜能

每个孩子都是一块蕴藏巨大潜能的金子，这些能力在没有显现出来前谁也不知道，亟待父母去发掘。但是，如果父母不能掌握正确的方法，一味按照自己的意愿"强行开发"，效果往往事倍功半。

其实，孩子会在一定的条件下自然流露出才能，关键在于父母是否能为他们制造机会。生活中，许多父母看到别人家的孩子表现出色时，总是一脸羡慕，对自己的孩子却觉得"恨铁不成钢"。

这种一味埋怨孩子的做法不仅徒劳无益，而且还会伤害孩子幼嫩的自尊心。事实上，每个孩子都有潜藏的才能，挖掘孩子的潜能，为其日后成才打下坚实的基础，是每一位父母应当着力去做的事。

每个孩子都有一定的潜能等待开发，关键是父母要用心去发掘。发掘孩子的潜能，就像为孩子打开了一扇窗，孩子的未来将因此更加明亮、精彩。

在日常生活中，父母一定要注意观察孩子的点滴成长，发掘体现孩子潜能的信号。

比如，孩子喜欢听音乐，听觉很敏感，能跟着乐曲手舞足蹈；或者孩子喜欢涂鸦，有很好的布局感和色彩感；或孩子喜欢听故事，也喜欢讲故事……不要忽视这些信号，这可能意味着孩子在某方面有着比一般人更优秀的天赋和才能。

如何发现孩子的潜能

认识到潜能的重要性后，不少父母会有这样的疑问：孩子的潜能究竟藏在哪些方面呢？一般来讲，孩子的学习能力发展水平由八个系统组成，而潜能也藏在这八个方面。父母需要耐心培养孩子的这些未被发掘的能力：

注意力。比同龄孩子注意力持续得更久，看自己喜欢的电视节目或听自己喜欢的故事时聚精会神，不容易因周围的事情分神。

记忆力。教孩子儿歌、识字、算术，他都学得很快。

语言。比别的孩子说话早，词汇量更丰富，能区别词汇间微妙的差别，并用来表达更准确的意思，比同龄孩子更早会用抽象意义的词，比如"可是""即使"等。善讲故事，甚至自己会编故事。

空间排序。喜欢把玩具分门别类地收拾起来，外出很少迷路，很早就能识别各种平面和立体的形状，擅长拼图游戏。

时间排序。对"今天""明天""刚才"之类表达时间的词掌握得比同龄孩子早。比同龄人更早按时间顺序来讲一个故事。

运动。运动协调性好，平衡能力强，手指的精细动作更灵巧，比同龄孩子更早学会拿剪刀剪纸、握笔等。

抽象思维。擅长归类、总结、推理等，逻辑性很强，学数学觉得很容易。

社交。能自然大方地跟别人交谈。在同龄小朋友当中很合群，有领导才能，能提议和组织大家一起玩一个游戏。遇到问题，比如想借别人手里的玩具玩，或是受了别人欺负，能很快想出办法 解决。喜欢他的人很多，而他喜欢的人也很多。

怎样开发孩子的潜能

那么，作为父母，如何开发孩子的潜能呢？

观察、记录下孩子的特点。日常生活中，父母应注意孩子的行为举止、喜好恨恶，在他与别人玩耍、交谈或自己阅读时，你可以观察到孩子的许多特点。比如，他虽不爱弹琴却喜欢绘画，虽没有耐性却很有创意，虽不善言辞却很热心……把这些蛛丝马迹记录下来，就能归纳出孩子的性格取向，从而引导激发他的潜能。

制造机会。了解他的性格取向与喜好之后，别忘了给他机会多加练习。例如在家人生日时，鼓励每个人表演一项节目；每周一晚上轮流朗读短文并发表心得；每月办一次小小聚会，邀请孩子的朋友参加，每个人献出一项绝活……更为重要的是，随时找机会让孩子完成一些力所能及的任务，孩子越做越熟练也就越有信心。

耐心等待。既然给孩子机会，就要耐心等待孩子发挥潜力。有些父母叫不动孩子做家务，就干脆自己做；嫌孩子不会买东西，索性自己出门去买；认定孩子念不好书，就帮他一题题复习。久而久之，孩子想反正有父母伸援手，便乐得坐享其成，这样不利于发掘孩子的潜能。

给予鼓励。当孩子自己动手做、开口说时，为了不扼杀他的才华，应该给他肯定的赞美和鼓励的掌声。因为，即使孩子是个天才，也需要练习的机会来酝酿信心，才越走越顺。如果父母只是一味地打压、批评，孩子就会羞窘得抬不起头，再也不愿尝试。

此外，父母需要注意的是，挖掘孩子潜能，切忌拔苗助长。现实生活中，不少父母认为，挖掘孩子潜能就是给孩子多报培训班，让孩子早一点儿多学技能。这种观点是错误的，发掘孩子的潜能不等于从孩子时期就让孩子学这学那。

过早地逼迫孩子学习过多的技能，会让孩子产生抵触和厌烦心理，甚至有可能扼杀孩子的潜能，可能会得不偿失。真正的早期教育应该从孩子的心理出发，父母应多关注孩子的内心世界，多与孩子沟通，从而激发孩子的潜能。

挖掘孩子的大脑潜能

现实生活中常听有孩子自暴自弃地说："我很笨，脑子不好使，手脚也不灵。"有的孩子甚至认为自己智商低，放弃了上进的努力，自甘退缩。其实，所谓智商的高低，只能供人们学习做参考或指导，不能为一个人能否成才下定结论。我们知道，现代人脑的智慧是人类历史进化的产物，现代人所掌握的知识和智慧，远非古人所能比拟。

作为人脑内部的许多物质结构是人皆有之的；而其思维的敏捷性，则由神经回路中信息传递的效率所决定。思维的敏捷性不仅是先天的，而且还是可以靠后天锻炼的。

据科学家分析研究所得出的结论认为，在产生思维的数量浩大的神经元中，人类的思维矿源至今仅仅被挖掘了极小的一部分，只占整个资源的5%～10%。因此，智者千虑有失，笨者千虑也照样可以摘得智慧之果。笨鸟先飞之说不仅有教育意义，而且是有科学根据的。

在此告诫那些自暴自弃、感叹自己不如别人的孩子，现在的落后只是暂时的，那是由于你的大脑潜能还未得到有效开发。只要掌握正确的方法，有效开发大脑潜能，你也可以很优秀。

美国知名学者奥图博士说："人脑好像一个沉睡的巨人，我们均只用了不到1%的脑力。"一个正常的大脑记忆容量数以亿计，相当于一部大型电脑储存量的120万倍。如果人类发挥出其一小半潜能，就可以轻易学会40种语言，记忆整套百科全书，获12个博士学位。

研究表明，即使最聪明的爱因斯坦，其大脑的使用也没有达到其功能的3%，人类的智慧，至今仍是"低度开发"。人的大脑是个无尽的宝藏，可惜的是每个人终其一生，都忽略了如何有效地发挥它的潜能——潜意识中激发出来的力量。

每个人都具有无限的大脑潜能，只要加以开发，一定可以变得更优秀。而如果孩子的大脑潜能不能被唤醒，这些潜能就会自我搁置，最终丧失。许多人忙忙碌碌、平平庸庸地过了一生，到了垂暮之年，忽然发现自己有这样或那样的惊人能力，可遗憾的是，人生已将近尽头。

如美国人摩西老母在她晚年才发现自己有惊人的艺术才能，人们便把她当作典范，解释这种现象，称之为"摩西老母效应"。设想一下，如果摩西老母早些发现自己的艺术潜能，她一定会成为更加著名的艺术家。所以，及早开发大脑潜能，将改变孩子的人生。

利用音乐、书法与绘画开发大脑潜能

作为父母，如何发掘孩子的大脑潜能呢？

在人脑的研究上，有这样一种分类法：点、线、圈分别由左脑的后、中、前控制；音乐的单音、复音、半音分别由右脑的前、中、后控制。从这样看，就可以了解左右脑是如何协调的。

当我们画画时用到点、线、圈的时候，就会用到左脑的后、中、前部位相协调。当唱歌的时候，应用右脑的机会就多了。调号中的半音用到右脑的机会特别多。如果唱的是中文歌曲，中文歌曲本身就有调号，更能发挥右脑的功能。

要提高身心健康水平

健康的身体、充沛的精力、愉快的心情，可使人的智力机能很好地发挥作用。反之，人的智力活动就会受到压抑。可见身心健康是开发潜能的基础。要提高身体健康水平，可以从饮食、睡眠、锻炼三方面进行调整。要提高心理健康水平，需要培养孩子的良好性格，建立和谐的人际关系。

充足的睡眠

美国加利福尼亚大学的神经科学家肖恩说："如果连续21小时不睡，你的工作和学习能力和一个酒鬼没什么两样。"在睡眠时，大脑会处理新的记忆和技能，甚至还能解决问题。

培养良好的心理品质

心理品质包括道德品质、意志品质、自信心、责任心等。有一位心理学工作者对1850年到1950年间的301位科学家进行研究，发现这些人不但智力水平高，而且在青少年时期就表现得十分坚强，有独立性，这些人充满自信心，有百折不挠的坚毅精神。可见，培养良好的心理品质对开发人的学习潜能作用巨大。

联想记忆法

把看到的事物编成一个生动活泼而又夸张的故事，该故事可以是卡通，配合动作，以及孩子熟知的场景（教室、校园、宿舍或者孩子自己的空间），或者孩子熟悉的语言里的谐音等编写的顺口溜。

体育锻炼，开发大脑

参加适量的体育锻炼，可以促进新的脑细胞生长。

合理饮食

大脑最需要稳定的葡萄糖供应。烤面包和含有高蛋白类的豆类食品是极好的早餐组合。高纤维食品与改善认知能力有关。全麦面包和奶酪也能有效地改善大脑的功能。

要避免吃高脂肪食物，平时要尽量少吃"垃圾食品"，特别是经过深加工的甜食，如蛋糕、点心和饼干，因为这些食品中含有各种反式脂肪酸。反式脂肪酸的结构与饱和脂肪类似，不仅会增加体重，还与一些严重的精神疾病有关，如诵读困难、多动症、孤独症等。

鸡蛋和绿色蔬菜是比较好的午餐。绿色蔬菜中含有大量抗氧化剂，如β-胡萝卜素、维生素C和维生素E，它们能清除有害的自由基，提高认知能力。晚餐最好清淡，以素食和碳水化合物为主，如面条米饭、烤土豆或玉米粥，以及豌豆、蚕豆、豆腐等。

吃完晚餐最好吃点水果，水果富含多种维生素、氨基酸和生理活性物质，有着很高的营养价值和保健作用，能促进协调力、注意力和短期记忆力。

开启孩子的创新潜能

生命的意义在于创造。开启孩子的创新潜能，对孩子今后的成长影响甚大。所谓创新，是指在前人或他人已经发现或发明的成果的基础上，能够做出新的发现、提出新的见解、开拓新的领域、解决新的问题、创造新的事物，或者能够对前人、他人已有的成果做出创造性地运用。

教育家陶行知先生曾说："人人是创造之人，天天是创造之时，处处是创造之地。"创新能力是人类普遍具有的潜能，只要是正常的人，都具有创新的天赋，都可以通过学习、训练得到开发、强化和提高，都有可能成为创新型人才。

孩子天性好问，这就是创造力的重要表现。父母的重要任务就是要保护好、激励好、引导好、扶持好这种存在于每一个人身上的创造活力，而不是遏制、压抑这种活力，更不应当把它扼杀在摇篮里。

有这样一个例子：

> 一个上小学的女孩听老师讲，把一条蚯蚓断成两节以后养在泥土里，这两节最后都能长成蚯蚓。
>
> 这个小女孩听了以后很好奇，就想试一试。于是，她捉了一条蚯蚓，弄成两节后放在装满泥土的纸盒里，把蚯蚓养在窗台上，结果被她妈妈看见了，妈妈大怒，抓起纸盒就扔到了窗外。

这个女孩子身上就有着创新的潜能，却被所谓"两耳不闻窗外事、一心只读教科书"的理念扼杀在摇篮里。创造力的差异是一个复杂的现象，这种差异是由后天的文化和环境的影响而造成的，而不是"先天"就有的。

美国和亚洲国家目前在创造力方面有差距的原因可以归咎于：

亚洲国家传统文化和现有的教育体制，更多地扼杀了孩子的创造潜能；而美国的文化和现有的教育体制，对孩子创造力则是持一种积极引导和鼓励的态度。

创造力是人类最伟大的潜能之一，这种潜能是人类赖以延续生命、享受良好生活的基源，父母有必要培养孩子的创造力。把握孩子的关键时期，及时发现孩子的特殊能力和探索精神，让他有充分、自由的发展机会，在最佳的发展状态下迸发出人生潜能的光彩。

每个孩子都具有无限的想象力，就像一粒待长成大树的种子，只要有适宜的土壤、气候和雨水，孩子定能茁壮成长为一棵大树。21世纪的竞争是人才的竞争，而创新精神是人才追求的目标。那么，父母如何开启孩子的创新潜能呢？

激发孩子的好奇心

好奇心指对新知识、新事物、新问题有浓厚的兴趣。它是对新异事物进行探究的一种心理倾向，是激发创新动力的内在动因。它可以推动人们主动积极地去观察世界、发挥创新思维。

培养创造性思考的习惯

培养孩子打破砂锅问到底的习惯，鼓励孩子凡事常问为什么。父母要不厌其烦地给予正确回答。对孩子的提问努力表现出兴趣，与孩子一起思考，去寻求未知的答案，孩子提出问题的欲望就会不断增强。不要阻止孩子探索性的行为活动。

如孩子为了看个究竟，拆卸了玩具和物品，大人不要生气、责骂。倾听孩子有意义的"瞎说"，允许孩子有"稀奇古怪"的想法。如遇到交通堵塞的时候，孩子向你描述他要造一种带翅膀的汽车，如何在天上飞过去时，父母也可在旁边见缝插针地加以鼓励。

想象力是丰富创新潜能的源泉

想象是指在原有感性形象的基础上，创造出新形象的心理过程。想象是创新的必由之路。想象可以使孩子打破个人已有经验的狭小圈子，超越时间和空间的限制，把不同时间、地点获得的知识多方面联系起来，经过整理加工，构成一个完整的新形象。

鼓励孩子的创造行为

有创造力的孩子对人与事物较敏感，点子多、问题多，而且不会轻易满足于简单的答案；回答问题时有自己的看法；喜欢思考事物的新奇用法；好奇心强、想象力丰富；充满幽默感；喜欢做较难、较具有挑战性的事；对有兴趣的事很专注，而且多才多艺。

父母面对孩子的创造性行为时，要有耐心、要包容、要赞美，以鼓励孩子多看、多听、多触摸、多操作、多探索；倾听孩子的表达，热衷于他的想法；尊重他的意见及好奇心，这样将有助于孩子创造力的培养。

让孩子敢于提出疑问

所谓质疑，着重指对习以为常的、看似没有问题的地方产生疑问。它是孩子怀疑精神的具体表现。敢于提出疑问的孩子往往能辩证地思考，实事求是地分析和检查自己或别人的思维与行为，不易被他人意见所囿，他们善于比较，善于汲取精华，善于提出自己独到的见解。

启发孩子的创造力

父母要善用启发孩子创造力的方法，并在日常生活中实施。例如尽可能让孩子有参与家中事务的机会，并尽量采用他的意见。利用一些开放性的问题，比如"砖头可以做什么用？"让孩子提出一些别人没想到的用途。

还有，可提出一些突发性的问题，例如"你被坏人劫持了，怎么办？"，问一些"假如""想象"的问题跟孩子一起讨论；给孩子一些现存的事物，让他去"改变""改良"或"创新"；鼓励孩子尝试各种新体验，让孩子有安静的地方，自由从事自己喜欢的活动；分享及赞美孩子创造的成果，这些方法都有助于激发孩子的创造力。

求异思维的培养

所谓求异，是指不同于传统的或一般的答案或方法，能提出与众不同的设想。它是创新潜能的重要特征，也是创新的核心与灵魂。求异思维有助人在相近的事物中迅速找到不同点，在众多思维路径和结果中，能另辟蹊径，克服从众心理，保持独立性，形成不同于他人的创新观念，表现自我的独创意识。

唤醒孩子的思维潜能

每位父母都希望自己的孩子成为优秀的人才，都希望自己的孩子聪明睿智、机灵可爱。而智力开发的核心，恰恰就是思维的培养。思维能力的高低是决定孩子走向成功的重要智力因素，思维能力的培养对孩子一生的成长都是尤为重要的。

培养孩子开阔、灵活、敏捷的思维能力，对开发他们的智力极为重要。人的思维活动不是凭空产生的，而是在积累大量感知材料的基础上加工而成的。因此，努力提高观察能力，积极观察、思考、探索，这样容易形成对事物正确的概括，更好地发展思维能力。

孩子受生活环境、生活阅历等多方面综合影响的限制，他们更加愿意跟着感觉走，对自己感兴趣的事物才能唤起他们活跃的思维；在思考问题的时候，一般比较片面而直接，不会在意相关因素的影响；而解决问题时，则凭借自己的主观想象和对具体事物表象的简单联想来进行思考。

所以孩子们的思维大多表现为兴趣性、简单性、直观性、主观性等思维特点。这些对孩子的成长来说是远远不够的，作为父母应该怎样帮助孩子开发思维，引导孩子善于思考，从而不断地唤醒孩子的思维潜能呢？下面介绍几种具体方法：

丰富孩子的知识和经验

孩子的知识越丰富，思维也就会越活跃。因此父母应引导孩子阅读各种有益的书籍，丰富孩子多方面的知识和生活常识，这样孩子在遇见问题时，就会自然地产生广泛的联想，而且对问题看得也会更加的全面、透彻，使思维变得灵活而敏捷。

鼓励孩子放飞想象的翅膀

想象力是思维活跃的强劲动力，也是开启思维之门的一把金钥匙。因此父母应当适时地提出各种问题，如看见"一"字能想到什么，听到"滴答"声又能想到什么，启发孩子通过联想、猜想来打开思路，开发思维。

同时父母应对孩子的突发奇想、大胆想象等给予鼓励与引导，给孩子一个宽松的想象空间和思维空间。这样孩子的思维在想象中快速地运转着，思维的各个细胞也会充分地被调动，而思维能力则会不断地提高。

培养孩子善于提问、独立思考的习惯

思维是从问题的提出开始的，问题是思维的引子。不断地思考问题，孩子的大脑就会积极地活动、思考。讨论、解释、探究的过程，也是孩子对事物的分析能力、研究解决能力、语言表达能力等得到提高和锻炼的过程，对增强孩子的思维能力大有裨益。

在游戏玩耍中，激发孩子的思维潜能

游戏是培养孩子思维能力最有效的途径之一。在玩中学习，用游戏提升思维能力的方式，可以充分调动孩子的积极性，使孩子在轻松愉悦的氛围中，不断地探求新知，在反复的玩耍中拓展智慧。

通过游戏，孩子的活动变得更复杂，大脑的思维也在不断地思索中得到发展。

父母可以为孩子选择一些锻炼思维的玩具，如跳棋、拼图、魔方等；更可以和孩子一起玩新编故事、词语接龙等游戏；还可以和孩子一起在看完同一幅画、听过同一首曲子后，与孩子讨论、引导孩子说出他的观点、想法等等。孩子的各种思维能力在玩的过程中都能得到启发和提高。

积极暗示

积极暗示能够开发头脑中的思维潜能，应该尽可能多地从周围环境和别人那里得到积极暗示，或者直截了当地对自己进行良性暗示。

幽默氛围

幽默是生活中的"调味品"，对于缓解生活紧张压力、协调人际关系都有重要的作用。制造幽默和欣赏幽默的能力，是个人修养水平的一个标志。

从创新思维的角度来说，各种类型的幽默都是言谈举止方面所

表现出来的一种创意。也就是说，能够引我们发笑的地方，一定是出乎意料的新东西，对于众所周知的陈旧事物，人们是不会发笑的。

专家认为，幽默与创新思维之间存在着密切的关系，一个人为了激发出幽默，必然要摆脱理性思考和固有结论的束缚，而这正是创新思维的必要条件。因此，父母要想方设法为孩子营造出幽默的氛围，让孩子从幽默的语言环境中激发出思维潜能。

激发孩子的运动潜能

父母往往重视孩子智力的培养，而忽略了孩子运动潜能的开发。运动潜能是指孩子具有协调肌肉动作，举止优美而恰当，能合理精确地使用他们的身体和其他物品的能力。具有良好运动潜能的人，反应灵活，身体运动能力强，不仅在运动，而且在思维方面都能表现突出，所以提高孩子的运动潜能非常重要。

伏尔泰说过："生命在于运动。"近年来，除了大家所熟知的智商、情商和财商，越来越多的家庭开始注重从小培养孩子的体商，即提高其对体育锻炼的热心程度，以及参与运动的积极性。

运动不但能使骨骼强健，肌肉发达，促进身体健康发育，还能加速血液循环，促进新陈代谢，为大脑提供高质量的营养，使头脑更灵活，从而促进智力的发展。

因此，体育运动＝增强体质＋开发智力。

在注重孩子智力潜能的同时，千万不能忽视对运动潜能的开发，健康对孩子来说是最为重要的。而有意义的体能活动本身就是一种智慧，它包括两种主要的能力：一是善于以技巧控制自身的动作，就是运动员、舞蹈家所表现出的智慧；二是善于以技巧控制自身以外的物体，如画家、雕塑家等人所拥有的智慧。

孩子运动能力的发展，就是满足对运动的欲望与兴趣，从热衷于自己觉得有趣的活动中，尽兴地玩，从活动中提高能力，促进健康。

因此，在父母与孩子平时的相处嬉闹中，蕴藏着许多运动能力训练的契机。意大利著名物理学家、诺贝尔物理奖得主恩里科·费米就说过："要从小把自己锻炼得身强力壮，能吃苦耐劳，不要娇滴滴的，到大自然里去远足高攀吧！"

从小培养孩子热爱运动，增强锻炼，不但会使孩子具有健康的身体，也会有健康的心灵。我们常常会看到有些孩子显得笨手笨脚，他们一会儿把水瓶打翻了，一会儿把凳子弄倒了，有时还免不了摔坏腿脚……

每次遇到这种状况，父母们应该急不得，也气不得。难道自己的孩子真的就那样笨手笨脚吗？原因到底出在哪里呢？原来，孩子因为肌肉不够发达，如果缺乏足够的锻炼，就会显得笨手笨脚。

当孩子因"笨拙"而受伤时，父母千万不要去责备孩子。尤其不要对孩子说："你真笨！"因为孩子一旦被贴上了"笨"的标签，即使以后长大了，走过门槛时也可能会跌倒。这是因为这个恶性暗示已经给孩子造成了可能是永久性的负面影响。

那么，作为父母，如何激发孩子的运动潜能呢？

第一，养成良好的生活习惯，注意培养孩子对身体运动的兴趣。中国传统的儒家文化向来喜静，静以修身养性。加之现代生活节奏加快，每天忙于工作奔波，父母们就懒于锻炼了。

父母们应以身作则，养成锻炼身体的习惯，培养对某项体育活动的兴趣。利用现身教法，感染带动孩子也喜欢体育运动，并养成习惯，从而提高孩子身体素质及运动能力。

第二，父母还应有意识地开展一些生动有趣的活动来锻炼孩子某一方面的能力。如母亲当裁判，父子俩比赛看谁能坚持做一只独立金鸡，由此培养孩子的平衡、协调能力。或母子一起捡豆豆、折纸船、钉纽扣，在这一过程中既增进了亲子间的感情，又发展了孩子的手眼协调能力，锻炼了手部肌肉群的活动能力。

第三，父母要注意锻炼活动的时间，量有了保证，不等于保证了质。每天跑一跑、跳一跳，形式化地做些运动，并不能真正解决问题。父母要根据自己孩子的特点，从实际出发，选择恰当的形式，保证适当的活动量和运动强度，真正调动每一块肌肉、每一根神经参与其中，使孩子得到真正的锻炼。

第四，运动需由自发性到自主性。孩子的运动发展有一个由自发性到自主性的过程。自发性是孩子身体发育到一定程度对运动的自然需要。

一两岁的孩子处于动作发展迅速增长时期，受这种生命成长内在动力的驱使，孩子总想自己多运动、多动手，这样才能满足机体生长的需要。

等孩子过了动作发展迅速增长期以后，他就开始变得"懒惰"起来，很多事情自己会做也不愿意做，这就预示着孩子运动锻炼的发展将要进入自主性阶段。

但是，自主性不像自发性是自然到来的，自主性需要成人的培养和教育，这就说明孩子要养成运动锻炼的好习惯，不能只具备生理基础，还要有相应的心理基础。这主要指对运动锻炼的积极情绪、兴趣与爱好，以及运动锻炼给他们带来的成就感、同伴关系及社会性满足。这样的情况下，运动锻炼才会真正成为孩子的需要与动力。

用语言激发孩子潜能

俗话说："劝将不如激将。"适当地运用语言来鼓励孩子是非常不错的一个方法。这是利用孩子自尊心和逆反心理积极的一面，从相反的角度，以"刺激"的方式对孩子寄予良好的期望，以激起孩子"不服气""不服输"的精神，使孩子产生了一种奋发进取的"内驱力"，将自己的潜能充分地发挥出来，从而收到良好的教育效果。

亮亮最喜欢拉着爷爷陪他下棋，而且，每次下完都神气十足地跑过来向妈妈告捷。后来妈妈才知道，原来他的每一次胜利都掺杂着很多的水分。

那天，爷爷不在家，亮亮便和妈妈下棋，第一局妈妈输给了他，他兴奋不已。第二局，妈妈反败为胜，这时亮亮开始耍赖，大声说："不算，重新来，这步不算。"

妈妈就问他："为什么啊，是我赢的啊，为什么不算？"没想到，亮亮不依不饶，把棋子扔了一地，开始大哭大闹起来。

妈妈对亮亮如是说："宝贝，下棋总是会有输赢的，这一回输了，那么下次用心，争取赢过来，只有这样才能不断地提高。如果你输不起，以后就别再下棋了，要知道，输不起的孩子最没有用了，你想做没用的孩子吗？"亮亮摇头。

话说完了，亮亮便把棋子捡了起来。妈妈问亮亮："还想玩吗？"亮亮点点头。妈妈加了一句："输了还乱发脾气吗？"亮亮摇摇头。

明明的妈妈叫他把家里的几扇窗户擦干净。本来明明是完全有能力完成这个任务的，可是他擦了几下就不想干了。于是，妈妈便故意对明明说："我不相信明明能把几扇窗户擦干净！"

明明听了妈妈的话一下子跳起来说："我就是能擦干净！"好像硬是不认输似的，一边说，一边就高高兴兴地擦窗户去了，而且把几扇窗户擦得非常干净。

小强两岁以前很少与生人说话，在外边与小朋友玩也不说话，在家里却很能说。有时候妈妈的同学来家里玩问他"几岁了，叫什么名字"他不说。

妈妈就用"激将法"激他："你不告诉阿姨，阿姨以为你都长大了连名字都不知道""下次就不带小哥哥和你一起玩了"，等他说了以后就适时地赞扬他"小强真有礼貌，是个懂事的大孩子了"。

一个叫小刚的7岁孩子，非常喜欢看动画片，打游戏。这天，妈妈在进行大扫除，小刚在旁边兴致勃勃地打游戏。

妈妈对小刚说："小刚，帮妈妈把地扫一下！"

小刚不太愿意的说："你自己扫吧，我正忙着呢！"

"小刚，你看妈妈都忙不过来了，你赶紧来帮一下。"妈妈催促道。

无奈，小刚只好放下游戏帮妈妈扫地。不一会儿，妈妈进屋收拾房间去了。这时的小刚，眼睛盯着游戏机看了半天，终于，他放下了扫把，又去打游戏了。

妈妈收拾完房间出来，看到小刚只扫了一个角落，心里有点生气。但是，聪明的妈妈并没有显示出生气的样子。她走到小刚身边，故意大声叹息道："哎，我真替你发愁呀！"

小刚赶紧放下游戏机，问妈妈："为什么替我发愁呀？"

"你看你，连地都不会扫，以后还能做什么事情？我怕妈妈死后，你会很可怜的。"妈妈严肃地对小刚说。

小刚一听乐得笑起来了："妈妈，我不是不会扫，是我不想扫。"

"是吗？我怎么相信你呀？你看看你刚才扫的样子，我不相信你能够把地扫干净！"妈妈不屑地瞟了小刚一眼。

小刚有点急了："不信是吗？我扫给你看，我今天一定要比你平时扫得更干净！"

小刚把游戏机关掉后扔进抽屉里，然后高高兴兴地扫起地来，他花了好长时间来扫地，把角角落落都扫得非常干净，还帮妈妈做了许多其他家务。

妈妈见此情景，适时地称赞道："原来你这么能干，看来是你以前太懒了！"

听了妈妈的话，小刚不好意思地吐舌头。

著名表演艺术家陈佩斯的父亲陈强也是一位著名表演艺术家，如今，陈佩斯的成就似乎有盖过父亲之势。这与父亲从小的引导教育有关。

陈佩斯小时候非常喜欢思考，总是不断地问父亲"为什么"，父亲尽管每次都认真回答问题，但是，陈佩斯的问题总是会难住他。

陈佩斯问："树上的果子熟了为什么掉到地上，不掉到天上？"

陈强回答："因为有地心吸引力。"

陈佩斯追问："那为什么天上的星星那么多，怎么不掉下来？"

陈强回答："那太远太远了。"

陈佩斯可不满意："太远了有多远？"

陈强被儿子问急了，说："傻小子，你问我，我问谁去？"

尽管陈佩斯从小喜欢思考，但是，他的学习成绩却不好，作业本上总是布满了红叉叉，成绩单上经常挂红灯。

有一次，陈强问儿子："孩子，你为什么不肯学习？"

陈佩斯说："爸爸，我只是书没念好，我学习挺用功的呢！"

陈强忙问："那你学什么了？"

于是，陈佩斯不慌不忙地表演起来。他模仿着《龙须沟》里程疯子指责打过他的二流子时的样子，说：“把你的手伸出来……哦，原来你的手也是人手啊？”

陈佩斯学得惟妙惟肖，陈强都看呆了。原来，儿子的兴趣在学戏，而且，这小子还有学戏的天赋呢！

表演完后，陈佩斯还问陈强：“爸爸，您说这是不是学习？”

于是，陈强语重心长地对陈佩斯说：“爸爸不反对你学戏，但是，文化基础必须打好，看来你这孩子太笨，读不好书了。”

一听爸爸这么说，陈佩斯就急了：“我笨？谁说的？”

“我说的，你要是不笨，能让成绩单上红灯挡道吗？”陈强故意激将道。

在父亲的激将下，陈佩斯加紧了文化课的学习。

1973年，陈佩斯进入了八一电影制片厂演员剧团。这时，陈强又一次语重心长地对他说：“你小时候学戏，模仿这，模仿那，只是好玩，不算什么。现在不同了，是工作。以前你的观众只有爸妈，今后上银幕，观众是几千万。你必须以狮子搏兔的灵巧劲，全力以赴，才对得起观众。”

陈佩斯不明白父亲的教导，说：“爸，狮子是百兽之王，老虎都怕它三分，小小的兔子，一口一只，小菜一碟罢了！”

陈强却一本正经地说：“你错了！一来兔子非常灵活，二来由小见大。你今后即使跑龙套，也要有狮子搏兔全力以赴的劲头，不能掉以轻心，才能把戏演活演好……导演说戏，只是引导一下，关键靠的是自己，要把自己化进去。”

陈佩斯有陈强这位父亲非常幸运，父亲不仅没有像其他家长那样责骂他，反而耐心地引导他，激发起儿子的上进心，使原本不爱学习文化课的儿子也刻苦学习。

如今，陈佩斯已经是著名的演员了。可见，在这样宽松的亲子环境中，孩子往往有更大的主观能动性，更能够激发孩子的潜能。

一个人的能力是有限的，但是，潜能却是巨大的。父母应该在日常生活中教育孩子树立远大的志向，敢于挑战自我，超越自我。

父母可以对孩子说："为什么别人能做到，你却不能呢？"

"我就不相信你不能改正缺点。"

让孩子产生一股不服输的心理，从而下定决心挑战自我。就算孩子识破了父母激将的心理，父母也不用不好意思，微笑着承认反而会促进亲子关系。

ZHI JIATING JIAOYU ZHE
致家庭教育者

父母
是孩子最好的玩具

方士华 / 编著

民主与建设出版社

图书在版编目（CIP）数据

父母是孩子最好的玩具 / 方士华编著. -- 北京：
民主与建设出版社, 2019.11
（致家庭教育者）
ISBN 978-7-5139-2688-1

Ⅰ.①父… Ⅱ.①方… Ⅲ.①家庭教育 Ⅳ.①G78

中国版本图书馆CIP数据核字(2019)第257804号

父母是孩子最好的玩具
FU MU SHI HAI ZI ZUI HAO DE WAN JU

出 版 人	李声笑
编　　著	方士华
责任编辑	刘树民
封面设计	三石工作室
出版发行	民主与建设出版社有限责任公司
电　　话	（010）59417747 59419778
社　　址	北京市海淀区西三环中路10号望海楼E座7层
邮　　编	100142
印　　刷	三河市天润建兴印务有限公司
版　　次	2019年11月第1版
印　　次	2020年1月第1次印刷
开　　本	880毫米×1230毫米　　1/32
印　　张	30
字　　数	756千字
书　　号	ISBN 978-7-5139-2688-1
定　　价	198.00元（全六册）

注：如有印、装质量问题，请与出版社联系。

所谓家庭教育者，就是家庭里能够对孩子产生影响和教育的人，主要是指孩子的父母。家庭是孩子人生的第一站，也是孩子第一所学校。孩子在父母的抚育关怀和直接教导中学习，也从父母的一言一行中进行模仿，父母的潜移默化使孩子受到了最初的教育。因此，父母是孩子的第一任老师，也是孩子永远的老师。

著名教育家苏霍姆林斯基说过："如果没有整个社会的教育，特别首先是家庭高素质的教育，那么不管在学校老师付出了多大努力，都可能达不到完美的效果。孩子在学校里的一切问题，都会在家庭里折射出来，而学校复杂教育过程所产生一切困难的根源也都可以追溯到父母。"由此可见，父母对孩子教育的作用是多么的重要啊！

其实，所有父母都希望培养出一个优秀的孩子，都希望自己孩子从小就具有良好的品格、出众的成绩和较强的能力，长大以后更是能够出类拔萃，功成名就，集成功与荣耀于一身。

但是，愿望毕竟是愿望，要使美好的种子开花结果，就必须进行辛勤施肥和浇灌，就必须进行良好的家庭培育。因为只有把根基扎稳了，才能长出参天的大树来。

问题是每个父母都尽其所能地教育和培养自己的孩子，可为什么有的孩子能够十分优异，而有的孩子却非常平庸呢？造成孩子差别的根本原因，就在于有没有采用正确的教育方法，如果从心理学的角度来说，就是有没有根据孩子的心理特点采取针对性和适宜性地教育，这是孩子是否成才的关键。

俗话说，知子莫如父，知女莫如母，这个"知"就是指要知道孩子的心理，然后采取有的放矢的教育。如果你连自己孩子的心理都不知道，那么就枉为人父和枉为人母了，更谈不上正确的教育和培养。

那么，怎样了解孩子的心理，又怎样针对孩子的心理进行良好的教育呢？

为了帮助家庭教育者解决家庭教育的困惑，我们特地编撰了本套丛书，包括《好习惯让孩子受用终生》《父母是孩子最好的玩具》《好妈妈胜过好老师》《好父母不吼不叫》《如何说孩子会听，怎样听孩子才会说》《没有教不好的孩子，只有不会教的父母》六册书，分别讲述了作为家长如何培养孩子的良好习惯、怎样提高孩子的情商智商、如何培养孩子的学习精神、道德品质以及独立能力等问题。可以说，这些是成就孩子一生的最重要资本。

总之，本套书集针对性、指导性和实用性于一体，对于进行良好的家庭教育大有好处，每个父母都可以从中发现适宜用来教育孩子的不同方法和诸多措施，是一套家庭教育的优秀读本，适合不同年龄段孩子的父母学习和珍藏。

目　录

第一章
放飞孩子的思想

　　放飞孩子的思想，就是打开禁锢孩子思想的一切枷锁，让孩子的思想长上翅膀，自由地飞翔。孩子的头脑中，有许多稀奇古怪的想法，这些想法都是创新的萌芽，放任孩子自由的想象，引导孩子去思考、创造，你就会看到一个令人惊讶的了不得的孩子。

思考能打开智慧之窗

人们都说，一个智慧的人是善于思考的，而善于思考的人也是有很多智慧的。一个孩子如果有独立思考的能力，那么对于开启孩子的智慧之窗有很大帮助的。

刚上小学的张鹏，是一个聪明、活泼的孩子。他特别喜欢看动物和有关动物的书，所以，他的爸爸妈妈尽可能利用晚上或周末的时间带他到书城去看书，让他翻看各类的书籍，自主的挑书，回来时张鹏都会买一本自己喜欢的书。

这些书，由于是他自己挑选的，所以特别喜欢看，还不停地问为什么？就这样，张鹏认识了书上大部分的动物。

有一天，爸爸问他："鹏鹏，想不想去野生动物园？"

鹏鹏听了高兴极了："我特别想去，想看看那漂亮的孔雀！"于是，在周末的时候，他们一家人去了野生动物园，鹏鹏别提有多高兴了，看见什么都比较新奇。在玩的过程中，他还将平时学到的知识向爸爸妈妈"卖弄"。

他问爸爸："孔雀开屏是雄的还是雌的，为什么？"

这时，爸爸为了增强张鹏学习的信心，故意装作："我还不知道呢？你说，开屏的是雄的还是雌的呀？"

鹏鹏将在书上看到的知识告诉爸爸。爸爸说："鹏鹏看书好不好？你看你现在本领多大啊，比爸妈都厉害，以后我们要向你学习，多看书多观察。"

鹏鹏更加得意！从此，他养成了爱看书，爱思考的好习惯，凡事不明白的问题他总爱问爸爸妈妈，有时候问得父母都无从回答，不过他们尽量给鹏鹏以解答。

当今时代，是"信息时代"，也是"知识爆炸"的时代。这从客观上对每个人的思考能力提出了很大的挑战。凡是有思考能力的孩子，一般求知欲望都很强，而且终身学习的能力和创造力也很强。

这种能力，使他能够与时俱进，并融入主流社会。所以，作为孩子的父母，当孩子向你提出各种问题时，千万不要以孩子还不懂为由，敷衍了事应付孩子，更不能抹杀孩子独立思考的能力。

当孩子提出问题时，父母应该感到高兴。这说明你的孩子开始有了独立思考的能力。

现在有许多父母已经认识到，要让自己的孩子跟上时代发展的步伐，必须教会孩子一些思考的能力。因此，他们想尽各种方法与孩子一起做各种有利于孩子思考的游戏，陪孩子阅读一些有关科普之类的书刊，尽量给孩子多余的时间让他们思考。

教育孩子就应该尊重他的意见和想法，多和孩子交流。孩子稍大，就会对事物有一些自己的想法，父母做出与他有关的决定要征询他的意见。如果不存在原则性的问题，父母应该尊重孩子的意见，如果无法按孩子意见办，父母应该耐心说服他，如果父母的决定错了，也应该向孩子承认错误。

这样，孩子就会觉得自己的意见受到重视，就会凡事乐于思考，乐于表达自己的意见。时间长了，孩子就会养成爱动脑子的好习惯。

有一位父亲曾是这样教育自己孩子的：女儿小时候爱向他提问题，他总是给女儿以问号，从不给句号。这样，大大激发了女儿的好奇心，女儿从小就好发问，好思考。长大之后，这位女儿取得了优异成绩和杰出成就。

有人说，没有知识，思想就成了无源之水，知识丰富，思想才会深刻。对于孩子来说，父母的作用远远超过老师，可以说是孩子最重要的老师。孩子向你提出问题的时候是他最感兴趣的，只要教给他的知识，他就能记得最牢。所以，父母对孩子提出来的问题要认真地解答。同时，孩子对新事物也是比较容易产生好奇心。

为了激发孩子的好奇心，让孩子学到更多知识，平时就要带孩子多走多看，引导孩子多思多想，从而就会使孩子获得更多的知识。

好奇是孩子进步的源泉

21世纪，是知识经济发展的时代。社会之间存在的竞争归根结底就是人才的竞争，在这里人才指的是具有一技之长的人，无论你是钳工、焊工、电工还是车工。

作为父母，要想把孩子培养成适应时代要求的佼佼者，必须注重孩子的好奇心。好奇心是激发孩子兴趣和创新精神的源泉，所以，好奇心在很大程度上促使孩子有更大的进步。

有一次，潘阳看见妈妈买回来一袋苹果，刚一放在餐桌上，苹果就滚下来一个了。于是潘阳很好奇，就问："妈妈，苹果为什么会从桌子上掉下来呢？"

妈妈说："因为苹果是圆的，它才会掉下来的。"

还有一次，潘阳正在画画，她的妈妈发现潘阳画了一个方的苹果，于是就耐心地询问："苹果都是圆的，你为什么画成了方的呢？"

潘阳回答说："我看见妈妈买回家的苹果放在餐桌上，一不小心，滚到地上就摔坏了。我想苹果是方的，那该多好啊！"

妈妈立即鼓励道："你真会动脑筋，祝你能早日培育出方苹果！"潘阳听了妈妈鼓励的话很高兴，从此以后对任何事物都非常好奇，而且还十分爱动脑筋。

好奇心是人类的共性，也是一种极为宝贵的心理品质。孩子的好奇心、自尊心、自信心与其健康成正比，它们之间是相互促进的。对于孩子的好奇心，父母要给予支持、鼓励、肯定、赞扬、欣赏的态度，这样就能够激发他们对新鲜事物的兴趣。

在父母的肯定与表扬下，就能很好地保护孩子的好奇心。同时，孩子就会取得相应的进步，从而引导和培养孩子"发现问题、分析问题、解决问题"等结合能力。

好奇心被誉为"人类的第一美德"。只要孩子有了好奇心，才会去学习、去探索，去发现。所以，也有人称它为"探究反射"。

一个泯灭好奇心的人，面对浩瀚无垠的知识海洋，他就会熟视无睹，自然也不会产生学习的兴趣，更不会有学习的热情。由此可见，好奇心被泯灭是多么可怕呀！

好奇心是每个孩子具有的天性。正是因为好奇心，才使瓦特看到火炉上的水壶冒出的蒸汽冲得壶盖不停地上下跳动，惊奇不已，以致引起他很大的兴趣，最终研究发明了蒸汽机。

所以，从现在开始，当孩子再问到你类似的问题时，不要再麻痹下去了，更不应该去抹杀孩子的好奇心了，否则你将会后悔剥夺了孩子发明的权利。

孩子天生好玩，天生好奇。然而，孩子的兴趣多是从玩中发现的，从好奇中产生的。英国教育家斯宾塞说：应该引导儿童进行探索，自己推论，给他们讲的要尽量少些，而引导他们发现应该尽量多些。

在孩子的学习过程中，我们应该把学习的主动权交给孩子，让每个孩子根据自己的想法、自己的体验、用自己的思维方式，去探究、去发现、去创造。父母应该要留意孩子对哪些东西感到好奇，关键是发现孩子的兴趣所在，更有利于我们对孩子的培养。

父母在教育孩子时，不要对孩子说："这不对""那不行"，而是应该激发他们的好奇心。教育孩子关键就是要激发他们的奇思妙想，鼓励他们去尝试，去创新，让他们多开动脑筋，多动手操作。

父母应该给予孩子真诚的关爱，让他们对自己充满自信，情绪高涨，使他们思维敏捷，信心倍增；同时，父母还要理解、宽容、激励他们，让他们体会到自身的价值，坚信"我能行""我一定能做到"。在孩子的成长过程中，作为父母不能压抑孩子的好奇心理，抑制孩子的兴趣，生拉硬扯地把孩子的心理拽回来，让他们只关心书本，只关心考试，限制孩子的好奇，压抑孩子的兴趣。

大家都知道，羊对草感兴趣，对周围的事情漠不关心。所以，当遇到困难时，它们只会逃跑或者等死。如果父母限制孩子的好奇心，压抑孩子的兴趣，不就是在培养一只温驯的"羊"吗？

因此，父母应该对孩子负责，努力为孩子营造好奇心的氛围，从而激发孩子的兴趣，使孩子的个性得以张扬。

放飞孩子的想象力

当孩子学会说出自己的理由时，就是学会思考问题了。孩子和家人一起做的各种富于创造力和想象力的活动，都有助于建立这种重要的思维过程。

从小培养孩子的想象力将会使他受益终生，因为丰富的想象力能帮助孩子从书本、音乐以及其他所有的艺术中获得更多的东西。

了解想象力的重要性

想象力是人在已有形象的基础上，在头脑中创造出新形象的能力。比如当你说起汽车，我马上就想象出各种各样的汽车形象来就是这个道理。因此，想象一般是在掌握一定的知识面的基础上完成的。

爱因斯坦曾说："想象力比知识更重要，因为知识是有限的，而想象力概括着世界上的一切，推动着进步，并且是知识进化的源泉。"孩子的想象力是天生的，也是后天培养的。作为孩子的父母，不仅对孩子的想象力要给予保护和鼓励，还要创造条件，让孩子们异想天开。

大家都知道，孩子在幼儿时期都特别喜欢看童话故事。而当他们上了小学、中学以后，又常常认为童话是那么的幼稚而不屑一顾。究其原因，是他们的想象力受到了一定程度的扼杀。因此，作为孩子的父母，让孩子的想象力持续下去是一项很重要的工作。

父母在教育孩子时，应鼓励孩子要发挥自己的想象力，而不是扼杀孩子的想象力。孩子不能没有期待，不能没有想象，不能没有梦幻。因为只有拥有期待，才有可能拥有追求；只有拥有想象，才有可能拥有创造；只有拥有梦幻，才有可能拥有生命不息、奋斗不止的执着。

培养孩子想象力方法

（1）尊重孩子的想象力

孩子都喜欢问"为什么"，这是他们想象力萌芽的标志。家庭教育只有顺应孩子的天性，才会真正有效。这就要求父母面对孩子怪异离奇的想法时，要懂得尊重孩子自由想象的权利，这是对孩子创造天性的最大保护。

慧慧很喜欢画画，一天，她正在专心画画，爸爸走到她身后，看见她正在画一个小孩和一只小兔子玩。

爸爸饶有兴趣地赞美道："孩子，你画得真好，你可以告诉爸爸小兔子正在和谁捉迷藏吗？"

孩子抬起头，开心地说道："和我啊。"

"爸爸和妈妈都想参与到你们中间去，怎么办啊？"

孩子托着下巴想了想，说："那我把爸爸妈妈都画上去吧。"

"嗯，慧慧真聪明。"爸爸说着摸了摸慧慧的头。慧慧从爸爸那里得到了鼓励和支持，对绘画的兴趣更加浓厚了。

爸爸的做法不仅保护了慧慧的好奇心和想象力，并且引导孩子在画画的同时提升想象力。当孩子用稚嫩的声音说出自己的想法时，父母要尊重孩子，抓住激发孩子想象力的机会，不可对孩子敷衍，更不要嘲笑孩子。给予孩子合理的解释，在尊重孩子原始想法的基础上，试着反问孩子为什么有这样的想法，这样可以引导孩子进行更丰富的想象。

父母尊重孩子的想象力，也就是保护了孩子的积极性，增加了他们的自信心。对于孩子的想法，父母要真诚地鼓励，不要有不重视的表情或做法，让孩子在父母积极的回应中，学会发挥自己的想象力。

（2）引导孩子主动想象

孩子在幼儿时期就开始具有想象力，也是最容易形成思维模式的阶段，一旦形成，就会长期保持，影响孩子的一生。父母要注意引导孩子主动想象，及时鼓励孩子做出充满想象力的回答，以培养孩子的创新能力。

同时，多让孩子接触诸如美术、音乐等领域，可以激发孩子的想象力。父母还要多带孩子亲近大自然，为孩子的想象力增加材料储备。

4岁的李丁正在看动画片《大头儿子和小头爸爸》，看着看着，突然从沙发上跳起来，做着大头儿子的动作。

爸爸看着活泼的儿子，也和孩子一起到处跳上跳下，父子俩一起做着动画片里面的动作，还为动画片添加了很多情节。父子俩玩了一个多小时才停下来。

李丁的思维和思想明显比同龄孩子要开阔得多，正是得益于平时这些模仿游戏、角色扮演等活动。

想象力是创造力的源泉。要使孩子的创新能力得到开发和锻炼，想象力的培养是非常重要的，它可以帮助孩子冲破惯性思维的束缚，超越已有知识的限制，完善和发展创新能力。

（3）拓展孩子知识经验

想象力是建立在丰富的表象基础之上的，如果孩子大脑中没有足够的表象储备，就不会激发起他们的想象力。表象是外界事物在孩子头脑中留下的影像，它们是很具体的、形象的，是想象的基础和材料。

当父母为孩子读一篇散文的时候，孩子的头脑中会形成自己的想象。但是不同孩子的想象是不同的，这是因为不同孩子的知识经验是不同的，表象越丰富，想象也就会越丰富。

因此，父母要让孩子更多地接触新鲜的事物，使孩子尽可能对事物产生基本的认识，然后转化为自己的知识储备，在今后遇到类似的事物时，就可以调动自己的想象力。

在日常生活中，父母要引导孩子学会观察、记忆。孩子接触和认识的事物越多，想象力就越丰富。此外，父母还要有意识地丰富孩子的词汇，因为即使再丰富的想象力，也是要靠语言表达出来。词汇贫乏的孩子，会因为找不到合适的表达词汇而缺乏想象力。

父母要为孩子提供一些有想象色彩的书籍和作品，在家庭中进行类似于故事接龙的游戏，让孩子自己编故事的结局等，通过这些活动，锻炼孩子的想象能力。

（4）用游戏激发想象力

孩子一般都喜欢游戏，游戏时，孩子会将自己对现实生活的理解进行创造性的反映，想象力也会得到发挥。孩童时期是想象力最活跃的时期，男孩或女孩在游戏中扮演不同的角色，玩得越好，想象能力就会越强。

　　小跃问爸爸轮船是怎样发明的，爸爸没有立即回答，而是说要和孩子进行一个游戏。爸爸端来了一盆水，并把一只很轻的鞋子放在装满水的盆子里，鞋子立即漂起来了。

　　爸爸看着孩子好奇的神情，顺势问道："如果我们将水盆看成大海，那么那只鞋子就是什么？"

　　孩子马上回答说是轮船。于是，爸爸接着给孩子讲起了古人如何在看到漂浮在水上的木板后，想到用木板制造船只，后来随着技术的进步，人们发明了用更结实的钢板来制造轮船。

　　孩子看着水上的鞋子，在爸爸的引导中，想象力也随之调动起来。

父母也可以参与到孩子的游戏中去，扮演一定的角色，使游戏变得更加复杂，这样孩子的想象能力也会变得更加丰富。孩子特有的想象力会让世界变得丰富多彩，也会给父母带来惊喜。

与此同时，玩具是激发孩子想象力的物质基础，也是游戏过程中必不可少的材料。父母要根据孩子的年龄特点和兴趣爱好，为孩子选择恰当的玩具。玩具不必以价格来评价好坏，而要看是否可以开发孩子的想象力和智力。父母也可以为孩子提供玩具的原材料，让孩子自己在制作的过程中发挥非凡的想象。

（5）教孩子学会幻想

幻想是想象的基础，喜欢幻想的孩子，一般具有丰富的想象力。在幻想的过程中，孩子可以给自己赋予不同的角色，体验喜怒哀乐，丰富孩子的人生。

在幻想的过程中，孩子会假设遇到棘手的问题，在这个过程中，孩子分析问题和解决问题的能力也会得到提高。因此，父母必须呵护孩子的幻想能力，鼓励孩子幻想。神奇的想象，可以给人巨大的启迪，这就是幻想的乐趣和力量。

幻想是发展想象力的一种特殊形式，它往往脱离现实，跨越时空，创造出新形象。孩子在自己的幻想中，会想象出很多事情的出现及解决的方法，从而减少自己走弯路的次数，想象能力也会从中得以提升。父母要鼓励孩子进行幻想，即使孩子的幻想有常识性错误，也不要制止，因为那是孩子想象能力和创新能力的萌芽，有着不可估量的价值。

（6）给孩子讲有趣的故事

孩子在听父母讲故事时，想象力会很丰富。他们会在父母的故事中想象出故事中的人物和情景，也会想象故事的情节发展。当父母讲的故事不符合他们的想法时，他们会想象其他的结局。通过这样的方式，孩子的想象力会得到发展。

因此，父母可以尝试不给孩子讲完整的故事，而是积极鼓励孩子将故事补充完整。对于孩子补充的故事，父母不要打击，要适时热情鼓励，使孩子的想象力在此基础上逐渐完善。

不要扼杀孩子的想象力

随着社会不断进步，时代在变，孩子的思想在变，教育孩子的方法也应该变。现在孩子的思想特别活跃，这与所处的社会大环境是有关系的，父母不能用固有的思维方式去教育现在的孩子，应该充分的调动孩子的积极性，给孩子以想象的空间。

孩子看到的世界是独特的，想象力也是非常丰富，如果父母用成人的思维方式对他们粗暴的干涉，就会扼杀他们的想象力和创造力。

巧巧是个聪明、活泼、可爱的孩子。她总是在教育妈妈，都可以当她妈妈的老师了。妈妈让她写作业。她会说："孩子要有一个快乐的童年，只有玩我才感到快乐。"

她办了错事，妈妈批评她。她会说："孩子应该多鼓励不应该批评，你就不会做父母，你应该学学怎样做父母。"

妈妈生气地说："难道你做错了事情也要表扬吗？那你以后会接着错下去的，妈妈就是要告诉你什么是对的，什么是错的，你以后才不会犯同样的错误。"

她却说："做错了也得表扬，只有在表扬中孩子才能改正错误。"而且她的想象力很丰富，经常是突发奇想。

早晨起来，她说："妈妈，我要做宝宝奶酪。"于是，把牛奶、鸡蛋、巧克力粉混在一起，放在微波炉里，一会出来，一尝不好吃，也不吃了，放在一边不管了。

有一次，去卫生间的工夫，就把妈妈擦玻璃的水和喷头发的混在一个瓶子里，还说："妈妈你看，瓶子里是有颜色的，喷出来就没颜色了，我在做实验。"

她还经常拿着彩笔往衣服上画，白色的衣服被她画上各种图案，还让妈妈看："妈妈，你看我画的多漂亮呀。"可这样的衣服一洗就不能穿了。

巧巧的想象力常常弄得大家哭笑不得。有时妈妈生气了，要打她，她一看情况不对，转身就跑，还做着各种鬼脸。有时被妈妈抓住，打上几下，她还不服地说："孩子是不能打的，你要和她讲道理，老打孩子会变得不聪明的。"

大家听听，也不知道巧巧是从哪来那么多歪理。但这正是她想象力的充分表现，虽然妈妈有时很生气，但是也是非常高兴的，还常常同她一起理论这些歪理。

有很多父母认为，现在教育一个孩子是多么不容易呀！这也或许是他们教育孩子的心得吧。如果你要是没有多少文化，讲不出一定的道理，孩子根本不服你。

但这同时也是一件好事，促使当父母的也要不断地学习，不断地提高自己。只有这样你才能跟上时代的步伐，才会使你讲出来的道理，让孩子心服口服。以前凭着打骂孩子来教育孩子，在这个时代里是行不通了，父母必须多学习，多思考，才能教育出孩子。

爱因斯坦曾说："想象力比知识更重要，因为知识是有限的，而想象力概括着世界上的一切，推动着进步，并且是知识进化的源泉。"孩子的想象力是天生的，也是后天培养的。作为孩子的父母，不仅对孩子的想象力给予保护和鼓励，还要创造条件，让孩子们异想天开。

大家都知道，孩子在幼儿时期都特别喜欢看童话故事。而当他们上了小学、中学以后，又常常认为童话是那么的幼稚而不屑一顾。究其原因，是他们的想象力受到了一定程度的扼杀。

因此，作为孩子的父母，让孩子的想象力持续下去是一项很重要的工作。在教育孩子时，父母应鼓励孩子要发挥自己的想象力，而不是扼杀孩子的想象力。

孩子不能没有期待，不能没有想象，不能没有梦幻。因为只要有了期待，就有可能有追求；只要有了想象，才有可能有创造；只要有了梦幻，才有可能有生命不息、奋斗不止的执著。

父母应在孩子的黄金时节，给孩子创设一种宽松的表达环境、一个宽广的思考天地，让孩子放飞想象，从而顺利地带领孩子走入快乐想象的殿堂，使孩子们焕发出蓬勃的生命力！

培养孩子的想象力

对于孩子的想象力，鲁迅先生就曾这样说过："孩子是值得敬服的，他们常常想到新月以上的境界，想到地面以下的情形，想到花卉的用处，想到昆虫的语言，他们想飞上高空，他们想潜入蚁穴。"

无须争辩，想象可以说是我们人类智慧中不可或缺的属性。尤其是中小学生在学习各门功课的过程中，都需要借助想象力来完成，否则他们将难以理解教材中的图形、概念，写作文也不会有形象生动的描写。

想象力还直接关系到孩子创造力的发展，现实生活中的许多发明创造都是从想象开始的。这也就是大科学家爱因斯坦为什么会说"想象力是思想的火花"的原因了。

许多父母对此并没有足够的重视，他们只注重孩子的学习成绩，而不注重对孩子想象力的培养和提高，使得孩子逐渐丧失了自己想象的空间，并因此也丧失了创造的能力，造成了难以挽回的后果。

再者，有的父母对孩子的要求较高，管理较严，对孩子一些富有想象力的说法和做法会加以呵斥制止，这就直接扼杀了孩子的想象力和创造力，可能使原本聪明伶俐的孩子变得普通甚至平庸。

对此，也许有很多父母会这样认为，孩子们头脑里那些乱七八糟的想象，简直就是胡说八道，没一点正经的东西存在，怎么会激发出孩子的创造力来呢？

在这里，我们用一个生活中的事例来加以说明。我们在建造房子的时候，会用一些石头或者半块的砖头来打地基，很少会用完整的砖，而把它用来垒外面的墙壁。

房子是否牢固，在于地基是否足够深，浇灌地基时混凝土搅拌得是否均匀，不在于打地基时用的是否是半块的砖，还是完整的砖。

同样的道理，想象力就是创造力的地基，孩子能不能具有创造的能力，不在于他头脑里的想象是否杂乱无章，是否经不起我们的推敲，而在于父母对孩子的这些想象是否予以了认可，是否有意识地去帮助孩子把他们的想象引导到创造力上面来。

也就是说，对于孩子头脑里的想象，父母有帮助其提高的责任。在这里我们首先要认清一个事实，就是对于孩子的想象力，我们是不应刻意去培养的。现在很多人都在叫嚷着要去培养孩子的想象力，其实这种说法是不对的。

因为想象是孩子的天性，根本不需要我们刻意地去培养，在语言、动作、空间、社会等能力的培养和发展过程中，都贯穿着孩子的想象能力，正如皮亚杰所说，孩子天生是科学家。在这种情况下，我们对孩子的想象只能是帮助其提高，而不应该有培养之说。

德国教育家第斯多惠曾这样说过："一个坏的教育就是奉送真理，一个好的教育则是教人发现真理。"所以，提高孩子想象力的过程，也应该是引导发现真理的一个过程。父母应该做些什么呢？

丰富孩子头脑中的表象储存

我们已经知道，表象是外界事物在人的头脑中留下的影像，它有具体和形象两大基本特性，也是展开想象的基本材料。所以，如果我们能让孩子的头脑里积累越多的表象，就越能丰富他们的想象资源，越有利于完善他们的想象力，进而得到提高。

具体实施办法就是，父母应该多带孩子去博物馆参观、到郊区游览、参加各种公益活动或走亲访友等，以此来丰富孩子头脑中的表象。另外，为了让孩子记得多，记得准，记得牢，可以在事后让他用语言描述或者通过写日记把头脑中的表象再现出来。

给孩子足够的思考空间

思考，是打开智慧大门的钥匙，是穿破未知障碍的利箭，是通向成功彼岸的桥梁。一个人如果不思考，就不可能启迪智慧，求得真知，获得成功。

当面对一件事物时，如果它能引起我们某方面的思考，在大脑里就会映现出对这方面相应的想象，这是我们成年人都会出现的现象。孩子在这个方面表现得尤其明显，哪怕一丁点的思考都会让他们浮想联翩，所以说没有思考，孩子的想象力是无法得到提高的。

为了提高孩子的想象力，父母就必须给孩子留出足够的空间，让他们可以在里面独自思考。同时，对于孩子提出的问题，在回答时也应该留给他一定再思考的余地，而不应该全盘托出，这样对提高孩子的想象力也是有益的。

指导孩子扩大语言文字的积累

我们头脑中的想象是以形象为主的，但仍旧离不开语言材料，尤其是在需要用口头语言或书面语言将想象的内容表述出来时，语言材料起着举足轻重的作用。因此，父母应该增强孩子语言的表达能力，而这种能力来自于对语言文字的广泛积累。比如，让孩子备一个摘抄本，把阅读中遇到的名言警句或者优美的描写段落摘抄下来，以方便平时拿来翻阅。

支持孩子参加课外兴趣小组的活动

每一种兴趣小组的活动，都将会有大量的形象化的事物注入孩子的脑海里，能够起到丰富孩子知识的作用。另外，孩子在参加这样的活动时，必须进行一系列创造性的想象才能完成活动任务，这对提高孩子的想象力是大有裨益的。

而且，当孩子在参加完兴趣小组的活动之后，他的活动成果如果得到展示或者获得表彰奖励时，他们的积极性会因此更加高涨，想象力也会得到突飞猛进的发展。

开发孩子的想象力

想象是创新的翅膀，想象是智慧的源泉。尤其是童年时期的想象，它可以使孩子追逐那富有魅力的知识火花，又可使孩子超脱真实与现实。所以，作为父母就应该有意识地去引导孩子用发散的思维去想去做。

三个瓦工的故事相信有很多人都听过了。故事是这样的，当这三个瓦工正在努力干活的时候来了一个人，这个人问第一个瓦工："你在干什么？"

第一个瓦工随口就答道："你用眼睛干吗呀，没看见我正在砌砖吗？"然后他又去问第二个瓦工，这个瓦工答道："我干一小时活，挣xx元工钱。"

接着他又来到第三个瓦工跟前，提出相同的问题。第三个瓦工仰起头望着工地的上空，以富有幻想的表情凝望着远方，深思了一会答道："你是在问我吗？我正在修建大教堂。建造一座对本地区产生巨大精神影响的、能够让后世骄傲的教堂。"

表面上看来这个故事平淡无奇，但如果仔细想这三个瓦工的结局的话，那就有得论了。不言而喻，前两个人也许是以瓦工的生涯度过了一生。而第三个瓦工，肯定不会甘心当一辈子瓦工。也许他会当上工头，也许当土地承包人，也或许会当上了建筑工程师。这就是因为他富有想象力，有远大抱负的原因。

人的身上，最重要的就是道德品质，第二重要的就是想象力。想象力是孩子思维的翅膀，古今中外的事例证实，凡是想象能力发达的孩子，大都有强烈的责任感和好奇心，有学习研究的热情，也表现出顽强的意志力，而且勤奋乐观，还有较强的独立性。

伟大的科学家爱因斯坦说得好："想象力比知识更重要！"想象力是指对头脑中已有的形象进行加工改造，创造出新形象的过程。想象力是创造力最本质的内涵，没有想象力就意味着创造力的贫乏。

一些父母对教育的理解还深深地受着传统的捆绑，认为课堂、书本才是正规的教育，学技术型的东西是教育，而对孩子开发潜能、隐藏着巨大作用的想象与创造活动往往不屑一顾。

其实，孩子的身心发展时期，是想象力表现最活跃的时期。孩子的想象力是他们探索世界和创新活动的基础，一切创新的活动都是从创新性的想象开始的。

有这样一位妈妈，她打算教孩子学习阿拉伯数字，当她在本子上端端正正地写下一个"0"时，孩子便马上展开丰富的想象，说这是张大的嘴巴，煮熟的鸡蛋，妈妈的耳环或者是其他一些你根本想不到的东西。

这时候，你千万别为孩子没有按照你的思维去学习而火冒三丈，责备他："胡说！这是阿拉伯数字零。"

殊不知，这样做很容易挫伤孩子想象的积极性，把孩子的思维过早地束缚在成人所划定的框框里，从而失去了孩子应有的天真与童趣。想象力是每个人都有的一种认知能力，并非伟人、奇人或者外国孩子所特有的，但为什么孩子的想象力就是不足呢？其中一个原因当然是"个体差异"，也就是说想象力与其他能力一样，人与人之间本来就有差异。

其实，"异想天开"也是一种能力，是一种非常可贵的想象力。人类发展的历程表明：没有"异想天开"，便没有人类社会的进步。许多古人"异想天开"的事，经过科学家们不断地探索与研究，在今天都变成了现实。

想象力其实是在年龄越小的人身上会越丰富，因为他没有什么知识。但是随着知识的越来越多，比如在没有知识的时候，一个孩子想象一个事物的时候要给他一个解释，就是用想象力。

所以，当你的孩子有奇特的想法时，请不要责备他们"胡思乱想"，而应当给他们以适当的鼓励和引导。创新思维除了要得到很好的保护之外，还需要适时的激发。不断地引导孩子敢想、敢说、敢于大胆表现。要培养出具有创造性思维的孩子，首先父母就要做到思维活跃，敢于大胆想象。想象力在童年时期是最活跃、最丰富的，而父母的教育态度能直接影响孩子想象力的发展。如何培养孩子的想象力，父母们不妨参考以下几个方面：

丰富孩子的感性经验

首先，丰富孩子的感性知识，使其头脑里充满各种事物的形象。这是孩子想象力发展的基础。父母平时要指导孩子多观察、多记忆一些具体的东西。去博物馆、去郊游、去动植物园、去参加各种公益活动、走亲访友等，都可以记住许许多多的表象。

其次，充分利用文学、艺术等多种形式，使孩子获得间接经验。如：利用电影、电视、图片、画册等直观材料，通过讲故事、叙述童话、朗诵诗词、绘画等，激发孩子的想象。

让孩子有意识地留心各种各样的人物形象和景物形象，有利于增加表象的积累。这样不但丰富了孩子想象的内容，更增强了孩子用言语表达自己想象的能力。

用绘画启发孩子的形象力

绘画是锻炼、培养孩子想象力的一个重要途径，又是孩子最为喜欢的一种表现形式，孩子的想象力尤其在绘画中更能够表现得淋漓尽致。对于孩子来说，图画比生硬的文字更能引起他们的兴趣，画面的直观显示，更能吸引孩子的视线，更能启发、引导孩子展开丰富的想象。

所以，父母应有意识地让孩子多接触各种图画，并鼓励孩子试着以此为基础把心里想的画出来。在绘画中任意挥洒自己的意愿与情感。想象是幼儿时期的一种明显特征，它可以不受任何羁绊，在想象空间任意驰骋。

有意识地鼓励孩子想象

孩子生理、心理特点决定了他们活泼好动的天性。他们对周围的一切充满了好奇，希望对好奇的事进行探索。爱做游戏是孩子的天性，对于孩子的自发性游戏，父母应该给予关注。游戏对孩子来讲，就如同成人的工作、学习一样，是发展孩子想象力最好的活动。他们会把小盒子放在水里当船航行，拆散了新玩具，再重新组装。

对于孩子的这些举动，父母可以先问清原因，对孩子富有想象的行为，给予肯定和鼓励，然后，想方设法指导他们认识玩具的结构和制造原理，帮助他们安装好玩具，这样对发展孩子的想象力大有好处。

鼓励孩子多联想

联想就是赋予若干对象之间的一种微妙关系，从中展开想象而获得新形象的心理过程。人们思考问题的时候，往往会与某个物体相关的一些事物联想起来，孩子尤其如此。针对这种情况，父母一定要鼓励孩子，让孩子通过联想来提高想象力。

鼓励孩子自己编故事

故事作为一种形象的语言艺术，深受孩子喜爱，他们在听故事的过程中，通过词语的描绘，会联想到相应的形象与活动。孩子喜欢编故事，有时还会讲给小伙伴听，有时讲给爸爸妈妈听甚至自言自语。

这是锻炼孩子表达能力的好方法，也是发展想象力的好机会。父母要积极鼓励孩子，不要冷言冷语，更不能随便阻止孩子们的所作所为。

父母可以引导孩子按照某个主题去编去讲，适时地给以赞扬并指出不足。为发展孩子的创造想象，要注意训练孩子续编故事结尾，来引导孩子展开想象，进而，从多角度续编。

总之，为了发展孩子的智力，就必须重视开发孩子的想象力，当孩子的头脑插上想象翅膀时，他就会飞翔得更高更远。

给孩子保留想象的空间

孩子的世界和大人的世界是有很大不同的，其中最大的不同之处就是孩子拥有非同寻常的想象，这主要是因为当他们面对新鲜事物时，只会根据这个事物的形象、声音、色彩和感觉来进行思维，而不会像大人那样头脑中积存着诸多的框架，更不会对其进行理智的思考，权衡利弊。

也就是说，孩子的想象大多来自于感官，并不会伴随着功利性的思维。那么，对于孩子这样的一种情形，父母应该持有一种什么样的态度呢？

受几千年来儒家文化的深远影响，我们在教育孩子的时候，总是在想方设法诱导他们遵循自己的思维方式，在对同一事物的看法上，也极力促使他们形成一种成人的看法，并以为这样才会有助于孩子的健康成长。

于是，在这种思想的支配下，孩子们被强制在家要听父母的话，在学校要听老师的话，却从来不考虑这些话是否正确，是否适合孩子的要求，孩子愿不愿意接受。

在这样的一种逼迫下，必然会产生如此的一种情况，那就是孩子因此丧失了独立思考的能力，也丧失了想象创造的能力，只变成了一个人云亦云的应声器。

不可否认，在对孩子实施教育的过程中，父母一直存在着这样的一种观点，那就是认为他们的人生观和世界观还不够健全，所以很有必要帮助他们将其建立起来。

这种想法本来是完全正确的，只是在执行这个想法时，我们父母显得过于急躁，缺乏耐心，甚至采用填鸭式的方法。另外在灌输父母的想法时，努力打压孩子自己的想法和见解，从而使孩子没有了自己对问题的看法和立场，更摧毁了孩子的想象空间。

殊不知，正是因此我们把孩子的前途给断送掉了。

观察我们每天的日常生活，可以说无处不存在着想象的痕迹，比如科学家提出的假说，工程师的设计、工业的技术革新、农业的新品种培育……

可以说，没有想象就不会有社会的进步，就不会有飞机、轮船、汽车的出现；就不会有牛顿定律、相对论的产生……所以，对于孩子的教育，我们应该给予他们一个相对宽松的环境，对于孩子的想象我们应该给予他们足够的尊重。

下面这位幼儿园的老师，就在尊重孩子的想象方面给我们做出了很好的表率。

一天饭后，朱老师带领孩子们散步时，可爱的明明拉住了她的衣角，说："老师，刚刚我把梨的籽吃到肚子里去了，会不会长出梨来？"看着他因此急得通红的小脸，朱老师忍不住捂嘴笑了，旁边的小朋友也都笑了，纷纷说："哈哈，明明肚子里能长梨……"

听大家这样一说，他变得更害怕起来，问朱老师说："如果我的肚子里长出梨来，是不是要去医院开刀……"

朱老师把他揽到身边，轻声地告诉他："你的肚子里不会长梨的，种子生长发芽需要足够的水分、阳光和土壤，而你的肚子里没有土和阳光，所以是不会长出梨来的。"

这下明明总算放心了，高高兴兴了，还边笑边说："哈哈，我的肚子不会长梨。"

试想一下，如果明明小朋友在向朱老师提出自己这个问题之后，朱老师如果一副很生气的样子，怒斥他是胡思乱想、无理取闹，孩子还会在这样轻松的状态下既消除了顾虑又增长了知识吗？

孩子的头脑里有着不为成年人所察觉的想象，因此他们经常会提出一些稀奇古怪的问题。这些问题对于我们来说，或许是脱离实际的，有些甚至可以说是荒诞不经，但尽管如此，这也并不是我们训斥孩子的理由。

相反，我们应该为他们拥有这样的想法感到高兴，因为这正是他们对知识有探究精神的表现，也正是我们对他们进行启发的好机会。所以，在这个时候，我们首先要认真聆听孩子的问题，给予肯定和赞扬，同时不必急于告诉他答案，而应该通过询问的方式让他们对自己提出的问题进行再思考，然后让其把自己的思考结果说出来。

父母再针对其中出现的明显的错误之处展开反问，最后可以根据实际情况做出简单的回答，留更多的空间给孩子自己思考。

现在，我国的各行各业都在提倡自主创新，因为越来越多的有识之士认识到，创新可以成就未来，而且它也是一个民族兴旺发达永不枯竭的动力。那么，自主创新又来自于何处呢？它就来自于我们头脑中的想象，如果有人说没有想象就没有创新，他绝对不是在危言耸听，实际情况确实是这样。

在这样的一种形式下，作为父母，就更应该尊重和培养孩子的想象。这里所说的尊重孩子，就是需要我们从内心深处把孩子当作一个独立的个体来看待，而不能武断地把他们当作思想的继承者。

每一位父母都应该明白，孩子也是一个独立存在于世界上的个体，同成年人一样有着自己的思维和想法，因此我们应该而且必须怀着足够的理解和尊重来面对他们，想象更应该如此。

让想象和梦想齐飞

要想孩子优秀，除了要让孩子有一定的想象力之外，还要让他们有梦想，因为想象能开启孩子智慧的大门，梦想则能指导孩子让想象成为现实。

很多功成名就的伟人，都是在自己还是一个孩子的时候，不仅有丰富的想象力，还有伟大的梦想，正是这双重的思想引领着他们走向杰出。

生物学家达尔文，从小就对各类昆虫有着浓厚的兴趣，他对昆虫的喜爱达到了痴迷的程度。

达尔文上学后，他常常利用课间活动采集标本，但他又常因为自己太投入而忘记了去上课。有一次校长实在对达尔文学习的"散漫"看不下去了，就警告他说："如果你还玩这些东西，我就把你赶出学校。"

达尔文伤心地把这件事告诉自己的父亲，父亲没有批评他，只是告诉他，不要因为在学校采集标本而影响了功课。父亲更支持他的爱好，并给了他一间在花园里的小棚子作为他的实验室，对他说："你要善于并敢于想象，只有大胆的想象，你才能有所发现。"

父亲的鼓励使达尔文对昆虫的兴趣矢志不渝，也使他的观察、努力有了动力。后来，他就成为世界著名的生物学家。他的《物种起源》一书，被公认为生物学发展史上的一座里程碑。

许多孩子都会有看似不合实际的梦想，有的孩子优秀，正是因为他们小时候的那些梦想使他们心里产生激情，这种激情能最大限度地激发孩子的潜能，从而使梦想变为现实。

可在现实中，很多父母看到孩子那些梦想，父母要么对孩子说那是不切合实际，要么斥责孩子好高骛远，这就是很多孩子平庸的原因。因此，父母要给予孩子梦想，让孩子在自己的梦想中成长。

一个有梦想的孩子，他最先是离不开父母对他的引导。

锻炼孩子的想象

孩子有好的梦想，首先是孩子要有一定的想象力。因此父母在孩子小时候，就要培养孩子的想象力。

关于对孩子这方面的培养有很多种办法。例如：父母可以让孩子给故事续个结尾。父母可以把一个很有趣的故事讲给孩子听，要到结尾处给孩子留下悬念，让孩子自己来设计故事的结尾；

可以画一幅简单的画，可让孩子根据画里的内容编故事；

可以引导孩子去欣赏音乐，在音乐声中去设想美丽的境界……

通过这些活动，我们可以锻炼孩子丰富的想象力。人们都熟知达·芬奇画蛋的故事，人们只知道老师要达·芬奇画蛋，是为了锻炼他的耐心。其实，不仅如此，老师更重要的是通过这个枯燥的"O"来锻炼达·芬奇的想象力，因为画家是要有充分想象力的。

做孩子梦境中的导师

孩子的思维是活跃的，他们的想法可能是漫无边际，这时，父母要有意识地在孩子的梦想与现实之间搭一座"桥"。

莱特兄弟俩从小丧母，一直和父亲一起放羊。一天他们在山坡上放羊时，看到大雁从头顶上飞过，其中一个孩子看着大雁说："我要是能飞就好了，这样我就能到天国中去看我的妈妈。"另一个孩子也说："能飞真好，我们就可以到我们想去的地方。"

父亲看着自己两个儿子，沉默了一会儿，然后对他的儿子们说："如果你们想飞，你们就一定会飞起来。"两个孩子不解父亲的话，还真的像大雁一样扇了扇自己的手臂，但他们并没有飞起来。他们疑惑地看着自己的父亲。

父亲说，那你们看我是怎么飞的吧。于是他也像大雁一样扇了扇自己的手臂，他也没有飞起来。但父亲很认真地说："我是因为年纪大了才飞不起来，你们可能是因为还小而飞不起来，只要你们努力，你们就一定会飞起来，到你们想去的地方去。"

从那以后，父亲总是肯定人能飞起来，两个孩子也一直在为这事努力着，等他们长大以后，他们真的飞起来了，这样，莱特兄弟成了飞机的发明者。

所以，当孩子有梦想的时候，父母要顺着孩子的思路把孩子的梦想拓宽开来，做孩子梦境中的导师。

孩子的梦想是他今后奋斗的目标，或许仅仅因为有目标不一定会成功。但没有目标的人，成功更是无从谈起。父母要辅佐孩子在心里播下梦想的种子，让孩子学会梦想，敢于梦想，如果孩子的心里是一个五彩缤纷的世界，那么他的前程也会是一个花团锦簇的。

不要惊醒"做梦"的孩子

在对孩子教育的过程中，父母要认识到梦想对孩子的价值，不要扼杀孩子那美好的梦想。一个有梦想的孩子，他的思维方式和行动方式与其他人是不一样的，他们往往会说一些或者做一些令大人不理解的话或事。

爱迪生小时候看见人利用一个气球能飞上天，他于是就想：要是人的肚子也充了气，那人就会自由地在天空翱翔了。不久，他就开始做这个试验，他买来一些药物，配好让家里的佣人吃下去。

他的目的是让佣人肚子里充满气飞起来，但结果是这个"没用"的佣人吃药后晕死过去了。可喜的是，爱迪生的父母并没有对他的这种做法横加指责，在这种家庭环境下，大发明家爱迪生诞生了。

可在现实中，孩子的一些异想天开的想法，常常会遭到父母的斥责和批评，指责孩子是在"撒谎""胡搞"或者"胡说"。因此很多孩子的天赋往往是被父母扼杀了。

要让孩子能放飞自己的梦想，父母就不要训斥孩子那些千奇百怪的想法，让孩子沉浸在自己的"美梦"里。

一个只有几岁的孩子，在洒满月光的院子里蹦蹦跳跳闹个不停，他的母亲在厨房里做饭，听见声音就问："孩子，你在外面干什么？"

孩子正玩的起劲，只听他在大声地回答："妈妈，我正试着跳到月亮上去。"

在厨房里忙着满头大汗的母亲对孩子不着边际的回答并没有反感，而是笑着说："那好呀，你跳上去后要准时回来吃晚饭呀！"

若干年后，这个孩子真的跳到月球上去了，这个孩子就是美国宇航员阿姆斯特朗。

一个孩子有多大的梦想，他将来就有可能有多大的成就；如果孩子没有了梦想，那么他将来一定不会有所成就。如果阿姆斯特朗从小没有梦想，他就不一定能成为登上月球的第一人。

父母斥责孩子梦想中的胡说，就像用剪刀剪去鸟的翅膀，是无法飞翔的。所以，如果父母总是对孩子的梦想进行打击，孩子就很难有很大的成就。

2002年的诺贝尔文学奖得主是匈牙利作家凯尔泰斯·伊姆雷。伊姆雷小时候生得呆笨，又因为他的父亲是一个木材商，所以人们都喊他木头。

在他12岁的时候，由于怕人嘲笑，他偷偷地告诉妈妈，自己做了一个梦：梦见自己获得了诺贝尔奖，国王给他颁奖。看着呆头呆脑的儿子，母亲在心里面对孩子没有一丝嘲笑的意思，反而真诚地说："孩子，假若这真是你的梦想，那么，你以后一定会有出息的！"

伊姆雷在以后的生活里，他一直坚信自己能获得国王的颁奖。一年，两年……多少年过去了，自己也没有获得国王的颁奖。但他坚信，那个梦是上帝对他的启示，梦在成功就在。

在以后的岁月里，他一直坚持写作，就是被纳粹关押期间也不例外，因为他相信母亲说的那句话："假若这真是你的梦想，那么你以后一定会有出息的！"

所以，当孩子有梦想，父母不要以自己的眼光来看待孩子的想法，父母在教育孩子时最好的引导，就是无论孩子做事有多出格，只要是为一个好的梦想，父母就不要用训斥来"惊醒孩子的美梦"。爱迪生为了做试验，家里常常有着爆炸的危险，但爱迪生的父亲却为孩子这样做感到自豪；莱特兄弟爬到树上，想去把月亮摘下来，结果差点从树上摔下来。

父母知道后，并未有像现在的中国父母那样责备他们，而且还给他们洗脸包扎伤口，并对他们说："月亮没有挂在树上，而是挂在空中，你们可以试着飞到空中去，也许能把它给摘下来。"

莱特兄弟和爱迪生的父母没有因为危险而斥责孩子，想反，他们用接受孩子行为和观点的态度来对待孩子的梦想，因此他们的孩子都变得很杰出。所以，不要惊醒"做梦"的孩子。孩子的梦想是否有价值，关键看是否能得到大人的认同和鼓励。父母如果尊重孩子的梦想，孩子的内心是阳光灿烂的，他能保持好的心情去学习，按照自己的梦想去努力。

因此，不管孩子的言行是多么的荒唐，父母都要珍惜孩子的这份梦想，没有人能肯定孩子不会实现自己的梦想，看到孩子可笑的言行，父母一定要引导孩子，要孩子把梦想永远植在心中，让孩子在梦想中起飞。

不要把梦想强加给孩子

有人说"每一位父母都对孩子寄予期望"，没有人怀疑父母对孩子的这份期望是对孩子浓浓的爱子之情。但是，在这份爱子情深的背后，很多父母对孩子的期望，往往会偏离孩子自己的想法。他们把孩子当成自己梦想的继承者，父母自己没有完成的愿望，他们希望孩子能替他们完成。

因此，"每一位父母都对孩子寄予期望"，这种"期望"能否不被孩子辜负，就看孩子能不能按照自己给孩子设计的轨道前进。要不然，即使孩子自己所走的道路再正确，父母也会对孩子有着很大的失望。

按照中国的传统，稍微有些手艺又能在社会上有些地位的父母，都希望他们的孩子能子传父业。这种教子习惯造就了一些具有家族味的文化精髓，比如像不同流派的京剧、北京烤鸭、泥人张、臭豆腐、一些风格各异的剪纸和鸡毛掸子等等。

这些都是一个家族通过几代人的努力打造出的品牌，到今天都成了中国传统文化的一部分。但是在今天，父母对孩子的要求不能再按照自己的意思来办了，更不要把孩子变成实现父母理想的工具。

在安徽铜陵市有一个六十多岁的老人，很多人不知道他的真名叫什么，但很多人都知道他的外号叫"张北大"。他原是北京大学的毕业生，由于历史的原因下放到安徽铜陵市一家企业。

"张北大"之所以在铜陵市小有名气有三个原因。一是在他那个年代里，他是铜陵市唯一的北大高才生；二是他能够准确地判断国内各所大学的录取分数线，每当高考过后，很多孩子的父母都会提上烟酒，请"张北大"替自己的孩子按分择校。三是"张北大"的三个儿子都考上了名牌大学，当时三个儿子录取的时候，都是正好达到学校录取线，使孩子没有浪费自己的分数。

但是，"张北大"和他三个儿子之间的关系很不好，在他的眼里，没有一个孩子有出息。原来，"张北大"觉得自己虽是北大高才生，但由于历史的原因，自己没能展现出自己应有的才华，他希望自己的孩子也能从北大走出来，儿子能替老子挣口气。

"张北大"就希望自己的孩子都能考上北京大学。他要求儿子，不考上北京大学就不要回来，但是三个孩子很"不争气"，大儿子由于分数不够上了中国科大，"张北大"很失望，儿子在读书期间也只敢回了一趟家。

二儿子又是分数不够上了南开大学，孩子上学后，张北大气得就连生活费也不给孩子了。小儿子倒也争气，高考分数上北大够了，但孩子却倔强地和自己的女朋友一起上了上海的复旦大学。

可以说，"张北大"对于自己的三个孩子没有一个满意的。尽管后来三个孩子都读了博士，但在"张北大"面前都是"不孝子"。孩子都成家立业了，但他们很少回来，父子关系变得很淡薄。

所以，在一些父母的潜意识里，总有一个不容易解开的"结"，那就是希望自己的孩子能实现自己没有实现的梦想。父母越是不得志，对孩子的期望值就越高；父母越是壮志未酬，越是希望在孩子身上得到补偿，老想把自己未实现的理想让孩子去实现。

父母的这种心情是可以理解的，但是不一定非要让自己的孩子来实现。孩子能否实现自己的愿望，重要的要看孩子自己的想法和本身的素质。父母越俎代庖，强子就己，不仅不利于子女的健康成长，有的还会使父母失去更多的东西。

杨医生是国内外著名的脑瘤专家，他有两个儿子。当有人问他为什么不在孩子中间找一个衣钵传人时，他说，对孩子的成长，他从来没有按照自己的喜好刻意去要求孩子，而只是鼓励和引导孩子树立好学上进的志向，让孩子做自己喜欢的事。

从小学到高中，两个孩子都有各自不同的梦想，但他只鼓励他们多学习，并且在学习的条件上，尽量满足孩子的需要。

在这种家教环境下，大儿子成了省理科高考"状元"，复旦大学遗传工程专业毕业生，后去美国波士顿麻省理工学院攻读博士学位。二儿子也考上了北京大学，毕业后正在攻读硕士研究生。

　　作为一位成功的父亲，在教育孩子上杨医生谈到，要根据孩子的自己的梦想来鼓励和引导孩子成长。为孩子的梦想创造条件，鼓励孩子上进，尊重孩子选择。

　　父母对孩子寄予一定的期望，应该是建立在孩子自主的基础上，是父母对孩子的一种关爱，一种鼓励。父母不要将自己往昔失去的东西，通过自己的孩子来补偿、实现；不要把孩子当成自己梦想的继承者，强行要求孩子按照自己的想法生活、学习。

　　孩子是独立的个体，有自己独立的权利选择自己的兴趣、爱好、专业和前途，做父母的要尊重孩子的独立性，尊重孩子自己的选择，让孩子能充分放飞自己的梦想。

　　因此，为人父母者，要多站在孩子的角度考虑一些，让孩子按照自己的梦想成才，而不要一味地强行让孩子按照父母设计的轨道生活。这样，才能使自己的孩子更优秀。

第二章
满足孩子的好奇心

好奇心是孩子探索世界的钥匙。关注孩子的好奇心，满足他们的好奇心。让孩子从好奇开始，随着兴趣去探索、去观察、去学习、去创造。再加上父母和老师有意识地加以引导，这样孩子的未来一定会让所有人惊叹——了不得。

好奇心是探索世界的钥匙

一个聪明的孩子，他会对世界未知的领域进行思考，对他所注意到的东西总是不停地去探索，这所表现出的就是孩子的好奇心。

事实证明，对事物保持好奇心的孩子，兴趣往往都是十分广泛的。就是在一般人看来平平常常的事，在一个有着好奇心的孩子来说，对他也有着很大的吸引力。

那么，孩子的聪明，往往就是在平常中做出不平常来。因此，要想孩子变得更聪敏，就要满足孩子的好奇心，这样孩子才会变得越来越聪明。

现在的很多父母，对孩子的好奇心缺乏一个正确的引导方式。一是认为孩子对一些事情的好奇是不务正业，二是因为孩子的好奇心具有一些破坏作用，父母往往是对孩子的好奇言行进行百般地阻挠。

父母用这两种方式对待孩子，不仅不能满足孩子的好奇心，还会扼杀孩子因为好奇而对未知世界的探索精神，对孩子智力的发展是非常有害的。这两种情况不乏在生活中找到实例。

比如，孩子会一动不动地看蚂蚁搬家，孩子会长时间地待在自己养的宠物旁，会要求父母养更多的宠物；孩子会围观一些事情而不愿回家……这些事对孩子的引力是非常大，这是因为孩子对它们感到好奇，所以才痴迷于其中。

但父母看到这样的情况时，他们就会不理解，因为这有些事情在大人看来并没有什么趣味可言，孩子这样，常常会因此误了吃饭，误了休息，误了做作业……

在大人看来简直是"正事不足，邪事有余"，于是"一切为了孩子的好"，父母就会对其阻挠和纠正，更少不了对孩子严加批评。

孩子这种"玩物丧志"的做法是父母不赞同的。要是孩子在自己好奇心的驱使下，干一些具有破坏性的事的话，那么就更不会得到父母的允许了。比如，孩子因为好奇会毁坏一些家里的物品。

在现在的家庭，像孩子拔花扯草、拆解电器、弄坏钟表这样的事会时有发生，但事后父母都是以孩子的犯了大逆不道的错误论处，这样就扼杀了孩子的好奇心。

一位母亲对陶行知抱怨说，她的儿子非常淘气，把她的一块金表给拆坏了，她把儿子打了一顿。陶行知先生当即说："可惜呀，中国的爱迪生让你给枪毙了。"陶行知先生的话，道出了在家庭教育中，父母怎样无意识地扼杀了孩子可贵的好奇心。

所以，父母提高孩子聪明程度的最好办法，就是利用孩子的好奇心，把孩子引向他所好奇事情的更深层。这样，孩子就会学到更多的东西，思维也会得到锻炼，从而就会聪明的多。

孩子因为好奇会提出这样或那样的问题，这也是孩子对未知世界的一种探索。孩子往往会向父母提出一些问题，例如：为什么月亮会有时是圆的，有时是扁的、有时还没有？为什么飞机那么大能在天上飞？铁质的轮船能在水上漂浮着？电视里的人吃什么……

对于孩子的提问，父母切不可漠然处之。要注意引导孩子，把孩子的好奇转到善于分析和积极思考方面上来。

父母对于自己不能理解的问题也不必勉强解释，可以告诉他：

这些事，你以后读的书多了，懂得的道理多了，就能理解了。这可以鼓励孩子进一步学习知识。鲁迅先生在这方面就注意对孩子进行引导，满足孩子的求知欲。

> 一次，海婴冷不丁问："爸爸，你是谁养出来的？"
>
> "是我的爸爸、妈妈养出来的。"鲁迅回答。
>
> "你的爸爸、妈妈是谁养出来的？"
>
> "爸爸、妈妈的爸爸、妈妈养出来的。"
>
> "爸爸、妈妈的爸爸、妈妈，一直往前，最早的时候，人是哪里来的？"
>
> 鲁迅告诉儿子："是从'子'——单细胞来的。"但海婴还要问："没有'子'的时候，所有的东西都是从什么地方来的？"
>
> 为了不使孩子失望，鲁迅耐心地告诉他："等你大一点读书了，先生会告诉你的。"

关于"人从哪里来"这个问题，可以说很多父母都会遇到，但很少有父母能用满足孩子的好奇心，去激发孩子的求知欲。

孩子能提出怪问题，说明孩子在动脑筋，做父母的就应该抓住这一瞬间，对孩子传授一些他们年龄能够接受的知识，对孩子一时还无法接受和理解的问题，就应该像鲁迅先生那样告诉孩子，将来"先生会告诉你的。"

这样来满足孩子的好奇心，这就是对孩子的引导教育。又例如，孩子突然想知道妈妈养的那些花为什么长得那么好看，便把花连根拔了。

妈妈知道后并没有责备孩子，而是告诉孩子：这些花之所以开得这么鲜艳，全靠根吸取土壤里的营养，如果根离开了土壤，那就会因缺水分和营养而枯死。

说完，就让孩子和她一起把花重新栽到盆里。妈妈没因此去责骂孩子，不仅使孩子学到了知识，还满足孩子的好奇心。如果因孩子毁坏花草对孩子进行批评，这样的事情多了，孩子就会觉得好奇是自己的一种错误，渐渐地孩子的好奇心就会泯灭。

孩子在成长的过程中，只有随着他知识和经历的增加，他才会变得更聪明。满足孩子的好奇心，就是丰富孩子的知识和经历。

牛顿因为苹果从树上掉落在地而引起好奇，后来发现了"万有引力定律"；瓦特对沸水把水壶盖子掀起产生好奇，进而探究其原理，才有蒸汽机的发明……所以说，满足孩子的好奇心，往往会使孩子变得更聪明。

关注孩子感兴趣的事

孩子有孩子的世界，他们是在自己的世界中自由自在玩着长大的。有些事情，不管大人看起来是多么莫名其妙，但孩子们却做得很起劲，而且还当它是件大事去做，这就是孩子的天性。

在现实中，我们经常发现，有一些父母对孩子在做的事，总是用不屑一顾的表情望着。这不仅是对孩子兴趣的一种忽略，更是对孩子的一种伤害。

如果父母每天都能让孩子做自己喜欢的事，如果父母真正把自已也当作是孩子，那会是一种多么美好的境界。

　　在西晋时，左思的父亲左熹，望子成材心切，一心只想让儿子学习书法，以便以后有所成就。他不惜花重金聘请名家前来指导。但是小小的左思对此却一点都不感兴趣，一直没有进步。

　　左熹看在眼里愁在心中，这可如何是好呢？无奈之下左熹又让儿子学琴，但他却没想到小左思对此仍然没有兴趣，结果学了很长时间竟弹不出一支像样的曲子。

　　这时左熹开始慎重了，他日思夜想在失败中懂得了不应把自己的兴趣强加给孩子，而是应该关注孩子的兴趣。这一点令他懊悔不已，连自己儿子的兴趣都不知道，做这样的父亲真的太失败了。

　　到底孩子感兴趣的是什么呢？他开始慢慢地观察起来，他发现，儿子性格内向、记忆力好，并且经常拿一些文学书来读。

　　这才使他恍然大悟，原来儿子是对文学有着特殊偏好。然后他因材施教，让儿子学赋诗。左思如鱼得水，进步神速，不出几年，写得一手漂亮文章，最终成为西晋著名的文学家。

孩子虽小，但他们也有着鲜活的思想和情感，有自己感兴趣的事。孩子们从自己的心理水平、认识水平出发，对周围许多成人看来无聊的事物都抱有极大的兴趣。

这种兴趣是孩子求知的动力，促使他们对周围事物的探索，促进孩子观察力、想象力、思考力的发展。

孩子的兴趣之苗一旦破土而出，作为父母就要用心地去关注、精心去呵护，不要让其因"杂草"淹没而枯萎，更不要随意破坏它。因为"兴趣是最好的老师"，兴趣可使一个人的智能得到最大限度、最持久的发挥，所以要让孩子选择自己感兴趣的事。

有一个喜欢看蚂蚁搬家的五岁孩子，逐渐迷上了昆虫，通过自己的观察，能说出二十几种昆虫的特点、习性。假如他这种兴趣能得到父母的关心、支持、培养，谁能说他以后不可能成为一个昆虫学家呢。

人最可悲的是一生对什么都没有特殊兴趣和爱好。但对于孩子来说，最不幸的是父母凭主观意志扼杀其兴趣，忽略了孩子的兴趣。

因此作为父母，一定不要让最不幸的事情，发生在自己的孩子身上。要用心去关注自己孩子感兴趣的事，竭尽全力地去支持孩子感兴趣的事。

一个八岁的小女孩，在刚下过雨的院子里偶然发现了蚯蚓，这个蚯蚓对于小女孩子来说是奇特的。因为它断成两半，而这两半都还在蠕动。

在好奇心的催促下，她把断了的蚯蚓分别搁进两个有土的花盆里，想观察一下断了的蚯蚓还能不能活。被妈妈看到后非常生气，说："一个女孩子，脏兮兮的摆弄什么泥巴呀，真没出息！"

不由分说地把有蚯蚓的两块泥巴扔出了门去。后来一个教育学者在谈到孩子教育时，因此事而感慨道："你看，这么一骂，一扔，就给未来的中国断送了一位女科学家！"

父母要关注孩子感兴趣的事，就要从孩子的心理出发，对孩子的兴趣表示关心，要保护、支持孩子的正当兴趣。对周围事物抱有兴趣的孩子，一定比那些对什么都视而不见，漠不关心，不感兴趣的孩子发展得好。

再说，孩提时代幼稚的兴趣如得到支持和培养，长大后就可能发展成为稳定的兴趣，成为他以后对未来事业的执著追求。

然而，有许多父母总站在成人的角度，从自己的心理出发，对孩子感兴趣的事认为没意思、无聊，从而抱以冷漠态度，甚至泼冷水阻止孩子的兴趣，这种做法是不利于孩子的发展的。

人们对感兴趣的事情往往容易全身心投入，也最易见成绩；反之，则难有成就。在孩子时期，他们许许多多的活动，在成人们看来的确是滑稽可笑的，但这也正是孩子成长过程中的必然现象。

父母如果认真回忆一下，会发现自己在童年时代，也曾兴致勃勃地干过那些现在看来是没有意思的、可笑的事。

生活中，有太多的父母，是从来不考虑孩子的兴趣这个问题的。当拿一些孩子爱看什么动画片、喜欢哪一个故事、爱玩什么玩具、哪种小动物有兴趣等问题给一些父母们的时候，他们好多都是全然不知。

这些父母往往把自己的兴趣强加给孩子，让孩子学美术就认为孩子对画画有兴趣，让孩子学琴就觉得孩子会对音乐感兴趣。就这样强制性的把自己的好恶强加给孩子，把自己的意愿强加给孩子。

至于孩子是怎么想的，孩子有什么感觉，父母们根本不考虑。

而结果呢？不但造成孩子感兴趣的事不能得以达成，反而会对所有事都漠不关心。所以，作为新时代的父母，为了孩子的健康成长一定要关注孩子感兴趣的事，并掌握一定的方法。

把自己当作孩子去关注孩子感兴趣的事

动画片《奥特曼》无论是在孩子眼里还是在大人的眼中都已熟悉的不再熟悉了。在孩子眼中奥特曼是英雄，战无不胜，孩子们喜欢看他打怪兽。而对于大人来说，则是因为孩子经常说奥特曼而熟悉，真正的坐下来陪孩子一起看的父母是少之甚少。

有些父母还会对孩子说："那些都是骗人的东西，不要再看了。"孩子感兴趣的事就这么被轻易地否定了，又谈何对孩子的关注呢？这样会使孩子心里极其不平衡。

而真正关注孩子兴趣的父母，发现孩子爱看动画片的时候就会坐下陪孩子一起看，并不失时机地给孩子讲其中的积极思想。孩子不但会有被重视的感觉还从中受益匪浅，一举两得。当大人贸然闯入小孩子的天地时，这无异于在强迫孩子对某种事物感兴趣。而一旦大人自己对某件事"不感兴趣"，则会使孩子的兴趣大减。

尊重孩子感兴趣的事

作为父母应有的态度，就是在小孩世界的四周，密切注意他们所做的一切。父母要对孩子感兴趣，并且对他们正在做的事表示关注，并给他适当的鼓励。

用爱心去注视孩子，对他的行为报以温和的笑容，这胜过任何言词的鼓励。如果用大人的尺度去看待孩子的行为，甚至认为：反正那是小娃儿玩的把戏，不值得我们大人去认真，就会影响孩子的情绪，挫伤他们的积极性。

有一位教育家曾说过："在孩子的成长过程中，孩子一旦对某种事产生了浓厚的兴趣，其主要原因之一就是受了父母的影响。既然如此，父母对孩子所做的事，就不可以漠不关心。有时，大人对孩子在做的事情感觉无聊，则是因为你用大人的感觉去看待孩子行为的关系。这时，你应换一个角度，比如把自己拉回到童年时期，也许你就不会这样对待了。"

孩子的兴趣在其一切活动中随时可见，只要我们父母悉心观察，在尊重孩子兴趣的同时，因势利导，就随时可以发现孩子们的创造性火花。

兴趣是探索的源头

爱因斯坦说："兴趣是最好的老师。"兴趣直接影响孩子学习的积极性，所以父母要启发孩子认识学习的真正意义，让他们产生探索新事物的兴趣，同时激起他们强烈的求知欲望。

这样，可以提高孩子学习的自觉性，进一步培养他们多方面的兴趣，从而促使孩子全面发展，引导孩子学习到有用的知识。

杨浩从小就对排球非常感兴趣。在他上小学三年级的时候，学校兴趣班报名，他就想报排球班。这时，他的爸爸妈妈也都十分支持他。但是，爸爸妈妈心里清楚自己儿子不一定能吃得了那个苦。

果然，两个星期后，杨浩苦着脸跟妈妈说："妈妈，打排球没劲。老师整天让我们跑步、学兔子跳、做仰卧起坐，太累了。"

妈妈笑着对他说："儿子，老师那是在练你们的耐力和弹跳力，这是打好排球必备的基本功，我相信你是好样的，别人能行的你一定也能行。"

杨浩好强的性格父母是知道的，为了能鼓励他，帮助他。他爸爸妈妈还特意为他买了排球，鼓励他和同学们一起玩，父母去看他的训练、比赛，经常同他谈排球。

渐渐的，杨浩成了球队的明星，从一名二传手到一名主攻手，再成长为学校排球队队长。通过坚持打排球，杨浩学会了不怕吃苦的精神，做事也有了钻劲，组织协调能力也大大提高了。

兴趣可以增强孩子的学习能力。要想培养一个身心健康又有良好兴趣和爱好的孩子，并不是说说那么简单的事情。孩子虽小，他们却是一个独立的个体，有着自己的愿望、要求、兴趣和爱好。

培养孩子兴趣离不开父母的支持与鼓励。任何一件事情，刚开始的时候孩子可能有兴趣，可是时间一长就会觉得枯燥乏味，这时就需要父母的支持鼓励，特别是在遇到困难的时候，要和孩子一起去克服，渡过难关。

只要父母能多花点时间、精力，学会洞察孩子的内心世界，正确地引导孩子，就能使孩子得到各个方面的健康发展。

作为父母要学会鼓励孩子，因为父母在孩子的心目中是第一个权威评价者，他们渴望得到父母的肯定。如果父母总是"打击"孩子，就有可能摧毁他们的求知欲。

因此，当孩子做得好时，父母可以适时表扬；当孩子做得不好或者失败时，要先发现孩子有创造性的一面，然后再鼓励他们。从而，他们就会产生学习与探索新事物的兴趣。

我们知道，孩子的天性就是爱玩，不妨从游戏中开发孩子的兴趣。可以让他们做些益智游戏以激发孩子对某一事物的兴趣。同时，因为孩子的年龄偏小，他对有兴趣的事情，一开始往往只凭好奇和热情。

因此，父母要引导孩子从兴趣中探索和思考，从兴趣中获得科学知识，使其保持兴趣的长久性。孩子对某一事物产生兴趣，他们在不知道的情况下就会问父母，如果父母不闻不问无动于衷，就会扼杀孩子求知的欲望。

教育孩子就要从根本出发，启发和引导孩子的求知欲望。有的小孩子特别爱问"为什么""这是怎么回事？"面对孩子千奇百怪的问题，父母不要做出一副不耐烦的表情，而要父母耐心地面对，从而引导他们求知的欲望。

教育孩子就要学会把间接兴趣转化为直接兴趣。比如说，有名学生对英语没有兴趣，但是他的目标明确，想读名校、考上重点大学，结果他的成绩也不错。

这名学生对英语是一种间接兴趣，面对这样的孩子，父母就要琢磨如何把其间接兴趣转化为直接兴趣，毕竟有了直接兴趣，内动力才强，才能学得持久。

在这一转化的过程中，让孩子获得成就感是非常很重要的。孩子学有成就，就会激发他对学习的直接兴趣，从而产生内动力，主动去学。

让孩子随着兴趣去学

孩子对一件事越有兴趣，他做事的热情就会越大，干劲就会越足，得到的结果也会与众不同。有这样一个故事：

一家有两个儿子，都喜欢小提琴。老大拉得好一些，老小拉得差一些。一个小提琴名家要从两个孩子中选一个作为自己的衣钵传人。

一天，小提琴家来到这两个孩子的家。首先，他遇见了这家的大儿子，看他很开心的样子，小提琴家就问道："孩子，有什么事这样令你高兴吗？"这家的大孩子答道："我刚练完琴。"

过了一会儿，他遇见了手里拿着小提琴的小孩子，看他也是很开心的样子，小提琴家又问了同样的话，这家的小孩子答道："我正要去练琴。"

小提琴家决定，要这家的小孩子做自己的衣钵传人，旁人不解，小提琴家说："小儿子拉琴比大儿子更有兴趣。"在小提琴家的调教下，这家的小儿子不久就成了有名的小提琴家。

所以，所谓的天才，就是对事物怀有比一般人更强烈的兴趣。在后人的眼里，牛顿、爱因斯坦等这些人无疑是人类最聪明的代表，但从他们小时候的一些事看，他们并不是很聪明，甚至还被老师和同学讥笑成"傻子"或"笨蛋"。

他们之所以能成长为人类最优秀的人，人们发现这些人有一个共同的特点，那就是他们对自己所从事的事有着浓厚的兴趣，是自己的兴趣造就了他们的杰出。因此，爱因斯坦说："兴趣是最好的老师"。

但令人不解的是，现在的很多父母，却不知道兴趣在孩子成长的过程中的重要性。孩子的兴趣大都不能得到很好的发展，父母更谈不上在让孩子做一件事时，从孵化孩子的兴趣入手。

相反，很多父母在无意识中扑灭孩子的兴趣。比如前文所说的孩子把妈妈栽的花连根拔了，很多父母就会因此责骂孩子，往往会说上一句类似"这有什么好看呢？"的话来。

父母责骂时的言语就会植入孩子的心理，当以后上生物课的时候，他就会在无意中认为老师所讲的"没有什么好听的"，因此，孩子的功课就不会学得好。

很多事的道理和这一样，若父母能善待孩子的兴趣，那么就会引导孩子向更深处去思考。

同样是前面的一个例子，妈妈告诉孩子：这些花之所以开得这么鲜艳，全靠根吸取土壤里的营养。孩子在以后的生物课学习中，他就会留意"根如何吸取土壤里的营养"的问题，这样，孩子就会学的更好。

因此，孩子有兴趣时父母要注意保护，孵化孩子的兴趣，这样孩子才会出众。

孩子兴趣的孵化，是指利用孩子的兴趣，让孩子不停地对知识进行探索，让孩子在行动中进步，从而变得更聪明、更优秀。让孩子做一件事，首先从激发孩子的兴趣入手。孩子一旦对你要求的事有了兴趣，自己再做起来也就不难了。

　　有个孩子，10岁的时候成绩很不好，更没有像其他孩子那样有一些特长，他的妈妈很着急，于是她就给孩子买了一把小提琴，希望能从小培养孩子的音乐素养。

　　可是，孩子对小提琴根本没有什么兴趣可言，他更喜欢在假期和邻居的孩子一起捉迷藏、过家家。无论父母对他的要求是多么的严厉，可孩子学起来总是三心二意的，孩子的心一点也不在琴上。

　　孩子的妈妈决定，从培养孩子的兴趣着手，让孩子主动去学。

　　每当有音乐会的时候，妈妈就带着孩子一道去听一听，一开始孩子在音乐厅里是坐不住的，但他的妈妈告诉他，让他先不要去听什么，而是看看演奏者演奏完了观众是如何对待演员的。

　　孩子看到，每当一曲终了的时候，观众都会报以热烈的掌声，还有的观众送上一些鲜花给演奏者。孩子似乎很羡慕演奏者这时的风光，这时妈妈告诉孩子，只要认真踏实去学，你也会像这个演员一样受到别人的尊敬的。

　　渐渐地，孩子似乎能坐下来听了，有时听见是自己练过的曲子，他还会和妈妈交流一番。孩子对音乐有了一些兴趣。

　　妈妈用感染的方式来引导孩子学音乐之外，在孩子练习的过程中，妈妈还会用一些小方法来激发孩子的兴趣。

一天，孩子随意拉了几首曲子以后就再也不愿拉了，这时妈妈突然叫住儿子："孩子，刚才你拉的是什么曲子，你拉的这么好，就是成名的音乐家恐怕也只有这个水平，再拉一次好吗？"

　　"当然可以！"孩子高兴地回答。妈妈又乘机让他拉一些其他的曲子。

　　还有一次，孩子在拉完一曲以后，妈妈对孩子说："你已经拉得这样好了，再过几个月就是你姥姥80大寿，我想你在姥姥的寿诞上开个你个人的音乐会，姥姥肯定很高兴。"

　　"那太好了。"孩子欣然允许。从那以后，孩子起早贪黑地练曲子，到他外婆80大寿时，孩子已经娴熟地拉上十来首曲子了。从此，每当家里有人生日或者在节日里，孩子的"音乐会"成了必定的节目，孩子也因此爱上了小提琴。

　　就这样，这位妈妈终于培养了孩子对小提琴的兴趣。后来，孩子对小提琴到了痴迷的程度。现在，这个孩子已经成为国内知名的小提琴手了。

　　所以说，兴趣是孩子成材最好的导师，孩子有多么的聪明，有多么的杰出，这离不开父母对孩子做事时兴趣的培养。

　　父母要记住日本教育家铃木的一句话："没有培养好孩子的大人首先不要发牢骚，应该分析一下没有培养好孩子的原因。"这里的"没有培养好孩子的原因"，就是指很多父母在培养孩子时，没有从孵化孩子的兴趣入手。

不敷衍孩子的提问

有对父母带着孩子去郊外野游，孩子突然问："蝴蝶飞的时候为什么没有声音，而蜜蜂飞的时候却发出嗡嗡的声音呢？"

对于这个问题，父母大致上可能会有四种不同的回答。

第一类父母会马上显露出不耐烦的神情，训斥孩子说："你一天到晚都在想些什么，哪儿来这么多问题？一边玩去。"

第二类父母对于孩子提出的这个问题并没有引起足够的重视，只是很漫不经心地告诉孩子："蝴蝶、蜜蜂天生就不一样。"

第三类父母较之前两类父母对孩子提出的问题要重视一点，于是便把原因一字一句地告诉孩子："蝴蝶扇动翅膀的频率慢，所以没声音；蜜蜂扇动翅膀的频率快，所以有声音。"

第四类父母会拿出一张纸条来，先让孩子慢慢抖动这张纸条，没有声音。然后再快速抖动纸条，发出哗哗的声音。在此基础上再让孩子思考蝴蝶、蜜蜂扇动翅膀和纸条抖动之间的关系。

经过父母的指导和孩子的思考，孩子便会得出以下的结论：因为蝴蝶的翅膀扇动得慢，所以不会发出声音。蜜蜂的翅膀扇动得快，所以才会发出嗡嗡的声音。

这四类父母对于孩子提出问题的回答，分别代表了四种完全不同的教育方法，其教育的结果也必将是完全不同的：

第一类父母不理睬孩子的问题，反而用一种不耐烦的态度来对待，长此以往发展下去，孩子遇到什么不明白或不理解的事情便不会再有提问的欲望，从而极大地抹杀掉了孩子的求知欲望，创造性思维也被扼杀在萌芽状态了。

第二类父母很随意的回答，会使孩子养成遇到什么事都不求甚解的习惯，对问题只知其一不知其二，却没有继续探求的兴趣。用通俗的话讲，在父母的这种教育方法下，孩子大多数会成为"半瓶醋"。

第三类父母很注意把正确的知识教给孩子，但却忽视了孩子的年龄。这个看似很正确的回答，细想起来不禁让人啼笑皆非。

庄子说："夏虫不可语于冰，井蛙不可语于海"，意思是：夏天的虫子，不可能跟它们谈论冰冻，是因为夏虫没有经过冬天，根本不知道"冰冻"为何物；井里的青蛙，不可能跟它们谈论大海，是因为青蛙从来没有到过大海，说了它也不懂。

同样道理，试想一个小孩子又如何会懂得频率是什么意思呢？这种教育方法很容易使孩子对知识产生出畏惧情绪，进而不愿意学习。

第四类父母通过让孩子亲手实验这种方法，不但满足了孩子对知识的渴求，而且还使他们懂得了如何触类旁通地去获得知识，进一步培养了孩子自主探究知识的能力。

当孩子遇到某些不理解或不明白的事物时提出的每一个问题，就如同一粒石子投进他的脑海中，立刻打破了他内心的平静，激起层层波澜。这是因为他对此萌生了好奇心，有了更深一步了解的想法。

如果此时父母能给予足够的重视，同时加以合理的引导和启发，这将大大增强孩子的求知欲。而如果此时予以否定性的表态，那样不但令孩子感到扫兴，同时也堵截了孩子的思路，泯灭了他对求知的兴趣和欲望。

在我国传统的教育观念里，一直认为"教"就是大人提出问题，孩子来回答，从来不是很注重培养孩子自主探究知识的能力，这也就是为什么孩子"谈学色变"的原因之一。

曾经有一位幼儿园老师诉苦说，他也知道应该好好对待孩子的提问，可现在的孩子脑袋里，总有太多乱七八糟的想法和问题，每每让他头疼不已。

例如，在一个炎夏的午后，天气闷热极了，窗外不一会儿就下起来大雨。

孩子们围坐在窗前兴致勃勃地指点着。一个孩子突然叫了起来："老师，你快过来看，好多泡泡呢，一个、两个、三个……"

孩子们的目光都被吸引了过去。窗外原来还很干燥的泥土上现在冒出了一个一个的水泡，随后又一个一个地爆裂开来。这一发现让孩子们兴奋不已。

一个孩子走过来拉住老师的手，问："老师，土里为什么会长出那么多的泡泡？"老师说，那是因为泥土里有氧气的缘故。可这样的回答显然不能令孩子们满意，马上就有孩子问氧气不是在空气里吗，怎么泥土里也有？老师当时就愣在了那里，不知道该怎么回答。

还有一次，这位老师根据一个智力故事问孩子们，如果一个皮球掉到了树洞里怎么办？

有的孩子说用手捞，有的孩子说用棍子捅，有一个孩子说用水灌，水满了皮球也就浮上来了。

老师正准备对这个孩子进行表扬时，马上就有孩子举手反对，说树洞要是漏水皮球还怎么能浮上来？

很多父母在和孩子相处的过程中，也都会有这样的经历：孩子头脑里那些不着边际、天马行空的问题，常常会让他们大人感到无所适从，不知道怎么回答才好。

其实出现这种情况的原因，大多是很多父母在教育孩子时老爱扮演无所不知的角色。要知道，每个人思考问题的角度和出发点是不同的，父母也不例外。

如果父母把自己放到和孩子平等的地位，带领孩子共同去思考和探究，共同去翻阅相关的书籍，即便最后并没有把孩子的问题解决掉也不要紧。记住，我们是善待孩子的提问，并不一定非要告诉他正确的答案，而是为了让他养成思考的习惯，学会自己主动去探究知识。

家庭教育中，父母应该妥善解决孩子的每一次提问。因为这是孩子求知欲的主要表现，千万不能采取消极对待的态度，比如说："先到一边玩去，没看到我正在忙吗？"

更不能横加指责，比如说："你怎么这么傻，这样的问题还来问我？"否则，必然对孩子的求知欲有很大的伤害。时间一长，孩子对知识也将逐渐失去兴趣。

孩子提出的问题，有的很浅，有的较深，有的特别无知，有的很富有想象力。在对待这些问题时，父母应该尽可能地正面回答，如果有时间，还应把它与孩子已掌握的知识或喜爱的事物联系起来。

妥善解决孩子的每一次提问，尽最大努力给出令他们满意的答案，就是对孩子求知欲最直接的保护。

那么，当孩子提出问题时，父母该怎么办才能做到妥善对待呢？以下三点意见，可以作为参考。

一是不要将正确的答案直接灌输给孩子；

二是引导孩子为找出问题的答案而努力，并在答问的过程中让孩子积极地进行思考；

三是引导孩子通过观察、动手、动脑、探索，得到正确的答案。

让孩子学会观察

从心理学来说，观察力是一个人的智力的包括方面，俄国生理学家巴甫洛夫经过多年对大脑条件反射研究得出一条至理名言："观察，观察，再观察！"可见观察是一个人提高智商的方法，是打开知识宝库的金钥匙。

可以这么说，现在的父母往往呕心沥血地教孩子去写、去画、去唱、去跳……但很少有父母注意教孩子去观察。很多父母不清楚大脑高级思维的启动，大部分来自观察。因此要提高孩子的智商，父母对孩子观察力的训练就显得十分重要。

很多科学家在一些领域之所以取得一些成就，很大程度上不是因为他们有多么的聪明，而是他们具有比其他人更敏锐的洞察力。他们善于观察，能及时发现问题，并找出问题的关键所在。

有这样一个故事，安是一个七年级的学生，一次他到普林斯顿大学参观。他在喷水池边发现一个人正目不转睛地盯着水柱落下，头还不停地左右摇摆，他的右手指还在自己的眼前不停地晃动。

安学着他的样子，发现眼前的水流仿佛凝固成千万个微滴，煞是好看。这个人教他改进观察方法，要走的时候，他对安说："孩子，科学就是像这样子去观察的。"

这个人就是爱因斯坦。他在引导孩子：通过观察，可以进入科学的神秘世界。

爱因斯坦就是这样一个喜欢观察的人，可以说，他的聪明才智很大部分都是靠后天观察得到的，而不是天生的。所以说，培养孩子的观察力，是使孩子聪明的办法之一。

那么，在生活中我们如何教孩子学会观察呢？

要培养孩子观察的兴趣

一般来说，孩子都会有观察的兴趣，孩子的观察"品位"要比大人低得多，在大人看似乏味的东西，孩子可能都会有着很浓的兴趣。比如秋天树叶要落，冬天结冰；鱼儿在水中游，鸟儿在天上飞等，这些现象都是接近孩子生活且孩子感兴趣的。

孩子喜欢看成群结队的蚂蚁，喜欢待在池边看游来游去的鱼儿等等，孩子有这些举动是好事，父母千万不要以为这"没有看头"，或因会给孩子带来危险而阻止孩子。

其实，这是孩子在观察他们未知的世界，父母不但不要阻止，还要鼓励孩子的这种行为。父母可以给孩子养一些小昆虫和小动物，让孩子看看它们如何吃食、如何喝水、如何睡觉、甚至是如何交配等。

还可以让孩子种一些花草，让孩子看看它们是如何生长的，这样可以使孩子对这个世界更加的好奇，激发他们观察的兴趣。

要让孩子在观察时学会比较

在孩子观察的过程中，父母要适当地给他一些语言提示，引导孩子在观察时学会比较。比如，孩子在观察乌龟的时候，可以问孩子："乌龟的脑袋像什么的脑袋？""它吃的食物和什么动物吃的差不多？"等等，这样可以让孩子把观察过的东西都在脑海里放到一块，自己加以归纳总结。

孩子用这种比较细致的观察比较，可以使自己记住事物的特点和它们之间的差别。让孩子在观察时学会比较，不仅可以提高孩子对事物观察的细致程度，还可以提高观察水平。

要让孩子观察有个连续性

有很多东西可能让孩子看几分钟就能弄清楚是怎么回事，比如说，螃蟹有几条腿，蚱蜢有几条腿，他们走路的方式是怎样的等。但有的东西要想全面地了解，就需要很长时间，比如蝌蚪变青蛙、蚕结茧变蛹成蛾的过程。

这时，父母要适时进行提示孩子观察，父母可以这样说："看看蝌蚪的腿长出来了没有""看看桑叶吃完了没有""看看茧子破了没有"等等，在整个事件中，父母隔一段时间对孩子做一次提醒，这样来督促孩子观察事物的整个过程。

像这样长时间的观察完了以后，父母可以用谈话的方式对孩子所观察的东西进行讨论，在讨论中加深孩子对所观察事物的印象。

在让孩子观察事物的过程中，父母要注意保持孩子对观察的热情，不时地给孩子一些鼓励，这样可以使孩子喜欢上观察。

当父母看到孩子有一个新的发现时，尽管父母自己已经熟知，但父母还要认真地对孩子说"你真棒""看得真仔细"等之类的话。在孩子观察提出问题时，父母要不厌其烦地给孩子讲解。

在生活中我们经常听到大人因此斥责孩子："你烦不烦？""你哪来那么多问题"。这些不耐烦的话，是给孩子的观察热情泼冷水，孩子的观察兴趣就会大减。

德国教育家卡尔威特曾经这样说："在教育上与其填鸭式地给孩子灌输知识，莫如开阔他们的眼界，培养他们的观察力。"观察是人认识世界的主要途径，大量的感性知识都是通过观察获得的。

孩子聪明并不是天生的，它是在对世界万物观察中锻炼的结果。如果培养了孩子的观察力，他们就不会感到无聊、厌倦。相反，孩子对生活会多一些热情和好奇，孩子就会不断地探索观察各种自然现象。

培养孩子的观察能力，有利于孩子发现问题，引导孩子思考问题。这样就有利于孩子思维的发展，孩子因此就会变得很聪明。

培养孩子的观察力

什么是聪明？聪明其实就是耳聪目明，也就是善于观察各种环境变化，及时做出恰如其分的反应。

从心理发展的角度说，观察是智力活动的基础，观察力就是人观察事物的能力，它是智力发展的必要条件，也是人们生活中所必须的能力。

那么父母该如何培养孩子的观察力呢？

了解观察力的重要

有人说：观察是智力活动的门户。任何一个人，如果没有较强的观察力，他的智力很难达到高水平。著名生物学家达尔文说过："我既没有突出的理解力，也没有过人的机智，只是在观察那些稍纵即逝的事物并对其进行精细观察的能力上。"

那么，什么是观察力呢？观察力是人类智力结构的重要基础，是思维的起点，是聪明大脑的"眼睛"，所以有人说："思维是核心，观察是入门"。

首先，我们知道，一个正常人从外界接触到的信息有80%以上都是通过视觉和听觉的通道传入大脑，通过观察获得的。没有观察，智力发展就好像树木生长没有了土壤、江河湖海没有了水的源头一样，失去了根本。

其次，观察力的发展离不开思维的进步，而思维是智力的核心。人们认识事物，都由观察开始，继而开始注意、记忆和思维。因而观察是认识的出发点，同时又借助于思维提高来发展优良的观察力。

如果一个人的观察力低，那么他的记忆对象往往模糊而不确切、不突出，回忆过去感知过的事物时就常常模棱两可，记忆效果差。于是，在运用已有知识和经验进行分析和判断时就不能做到快速而准确，显得理不直、气不壮，综合分析和思维判断能力差，智力发展受影响。

接下来，在以后的观察中，有效性、目的性、条理性差，观察效果不好，进一步影响思维的发展，形成不良循环。

再次，从生理和心理的角度来看，一个人如果生活在单调枯燥、缺乏刺激的环境中，观察机会少，就会使脑细胞比较多地处于抑制状态，大脑皮层发育较缓慢，智力显得相对落后。

相反，如果一个人经常生活在丰富多彩、充满刺激的环境中，坚持经常到户外，野外去观察各种事物和现象，大脑皮层接受丰富刺激，经常处于兴奋活动状态，其大脑的发育就相对较好，智力也较发达。

众所周知，人的身心发展除了一定的遗传作用外，更多受环境和教育的影响。因此，要想拥有一个智慧的头脑，就应该勇敢地拓宽视野，勤于观察，善于观察，为自己的智力发展开启一扇明亮的"窗户"，为自己的大脑赋予一双"聪明的眼睛"。

认识观察力的特点

观察力的品质又称做观察力的特点。了解观察力的品质对提高智力有着重要意义。

（1）观察的目的性

一个人在进行感知时，如果没有明确的目的，那只能算是一般感知，不能称作观察。只有当感知活动具有明确的目的时，它才能算是观察。因此可以说，目的性是区分一般感知和观察力的重要特点之一。

作为观察的目的性，至少应当包括：明确观察对象、观察要求、观察的步骤和方法。而这些内容，可以在观察前的观察计划中以书面的形式写下来。

一般地说，不论是长期的观察、系统的观察，还是短期的、零星的观察，都必须制订观察计划。

观察的目的性，还要求我们在进行观察时，必须勤做记录。这种记录是我们保存第一手资料最可靠的手段。记录要力求系统全面，详尽具体，正确清楚，并持之以恒。

实践证明，要做好观察记录，特别是长期的系统的观察记录，必须坚持到底。

（2）观察力的条理性

观察力是一种复杂而细致的艺术，不是随随便便，漫无条理进行所能奏效的。观察必须全面系统，有条不紊地进行。长期的观察需要如此，短期的观察也需要如此。

一般来说，有这样几种方式。

第一，按事物出现的时间说，可以由先到后进行观察。

第二，按事物所处的空间说，可以由远及近或由近及远地进行观察。

第三，按事物本身的结构说，可以由外至内，也可以由内至外，或者由上至下，由左至右，可以由局部至整体，也可以由整体至局部进行观察。

第四，按事物外部特征说，可由大至小或者由小至大进行观察。

观察力的条理性，可以保证输入的信息具有系统性、条理性，而这样的信息，也就便于智力活动对它进行加工编码，从而提高活动的速度与正确性。

如果一个人做事杂乱无章，那通过他所获得的信息也就必然是杂乱无章的。这样，他的智力活动要在一堆乱麻中理出一个头绪来，必然要花费较多的时间和精力，甚至还可能影响到智力活动的正确性。

（3）观察力的理解性

观察力包含两个必不可少的因素：一是感知因素；二是思维因

素。思维参与观察力的主要作用，它可以提高观察的理解性。理解可以使我们及时地把握观察到客体的意义，从而提高我们对客体观察的迅速性、完整性、真实性和深刻性。

在观察过程中，运用基本的思维方法，对事物进行有效的比较、分类、分析、综合，找出事物之间的不同点和相同点，这样，就易于把握事物的特点。考察事物的各种特性、部分、方面以及由这些特性、部分、方面所组成的整体，就会使我们易于把握事物的整体和部分。

（4）观察力的敏锐性

观察力的敏锐性，指善于迅速发现易被忽略的信息。科学家和发明家的可贵之处就在于此。牛顿根据苹果坠地发现了万有引力规律，瓦特根据水蒸气冲动壶盖发明了蒸汽机。

在学习活动中，同学之间的观察力千差万别。同是一个问题，有的同学一眼就看出问题的要害和内在联系，有的同学则相反。敏锐性的高低是观察力高低的一个重要指标。

观察力的敏锐性与一个人的兴趣往往是密切相关的。不同的人在观察同一现象时，会根据自己的兴趣而注意到不同的事物。兴趣可以提高人们观察力的敏锐性，例如同在乡野逗留，植物学家会敏锐地注意到各种不同的庄稼和野生植物；而一个动物学家则又会注意到各种不同的家畜和野生动物。

达尔文曾经谈到自己和一位同事在探测一个山谷时，如何对某些意外的现象视而不见："我们俩谁也没有看见周围奇妙的冰河现象的痕迹；我们没有注意到有明显痕迹的岩石，耸峙的巨砾……"显然，达尔文对各类生物的观察力是非常敏锐的，但对于地质现象却没有什么兴趣。

观察力的敏锐性是与一个人的知识经验密切相关的。一个知识渊博、经验丰富的人，他在错综复杂的大千世界中，自然容易观察到许多有意义的东西。

相反，一个知识面狭窄、经验贫乏的人，他面对许多被观察的对象，总有应接不暇的感觉，而结果什么都发现不了。当然，知识对观察的敏锐性还有消极作用。有些人常常凭借知识对一些事物进行主观臆断。

（5）观察力的准确性

首先，观察力的准确性要求人们正确地获得与观察对象有关的信息。在观察过程中，不只是注意搜寻那些预期的事物，而且还要注意那些意外的情况。

其次，要对事物进行精确观察，既能注意到事物比较明显的特征，又能觉察出事物比隐蔽的特征；既能观察事物的全过程，又能掌握事物的各个发展阶段的特点；既能综合地把握事物的整体，又能分别地考察事物的各个部分；既能发现事物相似之处，又能辨别它们之间的细微差别。

再次，搜寻每一细节。一个具有精确观察力品质的人，他在观察事物的过程中，就会避免那种简单的、传统的、僵化的方式，选择那种不寻常的、不符合正规的、复杂多变的创新方式，这往往是富有创造力的表现。

例如让被试者在30分钟之内用22种不同颜色，一寸见方的硬纸片，拼成0.24米长、0.33米宽的镶嵌图案时，创造能力高的人通常尝试用22种颜色，而较平凡的人则趋于简单化，利用颜色的种类较少。

不但如此，创造能力较高的人所拼的图案，近乎奇特，无规律，不美观，他们不愿意依样画葫芦，仿拼任何普通图形，而愿意大胆地独出心裁，标新立异，不怕冒险，宁愿向通俗的形、色挑战。

各种观察力的品质，在学习活动中有各自不同的作用。

观察的目的性，是学习目的性的一个有机组成部分，它保证学习能够按照一定的方向和目标进行。

观察的条理性，是循序渐进地从事学习的不可缺少的心理条件，它有助于我们获得系统化的知识。

观察的理解性，可以帮助我们在学习中对由观察而获得的知识的理解，不至于生吞活剥，囫囵吞枣。为了获得某些看来平淡无奇，实际上意义较大的知识，就必须具有敏锐的观察力。

观察的精确性，可以帮助我们对所得到的知识深刻准确地领会，不至于似是而非，以假乱真，错误百出。

在学习中，我们必须把观察力的各种品质结合起来，按照预定的目标去获得系统的、理解的、深刻的、真实可靠的感性知识。

提高观察力的方法

提高孩子观察力的方法很多，具体可以分为以下几种：顺序转换法、求同找异法、追踪法、破案法、随感法、观察日记法、任务法、列项画钩法、个体差异法、中心单元法、边缘视觉法等。

（1）顺序转换法

观察要得法，首先孩子就得学会有计划、有次序的顺序查看，从不同角度、不同顺序上去观察同一事物或用同一顺序观察不同事物，从而把握观察对象的整体和实质。

观察顺序，首先指的是被观察事物的不同空间顺序，如从上至下、从左至右、从东至西、从近及远等；观察顺序，还可指被观察事物的不同结构组成部分的次序，如从头至尾、由表及里，从整体至部分再到整体。

所以，孩子观察同一事物，既可以依循其空间顺序，也可以从其不同结构次序入手，获取的信息不同，认识事物的角度也不同。

经过这种顺序地有步骤观察，观察者就可以对所观察的事物，获得一个完整、清晰的观察印象。

用不同顺序观察不同类事物，往往采用从整体至部分，再从部分至整体的顺序分析法。如观察街景、公园、山色等自然景象，多采用由近及远或由远及近的方位顺序法；而观察某一事件，则必须按照起因至经过再至结果的时间发展顺序。

（2）求同找异法

求同找异法就是孩子认真观察和研究观察对象，找出其同类事物之间的异同，并分析其间的关系，其意义在于提高观察者的观察分析、思考、概括、归纳能力。

例如对蜜蜂进行观察，孩子必须会注意到蜜蜂那神奇的触角和善于舞蹈的多条腿，由此，引发出观察蚂蚁、蜗牛、蜘蛛、蜻蜓等动物的兴趣。

在孩子观察这些昆虫家族的秘密时，自会发现这些昆虫有的有触角，有的短而小，有的没有触角，有的昆虫有翅膀，有的有甲壳，有的没有。

通过这种求同找异法，比较同类事物之间的异同，进一步观察、进一步比较的积极性就会自然产生。

（3）追踪法

追踪法又可称为间断观察法，即在不同时间、不同条件下对同一事物进行间断地、反复地追踪观察，以了解事物的发展变化过程，掌握其变化的规律，而对类似情况作出准确分析和判断。比如孩子用一个月的时间观察月亮阴晴圆缺的情况。

追踪法的成功实施，要靠注意力的长期稳定来实现。而注意力所指向的并不仅仅是观察活动这一事件本身，而更多是在所观察对象变化发展的规律。

因此，孩子运用追踪法进行观察，不是囫囵吞枣，而是运用大脑，经过筛选、比较、分析，从而得出符合规律的客观认识。

（4）破案法

破案法就是从某一观察的现象、线索中的疑问之处入手，进行探索性的观察，分析找出问题的原因，发现解决问题的办法。

比如，有一个当时读小学三年级的同学，一次其父亲带他到铁路边，这个平时很爱观察的同学发现，铁轨是一节一节连接在一起的，他想，为什么不用一根长长的铁轨却在连接处留下一道道缝子呢？

于是他问其父亲，其父亲答道："因为钢铁会热胀冷缩，如果用一根长长的铁轨或接头处不留缝隙，那么铁轨在炎热的夏天就会膨胀变形，七拱八弯的，若不信，你可以自己测量测量。"

在父母的支持和帮助下，这个同学通过观察测量发现，温度的变化，很有规律，气温每下降11度，间隙就增大一毫米。经过近一年的观察，他详细做了观察记录，同时还写出了铁轨热胀冷缩的观察报告，获得了全国征文比赛优秀奖。

更重要的是，通过这一年的观测活动，这个同学不仅掌握了中学阶段的物理知识，而且对观察和自然科学实验的兴趣大大增强了。

（5）随感法

随感法是最简单，也最基本的观察积累手段。它的形式为随看随记，随想随记。它可长可短，字数不定，形式自由。

例如孩子观察养蚕，随看随记，某年某月蛾卵由黄变黑。某年某月某日，小蚕破壳而出。某月某日，第一次蜕皮。某月某日第二次蜕皮。某月蚕身由黑变白，某月某日，蚕身由白变亮。某月某日，开始吐丝织茧，某日茧成。某日茧破蛾出，某日雌雄蛾子交配，某日产卵。此时，如若翻开随记，就会发现自己拥有了第一手资料。

孩子随感习惯的养成和巩固，可以丰富观察内容，提高观察兴趣。

（6）日记法

随着观察材料的不断积累和丰富，简单的随感式摘记显得过于简单，这时就需要孩子记写观察日记了。

世界著名生物学家达尔文从小就具有十分出色的观察力，这和他舅舅常鼓励他记观察日记分不开的。

当时，达尔文已经对自己搜集的标本做了一些简单记录，有的还附有简单插图，可是舅舅对他说，"只做摘记是不够的，要把你自己当做一个画家，但不是用颜色和线条，而是用文字。当你描述一种花，一种蝴蝶，一种苔藓的时候，你必须使别人能够根据你的描述立刻辨认出这种东西来。为了搞好科学研究，你必须进一步提高你的文字表达能力，要像莎士比亚那样用文字描绘世界、叙述历史、打动人心。"

我国古代徐霞客就是一个善于观察和坚持写观察日记的地理学家，他走遍我国的名山大川，仔细观察和考察，晚年他把自己的观察日记整理出来，终于留下了光辉的科学著作《徐霞客游记》。

（7）任务法

未经过训练的孩子在观察时，往往注意力不集中，东看看，西瞧瞧，容易受不相干事物的干扰，忘记了观察目的。

因此，在孩子观察训练的初期，在观察活动之前，应适时地给孩子提出一些要求，下达一定的任务，确立一定的观察目的，使观察有计划地进行。如观察对象有什么特征？周围的环境怎么样？有什么变化？

任务法是比较常用和易行的方法，它有利于观察计划的顺利实现。

（8）列项画钩法

列项画钩法是任务法的进一步深化，具有更强的实际操作性。在明确观察任务和目的后，可以给孩子列出一个围绕观察任务的项目表，恰似上街购物前的购物提示，它能够促进训练者有计划、有目的地观察相关内容。

列项画钩法在孩子每一次观察结束后，实际已保留了较完整、较全面的观察内容。

（9）个体差异法

所谓个体差异法，就是在对同类事物进行观察时，抓住其个体特征，找出他们的个体差异。

在实际观察中，孩子面对的更多是一个个体，这一个体除了具有同类事物的类别特征外，更重要的是具有其个体特征。因而，要使孩子观察进一步深入、细致、具体事物具体分析，必然抓住事物的个体差异。

相传，欧洲大文豪福楼拜在向契诃夫介绍自己的写作经验时，曾要求契诃夫走过街道的每一个大门时，观察每一个守门人，并把他们记录下来。

福楼拜说："我要你写每一个守门人，是让你找出这个守门人和其他所有守门人的不同点，他的面貌、他的眼神、他的动作都是他所独有的。我让你记录每一个守门人，要让别人能从所有守门人中一下子找出他来。"福楼拜的话道出了观察中个体差异法的实质内容。

（10）中心单元法

中心单元法，即围绕某一观察对象或内容开展一系列观察活动，以求完整、准确地把握和理解事物的现象和本质。

例如孩子观察种子发芽成苗的这一过程，围绕种子是怎样发芽的这一中心，设计出一系列的观察活动。比如什么时间种子长出根？叶子什么时候长出？颜色怎么样？什么时候张开瓣？每天需浇多少次水？

中心单元法贵在围绕中心坚持下去，否则无法获得对事物的完整印象和深入了解。

（11）边缘视觉法

一个观察力不够准确的人，常常是只见树木，不见森林。相反，观察力准确性较高的人，既能把握事物的整体，又能敏感地观察到事物的细节。这一能力需要观察者具有较广泛的视觉范围，又有较高的视觉敏感度。为此，我们可对孩子进行边缘视觉法训练。

所谓的边缘视觉，就是先保持固定的目光聚焦，凝视正前方，同时又用眼观望四周，但不是以头的扭动或转向而带动目光去看，而是用眼睛的余光。原来，在人的视敏度很高的中央视觉区外缘，还有一块很大的，相对来说尚未被充分利用的视觉区域，就叫做边缘视觉。

而人的视网膜上，只有一小部分处于敏感的中央区，其余则都在边缘视觉地带。因此，对边缘视觉的开放和训练，可以大大提高视觉的感受范围和感受程度，对视察完整性和准确性训练大有帮助。

边缘视觉，非常具有开发价值，它能使孩子对自己感兴趣的事物特别敏感，而且也善于捕捉他人易忽视的细节或事物的某些特征。比如孩子从杂乱无章的复杂环境中选认出自己所找或选认的事物，靠的就是边缘视觉。

在对孩子进行边缘视觉训练时，要注意既看清事物整体，又要把视觉敏感的中央区对准需要进行细致观察的部分；要眼观六路耳听八方，又要抓住关键和要害。

保护孩子的创造意识

人的创造潜力与生俱来。对孩子来讲，创造潜力人皆有之。在孩子玩的过程中经常会出现一些创造性的行为，父母所要做的就是能及时发现这些创造力的萌芽，并去保护它，不要因为孩子的这些行为会造成一些破坏而去制止、扼杀。

小明一放暑假就被送到外婆家了，他是一个聪明懂事的孩子，外婆对他也是宠爱有加。在外婆家住的这段时间里，小明看见外婆每次拖完地板总会捶背喊累。

他看在眼里疼在心里，有一天他对外婆说：

"我长大了一定要做一种多功能的拖把，把拖把上面装好几个开关按钮。外婆开始拖地时只要按第一个按钮，然后拖把就能自动拖地。"外婆听了哈哈笑，小明又说：

"拖完地之后呢，你只要把它往小池里一放，然后再按另外的按钮，它就又能自动刷洗拖把。再按一个按钮它还会自动绞干……"

很多父母总是说："就我们家孩子的智商，连个算术题都解不出来，还能创造？"其实，我们每一个人都具有创造力，只是程度不同而已。比如小明决定长大后造一个多功能拖把就是一种大胆的设想，属于孩子的创造性思维活动，在孩子中是比较常见的。

糟糕的是，多数父母把它看成不起眼的小事而不以为然。还有一些父母会对孩子嗤之以鼻地说："就你，傻孩子别异想天开了。"

这种人皆有之的创造意识，正是因为不能得到支持，再加上缺乏后天的培养和训练，才会被扼杀在萌芽的状态。

如果孩子的这种创造意识能得到及时的肯定与支持的话，那么孩子就会有更多的创造意识，进而形成一种思维方式，也许就能在其今后的学习、工作中取得优异成绩。

所以，当孩子做的事情超出常规时，父母一定要对他说："你真不简单，做出了这么有创造性的东西！"这样才能鼓励孩子敢于幻想，敢于创新。

创造意识表现为一个人的探索精神，但这种探索的实质是"求是"，目标是发现事物内在规律，这种行为需要付出艰辛的劳动，必须有锲而不舍的精神去探索。

所以，应该让孩子在你的鼓励和引导下，自由自在地去完成他们的"创造"活动，这样势必会使孩子创造能力的萌芽得到进一步的发展，有利于孩子大脑的发育和处理问题能力的提高。

当孩子对某一件事情有很大热情的时候，父母要鼓励孩子从不同角度去解决问题，而不仅仅满足于一种答案。只有在这种不断的创造中，孩子才会感到愉快，才能维持恒久的创造热情。

父母们都希望孩子能够学到更多的知识，怎样才能把知识运用得更好？是按部就班、因循守旧，还是去创造更新更好的生活？相信每个父母都会选择后者。

所以，创造意识就像是一双巨大的翅膀，父母一定帮孩子呵护好孩子的这双羽翼。父母如果领略到了创造意识对孩子的重要性的话，就要去学着保护孩子的创造意识：

父母要做个有心人

要保护孩子的创造意识，首先要求父母做到的是，自己要做个有心人，为孩子创造一切机会去训练孩子的想象力，培养他们的创造意识。

比如当孩子正在专心致志地做玩具模型时，父母可以在一旁观看，也可以和孩子一起共同做。这样，孩子在不断地探索、尝试下，就会创造出他们眼里的完美作品等。

另外，家里的各种家具，庭院上的花花草草，川流不息的街道，形态各异的建筑物，都可以在父母的启发下使孩子浮想联翩。

培养孩子的自信心

把培养重点放在培养孩子的自信心上，鼓励孩子相信自己的眼睛，使孩子悦纳自我，并勇于实现自我。很多权威型的父母总是表现出一副严肃的模样，并且还说一不二，要求自己的孩子必须听话，这样做使孩子失去了独立思考问题的主动性。父母应给孩子表达想法的机会，让孩子用自己的眼睛看世界。

培养孩子的个性

孩子形成独特的个性，表现有创新意识的思维、举动很重要。创造性是和人的独立性、个性分不开的，一个没有个性、处处依赖别人的人是难以产生创造欲望的。

父母不能因为孩子小、需要成人照顾，而把他看成是父母的依附品，要受成人支配。孩子也是一个完整、独立的个体，应该允许他有自己的世界，有自己的空间。

所以，父母们要在这方面多注意，可以经常让孩子去选择自己喜欢的衣服、头饰，鼓励孩子与众不同，让孩子自己的事情自己做，并经常对孩子所做的事情给予赞扬、指导，使孩子对自己充满自信。

允许孩子犯错

很多父母总是受不了孩子做错事，动辄就大声训斥、甚至打骂。事实上这种做法很容易让孩子变得胆怯懦弱，不敢去尝试和探索新事物。一位教育学家说过："教学活动必须有平等和谐的环境，让学生有安全感，这样思维才能敏捷，才可能去创造。"这种做法怎么不运用到家庭教育中呢？

如果父母们也给孩子一个安全的、宽松的、支持性的成长环境，尊重孩子，理解、关注、帮助他们，让孩子在周围人的支持下轻松地成长，那么生活在这样环境里的孩子，他们的探索和创新意识才会得到保护与发展。

丰富孩子的阅历

我国有句老话是："见多识广"。知识和经验是孩子构成创造意识的基石。要让孩子掌握知识，不能单一的限制在课本上，而要尽可能多元化。可以是天文地理；可以是飞碟、外星人；也可以涉猎生物、原子能等高科技领域。

在这里要注意的是，不要为了让孩子全都了解，即使对孩子来说是一纸天书也要让孩子掌握，这是不理智的。

另外，还可以教孩子收集、处理各种信息。因为会获取信息、处理信息的人更容易发挥其创造性。父母可以经常和孩子谈各种有趣的事情，告诉孩子获取信息的各种办法，并告诫孩子注意信息的准确性、时效性。

对孩子的培养最不可缺少的，就是培养孩子的想象力。想象力是创造性思维的主载体，对孩子创造力的培养要从小抓起。作为父母要多鼓励孩子去想象，要鼓励孩子"把不可能的事情变成可能"，从而激发孩子的创造意识。

有效培养孩子的注意力

注意力是智力的五个基本因素之一，是记忆力、观察力、想象力、逻辑力的准备状态，没有注意力，人们的各种智力因素如观察、记忆、想象和思维等将因得不到一定的支持而失去控制。所以注意力被人们称为心灵的门户。

注意力较差的孩子会出现上课坐不住、小动作太多、常丢三落

四、不专注听讲等现象。所以父母必须重视对孩子注意力的引导与培养。

了解注意力的涵义

注意，是一个古老而又永恒的话题。注意从始至终贯穿于人类的整个心理过程，只有先注意到一定事物，才可能进一步去观察、记忆和思考等。

注意属心理学的范畴，指向和集中是注意的基本特点。注意力就是把自己的感知和思维等心理活动指向和集中于某一事物的能力。感知，是感觉和知觉的统称；思维是人脑对客观事物间接的和概括的反映，它反映事物的本质和规律。

指向性是心理活动对活动对象的选择。客观事物并不都能被主体清晰认识，人们在每一活动瞬间都能依赖意识和需要选择某个特定的对象而离开另一些对象。因此，注意的对象又叫做被主体选择的客体；注意的背景是其他没有被选择的客体；选择的范围是一个或几个互有关系的对象。

集中性是心理活动不仅离开一切无关事物，而且抑制了无关活动，使选择的对象维持在相对的时间内，保证对注意对象的清晰反映。如全神贯注、聚精会神、专心致志、一心一意等。

由于注意力高度集中，心理紧张度极高，如医生做手术、电脑上机等，注意范围缩小，有时达到"视而不见、听而不闻"的境界。指向性和集中性密不可分，是保证心理活动顺利开展并继续维持下去的前提条件。

一般来讲，注意力的特征主要表现为如下：

（1）注意的范围

指在一瞬间能够清晰地把握多少对象，如有人逐字逐句地阅读，有人则能一目十行，这种差异和人的实践、知识经验有关。足球运动员的注意只盯在腾空的足球上，才能踢出符合战术要求的球来以战胜对手。

（2）注意的稳定性

指在较长时间，注意保持在一定对象上，这是注意的时间特征。

（3）注意的分配

指在同一时间内将注意分配到不同对象上去，即一心多用。如演奏乐器都是右手奏主旋律，左手伴奏还要相互配合。各种技能越熟练，注意也越容易分配到更多的活动上去。

（4）注意的转移

指人能够根据任务、要求及时地将注意由一个对象转移到另一个对象上去。青少年在学校里较好地完成学习任务，是和他们能根据课表安排有计划地组织注意的转移，及时稳定在新的科目上。不然的话很难顺利、高质量地完成任务。

（5）注意的紧张度

指心理活动对某事物的高度集中，表现出强度上的特点。越是紧张，注意的范围也越小；紧张持续的时间越长，越容易引起疲劳影响活动的效果。

注意力不集中原因

通常，孩子注意力不集中有以下几个方面的原因：

（1）生理原因

由于孩子大脑发育不完善，神经系统兴奋和抑制过程发展不平衡，故而自制能力差。这是正常的，只要教养得法，随着年龄的增长，绝大多数孩子能做到注意力集中。

（2）病理原因

儿童存在轻微脑组织损害、脑内神经递质代谢异常。另外，有听觉或视觉障碍的孩子也会被误以为充耳不闻，不注意听或视若无睹。这些情况需要得到专科医师指导下的治疗才能改善。

（3）环境原因

许多糖果、含咖啡因的饮料或掺有人工色素、添加剂、防腐剂的食物，会刺激孩子的情绪，影响专心度。此外，孩子的学习环境混乱、嘈杂、干扰过多也会影响孩子的注意力。

（4）教育原因

父母可从这几方面自查：一是父母教养态度是否一致？二是否太宠爱孩子，使孩子缺少行为规范？三是否为孩子买过多的玩具或书籍？四是家庭生活步调是否太快令孩子不能适应？五是家里的活动是否太多，无法给孩子提供安静的环境？六是学习的过程中是否积累了不愉快的经验？例如孩子理解程度跟不上老师父母的要求，孩子注意力不好时大人给予强化等。七是孩子是否有情绪上的压力？是否过多的批评、数落孩子？

（5）心理原因

为了引起他人注意，得到关注，或者为了逃避父母给予的过重的负担，便下意识地通过一些行为来达到目的。

大部分受注意力缺陷多动障碍困扰的人，是由于小脑没有适当地发挥功能。在过去的20年中的医学研究发现，小脑发育不良的人同时有注意力缺陷多动障碍的症状。藉由功能性扫描也发现注意力缺陷多动障碍患者的小脑活跃度很低。

矫治注意力的方法

在正常情况下，注意力使人们的心理活动朝向某一事物，有选择地接受某些信息，而抑制其他活动和其他信息，并集中全部的心理能量用于所指向的事物。因而，良好的注意力会提高工作与学习的效率。

而对于学生来说，主要是由于学习负担重，心理压力过大，而造成高度的紧张和焦虑，从而导致了注意力无法集中的障碍。另外，睡眠不足，大脑得不到充分休息，也可能出现注意力涣散的情况。

因此，当孩子因注意力无法集中而影响学习，倍感苦恼时，不妨采用以下方法来矫治：

（1）养成良好睡眠习惯

一些同学因学习负担重，一到晚上便贪黑熬夜，有的孩子甚至在宿舍打电筒读书，学至深夜；有的孩子不能按时睡眠，在宿舍和同学闲聊等。结果早晨不能按时起床，即便勉强起来，头脑也是昏沉沉的，一整天都打不起精神，有的甚至在课堂上伏桌睡觉。

作为学生，主要的学习任务要在白天完成，白天无精打采，必然效率低下。所以，如果你是"夜猫子"型的，奉劝你学学"百灵鸟"，按时睡觉按时起床，养足精神，提高白天的学习效率。

（2）学会自我减压的方法

如今学生的学习任务本来就很重，老师、父母的期望，又给同学们心理加上一道砝码；一些同学自己对成绩、考试等看得很重，无疑是自己给自己加压，必然不堪重负，变得疲惫、紧张和烦躁，心理上难得片刻宁静。

因此，父母要帮助孩子学会自我减压，别把成绩的好坏看得太重。一分耕耘，一分收获，只要平日努力了，付出了，必然会有好的回报，又何必让忧虑占据心头，去自寻烦恼呢？

（3）要适当做些放松训练

舒适地坐在椅子上或躺在床上，然后向身体的各部位传递休息的信息。先从左脚开始，使脚部肌肉绷紧，然后松弛，同时暗示它休息，随后命令脚脖子、小腿、膝盖、大腿，一直至躯干部休息，之后，再从脚到躯干，然后从左右手放松到躯干。

这时，再从躯干开始到颈部、到头部、脸部全部放松。这种放松训练的技术，需要反复练习才能较好地掌握，而一旦掌握了这种技术，会使人在短短的几分钟内，达到轻松、平静的状态。

培养孩子独立的思考力

爱因斯坦说："学会独立思考和独立判断比获得知识更重要。不下决心培养思考习惯的人，便失去了生活的最大乐趣。"所以，就家庭教育而言，培养孩子独立思考和独立判断的能力，应当始终放在首位，这对成就孩子的未来是十分重要的。

独立思考力的重要意义

所谓独立思考力，其实就是指一个人独立思维的能力。这种能力对人生的开拓和发展是极其重要的。

客观地说，知识不一定是力量，知识不一定是能力，知识不一定是财富，知识也不一定是品德。知识只有在实践过程中得到灵活运用和创造性发挥，才能转化为力量、能力、财富和品德。假如知识离开了灵活运用和创造活动，那么，知识就可能是躺在书柜里的一堆废纸，不具有实践的价值。

那么，能否将知识转化为力量、能力、财富和品德，就是取决于人的思考力水平和思维方式。同样的知识，由于不同的人、不同的思维方式和不同的思考力水平，将有着不同的运用，发挥着不同的价值。

许多卓越的人物之所以有今天的巨大成就，与他们从小养成的善于思考的习惯是密不可分的。思考习惯的养成对于孩子以后思维方式的形成以及知识的积累都有很重要的作用。

因此，聪明的父母在面对孩子的问题时，会启发孩子去想，去分析，去运用自己学过的知识和经验，看书或查参考资料等，让孩子自己去寻找答案。

孩子在寻找答案的过程中，思维能力就会得到提高。如果孩子实在无法独立解决问题，父母可以亲自示范，也可以通过请教他人、查阅资料、反复思考等方法，让孩子学习思考的方法，这对孩子的影响是非常大的。

培养独立思考力的方法

越来越多的父母都已经意识到，让孩子学会思考的重要性。那如何让孩子学会独立思考呢？

（1）创造一个思考的氛围

这对孩子形成独特的个性、表现有创新意识的思维和举动，都很重要。父母不能因为孩子小需要成人照顾，而把他看成是成人的附属品。孩子也是一个完整、独立的个体，应该允许他有自己的世界，有自己的空间。

有句话说："什么样的父母教出什么样的子女。"因此，在父母努力启发孩子的创造力时，不要忘了同时培养自己的创造力，使父母成为能欣赏创造力、并能与孩子创造力互动的主力。

因此，父母不必在孩子与孩子间制造竞争压力，也不必为了培育创造力，将家庭生活弄得紧张、沉重；更不必一反常态，变成严肃又过分认真的父母。

真正成功的创造力培养者，是能与孩子一起学习、一起成长，像个挚友般地倾听孩子的心声，了解孩子的举止，知道何时给他掌声，何时扶持他一把，没有命令、没有压抑。

（2）让孩子学会独立思考

父母在与孩子的相处与交谈中，要经常以商量的口气进行讨论式的协商，留给孩子独立思考的余地，要给孩子提出自己想法的机会。

父母可根据交谈内容经常发问，如："这两者有什么关系""你觉得如何做会更好""你的想法有什么根据"等问题，以引起孩子的独立思考能力。

（3）培养创造性思考方法

父母可以从以下几个方面努力：培养孩子打破砂锅问到底的习惯，鼓励孩子凡事常问几个为什么。父母要对孩子的提问努力表现出兴趣，不厌其烦地给予正确答案。或与孩子一起去思考，去寻求未知的答案，孩子提出问题的欲望就会不断增强。

不要阻止孩子探索性的行为活动，如孩子为了看个究竟，拆卸了玩具和物品，父母不要生气、谴责。

（4）创造独立思考的机会

孔子说过："学而不思则罔。"这句话说明了学习与思考的关系，它强调了思考的重要性。

翻开历史，我们可以发现几乎所有的科学人才都有超出常人的强烈好奇心，如居里夫人、爱迪生、达尔文等，他们都是从幼年时期即有相当强烈的好奇心。

当孩子头脑中有疑问时，他们便开始一连串地问为什么？父母亲如果正确引导，不压抑他的好奇心，孩子的求知欲必定会越来越旺，因为孩子的好奇正是探究新奇事物的开始。

父母不妨经常提出些问题让孩子去解决，让他们从中多方思考、探索，寻求多种途径和方法开拓思路，由各种解决问题的可能方法中，找出最好的答案来。

独立学习和独立思考能力是孩子将来立足社会的法宝，是父母留给孩子的宝贵财富，这不是金钱所能代替的，希望每个父母都能重视这一点，给孩子一片蔚蓝的天空，一些独立思考和动手实践的机会。

第三章
给孩子自由的空间

　　给孩子自由的空间，就是不要束缚孩子，不要用作业把孩子捆绑得太紧。多留给孩子思考和发挥想象力的空间，激发他们的学习兴趣，培养他们自主学习的能力，从而培养出高素质、能创造的新世纪人才。

不要剥夺孩子"自由"

很多父母为了不让孩子受到玩耍的意外伤害，就整天把孩子关在家里，总以为家里的那些玩具足够满足孩子的兴趣了。其实，那些玩具远远没有外界的吸引力大。

孩子虽然被关在家里，但他们很渴望到外面去，渴望去接触大自然，渴望与自己的小伙伴一起在绿绿的草地上奔跑。父母把孩子关在家里的这种做法，无疑是剥夺了孩子的自由。真正疼爱孩子的父母应该给孩子充分自由的活动空间。

今天是星期天，可是可怜的王平还被困在家里做作业。爸爸妈妈不允许他出去玩，并且还给他布置了很多作业，要求王平在他们回来之前做完。

王平虽然心里有一百个不愿意，但他也不敢不听爸爸妈妈的话，只好乖乖地在家里待着写作业。过了没多久，小伙伴在外面喊王平一起出去踢球，他很想去，可是他不敢去。

他怕他出去玩了，作业没有完成，爸爸妈妈回来会批评自己。就这样一颗矛盾的心一直处于挣扎当中，王平虽然没有出去玩，但心思已经不被作业所占有了！

爱玩是孩子的天性，没有一个孩子喜欢一天到晚都待在家里，他们都很渴望到外面精彩的世界里去奔跑。可是，有的父母总担心孩子因为玩而耽搁了学习，在星期天还给孩子布置各种各样的作业，为的就是把自己的孩子困在家中。

殊不知，这样做不仅不会改善孩子的学习，还会使孩子对学习产生严重的厌学情绪，甚至抵制学习。所以，父母应该还给孩子自由的空间，让孩子在自由的空间里自由地成长。

孩子的学习能力是很强的，这是每个父母都知道的。孩子的感知能力和交际能力，都是在社会实践中不断地积累和形成的。如果父母限制了孩子成长的空间，并且还有意识地缩小孩子的生活空间，这不但不会提升孩子的学习能力，还会降低孩子的学习能力。

给孩子自由的空间，让他们在自由的空间里自由地成长，只有这样他们才可以更加茁壮地成长。孩子不是一样东西，可以随意地把他们限制住，他们是一个生命，一个有思想的生命，他们渴望成长，但他们也渴望自由。

还给孩子自由的空间，把自由还给他们，不要做自私独断的父母。每个父母都希望自己的孩子可以健康地成长，所有的父母都不希望自己的孩子受到伤害。不可否认，让孩子自由地成长，可能会受到伤害，但不能因为害怕伤害就把孩子变成"温室里的花朵"。

要知道温室里的花朵是经不起风吹雨打的，只有那些经历过狂风暴雨洗礼的花朵才是最美、最强韧的花朵！

每一个孩子都有自己的思维，都有自己的思考方式，如果父母总是自作主张的剥夺孩子的自由空间，这不但不会让孩子感激你，反而会招致孩子对你的反感，会慢慢地远离你。

孩子就像一个在天空飞翔的风筝，虽然这个风筝需要线的牵引和束缚，但它需要的更多的是线对它的放纵。所以，父母如果希望你的"风筝"飞得更高的话，就要还给他自由的空间。

作为父母，不要用自己的思想来决定孩子的思想，不要以为孩子喜欢安静的生活。孩子对这个世界充满了好奇，也充满了向往，所以他们渴望自己去了解这个世界，如果父母把这个自由的空间给剥夺了，那么孩子成长的权利也就被剥夺了。

如果孩子渴望大自然，父母就应当允许他们亲近大自然，亲近大自然不仅没有坏处，还会增加孩子对大自然的认识，父母还可以趁这个机会教育孩子爱护大自然。这样做岂不是更好？

万事万物都渴望自由，何况是人？没有自由，人就像失去了灵魂，不知所往，更别说什么都不知道的孩子了！

如果你想做一个称职的爸爸妈妈的话，你就给孩子自由的空间，让他们自由学习，自由成长。这样的父母才是最合格的父母。

"不管"是最好的"管"

在大众眼中，父母管教孩子是天经地义的事情。所以，天下的父母没有想过不管教孩子，当有人建议他们不要管孩子时，他们便会惊讶地瞪着眼睛反问道："不管"能管好孩子？

很多教育专家都一再地表示，教育孩子并不是管得越多越好，而是越"少"越好。正像专家说得那样，"不管"是最好的"管"。

曾有一位毕业于名牌大学的母亲，她在教育孩子时遇到了一个很大的难题。由于她是一个完美主义者，所以在教育孩子上她也追求完美，尤其是自己在三十多岁的时候才有了孩子。所以，她在孩子的教育上更是上心。

在孩子尚未出世的时候，她就已经开始了胎教。孩子出世后，她坚持用英语和汉语两种语言与孩子讲话。原本她以为自己的教育非常成功，可她的孩子的成绩从幼儿园的第一名跌倒了小学二年级的倒数第三名。

这让这位母亲很是苦恼，她不知道自己的问题出在了哪里。后来，一名教育专家找到了问题。原来，这位母亲对孩子"管"得太多。比如说，如果孩子穿的衣服不搭配的话，她会直接对孩子说："你的上衣同你的裤子不搭配，去换一件新的来。"

假如孩子没有把牛奶喝完，她便会要求孩子把牛奶喝完，而从不过问孩子是否能够喝完。

这位母亲的这些做法让孩子觉得自己不是自己，慢慢地他就会用其他的方式来表达自己的抗议。

在这里，这位母亲妄图把自己的出色和完美强加到孩子身上。殊不知这不但不会让孩子喜欢，反而还会遭遇到孩子的排斥。因为，这并不是一个孩子所应该拥有的品质，完美是一个人在自己的成长过程中渐渐形成的个性，并不是每个人都希望自己成为一个追求完美的人。

如果父母对自己的孩子管得太严或者太细，都会让孩子受不了。他们会觉得自己的某些权利被他人剥夺了，哪怕是自己的父母也是不可以。所以，当自己的权利失去的时候，他们便会对一切事情都丧失了兴趣，也就不再愿意去做任何努力了。

父母要想让自己的孩子更好地成长，就应该适当地"不管"。不管并不是说要父母抛弃与孩子相关的一切事情，而是说要学会"睁一只眼闭一只眼"，对于孩子的一切事情要了若指掌，但不要事事插手，只是在适当的时候纠正孩子的错误，或者提醒孩子要注意某些危险。

这样，孩子会在独立中学会生活，学会成长，而且长大后的他们会感谢自己的父母在儿时"不管"自己。

不管孩子，是说要把一些本该孩子自己做的事情要交给孩子自己做，而不是自己指挥孩子做事情。聪明的爸爸妈妈总是静静地关注孩子做得每一件事情，而不是命令孩子做每一件事情。

在教育孩子的时候，父母不要试图用自己的权威来压制和打击孩子，而要放下父母的身份，从与孩子做朋友的角度告诉他们哪些事情该做，哪些事情不该做。这样，孩子才会接受父母的意见和建议。

"不管"孩子，其实是在无形中"管"孩子。这种"无形"是在孩子意识不到的情况下实现的。如果父母总是对孩子管得过多或者过严过细的话，不但不会达到应有的教育效果，而且还可能出现相反的效果。所以，作为父母要记住，巧妙的"不管"是最好的"管"。

父母"不管"孩子，要对孩子的一切事情看在眼里，明在心上。对孩子的一切事情有一个准确地把握，在必要的时候出手去"管"。这样不但不会伤害到孩子，还会让孩子变得喜欢被你"管"了。

聪明的父母知道怎样运用"不管"来达到自己"管"的目的，而且还会让孩子心甘情愿地"被管"。

所以，父母要学会"不管"，这样才会"管"得更好。

放飞孩子自信的翅膀

很多父母都希望自己的孩子具有自信、乐观、开朗、积极的性格，可以微笑着面对生活和学习。自信是一个成功者最重要的心理素质之一，但它并非与生俱来，它和家庭教育密切相关，它必须由父母对孩子从小加以正确引导，使孩子逐渐学会相信自己，建立起自信。

被称为世界第一经理人的杰克·韦尔奇是美国通用电气公司董事长，他是在母亲的教育下长大的，因为在他小的时候，他父亲是个工作狂，每天都早出晚归。

她母亲要求儿子一切从自信开始，努力主宰自己的命运。杰克唯一的缺陷就是口吃，相信很多不够明智的父母，可能会让孩子因此而感到自卑。

可她母亲却说这算不了什么缺陷，甚至还表扬他："你之所以有点口吃，就是因为你聪明爱动脑，想的比说的快些罢了。"她的这种激励，无疑给杰克带来了极大的自信。

事实上也正是如此，略带口吃的缺陷并没有阻碍杰克的发展，也没有影响他的自信。杰克的中学成绩没能进入美国最好的大学，而是去麻州大学。

一开始他感到非常沮丧，不想去上，想来年再考。但母亲却鼓励他就上麻州大学。然而，杰克进入大学没多长时间，就从原先的沮丧变成了庆幸。

他说："如果当时我选择了麻省理工学院，那我就会因为入学成绩较差。而被昔日的伙伴们打压，永远没有出头的一天。然而，这所较小的州立大学，让我获得了许多自信。事实证明，母亲让我进麻州大学是对的。"

后来，杰克果然成了麻州大学最顶尖的学生。

自信心对一个人的发展所起的作用，无论是在智力上还是体力上或是处世上，都起着基石性的作用。自信就像人的催化剂，将人的一切潜能都调动起来。自信可以克服万难，化渺小为伟大，化平庸为神奇。在孩子的成长过程中，没有比让孩子自信更重要的了。

每个人都知道这一句话：自信使人进步，自信是成功的基石。任何人都有自尊和被人尊重的需要，孩子也不例外。而自尊、被人尊重，是产生自信心的第一心理动力。

孩子有了自信，才能充满信心去努力实现自己的愿望和理想。所以，父母必须学会赏识孩子，必须学会培养孩子的自信。没有赏识就没有教育，没有自信就缺乏动力，人的内心深处就是渴望得到他人的肯定，从而建立自己的自信心。

要知道，孩子一旦在父母赏识下建立起足够的自信，那么，他们觉醒的力量都是排山倒海，势不可挡的。

但是现今，缺乏自信的孩子越来越多。这主要是因为，越来越多父母对孩子的关心和照顾事无巨细，物质上应有尽有，精神上百依百顺，事事不必自己操劳和付出努力。

这样的孩子很容易养成一种凡事均要依靠父母的心态，认为自己离开父母就一事无成，对任何事情也不想费力去做。长大后就会变成依赖性强、缺乏自信的人。

另外，许多父母对孩子的期望很高，而且总喜欢拿自己的孩子与其他孩子进行比较，每个孩子都有自己的优点和缺点，当孩子发现自己的父母总是只看到自己身上的缺点或者是薄弱的地方，而对自己的优点视而不见的时候，孩子怎么会对自己充满自信呢？

在许多时候，成功与孩子往往擦肩而过，并不是因为成功不肯垂青于他们。而是孩子在承担某项任务时，做父母的总怀疑孩子的能力，认为孩子还小，这也不行，那也不行，做什么事都没有经验。甚至有时还会阻止孩子去做某件事，这就使孩子在做事情的时候缺乏自信，甚至有时连当众讲话的勇气和胆量都没有。

自信是孩子成长的动力，父母在孩子后面是推一把，还是拉一把，那么，孩子的表现就不一样，孩子的未来也就会不一样。

要给孩子更多的自信，一般可从以下几方面入手：

给孩子自信首先要尊重孩子

孩子渴望被尊重，特别是父母的尊重。尊重孩子，就不能对孩子说有辱人格、有伤自尊的语言。孩子在试着做事情时，难免要犯错误，"你没有出息！""你不可救药！""你的脑子是猪脑子！""我对你完全失望了！""早知你这德性，就不该生你！""你把我的脸都丢光了！"

父母千万不能说这些话，这可能让孩子一辈子记在心上，并造成心灵的伤害。也就是说，这时做父母的要有意识地避免用任何言语或行为向孩子表明他是个失败者。另外，打孩子、任意惩罚孩子都会伤害孩子的自尊，父母不能因为要维护自己的一点面子，而伤害孩子的自尊。

不要拿孩子横向比较

无论对于怎样的孩子，无论出于什么样的目的，做父母切忌拿他去和别的孩子进行横向比较。不要认为没有比较就没有提高，不要认为拿别人的长处来激励孩子就能使他进步。一些盲目的、无谓的比较对孩子的伤害是非常大的，它将严重地打击孩子的自信心。

有些望子成龙心切的父母常常盼望自己的孩子处处强过别人，惯于横向攀比，喜欢拿其他孩子的优点和自己孩子的缺点比，如"他多有礼貌啊，你什么都不懂！"

其实，世界上没有一模一样的人，人和人之间相互比较是毫无意义的，在这里奉劝父母们一句，比是比不出好孩子的，如果真的要比，不妨经常拿自己孩子的长处去和别的孩子的短处比一下，只有这样比才会使孩子变得更加自信。

适度的鼓励与赞美

鼓励、赞扬对增强孩子的自信心是很有帮助的。天下父母谁都希望自己的孩子高出别的孩子一等，但遗憾的是每个孩子皆有各自的优缺点，做父母的应坦然接受孩子的缺点，多发掘孩子的优点和闪光点。

对于缺乏自信的孩子，真诚的赞扬对他们来说十分重要。也就是说要注意得当、得法。过度地或过于轻易地滥用鼓励和赞扬，会使孩子感到你不真诚、对他的期望过低，或不懂得什么才是真正值得赞扬的。

最好是对孩子的行为或进步给予及时的、准确的反应，比如对他说："我看到你已经学会分数的加减了""你的那首诗确实写得不错"。这比笼统地说"好极了"，效果会好得多。

所以，赞扬孩子应该既具体又准确。比如说，你刚才跳的舞蹈真好看，特别是你跳舞的表情很自然，还有跳跃跳得很到位。

让孩子体验成功

克服困难、取得成功是自信心的自然结果，又是重要成因。成功是自信的力量之源，自信心的建立需要有成功的体验作为基础，孩子的成功机会越多，他就会越自信。完成某项任务、学会某项技能、取得某种成绩，都属此例。

这里要注意的是，在激励孩子做某种具有挑战性的事情时，不要只是诱之以物质。成功的体验带给孩子的是自信，如果扩展到其他领域，会使他们身心各个方面得到和谐发展。

让孩子产生成功感是很容易的：孩子具有好奇心和初生牛犊不怕虎的势头，父母可以在确保孩子安全的情况下，引导他们去尝试或探索身边的各种事物，让他们在尝试或探索中了解事物的性质，增强自身的能力，从而增加自信。

培养孩子的特殊才能

每个孩子的天赋都是各不相同的，能力方面也各有千秋。特殊的才能可以增强孩子的自信。父母可以根据孩子的兴趣和爱好来培养孩子的一些特长，孩子通过特长树立信心。

比如，有些孩子虽然缺乏自信，但是却能写一手好字，父母可以让孩子学习书法，钢笔字、毛笔字都行。只要孩子有兴趣去学，肯定会做得很好。同时父母要抓住机会夸奖孩子，让孩子明白自己也是有能力的，从而培养起孩子的自信心。

当然，父母也可以通过展示孩子的特长，让其他人来认可孩子的能力，这样更能提高孩子的信心。

总之，现在的家庭教育中，极其重要的就是对孩子自信心的培养。自信，是迈进成功之门的通行证，也是跋涉人生旅途的心灵之路。作为父母多给自己的孩子一份自信吧！

阅读是开发孩子智力的钥匙

对孩子来说，阅读非常重要。阅读可以让孩子了解自然与社会，从而获得更多的知识和经验；阅读能够激发孩子学习的动机和阅读的兴趣，从而可以提高孩子语言的能力。现实生活中，会阅读的孩子往往更容易获得成功。因此，阅读成为孩子开发孩子智慧的金钥匙，对孩子的成长有着重大意义。

李冰是小学五年级的学生，他的作文每次都被老师作为范文读给同学们听。所以，老师每次阅读他的作文时，他都非常高兴。之所以李冰的作文写得如此好，是因为他经常以书籍为伍，而且每天他妈妈和他一起阅读。

这个时候也是他最开心的时候，有什么不懂的问题都可以问妈妈，所以，他对阅读书籍也非常感兴趣。一开始，李冰也不喜欢读书。

有一次，妈妈见他没有读书的心思就说："冰儿，咱们一起读好不好？"此时，李冰虽然一脸的不高兴，但他还是同意和妈妈一起读。妈妈读一段话，他也读一段话。

有时候，他和妈妈在阅读童话书时，还相互安排好角色，以适合角色的声音注入感情来朗读。此时，李冰觉得非常有意思。渐渐地，他养成了阅读的好习惯。即使妈妈不在，他也能照样读下去，因为他发现书中有好多有趣的事。因此，李冰的写作能力大大得到提高。

现在，有很多孩子都不喜欢看书，即使看了也不懂书里在写些什么。这都是因为阅读能力低下的关系。而阅读能力的高低，直接影响到孩子的各项表现。

从读书考试到人际关系，从求职面试到未来发展，都需要有良好的文字理解能力和语言表达能力，而这些能力的培养都要靠阅读。因此，在培养孩子的阅读能力方面，尤其要引起父母的重视。

据有研究表明：学龄前是培养孩子阅读兴趣和阅读能力的关键阶段。因为孩子的阅读能力与未来的学习成绩密切相关。所以孩子的阅读经验越丰富、阅读能力越高，就越有利于各方面的学习，而且阅读越早越有利。因此，在孩子小学三年级之前，父母必须培养孩子具备良好的阅读能力，直接关系到孩子未来成功与否的关键。

每个人都懂得知识改变命运，而阅读则是获取知识的主要途径。所以从某种意义上来说，阅读改变命运。为了孩子的前途，希望父母能抽出一些时间和孩子一起阅读，这样你也会从中获得无限的快乐。

对于孩子来说，早期的阅读是需要父母指导的。但对于父母来说，陪孩子阅读并不是一件愉快的事情，甚至还会令他们烦躁。

但是，为了孩子的将来请不要烦，每天抽出十几分钟与孩子一起看书并不过分，这是培养亲子感情的最佳时机。只要培养出孩子阅读的好习惯，以后就不会太麻烦了。相反，孩子取得优异的成绩还会令你更加自豪和骄傲的。

父母在培养孩子阅读时，要注意把握方法。不要让孩子产生对阅读有一种厌恶的情绪，而是引导他们发现阅读的乐趣，从而就会增强他们主动参与的兴趣。

教孩子阅读不只是为了让他们将来学习好，有个好工作，也不只是为了让他们未来的精神生活更美好，教孩子阅读同时也是为了让他们未来的日常生活更方便。当今社会竞争如此激烈，一个孩子如果没有阅读能力，就不会有更好的理解能力，将来也就无法立足于社会。

由此可见，培养孩子阅读的能力才是很重要的，而父母在培养孩子阅读能力中则扮演着关键的角色。

培养孩子自主学习的能力

孩子有自主学习的能力对其一生都是有益的。现代社会竞争日益激烈，竞争主要体现在人才的竞争，所以知识对于现代人越来越占有主导地位。而现在知识更新的速度越来越快，在幼儿园、学校学到的知识，也许会在孩子刚踏入社会时就已经淘汰了。为了适应这个日新月异的现代社会，孩子不得不具有自主学习的能力，这样才能在将来的工作和学习中不断进行知识更新，实现自我的不断发展。

一次，王梅拿着一张语文考试卷让爸爸签名。当她爸爸一看成绩才62分，一下子就冒火了："你怎么考的！这么低的分数也做得出来，我不签。"

王梅望着爸爸那气愤的表情，眼泪哗哗哗的就流了下来。看着女儿流满泪水的脸，爸爸意识到自己刚才的态度是不对的，对女儿说："爸爸刚才态度不好，请你原谅。你说说这分数是怎么回事呢？"

王梅说："由于参加兴趣活动，回家晚了，作业多，人又累没有好好的复习。"

"以后要注意，要学会合理安排时间，做到学习和兴趣爱好两不误。"王梅点了点头。

"现在我把名签了，我们一起来分析卷子，找找错的原因好吗？"听了爸爸这么一说，王梅也高兴地说："爸爸，我知道了我会努力的。"从此以后，王梅养成了自主学习的习惯，每次考试的成绩都没有让爸爸妈妈失望。

每个父母都将孩子视为掌上明珠，孩子当然也喜欢生活在母亲的怀抱里，但是他不能永远这样生活。

曾经有这样一位母亲，孩子已经上小学二年级了，送他上学还要费力地背着他走，直到离学校几十米远的地方，因为怕老师看见，才不情愿地把孩子放下来……

由此可见，一个这样被母亲呵护长大的孩子，他的自主性从何谈起呢？做父母应根据孩子自身的特点和能力，扩大孩子自由活动的空间，鼓励他们找一些小朋友玩，让他们在自己的空间里当主人。

有不少父母认为，孩子还小，不懂得安排自己的活动，所以他们包办了孩子的一切。但如果父母完全包办了孩子的时间安排，孩子只是去执行，而这种培养孩子的方法只是拔苗助长。违反了客观规律，孩子的自主性永远也培养不出来。

但是，采取消极地完全"顺其自然"的态度也是不利于孩子的成长的。只有遵照客观规律，积极创造条件，让孩子去锻炼，才是父母正确的做法。孩子的自主性主要体现在其自主选择上。但有很多父母担心孩子选择错误，从来不给孩子选择的权利。这样的孩子长大后就不可能适应竞争激烈的社会生活。

所以，父母应主动给孩子选择的权利，并告诉他们要对自己的选择负责。这样教育孩子才是明智的做法，才能培养出孩子的自主性，才有利于孩子将来的发展。

在教育孩子的过程中，父母培养孩子学习的自主性是最重要的。自主学习就是孩子依靠自己的努力，自觉、主动地获取知识。当然，孩子的自主学习能力不是与生俱来的，而是通过学习逐渐形成的。

而父母则是孩子不可替代的启蒙者，是孩子的第一任老师。孩子自主学习能力的提高，是离不开父母的培养的。因此，父母应该注重培养孩子的自主学习的能力，才是最关键的。

培养孩子自主学习的能力是一件既漫长而又艰苦的事情，需要父母保持一颗平常、宽容、理解的心，才能引导孩子走上正确的道路，快乐地学习和生活。因此，父母应该多多给予孩子鼓励，帮孩子扬起自信的风帆，使孩子驶向成功的彼岸。

激发孩子的学习兴趣

孩子学习成绩不好的根本原因，很大程度上是对学习没有兴趣。一个孩子，如果他对学习感兴趣，就一定能学得好。但如果他不感兴趣，就是再聪明，也不可能学好。

因为一个人如果对一件事不感兴趣，他在做事时就会敷衍了事，即使能做得很好，他也不会做好。

孩子的学习也是这样，要是带着兴趣去学习，那么他做习题、背外语……就会非常主动和自觉。因此，一个孩子学习成绩的优秀与否，起主导作用的不是他有多么聪明，而是他对所学东西有没有兴趣。

在现实生活中，很多孩子学习成绩糟糕，都是被他父母"逼迫"学习的结果，这种教育方式是不当的。这类父母在要求孩子学习的时候，是要他们为了学习而学习，而不是让孩子带着兴趣去学习。

那么，什么是让孩子带着兴趣去学习呢？让孩子带着兴趣去学习，就是把孩子的学习尽量和他感兴趣的实际生活联系起来，让孩子所学的东西能在生活中有所运用和体验。

刘昌是北大三年级的学生，他来自大别山里的老区，在那样一个相对落后的地方，他能进入中国的名牌大学很是不容易。从小学到高中，刘昌的各门功课都很好，令很多人奇怪的是，很多科目他不需要做太多的习题就能考到很高的分数。在中考的时候，他就凭借自己仅有的一本化学教材，没而有像其他同学那样做大量习题，他考了个满分。刘昌的父母不仅都是老实巴交的农民，而且还都是脑膜炎后遗症患者，在他的成长过程中，他当小学老师的叔叔起到了很好的引导作用。

由于父母有病，尽管他还是一个孩子，但却早早地操持起自己的半个家。在他二年级的时候，村里面给他家分了一块地，他父母怀疑地的面积分小了，就让刘昌去问当小学老师的叔叔。叔叔告诉他，面积没有错。

刘昌不放心地问道："各家地的形状不一样，他们怎能保证地方都会一样大？"

叔叔说："不同的形状有不同的计算方法，比如，我家这块地是梯形，面积就是上下底之和的一半乘高；你家那块地是三角形的，面积就是底乘高的一半。"

"可他们的形状有不同呀？算出的面积是一样大，但他们在实际中会一样大吗？"刘昌不解。

"这个很简单，你回去按照我的方法剪两块面积相同的梯形和三角形，然后你实际比比看它们是不是一样大。"

刘昌回去以后按照叔叔所说的那样，用剪刀把算出的两块面积相同的梯形和三角形剪成一样的形状后，他发现他们的面积果然是一样的大。

从那以后，刘昌就对几何有着浓厚的兴趣，在他上三年级的时候，老师在教三角形面积的算法时，他已经有能力算出很多不同平面形状的面积了，他的数学因此出奇的好。在小学四年级的时候，他和叔叔一道坐车到县城里去参加数学竞赛，坐在车上的刘昌指着窗外对叔叔说："那些牛在飞快地往后跑，叔叔。"

"不是，是车在跑。"叔叔回答。

"可我们并没有动呀，我们都坐了这么长时间，车也没什么变化，反而车外的东西却变了，一定是牛在向后跑。"刘昌说。

"那么，你现在要是在车外，你会怎么看？"

"那一定是车在跑。"刘昌回答，"可为什么在车上和在地上感觉不一样呢？"刘昌不能理解。

"这是一个物理现象，等你上了初中你就会明白了。"紧接着叔叔给他简单地讲了什么是参照物。叔叔讲得很粗糙，刘昌听得也一知半解，但生活的奇妙使他记住了两个名词：物理现象和参照物，他很想弄清楚这到底是怎么回事。

就在那年暑假，刘昌向邻居家的孩子借来了初中的物理书，其中的大部分内容他都看得似懂非懂。但可以肯定的是，他在那次乘车的奇妙感觉，在暑假里已经找到了自己满意的答案。

后来刘昌的学习成绩总是很好，高考的那一年，他在自己所在的县市博得头名状元，幸运地被北大录取。

很多孩子成绩不好，其中的原因就是对学习没有兴趣。因此，若想孩子的学习成绩好，就必须激发他们的学习兴趣，让他们带着兴趣去学习。只要孩子能把枯燥的东西当成是有趣的，取得好的成绩也就不难了。

及时表扬孩子的进步

无论任何一个人，在做一件事情时都希望能得到别人的肯定。孩子对这方面的需求尤其强烈。可以说，从学习中得到的成就感，是一种激励孩子改变学习成绩糟糕状况的强大动力。

如果孩子经过努力在学习中取得了进步，获得了成功，他的自尊心就会得到满足，自信心也会因此得到增强，对学习自己便会更加有兴趣，进步也就很快。

在学习的过程中，孩子不断得到鼓励和肯定，对学习的信心就会越来越强烈，如此一来，便会形成一个良性的循环，孩子不但不会有厌学的情绪，反而将完全焕发出自己的学习自主性和自觉性，越来越体会到学习的快乐，越来越热爱学习。

相反，一个孩子的学习总是不理想，考试时的分数总是被别的同学拉在后面，就会逐渐对学习失去兴趣，甚至为此失去继续学习的信心，这样一旦形成恶性循环，孩子便会一步步地走下坡路。

因此，让孩子对自己的学习有成就感，能够帮助孩子消除厌学的情绪，有利于孩子学习兴趣的培养，这其中父母的鼓励和积极、肯定的评价显得尤为重要。

一个学习成绩本来就不好的孩子，父母会觉得他在学习上没什么可值得表扬的地方，字写得不是很工整、作业也有时候不能按时完成、考试的成绩更不能令自己很满意……

实际上并不是这样的，每一个孩子都并非一无是处。父母要找到孩子身上的闪光点，一点优势，一点进步，父母都要适时的让孩子感受到自己取得的成就。

值得提出的是，在实际中父母在对孩子的学习进行评价时，免不了就会有比较，只是有很多父母在比较的时候总喜欢拿自己孩子的短处比较其他孩子的长处。殊不知这样的做法，不但使父母不能全面地对孩子加以了解和发现，反而挫伤了孩子的自信心和自尊心，使孩子陷入自卑的泥沼。

在现代家庭教育的理念中，我们不是很提倡比较教育，如果的确需要进行比较的话，也应该把现在的成绩和过去比较，这样一方面能够使孩子在父母的鼓励中体会到学习进步的乐趣，对学习、对自己充满信心，提高学习的兴趣。另一方面父母也可以及时看到孩子的进步，对孩子充满信心。

对孩子适时的表扬和夸奖，就像我们成年人上班按月领工资一样，如果老是拖欠工资，甚至两三个月不发，不要说高涨的工作积极性和对工作勤奋认真的态度了，就是辞职不干也有可能。同样的道理，要想让孩子持续地保持对学习的积极性，就要不断给他们发"工资"。那么，父母又应该怎样给孩子发"工资"呢？

一些父母或许会这样表扬孩子：多给孩子提供一些吃喝穿用的，多给他买玩具，多带他去他想去的地方玩，这难道不是"工资"吗？可孩子会这样认为吗？在孩子的心里，这些都是父母应当的付出，因为我是你的孩子，你就应该给我这些东西，即使自己学习没有什么进步也应该给我。

孩子的这种想法，父母应该明白。因此。要想表扬孩子的进步，就必须让孩子感到，父母的嘉奖是自己从学习中直接获取的。

许多父母都有这样的一个担心，就是不能对孩子进行表扬，要不然孩子会因此而变得骄傲起来。在父母的认识里面，孩子骄傲的表现就是爱说大话，有错也死不承认，报喜不报忧，总喜欢拿自己的成绩同比自己差的同学比较等。

殊不知，孩子的这种表现并非是骄傲，而是一种虚荣，最根本的原因还是因为他心里存在自卑。一个真正自信的人是不需要用说大话来显示自己能力的。孩子之所以会有这样的表现，并不是父母过多表扬的结果，恰恰相反，是表扬少了，尤其是恰到好处的表扬。

一个已经学得很好的孩子，对他给予过多的表扬，反而容易使其养成妄自尊大的毛病，不利于他的成长；一个学习不怎么好的孩子，对学习和对自己的信心本来就在逐渐丧失，再得不到表扬，他会很容易因此而自卑。当然，无论怎样的一个孩子，对他的表扬都要适当，而且要表扬到点子上。

还有一些父母也知道孩子需要表扬，只是令他们苦恼的是孩子面对表扬时的态度，正如一位父母如此说道："不知为什么，我的孩子好像不喜欢我表扬他？我刚开始表扬，他就用一种很异样的眼神看我，仿佛在告诉我他早已识破了我的机关。"

这类父母的错误之处就在于把表扬权术化了，也就是单纯地把表扬当成了计策。我们对一个人的表扬只有发之肺腑、出于真心才能使对方接受，孩子也不例外。

只有像欣赏一位朋友那样，对孩子进行由衷地赞美，才可以调动起孩子对学习的积极性。你把对孩子的表扬当成鱼钩，只是为了钓出孩子考试的高分，这种有点像圈套的表扬，孩子当然会不高兴，不买你的账。

另外，在表扬孩子的时候，不一定非要摆出一副赞美的架势，而且还是一套固定的模式，这样很容易让孩子厌烦，尤其是处在叛逆期的孩子。让孩子在学习中体会到成就感，是激发他们学习兴趣的有效途径，为此，进行的表扬要适当，要讲究方式和方法。

引导孩子动脑筋

动脑筋是认识问题、解决问题的主要手段。一个孩子能不能学习好，主要看他会不会使用自己的大脑进行思考。孩子在学习的过程中，有的好钻牛角尖，往往使自己走进死胡同；有的面对稍难的一些问题，习惯地不假思索，只求个"大概""差不多"，这么粗心大意也会学不好。

很多孩子看似头脑不太笨，但在学习上不能让父母满意，其中的原因，就是他们在学习的过程中不会动脑筋。

父母让孩子学会思考，这不是一朝一夕的事，它需要父母对孩子有个漫长而艰辛的引导过程。说漫长而艰辛，是因为只有长时间地不断启发孩子，对提高孩子的成绩才会有很好效果。

这就要求父母在这方面做一个有心人，注意在生活的点点滴滴中对孩子进行思考训练。

多用一些假设式的问话

我们日常在与孩子进行交流时，经常会向他们提出一些需要通过简单推理判断才能回答的问题，这对孩子进行因果关系的推导是一个极好的训练。

很多父母为了显示自己做长辈的威严，对孩子总是不苟言笑，一脸严肃，这种交流不利于孩子思考能力的锻炼。在一些问题上是就是是，非就是非，没有必须老是板着个脸。

教育专家研究发现，年轻的父母对孩子多用一些假设式的问话，例如："如果你不关煤气，你想会发生什么事？""没有了太阳与没有了月亮，哪个更重要？"这样会引导孩子思考，也更容易让孩子记住事情的结果，有利于孩子智力的提高。

启发孩子运用发散性思维

发散性思维练习可以使孩子思考问题更全面，一个简单的问题往往就能使孩子想半天。在孩子很小的时候，可以多问一些如："笔有什么用？""纸除了写字还有哪些用处？""把树上的果子弄到手有几种办法？"等问题；孩子大一些可以问一些与物理和化学有关的问题。如"夏天有几种办法使自己凉爽？""哪些气体可以燃烧？"等问题。

故意"刁难"孩子

对于一些生活中的问题，让孩子自己去解决。父母对孩子可以设置一些难题，要求孩子自己去完成。比如，当孩子完成一道数学题后，父母要求他用另一种方法给解出来。

经常与孩子"抬杠"

有时，父母明知道孩子是对的，却装作不解，在孩子解释的过程中与孩子争辩。与孩子"抬杠"可引发孩子进行认真细致的思考，不仅能培养其思维的敏捷性，还提高了孩子对许多问题的认识水平。

让孩子学会提出问题

很多孩子善于思考，也善于提出疑问，一般来说，提问题的水平与思维的水平是紧密相关的。孩子的问题提得好，不仅意味着他的思维水平处于一个较高的层次，而且其解决问题的方法也会不同。所以，父母要鼓励孩子提问，促使他们敢于"标新立异"。特别是父母应鼓励孩子对一些司空见惯的事物进行质疑，即使孩子有时回答得很幼稚或错了，父母也不可给以简单的否定。

人的思考，就像海德格尔说的那样，所有的思考都是诗。思考能"思接千载，视通万里"。父母在面对孩子学习中的问题时，要启发他们去想、去分析，要让他们用已有的知识去解决。只有这样，孩子才能学得好。

一个母亲在带领孩子看电影《小兵张嘎》时，她三年级的儿子对张嘎佩服得不得了。看完电影后母亲问孩子这样一个问题："你知道张嘎为什么不上学吗？"

孩子当然不知道那时候中国的状况，一下子就被母亲问住了。同时，孩子也开始思考这样一个问题。这时，母亲给他找来一些有关的书籍让孩子自己去找答案。

在母亲给的书里，其中有一本叫《一本珍贵的教科书》的连环画，讲的是解放战争时期，老师和孩子们在敌人的围追堵截下坚持学习的故事。孩子看了以后，马上就问他的母亲："是不是日本鬼子把学校都给炸了呀？"

可以看出，孩子从《一本珍贵的教科书》里看到当时念书是那样的不易，由此想到抗日时期张嘎不能读书的原因，这是孩子思考的结果。

孩子因此得出的结论，在心中留下的印象比任何人亲口告诉他都深刻的多。同时，我们也相信，当以后孩子学习那段历史的时候，他一定会学得很好。

看到炉子上的水壶盖子被水顶开，凡人们都会想到是"水开了"，有人却会比别人多想一点点。就这多想的一点点，它推动的却是整个人类文明的进步；苹果砸了头更多的人会骂"老子今天真晦气！"但有人多了一点思考，就树立起了物理学新的里程碑。

所以，如果孩子会思考，爱动脑筋，那么他做事、学习就容易获得成功。孩子与孩子之间学习成绩的差距，更多是在思考方法上存在差别。因此，要想孩子能有个好成绩，就要有比别人更会思考。一个比他人更会思考的孩子，学什么也不会感到困难。

孩子的事让孩子做主

一个优秀的人，往往是服从而不盲从，他们相信自己的判断，遵从自己的意志。这样，他们在失败的时候，才会彰显做人的豪迈与大气，不会怨天尤人。父母在培养孩子时，就应该注重孩子独立生活能力的训练，养成孩子做事有主见的性格。

现在很多父母都抱怨孩子在遇事的时候六神无主，在事情失败后又会垂头丧气。其中的原因，就是父母缺乏对孩子主见的培养，使孩子做事没有主心骨，总是瞻前顾后，这样必然忍受失败的打击。有主见的孩子就不同了，他们在做事情的时候敢于做主，敢于对自己负责。当失败的时候，则相信失败是暂时的，很容易从失败的阴影里站起来。有主见的人必然是一个自信的人，更是一个不肯屈服的人。那么，如何培养孩子的主见呢？

让孩子多行使决定权

现在的父母照顾孩子总是想做到无微不至，似乎这样孩子才能更幸福。其实，父母这样做使得孩子无法把握自己的生活，更谈不上在实践中去施行自己的想法。

父母在关怀中剥夺了孩子的主见，孩子渐渐地在生活中就会习惯按照别人的意见去行事。如果父母多尊重孩子的意见，孩子就会习惯把握做事的主动权。同时，这种主动权的行使反过来又会锻炼孩子的主见。

父母在家里，要留一些事情让孩子去做主。例如，带孩子去超市购物，可以问他自己想买什么；让孩子洗澡前，可以问他应该做些什么准备；带孩子出门，可以问他想乘坐什么交通工具；带孩子去旅行，可以问问他自己觉得要准备些什么东西。家里要买一些小什物，父母也应征求孩子的意见，想要什么样的颜色、什么样的款式等等，孩子自己的用品，父母一般都让孩子自己去选择。

事实上，要父母这样去引导孩子可能并不难，最难的是父母对孩子错误决定的态度。孩子不太成熟，有时的意见可能也是不成熟的，这时父母可能就会面临这样的两难：尊重孩子，那就等于眼看着孩子犯错；及时纠正孩子，往往又会打消孩子的积极性。

其实，孩子在行使决定权的时候，他不可能做到像大人那样成熟有效，错误在所难免。因此，让孩子多决定一些成败无关紧要的事，这样，父母就更容易"漠视"孩子的错误决定。

也就是说，即使孩子的决定错了，因为结果不重要，父母一笑了之作罢，孩子也不会受到更多的刺激了。对孩子的错误淡处理，同时，对孩子成功的决定要及时给予表扬和鼓励，这样会增强孩子的自信心，对增强孩子做事的主见性有很大的帮助。

相信孩子能做好事情

孩子没有主见，往往就是因为父母缺乏对孩子能力的信任。但孩子最终都要长大，迟早都要独立。因此，父母要相信孩子的能力，让孩子独立自主地解决自己的事情。这样，孩子才会有信心，遇事才敢于拿主意。

　　球星乔丹的母亲曾深有体会地说："在放手的过程中，让孩子自己去决定事关终身的事，选择他们确定的不同的发展道路。"乔丹小时候崇拜大卫·汤普森，他更喜爱篮球。

　　一天，乔丹骄傲地向妈妈宣布："总有一天，我要参加奥运会，我要参加篮球赛，我要得金牌！"乔丹的母亲听到孩子这番"疯话"，肯定地对乔丹说："孩子，我相信你！你绝对行！我们就朝着那个目标努力吧！"

　　从此，在母亲的鼓励下，乔丹开始了为实现自己的理想而不断地努力，最终成为世界上最伟大的球员。

相信孩子，对于孩子来说往往具有不可思议的效果。通常我们一个鼓励的眼神和动作，一个深情的抚摸和微笑，都可以传递我们对孩子的相信。相信孩子，孩子就会有更多的信心面对困难和克服困难。反之，孩子就会觉得自己很"没用"，遇事就不敢决断。

父母在对孩子培养的过程中，要给孩子多一些实践的机会，多一些信任，努力使孩子成为一个有独立能力的人，最大限度地使他们利用自己的智慧去创造人生和辉煌。

第四章
造就独一无二的人才

　　会反思的孩子，就是有思想的孩子。想象力丰富的孩子，也是能够创造和创新的孩子。这样的孩子，每一个都是独一无二的。培养这样的优秀人才需要从细节入手，拓展他们的发展空间，挖掘他们的优势潜能，通过挫折和磨难的淬炼，才能收到预期的效果。

为孩子拓宽发展的空间

很多父母总以为，现在孩子的教育条件是优厚的，天才的极少出现，可能只是孩子自身问题。可是，他们忽视了一个重要的问题，那就是社会对孩子的教育面往往很狭窄。

举个例子说，一个孩子从小学到高中，看似是个读书的过程，实际却是一个提升智力的过程。在这个过程中，更能发现一个人的智力优势。

但是，现有的教育体系存在的不足，使孩子的发展空间很有限。原因是一个人自从上学那天起，就被迫地接受学校的一些规定和熏染。把一个自然性很强的孩子，放到学校这个模型中去接受教育，往往会束缚孩子的发展。

看一下现在学校所开设的课程不难发现，除文化以外，也开设了体育、美术、音乐、手工等课程。但存在的问题是，这些课程的设置，不能完全满足所有孩子的要求。另外，这些课程往往因为文化课的重压，使得孩子无心顾及，学校也"等闲视之"，这些无法改变的事实，使孩子发展的空间很有限。

一个天才的诞生，往往都是挣脱出了惯有的教育束缚导致的。例如，"五笔字型"汉字输入法的发明人王永民，他的父亲虽是一个农民，但他心灵手巧，不但会编篓砌房，而且在新中国成立前还会自己造出"汉阳造"步枪和手枪，是个闻名乡里的大能人。

小时候他能用父亲的工具做手工。在当时，学校就没有手工课。但王永民并没有拘泥于当时学校课程的设置，一头钻进去而不顾其他。家里的这些条件，使他的发展空间比一般人宽广，这也是他能成为天才的重要原因之一。

当父母明白了这些道理以后，在培养孩子的时候，要善于拓展孩子的发展空间。一个天才的诞生，往往在以下方面有着广阔的空间，父母需要从这些方面来为孩子拓展发展的空间。

认识空间

一个孩子对这个世界认识有多少，他能发现机会的可能就会有多大。用爱因斯坦的话来说，就是"已知的半径越大，所感触的未知空间就越大；所知的半径越小，所感触的未知空间就越小。"很多人的成功，都源于自己对这个世界的认识与众不同。因此，父母要善于拓展孩子的认识空间。

可以说，对学校以外的天地，在孩子的认识上是盲区。当然，我们不要求孩子超越认识自身的局限，能认识到精神、生命、社会、自然这些高深的东西。

按照孩子的特点，我们至少要让孩子认识一些基本的东西。比如，让孩子了解不同的职业类别、科学类别和人文类别等，能使孩子更好地选择适合自己智力优势的事去做。

数学家高斯就是因为从舅舅那里了解到17边形这道难题，他才有机会解决这个难题。不然，就是他再聪明，他也没有展示的机会。

因此，父母要以孩子的发展为准则，来拓宽孩子的认识空间。不然，孩子就会变得僵化刻板。宽广的认识空间，能让孩子的发展有更多的机会。有时天才的诞生，不就是比别人多发现一些机会吗？

硬件条件

一个天才的发展，往往需要比一般人特殊一些的条件，因为他们的思路宽广，对硬件的需求就会比一般人特别。父母要为孩子提供一些所特需的条件，孩子才能很好地成长。

不可否认，我们的教育设施落后。因此，父母应该从硬件设施上拓宽孩子的发展空间。举个例子说，从某种意义上讲，我们为孩子配备了电脑，我们可以使孩子成为一个电脑天才的可能；我们为孩子买了篮球，孩子就会有希望成为下一个姚明；我们为孩子买了一架钢琴，他就有可能成为中国的另一个郎朗……

如果我们的孩子不接触电脑、篮球和钢琴……那他们就没有机会成为某一个方面的天才。这就像前文说过的那样，给予孩子多一些条件，孩子就会多一个机会，因为总有最适合孩子做的事。

对于一个家庭来说，我们无法为孩子提供千万种硬件让孩子去选择，父母在硬件上为孩子发展空间的拓宽，就需要父母做到以下两点：

一是利用社会资源，勇于让孩子去尝试；二是家庭的教育硬件资源的配置，一定要拿准孩子的兴趣爱好。给予孩子多一些发展条件，让孩子去选择自己最喜欢的、最有兴趣的事去做，这样，孩子某些天才的特质就不会被埋没。

专业空间

一个孩子能否成为一个天才，往往与他选择的专业有关。许多成功的人士，他们适时地抓住了当时最热、最火的专业，及时进入了人才最紧缺的行业，各自在自己的专业领域里，创造出了自己的事业。

学习一个热门专业，这往往就是一个人成功的起点。但是，学校的教育和社会的影响，往往会从某种程度束缚了孩子专业选择的广度，一是因为学校设置的专业前瞻性不足；二是人们因为着眼就业，往往追求一时的热门专业，他们不能顾及专业的前景和孩子自身的实际需求。

许多做出卓越成就的职场人士，他们都是选择了在那个时代最具有前途和最适合自己发展的专业。因此，在孩子选择自己专业的时候，不要被一时的热门专业和就业所限制，应该让孩子了解更多的专业及其前景。这样，孩子所选择的，有可能就是一条通往使自己成为天才的道路。

总之，为孩子拓宽发展的空间，能让孩子考虑到自身优势，选择最有兴趣、能发挥自己特长、符合社会发展需求的事去做。给自己一个最好的定位，孩子在所学的领域内才能有所建树。

每个孩子都可以成为天才

现在可以这样告诉一些认为自己孩子很笨的父母们：不是你的孩子笨，而是你没有发现孩子聪明的地方。法国教育家爱尔维修说："即使很普通的孩子，只要教育得法，也会成为不平凡的人。"

这里所说的"普通的孩子"，就是人们所说的"笨孩子"。这里所说的"教育得法"，就是告诉人们，要针对孩子的"潜能优势"进行教育。事实上，有的孩子不是真的智商有问题，而是隐藏了自己的优势，展示了自己的劣势。因此，要使孩子聪明起来，父母就要善于发现孩子的潜能。

　　毕加索小时候是一个笨孩子。老师认为他根本就不具备有学习的智商，好多次跑到毕加索的父亲何塞面前，说毕加索有"痴呆症"。就连同学们也常常嘲笑毕加索："呆子，二加一等于几？"面对这种状况，毕加索和他的父亲都陷入了深深的苦恼之中。

　　在一次偶然的机会，年幼的毕加索不知为什么对母亲大起来的肚子发生了兴趣。

　　他好奇地问妈妈："妈妈，里面装了什么？"

　　"一个弟弟或妹妹。"母亲说。

　　"谁把他们装进去的？"

　　"是你的爸爸。"妈妈回答。

　　"那么，妈妈，爸爸是怎么装进去的？"

　　大人们发出了尖利的笑声，旁边的两个未婚女孩红着脸跑开了。

　　没有人再回答毕加索的问题，毕加索更不明白大人为什么会有这样的反应。谁知道喜欢绘画的毕加索却用画笔描绘着自己的母亲，看到画上的妈妈挺着一个大肚子，大人们都笑弯了腰。

　　但是，他的父亲何塞却发现了毕加索绘画的天赋。父亲认定，自己的这个"笨儿子"一定会在绘画方面成为一个有所成就的人。于是，何塞就把自己这个笨蛋儿子送到当地一所有名的美术学校学习。

　　毕加索在绘画时表现出了惊人的耐力，他可以一连几个小时不放下画笔。他在绘画方面的天赋被发现后，使这样一个连"二加一等于几"都不一定知道的孩子，却在艺术的长廊里与达·芬奇齐名。

每一个孩子都可能有巨大的潜能有待挖掘，关键看父母是否能及时发现。你的孩子或许原本是一匹很好的千里马，但由于你没有及时地发现，没有及时地挖掘好孩子的潜能,使原本很好的一匹千里马，因没有伯乐而默默无闻。

当然，孩子的潜能和天赋更不会一目了然，而且一个孩子究竟有多少潜能和天赋，没有人能测量和估计得到。它需要去发现和培养。为了发现孩子的潜能，父母要对孩子保持赏识的心态和积极的言行。

因此，在日常生活中，父母要注意孩子的行为举止，观察孩子做事的特征，把这些表现记录下来，归纳出孩子的擅长。了解孩子的性格特征和擅长后，别忘了给孩子练习的机会。有些父母把孩子的表现机会"洗劫"一空，这样，父母就无法让孩子显现优势。

美国著名哲学家、心理学家威廉·詹姆士提出，一个正常的健康人只运用了其潜能的10%，并称这一观点是20世纪最伟大的发现。其实每个孩子都有自己的发展潜力，每个孩子都是聪明的，每个孩子在聪明面前都是平等的。

福楼拜小时候开始说话较晚，上学后又总是学不会写字。父亲看到儿子在学校的表现，便认为他是个"笨儿子"。于是福楼拜只读完了义务教育。

父亲想让儿子继承他的医生职业，就整天不离左右地看管他用功，但儿子的学习还是很糟糕。18岁时，当父亲知道福楼拜没有当医生的愿望时，便又逼迫他去巴黎学习法律。

以后尽管经过多次努力，但想考进高一级学校的努力都失败了。父亲对福楼拜的前途完全丧失了信心。据说，父亲后来对他失望至极，干脆就对他放任不管了。

这种放任使得福楼拜脱离了父亲的要求，发挥出他本来的才能。他闭门不出，阅读所有的文学著作，沉迷于幻想之中，然后就接连不断地创作出惊世骇俗的文学作品来。

福楼拜的成功并不是父母包办教育的结果，而恰恰相反。因此，现在的父母应该注意到：尽管我们曾千方百计地尝试使自己的孩子成材，往往不但没有效果，而且还常常事与愿违。

很多父母把这种失败归于"孩子太笨"，但他们不知道孩子的潜能优势是不同的，父母对孩子的要求方向错了。

成功可以有无数种形式，成功的途径更是千变万化。孩子只有按照自己的优势运作才能成功。父母应注意去发现孩子的潜能并加以培养，使孩子获得自己的发展空间，达到满意的人生目标。

让孩子成为创新型人才

时代需要孩子具有创新精神。只有创新才能激活孩子的异常思维和才智，从而激活他们全身的能量。对孩子创新能力的培养，是我们每一位父母必须用心关注的问题。

父母是孩子的第一任教师，所以家庭是从小培养孩子的创新能力最有利的环境，父母在培养孩子的创新能力上肩负着重要责任。

一个人活着要有生命热情，不要纵容孩子无所谓的生活态度。父母的态度往往决定了孩子的个性发展。所以，父母要以身作则，要有一种蓬勃向上的生活态度，孩子将来才有发展、才有前途。

瑞士著名的心理学家和教育家皮亚杰指出："教育的首要目标在于培养有能力创新的人，而不是重复前人所做的事情。"

要培养孩子的创新能力，就应该教会孩子善于思考，还要让孩子把握正确的思维方式，也就是创新思维，因为创新思维是培养孩子创新能力的有效途径。

所以，我们要启发孩子多角度思考问题，用对称、辨证、类比、极限、收敛、发散等思维方式启迪智慧，有意识地训练孩子的创新能力。

有专家指出，尝试与创新是紧密联系在一起的。没有尝试，永远不会有创新。创新是在不断地尝试中获得的，创新源于尝试，同时又高于尝试。所以在某种意义上，一个人的创新能力是由他敢于进行大胆尝试的程度所决定的。

因此，我们要让孩子敢于尝试。实践出真知，让孩子自己动手，大胆尝试，这有助于培养孩子的创新能力。

可以说，兴趣是激发孩子创造力的发动机，是引起和保持注意力的重要因素，也是开启孩子智力闸门的钥匙。兴趣对孩子的智力发展有极大的促进作用。

要培养孩子的兴趣，因为孩子对某件事物有了浓厚的兴趣时，就会主动运用各种感官，去看、去听、动口说、动脑想、动手操作、积极探索。孩子的兴趣越浓，就越能充分调动创造性的思维活动。从而为创新营造机会和可能。

当孩子开始用他们那颗充满好奇的、易被感动的童心注视着精彩的世界，试图了解社会和自然现象的因果联系时，正是我们培养孩子创新能力的大好时机。

然而，现实生活中有些父母不太懂得这一道理，当孩子发问时常常不耐烦地说："就你的话多。"或者因一时回答不了孩子的问题，便简单地对孩子说："快忙正经的去。"以此搪塞敷衍。

所以，在这里有一件事很值得一提，就是在对待孩子的因好奇而产生的提问上，我们不要因为自己不知道而拒绝回答孩子或是用一两句话搪塞过去。而是要认真回答，即使有不懂的问题，也应该同孩子一道去查查资料，不能敷衍了事。

否则，就简单化地扼杀了孩子的求知欲，扼杀了孩子的好奇心，也埋葬了孩子刚刚培养起来的那一点创新意识。

培养孩子的创新能力，还应该注意扩大孩子的知识面。因为有教育方面的权威专家研究表明，孩子的知识面越宽，思维的土壤就越肥沃，创新思维的幼苗就会生长得越苗壮。

所以，除了让孩子学好规定的教材内容，我们还要有意识地指导孩子阅读与学科相关的科普书籍，挑选有益的科教节目、影视作品让孩子欣赏，带孩子参观各种自然科学和社会科学的展览等等。

创造力是每个人都有的能力，只是有些人常常使用因而越来越强，有些人则任其荒废，甚至不断斫伤它，而使创造力日益减退。一般说来，有创造力的父母具有如下特征：

有容忍孩子的雅量

心胸开阔的父母，容易与人沟通，管教孩子的方法也比较灵活有变化。最重要的是对孩子要有容忍的雅量。比如说，孩子即使做错了事，也有他原来的想法，可能有些想法并不坏。

例如：有个孩子在一个寒冷的冬天里，看到家里的金鱼缸中许多金鱼沉在缸底，一动也不动。他想，如果不去救它们，马上就会冻死掉，他就把热水瓶里的开水倒入鱼缸中，没想到干了一件傻事。

当受到父母责怪时，孩子说："天多冷啊，我想让小金鱼暖和暖和呢！"在这种情况下，父母就不能简单地责骂他，而是要表扬孩子纯真的同情心，同时还要耐心地告诉他，这样做为什么不对，从而扩大孩子的知识面。

鼓励孩子自发地尝试

《报刊文摘》上曾发表过题为《儿子的研究报告》的文章：

我把9岁的儿子带到美国，送他到当地一所小学四年级读书。

一天，看儿子打在计算机屏幕上的标题，我真是哭笑不得，《中国的昨天和今天》，这样天大的题目，即使是博士，敢去作吗？于是严声厉色问儿子谁的主意，儿子坦然相告，老师说美国是个移民国家，让每个同学写一篇介绍自己祖先生活国度的文章。要求概括这个国家的历史、文化，分析它与美国的不同，说明自己的看法。

我听了，连叹息的力气也没有，只觉得一个10岁的孩子如果被教育得不知天高地厚，以后恐怕是连吃饭的本事也没有了。

过了几天，儿子完成了这篇作业。没想到打印出的是一本20多页的小册子。从九曲黄河到象形文字，从丝绸之路到五星红旗……热热闹闹。

孩子小学毕业的时候，已经自发地、熟练地在图书馆利用计算机和缩微胶片，系统查找他所需要的各种文字和图像资料了。

上面的例子说明，要培养孩子自发地学习，父母必须懂得一些技巧和方法，而不能老是采用死板说教，更不能使用命令、威胁的手段。而应当竭力去肯定孩子的种种努力，去赞扬孩子自己独立思考的一切结论，去保护和激励孩子所有的尝试和创造欲。

启发孩子从错误中找到答案

有个孩子，第一次考试分数低了，爸爸说他"马虎"；第二次考差了，爸爸说他"不下工夫"；第三次考砸了，爸爸骂他"笨蛋"。结果，这个孩子的成绩越来越差，落到了班级的最后。

此时这位爸爸想，心烦也没有用，换一种方法试试吧。他对孩子说："太好了，这回你再也没有什么负担了！"

孩子大吃一惊，心想："爸爸今天有病？"

爸爸说："别奇怪，你想想，一个跑在最后的人还有什么负担呀，你不用担心别人会超过你，你只要往前跑，就能进步！"

孩子受到了启发，对啊，童话《龟兔赛跑》里，乌龟还能跑第一呢！于是，他轻松起来，学习效率也提高了。

后来，他考了全班第19名。爸爸说："太好了，孩子！

比上回已经进步十几名了！"

听了这话，孩子很高兴。再下一次，孩子考了第五名，爸爸激动地说："孩子，你真了不起，离第一名就差四个人了。"

这个例子说明，父母采取的方法不同，产生的效果也不一样。父母在教育孩子的过程中，要控制自己的情绪，不仅要在情感的引导下培养孩子，还要用科学的方法去培育孩子，这样就能为孩子成长提供宽松的空间。

认真听孩子说话

教育孩子时，倾听孩子的心声十分重要。很多父母常忽略这一点，孩子讲不到三句话就不耐烦继续听下去，可是一天到晚却对孩子说："妈妈说的话你都没有听！"

一位著名的心理学家认为，父母让孩子通过语言把所有的感情——消极的和积极的——都表达出来，是对孩子最大的保护。

高明的父母应该是尽量让孩子说，不管他说得对或错、好或坏，你都是先接纳他，不但要专心地听，还要"微笑""点头"，让他把真正的意思表达出来。

同时，听了孩子的想法后，立即用自己的语言重复其中的要点，并同他交流，孩子会觉得你一直在认真倾听，对他是尊重并理解的。那么，孩子无论怀着什么样的心态，都能够表现得平静，对问题的解决也会有利。

跟孩子交流，有的时候并不需要我们自己说，只要静静地听孩子把话讲完，孩子也就满足了。父母作为倾听者所给予孩子的关注、尊重，是对孩子最有效的帮助。

从细节中养习惯

有这样一个故事，说两个徒弟学习理发，师傅就让他们在冬瓜上练习刮胡子。一个徒弟在刮完冬瓜后，总喜欢随手把刮胡刀砍在冬瓜上，师傅看到后就告诉他，不要这样做，可是徒弟说没有事，这是冬瓜，以后真人他是不会这样做的。

另一个徒弟则不然，他在每次刮完冬瓜后，总是轻轻地抹去冬瓜上的细毛，然后小心地把刮胡刀洗干净并收起来。三年过后，两个徒弟都出师了，并且各自独立门户，开始了给人理发的营生。

但不久，那个喜欢把刮胡刀砍在冬瓜上的徒弟就出事了，他在给人刮完胡子以后，把人的脑袋当成了冬瓜，习惯地砍了一刀，险些出了人命。他因此赔钱吃了官司不说，从此也再没有人敢让他理发了。

另一个徒弟则不同，由于服务细心周到，来理发的人络绎不绝。

所以说，要让孩子养成一个好习惯，一定要从孩子生活的细节入手。让孩子在处理生活的细节时也是规规矩矩的，把对细节的规范处理当成一种习惯来做，这对以后孩子的成长有着决定性的作用。

但在很多的家庭中，细节往往会被父母所忽视，有的甚至是被大人代替做了。父母没有培养孩子习惯的意识，孩子也没有养成习惯的机会，因此，孩子长大后就很难再有养成某种习惯的习惯了。

所以，父母要善于在细节中规范孩子，让孩子在处理生活的细节时养成一种良好的习惯。

要帮孩子养成规范小细节的习惯，父母首先要关注孩子生活的点点滴滴，要在孩子的衣食住行、站行坐卧中引导孩子行为的规范化。

有一对父母，他们的女儿不仅学习成绩优秀，而且举止也非常得体。父母在她很小的时候，就在生活的细节上引导孩子养成习惯。

比如孩子有饭前洗手的习惯，在开始的时候，父母什么也不会说，就是一吃饭便都去洗手。这时，他们会喊上孩子，让孩子和他们一道洗手。渐渐地，孩子就以为洗手是吃饭的一部分，自然就养成了饭前洗手的习惯。

但有的父母就不同，他们也知道让孩子养成饭前洗手的习惯，于是在吃饭前就对孩子说："你的手那么脏，洗洗再吃饭。"这样缺乏引导的做法，很难让孩子养成习惯。因为要是孩子在心理上认为自己手是干净的时候，他就认为洗手是多此一举，因此饭前洗手习惯就很难养成。

所以说，要让孩子从小养成好习惯，再小的习惯细节都要注意培养的方法。不然，孩子小的习惯养不起来，更不用说养成大的习惯。

有人用举止高雅来评价某些父母的孩子，其实对于孩子这方面的培养，父母只要在潜移默化中就能让孩子形成。

就拿孩子的坐姿来说吧，孩子在小时候根本不知道在不同的场合有不同的坐法。他的父母就可以引导孩子：比如在吃饭之前，父母会给孩子讲农民种稻子的辛劳过程，让孩子感受到食物得来之不易。我们因为要感谢农民伯伯，所以在吃饭时要端坐着，这也表示我们对他们的尊重，最后告诉孩子规规矩矩坐着吃饭的其他意义。

常用类似的方式教会孩子在不同场合的坐姿，用这种方式让孩子感受到，坐姿不仅仅是为了自己舒坦，它还有其他的意义。这样，每当孩子在"坐"的时候，这些意义就会提醒他在不同的场合用最适当的坐姿。时间长了，孩子就会把行为变成了自己的一种习惯。

因此，孩子的习惯是先从细节开始培养的：做完作业把书本整理好，玩完玩具把玩具收拾好，把自己的物品放整齐，饭前便后洗手，站行坐卧规范……这些都是生活的细节，倘若孩子从小就能习惯性地把这些处理好，孩子养成其他大的习惯起点就会高一些，养成习惯也会容易得多。

当然，孩子习惯的养成，有一较长的过程，在这个过程中，父母要给予孩子足够的机会去实践，给予孩子足够的时间去强化，要让他们把好的言行变成固有的品质。对于孩子来说，习惯就是坚持，在好习惯培养的过程中，要注意以下方面的事项：

替孩子排除干扰

孩子的好习惯不是一次两次能养成，它需要父母长时间的培育。

有一对夫妇，为了让孩子养成学习的习惯，从孩子上小学开始，每当孩子晚上做作业时，不论节目有多么精彩，他们都关掉电视，各自看书、读报或干家务。

等孩子作业做完了，他们才打开电视，和孩子一起欣赏电视节目或聊天。这样一直坚持很多年，直至把孩子送进一所名牌大学。

因此家庭是孩子的第一课堂，父母是孩子的第一老师。如果父母平时对孩子的教育马马虎虎、随随便便，孩子在这种环境下长大决不会养成好习惯。

在习惯养成方面，父母应该替孩子排除干扰，因为很多干扰会诱惑孩子放弃坚持。比如，父母在津津有味地欣赏电视节目，让孩子在一旁做作业，孩子就不会安心，慢慢地，父母就会把孩子吸引过来，孩子定时作业的习惯的养成就无从谈起。

父母要积极参与实践

有的父母认为，孩子习惯的养成是孩子的事，往往给孩子定个目标就放手不管了。好习惯的养成不是一朝一夕的事，必须渐进地培养。

有一位母亲，为了培养孩子阅读习惯，从孩子上幼儿园开始，每天晚上吃完饭休息片刻后，然后就和孩子一起看书，让孩子读带拼音的小故事，孩子不认识的拼音母亲就给孩子讲，直到孩子上高中母亲还和孩子一起读书，从而养成了孩子每天阅读的习惯。

有一个母亲想让孩子有按时就寝的习惯，她在孩子小时候起，在孩子睡前一个小时，就开始减少孩子的活动量和不让孩子接触感兴趣的东西。她会为孩子泡上一杯牛奶，喝完以后让孩子刷牙洗澡，然后穿上睡衣上床。孩子躺好后，她就坐在床边给孩子讲他最爱听的故事。在孩子睡意乍起的时候，她会抚摸并亲吻孩子，最后道一声"晚安"，熄灯后头也不回地走出房间。母亲用这种积极的方法培养孩子按时就寝的习惯，孩子一定会慢慢地接受这种生活方式的。

监督和管教讲方法

孩童时期是培养生活习惯与学习习惯的关键期，在这个时期尤其要注意避免孩子出现坏习惯的苗头。如果发现孩子的不良行为，一定要及时纠正。

平时，要求对孩子进行仔细检查，看是否将该做的事都做到位了。当孩子不能对自己的好行为进行坚持的时候，在必要时批评孩子要就事论事，具体告诉他们该怎么做，而不要过多的责怪。

否则，孩子积极性受到挫伤，就会对自己养成好习惯失去信心。如今，许多父母平日里对孩子求全责备、批评叠加，结果使孩子早早就失去了养成某种习惯的兴趣与动力。因此，在家教中，对孩子的习惯的养成，应因势利导而绝不强制压迫。

教育家陈鹤琴曾说过："习惯养得好，终生受其益。习惯养不好，终生受其累"。习惯决定成败，习惯决定人生，愿我们每位父母都能成为孩子良好习惯养成的催化剂，让好习惯伴随孩子走好成长中的每一步。

学会培养孩子的记忆力

英国著名哲学家培根曾说："一切知识的获得都是记忆，记忆是一切智力活动的基础。"历史上很多著名的人物都具有非凡的记忆力。记忆是最基本的一种能力，任何高层次的学习能力及其运用都建立在这个基础之上。

很多孩子不重视对知识的记忆，还以所谓的能力强来掩饰自己的记忆差，这是一种非常错误的观点。要知道，任何学习能力都是建立在记忆的基础之上。如果一个孩子没有良好的记忆能力，那么其他能力再强也会形成一个事倍功半的结果。

记忆力的涵义及分类

记忆力是识记、保持、再认识和重现客观事物所反映的内容和经验的能力。

人们在漫长的社会生活与学习中需要记忆来学习和工作，但人的记忆却因人的个体差异不同其记忆的好坏也不同。根据学术界对记忆的一般性结论，人的记忆力的好坏有很大差距，这种差距通过人的记忆分类，就更容易看清。一般来说，记忆的分类有如下方面：

（1）按方式分类

记忆，按方式可分为概念记忆和行为记忆。

所谓的概念记忆，就是对某一事物的回忆。如科技是第一生产力，大象的体重很重等。这些只是概念上的回忆。

所谓的行为记忆，就是对某一行为、动作、做法或技能等的回忆。这种记忆极少会忘记，因为都涉及具体的行动。如踩单车、游泳、写字或打球等。关于这些记忆，或许很久不用的话会生疏，但极少会遗忘。

据说，人的大脑的记忆能力，相当于1500亿台80G电脑的存储量。觉得记东西难，可能只是困、累，或精神不佳。

（2）按时间分类

对记忆最基本的，也是被广泛接受的分类，是根据记忆持续的时间将其分为三种不同的类型，即感觉记忆、短时记忆和长时记忆。

①感觉记忆。又称感觉寄存器或瞬时记忆，是感觉信息到达感官的第一次直接印象。感觉寄存器只能将来自各个感官的信息保持几十至几百毫秒。在感觉寄存器中，信息可能受到注意，经过编码

获得意义，继续进入下一阶段的加工活动，如果不被注意或编码，它们就会自动消退。

②短时记忆。在短时记忆中，对刺激信息主要以听觉形式进行编码和储存，即使刺激信息已视觉方式呈现，个体对视觉刺激进行加工处理时也会把他们转换成听觉代码，那时记忆中会存在形-音转换的现象，视觉信息会以声音形式进行加工，然后存储。短时记忆的保持时间，在无复述的情况下只有5—20秒，最长也不超过1分钟。

③长时记忆。长时记忆是指永久性的信息存贮，一般能保持多年甚至终身。它的信息主要来自短时记忆阶段加以复述的内容，也有由于印象深刻一次形成的。

长时记忆的容量似乎是无限的，它的信息是以有组织的状态被贮存起来的。有词语和表象两种信息组织方式，即言语编码和表象编码。言语编码是通过词来加工信息，按意义、语法关系、系统分类等方法把言语材料组成组块，以帮助记忆。表象编码是利用视形象、声音、味觉和触觉形象组织材料来帮助记忆。依照所贮存的信息类型还可将长时记忆分为情景记忆和语义记忆。

（3）按内容分类

根据记忆内容的变化，记忆的类型有：形象记忆型、抽象记忆型、情绪记忆型和动作记忆型。

①形象记忆型是以事物的具体形象为主要的记忆类型。

②抽象记忆型也称词语逻辑记忆型。它是以文字、概念、逻辑关系为主要对象的抽象化的记忆类型，如哲学、市场经济、自由主义等词语文字，整段整篇的理论性文章，一些学科的定义、公式等。

③情绪记忆型，情绪、情感是指客观事物是否符合人的需要而产生的态度体验。这种体验是深刻的、自发的、情不自禁的。所以记忆的内容可以深刻地牢固保持在大脑中。

④动作记忆型，动作记忆是以各种动作、姿势、习惯和技能为主的记忆。动作记忆是培养各种技能的基础。

（4）按感知分类

感知记忆包括视觉记忆型、听觉记忆型、嗅觉记忆型、味觉记忆型、肤觉记忆型和混合记忆型等。

①视觉记忆型是指视觉在记忆过程中起主导作用的记忆类型。视觉记忆中，主要是根据形状印象和颜色印象记忆的。

②听觉记忆型是指听觉感知在记忆过程中起主导地位的记忆类型。

③嗅觉记忆型是指嗅觉感知在记忆过程中起主导地位的记忆类型。嗅觉记忆是常人都具备的一种记忆。

④味觉记忆型是指味觉感知在记忆过程中起主导地位的记忆类型。味觉记忆也是常人都具备的一种记忆。

⑤肤觉记忆型是指肤觉感知在记忆过程中起主导地位的记忆类型。

⑥混合记忆型是指两种以上（包括两种）感知器官在记忆过程中同时起主导作用的记忆类型。

（5）按类型分类

按心理活动是否带有意志性和目的性分类，可以将记忆分为无意记忆和有意记忆。结合记忆过程，还可以进一步分为：无意记忆、和有意记忆等类型。

无意记忆的特征：一是没有任何记忆的目的、要求；二是没有作出任何记忆的意志努力；三是没有采取任何的记忆方法；四是记忆的自发性，并带有片面性。

有意记忆的相对于无意记忆，也具有四个特征：一是有预定的记忆目的和要求；二是需要作出记忆的意志努力；三是需要作出运用一定的记忆方法；四是具有自控性和创造性。

无意记忆和有意记忆是相辅相成的，并在一定的条件下可以相互转化。也就是说，无意记忆可以向有意记忆转化，有意记忆也可以向无意记忆转化。

认识影响记忆力因素

经研究发现，影响记忆力的因素很多，但主要有如下几种：

（1）压力和不安情绪

孩子严重的情绪危机和压力不但会对记忆造成影响，甚至还会导致身心失衡，让人感觉很压抑，使精神生活笼罩在一片阴影中。

心理学家们曾经表示，适度的压力可以促进记忆力。轻微的压力比没有任何压力更能帮助人们发挥潜能。比如说升学压力过大固然不好，但是完全不当一回事同样也不是好事。物极必反，"人无压力轻飘飘"，同样也做不好什么事情。

有的孩子容易情绪紧张、不安，动不动就发出悲观消极的感叹；老是抱着负面想法的人很容易忽视生活中正面的、积极的因素；忧郁往往使孩子陷于悲观的深渊中不能自拔，沉溺于过去，对于未来充满恐惧等。这样的状态直接导致孩子注意力不断降低，集中注意力的功能也不断被弱化，记忆的能力当然日渐衰退。

（2）睡眠与记忆力

我们的许多灵感都是在酣睡后的早晨出现的。睡眠可以解除大脑疲劳，同时制造大脑需要的含氧化合物，为觉醒后的思维和记忆做好充分的准备。孩子适度睡眠为记忆和创造提供了物质准备，尤其是快速眼动睡眠阶段，对促进记忆巩固起着积极的作用。

美国《自然——神经科学》杂志曾经发表了哈佛大学医学院的一个新发现：考试之前熬通宵的孩子第二天反而记不住所需内容了。研究人员发现，在学习和练习完新东西后好好睡一觉的孩子，第二天所能记起的东西要多于那些学习完同样的东西后整夜不睡觉的人。因为熬夜会损害记忆。有的孩子常常熬夜甚至通宵学习，效果反而不高。

孩子如果缺少睡眠，或服用能减少快速眼动睡眠的抗抑郁症的药物，就会出现疲劳、头昏脑涨、眼花心慌、食欲不振等感觉，导致警觉性差、情绪不佳、影响记忆力。

大量事实证明，孩子拥有充分的睡眠，保持清醒和睡眠的自然周期。才是最可靠的能长久促进记忆力发展的好办法。孩子要获得深度良好的睡眠，睡前最好避免饮食，不要做剧烈运动，也不要长时间看书，不要在睡眠前考虑太多问题，更不要依赖安眠药。

（3）不良嗜好与记忆力

研究发现，不良嗜好影响记忆力。如过量饮酒和吸烟都会使记忆力减退。饮酒过量。适量的酒精可以帮助人们消除疲劳，使身体活性化。但是，对记忆而言，酒精却是有百害而无一利。饮酒过量不但会给生活带来种种麻烦，还会导致部分记忆的丧失。由于酒精对脑细胞的麻痹作用，很可能会发生暂时性记忆丧失。

培养孩子记忆力方法

（1）丰富孩子的生活环境

有生活经历才有记忆，有的孩子年龄很小，却因为见多识广，能记住和讲述很多见闻。

父母应该给孩子从小提供丰富多彩的生活环境，给孩子玩各种颜色、有声的、能活动的玩具，听音乐，多与孩子讲话，给孩子念儿歌、诗歌，讲故事，带孩子去公园、动物园、商店，和孩子一起做游戏等。

这些都会在他们的耳闻目染中留下深刻印象，使孩子能在较长时间内保持记忆力。这些印象在遇到新的事物时会引起联想，更容易记住新的东西。

（2）给孩子布置识记任务

为了培养孩子的有意识记能力，对较小一点的孩子就可以布置有意识记忆的任务，最简单的可以从要孩子取一样东西或传一句话做起。随着孩子年龄的增长，布置识记的任务可趋复杂，如要求记住游戏规则，复述一个故事或讲出参观见闻等。

（3）培养孩子的学习兴趣

成人对自己感兴趣的东西往往很容易记住，相反对自己不感兴趣的东西，则会强迫自己花力气去记住它。而年幼儿童往往做不到这一点，对不感兴趣的东西很难记住。

因此要幼儿学习某种知识和技能，不能靠强迫命令，而是要激发起孩子的学习兴趣。有的孩子2岁至3岁能认识很多字，有的年纪很小就成了名家，都是因为他们对所学的内容感兴趣，能孜孜不倦去学的结果。

（4）增强孩子记忆的信心

记忆力的好坏不完全是天生的，是可以训练和提高的。但对自己的记忆能力失去信心，就很难提高。只有保持信心，才能集中注意力、开动脑筋、想方设法把它记住。因此，父母切忌打击孩子记忆的信心。有的父母常骂孩子："你什么都记不住，一点记性也没有，对你说了也白说"等话，是很伤自尊心。

父母要了解孩子记忆的不足之处，了解孩子记不牢或记不正确的原因，耐心帮助孩子，要多给予鼓励。父母要针对孩子的不同年龄段，进行记忆方法的指导。幼儿记忆保留时间短，机械记忆是记忆的主要方法。

要孩子们记住某种内容就要不断重复，可教他们背诵一些儿歌、诗歌、绕口令，记住一些简单的科学常识。入学前的儿童已会有意识地记忆，可以教他们运用顺序记忆、归类记忆、联想记忆等识记方法。入学后，要背诵课文，可用整体记忆和分段记忆等方法。

用生活锻炼孩子

在现实中，很多家庭都会将全部心血倾注到自己孩子身上，对孩子总是无微不至地关怀。在父母的眼里，孩子干什么事情，看着都是不安全的。倒水怕孩子被烫着，开灯怕孩子被电着，背包怕给孩子累着，过马路怕孩子被撞着……

特别是许多母亲们，孩子一离开自己的视线，就会想象出各种危险可怕的情景：一会儿被大孩子欺负了，一会儿游泳给水呛了等。

因为怕孩子碰着、撞着，他们给孩子设置了许多"禁区"：不许摸电器、不让碰炉灶、已经上中学了不许单独坐公交车等。

他们不敢让孩子做任何事，事事都自己包办。殊不知，这种对孩子寸步不离的看管和过多的限制，令孩子的生活自理能力、自我防范能力、自我救护能力和自我调整能力很难得到增强。

在孩子走向社会以后，孩子的自我保护能力也不会太强，更不用说在成长的过程中，孩子能应对身边都或多或少存在的各种不安全的隐患了。

在西方一些国家，父母似乎不把孩子太放在心上。孩子玩耍时，母亲一般都不会紧盯着，她们只在远处注视着孩子。孩子摔倒了，他们会平静地叫孩子自己爬起来继续玩。

而在国内常见这样的情况，孩子玩时父母常常紧盯在孩子后面，还会大声地喊叫："慢点，当心摔着！""那儿脏，快回来！""别去了，太危险！"等。

当孩子不小心被绊倒时，父母赶快上去抱起来，就是孩子没有哭，父母在身边都会又拍又哄。

许多情况下，父母的过分照顾、担心和保护，使孩子各方面的能力不能随着年龄的增长而得到相应的提高，从而使他们优柔寡断，胆小怕事，缺乏勇敢面对困难的精神，更缺乏自我保护的能力。

因此，要想孩子在一些危险面前能保护自己，并且在长大后更有应对一些危难的能力，父母就要孩子从小在实践中树立安全意识。那么，对孩子的"放手"，是对孩子这方面最好的培养方式。

让孩子学会独立，父母就要放手让孩子得到锻炼，培养孩子良好的身体素质，这种锻炼就是对孩子独立的最好引导。

众所周知，一个体质很弱的孩子，在一些困难面前就会更加显得恐惧。在拥挤的人群中最先跌倒的是他，在身处绝境时最先失去信心的也是他。这是因为孩子的身体状况，决定了他应对挫折的心理和能力。

体弱的孩子，遇到危险时反应会很慢，容易受到伤害。而一个体壮的孩子，由于经常活动，他身体的素质使一些危险在他面前降低了危险系数，他更能快速地进行自救，因而受伤害的可能就会很小。因此，平时父母应该多鼓励孩子参加一些体育锻炼，孩子有了良好的身体素质，也就有了独立的基础。

耶鲁大学的教授克拉克从小有一个梦想，就是希望自己能像他心目中的英雄那样能改变世界，服务于全人类。不过，要实现他的目标，他需要接受最好的教育，他知道只有在美国才能接受他需要的教育。

无奈的是，克拉克身无分文，没办法支付路费，而且，他根本不知道要上什么学校，也不知道会被什么学校招收。但在父母的鼓励下，克拉克还是出发了，他必须踏上征途。父母告诉他，如果没有开始，就永远没有结果。

克拉克徒步从他的家乡尼亚萨兰的村庄向北穿过东非荒原到达开罗，在那儿他可以乘船到美国，开始他的大学教育。他一心只想着一定要踏上那片可以帮助他把握自己命运的土地，其他的一切都可以置之度外。

在崎岖的非洲大地上，艰难跋涉了整整五天以后，克拉克仅仅前进了40多公里。食物吃光了，水也快喝完了，而且他身无分文。要想继续完成后面的几千公里的路程似乎是不可能的，但克拉克清楚地知道回头就是放弃，就是重新回到贫穷和无知。

克拉克对自己发誓：不到美国誓不罢休，除非自己死了。他继续前行。有时他与陌生人同行，但更多的时候则是孤独地步行。大多数夜晚都是过着以大地为床，星空为被的生活，他依靠野果和其他可吃的植物维持生命。

艰苦的旅途生活使克拉克变得又瘦又弱。由于疲惫不堪和饥饿难耐，克拉克几欲放弃。他曾想："回家也许会比继续这似乎愚蠢的旅途和冒险更好一些。"

克拉克并未回家，稍作调整后，他又恢复了对自己和目标的信心，继续前行。要到美国去，克拉克必须具有护照和签证，但要得到护照他必须向美国政府提供确切的出生日期证明，更糟糕的是要拿到签证，还需要证明他拥有支付往返美国的费用。

克拉克只好再次拿起纸笔给他童年时曾教过他的传教士写了封求助信。

结果传教士通过政府渠道帮助他很快拿到了护照。然而，克拉克还是缺少领取签证所必须拥有的航空费用。

克拉克并不灰心，而是继续向开罗前进，他相信自己一定能通过某种途径得到自己需要的这笔钱。几个月过去了，他勇敢的旅途事迹也渐渐地广为人知。关于他的传说已经在非洲大陆和华盛顿佛农山区广为流传。

斯卡吉特峡谷学院的学生在当地市民的帮助下，寄给克拉克640美元，用以支付他来美国的费用。当克拉克得知这些人的慷慨帮助后，他疲惫地跪在地上，满怀喜悦和感激。

经过两年多的行程，克拉克终于来到了斯卡吉特峡谷学院，他骄傲地跨进了学院高耸的大门。

"再坚持一下！"有时这就是成功向我们提出的最后条

件。如果我们心中的目标无比坚定，如果我们能比别人再多一份自信和执着，如果我们对困难能再多一分抗争的勇气，"再坚持一下"其实并不难！

人人都渴望成功，可为什么真正能够获得成功的人却又那么少呢？

答案就是很多人依旧徘徊在坚持和放弃之间。如果当困难绊住我们的脚步时；当失败挫折打击我们的进取雄心时；当负担压得我们喘不过气时，我们依旧不退、不放弃、不在中途退出，依然咬紧牙关坚持下去，那么成功就一定会在终点出现！

独立的坚持，是一个人在社会中保存个体生命的最基本能力，让孩子有充足的机会学习独立和自我管理，同时坚持一定的规则，在孩子遇到困难时给予他支持和帮助，这些做法有利于帮助孩子学会主动、负责。

因此，父母给予孩子最大的爱和财富，莫过于教孩子早日脱离父母的怀抱，放手让孩子成为一个独立自主有自我保护能力的个体。

善于发现孩子的优势潜能

父母在教育孩子时，要善于发现孩子的优势潜能。有人说，即使再普通的孩子，只要教育得法，也会成为不平凡的人。

其实，每个孩子都有"天才"的潜能，都有巨大的潜能等待挖掘，关键是否及早得到开发。

孩子在成长过程中，是需要不断地给他们鼓舞和自我激励的，这样就能充分发掘其优势潜力，建立起他们的自信心。

作为父母应尽量挖掘孩子的优势潜能，不论是在学习上，还是在音乐方面或者其他爱好，只要有了优势潜能，就会有自信心。孩子做事消极，大多都是缘于"我做什么都不行"这种全盘自我否定的自卑感。

但是，如果孩子有了一项比别人强的拿手戏，就能焕发出自信心，就会觉得自己只要去做，就一定能成功。只要父母让孩子建立起自信心，他们就能积极主动地去面对生活中各种各样局面，应付自己可能遇到的各种各样的挑战。

同时，这种自信心也一定会延伸到其他领域，孩子就会在他的人生道路上取得应有的成就。

人的潜能和天赋并不能够一目了然看到的，况且一个孩子有多少潜能和天赋，更是难以测量和估算的。孩子的潜能和天赋，需要聪明而细心的父母去认真地发现和培养的。

为了发现、发挥孩子的潜能，父母应该认识到孩子的潜能，然后去培养他们。在这个复杂的过程中，需要父母始终保持赏识的心态和积极的言行来鼓励他们。

教育孩子，父母不仅只是停留在口头上的赞美，更重要的是付诸行动，才能给孩子创造发挥他们才智的机会。比如：家里人过生日时，鼓励孩子们表演节目；每周有一个晚上轮流朗诵短文并发表心得；每月办一次派对，邀请孩子的朋友参加，每人献出自己的一个绝活等，都会有利于孩子发展的活动。

另外，父母还应随时找机会让孩子帮你洗碗、拖地、收衣服等等。当孩子们对这些细小的事情越做越有信心，他们就不会退缩在自卑自闭的角落里。

父母在教育孩子时，适当地给予他们赞美和鼓励的掌声，因为这样会帮他们建立起自信心。当孩子得到被人赏识时，他们就会充满自信心，从而就能创造条件使孩子的优点长处得到充分的发挥。

但是，父母绝不能无限地夸大孩子的潜力，给他们设置一个"超凡入圣"的目标，更不能让孩子付出太苦太累的代价来给父母增光，而是顺其自然地让孩子的潜能得到充分发挥。

挖掘孩子的优势潜能

孩子的优势得不到发挥，是教育的失败；不能发现孩子的优势，则是失败的教育。对于孩子来说，学习成绩并不能代表一个孩子的全部能力，每个孩子都有自己的优势与潜能。

十个手指，有长有短，就连成年人都希望在上司或领导面前表现出自己的优势。"生活中不是缺少美，而是缺少美的发现。"所以，父母在对孩子的培育上，也应该有一双敏锐的眼睛来发现孩子身上所透射出的优点和潜能。

有这样一则寓言故事：

一只小兔到了上学的年龄，兔爸爸就把他送到森林里唯一的一所动物学校。学校生活对小兔来说什么都很新鲜，但小兔最喜欢的课却是跑步，几乎每堂课都得第一名，就是因为这样小兔才感到非常高兴。

然而，小兔也有苦恼，它不喜欢游泳课，因为不管它怎么努力，总是没有很好的成绩。但小兔的父母不能忍受小兔的游泳成绩老是落后于他人。

兔爸爸就让小兔专心练习游泳，坚信"精诚所至，金石为开"，只要坚持不懈就一定能够取得好成绩。

小兔在父母的监督下，专心致志练习游泳。日复一日，一段时间的训练下来，不但游泳水平没有多大长进，就连它的优势——跑步的成绩也下降了许多。

要发现孩子的优势与潜能，就要学会用全面的眼光去看孩子。看问题还会一分为二，为什么看孩子就不能全面地看呢？

父母在看孩子时，不要只把眼光停留在孩子不好的一个方面上。也要从孩子的性格，孩子的文明礼貌，孩子的劳动表现，孩子的交往情况，孩子的文体才能，孩子的兴趣爱好，孩子的动手能力，孩子的卫生习惯等等多方面去衡量，这些都是评价孩子的重要因素。

每个人都有自己的优势，有自己的潜能，孩子也不例外。每一个孩子都是优秀的，都是可爱的天使。细心观察，每个孩子都有闪光之处。因此，作为父母不要紧盯着孩子的不足不放，使孩子产生处处不如人的错觉。

作为父母，应该在日常生活中，用心观察孩子的言行举止，从中发现孩子的长处，发掘孩子的长处，使他们成为有用之才。

因为每个孩子都是独一无二的，都有自己的独特优势。他可能在某个方面不如别人，但在另一方面却胜人一筹。只要父母引导得法，每个孩子都会不同凡响。

　　小宇上小学五年级时，妈妈在参加父母会时，老师告诉她："在这次期末考试中，小宇语文考了倒数第三名，几个老师都怀疑他脑子有问题。"

　　但小宇妈妈并没有生气，因为她从儿子平时的表现中发现，儿子并不笨，而且是有潜力的。回到家中，看到小宇焦急又惊恐的样子，妈妈笑着说："老师说他们对你很有信心，只要你好好听课，认真做练习，一定会取得更好的成绩的。"

　　说完这些话时，细心的妈妈发现儿子绝望的眼神中一下子充满了希望。小宇上了初中，在临毕业前三个月的一次父母会上，老师告诉她："从小宇现在的成绩来看，想考重点高中，没有一点希望。"

　　走出办公室，小宇妈妈依旧相信儿子的潜力还没发挥出来。在回家的路上她语重心长地对小宇说："老师对你还是很看好的，只要你坚持不懈继续努力，考上重点高中没一点问题。"后来小宇真的考上了重点高中。

　　转眼间，小宇高中毕业了。当小宇把清华大学招生办公室的特快专递交到了妈妈的手中时，妈妈激动地潸然泪下。她轻轻地拍着小宇的肩膀，"妈妈相信你一定会做到的，好孩子，你没让妈妈失望。"

小宇的妈妈不但能发现孩子的潜力，还用"撒谎"巧妙的去激励儿子内在的潜力，激发他强烈的进取心，促使他不断进步，最终考入最理想的重点大学。

在日常生活和学习中要多鼓励，多夸奖孩子，不要单把目光放在孩子的缺点上不放，要善于发现孩子身上的优势与潜能，并适时给予认可与肯定，让孩子觉得自己多么有用。这样，可以让孩子多一点自信，使他们变得更加聪明。

渴望得到肯定，是每一个人最基本的需求。由于每个人都各有所长，无法事事精通，因此，勿因孩子在某方面有不理想的表现而苦恼。应随时随地对他的优点加以赞许和鼓励，使其建立起信心。

父母只发现孩子的优势与潜能是不够的，还应该相信孩子的潜能，在背后默默地支持他，让孩子完全发挥潜能的力量。

一句肯定的话，能消除孩子的恐惧感；

一个赞赏的眼神，就能激发了孩子的求知欲；

一个支持的动作，会唤起了孩子对生命的热爱；

一个"行"字，能让孩子找到学习的快乐感觉。

所以，父母如果发现了孩子的各种优点与潜能的话，就不要忘记给予鼓励与支持。只有这样，孩子的优势与潜能才能得以尽情发挥。

如何发现孩子的能力，如何发现孩子的优势，这是每一位父母都关心的事。潜能和天赋未必是一目了然的，而且一个孩子究竟有多少潜能和天赋，更是难以测量和估算的，需要父母始终保持赏识的心态和积极的言行去鼓励、去发掘。

有些孩子天赋多一点，有些孩子天赋少一点，这不是孩子成长的关键。关键是父母要知道孩子是哪方面的天赋并保护这些天赋，这样的父母才是有方向的，这样的孩子才会有成就。

那么，作为父母，该怎样发掘孩子的优势与潜能呢？

为孩子创造机会

了解孩子的性格特征和特长后，别忘了给他们机会多加练习。

赏识不是停留在口头上的赞美，而是一种行动，父母应多给孩子创造发挥他们才智的机会。

比如：家里人过生日时，鼓励孩子们表演节目；节假日亲朋好友团聚时，每人说一句自己最想说的话；邀请孩子的朋友来家做客，让孩子有表现自己的机会。

这样，就能让孩子通过不同的实践，展示自己的才能，从而父母发现他们的特长。

用赏识的眼光仔细观察

父母还要了解孩子，平日多观察孩子有什么样的爱好，有的放矢地激励孩子，促使他们学有所长，学有所为。

在日常生活中，务必注意孩子的行为举止、喜悦、憎恶，观察孩子做一件事或与别人交往中的特征：虽没有耐性却有创意，虽不善言辞却很热心……

把这些细节表现记录下来，就能归纳出孩子的性格特征、擅长，从而诱导启发他。

发现孩子身上的闪光点

处在年少时期的孩子，肯定会对周围各种各样的事物产生好奇。当他们对某个事物感兴趣的时候，父母千万不要反对，这也许有悖于家教的初衷或妨碍了教育计划，但这很有可能是孩子天赋萌芽的时候。

即使再调皮的孩子，他们身上也存在着某方面的优势。抓住这些优势鼓励孩子，有助于孩子树立自信，进而取得成功。

因此，对于每个孩子来说，缺少的不是成功，而是发现。

尊重并相信自己的孩子

父母要尊重孩子，平等对待他们，从内心去赞美他们。有些父母对孩子期望值过高，当一些不切实际的目标实现不了时，便采用极端手段对待孩子，这种做法是不对的。

父母要有一颗平常心，要坚信每个孩子都有潜在的才能等待开发，只是暂时被压抑了，需要父母给予关怀和爱，每个父母应该像对待天才一样对待自己的孩子。

先别急着告诉他答案

孩子天生是好奇的，他们对周围的事物都有极大的兴趣，所以他们时刻都不安静，总是在试图搞明白自己并不明白的事物。

看到这种场景，有的父母便会急着上前告诉孩子，并且急着给孩子讲解与某样事物相关的知识，结果却让父母大失所望。

因为他们发现，孩子并不像他们想象的那样感兴趣，在他们讲述的时候，他们已经把自己的注意力转移到了其他的东西上。

一天，小伟在做作业。平时小伟最不喜欢的就是做作业，尤其是语文作业。因为语文作业要认字，要造句，而这些是他所不大会的，同时也是他不喜欢做的事情。

可是，作业还得做，不然老师检查的时候自己就出丑了。小伟的妈妈在一旁边织毛衣边看儿子做作业。

起初小伟还挺安静的，认真地做着作业，但是做了一会儿，就不对劲了，开始抓耳挠腮了。

小伟的妈妈觉得不对劲，儿子一定是遇到什么难题了。于是，妈妈问道："儿子，怎么了？不会做了？"

小伟说："妈妈，这个句子我不会造，还是你帮我造一个吧。"

妈妈故作生气地说："宝宝又不听话了，老师不是说过，作业要独立完成吗？怎么可以让妈妈帮你做呢？"

小伟妈妈起身看看儿子的作业，对儿子说："儿子，这道题好做，你看看你身边的东西好好想想。"

听了妈妈的话，小伟观察起来，突然眼睛一闪，他叫道："妈妈，我知道怎么做了。"

在这个故事当中，小伟的妈妈并没有像有些妈妈那样，直接把问题的答案简单省事地告诉小伟。而是用另外一种方式，教给了儿子学习的方法。

在生活中，很多妈妈为了不让孩子为作业而苦恼，就直接把难题的答案告诉孩子，甚至替孩子做作业，给孩子做"枪手"。结果，孩子越来越不爱做作业，越来越喜欢把作业推给父母了。

也许你把答案告诉孩子是出于对孩子的爱护，害怕孩子因为答案错误而比分落后，比分落后了孩子会伤心。

其实，这是一种非常失败的教育方式。因为，这样你的孩子不仅学不到该学的知识，还会丧失了学习的情趣。更重要的是，他可能慢慢地便学会了投机取巧。

人类之所以同动物有区别，就是因为人类会思考。思考就好比是耕种，而结果就好比果实。只有耕种了，才会收获果实。

孩子经过独立思考学到了很多知识，就好比尝到了美味的琼浆玉液，他会更有激情去学习和思考的。爱因斯坦也曾说过，独立思考和独立判断要比获得知识重要。这就说明思考过程的重要性。

作为父母，要有意识地培养孩子独立思考的习惯，遇到问题，不要急着告诉他答案，要注意激发孩子独立学习和独立思考的兴趣。在思考的过程中，培养孩子独立的能力。

同时，不要急着告诉孩子答案，可以维持孩子感兴趣东西的新鲜，保证孩子有足够的兴趣独立去探寻答案。

为了增加孩子学习的兴趣，父母可以同孩子一起逛动物园、科技馆等知识氛围浓厚的地方，也可以和孩子一起看电视，然后问问孩子他都看到了什么，他喜欢什么。

这样的做法不仅可以维持家庭的和睦，还可以让孩子在平等的氛围中健康地成长，激发孩子的思维之光。

先别急着告诉孩子答案，要求父母对孩子的学习要有足够的耐心。不要因为孩子的愚笨，就对孩子失去了耐心，批评孩子。

这样非但不能帮助孩子的学习，反而会降低孩子学习的热情，不利于孩子良好学习习惯的养成。

所以，聪明的父母是不会随意干预孩子寻找答案的过程的。他们会让自己充满耐心地等待孩子自己的探索，直到孩子通过自己的努力找到了答案。或者，父母帮助孩子共同探寻答案，同自己的孩子一起在学习探索中成长。

让孩子反思挫折和磨难

孩子在成长过程中，都会不断体验到两件事：成功和失败。如果父母对孩子的期望值太高，给孩子施加的压力太重，也会导致孩子在竞争中失败。而父母经常的批评，或者责怪孩子，会使孩子自尊心受到伤害，所以他们开始往下滑行，难以停止。

有一个父母说："我的孩子总是说自己是笨蛋，任何事情都不会做得好的"。但他却总是鼓励孩子说："你知道，你并不笨，也不傻，爸爸妈妈都很喜欢你，你是个好孩子"。

虽然，这是出于父母对孩子的爱，但对于这个孩子说这些话，一点都起不到好的作用。

当孩子对父母说："我真笨……"时，父母常说的是安慰他的话，可往往孩子说这些话的时候，都希望得到父母的反应。

因此，作为父母应该这样讲："你这样看待自己，我觉得很难过，其实，我根本不觉得你是一个笨孩子。"

毫无疑问，这个孩子在经过失败后失去自信心的问题，父母能够帮助他的唯一办法是鼓励他，而不是盲目安慰他或者帮助保持他的自怜心。父母应该有意识地培养孩子自信心。如：设置一些可以实现的目标给孩子去做，当他成功了，不要一股脑儿地给他许多赞扬，或者告诉他，他有多伟大。

相反，应该这样对他说："你现在这样做，就对了，你是不是慢慢地感觉到一些不愉快的事情。我想，你现在一定觉得自己很高兴，看起来，多做一些努力，还是有效果的。"

当孩子失败的时候，同样重要的是，要把事情本身和孩子分开。不要对孩子讲："这次你把事情都弄糟了，你怎么搞的？你都忘了应该怎么做了吗？"

失败仅仅是一个过程，是一个从学习到最终成功的过程。

我们应该教育我们的孩子有勇气面对不完善的结果，敢于犯错误，并且从错误中学习经验和教训，而不因犯了错误而使自尊心受到伤害，甚至受到摧毁。

走路时少不了摔跤，学穿衣服时难免把前面穿到后面，扣子上面扣到下面……从小到大，孩子不可避免地要碰到数不清的麻烦。经过逆境的打磨，孩子慢慢学会熟练地做事，学会控制自己的情绪，坦然面对失败并很自然地把挫折看成挑战。

所有这些经验，都会对他以后的生活、解决问题、寻找答案、承受失望的能力有巨大的帮助。使他能始终保持积极心态，形成坚持、执著的品性，为打破人生中的种种困境罩上希望的光环。

挫折是人生的一部分，是一座培养孩子耐力和韧性的好学校。接受它，就是接受成长。

年轻时的挫折、磨难、委屈，是人生的一笔无形的财富。在挫折、磨难、委屈中，才能掌握丰富的技能经验，增长丰富的人生见识，锻炼心理承受能力。在不断的摸爬滚打中，人生才能一次比一次坚韧，脸皮变得厚了，心也变宽了。挫折和磨难算什么，应该感谢生活给了我们这样一次次克服挫折和磨难的机会！

在以后的人生道路上，成功的几率就大得多，年轻吃的苦都是以后成就一番事业的基础和财富。年轻不吃苦，到老吃苦头。

"不经历风雨，怎能见彩虹。""梅花香自苦寒来，宝剑锋从磨砺出。"任何一种本领的获得都要经历艰苦的磨炼，任何投机取巧或妄图减少奋斗而达到目的做法，都是见识短浅的行为。

人生难免有挫折，挫折是人成长的一部分，也不可避免是孩子长大的一部分。从这个意义上说，我们应该感谢挫折。

曾读过一篇文章：最好的搀扶是不扶。

小马驹刚生下来时，像从水坑里捞出来的一根木棒，使劲地支撑前肢，力图站起来，但很快就倒下了。

起来，倒下；又起来，一次又一次。

这时，母马走上前去，用鼻子对着湿漉漉的马驹喷出气来。小马驹嗅到母亲的气味，更加用力了，两条后腿也支了起来。四条腿弯弯地叉开着，然后重重地摔倒。

这样反复了几次，小马驹终于站住了，并向妈妈那儿走出几步，接着又是摔倒。

而那母马看到小马驹向它走去时，不是去迎接，却是向后退步。小马驹贴近一步，它就后退一步；小马驹倒下了，它又前进一步。

有人见母马故意折腾小马驹，让这么小的生命遭罪，就忍不住想过去搀扶一把。

养马人却拦住了他说："一扶就坏了，这马就成不了好马，一辈子都是熊货！"

还有一个发生在动物身上的有趣的故事：

在蛾子的世界里，有一种蛾子叫"帝王蛾"。帝王蛾的幼虫时期，是在一个洞口极其狭小的茧中度过的。

当它的生命要发生质的飞跃时，这狭小通道对它来讲无疑成了鬼门关。蛾子那娇嫩的身躯必须拼尽全力才可以破茧而出，不少幼虫常常就在往外冲杀时不幸身亡。

有人出于好心，拿来剪刀把茧子的洞口剪大。这样茧中的幼虫不必费多大的力气，轻易就钻了出来。

但是，所有靠救助而见到天日的蛾子，都不是真正的"帝王蛾"。因为，它们飞不起来了。

原来，那狭小茧洞正是帮助帝王蛾幼虫两翼成长的关键所在。穿越的时候，通过用力挤压，血液才能顺利送到蛾翼的组织中去；只有两翼充血，帝王蛾才能振翅飞翔。

摔打、磨难，常常是生命中必须独自体验和经历的过程。逃避这个过程，你就永远成不了千里驹、帝王蛾。

而生活中，有人在别人"跌倒"时，总是习惯于伸出搀扶之手，以为这是在帮助别人。其实，不扶，让其自己努力站起来，往往是对他最好的搀扶。人生有些弯路，是自己必须亲自要走的。是要自己亲自去摸索、感悟与体验的。

美国总统林肯经历了许多常人难以经受的挫折、磨难。但是他所成就的事业，在美国历史上也几乎是无人企及的。

还有诺贝尔、梵·高、贝多芬等人类历史上的有作为的人物，有几个是随随便便就成功的？哪一个没有经历过人生的挫折和磨难？

所以说，在孩子的成长过程中，让他们经历几次失败和挫折，未必不是好事。它会无形中锻炼孩子的抗挫能力，是孩子人生中最宝贵的财富。

致家庭教育者
ZHI JIATING JIAOYU ZHE

好习惯

让孩子受用终生

方士华 / 编著

民主与建设出版社

图书在版编目（CIP）数据

好习惯让孩子受用终生 / 方士华编著. -- 北京：
民主与建设出版社, 2019.11

（致家庭教育者）

ISBN 978-7-5139-2688-1

Ⅰ.①好… Ⅱ.①方… Ⅲ.①家庭教育 Ⅳ.①G78

中国版本图书馆CIP数据核字(2019)第257801号

好习惯让孩子受用终生

HAO XI GUAN RANG HAI ZI SHOU YONG ZHONG SHENG

出 版 人	李声笑	
编 著	方士华	
责任编辑	刘树民	
封面设计	三石工作室	
出版发行	民主与建设出版社有限责任公司	
电 话	（010）59417747 59419778	
社 址	北京市海淀区西三环中路10号望海楼E座7层	
邮 编	100142	
印 刷	三河市天润建兴印务有限公司	
版 次	2019年11月第1版	
印 次	2020年1月第1次印刷	
开 本	880毫米×1230毫米 1/32	
印 张	30	
字 数	756千字	
书 号	ISBN 978-7-5139-2688-1	
定 价	198.00元（全六册）	

注：如有印、装质量问题，请与出版社联系。

所谓家庭教育者，就是家庭里能够对孩子产生影响和教育的人，主要是指孩子的父母。家庭是孩子人生的第一站，也是孩子第一所学校。孩子在父母的抚育关怀和直接教导中学习，也从父母的一言一行中进行模仿，父母的潜移默化使孩子受到了最初的教育。因此，父母是孩子的第一任老师，也是孩子永远的老师。

著名教育家苏霍姆林斯基说过："如果没有整个社会的教育，特别首先是家庭高素质的教育，那么不管在学校老师付出了多大努力，都可能达不到完美的效果。孩子在学校里的一切问题，都会在家庭里折射出来，而学校复杂教育过程所产生一切困难的根源也都可以追溯到父母。"由此可见，父母对孩子教育的作用是多么的重要啊！

其实，所有父母都希望培养出一个优秀的孩子，都希望自己孩子从小就具有良好的品格、出众的成绩和较强的能力，长大以后更是能够出类拔萃，功成名就，集成功与荣耀于一身。

但是，愿望毕竟是愿望，要使美好的种子开花结果，就必须进行辛勤施肥和浇灌，就必须进行良好的家庭培育。因为只有把根基扎稳了，才能长出参天的大树来。

问题是每个父母都尽其所能地教育和培养自己的孩子，可为什么有的孩子能够十分优异，而有的孩子却非常平庸呢？造成孩子差别的根本原因，就在于有没有采用正确的教育方法，如果从心理学的角度来说，就是有没有根据孩子的心理特点采取针对性和适宜性地教育，这是孩子是否成才的关键。

　　俗话说，知子莫如父，知女莫如母，这个"知"就是指要知道孩子的心理，然后采取有的放矢的教育。如果你连自己孩子的心理都不知道，那么就枉为人父和枉为人母了，更谈不上正确的教育和培养。

　　那么，怎样了解孩子的心理，又怎样针对孩子的心理进行良好的教育呢？

　　为了帮助家庭教育者解决家庭教育的困惑，我们特地编撰了本套丛书，包括《好习惯让孩子受用终生》《父母是孩子最好的玩具》《好妈妈胜过好老师》《好父母不吼不叫》《如何说孩子会听，怎样听孩子才会说》《没有教不好的孩子，只有不会教的父母》六册书，分别讲述了作为家长如何培养孩子的良好习惯、怎样提高孩子的情商智商、如何培养孩子的学习精神、道德品质以及独立能力等问题。可以说，这些是成就孩子一生的最重要资本。

　　总之，本套书集针对性、指导性和实用性于一体，对于进行良好的家庭教育大有好处，每个父母都可以从中发现适宜用来教育孩子的不同方法和诸多措施，是一套家庭教育的优秀读本，适合不同年龄段孩子的父母学习和珍藏。

目　录

第五章　培养良好交往习惯

Y

第一章
培养良好学习习惯

孩子自然产生的直接兴趣是有限的，大量的学习内容需要父母去培养。简单地说，孩子的任务就是学习和玩耍，人的一生就是不断学习的一生，养成学习的好习惯，对以后有很大的帮助。

教育家陶行知曾经说过："积千累万，不如养个好习惯。"习惯是一种看不见的力量，是在不知不觉当中养成的，只要我们老师和家长平时对学生有耐心，有信心，学生的学习习惯就会逐渐养成。

好习惯可以使孩子终身受益。但作为家长和老师也不能操之过急，我们应该采用科学的方法，引导学生从阅读、思考、训练孩子的观察能力、创新能力等方面逐步达到我们的目的。

培养提前预习的习惯

提前预习，是提高学习效率的一个重要途径，它可以帮助孩子了解新课的内容，发掘学习重点，增强听课的针对性；在预习过程中，自己能解决的问题尽量自己解决，自己不能解决的问题，作为问题提出来，这不仅可以提高孩子独立解决问题的能力，同时也有助于发现学习中的重点、难点，使学习效果事半功倍。

因此，需养成课前预习的习惯，否则上课听讲会非常吃力，抓不住重点，从而跟不上老师的教学进度，在课后还需要花费更多的时间去补课，以致得不偿失。

提前预习是一个非常好的学习习惯，它可以让孩子受益一生，因为人的一生都是不断学习的过程。孩子的年龄尚小，父母要经常督促提前预习功课。

1. 提前预习，促进学习效果

提前预习对学习效果有许多良好的促进作用，因为在预习的过程中，会发现疑难点，从而在大脑皮层上引起了一个兴奋中心，即高度集中的注意力状态，这种注意状态加深了学生对所学知识的印象，指引着学生的思维活动转向对疑难问题的解决，从而提高了学习效果。

预习并不是引导孩子把老师即将要讲的课程内容大略地看一遍就了事，而是需要按照严格的步骤和要求进行。

2. 选好预习时间

预习的时间通常来说，应安排在做完当天功课之后的时间，根据剩余时间的多少来合理安排预习时间。如果剩余的时间多，可以多预习几科；反之，则应把时间用于那些薄弱学科的预习上面。

3. 浏览一遍新课内容

大致了解一下教材的主要内容，弄清楚哪些内容是自己一读就能够懂的，而哪些内容是自己理解不透的。

对于在初次预习时没有读懂的问题，在第二次看的时候，头脑里应始终带着这个问题，深入思考，仔细阅读教材。遇到困难，可以停下来，翻翻以前所学过的内容，或者查阅有关的工具书、参考书，争取依靠自己的努力把问题解决，把没读懂的地方读懂。

对于自己经过努力仍无法解决的问题，可以先把问题写下来，留着等到在课堂上听课时去解决。

上课的时候，除了听老师讲课外，比较一下，自己的理解和老师的讲解存在着哪些差距，这种差距是属于知识方面的，还是方法上的，从而找到补短的目标，这样效果会更好。

4. 边预习边做笔记

预习笔记主要分有两种，一种是写在书上，一种是写在笔记本上。在书上所做的预习笔记要边读边进行，以在教材上圈点勾画为主。所圈点勾画的应是教材的段落层次，每部分的要点，以及一些生僻的字句。

同时，也可以在书面的空白处，做眉批。写上自己的看法和体会，写上自己没读懂的问题。在笔记本上做的预习笔记既可以边读边做，也可以在阅读教材后再做整理。

整理的内容包括本节课的重点、难点部分的摘抄以及心得体会；本节课讲授的几个主要问题是什么，以及它们之间的前后关系、逻辑关系，预习时遇到的疑难点是什么，自己是怎样解决的，查阅了哪些参考书和工具书，所查阅的资料中哪些是有价值的部分的摘抄以及心得体会。

5. 不同学科不同对待

预习方法也不可以千篇一律，应根据不同的学科特点抓住预习的重点，选择不同的预习方法。比如，语文课首先要扣除生字、生词障碍，再分析段落大意、中心思想以及写作风格、手法；而对于数学课，则应该把重点放在数学概念、数学原理的掌握上面。

如何培养孩子养成提前预习的习惯？

（1）督促孩子进行课前预习

在课余时间，父母可以督促孩子对新课程进行预习，提问孩子教材的大概内容，使孩子在课堂上对老师教的内容在思想上有所准备。

（2）帮助孩子对新课程进行预习

在孩子做完课堂作业后，父母可以和孩子一起帮助孩子预习课程内容。父母可以通过设计有关新课程的问题，引发孩子对新知识的求知欲。这样逐步培养孩子养成课前预习的习惯。

习惯提示

提前做好预习，才能使听课的效果大增。通过提前预习，不仅能够缩短孩子在学习上的差距，使他在课堂上更加自信，更有勇气，而且还可以让使孩子在预习中自己摸索出一条学习的新路径，积累自学的方法和能力。

让孩子爱上阅读

不要以为孩子随着年龄的增长会自然而然地重视阅读，因为读书是一种习惯，这种习惯需要从小培养。如果父母不能让孩子领会读书的乐趣，他们是不会喜欢读书的。

无数事实证明，读书对孩子的成绩，智商的发展等是息息相关的。孩子一旦对读书产生了浓厚的兴趣，就会自觉地不断阅读，变得越来越善于思考。

1. 阅读，让学习变得妙趣横生

孩子在小时候往往特别喜欢缠着大人给自己讲故事听，但却不愿意独立去"阅读"书中的故事。在这种时候，父母千万别急于把书本"丢"给孩子，要想办法让孩子快乐地爱上阅读。

如果孩子能够养成良好的读书习惯，不仅能促进他的观察力、想象力、知识的转换能力以及语言表达能力，更能够使孩子的整体素质得到进一步的提升，从而受益终身。

对孩子来说，身边的很多事物都是新奇的。想让孩子养成阅读习惯应注意建立在他所感兴趣的基础上。父母要顺应孩子的好奇心，为他提供良好的阅读环境、阅读机会。

要让孩子爱上阅读、养成良好的阅读习惯并不难，需要父母用心思考，在顾及到孩子的年龄特点和心理特点的同时，还要灵活把握阅读契机，因人而异地制定适合孩子的阅读计划，使孩子快乐读书，愉快汲取书中的知识滋养。

2. 选择孩子喜欢的书

很多父母不知该为孩子选择什么样的阅读书籍。在开始为孩子选择图书时，要注意选择那些故事情节简单、画面清晰和重点突出的书籍。有时可以讲一些孩子一直以来都十分感兴趣的老故事，讲的方式可以有变化，以保持新鲜感。

同时在孩子熟悉的环节上面多提出几个问题，当孩子说出"下文"时，适时的表扬。这样不仅能够激发他想要再听新故事的成就感，还会在无形中带动他的阅读积极性。

3. 为孩子大声读

采用为孩子大声读书，是一种公认的培养孩子养成阅读习惯的简易有效的方法。这里所说的"大声"并不是发出很高分贝的声音的意思，而是指"读出声音来"让孩子能够听清楚。

为孩子大声读书，如今，越来越多的父母朋友加入到了这个行列里面。培养孩子的阅读习惯有许多切实可行的方法，传统的背诵经典的方法也很有功效。

但是，在现代的生活方式下，阅读被赋予了更多的负载，你肯定不愿意自己的孩子成为读死书的书呆子。

现代人的生活节奏加快，上班族父母不可能在孩子的阅读方面投入过多的时间和精力。

因此，坚持每天为孩子大声读书，是最经济有效的途径。这种习惯，至少要坚持到孩子小学毕业为止。

4. 边读边玩

天生爱读书的孩子不多，但却没有不爱玩的孩子。

在观念上，不少大人把阅读或其他学习活动看作是相当严肃的事情。比如，我们通常会说"玩有玩的样子，读书有读书的样子""寓教于乐"等。

其实,在下意识里还是把"教"与"乐"看作两件对立的事情来看待,否则为何不说"教即是乐,乐即是教"呢?孩子在大人的感染和刺激下,异常活跃地接受着外界的信息,会以令人惊叹的速度成熟起来。

对于孩子来说,阅读本来就是一种游戏,文字、图画与相关的声音、触觉,演化成有趣的故事和千奇百怪的知识。有些异型书,本身就可以充当道具,边讲边玩。如果能够让孩子在玩耍中养成阅读习惯,也不失为一种好办法。

习惯提示

孩子上学之后,对一切都充满了好奇。当发现孩子有阅读的愿望时,父母一定要及时抓住这个时机,尽可能提供一些适合孩子阅读的材料,如儿歌、童谣、童话、故事及浅显的五言古诗,也可以是幼儿园已学的歌曲的歌词、民歌、民谣和一些优秀儿童作品等。

开始时,选文的篇幅要尽量短小、富有生趣,从而让"阅读"成为"悦读",使孩子乐意为之。

不要忽略课后复习

课后复习,是课前预习和课堂学习的继续,是学习过程中不可或缺的一个重要环节。对于学过的知识及时复习,不仅可以巩固学过的知识,还能够获得新知识,是使新旧知识衔接和系统化的必要步骤,它能够促使短时记忆材料顺利地进入到长时记忆系统里。

1. 及时复习，让短时记忆变成长时记忆

课堂上老师的讲解固然非常重要，但是课后的复习也是不可忽视的。著名心理学家艾宾浩斯对遗忘现象研究发现，人们对学到的新知识，一小时后只能保持44%，两天后只留下28%，6天后只剩下25%。

这些数据表明，知识刚学过之后，遗忘得特别快。经过较长时间以后，虽然记忆保留的量减少了，但遗忘的速度却放慢了。即遗忘的规律是：先快后慢，先多后少。针对这一规律，我们学过新知识后，要"趁热打铁"，抓紧时间及时复习、巩固，才能不断强化已经建立起来的神经联系。

2. 在理解的基础上复习

大量研究证明，对于理解后的知识很难再忘记。由此可知，理解是记忆的前提和基础。要复习好功课，必须先把知识充分消化了才行，这就要求学生必须做到：上课高度集中注意力，把课听懂，最大限度提高课堂学习的效率；积极思考问题；有疑必问，做到当天的问题当天解决，绝不拖到第二天再去想。

3. 经常复习，先密后疏

对于刚刚学过的知识，大脑很容易大量遗忘。所以，复习的次数就相对要多一些，间隔的时间也要相对短一些，也就是说要做到经常复习，随着记忆巩固程度的加深，知识就会成为牢固的记忆，不会再忘记。

4. 课后复习，让孩子做好四件事

（1）课后回忆

又被称作是"尝试回忆"以及"试图回忆"。是指在听课的基础上，将所学内容再回忆一遍，它具有检验听课效果的作用。也有人把课后回忆叫做"过电影"。如果能顺利回忆，就证明听课效果

好，反之就应寻找原因，改进听课的方法。

回忆是一种积极主动的活动，需要高度集中注意力，把学过的知识在头脑中"再现"一遍，从而巩固所学的知识。可以一个人单独回忆，也可以几个人在一起互相启发、补充回忆。

课后回忆可按教师的板书提纲进行，也可按教材的纲目结构进行，从课题到重点内容，再到例题和每部分的细节。及时检查当天的听课效果，提高记忆力，养成善于思考的好习惯。

（2）精读教材

对于那些在课后回忆不起来，记得不太清楚的知识点，应精读几遍教材。许多优秀学生的学习实践表明，对教材理解得越"透"，掌握得越牢，作业就做得越好，越节省时间。这就是"熟能生巧"的道理。精读教材，一要全面，二要突出重点。对课堂上未完全理解或在回忆中未能再现的内容要着重精读。精读时要注意把握要领，从多个角度分析同一个内容，并有意识地加强对易混淆概念的辨析。可以在教材的空白处写下自己的体会。

（3）整理笔记

课堂的时间毕竟是有限的，加上老师的讲课速度一般较快，因此难免会漏记一些内容。

对此，课后一定要整理好笔记，先把上课时没有记下来的部分补上，再把记得不准确的地方更正过来，以保证笔记的完整性和准确性，然后把笔记本上记录的疑点弄明白，对于一些新发现、新体会，均需补进笔记本内。

（4）及时练习

课后练习，包括书面作业和实际操作等。练习，需要在理解教材的基础上独立完成，切忌抄袭与照搬；

要有针对性，针对重点难点练习，因老师最清楚重点和难点所在，所以应在老师的指导下完成，切忌题海战术；

要留心总结解题方法，寻求解题规律，以收到举一反三触类旁通的效果；

要知难而进，不要一有问题就马上求助于老师，应力争自己解决，即使是必须请教别人，自己也要事先进行充分的思考，这样才能使印象更加深刻。

以上四个步骤之间是相互联系、相互作用的统一整体。"回忆""精读"和"整理"是理解消化课堂所讲内容的过程，"练"是运用知识，形成知识技能的过程，四个步骤缺一不可。实际操作则可以依照各自情况灵活安排，以达到复习效果为宜。

5. 课后复习，让孩子做到"五到"

"五到"，是指在复习时要做到眼到、手到、口到、耳到以及心到。其中尤以"心到"最为重要，通过全身心的投入，多器官感知信息，记忆的效率就高。

有研究表明，光看只能获取知识的20%，光听只能获得知识的15%，如果眼看、耳听、手写、心想同时并用，则可获取知识的50%，所以"五到"是提高复习效率、增强记忆能力的关键所在，一定要养成全身心投入学习的习惯。

习惯提示

课后复习是学习的重要环节，是拒绝遗忘的有力武器。因此，对于当天课堂上学过的新知识，除了要在课上认真学习，课后还要进行及时的复习，绝不能只将老师布置的作业做完了事，应多看看书，理一理知识的脉络，该背的要背，该写的要写，该想的要想，使知识真正刻在大脑深处。

锻炼独立思考的能力

当孩子遇到困难时，不少父母往往会直接替代孩子解决，这对孩子的成长是相当不利的。

父母在这个时候最应该做的是，锻炼孩子独立思考的习惯，让孩子学会自己去解决问题，而不是一切包办。当孩子在做事或者学习过程中碰到困难有求于父母时，父母不要处处保驾护航，让孩子学会自己去面对难题。

爱和照顾是必须的，训练孩子的独立生存能力更是必不可少。孩子只有养成独立思考的能力，才能使自己的学习和生活更上一层楼。没有独立思考的孩子，就没有独立性。

许多年轻的爸爸妈妈很重视对孩子的智力开发，但却忽视了一种既经济又有效的开发智力的方法——让孩子独立思考。

与众不同、超凡脱俗的真正意义在于能够展示并表达独具特色的思想，成功者大多数有极具个性的思想，有独立思考与判断的能力。

所以，父母们应从小培养孩子独立思考的习惯。要提供一些机会给孩子自己去思考，去感觉什么是正确的，什么错误的，什么事情可以做，以及什么是不能去做的。培养孩子独立思考的能力，可以从以下几个方面做起：

1. 营造思考氛围

在家庭里，为孩子营造一个温馨的思考氛围，对于孩子形成独立的个性，表现出有创新意识的思维、举动十分重要。父母不能因为孩子年龄小或者认为孩子还不懂事、需要大人的细心照顾等，而将孩子当作是自己的附属品。

爱说、爱问、爱幻想是孩子共有的天性，只有在不断地说、问、想之中，他们才能逐步了解大千世界，倘若一味地限制孩子，便会对他们的自主意识造成阻力，妨碍孩子思维和创造力的健康发展。

2. 放下父母权威

父母要学会为孩子多创造一些机会，淡化成人权威，放下父母的架子，和孩子进行平等的对话，让孩子畅所欲言，对于孩子所提出的千奇百怪的问题，要耐心和他们一起讨论，并认真作出解答。

当孩子不能正确认识某些事物时，成人不能强加孩子，而应耐心与孩子交谈、倾听孩子的想法，给孩子充分表达自己见解的机会，让孩子感受到父母是在认真地听自己讲话，和他是朋友间的谈话。

成人对孩子的谈话、建议如果表现出浓厚的兴趣，孩子便会大胆地表达自己富有主见的想法。同时，鼓励孩子独立思考，尊重孩子，对孩子的言行应较少地表示强烈的肯定或否定，这样既可以给孩子创造了宽松的精神环境，减少了思维框框和内在压力，也有利于加强孩子的自主意识。因此，父母不必事事都简单地告诉孩子如何去处理，应鼓励孩子去思考，多一些辨别和判断，孩子可以自己解决的问题就放手让他们自己去解决。

3. 创造思考机会

独立思考要求孩子积极主动地去思考，具有新颖性和创新性等显著特点。它是任何创作、发明发现的源泉，要想有一番作为的人都离不开独立思考。

为了帮助孩子独立思考，父母应努力从日常生活中潜移默化地训练孩子。当孩子问"为什么"时，要根据孩子的年龄特点和知识经验，深入浅出地给予解释，甚至有些问题可以暂时不要回答，而是提出建议，让孩子去观察和动手验证，这样收效会更大。

平时要多给孩子创造一些亲身体验的机会，如在节假日带孩子去旅游，让孩子观察各种自然现象，增长各方面的知识。在睡觉前，父母可以讲一些生动有趣的故事，或让他们欣赏有趣的画册、儿童读物等，并从中提出一些问题，让孩子进行思考和解答。这样，往往能够使孩子的想象力变得更加丰富，眼界也会变得更加开阔。

4. 寓教于乐

运用游戏，采取寓教于乐的方法是培养孩子独立思考的最好途径。父母应为孩子提供各种各样的游戏材料，如小纸片、种子、泥土、小剪刀、积木、水、沙、颜料、空纸盒等，让他们开动脑筋动手去做，不要害怕孩子弄脏衣服而约束他们。

在游戏之前，还可以给孩子介绍各种工具、材料的用法，并提醒孩子要注意安全。在孩子遇到困难时，要他们自己先解决，当发现孩子确实无法解决时，再给予必要的帮助。这样能够让孩子在各种游戏活动中，用心去体验生活，学会思考问题，从而促进智力的发展。

习惯提示

爱因斯坦说过："学会独立思考和独立判断比获得知识更重要。不下决心培养思考习惯的人，将失去生活的最大乐趣。"

太多的爱和照顾，会使孩子成为一朵温室里的花朵，经不起风吹日晒雨淋，换句话说就是失去了生存的能力。爱和照顾当然是需要的，但也要给孩子独立求生的训练，让孩子养成独立思考问题的能力，否则只能是害了孩子。

引导孩子勤奋学习

"小明整天只顾着玩，学习一点也不用功。不管怎么说他，都没有用……"相信很多父母都对孩子不努力学习而头痛。

其实，原因并不全在孩子身上，父母只要注意讲究方式，一定会收到事半功倍的良好效果。

1. 勤奋学习，需要父母用心引导

著名画家徐悲鸿从小就特别喜欢画画，时时常会出现绘画的冲动和欲望。学生时代，他一直想要画一幅好画让父亲欣赏一下，并答应教自己绘画。

一天，父亲给徐悲鸿讲了《论语》中的一个故事，是关于庄子如何一人擒住两只老虎的故事。徐悲鸿边听边想在大脑中刻画着老虎的模样。开始时，徐悲鸿请别人为自己画了一只老虎，然后自己照着描了下来。画完之后，便兴奋地让父亲看。

当父亲看到他的"大作"后，笑着问他画的是什么，徐悲鸿爽快地回答道："是老虎啊！"父亲故作惊讶地瞪大眼睛，说："这是老虎吗？我看像一只狗嘛！"被父亲猛地泼了一头的冷水，徐悲鸿心里特别难受。

就在此时，父亲语重心长地对他说道："孩子，画画一定要用自己的眼睛去观察身边的实物。你没有见过真的老虎，就不可能画出逼真生动的老虎来。现在你还小，应该首先发奋读书，打下扎实的文化根底，只有积累了丰富的文化知识，学习绘画才会有坚实的根基。所以，你现在最应该做的是勤奋读书，然后再专心学绘画。"从此，徐悲鸿便开始在父亲的谆谆教诲下开始勤奋读书。9岁之时，他便读完了《诗》《书》《礼》《易》《四书》《左传》等启蒙读物。

父亲看到时机渐渐成熟，便开始指导徐悲鸿学习临摹。同时告诉徐悲鸿，要以生活为本来作画，将目光多投向社会和人生当中。在父亲用心引导下，徐悲鸿勤奋学习，终成一代大师。

2. 养成勤奋学习习惯的方法

（1）循循善诱，引导孩子学会勤奋

处于生长发育阶段的孩子，意志和毅力肯定远不如成人。为了让孩子能够养成勤奋的习惯，父母不妨采用循循善诱的办法——就是有步骤地引导孩子去学习。

循循善诱要注意几个问题：一是注意培养孩子在学习方面的基本功，比如一定的知识面；二是要注意适时教育，引导孩子勤奋学习要抓住孩子有学习欲望的时候；三是要注意适量，孩子毕竟是孩子，千万不要用成人的标准来要求孩子，不要越过孩子所能承受的范围；四是父母态度一定要平和，引导孩子勤奋学习时，莫急于求成，以免出现相反效果。

（2）根据孩子的表现提出要求

孩子如果成绩非常好，便很容易对现状产生满足心理，在取得成绩之后很容易开始变得不思进取。这个时候，父母要及时依据孩子平时的表现，对其相应地提出更高一些的要求，从而让孩子一直都有前进的方向和目标。

（3）用劳动培养孩子学会勤奋

父母须知，勤奋并不仅仅只表现在学习上面，更表现在工作和劳动上。当孩子以后走上社会，他的勤奋就直接表现在工作中。父母要通过劳动，来培养孩子从小养成勤奋的好习惯。

父母要从自身做起，为孩子树立一个勤奋的好榜样。

这样做的目的就是让孩子意识到，只有通过劳动才能够有所收获，懒惰的人永远得不到任何东西。在这种意识下长大的孩子，在参加工作后，依然会非常勤奋。

（4）用立志激励孩子学会勤奋

俗话说："有志者事竟成。"如果孩子从小就树立了远大的志向，那么他就会从这个志向出发，激励自己勤奋学习，从而实现自己的志向。每一个细心的父母，都应及时发掘出孩子的志向，以帮助孩子明确自己的方向，引导孩子朝着目标不断地付出努力。

习惯提示

在不同的家庭环境和不同的家庭教育方式下，会导致孩子养成不同的学习态度。很少有孩子天生学习就特别勤奋，这就需要广大父母朋友的引导，让孩子意识到勤奋学习的必要性，从而为自己今后的人生打下坚实的基础。

注意力集中的训练

很多孩子上课或者写作业时，注意力无法集中。在课堂上，他们似乎看着老师在听讲，而实际上却全然没有听进去；做作业时可以长时间将书本摊在桌上，看上去是在做作业，但效率很低且错误百出。如果父母不多加注意，很容易使孩子变得迟钝、拖沓、做事不灵活等，因此，培养孩子集中注意力是一件需要父母认真对待的一个大问题。

孩子学习不专心，集中不了注意力，通常表现在两个方面：一是注意力飘浮不定，专注的目标会经常转移；二是心不在焉，经常沉浸于白日梦里而忘记眼前的事情，后者其实不是注意力不集中的孩子，只是将注意力放错了位置。只要父母用心纠正，使他们将心思转移到主要事情上去，往往便会有惊人的表现和成就。

注意力不集中的原因甚多，在生理方面，孩子若身体不适，体力或知觉发展不良，天生好动，以及神经系统或大脑微功能发生问题时，都可能会出现注意力不集中的现象，这些情况必须由医生检查和治疗。

此外，心理上的安全感和自信心不足，过分依赖、缺乏耐心或情绪困扰，也是注意力不集中的原因。这些情况往往是教育方式和成长的环境所造成的。

除了要解决孩子生理上的问题外，父母应该认识到，专心其实是一种可以通过训练、学习和培养形成的习惯。因此，在埋怨孩子学习不专心时，要及时反省自己的教育方式是否出现了不对之处。

孩子的注意力与大脑的发育程度有关，大脑要到20多岁时才会完全发育成熟。因此，一般来说，如果读书写字超过30分钟，孩子就会想着要做点别的事，起来动一动，这是正常的现象。

父母不要过于苛求孩子和自己一样，能够连续坐在那里一两个小时去专心做事。因此，判断孩子是否专心，不是按照大人的主观感觉来决定，需要父母具备极大的耐心。

集中注意力，方法一定要适当

据调查显示，越来越多的孩子注意力无法集中，这令许多父母为之深感头疼。要矫正此毛病，可从以下几方面着手：

（1）鼓励孩子按时完成任务

让孩子在一定的时间里分阶段完成学习任务。父母一定要记得给予其一定的鼓励，比如表扬、抚摸、亲吻等，并让他适当休息，避免孩子因走神而出错。这些都能够很好地增加孩子的自信，让他感觉到"我可以自觉地集中精力完成学习任务"。

（2）尽量不要干扰孩子做事

平时要对孩子鼓励多一点，不要干扰孩子做他喜欢做的事情。当孩子专注于做他的小手工制作或观察小动物而忘记了吃饭时，父母切记不要干扰孩子，而是要耐心地等他把任务顺利完成。

孩子玩游戏时全身投入，正是在培养聚精会神的习惯，此时父母切不可任意打扰、干涉和打断。平时父母可以将游戏时间与日常生活配合恰当，并指定一个固定的玩游戏的角落，将环境安排得有条不紊，以减少孩子分心的外界事物。

父母也切勿要求孩子做不感兴趣或超过能力所及的事。要知道，孩子沉浸于他的兴趣同时，就是在无意中培养自己的注意力。父母可在孩子做完他们的"工作"之后，给予孩子鼓励。同时，及时和孩子分享他的感受，让孩子有意识地将做这件事时的注意力和心理过程，转移到其他事情上面去。

（3）不要过分唠叨孩子

平时不要经常对孩子进行唠叨和训斥，要努力让孩子感觉到他才是时间的主人。父母的唠叨和训斥只会让孩子对相应的事情产生厌烦，从而无法使注意力集中起来。

不妨让孩子感受到自己是时间的主人，教孩子学会分配时间：让他在相对短的时间内集中精力做好功课，从而有更多的时间去做别的事情。孩子学会自己掌控时间后，会产生成功的感觉，做事会变得更加自信起来。

（4）通过大声读书训练注意力

每天安排一个10分钟至20分钟合适的时间，让孩子自然选择他们所喜爱的小文章大声地朗读。此时，父母一定要注意认真听，这是一个使孩子口、眼、脑相互协调的过程。

孩子在读书的过程中，父母要尽量引导他们不读错、不读丢、不读断。孩子的注意力自然会逐渐高度集中起来，把这种训练一直坚持下去，孩子的注意力不仅得到集中，理解能力也会得相应增强。

（5）营造利于集中注意力的环境

促进孩子保持一种良好的注意习惯，不仅要进行训练，周围的环境也是十分重要的。孩子的书桌上，只能放有书本等相应的学习用品，不要摆放玩具、食品，更不能有电视机、电话等声音干扰。

父母也尽量不要在孩子学习时进进出出，大声说话，以免干扰孩子。此外，室内的光线是一个容易被忽略的环节，应注意将光线调整得柔和适度，对孩子集中注意力起到协助作用。

习惯提示

培养孩子的注意力，应依据孩子的年龄特点进行，让他学会在一定时间内集中注意力。孩子在不同时期，其注意力每次集中的时间是不一样的。按照学龄阶段划分，小学一二年级的孩子，注意力一次性集中的时间在10分钟至20分钟以内。

超过这个时间，孩子就会感觉到累，容易走神；三四年级的孩子，可坚持到30分钟左右；到了五六年级，便会增加到40分钟以上；而到了中学阶段，孩子坚持的时间则会更长一些。

观察力促进智力发育

观察，是正确认识事物的一个重要途径，是开启人们智力活动的基础。观察是聪明的眼睛，没有敏锐的观察力，就谈不上聪明，更谈不上成功。

细致是培养观察的基本要求，准确是观察习惯的根本，全面是观察的基本原则，发现特点是观察的目的。敏锐的观察力，是促进孩子完成学习任务的一种必备能力。

1. 观察力，促进孩子的智力发育

观察是智慧的门径，求知首先应从学会观察开始。很少父母会注重培养孩子的观察力，没有把对观察力的培养放在应有的位置上面。这样做的弊病便是抑制了孩子思考能力的提高。

通过观察，孩子能够发现什么和什么一样或不一样，进而探究为什么，是怎么回事。培养孩子养成观察的习惯，对于促进孩子的智力发展非常重要。

父母平时不仅要鼓励孩子勤于观察，还要引导孩子善于去观察。观是看，察是想。让孩子观察问题，不仅仅应该让孩子知道事物是这样的，而且必须知道为什么是这样的。

孩子要认识一个事物，总是从观察开始的。有了观察，便开始有了注意、记忆、想象和思维等。如果把孩子的观察比作蜜蜂采花粉，那么思维等心理活动就好比将花粉酿成蜜。没有花粉就酿不出蜂蜜，没有良好的观察，孩子的思维就会因为缺少材料而得不到良好的发展。

所以观察是认识的基础，思维的触角。著名哲学家黑格尔认为，培养观察力的最好方法，就是在万物中寻找事物，观察到"异中之同"以及"同中之异"。

2. 让孩子明确观察目的

了解观察目的，直接影响到孩子观察的效果。对孩子来说，观察目的越明确，注意力就越集中，观察也就越细致，越深入，观察的效果就越好。

孩子在观察中，有无明确的观察目的，得到的观察结果是不相同的。如果一个人在感知时，没有明确的目的，那么就只能算是一般的感知，不能称作为观察。

比如，父母带孩子去公园，漫无目的地东张西望，转半天，回到家里，也说不清看到的事物。如果要求孩子去观察公园里的小鸟，那么，孩子一定会格外注意小鸟，从而顺利地说出小鸟的形状，羽毛的颜色，眼睛的大小，声音的高低等。因此，孩子有的放矢地去观察，才能从观察中真正获益。

3. 激发孩子做好观察准备

在引导孩子进行观察前，一定要做好充分的准备，特别是对于相关知识的准备，以便让孩子能够看得懂。同时，要激发孩子的求知欲，培养观察兴趣。

观察是孩子增长知识的主要手段，它在孩子的实践活动中，具有重大的作用。兴趣是最好的老师，有了浓厚的兴趣，就会主动去认识事物。在开始观察之时，父母可以让孩子观察一些他所熟悉和喜爱的，特征明显且容易辨认的事物，以进一步激发孩子产生积极观察的强烈愿望。

科学研究发现，不善于观察的孩子学习成绩普遍较差。其实，学习的基础就是以直接经验为主，间接经验为辅。心理学专家认为，如果孩子日常生活缺少刺激，会使他们的知识内容显得苍白无力，而且注意力涣散，容易受到暗示，并且缺乏学习能力。

观察，是获得直接经验的重要途径。观察力的强弱，直接影响着孩子的学习成绩。比如在语文学习中，两个字的字形，写法只有细微的差异，观察力较强的孩子就能看出来，观察力较差的孩子却往往会把它们认错或者写错。

在写作上，如果观察力较强，就可以抓住现实生活中的大量材料，感到有东西可写，对人物，事件的描写就细致，深入，具体，生动；反之，在这方面能力较差的孩子，则会感到没有什么内容可写，写出来的文章不仅不具体，而且读之空洞无物。

观察只有深入到实践活动之中，才会显示出其重大的作用。孩子通过观察，会获得很多知识，对事物产生鲜明的印象。观察和随便看看，随便听听是不一样的。

孩子观察能力的强弱，决定着孩子智力发展的水平。观察力是一个人智力活动的基础，想要发展孩子的智力，首先就必须把观察的大门敞开，让外界的信息源源不断进入孩子的大脑。对此，父母要主动为孩子创造一些实践活动，让孩子去参加，在实践中学会观察。

习惯提示

养成善于观察的习惯，对孩子在学习活动中起着各种不同的作用。观察的目的性，是学习目的性的一个有机组成部分，它可以保证孩子的学习能力按照一定的方向和目标进行。

观察的条理性，是循序渐进地从事学习的不可缺少的心理条件，它有助于孩子获得系统化的知识。精确性可以帮助孩子对所得到的知识深刻准确地领会，不至于似是而非的感觉。

在孩子的学习过程中，帮助孩子养成良好的观察习惯，可以使孩子获得完备的感性知识。

敢于质疑才能创新

"让问题成为知识的纽带！""让质疑激发创新的源泉！"辅导孩子学习时，要注意多启发和鼓励孩子提出问题。对孩子的提问哪怕非常幼稚，也要给以鼓励，逐步培养孩子的思维能力，不能着急。

孩子在学习过程中遇到困难提出疑问是很正常的事情。敢于质疑，是孩子积极思考的表现，是创新意识的萌芽，大人一定要注意鼓励和培养孩子的这种精神意识。

1. 尊重孩子的任何疑问

在新的学习或者是在与外界新鲜事物的接触当中，有的孩子，根据自己已经掌握的经验和刚刚接收到的信息之间，两者发生"碰撞"，于是便产生了疑问；有的孩子在探求创新中初步形成了自己的主张和看法，但不能确知其对错，渴望着能被证实，所以提出疑问；还有的孩子则是存在着不懂的地方，想搞个明白就提出了问题。

这些疑问的提出，说明孩子有了比较强的好奇心和求知欲，而且从他们的反应来看，确实已经有了越来越丰富的感性经验，掌握的信息量大面广。面对孩子产生的种种疑问，父母应为孩子营造出一种民主、和谐的学习氛围，让孩子在愉悦中发出质疑，解除心中的种种疑惑。

2. 善于向孩子提问

父母应经常给孩子提一些他们所感兴趣的问题，以引发孩子进行积极的思考。孩子只有经常处于被提问的情境之中，才会逐渐形成思考的好习惯，才会勇于说出自己心中的疑惑。

诺贝尔奖获得者赫伯特·布朗说："我的祖父常常问我，为什么今天与其他日子不同呢？他总是让我自己提出问题，自己找出理由，然后让我自己知道为什么。

我的整个童年时代，父母都鼓励我提出疑问，从不教育我依靠信仰去接受一件事物，而是一切都求之于理。"

父母应学会善于向孩子提问，给孩子作出示范。

父母平时还可以经常在家中和孩子一起比赛提问，通过竞赛的形式，提高孩子提问的兴趣，进而养成质疑的习惯。当然，在向孩子提出问题时，内容一定要符合孩子的年龄和知识范围，不能太难，也不能太容易，否则都会阻碍孩子的积极性。

3. 鼓励孩子自己解决问题

英国科学家亨特在一次去公园游玩时，发现每只鹿都有一对漂亮的鹿角，他摸了摸鹿角，发现鹿角是热的。

为何鹿角是热的？亨特非常好奇，他仔细观察了一下，发现鹿角里布满了血管。亨特想，如果将鹿角的侧外颈动脉系住一段时间，会怎么样？后来，他做了一个实验。

把一个鹿角的侧外颈动脉系住，发现鹿角顿时冷了下来，在一段时间内不再生长了。过了几天，鹿角又变暖了。亨特发现并不是系带松动了，而是附近的血管扩张，输送了充足的血液。于是亨特发现了侧支循环及其扩张的可能性。

正是在这个发现的指引下，亨特研制出了亨特氏手术法。

父母在教育孩子的过程中，也应学会运用这一策略，让孩子对一些事物产生疑惑，然后根据疑惑进行仔细的观察或者亲自动手做实验，在此基础上继续思考，孩子便可以逐步挖掘出事情的真相。

4. 教孩子勇于标新立异

莫扎特在幼时，曾从师于伟大的作曲家海顿。一天，莫扎特对海顿说道："老师，我能写一段曲子，您肯定弹奏不了。"海顿不以为然地说："怎么可能呢？"

莫扎特将自己写好的曲谱递给了海顿，海顿弹了一段时间后惊呼起来："这是什么曲子？当两只手分别在钢琴两端弹奏时，为何会有一个音符出现在键盘中间？看来这个曲子确实无法弹奏！"

莫扎特却对老师说："老师，我可以把它弹出来。"说罢，便俯下身子，顺利地将曲子弹了出来。令海顿当即感慨万千。

不同孩子所具有的思维方式是不同的。和大多数人相异的思维并不代表就是不正确的。人云亦云，才是没有思考能力的。

在日常生活中，要注意表扬爱质疑多提问的孩子，重在鼓励他们敢质疑的勇气，对于问题的质量姑且不去权衡。

当孩子说出与他人不一样的想法时，父母千万不要呵斥孩子，相反，要鼓励孩子。即使孩子有时提出的想法是错误的，也不要立即作出否定，应充分肯定他勇于质疑的学习习惯。

对孩子提出的不同问题要注意妥善处理。对于当场就可以解决的问题，要及时予以讲解；对于那些只有通过亲身实践才能解决的问题，才应为孩子创造具体的实践机会。

具备洒脱气质的孩子，会给人以耳目一新的美好感觉。洒脱气质的一个重要表现便是敢于向权威挑战，也就是敢于质疑。一成不变的生活则会造就一个个"小绵羊"，这些孩子往往经受不了生活的风吹浪打。

父母平时应当鼓励孩子大胆质疑，并及时回答孩子所提出的一个个"为什么"，培养孩子养成多问多思的习惯。从而使孩子冲破束缚，变得洒脱起来。

培养良好的书写习惯

书写的文字，可以说是人的第二张脸。虽然现在电脑日益普及，然而，硬笔书写仍然是日常生活中传递信息和知识不可缺少的技能。写一手好字或者写一手规范的汉字，是每个优秀的人才首先应具备的基本素质之一。因此，应让孩子从小就养成良好的书写习惯。

1. 书写规范，修整好脸面

如今，不少中小学生在书写时错别字频现，字迹潦草成了的通病。有些专家甚至用"书写危机"来形容现在学生的书写。或许有点耸人听闻，但学生书写不规范已是不争的事实。而且，书写能力的退化，会随着年龄的增长而表现得越来越明显。

学生之所以越来越不重视书写，和电脑的日益普及有着很大的关系，当然，也与父母和学校的重视不够有关。在孩子的教育选项上，书法训练逐渐淡出了父母们的视线。很多父母都误以为，孩子书写是否规范不是什么大事。

事实上，在练字的过程里，不仅能够培养孩子的耐性和观察力，还能提高孩子的审美能力。对培养孩子的意志和一丝不苟的学习品质也会起到不可估量的作用，使孩子获益终生。

书写是孩子素质的一个重要表现，而书写规范也是现代社会的基本要求。从智力的方面来说，中小学是练习手写汉字的最佳期，如果忽视"书写"这一训练，用敲击键盘来代替，孩子的智力便得不到有效的开发。

在帮助孩子培养规范书写过程中，父母一定要有书写意识，一方面强调写字姿势、握笔姿势；另一方面渗透一些必要的书写知识，如字的基本构成、间架结构、占格问题等。

因为孩子容易受到暗示的影响，所以，书桌整理得越干净，越能静下心写好字，减少由于注意力分散而出现写错字、别字、漏字等现象。

2. 遵守书写要求

电脑时代，很多人都忽略了写字的训练，他们认为，利用电脑就可以打印出任何漂亮的字体。其实，这种想法是极端错误的。我们应该知道，无论何时，自己有一手过硬的手法，都是值得骄傲的。那么，怎样才能书写规范呢？

首先，一定要掌握好握笔的正确方法：一捏，就是用大拇指和食指捏住笔杆；二靠，就是让笔杆靠着虎口；三抵，就是用中指、无名指、小指抵住笔杆。

第二是书写姿势的要领：做到"头正、身直、臂开、足平"八个字以及"一尺、一拳、一寸"三个一：眼睛与书本距离一尺、身前与书桌距离一拳、握笔手指与笔尖距离一寸。端端正正地书写。父母可先为孩子做一个示范。

训练孩子书写要从最基本的笔画入手，严格要求孩子认真地把每个字的笔画、笔顺写准确，由易到难，必要的时候也可让他们进行"描红"的练习。

要为孩子提供统一的书写格式，在制定时一定要考虑周全、合理，既要避免死板，又要做到统一和谐。一旦定下了书写的格式，就要坚持去执行，不可"朝令夕改"。

3. 坚持随时提醒原则

一个良好的习惯，不可能会在短期内就形成。孩子的自制力相对来说比较薄弱，这就需要父母做好督促工作，不能急于求成，特别是低学段的孩子，遗忘性特别强，要反复指导，随时提醒孩子纠正书写姿势。

在检查孩子的作业时，不仅要注意答案的正确与否，还要检查他们的字是否写得漂亮、整洁。在培养习惯的过程中，形成一个良好的学习习惯是走向成功的开始；一个持之以恒的良好习惯更是人生路上的阶梯。

父母如果仔细观察，则会发现，当你特别提醒孩子注意书写姿势时，孩子便会相应地作出正确的姿势；但过不了多久，则又会"怎么方便怎么来"了。对此，父母应引起格外的注意和足够的重视。

4. 以身作则，做好示范

父母自己做到书写规范，其实就是最直观，最经济的、最直接的教导资源。

孩子都有模仿的特点，看到父母当场挥笔书写，形象直观，而且写的字形规范，间架匀称，富有神采，一目了然，对孩子来说是最好的示范，而且是最真实、最亲切的示范。孩子就会产生敬佩之感，从而对写字也会产生浓厚的兴趣。

此外，父母要做到不失时机去鼓励孩子。孩子的成长离不开赞美和鼓励，当他们取得了点滴进步时，只有及时给予表扬、鼓励，才能激发孩子在书写上更大的兴趣。

因此，千万不要忽略对孩子书写的评价，一句简洁的批语在大多时候就能鼓励孩子更好地去完成下一次的作业。

习惯提示

习惯一旦形成了，就会成为一股顽强而巨大的力量，它会主宰人们的人生。培养孩子认真地书写文字，是一项需要长期进行的努力，只有父母坚持不懈地抓下去，才能最终让孩子练就一手好字，成就一种良好的品质和形象。

按时上课，杜绝逃学

逃学是学龄儿童的一种不良行为，多发生在中小学阶段。是中小学教育中的一个普遍问题，也是父母非常苦恼又迫切想要解决的问题，由于逃学，孩子流向社会，也是低龄犯罪人数增加的重要原因之一。

生活中常见的逃学有两种：一种是偶尔为之；另一种则是反复长期的。逃学的学生中，成绩差的占多数，成绩好的占少数。面对孩子的逃学问题，父母该怎么办？

1. 按时上课，改正逃学行为

逃学一般分为几个阶段，开始或是因为学习成绩不好，受到老师或集体的排斥，在学校里不适应等等。这时，想旷课的动机和必须到校就产生了矛盾，最后，旷课的动机终于取胜。

如果父母不知道，旷课就成持续性的了，也就是逃学了。如果父母不准其逃学，也不准其逃避回家，有的孩子就会离家出走或产生其他的行为问题。

2. 孩子逃学的原因

学生逃学除了心理原因之外，主要有以下几点客观原因：

（1）学校教育因素

学生感到在校学习负担过重，压力太大。教学方法不切合孩子身心发展水平，使孩子感到单调、乏味、难以接受，对学习失去兴趣，以逃学来逃避现实。

（2）家庭教育因素

父母的经历与言传身教对孩子的影响是自始至终的，父母对孩子学习行为反应矛盾或是表现无可奈何。父母对孩子的教育，不是娇生惯养就是专横管教。

这些管教方式很容易令孩子产生消极的对抗情绪，对学习渐渐失去兴趣，失去学习的信心。

（3）孩子本身的因素

孩子的学习焦虑水平过高或过低，都会影响在学习中的成就感。心理学家指出，许多逃学的学生中，对学习上的困难不知道怎样去克服，而只是感到厌烦想逃避。

逃学实际上就是一种逃避行为，是学习上被动性的反映。

（4）他人的教唆、引诱

在逃学的孩子中，有相当一部分是受到了他人的教唆、引诱。个别孩子年幼无知，识别能力差，很容易在他人的引诱下逃学，不良人群的"榜样"示范、言行教唆、物质引诱甚至恐吓威胁，都会对孩子造成不良影响，使他们走了逃学的道路。

3. 如何纠正孩子的逃学行为

父母要及时发现孩子厌学的苗头，尽快找出原因，以便及时有效地加以纠正，消除孩子逃学的消极行为。

（1）对孩子以表扬和鼓励为主，保护孩子学习的积极性

引导孩子产生学习兴趣，同孩子分享学习生活的乐趣，使孩子形成一种"学习愉快而有趣"的认识和感受。

（2）帮助孩子适应环境

随着年龄的增长，孩子的生理、心理均会发生急剧的变化，且趋向成熟。有个人的见解，易张扬个性，同时又具备一定的逆反心理。父母要帮孩子适应环境，改变他们对人对事的一些片面认识，培养他们在日常生活中的独立性和自觉性。

（3）让孩子获得成功的体验

让孩子体验到成功的喜悦和快乐，是增强孩子学习兴趣的有效方法。父母要引导孩子扎扎实实地去学习和思考，鼓励他们凭自己的能力去解决问题，体会到自己获取知识的乐趣。

（4）积极配合学校对孩子进行纪律教育

有些父母错误地认为，对孩子的纪律教育只是学校和教师的事。殊不知，孩子不遵守纪律是自制力差的表现。自制力是可以培养的，有的父母没有意识到这一点。

孩子在家的表现也能折射出在学校的表现，在家散漫，在学校也难是个守纪律的好孩子，这样会使他们变得自暴自弃，从而对学

习失去信心。所以，父母应该重视孩子在家庭中的纪律教育，并积极配合学校对孩子进行的纪律教育。

（5）父母要学会"冷处理"

遇到孩子逃学，父母切忌情绪冲动，不分青红皂白就对孩子一顿批评，这有可能将孩子原本就不多的学习情绪一扫而光，也容易使孩子因怕打骂而说谎。

还有，如果父母教训的太重了，还会给不良分子可乘之机，孩子就会向那些人靠拢，这样的后果是不堪设想的。父母要学会"冷处理"，先平息自己心中的怒气，然后再了解孩子逃学的原因，对症下药，教育好孩子。

习惯提示

孩子逃学，是因为不同的心理机制和外界刺激造成的。它是以孩子的个性心理为基础，以各种外在的因素为契机，所导致的不良现象。一般来讲，性格内向、自我中心倾向和自卑感强的孩子，如果学习成绩不好，受到老师或同学的拒绝等，就会发展为逃学以至离家出走。

第二章

培养良好做事习惯

如今，很多孩子是独生子女，备受父母的关爱，有些父母甚至包办孩子的一切大小事务，以致使孩子们很难养成良好的做事习惯。这些孩子做事没有效率，一旦遇到困难，便知难而退。他们在如今这个竞争激烈的社会是很难立足的。

那么，如何培养孩子的做事习惯呢？这需要调动起他们自己内在的自觉性，也就是养成他们主动做事的习惯，而不是靠家长的命令，或是靠老师的命令。对此，父母和老师一定要多加注意，积极引导。

因为一个人只有主动地去做事，才能够突破现有的局限，不循规蹈矩，发现一些不容易发现的问题，在今后的人生中有所创造，有所进步，并成为社会的有用之材。

自己的事自己做

何谓生活自理，通俗地讲就是自我服务，自己照顾自己。生活自理，是一个人应该具备的最基本的生活技能。孩子生活自理能力的形成，有助于培养孩子的责任感、自信心以及自己处理问题的能力，对孩子今后的生活也会产生深远的影响。

现在的许多孩子，由于父母的娇惯，依赖性强，生活自理能力差，以至于不能很好地适应新的环境。因此，培养孩子的生活自理习惯非常重要，我们要把这项习惯的培养作为家庭教育活动的重要内容之一。

自己的事情自己做，可以让孩子经历一定的"磨难"和艰辛，即从小就懂得要想获得成功与幸福，必须得掌握一定的技术，经受住各种考验。正因为这样，这些孩子长大后他们绝大部分能够迅速融入社会，适应社会的能力较强。因此，父母应从小培养孩子学会劳动、学会生存，生活自理。

父母应逐渐减少对孩子的照顾，不要包揽一切，要逐步放手让孩子自己去穿衣戴帽、铺床叠被，自己去洗脸刷牙、洗手洗脚，自己去端菜盛饭、收拾饭桌，自己去洗简单的衣物，如小手绢、袜子等，自己去整理自己的玩具学具和房间。

孩子一开始做难免会出现一点小问题，如打碎碗，棉被叠得不整齐等。这都是正常的现象，这时候千万不能指责、埋怨，也不能放任自流，而应热情鼓励，并适当加以指导。这样，就能使孩子充满自信和兴趣，持之以恒地做下去，最终内化为一种不自觉的习惯行为。

1. 生活自理，培养健康人格

这是一组相关调查数据：20.4%的孩子明确表示"缺少生活自理能力"；18.3%的孩子"做事容易依赖别人"；28.0%的孩子"很少帮助父母干活"；15.1%的孩子"缺少保护自己的能力"。看到这组令人心惊的数字，让人不禁发问：一个人如果在孩童时期事事依赖别人，没有独立做事的锻炼，在成年之后能独立于社会，成为国家需要的栋梁之材吗？

父母要培养孩子具备一定的生活自理能力，为孩子的体力、智力、良好的个性形成和今后的发展奠定基础。这也是孩子形成健康人格的重要前提，对他们将来成为社会人有着极为重要的影响。那么，怎样培养孩子生活自理的习惯呢？

2. 激发孩子生活自理的兴趣

父母可利用讲故事、唱儿歌、做游戏等形式，使孩子懂得自己的事应该自己做，让孩子知道自己的小手是可以做许多事情的，从而激发孩子生活自理的兴趣。要重视孩子的每一个具有独立意识的要求和行为，并加以鼓励和提供实现的条件。例如，当父母在洗衣服时，孩子若要来帮忙，就不要怕孩子是在搞乱，为自己添麻烦，而要欣喜的接受，并鼓励孩子自己洗自己的衣服。

要知道，如果你拒绝孩子要洗衣服的念头，就在无意间扼杀了孩子独立动手的意识。其实这正是培养孩子生活自理能力的大好时期。如果错过了，就是在拿孩子的未来作交换。

3. 遵守循序渐进的原则

根据孩子的年龄特点和能力，来培养孩子的自我服务技能。孩子的成长，就是在不断地独立中进行的。优秀的孩子都有独立思考和独立做事的好习惯。

培养孩子生活自理习惯不是一朝一夕就能完成的，父母要从生活的小事中开始培养，要持之以恒。

孩子刚开始动手时，往往做得很慢，有时甚至"闯祸"，父母不要因此就不让孩子动手，而要给孩子示范正确的动作，耐心教他们怎样做，鼓励孩子坚持劳动，养成习惯。例如：教孩子自己穿脱衣服、系扣子、系鞋带，父母要先教给他们正确的方法，要及时地鼓励，耐心地帮助。

4. 父母对孩子要有耐心，持之以恒

俗话说："习惯之始如蛛丝，习惯之后如绳索"。待孩子养成生活自理的习惯后，一切行为就会显得顺其自然。这里父母要特别注意以下三点：

在培养孩子生活自理习惯时，父母不可操之过急，要遵循孩子的年龄特征和生长发育规律。比如说让一个刚学会走路的小幼儿就要学会叠被子，是不可能的事情。

在培养孩子生活自理习惯的过程中，如果孩子碰到问题或发生错误行为，父母一定要采用积极的正面教育如：鼓励、激励、表扬等形式，否则就会伤害幼儿自尊心，从而让孩子不再主动操作。

对孩子生活自理习惯的培养一定要持之以恒，不能三天打鱼，两天晒网，这样就不利于孩子良好生活习惯的养成，以至于影响孩子整体自理能力的发展。

总之，培养良好的生活自理习惯，需要各方面的配合，父母要有正确的教育观、儿童观、发展观，要相信孩子，大胆地让孩子自己动手操作，以积极的语言肯定每个孩子的点点进步，从而促进孩

子在生活自理能力方面有所提高。

习惯提示

自理习惯的培养，与孩子的自理意识分不开。父母应对孩子进行正面教育，增强孩子的生活自理意识。孩子的世界到处充满了好奇，他们会因为自己能干一些力所能及的事情而感到高兴的。父母绝对不要把这种好奇心抹杀掉。

做事有一定的计划

有些孩子往往会出现在早晨起床后找不到袜子、学习用品或者其他生活用品的现象，这便是做事缺乏计划性和条理性的坏习惯。做事有计划，对于孩子来说非常重要。它可以促使孩子养成有条不紊地处理事情的习惯，避免做事时手忙脚乱。

做事情缺乏条理、没有计划是孩子的一种自然反应。但是，如果一个人做事没有条理，不能够很好地料理自己的生活，在今后的人生道路上，将会比其他人走得更辛苦。

试想，一个连自己生活都不能料理的人又怎么能够很好地进行学习和工作呢？因此，作为孩子的父母，我们应该对孩子从小就加以引导，避免他们在成长的道路上养成这种不良的习惯。

做事有计划，不仅是一种做事习惯，还反映出了一个人的做事态度，是日后能否取得成就的重要因素。所以父母应该及早让孩子养成有计划地做事的习惯。那么，怎样培养孩子做事有计划的好习惯呢？

1. 让孩子做事有条理

在日常生活中，不管孩子在做什么事，父母都要引导孩子将其做得有条有理。比如，房间物品摆设有序；晚上睡觉之前，整理好书包、准备好第二天要穿的衣服等。这些都能够使孩子孩子养成做事有条理的好习惯。

物品的条理，远比事情的逻辑性更易于被孩子所理解。可以由此作为切入口让孩子体会什么是条理。父母做内务整理时可以让孩子参与进来做小帮手，这是培养孩子劳动观念与技能的途径，也是一个让孩子亲眼观摩父母分类摆放、物归原处。井井有条的好机会。

在熟悉了大人衣物、用具、书籍等东西的整理方式后，父母可以给孩子买几个整理箱和一个抽屉式文件柜，让孩子尝试着整理自己的玩具、用品，学会做标记、贴标签、分类放、摆整齐，以后逐步拓展到自己收书包、摆书架、理衣柜，再到自己准备活动用品等。

当然，让孩子养成做事有条理的习惯不是一朝一夕的事，需要父母的耐心和恒心，还要善于抓住教育的契机进行适时地引导。只要父母能够持之以恒地影响和培育孩子，久而久之，孩子便可以从收放的物品中感受到条理性的意义和技巧。

2. 帮助孩子制定计划

想要让孩子做事有计划，父母本身也应养成习惯，经常向孩子示范一下自己的计划。即把自己的计划告诉孩子，并且征求孩子的意见，让孩子帮着计划。比如，在周末的清晨，可以这样对孩子说："今天我们好好安排一下，吃完早饭后，我们到公园去看花展，然后回家吃午饭，午后你小睡一会儿，1点钟我们去少年宫学画画，3点钟带你去海洋馆玩，到家后，你将今天的见闻写下来，你觉得如何？"

这种示范，不仅能够使孩子充分理解计划的重要性，还会开始试着去安排自己的事情。当孩子提出某项请求时，父母可以问孩子："你的计划呢？"当孩子习惯了事先安排活动的内容和次序，他也会像大人一样把计划做得合情合理，甚至把学习、劳动之类他不十分情愿做的事也自觉安排到他的计划内。

3. 让孩子按计划办事

平时要注意向孩子强调计划的重要性，并及时为孩子的各项行为制定计划。这些计划的制定应该让孩子参与进来。当计划制定了以后，孩子必须按计划办事，不能半途而废。

对幼儿园的孩子来讲，父母应该要求他们在玩的时候自己把玩具拿出来，玩完以后自己收好；对小学生来说，就要求他们看书做作业的时候要认真，写完之后才可以去尽情玩耍；对于中学生来说，则要求其做事有责任心，把握好做事的进度。

引导孩子计划周密，有条理、有理智地生活，离不开科学的态度。一定要遵循客观规律，千万不要冲动蛮干而扰乱计划。

习惯提示

养成做事有计划的良好习惯，是一种积极的生活态度。让孩子做事有计划是每一位父母朋友的良好愿望，然而真正付诸行动却没那么简单。因为即使是大人也很难做到有计划地去做每一件事，更别说自制力相对来说还比较差的孩子。所以说，培养孩子做事有计划的习惯，既是培养孩子，同时也是在锻炼父母。父母应对孩子从小用心进行培养。

学会生活，自主自立

许多父母害怕孩子吃苦，对于孩子的吃饭、睡觉、玩耍、交朋友等方面可谓是全部揽了下来。很少鼓励孩子去独立思考、独立做决定、建立自信心。时间久了，很容易令孩子形成的脆弱性格。给孩子的庇护越多，孩子的独立性就会越差，生存能力就会变得越弱。从而导致孩子离不开父母这根"拐杖"。

1. 学会自立，才能学会生活

对孩子来说，其实在他们很小的时候就已经有了自立自主的心理品质。这些行为其实就是孩子自立自主的表现。在长大的过程中，他们的自我表现力就更突出了。

所以在这个时候，父母应该尊重孩子的各种需要，尊重他们的兴趣和爱好，鼓励他们表达自己的思想和情感，遇事多和他们商量，多听他们的意见，允许他们自己做选择和决定，允许孩子有不同的见解。放手让孩子去接触生活，让他们在生活中经受磨炼，从而增长才干，提高社会适应能力。

有些父母总是认为，孩子年龄还小，还不到自立自主的时候。很多父母在进行教育或处理问题时，往往处于主导地位，自己说了算，很少给孩子自由发表意见的机会，对孩子较多的是训斥和说教，渐渐束缚了孩子开拓、自立、创造意识的发展。

让孩子学会自立，学会正常的社会交往，长大后才能顺利步入社会生活。父母应重视培养孩子独立做事的习惯，让孩子学会自己驾驭生活。

2. 为孩子创造平等和谐的家庭生活

在孩子的成长历程中，家庭既是他们生活的基地，也是其活动的主要场所。和谐的家庭气氛对于孩子的精神、情操、性格、求知欲等都会产生不同程度的影响。孩子自主意识的培养也同样需要宽松、和谐的家庭氛围做基础。

作为父母，应该把孩子当作平等对话的一方，充分赋予孩子以自由发表意见的机会，不要经常以类似"你要不听我的话，我再也不管你了"之类的话语来呵斥孩子。

对孩子缺乏真正信任、理解，不能同孩子进行协商和沟通，居高临下的说教再加上一副威严的面孔，会给孩子造成极大的心理压力，使得父母无法成为孩子的知心朋友，与孩子的共同语言也变得越来越少。

3. 充分尊重孩子的自主权

父母一定要认识到，孩子在家里具有与自己平等的地位。孩子在家也有着自己的权利和责任，应给孩子自主行使权利的机会，逐渐培养孩子的自主意识。

如在处理一些家庭小纠纷时，父母不要一味地独断专行、自作主张，应该以平等协商的方式，让孩子也来参与，发表自己的意见；涉及孩子的问题时，应尊重孩子的自主权，尊重孩子的选择，避免采取施压和服从方式。使孩子在平等、和谐的家庭氛围中健康地成长，逐渐培养出自主做事的意识。

4. 引导孩子学会自己处理问题

父母要引导孩子去完成一些力所能及的事情，在处理事情的过程里确立主体意识。如一些孩子本来到了一定的年龄，已经完全能够做一些自己力所能及的事情，但仍有一些父母总是不愿撒手，以至于孩子事事依靠父母的照顾，依赖家庭的呵护。

对此，父母一定要用心正确引导孩子去独立做事。比如，平时孩子的穿衣、吃饭、洗漱、整理玩具等事情都可以让他们自己去做，做不好时，可以耐心地加以引导；当孩子遇到做错事或自己能处理的事时，大人不要急于干涉，说长道短，尽量让孩子自己处理或参与，使他们成为主角。

这样一来，孩子自己的才艺、能力可以得到尽情发挥和展现，他们从自己的创造成果中感受莫大的快乐。这样，孩子就会养成自己的事情自己做的习惯，逐渐形成了自己的主见，具备独立做事的能力。

习惯提示

具有高度独立性的人，在日常生活中能够独立自主地发现问题，解决问题；而对于缺乏独立性的人，则往往会循规蹈矩，人云亦云，一味服从和依赖他人。

独立性是衡量孩子个性是否成熟的重要标志，更是衡量孩子在长大后能否作出一番成就的重要尺度。

从小培养孩子的耐性

平时经常会听到一些父母抱怨："我孩子很聪明，就是干什么都没耐性，做事总是虎头蛇尾，半途而废。"

事实上，孩子做事是否有耐心是相对而言的，年龄越小，其注意的稳定性和持久性就越差。

原因有父母管教方面的，比如父母急躁又啰唆，造成孩子心烦意乱、不知所措。也有一些孩子体弱多病，很难专注于某事某物。假如父母不了解孩子真正的心理需求，对孩子百依百顺，也会致使孩子无所事事，无法静下心耐心地做事。

您的孩子是否表现出以下情况：

面前的食物还没吃完，您的孩子便迫不及待地嚷着要吃另外的食物；

在游乐场看到好玩的滑梯，无视前面正在排队的小朋友，自己硬要抢先上去玩；

上兴趣班时，发现自己怎样也无法做好时，便轻易放弃；

当要求不能被及时满足，他立即发脾气，甚至情绪失控；

变得霸道，不能遵守社会的规范，例如排队等候；

做事缺乏计划性，想什么时候做就什么时候做，想什么时候放弃就什么时候放弃；

不懂得什么是坚持，为什么要坚持；等等。

以上所列举的这些情形，都是小孩子缺乏耐性的常见表现。缺乏耐性的孩子很容易被自己的情绪所左右，稍不如意就觉得无法忍受，不能冷静地思考解决问题的方法，不能承受挫折，以至于影响自己的工作和生活。

专家强调，父母应该及早地了解自己孩子的习惯、能力及脾气秉性。如果您的孩子属于缺乏耐力群中的一员，那就要从现在开始立即训练孩子的耐性，否则年龄越大，越难训练。

1. 耐心不是与生俱来，需要用心培养

很多孩子在面对一件既复杂又耗时的事情时，往往只有三分钟热度，无法用心将事情做完。对于孩子缺乏耐心的问题，父母一定要了解孩子的特点。

孩子缺乏耐心，这是由其年龄特点决定的。他们正处于发育阶段，身体的各种机能还不是很健全，注意力、意志力都处于萌芽状态。因此，坚持性比较差，常常会一件事没做完，又去做另一件事，表现出虎头蛇尾没有耐心。年龄越小这种现象就越突出。

所以，孩子做事是否有头有尾，有始有终，属于心理活动中的意志品质问题。意志是否坚强，对长大后学习、工作的成败都有重要的影响。那么，父母应如何培养孩子的耐心呢？

2. 父母要做好榜样

许多孩子没有耐心，很可能是因为父母对孩子做事的要求也是虎头蛇尾。所以，父母应首先注意引导孩子改正做事没耐心的行为习惯。

在孩子开始一种新的活动之前，必须让他把正在进行的活动有个了结。比如让孩子去洗澡，应在开始烧水时就告诉孩子画好这张画后，就去洗澡。然后在孩子洗澡之前，提醒孩子认真地检查一下是否将画画完了。

父母乃是孩子的第一任老师，同时也是终生连任的师友，孩子每天都在用最精细的眼神观察着父母的一言一行、一举一动，他们模仿着、学习着，往往在你还没有觉察的时候，父母的言行举止已经给孩子留下了十分深刻的印象。

俗话说："上梁不正下梁歪"。如果想让孩子从小养成良好的做事习惯，那么"上梁必须正"，父母必须以身作则，不管处理什么事情，都要认真、耐心地将其完成，做好孩子的表率。

3. 适当设置障碍

在要求孩子做事时，应有意识地为其设置一些障碍，从而为孩子提供克服困难的机会。这样能够激发起孩子的好胜心，让他有动力持续地做下去。当然，这个难度一定得是他努力后所能达到的。

耐心是坚强意志磨炼出来的，越是在困难的环境中，越能锻炼孩子的耐心。要鼓励孩子做事不能半途而废，让他明白，做好一件事要经过努力，才能完成。

当孩子经过努力完成一件事时，对其给予及时的表扬，使孩子意识到自己耐心的做事是一件正确的、值得骄傲的事情。

值得注意的是，不要对于孩子那些时时闪现的要求全部马上予以满足，应要求他们对正在做的事情集中精力，使其持久地沉浸在一种活动之中。让孩子们从实践中懂得，生活里有许多事情都是需要耐心和等待的。

对于年龄较小的孩子来说，他们在感觉肚子饿之时会马上要求吃东西，渴了便要求马上要喝，想要什么玩具当时就想要得到。这时，父母不要立刻满足孩子的要求，学会有意延缓一段时间再满足孩子的要求，以从小培养孩子的耐心。

在平时教育实践中，要有意识地训练孩子的耐心，让其逐渐学会等待。让孩子懂得在适当的时候做某件事，懂得与别人协调行事等。这种训练是必须的。因为随着年龄的增长，孩子的要求会越来越多，父母不可能做到满足孩子的每一个要求。

如果一味地满足，很容易会让孩子误以为世界是以他们为中心的，将自己的要求排在第一位。要让孩子明白，每个人都有自己的要求，等待是必不可少的，失望也是在所难免的。

习惯提示

很少有孩子能够长时间专注于一件事情，加上父母平时并不是特别在意培养孩子的耐心，使得他们往往缺乏有始有终的恒心。

培养孩子的耐心和坚强意志应从小做起，在对孩子的教育过程中，肯定会遇到一些无法跨越的难题，父母必须首先要有耐心，同时给予孩子以持续的动力。

注重培养孩子兴趣

爱因斯坦有句名言："兴趣是最好的老师。"在孩子的不断成长过程中，兴趣具有十分重要的作用。

我们都知道，家庭是孩子赖以生存的最初环境，有人称它是孩子的"第一所学校"，家庭对孩子形成兴趣具有重要和深远的影响。所以，父母要做引导孩子叩开兴趣之门的优秀导师。

1. 兴趣决定未来

孩子的成长与大量新鲜事物和新思想的刺激，有着不可分割的关系。父母都希望自己的孩子是一个能在社会上有立足之地的人，那就应该在体育、自然、手工、科学和艺术等多方面，培养孩子的兴趣，让他们从小在这样活生生的"书"中，学习新的生存方式。只是单一的书本知识，是满足不了社会需求的。

孩子感兴趣的东西，就是他所需要的东西。父母在这一点上，不应逆孩子的兴趣而行，而应该在安全的前提下，顺应孩子的天性。不要小看孩子的兴趣，兴趣决定了孩子的未来。

2. 父母对孩子兴趣形成的重要作用

在家庭中，父母当之无愧是孩子的"第一任教师"，父母对孩子兴趣、能力的形成，起着非常重要的作用。

父母的一言一行、一举一动，都会潜移默化地对孩子产生深刻的影响，孩子往往通过耳濡目染，学习和模仿父母的行为和兴趣。所以，孩子的兴趣与父母的兴趣有时惊人的相似，父母有什么样的兴趣，孩子也容易形成什么样的兴趣。

孩子在幼年时，父母作为孩子的第一任老师，对培养孩子的各方面兴趣起着关键作用。所以，为人父母者，要做好引导孩子叩开兴趣之门的优秀导师。

3. 注意兴趣培养

在生活中，绝大多数父母平时最关心的还是孩子的学习，而很少关注孩子的兴趣。这无疑就是在浪费孩子身上的巨大财富。父母们凑在一起，总是会牢骚：孩子怎么这么喜欢玩，将来的前途真让人担心。

其实，当学习变成一种兴趣时，孩子就会爱上学习。专家建议，培养孩子的学习兴趣可以从以下几方面着手：

启发和引导孩子的求知欲。一般情况下，小孩子眼中的世界是新奇的，因此他们特别喜欢问"为什么"。这些诸多"为什么"恰恰是孩子求知的萌芽状态，父母应该耐心面对，用通俗易懂的语言为其解释。

孩子的世界离不开游戏，父母可以从游戏中开发孩子的兴趣。爱玩本来就是小孩子的天性，一些益智游戏也能激发孩子对某一事物的兴趣，这是很有可能的。

鼓励是最不可少的添加剂。在孩子心目中，父母的地位是至高无上的，他们不管做任何事都渴望得到父母的肯定。如果父母总是"打击"孩子，很有可能会摧毁其求知欲。

因此，当孩子取得一点小成绩时，父母可以适时表扬，在孩子做得不好或者失败时，要先发现孩子有创造性的一面，然后再鼓励他们。

4. 尊重孩子的兴趣

当下，各种少年英才培训成风，包含艺术、体育、科目学习等多方面内容。一些父母盲目跟风、功利思想严重，没有考虑到孩子的兴趣和学习特点，只会加重孩子的负担。兴趣是孩子的，不是自己的，不可把自己的爱好奠定在孩子身上。课外培训只有建立在孩子兴趣的基础上，方能收到良好的效果。

习惯提示

父母首先要尊重孩子的兴趣，然后通过引导让孩子认可比较良性的兴趣。然而，把孩子的兴趣和他的成长结合起来，并不是一件简单的事情。父母需要在培养孩子兴趣的过程中，不断摸索，不断适应，最终才能找到最佳结合点。

做事要有始有终

在平时，许多孩子存在着做事有始无终的问题。不管做什么事情，都是由着自己的性子和心情来，想怎么样就怎么样。由于宠爱孩子，父母对此几乎没有好的办法使孩子纠正这个不良习惯。长期下去，孩子的坏习惯也因此而生。想要解决孩子做事情有始无终的问题，可以试着从以下几个方面去改变孩子：

1. 从严要求

对于坏习惯而言，不采取严格的要求是无法矫正过来的；好的行为，非严格要求难以形成和巩固。

有些父母兴之所至，要求孩子完成某件事情，开始时能够坚持督促孩子去做，慢慢便会迁就孩子，这些做法是不可取的。

2. 多鼓励孩子

假如孩子在做事中途开始退缩，不想继续完成，父母切忌一直不停地唠叨孩子，或者张口就骂，动手就打，更不要讽刺、挖苦，这样很容易令孩子产生逆反心理，以致伤害其自尊心。

父母应细心观察，对于孩子产生的困难及时予以帮助，对于他们的进步及时的鼓励、表扬，使孩子产生愉悦感和自信心，树立起坚决完成任务的决心。

3. 培养孩子的自制力

自制力指的是一种能够控制自己和支配自己的行动能力。它表现为既能促使自己去完成任务，又能控制自己的行为。

孩子由于年龄小的原因，注意力十分不稳定、自控能力比较差，做事往往会有头无尾。基于此，父母应从孩子的生活习惯入手，先提出小的要求，让其付出些许的努力便完成任务。完成的任务多了，就会渐渐地学会控制和约束自己的行为，用心完整地去做好每一件事。

4. 培养孩子的责任心

孩子做事一般都是依兴趣而定，对于不喜欢做的事情常常会半途而废。对于这些情况，大人应注意将一些事情郑重地作为一个任务交给他。

当孩子觉得自己有了一定的责任，就会增加克服困难的勇气，通过自己的努力将事情做好，养成做事有始有终的习惯。

习惯提示

由于每个孩子的情况不同，在纠正其做事习惯时所采用的对策也应依具体情况而定。在这个转变孩子的过程中，认真研究孩子的心理和性格形成的客观因素。早日培养孩子形成良好的做事习惯。

培养认真细致的性格

粗心大意，做事不细心是很多孩子的通病。然而，做事不认真的危害性是不言而喻的。

从长远来说，会影响到事业的成功。就小处来看，会造成生活中丢三落四，学习上错误百出。细心，是一种能力，是一种心理素质，完全可以通过有意识地培养形成。

1. 做事认真细致，才能避免出错

对于孩子的粗心，不要过于指责和教训。因为粗心并不是凭借批评的教育方式来改正的。如果反复责备孩子的粗心，就会让孩子产生一种畏惧甚至是恐惧心理。

在做某件事的过程中，孩子就会反复叮嘱自己"千万不能粗心，一定不能再出差错，否则就又要被爸爸妈妈批评了"。

这种心理不仅对孩子克服粗心的毛病不利，反而会影响到孩子在做这件事时的注意力和精力。也就是说，孩子越不想粗心，就可能会越粗心。

父母应认真观察孩子的表现，为自己的孩子战胜粗心的不良做事习惯，制定出详细的、有效的措施和计划。

2. 从小事做起

古人云："一屋不扫，何以扫天下。"从身边的小事做起，是培养孩子细心能力的一条必由之路。

将每件小事做好，便能逐渐具备做大事的能力。从心理学角度来说，就是不断在大脑皮层施加信号，久而久之，就会习惯成自然。

考虑到孩子的心理正处于不成熟阶段，从思想上给他灌输大道理孩子是不会听的。即便听了，也不会往心里去，应从他身边的小事来要求他。

为了能让孩子习惯成自然，可以从要求他每天整理自己的房间做起。早晨起来洗漱过后，就开始叠被子、理床单；用过的物品做到"物归原处"；学习资料摆放有序；做完作业就整理书包，且一样一样检查。

在他做这些的同时，要不断地提醒、指导，并配以适时和恰当的鼓励。不能因为孩子没有做好或不容易学会就操之过急，简单地予以否定或粗暴地训斥。更不能讽刺、挖苦、谩骂乃至体罚。

3. 提高做事兴趣

每个人都会有这样的感受：对于自己感兴趣的事情，不仅会细心去做，而且还极具自主性，乐此不疲。因此，应格外关注孩子的兴趣所在，提高其做事兴趣。

经常鼓励孩子，使孩子树立起自信心。没有人不喜欢听好话，不过好话听多了，也会失去其应有的作用。在一开始，对于孩子在做事上的成就，要给予一定的表扬，这样，孩子的兴趣才会被不断地提升上去，自信心也会不断地增强。

但如果一段时间之后，孩子对表扬不再有什么反应，而且粗心的毛病有所反弹时。父母就要针对孩子都喜欢表现自己的特点，改变鼓励的方式。促进孩子对于做事的兴趣，不断增强责任心。具备了浓厚兴趣和强烈的责任心，孩子做起事来便会越来越努力和细心。

4. 排除干扰因素

排除外界干扰因素，是培养孩子养成细心认真做事不可或缺的重要环节。

当孩子专心做事时，倘若受到太多的外界干扰，很容易心绪烦乱，情绪不稳，使得注意力开始涣散，很难做到全神贯注。

为了让孩子能够专注地做事，父母在孩子做作业时最好不要看电视，不聊天，尽量不要弄出太大的声响。最好能够坐下来看书，陪着孩子一起学习，以此来排除干扰，为孩子创造一个良好的学习环境，促使孩子将注意力集中起来。

习惯提示

培养孩子养成细心认真的做事能力，绝非是一件小事，对于将来从事任何工作都是少不了的。有的孩子天生就比较细心，而有的孩子却存在着不同程度的粗心。父母一定要坚信，孩子粗心的毛病是完全可以改掉的。

然而，培养孩子的细心能力并不是一朝一夕就可以完成的。在讲究方法的同时，还应做到持之以恒。

提高自我保护的能力

大部分父母认为，幼小的孩子只要会学习就行了，往往忽视了孩子生存技能的培养。还有的父母认为，孩子不乱跑，只要孩子在自己的视线里，就是安全的。

其实，没有一个孩子能在一天之内长大成人，也没有一个孩子能在一天之内学会生活的所有技巧，父母对孩子的培养，必须注意避免把孩子变成"高分低能"或者懦弱无能的标本。

1. 树立孩子的安全意识

您会经常担心孩子在上学和放学路上的交通安全吗？您会经常担心您不在家时，孩子一个人留在家里该怎么办吗？

现在父母对孩子的人身安全往往感到忧虑，上学放学要亲自接送，回家后不准独自出外与小朋友玩，只能关在窄小的空间范围内，家用电器、炉具一律不准摸，怕有意外，孩子在家里就像个被捆住了手脚的机器人。

事实上，父母这种完全被动的保护并不能起到实质的作用，关键还是要让孩子自己建立起安全意识。

要想培养孩子自我保护的习惯，首先得让孩子树立起安全意识，让孩子懂得什么叫做自己保护自己。在培养孩子安全意识的问题上，父母需要做些什么呢？

（1）首先让孩子掌握基本的安全知识

专家认为，一个5岁的孩子就已经具备了自我保护的能力，父母要试着让孩子独立，学会自己保护自己。

对于一个年满4岁的小孩子，父母就已经可以把一些安全知识教给他们：用电设备的使用和安全注意事项；煤气炉具的安全使用；如何遵守交通规则；上学放学路上要与同学结伴走，不要随便与陌生人搭话或吃陌生人给的食物；注意保护自己的身体，不能让硬物、锐器损伤身体任何部分等。

（2）意外发生时的应急措施

让孩子懂得各种应急措施非常必要。例如，各种急救电话的使用方法，110、119、120、122……煤气泄漏时要先切断气源，开窗通风，千万不能马上开灯、关电子打火开关，否则会引起爆炸；懂得一些基本医学知识，如急救止血方法；万一被人强行拐带走，要懂得找机会逃脱或找当地公安机关等。

（3）培养孩子的自控力

大部分孩子也懂得安全知识，但天性淘气、贪玩、贪吃，自控力差，有时玩起来忘了安全，造成自己受伤或损伤别人，或控制不住自己，吃陌生人的东西而上当受骗。

因此，父母平时还要注意培养孩子的自控能力。学会了自我保护就是在为自己的生命负责，现在的生活水平高了，小孩子聪明了，什么事都很好奇，想自己试试，可有些事情是很危险的，他们没有这个意识。父母要在日常生活中慢慢地引导他们，让他们懂得安全是一个非常重要的单词，慢慢地让他们学会自我保护。

2. 进行自我保护教育

有项调查发现，有关孩子的事故，有60%居然是发生在家里或者在家的周围。家对孩子和父母来说，应该是最安全的地方，然而事实上也并非如此。楼梯、电源、下水道……都是孩子的致命场所，但如父母尽早对孩子进行良好的自我保护教育，令人寒心的事情就会避免。在生活中，大部分已进入青春期的少男少女，同样没有自我保护的能力。他们自认为自己大了，不再需要父母带着外出了，能独立到户外活动了。

可是，别看他们的身体发育已接近成年人，他们的安全防范意识仍然是普遍不到位，缺乏相关的安全常识。这种情况都与父母的教育有关，父母不仅应有保护孩子的意识，还应教给孩子一些自我保护的常识。

3. 学会自我保护常识

（1）只要孩子年满3岁，就要告诉孩子一定要记住自己与父母的姓名、家庭住址、父母电话或家庭电话号码等。

（2）告诉孩子外出前一定要先向父母报备：要去哪、和谁在一起，并且只有在父母的同意下才可以出去。

（3）让孩子明白，跟一个陌生人讲话是一件很危险的事情。告诉孩子，如果父母不在身边时，不要听陌生人的传话，不要随便跟陌生人走。

（4）告诉孩子一个人在家时，要把门窗关好，不要随便给陌生人开门。

（5）让孩子清楚在外面不要吃陌生人给的糖果，不能吃陌生人给的任何东西。

（6）教育孩子不要在偏僻的地方玩耍，年龄小的孩子不要离开父母单独玩耍。

（7）告诉孩子，只有父母、医生、护士才能触摸他（她）的身体，如果陌生人要这么做，一定要尽快逃开。

（8）让孩子多背一些亲朋好友的地址和电话，还要创造机会和邻居熟悉起来，如果孩子遇到情况，知道如何求助。

习惯提示

自我保护，是为自己行为负责的一种形式。自我保护的习惯，源自于一种安全意识，这种安全意识需要从小培养。

这个世界很复杂，有很多事故的祸因就是无意识。父母要让孩子从小具有安全意识并养成自我保护的习惯，这样才会让孩子在自己的人生路上走得健康长远。

自我反省，促进进步

诗人海涅说："反省是一面镜子，它能将我们的错误清清楚楚地照出来，使我们有改正的机会。"可反省不是人的天性，而是与好胜的天性相对立的社会化行为，只有让孩子越早学会使用反省这面镜子，其行为才会越规范。

自我反省可促使一个人不断进步，做事日趋完美，一个个缺点都在自我反省中变为优点。能够不断地自我反省，找到自己的缺点或者做得不好的地方，然后不断改正，以追求完美的态度去做事，就会轻而易举地取得一个又一个的成功。

实际生活中，每个人都要持着自我反省、自我修正的态度做事。这样才能不断进取，不断实现自己美好的愿望。一个善于自我反省的人，往往能够发现自己的优点和缺点，并能够扬长避短，发挥自己的最大潜能；而一个不善于自我反省的人，则会一次又一次地犯同一些错误，不能很好地发挥自己的能力。自我反省的好习惯，需要从小就开始培养。

1. 自我反省，自我促进

自我反省是促进孩子成长的一个秘诀。一个不会自我反省的孩子永远也长不大。孩子通过反省及时修正错误，不断地调整精神信息系统接受信号的灵敏度和准确度，以确保信息系统不出现紊乱。

学会自我反省的孩子，就等于掌握了自我完善和健康成长的秘方。养成定期反省的习惯，才会不断地自我促进。

2. 培养孩子自我反省的习惯

（1）先教会孩子道歉

虽然反省不是人的天性，但可以利用孩子爱模仿的天性让他们模仿道歉和认错，削弱阻碍反省的抗拒心理。

父母如果做错了事，应在孩子面前坦诚认错和道歉，让孩子懂得认错和道歉是正常的、自然的，而坚持错误却是反常的、奇怪的。让孩子学会道歉，知道"对不起"是人类生存的需要。

（2）体验反省，将错误行为记在心里

孩子如果做错了事，就要接受惩罚。父母可以事先和孩子约好："如果做了错事，就要罚站、罚洗碗……"既然事先和孩子约好了，待孩子真的做了错事时，就不可以姑息，不要让孩子以为你只是说说而已。有些父母为了让小孩反省错误，一罚就是十天半月"不许怎样，只能怎样……"罚上两天孩子就弄不懂了："为什么我今天没犯错误也要受罚？莫非是父母不爱我了！"然后就想出各种招儿来试探父母是否还爱自己。这种南辕北辙的反省方式应该尽量避免。最好惩罚不过夜，当错即罚。

（3）让孩子接受批评

孩子只有真心接受了父母的批评，才会真心地反省。所以，父母应教育孩子坦然接受批评。法国心理学家高顿教授通过一项专题研究证实，那些难以接受批评的孩子长大后，大多会对批评持"避而远之"或干脆"拒之门外"。

因此，父母应该让孩子在幼儿时期就学会接受批评，这不仅能够塑造孩子完整的人格，而且可以帮助孩子在其他方面取得成功。

由于中小学生抽象思维能力有限，只要孩子能够以诚恳的态度接受批评、回顾错误，就达到了反省的目的。

3. 让孩子学会总结错误

总结错误是反省的结果。当孩子直接感受到行动与结果之间有某种关系后，他们往往会先想一想再采取行动。

孩子们可能会对自己的行为有一个预先的评价，看是否会出现他们预料的结果，如果结果正如他想的，那么他会继续这么做。如果结果与他想的不一样，孩子就会总结经验教训，调整自己的想法，这也是一个人做事的一种反应机制。

如果孩子学会了经常总结经验和教训，他就已经学会自觉地进行反省，这对他的人生会有很大的帮助。

父母通过这四步对孩子锻炼后，就会很好提高孩子的整体素质和思想的成熟。长此下去，孩子做错事的时候就会越来越少，反省的任务越来越集中在定期寻找自己的不足上。

习惯提示

定期反省可以说是一个人可持续发展的重要保证。经常发现和弥补不足，就能不断增长知识积累经验，推动自己为下一步的发展打好基础。孩子从小就会自我反省，长大后，他会要求自己更为完美，在各方面也都会严格要求自己。

第三章

培养情绪管理习惯

　　青少年的情绪具有经常波动、不稳定的特点。他们在高兴时欢呼雀跃，忘乎所以；失败时则焦虑苦闷，悲观失望。他们常常为一点小事，激动、振奋，或泄气、绝望，总是从一个极端走向另一个极端。

　　情绪一般分为积极情绪与消极情绪。在积极的情绪状态下，自然会产生高兴、愉快的心境，这有利于我们身心的发展。而在消积情绪状态下，消极的情绪会减弱人的体力与精力，还会降低人的自控能力，遇事易冲动、不理智，常会做出一些事后令自己后悔的事。

　　因此，青少年朋友若想拥有健康的心理，健全的人格，一定要养成管理情绪的习惯，力争不做令自己和家长痛心的事情。

消除紧张烦躁的情绪

我们知道，处于紧张状态的动物多表现为烦躁好动、坐立不安。人也一样，过分紧张时常下意识地频繁打手势，有心跳加快、出汗、失眠等表现。有的还出现言不由己的现象。

1. 紧张情绪的表现

很多孩子也许不明白自己是不是处于紧张状态，我们在这里有一份专家根据紧张程度列出的一套自我测试法，孩子们可以自测一下：

平时不知为什么总觉得心慌意乱，坐立不安。

浑身无力，爱静怕动，情绪消沉。

食欲不振，吃东西没味道，宁肯忍受饥饿。肠胃功能紊乱，经常腹泻。

轻微活动后就出现心跳加快，胸闷气急。

任何一件小事情，始终萦回在脑子里，整天思索。

遇到不称心的事，抑郁寡欢，沉默少言。

对他人的疾病非常关心，到处打听，惟恐自己身患同病。

身处拥挤的环境时，容易思维混乱，行为失序。

即使是读书看报也不能专心一致，往往中心思想也搞不清。

做事讲话操之过急，言辞激烈。

经常和朋友或家人发生争吵。

明明知道是愚蠢的事情，但是非做不可，事后懊悔。

根据以上项目，你可以进行自我测查。如有大部分项目相符，则患有中度紧张症；若全部项目都相符合，即为高度紧张症。

2. 紧张情绪的产生

人自出生后就处于各种刺激之中，每个人都会调动机体的各种功能对不同的刺激做出相应的反应，这是一种适应过程。如果客观刺激与机体的适应能力不平衡时，心理上就会出现紧张。

紧张心理的产生，在于动员机体所有的潜能，应付异常情况。一般情况下，当造成人情绪紧张的外部刺激消失后，紧张就会消除，机体就会恢复到原来的正常状态。

但如果某些刺激相当强烈，而且频繁地作用于机体，使人长期处于应激状态，那么，有朝一日机体的潜能会消耗殆尽，机体器官系统的结构和功能就会发生障碍，导致身心疾病。紧张症就是一种典型的由过度紧张引起的身心疾病。

紧张症是一种心理疾病，它可以导致生理上的病变，如脱发症、多汗症、紧张性头痛、消化道溃疡、甲状腺功能亢进、月经失调、痛经等。心病还需心药治。

3. 紧张情绪的自我管理

患有紧张病的孩子，除了服用一些对神经起镇静作用的药物外，主要是进行心理治疗，消除紧张情绪。专家们提出了如下方法，可供参考：

可将自己所遇到的刺激、产生的感受，讲给同学、朋友、家长听，这就既可把心中的烦恼、郁闷发泄出来，又可从他人那里获得安慰。

改变生活的步调。当你受到某些事件或情境困扰时，可做些另外的事或暂时离开，不要钻牛角尖。在心平气和的情况下再观察、思考、解决，或许能豁然开朗。这样，既可避免"意气用事"，又可减轻不必要的紧张。当你觉得烦恼事太多又无法解决时，就干脆放下它们，去找其他事情做。

按部就班。做事不要急于求成，奢望过大。如果有计划、按步骤、量力而行，就比较容易收到好的效果，心理上也会轻松愉快。盲目急躁、好大喜功、急于求成，就会加重心理负担。

行为宣泄。采用适当的方式进行行为发泄，可以使心理恢复平静。如遇上伤心事，痛哭一番；激怒时，对着沙袋或墙壁痛击一阵。

转移。参加各种社会活动、体育活动、娱乐活动。这些活动的趣味性较强，可以调节情绪，开阔心胸，乐而忘忧，使紧张心理得到松弛。

助人与请求别人帮助。帮助他人能使自己感到快乐，建立自信，形成良好的人际关系。自私、人际关系恶劣的人，戒备心特别强，时时提防别人"搞鬼"，心理长期处于应激状态，易造成心理变态。

习惯提示

能助人才会有人助。当孩子们心情焦躁、烦恼、紧张时，可以请求他人帮助。我们常可看到这样一些现象：一个人处于陌生环境中，常感到紧张、恐惧，如见到一个熟人，就喜出望外，心情顿时轻松起来。

所以，当孩子们陷入焦虑的情绪之中不可自拔时，请求同学或者家长帮助，不仅能在心理上得到安慰，还可集中智谋，找到解决难题的答案。

摆脱空虚无聊的心理

空虚就是没有实在内容，不充实的意思。空虚心理指一个人的精神世界一片空白，没有信仰，没有寄托，百无聊赖。

在漫长的人生道路上，空虚是令人烦恼的事，为了排除愁绪，摆脱寂寞，不同的孩子会利用各种方法寻求刺激，例如抽烟、上网，玩游戏等，这些都是不明智的方式，并不能填补心中的空虚。

1. 空虚心理产生的原因

精神空虚是一种社会病，它的存在极为普遍，当社会失去精神支柱或社会价值多元化导致某些人无所适从时，或者个人价值被抹杀时，就极易出现这种病态心理。

除此之外，个人因素是空虚心理产生的更为重要的原因：若一个人对自己缺乏正确的认识，总是觉得自己不如别人，对自己的能力估计过低，那就会导致整日抑郁，心灵空虚。

再者，有的青少年朋友，对社会现实和人生价值存在错误的认识，以偏概全将社会看得一无是处，将个人价值与社会价值对立起来，只讲个人利益，不尽社会义务；当社会责任与个人利益发生冲突时，过分讲究个人得失，一旦个人要求不能得到满足，就"万念俱灰"。

此外，还有的同学有上进心和理想，但与自己的能力和实际处境不同步，陷入"志大才疏""心比天高"的窘境之中，因而常感到沮丧、空虚。

2. 空虚心理的自我管理

从幼稚向成熟过渡的青少年，正是身心发展的最佳时期，如果这时内心空虚，精神萎靡不振，到头来只能落得个"少壮不努力，老大徒伤悲"的下场。那么，如何走出精神空虚的低谷，使我们的心灵充实起来呢？

调整需求目标。心中的空虚往往是在胸无大志，没有追求、没有理想的情况下，觉得自己的生活没有内容而出现的。因此，生活目标的调整是十分必要的。根据个人的具体情况，制定出生活的长期规划和近期目标，以求实现，从而调动自己的潜力，就会觉得生活是非常有意义的了。

求得学校家长支持。当一个人处在蹉跎与徘徊之时，特别需要有人给以力量，予以同情、理解和支持，只有在获得支持时，才能觉得不是孤立无援的。而学校老师和家长的勉励和帮助，这是支持的重要方面。

从书里汲取力量。读书是人类填补空虚的良方，因为书是人类经验的结晶，是知识的源泉。读书会使人找到解决问题的钥匙，使人从寂寞和空虚中解脱出来。读书越多，人的心灵就越充实，生活也就越丰富多彩。

转移目标求得乐趣。除了学习外，还可以用转移目标的方法，通过绘画、书法、音乐等方式，使困扰的心境平静下来，从空虚的状态下解脱出来。

习惯提示

精神空虚一般是精神无所寄托造成的恶果，如果同学们在百无聊赖之时，找到了自己感兴趣的东西，有了新的乐趣，就会产生一种新的追求，重新调整自己的学习和生活，这样就可以填补心理的空虚。

克服消沉的情绪

消沉，是一个人的内心世界与外部环境不相协调的反应，是人们对待周围世界的一种自我保护性反应。

多姿多彩的青春期，带给我们青少年朋友的不仅仅是鲜花和笑语，还有着许许多多的苦涩与无奈，单调乏味的学习生活，交往中的一系列沟沟坎坎，难以承受的各种压力……

这一杯杯自酿或他制的苦酒，郁结在口，难以下咽，此时，消沉便开始光顾一些同学的心灵。

1. 消沉情绪产生的原因

消沉是一种不良情绪状态：因为消沉，我们会消磨掉自己的斗志；因为消沉，我们会埋没自己的才华；因为消沉，我们会失去爱与交往的能力；因为消沉，我们会放弃生活中的一切，使生命失去光泽。消沉的产生既有内在原因也有外在原因，也许我们无法消除引起消沉的外部因素，但我们却可以塑造一颗坚强的心，走出消沉的泥潭。

消沉的情绪，可能源于精神世界的空虚，不知自己为什么而生活，也许还没有仔细考虑过自己的人生目标。

2. 消沉情绪的自我管理

作为一个现代人，要享受人生，必须首先创造人生，决不能因惧怕困难与挫折而泯灭了自己学习、奋斗、成才的志向。消沉也可能源于自我封闭，与外界交往太少。

我们生活在这世界上，每个人都有自己独特的生活方式，每个人都有自己的优缺点，不要害怕暴露自己，要勇于与人交往。有心里话何不找个朋友倾诉呢？有见解何不开怀畅叙呢？

相信没有人会为此而鄙视你，相反会有人因为你的坦率而欣赏你、喜欢你，你会因此而拥有许多朋友。

不妨重新开始自己的生活，首先对自己身边的人真诚相待，向别人伸出你的热诚之手，你需要别人帮助时，也要大胆地说出来，这样你会重新感到真诚与热情，感受到生活的温暖。

消沉的情绪，也许是源于过去的挫折经历。为此你需要记住：人不是为回忆而活着，而是为今天而生活，过去的事情已经过去，想也没有用，何必把眼睛总是盯在过去的伤疤上？何必把感情总是停留在昔日的不快上？重要的是想着今天，想着如何让你能够支配的每一天都过得更有意义。

改变消沉的情绪，应当学会看事物的积极一面。任何事物，如果能从不同角度去观察，就会形成不同的印象。很多表面看去像是引人生气或悲伤的事件，如果换个角度去思考，或许就可以看到许多积极的内容。

同是半瓶子水，悲观的人会说："唉！只剩下半瓶水了！"而乐观的人则会说："噢，还有半瓶水呢！"这是两种不同的看问题的角度，也是两种截然不同的生活方式，哪一种更利于我们走出消沉，答案是不言而喻的。

改变消沉情绪，应当多增加愉快的生活经验。生活中有许多有益身心健康的东西，因此要主动增加自己生活的情趣。如体验学习成功所带来的喜悦和满足，感受朋友交往时的愉快与温馨，适度的消遣与休闲所带来的轻松……

如果能使我们的生活充满这些积极而愉快的经验，那么即使遇到不顺心的事，也能够轻易化解，不会与消沉相伴随。

习惯提示

"志当存高远"，目标是实现人生追求的强大动力，伟大的目标是孕育成功的基石，同学们只要找到了自己生活的目标，就能走出平庸、走出消沉，把无所事事变成造福人类的决心和行动，在奋斗中实现自己的价值，使生活充实、完美。

克服厌学的心理

"厌学"，顾名思义就是不喜欢学习、厌倦学习，是对学习产生的一种厌恶、反感、憎恨或无所谓的心理倾向。按其程度，可分为一般厌学情绪和厌学症。

一般厌学情绪，是一种正常的不良情绪或者说是一种常见的消极情绪。主要表现为发牢骚，抱怨学习"太累了"，有不愿学习的想法，偶尔不写作业、上课开小差、逃课，等等。

这一类厌学情绪或行为通常是短暂的，学习者能通过自我调整来克制它。一般的厌学情绪不会影响正常的学习，有时反而是学习者内心压力的一种发泄，一种自我调节。

厌学症与一般的厌学情绪不同，主要表现为学生对学习认识上存在偏差，情感上消极对待学习，行为上主动远离学习。

患有厌学症的学生往往学习目的不明确，对学习失去兴趣，其主要特征表现在心理上对学习毫无兴趣、极度厌恶，把学习视为负担，害怕考试，恨书、恨老师、恨学校。在行动上，这类学生不认真听课，不完成作业，经常旷课逃学、甚至辍学；在生理上会出现头痛、胸闷、心慌、气短等症状，严重者一提到学习就恶心、头昏、脾气暴躁甚至歇斯底里等，无法从事正常的学习活动。

孩子厌学怎么办？针对原因，采取措施，家长不要强行逼迫，一定要用正确的方式健康的教育来进行引导消除孩子的厌学心理。

1. 导致厌学的因素

导致厌学的因素很多，每位厌学者的厌学原因也可能各不相同。影响学习的智力因素和个性因素都可能是导致厌学的因素，此外还有很多外在的因素。这里举例说明导致厌学的九种主要因素。

（1）学习成绩差

学习成绩差，是导致部分学生厌学的直接原因。第一次考不好，告诉自己还有下次，要努力；第二次考不好，可能归咎于这次考试试题太难了；第三次、第四次……还考不好，学生就会觉得自己简直不是学习的料，从而厌恶学习，甚至放弃学习，毕竟没有谁愿意去做总是失败的事情。

成绩差不要紧，最重要的是要寻找原因，而不是总盯着越来越差的成绩灰心丧气，甚至放弃了学习。

（2）课业负担重

减负的问题讲了很多年，但是中小学生却陷入了学习负担"越减越重"的怪圈。据调查，长期沉重的课业负担给学生带来的心理疲劳，已经成为学生厌学最普遍的原因。

如何"减负"，这是一个重要的教育课题。对学生和家长来说，在"高考"体制不变，在教师教学计划不变的情况下，有一种切实可行的"减负"方法，那就是家长不要再给孩子"加负"了。

很多家长都这样想，别人的孩子在补课，我的孩子不补，不就吃亏了？其实，补课要量力而行。有的孩子成绩不错，但是做父母的唯恐自己的孩子被别人超过，就继续为其申报各种学习辅导班。

这样只会适得其反，造成孩子强烈的厌学情绪。特别是在小学阶段，孩子对学习的兴趣远比一时的学习成绩重要！

（3）学习动机弱

学习动机作为影响学习的个性因素之一，在学习过程中起着非常重要的作用。一般来说，正确、高尚、长远的动机对学习活动的影响比较深刻而持久。

而没有动机或动机不足，常常使学生对学习没有兴趣，学习活动就不能持久进行下去。打个比方说，学生没有学习动机，就如同汽车没有加油，在学习的旅途上是跑不远的。

（4）父母期望高

"望子成龙""望女成凤"是中国父母最大的愿望。为了让孩子将来能比自己有出息，中国父母愿意付出自己全部的时间、精力、财力和物力等等。可怜天下父母心！可是，敬爱的父亲母亲，在您为孩子付出这一切的时候，您是否想过孩子能否承受如此沉重的付出和殷切的期待？

（5）校园暴力

所谓的校园暴力是指学生之间、师生之间的暴行以及对学校的破坏行为。暴力行为不仅包括肢体行为所造成的伤害，也包括其他如语言伤害、被强迫做自己不喜欢的事、被故意陷害造成生理心理的伤害等。

近年来，发生在中小学生等未成年人之间的搜身、拦截、殴打、强行索取财物、人身伤害等现象屡屡见诸报端，一些学校竟有10%左右的中小学生受到过不同程度的侵害，"校园暴力"严重地危害了中小学生学习、生活和身心健康，已经引起社会各界的普遍关注。

（6）玩网游戏络

全国政协委员朱尔澄与北京师范大学沈绮云教授、王锢副教授等有关专家历时半年完成一份《关于电子游戏与未成年人教育问题的调研报告》。

调查报告显示，北京市约有20余万中学生迷恋网络游戏，平均一次持续玩5小时以上的多达1／4。青少年沉湎于网络游戏严重损害了他们的身心健康，已成为日益突出的社会难题。

2. 厌学心理的根治

孩子厌学跟家长的教育方式不当有直接联系。家长应改变自己以往对孩子要求太严、太高，或者太松等不良方试，全面认识孩子，对症下药。

（1）唤醒思考法

要唤醒厌学的孩子，把他们从智力的惰性状态中改变过来，就要设法唤起他们的思考，并使思考和自豪感融合在一起。

专家认为，要唤醒那种无动于衷的孩子，把他从智力的惰性状态中挽救出来，就是要使他在某一件事情上把自己的知识显示出来，在智力活动中表现出自己和自己的人格，从而产生自豪感。

当孩子体验到思考的无穷魅力时，想让他厌学都不能。启发孩子勤于动脑、独立思考、品味思考不失为让孩子远离厌学的良策。

（2）疏导教育法

对孩子的小脾气、倔强，不要一味地认为是无理和固执，要从事情的缘由、细节中，寻找积极因素、途径和方法，给孩子反思创造良好的气氛条件。

（3）心理保健法

要从精神状态分析入手，了解孩子的心态和逆向心理承受力；使孩子明白从自己身上找原因、找差距的必要性，帮助他们增强自我控制力，自觉消除对立情绪。

（4）目标激励法

对孩子在学习、游戏，小实验等方面探索活动中所遇到的困难、挫折和失败，不要全盘否定或妄加批评，要热情地给予谅解、指导，使孩子意识到成功的欢乐，振奋精神，更好地成长。

（5）逆向治理法

对于孩子的逆反心理就要逆向治理，开始时不妨顺从他，或者分散他的注意力，制造一种宽松的氛围，让孩子在有意无意中自动消除自己的逆反心理，走上正确的轨道。

（6）尊重个性法

尊重孩子的个性，尊重孩子的意愿，尊重孩子的选择，给孩子自我追求的自由，是促使孩子释放潜能、主动求知的重中之重。

（7）习惯养成法

良好的学习习惯，不仅能促使孩子自觉主动地学习，不断提高学习成绩，促进孩子的学习，而且会使他们终身受益。良好习惯与自觉主动学习相得益彰。

父母拥有一颗平常心，往往会创造教子的奇迹；期望过高，父母和孩、子有时会都跌得很重。孩子往往按照内心的意识塑造着自我，他们自己想成为什么样的人，就会成为什么样的人。因此，引导孩子塑造坚强乐观的自我意识，是帮助其克服厌学情绪的关键。

嫉妒心理，害人害己

嫉妒是人性的一种弱点。它常常发生在两个年龄、文化、社会地位与条件相当并有竞争关系的人之间，竞争中的失败者往往会对竞争对象产生嫉妒心理。

1. 嫉妒心理产生的土壤

嫉妒在同辈、同学和同事间更容易发生，因为在这些条件相当的人之间有可比性。也就是说，在有比较、有竞争关系的人之间，较容易产生嫉妒之心。

对于中学生来说，学习具有竞争性，这往往容易使个别同学在内心产生程度不同的嫉妒心理。

其实，这种嫉妒既不能使嫉妒者的境况变好，也不能使被嫉妒者的境况变坏，反而会干扰自己的学习和工作，白白地浪费时间和精力，到头来仍旧一无所获。

2. 嫉妒心理的危害

一个人在嫉妒别人时，最受伤害的是自己。因为在他嫉妒他人时，当事人往往心理和情绪都处在紧张和不安之中，心理学家认为，嫉妒心理长时间的存在会导致内分泌系统功能失调，神经功能紊乱，从而影响身体健康。

嫉妒心理是一种不良的情绪，它会使一个人变得卑下、偏狭；它会使人丧失理智和信心，坠入自伤或伤人的危险境地；它会使人放弃自我追求，而去用仇视的目光贬低他人的成功；它会使人变得自私、不公正，从而成为一个庸人。

嫉妒心理在人际交往中往往会造成集体内部互相积怨，这种积怨会使许多人浪费时间和精力从而形成内耗。中学生中的一些人际隔阂和矛盾往往也根源于此。

3. 嫉妒心理的克服

为了使中学生能够发展良好的人际关系，克服嫉妒心理，我们建议中学生应注意以下几点：

（1）要善于取他人之长，补自己之短

在学校的学习和生活中，每个人都要在具有竞争气氛的学习生活中客观地对待自己，摆正自己的学习态度。不要把学习中最优秀的同学仅仅看成是与自己有竞争关系的对手，而要看成是促使自己进步的动力。

在与他人相处的时候，不要仅仅拿自己的长处和别人的短处去比较，而要发现别人的长处，弥补自己的短处。只有这样才会有长进，才会使学业和思想都能达到一个更高的境界。

（2）要走出自我狭隘的小圈子

嫉妒别人成功是从自我的视野中把别人的成功看成自己的障碍，因此其内心深处潜藏着一种自己不好，也不许别人好的自私心理。

中学生在成长的过程中，时时会发现自己周围的同学正在超越自己。如果你能为他们的进步而高兴，并能为此而感到骄傲和自豪，那么你就走出了自我狭隘的小圈子，你就具有了一种宽广的胸怀，这种胸怀对于你将来的成功十分重要。

如果说嫉妒心理代表着一种平庸和狭隘，那么能够积极地容纳别人和欢迎别人超越自己的态度则代表着一种高尚和睿智。我们每个人都希望自己是个聪明人，我们应力争做一个能够积极容纳别人并欢迎其超越自己的聪明人。

（3）要丰富自己的内涵

从我们对嫉妒危害的分析中，可以看出嫉妒是一种害人害己的危险心理。要克服人性的这些偏狭、自私和平庸的弱点，就应该用人类的智慧和知识来充实自己，使自我的内心世界更加丰富。

习惯提示

学生嫉妒心理强，有碍同学间的团结，不利于学生个人的群体意识的形成，对学生的成长和进步是极为不利的。

因此，学校和家长对存有嫉妒心理学生的教育，既要重视具体情况的全面分析，又要教育学生培养"集体观念""从众意识"，鼓励他们和同学间相互学习，共同进步。

战胜自卑的心理

自卑的前提是自尊，当人的自尊需要得不到满足，又不能恰如其分、实事求是地分析自己时，就容易产生自卑心理。一个人形成自卑心理后，往往从怀疑自己的能力到不能表现出自己的能力，从怯于与人交往到孤独地自我封闭。

1. 自卑心理的主要表现

学生时期正是一个人成长的关键时期，自卑心理在这时也极易滋生。在不同的时期，每个孩子都有不同的目标，如果经过努力，本来可以达到的目标，却因为种种原因没有实现，他们就会认为"我不行"而放弃追求。

这些孩子由于看不到人生的光华和希望，领略不到生活的乐趣，也不敢去憧憬那美好的明天，自卑心理就油然而生。

自卑心理有以下表现：

（1）对自己评价过低

这是自卑的实质。如认为自己的外貌、身高以及学习、交往能力不如他人。一个人对自我评价过低就会产生自卑。

（2）有泛化性的特点

泛化性的特点是指青少年由于某种原因造成的自卑情绪容易泛化到其他方面上去。

例如，一位男同学，因身材不好引起自卑，并认为同学看不起他，使他感到自己的言谈举止及社交能力均不如别人，这就是不合理的泛化；具有敏感性和掩饰性，他们好从别人的言行中"寻找、发现"于自己有利的评价；由于担心被别人知道，对自己的缺陷常常加以掩饰或否认，表现出较强的虚荣心。

（3）有心理缺陷障碍

缺乏稳定的自我形象，常把自己封闭起来，以掩饰自己的弱点；对一切事物敏感，因而很容易遭受挫折；倾向于超脱现实而陷入幻想世界，缺乏社会活动的积极性，有严重的孤独感；缺乏竞争意识。

2. 战胜自卑心理的方法

战胜自卑心理，关键还是要依靠孩子们自己，先从自己的心灵深处找原因，明确的自卑的原因，才好对症下药。

（1）勇敢面对自己

因为自己觉得跟别人不一样，所以就不敢跟别人接触，这是自卑心理造成的一种孤独状态。这就跟作茧自缚一样，要冲出这层包围着你的黑暗，你必须首先咬破自卑心理组成的茧。

其实，大可不必为了自己跟别人不一样而忧心忡忡，人人都是既一样又不一样的。只要你自信一点，钻出自织的"茧"，你就会发现与别人交往并不是一件难事。

（2）与外界交流

独自生活并不意味着与世隔绝。当你感觉到孤独的时候，多和同学交流，多与家庭成员说话，跟朋友和亲人的沟通，会让你体会到友谊和亲情的温暖。

（3）为别人做点什么

跟同学相处时感到的孤独，有时候会超过一个人独处的十倍。这是因为你跟周围的人格格不入。就跟你突然来到一个语言不通的国度一样，你无法跟周围的人进行交流，而他们之中那种热烈的气氛更衬托出你的冷落。要打破这种尴尬的局面，惟有"忘我"。想一想自己能够为同学们做点什么，这很有好处。记住：温暖别人的火，也会温暖你自己。

（4）享受自然

一些习惯了孤独的人，懂得充分享受孤独提供给他的闲暇时光。生活中有许许多多活动，都是充满了乐趣的，而孤独使你能够充分领略它们的美妙之处。这种福分，不是那些每天钻在书本里的同学可以享受到的。

（5）要有正确的人生目标

也许因为人类早在原始社会就习惯了群居生活，所以现代社会才有了"孤独"这样一种世纪病。害怕自己跟别人不一样，害怕被别人排斥，害怕在不幸的时候孤立无援，害怕自己的思想得不到别人的理解……总之这是一种内心的恐慌。似乎人类的心灵越来越脆弱了。要想从根本上克服内心的脆弱，最好莫过于给自己确立一些目标和培养某种爱好。一个懂得自己活着是为了什么的人，是不会感到寂寞的；同样，一个活着而有所爱，有所追求的人，也是不怕寂寞的。

习惯提示

学生时期的自卑心理很多都是由孤独引起的。孤独感就是自己感到与世隔绝，内心充满孤单寂寞的心理状态。青少年的心理特点容易滋生孤独感。但是同时，孩子们又有优于社会其他成员消除孤独的条件。

比如同学之间的纯洁友谊，父母、老师的亲切关怀，丰富而健康的物质文化生活等等，都为我们战胜孤独提供了可以充分利用的现实条件。在此基础上，掌握一些具体的方法，就可以战胜孤独，重建自信、乐观的人生。

愤怒情绪的自我控制

在生活中，无论是大人或是孩子，总会因为一些事情而陷入冲动愤怒之中。每当这个时候，人的意志力会变得薄弱，判断力、理解力都会降低，与此同时，理智和自制力也随之丧失了。在这种情况下，人们最可能做出一些过分或过激的事情，最可怕的是，我们这样做，根本得不到什么益处。所以，控制愤怒情绪对于避免我们在不理智的情况下犯错误有极其重要的作用。

1. 愤怒情绪的表现

如果你不知自己是不是有愤怒情绪，可以先检查一下，你是否具有以下特点：

一发火就骂人、砸东西，甚至打人。

情绪反应十分简单，缺乏幽默感，不会开玩笑，对于满意的事沉默不语，对不满意的事常会通过吵架、发脾气等方式解决。

面对生活中的挫折，心理防御的方式只有一种，就是发泄。

对很小的事也沉不住气。

火爆脾气一点就着，什么事都干得出来，当时不能自控，事后又特别后悔。

听不进任何人的劝说，尤其在情绪激动的时候。

这些是易怒者的典型特征，如果这些现象经常在你身上出现，那就需要考虑应该怎样控制自己的愤怒情绪了。

2. 愤怒情绪的危害

也许是年轻，伴随着青春期身心的巨大变化，刚刚在生理上走向成熟的中小学生，许多人或许都有着这样的烦恼：遇事不合心意时，在家里对父母发脾气，在班级对同学发怒。

无原则地发脾气，不必要的感情冲动，毫无意义的犯颜动怒，不仅使家庭关系紧张，同学日渐疏远，而且也会直接危害身心健康。长期、持续的愤怒情绪会给人的身体带来持续的危害，出现心身疾病。

一个人如果总是用发脾气来对待他人，其后果就是在伤害他人的同时又伤害了自己，对人动怒，周围人会用回避、冷落的态度对待你；使你受到社会的拒绝而丧失良好的人际关系，会受到孤独的惩罚。

心理学的研究认为处于初中阶段的青少年，对情绪的自我调控能力较差，冲动性较为明显；进入高中后，一般能够根据情境来支配自己的情绪表现，自我控制能力明显增强，冲动性逐渐下降，但愤怒、发脾气依然是不可避免的现象。它与中学生的身体发育、性格成熟及青春期生理特点直接相关。

3. 愤怒情绪的控制

无论正常与否，愤怒均是一种有害的情绪状态，是一种不可放任的情绪，如果不给予适当的控制，它就会侵蚀掉你的理智，引发犯罪或其他后果。因此，控制愤怒的情绪对处于青春期的中学生而言，尤为重要。愤怒是可以控制的，火爆脾气也是可以改变的，关键在于掌握方法。

（1）情境转移法

当愤怒陡出时，人有五种处理怒气的方法，一是把怒气压到心里，生闷气；二是把怒气发到自己身上，进行自我惩罚；三是无意识地报复发泄；四是发脾气，用很强烈的形式发泄怒气；五是转移注意力以此抵消怒气。

其中，转移是最积极的处理方法。火儿上来的时候，对那些看不惯的人和事往往越看越气，越看越火，此时不妨来个"三十六计走为上策"迅速离开使你发怒的场合，最好再能和谈得来的朋友一起听听音乐、散散步，你会渐渐地平静下来。

（2）理智控制法

当你在动怒时，最好让理智先行一步，你可以自我暗示，口中默念："别生气，这不值得发火！""发火是愚蠢的，解决不了任何问题。"也可以自己在即将发火的一刻对自己下命令：不要发火！坚持一分钟！

一分钟坚持住了，好样的，再坚持一分钟！二分钟坚持住了，我开始能控制自己了，不妨再坚持一分钟。三分钟都坚持过去了，为什么不再坚持下去呢？所以，要用你的理智战胜情感。

（3）评价推迟法

怒气来自对"刺激"的评价，也许是别人的一个眼神，也许是别人的一句讥讽，甚至可能是对别人的一个误解。这事在当时使你"怒不可遏"，可是如果过一个小时、一个星期甚至一个月之后再评论，你或许认为当时对之发怒"不值得"。

（4）目标升华法

怒气是一种强大的心理能量，用之不当，伤人害己，使之升华，会变为成就事业的强大动力。

要培养远大的生活目标，改变以眼前区区小事计较得失的习惯，更多地从大局、从长远去考虑一切，一个人只有确立了远大的人生理想，才能待人以宽容，有较大度量，不会容忍自己的精力被微不足道的小事绊住，而妨碍对理想事业的追求。

习惯提示

愤怒是一种攻击性行为，人们在愤怒的情绪中，往往不能控制自己的言行，有的甚至会导致惨痛的后果。青少年朋友一定要学会自制。自制是一个人内在的力量，也是衡量一个人是否强大的准则。一个能够控制自己情绪的人，才能成就大事。

改变软弱内向的性格

软弱性格也被称之为内向的性格。内向人的兴趣与注意指向自身及其主观世界，除了亲密朋友之外，不易与他人随便接触，对一般人显得冷漠；待人含蓄、沉思、严肃、敏感；缺乏自信与行动的勇气；喜好幻想，情绪活动比较稳定，喜欢有秩序的生活。

1. 软弱性格产生的原因

（1）自我意识敏感

由于自我意识敏感而产生对人的"紧张症""恐惧症"。如有的中学生与异性接触时，过分强烈地意识到对方是异性，造成情绪紧张过度，陷入尴尬局面。

（2）家庭背景造成

家庭背景是造成内向性格的主要因素。假若孩子的父母属于较为冷漠的人，他们不鼓励子女去结交朋友，或参加任何课余活动，他们认为这类活动会使儿女"分心"，对正常的学习失去兴趣，所以在踏入社会之前，孩子的生活圈子只限于学校及家里。

在缺乏与人沟通的环境里成长的儿童，对于一般社交技巧可以说是一无所知的，他在刚踏入社会做事时，无意之中得罪了一些人，而这些人对孩子所表现出来的反感，使他从此不敢再尝试与别人沟通，同时完全退缩入自己的个人世界。

（3）与自己的人生经历有关

性格是人在生活实践中，在人同环境的相互作用中形成的。人的生活环境，具体地讲，就是人的家庭、学校、工作等，人与环境关系发展的过程便是经历，经历也是性格形成的条件。

2. 战胜软弱性格的方法

怎样战胜软弱呢？心理学家提供的对策是：

（1）重塑性格

任何人都可以养成坚强的性格，不过，软弱人大多有内向的气质，养成外向坚强性格的确很困难。但是，内向坚强性格却是可以锻炼出来的。内向型性格有三个特点：不露锋芒但有韧性，不热情奔放但有主见，不强词夺理但能坚持正确意见。

（2）坚持自己

富兰克林1951年首先发现脱氧糖核酸螺旋结构，但因为受到"强人"的责难，竟承认这个发现是错误的。后来有两位科学家于1953年重新发现这一结构，并获诺贝尔奖金。

由于不敢坚持将自己在生物学上划时代的发现拱手让给了别人，多痛惜！战胜软弱的心理基础是自己看得起自己，敢于坚持自己，尤其是面对飞扬跋扈的所谓"强人"的时候。

（3）敢于反击

先是学会发怒。软弱的人多没有当众发脾气的体验，而习惯于沉默忍受。坚持自己，就要敢于适时发怒，可以逐渐学起。你可以选择经常粗暴对待顾客的售货员为对象，准备好"台词"，"这样对待顾客，太不像话，岂有此理！"说罢，尽管扬长而去。

（4）学会直接反驳

软弱者对于别人的误解或无端的责难总习惯妥协。战胜较弱就要学会直接反驳，不做妥协。

（5）行为武装

心理学认为，改善行为可以改善心理素质。你如果软弱，就从行为上这样武装自己：遇见你有点害怕的人，不要绕道走，直迎着对方过去；身体站直，挺起胸膛与对方讲话；讲话时盯对方的眼睛，开始做不到，就去盯住对方的鼻梁；声音洪亮，如果对方声音超过你，就突然声音变轻；保持与对方的沉默间隔，不要急于说话；不轻易用"对不起"之类的话。这样强化了自己的行为，你就会感到自己突然变得坚强胆壮了。

也可以发挥一下"模糊概念"的魔法，有些鸡毛蒜皮的小事，即使弄得清清楚楚，又有什么意义呢？完全可以放下不管。至于有些并不太重要的事，基本了解就可以了，更不必要钻牛角尖，细细考证，吹毛求疵。只有对这些小事"模糊"一些，才能真正品味到生活的乐趣，更能有充沛的精力处理大事，进而有所发现、有所领悟、有新建树。这样，心境也就自然变得舒畅起来。

（6）凡事退一步想

一件已经发生的事情，永远是无法挽回了。往事已成为历史，它并不因你的焦虑、悔恨和自我折磨而有所改变。

（7）重新审视你的价值观念

你吹毛求疵，是因为你把无足轻重的事看得太重要了，实际情况肯定并非如此。在人的一生中，真正值得重视和谨慎处理的是那些足以改变命运的事件、机遇和挫折。

人没有必要处处留神，那只会增加你的思想负担。自己提问："我可能遇到最糟糕的事是什么？"这样你会发现自己的吹毛求疵是一种可笑的心理。

（8）努力忘掉

试一试把一些你认为亟待处理的事搁置一边，努力忘掉它。一段时间以后，你会发现，如果当初你真为它付出了过多的精力，那么你的生命会有很大一部分就被白白浪费掉了。

习惯提示

软弱性格形成的原因，一般是自我封闭导致的。有这种性格的同学应尝试多与其他同学交流，多参加集体活动；在公共场所大胆发言，勇敢交际；干什么事都泼辣、大胆一点。相信你只要做到了这些，时间一长，就会变成一个活泼、开朗，乐观上进的人。

改变冷漠自私心理

冷漠，是情感的萎缩，是人们对待周围世界的一种自我保护性的形式，是内心世界与外部环境不协调的反应。处于冷漠情绪状态的孩子，感觉迟钝，缺少热情、情感与激情，对什么事情都漠不关心。

这时他既不感到欢乐，也感觉不到悲哀，对所有生活境遇既不肯定也不否定，给人一种极端自私的印象。在日常生活中，常常会引起人们愤怒、欢乐、悲哀、羞愧或同情的事情，到了一个情绪冷漠的人那里不会泛起任何波澜。

1. 冷漠心理形成的原因

心理学研究发现，在青春期由于神经系统和内分泌系统的短暂失调，容易给人带来较大的情感波动，并常使人处于情感低潮。这使得一些性格内向、感情细腻的人容易产生冷漠和抑郁。这段时期过去后，神经、内分泌趋于协调，一切症状都会有所缓解。

冷漠还有其深刻的心理成因。一般来说，当人们失去亲友、事业不顺或健康不佳时，会失去生活的动力和信心，这时，冷漠就可能产生。

因为这些都是我们生命上的至爱，一旦失去会给我们带来不可估量的创伤，甚至让人觉得生命已无意义，这时还会有什么兴趣呢？尤其是年轻人，对生命、事业、朋友、爱情都有很高的希冀，殊不知，希望越高，一旦不能实现，失望也越大。

当青少年深感无力从事任何活动以影响自己的命运和自己的生活世界，当他们感到自己不能作为一个实体而在指导自己生活方面有所作为，不能改变他人对自己的态度或有效地影响他周围的世界，这种特殊的自我感觉长期积累下来，就导致内在的空虚。于是他深深感受到绝望与徒劳。

由于他希望得到的和他感觉到的对他都没有实际的意义，他也就很快放弃了欲求与感觉。从这个意义来说，冷漠源于一种观念的狭隘和过高的成就动机。

成就对每个人来说是不可缺少的心理动力。然而过高的成就动机带来学生的心理负荷，往往是心理疾病的根源。

如果对工作学习要求太高而不尽人意，一方面可以适当降低标准，不必强己所难；另一方面可以对自己的方法稍做变通。

2. 改变冷漠心理的方法

实际上，冷漠的背后是爱的缺乏。改变冷漠不是要去干惊天动地的功绩，而只是从身边的小事开始。比如，每天多问候一声父母，多给朋友一个微笑，多为集体做一件好事，多看一眼今天明媚的阳光，我们并不会为此失去什么，得到的却是爱与热情所带来的充实和快乐。

在心理咨询中，改变冷漠有以下具体方法：

（1）多交流

交流不仅是克服冷漠的良方，也是攻克一切情感障碍的武器，愿君多用之，此方最有效。

（2）接触大自然

孤独、冷漠时，不妨跨上自行车去郊外转一圈，呼吸几口新鲜空气，让它消除胸中的苦闷和忧郁吧！

（3）欣赏艺术

无论是文学、音乐或美术，都蕴含着让人不得不服它的魔力。如果你爱上了这些赋予生命的东西，难道不会更爱创造这一切的活生生的精灵？

习惯提示

要改变冷漠的心理，家长还可以指导孩子去进行一种非常有效的心理疗法，即原感疗法和幽隔疗法。

所谓原感疗法，就是让人们接触到冷漠的引发点所造成的情感体验，通过尖叫或惊恐，使压抑的情绪得到实质性解放，从而在心理上得到某种程度的治疗。

幽隔疗法，则是在尽可能减少外界刺激的情况下，让心理活动轻松而不受约束地自由进行。把一个冷漠的人放在幽隔室里，隔绝与外界的一切接触，可使他把压抑在内心的矛盾释放出来，并进一步地认识自我和理解他人，激发交际需求，从而消除冷漠。

第四章
培养良好竞争习惯

每个人都有属于自己的梦想，如何让梦想变成现实，是我们必须面对的课题！现在的社会是个竞争的社会，竞争在一定程度上使社会富有活力，一个人只有在竞争中取胜，才能在事业上取得成功。

培养孩子的竞争意识，应该通过正面的教育来实现，在日常生活中，要加强孩子的学习和训练,逐步培养孩子良好的习惯,使他们一步一步从骨子里渗透竞争意识。

好习惯，好未来。下面这些习惯的养成，会使每个孩子小时候的梦想逐渐长成参天大树，会使你们从容面对生活、工作中的各种问题，并帮助你们一路过关斩将，直至走向成功的彼岸。

确立人生的奋斗目标

没有目标的人就如同在梦游中一样，完全不知道自己在做什么。在生活中大致一看，这种人真是不少见。确立目标可以不分年龄大小，没有一个人敢夸下海口，小孩子可以完全不用确立目标。相反，让孩子从小就养成凡事都有个目标的好习惯，可以让孩子受益终生。作为父母，有义务帮助价值观还尚未形成的孩子确立切实的目标，只有目标明确才会让他们有所适从、心有所寄，并指导他们心中的宏伟行动。

1. 有目标才会成功

我们知道，空气是生命赖以生存的物质条件，同样，目标对于成功也是绝对的必要。有太多的父母，总是告诉孩子成功就是最好的，但是并非只有成功的强烈愿望就会成功。

这就好比没有空气，就不会有人像现在这样安然生存，而没有目标，就没有人能够成功也是同样的道理。一切成功都从目标开始，有了目标才会成功。

目标是实现梦想的真正决心。一条没有航向的船，永远靠不了岸。一个没有目标的人，就只能在人生的旅途上徘徊，永远到不了目的地。在给孩子灌输成功理念的同时，一定不要忘了告诉孩子目标确立的重要性。

2. 给自己设定目标也是一种习惯

没有一个成功者能在糊里糊涂中就感受到成功的喜悦。在成功者的字典里，永远不会出现"盲目"两字。攀登人生这座山峰，除了要有必须的实际行动以外，更重要的是要有自己的方向和目的。

目标设定得完美，成功起点的动力就会强劲

作为父母，人生不管定义成失败还是成功，在教育孩子方面，都应有足够的经验让孩子明白目标的重要。因为，父母是"过来人"。确立目标是一种很好的习惯，孩子对这一习惯领悟得越透彻，成功的可能性越大。

3. 目标确定的重要性

哈佛大学曾经关于"目标对人生的影响"这一话题进行了实地研究。这个研究课题美国耶鲁大学做过、卡耐基也做过，但得出的结论是惊人的相似。哈佛大学把调查的对象定在一群智力、学历、环境等条件都差不多的年轻人，得出惊人的结果：

25年前，3%的人，有十分清晰的长期目标；25年后，因为有坚定的人生目标，始终朝着同一个方向不懈地努力，所以，他们几乎都成了社会各界顶尖成功人士，他们中不乏白手创业者、行业领袖、社会精英。他们大都生活在社会的最上层。

25年前，10%的人，有比较清晰的短期目标；25年后，那些短期目标不断地被达成，生活质量稳步上升。他们都成为各行各业不可缺少的专业人士，如医生、律师、工程师、高级主管等等。他们大都生活在社会的中上层。

25年前，60%的人，目标模糊；25年后，他们的日子时好时坏，毫无规律。他们大多都生活在社会的中下层。

25年前，27%的人，完全没有目标；25年后，他们的日子过得浑浑噩噩，当一天和尚，撞一天钟。他们大多生活中社会的最下层。

如此对比来看，还真是一个非常有意思的现象。但父母看到这个结果是不是该好好地沉思一番？

4. 如何教会孩子确立目标

（1）从小事开始确定目标

孩子明天要参加足球比赛了，在和孩子做了足够的沟通后，可以信心十足地对孩子说："坚持到最后一秒就是胜利"。

孩子也许最爱听父母说的一句话就是，"只要做到……就可以了……"。事实上，只要孩子听到父母说这句话，就说明孩子心中已经有一个明确的目标了，这对指导孩子的行动有很大的意义。

（2）与孩子做足够的沟通

孩子与父母原本一脉相承，但其实孩子相对父母已面目全非。父母只能把生命赐给孩子，但如何享受生命，是孩子自己的事情。

现在有很多"代办父母"，他们总是把自己的美好期望附加在孩子身上。事实上，孩子根本就无力完成。这不是在帮助孩子确立目标，而是把孩子变成了自己弥补人生遗憾的工具。

（3）短期目标同样重要

人生的大目标，是由许许多多的"短期目标"组合而成的。让孩子从小就把目标置于清晰状态下，用目标来指挥孩子的注意力，朝着解决的方向引导。父母在这一点上意识越早，对于孩子未来的成功越有把握。

习惯提示

要让孩子从小养成确立目标的习惯。事事都朝着目标前进。做父母的要不断地把孩子往确立目标习惯上引导。只要孩子能找到一个他有自信的领域，从中体会到努力的意义，就会养成凡事确立目标的好习惯，让他一生受用不尽。

编织绚丽的人生梦想

每个人在孩童时期都有着五彩缤纷的梦想，而家就成了孩子们编织梦想的摇篮。对孩子来说，梦想更有着无穷的魅力，具有巨大的牵引和激励作用。

孩子身上往往寄托着父母太多的希望和梦想，但父母寄托于孩子身上的梦想，有时并不是孩子真正想要的。让拥有梦想成为一种习惯，让梦想带领孩子走向未来。

1. 孩子与梦想

曾有人说过："人类因为梦想而伟大。"几乎所有的人都曾有过自己的梦想，或是梦想成为叱咤风云的人物，或是梦想背着行囊游遍天下……但梦想不仅仅是成人的事，小孩子同样也可以拥有美丽的梦想。怎样才能让孩子为梦想而努力，是家庭教育中一个值得注意的问题。

专家发现，小孩子憧憬未来，是孩子掌握时间概念和自我意识萌发的表现，会随着自身的成长而产生和发展，父母应有意识地进行引导。孩子对未来的设想以及对自我的设想，往往和自己的早期经验有关。所以，父母要注意丰富孩子的早期阅历，培养其强烈的兴趣和求知欲，帮助孩子尽早了解什么是梦想。

2. 梦想的魅力无可阻挡

梦想的力量是无穷的，是势不可挡的。它可以唤醒心中沉睡的巨人，赋予人类伟大的力量，让大家都忍不住跃跃欲试。

对于思维简单的孩子来说，他们的梦想会更加真实，他们对梦想会更执著、更顽强。当然，不是所有的梦想之花，都能结出成功之果，因为的确有些梦想是妄想或空想。但是，父母不能因此就剥夺孩子做梦的权力，只有帮助孩子大胆放飞自己的梦想，才是真正的疼爱孩子。

孩子的成长过程，梦想是不可缺少的伴侣。孩子的梦想可能是可笑的，可能是荒唐的，可能是怪异的，但它是童心上长出的宝贵萌芽。给一份欣赏，给一份呵护，给一份引导，它就可能长成一棵大树。像这样自然生长起来的大树，才有可能勇敢面对外界一切恶劣的环境。

童年时期是一个人一生中的多梦季节，只有经过爱心的精心呵护，梦想的种子才有可能长成参天大树。所以，聪明的父母不会让孩子心中的梦想就此夭折。

在现实中，梦想的价值往往不会被人类很清醒地认识到。因为实现梦想的人并不多，现实中仍有许多人胸怀着伟大的梦想而平平庸庸地度过了一生。

站在成人的角度，孩子的梦想往往被认为是不成熟的表现，一个个美丽的梦想则常常被看作是胡思乱想。

的确，梦想是不成熟的想法，也是偏离常规的思维活动。但是，对于儿童来说，梦想可能就是理想，就是太阳，就是决定其命运的力量。所以，父母要珍惜孩子的梦想，并引导他们把梦想变成真正的理想。

3. 如何引导孩子拥有梦想

（1）在孩子的一言一行中发现梦想的翅膀

父母应多注意观察孩子的言行，从孩子的细微言行之中，发现并帮助孩子培养志向。孩子一看到电视中的歌舞表演，就不自觉、兴奋地跟着电视中的歌舞演员一起跳起来，但当你一看时，孩子就害羞地停了下来。

这就说明，您的孩子喜欢跳舞，只是太害羞了。这时你可以告诉孩子，大胆地在大家面前跳，并鼓励孩子将来去做一名舞蹈家。

（2）在生活中培养孩子的未来意识

随着孩子对时间的概念有越来越多的感性认识，孩子亦会逐渐产生未来意识，虽然开始可能较为朦胧，但只要父母适时引导，孩子对自己未来的概念就会逐渐明了。

比如：让孩子看他小时候的相片和穿过的衣服，和孩子一起设想长大后会做什么工作。父母可经常和孩子展望未来的美好，使孩子期望长大，期望自己可以实现心中的梦想。

（3）床边故事的神奇力量

一段惊险刺激的故事会鞭策孩子在困境中忍耐坚持，一个新鲜经历会激发孩子心怀梦想的愿望。父母可为孩子讲述一些伟人的故事，也可利用孩子喜爱的图书，给孩子讲述一些卡通故事，如勇敢的小动物依靠自己坚持不懈的努力，获得甜蜜的果实，实现自己的誓言。这些床边故事会成为孩子拥有梦想的助推剂。

4. 父母切忌将自己未完成的梦想寄托在孩子身上

今天，许多父母都望子成龙心切，总想把孩子推进成才流水线：名牌幼儿园→名牌小学→名牌中学→名牌大学→出国读名牌博士……这样还怎么容忍孩子拥有痴痴梦想？然而，没有梦想的童年，就如同花朵没有色彩，就像小鸟失去翅膀，还有什么自由幸福可言呢？

生活中大部分父母都会将自己未完成的梦想寄托在孩子身上，希望孩子把父母的梦想作为自己理想来追求和实现。然而，太多的梦想，尤其是很多不切实际的梦想，很可能会压垮孩子柔嫩的肩背。生活是最伟大的老师，她会告诉孩子，放弃妄想与空想，而去勇敢地实现内心真善美的渴望。所以，父母不必担心孩子的梦想是否对明天有用。

习惯提示

一个拥有大胆梦想的孩子和一个什么也不敢想的孩子，未来将会截然相反。不要小看梦想的力量，从小就培养的孩子成为一个敢想敢做的人，将来一定大有作为。孩子的童年时代会影响孩子的一生。有梦想编织的童年，才是最充实的。

自主选择人生之路

有许多孩子，都缺乏自主选择的能力。

孩子缺乏自主性，对自我选择冲动的麻木，与当代的家庭教育不无关系。这值得每一位父母深深思考一番。

人生就是一连串的选择组合而成，一个人的选择直接地决定了他的生活。让孩子从小学会对事情作选择的习惯，可以帮助孩子早日面对社会、面对人生。孩子在年幼时期是不懂自主选择的，这需要父母的一个带领过程。

1. 自主选择自己的人生

孩子无法做到自主选择，责任主要在于父母。许多父母出于对孩子的宠爱，既希望自己的孩子做得最好，又不放心孩子的能力，于是干脆以自己的选择来为孩子代劳。

因此，生活中不管是大事还是小事，孩子都没有自主决定的权利。久而久之在孩子观念中就会认为自己的选择总没有别人的好，凡事都由父母决定好了，也就不爱思考、没有主见了。

学会自主选择，在个人成长过程中是一项很重要的能力。大部分父母会错误地认为孩子只有长大懂事后自然就懂得如何自主选择，殊不知自主选择需要从小开始培养。

2. 培养孩子自主选择的好习惯

（1）满怀信心地把自主权交给孩子

大部分父母之所以会把孩子做事的自主权剥夺，就是因为对孩子没有信心，害怕他们会做错事，也就导致孩子对自己没有信心。

父母们对孩子照顾得"十分周到"，从早晨起床、吃饭到上学、回家、做功课，能想到的、能做到的都替孩子包办了。从表面来看，这是关心孩子的表现，实际上却助长了孩子的依赖性。

其实，对于孩子来说，他们也大都希望父母能够信赖他们并鼓励他们自主选择。假如爸爸妈妈能够经常说，"你能行""你能自己作出选择""我相信你能办好"之类的话，无疑会鼓励孩子去尝试。父母千万不要每次都代替孩子作出生活的选择，要懂得倾听孩子的心声，并尊重孩子的想法，让孩子作出自己的选择，但要给孩子提出合理的建议并加以指导。

倘若父母对孩子约束的内容太多，或者经常强迫孩子服从自己的意志去做事，就会使孩子的精神负担过重，心情受到压抑，个性发展受到阻碍，从而缺乏独立自主性。

（2）孩子最渴望的是自由

有人说，父母与孩子之间总是横着一条无法跨越的鸿沟。这样的鸿沟让孩子不再觉得自由，处处都是不信任的眼神，其实，孩子也是独立的个体，他们有自己的观念和判断。

也许他们生活经验还不足，可能会出现错误的判断，但这种错误是可以理解，也是必要的，他们需要从中吸取教训。如果连足够的自由发展空间都不留给孩子的话，孩子何来实践，何来选择的经验，即便是天才，也不是天生就会自主选择的。

相反，父母也不能因此就对孩子没有任何防备，从此撒手不管了。父母可以试着了解孩子作出这种选择的依据和动机，可以把自己的经验和想法告诉他们。

如果孩子的选择确实存在问题，也可以和他们一起来商讨解决。但最后的抉择权交给孩子。孩子同成年人一样，有支配自己时间的权力。如果时间的安排完全由父母代办，孩子只是一味地去执行，那么孩子的自主性就永远也培养不起来了。

（3）教孩子正确认识自己

父母在孩子成长过程中应该帮助孩子认识自己。很多时候面临选择时，孩子常会不知道自己到底最喜欢什么。培养孩子既不能用拔苗助长这种违反客观规律的做法，但也不能消极地完全"顺其自然"，这些都不利于孩子的成长。遵照客观规律，积极创造条件，让孩子去锻炼，这才是我们应该采取的正确做法。

（4）尊重孩子的每一次选择

孩子的自主性最大的表现形式，是有自己的选择与想法。然而我们大部分父母总是害怕孩子自己的选择会对自身不利，总是不敢把选择的权力交给孩子。可是，如果从来不给孩子选择的机会，孩子就永远不会有选择的能力，永远没有自主性。

父母可以在把某些选择权交给孩子的同时，可以事先帮孩子准备可能遇到的有关情况，帮他分析各种可能，并且还要明确地告诉孩子，要为自己的选择承担后果。

如果自己的选择是错误的，就要勇于承担责任。让孩子明白，既然自己做了选择就要努力做到最好，即使真得没有办法补救，也不要灰心，要当作一次深刻的教训，下次不再犯同样的错误。

孩子的决定不可能每次都和父母完全相同，父母总是以过来人的身份告诉孩子应该这样那样才对。一出现与孩子意见有分歧的情况时，就毫不犹豫地扼杀了孩子的意见，否定孩子的选择。父母要让孩子觉得，自己的选择常常被受到重视，这样孩子才会常常积极地作选择。总之，父母要尊重孩子的每一次选择，让事实来教育孩子。

习惯提示

有人曾经说过："很多父母把自己的未来的期望寄托在孩子身上，这是一件很残酷的事情，不如让他们自己做选择。"

人生是由诸多大大小小的选择组成的，如果没有选择的能力，就无法在社会中立足。父母必须让孩子从小就养成自主选择的习惯，为独立奠定基础。

对自己的行为负责

如今大部分父母都感叹，孩子教育难、难教育，其实，这与父母的过度保护不无关系。孩子们自己解决问题的机会少了，父母们事必躬亲，结果造就出一大批缺乏生活能力的"小皇帝""小公主"。

儿童心理专家认为，孩子有为自己行为负责的能力。父母过度地"爱护"，其实是在剥夺孩子享受长大的喜悦，久而久之，孩子就会变得目中无人。父母们应该清醒地认识道：你不可能"保护"你的孩子一辈子，必须尽早让他学会为自己的一言一行负责。

1. 儿童教育的弊端

一个相关研究结果发现，有将近10%的母亲在孩子一两岁前，都是成天抱着不放。而这样的结果是，到了3岁以后，很多孩子还不会自己吃饭、上厕所；有些到了五六岁，仍不会自己穿衣服，事事都向母亲张口代劳。事实上，父母对子女的干涉，从他们呱呱坠地的那一刻便已开始。为了避免这种情况，父母应该从小让孩子尝试各种事物，培养其独立能力。

刚开始，也许他们会笨手笨脚犯些错误，甚至可能会给父母添不少麻烦。但无论如何，只有这么做才是真正的教育孩子。

2. 中西方儿童教育差别

父母与孩子之间确实存在着"好""坏"评价标准的不同。这种标准的错位使父母与孩子之间的沟通形成障碍，甚至发生冲突。最简单的解决办法就是放开手，让孩子做一些力所能及的事，试着让孩子自己为自己负责任。

而在国外，我们会发现这样一种教育现象，孩子不管多小，只要能坐得住，会拿住勺子，就要自己吃饭，因此就经常会看到将饭菜吃得满脸都是的可爱的洋娃娃形象。看上去是小事，但孩子得到的概念是自己的事情自己做，不论结果是什么样，都是自己作出的结果。

在实际生活中，父母用行动诠释了一个个尽心尽力的"代办"形象。代孩子决策、代孩子订计划、代孩子做事，或是有意无意地放纵孩子，父母这种过多的主动行为，有时也让自己陷入了自设的樊篱中，继而变成了对孩子的怨言、唠叨和不满。孩子的做事能力差，懒惰，很大程度上是在父母不当的教育中日渐练就的。

3. 孩子必须要为自己的行为负责，尤其是学习

在家里，父母往往会在时间和空间范围内操纵孩子的一切，然而对于学龄的孩子，因与父母所处的是完全不同、又无法控制的空间，上课、听讲、作业等的一切学习事务，父母再也无法替代了，因此孩子必须为自己的学习行为负责。

孩子的上进心、自尊心、自信心，往往是在对自己负责任的过程中形成的。只有确立了为自己负责任的心态，才会逐渐克服过于贪玩、松弛、懒惰这些影响正常学习的行为习惯。

孩子的心智有限，但在对自己行为负责的同时，就会对事物本身形成自己的价值判断。这是孩子认识事物的过程，是自身成长的过程，更是孩子心智日益成熟的过程。这个过程尽管未必会一帆风顺，但人生成长历程终究不可缺失这一课。

教育孩子关键是用心，不要抱着一蹴而就的心态。应在教会孩子一个道理后，再继续教下一个。孩子还小，不妨一步步循序渐进。什么事情的完善都是需要每天积累，由量变到质变。

父母不妨耐心点，有毅力地与孩子打交道。不要事事都替孩子操心。也不要怕孩子会犯错而剥夺孩子做事的权力，要知道，犯错也是属于孩子个性的一部分。

父母不要以为帮助孩子安排了一切就是爱护孩子，事实上，大部分孩子对此的不领情并非不孝，而是潜意识的反抗。

4. 孩子更要为自己的过失负责

培养为自己负责的习惯，应从为自己的过失负责开始。

生活告诉孩子的东西，远比父母的苦口婆心重要得多。孩子是在体验中长大的。很多父母抱怨自己的孩子没有责任心，实际上，很多时候是父母剥夺了孩子对自己承担责任的机会。

比如孩子打碎了家里的水瓶，最常见的就是，问问孩子烫伤了没有，然后说不要紧，下次注意就行了。"战场"还得由父母来打扫。很少有父母让孩子想想全家人没法喝开水了该怎么办？

当一个人知道自己有过错时，内心都有一种要接受惩罚的准备，这是一种正常的心理要求。为自己的过失承担责任，求得心理平衡。这是多好的教育机会，教育不就是一种唤醒吗？

在孩子内疚和不安急于求助时，父母让他明白要对自己的过失负责这一做人的基本原则，将使他刻骨铭心。然而，我们的许多父母把一次次这么好的教育机会都错过了。须知，教育还是现实教育的力量最大。

父母不要因为孩子小就不忍心批评教育；不要因为孩子哭而心软。但是，让孩子对自己的过失负责，决不意味着可以体罚、伤害孩子。这是一种建立在对孩子尊重和信任基础上的教育惩罚，是一种因人而异、适可而止的教育技巧。它和赏识教育的目的殊途同归，都是为了培养孩子健全的人格，促进孩子的发展。

有关教育，就没有什么"因为太小，所以不合适"的问题。相反地，即使孩子再年幼，也有适合年幼的教育方式。为孩子的成长负责，这便是所有父母的责任；让孩子为自己的成长负责，这更应该成为父母们的希冀。

让孩子认认真真做好每一件事，这是家庭在教育孩子过程中达成的一致意见。专家认为，孩子良好习惯的养成远比要认多少个字、背多少首古诗重要得多。从孩子出生起，无论是玩还是吃，我们都不应该放过任何一个教育的机会。

习惯提示

为自己负责的习惯，在一定程度上规范了孩子的行为，让孩子的行为不会有太大的偏差。因此，教会孩子为自己负责、自我发展，形成自律、勤劳、负责的能力和品质，需要做父母的付出更多的心智和努力。

不惧挫折和困难

挫折和困难能够磨炼孩子的意志，对于孩子的健康成长有着十分深远的意义。然而，许多年轻的父母却无法认识到这一点，总是不敢让孩子去经风雨见世面，这种思想是极其错误的。

苦难和挫折，对于孩子的成长是一种很好的锻炼。假如没有困难存在，或者不敢迎接困难的挑战，就永远不可能会形成坚强的意志，意志薄弱者自然是无法健康成长的。

1. 困难像弹簧，你弱它就强

挫折，是指个体由于自身的需要得不到满足，遭到限制或阻断，而产生的消极心理。即俗话所说的"碰钉子"。

一般而言，易受挫折的孩子往往追求的目标不切实际，对追求目标过程中可能遇到的困难缺乏心理准备，缺乏应对困难的能力，夸大困难、缺乏自信等。很多中小学生无法自己面对挫折，而是找大人们来助自己解决。

人生不可能会一帆风顺，总会遇到困难。所以，当孩子们遇到困难时，父母要鼓励孩子亲身体验去解决困难。在解决困难的过程中，让孩子们认识到生活中挫折的存在是十分正常的。当他们成功地解决问题时，从中获得成功的经验，会激励他们今后勇于面对挫折。

同时，父母还可以利用一些科学家如何取得成功的故事来影响孩子。例如：今天用的电灯，是美国发明家爱迪生经历了上千次实验才研制成功的。引导孩子认识到不管做什么事情，想要取得成功，都可能会遭遇挫折，只要勇于面对，敢于克服，成功早晚都会降临。

2. 对孩子进行挫折教育

有些父母误以为，如果对孩子进行挫折教育，孩子会因此而吃很多苦，其实不然。真正的挫折教育，是在正确的教育思想指导下，依据孩子身心发展和教育的需要，创造或者利用某种情境，提出某种难题，让孩子通过动脑动手，来解决矛盾，从而使他们逐步具备应对困难的承受力和对环境的适应力，从而培养出一种敢于迎难而上的坚强意志。

如果孩子没有经受挫折，便很难应对即将经历的挫折，很容易向挫折低头。父母应采取适当的方式，教孩子如何正确地面对挫折。

3. 父母要敢于放手，让孩子大胆体验

父母如果对孩子表现的关心超过了正常的限度，这种过分的呵护会使孩子无法正确体验挫折的过程，不能正视成功与失败，导致孩子对自身产生较低的自信。而自信心是成功的支点，是促使人们战胜困难的前提。所以，为了增强孩子的自信心，一定要注重培养孩子的耐挫力。

我国著名教育家陶行知很早就提出了要解放孩子的手、脚、嘴巴、头脑、时间和空间，为孩子创设一个自由发展的环境。但却很少有父母采用，不敢放手让孩子做事，过分地保护，过多地限制孩子，久而久之导致孩子形成性格柔弱，依赖性强的心理缺陷。

为了避免这种情况的发生，父母朋友一定要敢于放手，让孩子

大胆地创造和想象，充分发挥自己的能力，同时在这个过程中培养孩子面对困难，战胜困难的自信。

每一位父母心中的愿望，对孩子抱有很高的期望值。然而，孩子由于受到年龄等因素的限制，往往无法达到父母的意愿，父母便对孩子的能力产生怀疑，认为孩子是"失败者"。

批评打击孩子，会使孩子的自信心受挫。对此，父母一定要正确地评估孩子的水平，努力使自己的评估恰到好处，有效地维护孩子的自尊心和自信心。要让孩子认识到人生中不仅有快活存在，同时还存在着悲伤、痛苦和死亡。要让孩子从小通过亲身体验去感悟生活，认识挫折和困难，为今后的生活打下坚实的基础。

习惯提示

一位著名教育家说过："如果孩子的生命是一把披荆斩棘的刀，那么挫折就是一块不可缺少的'砥石'，为了使孩子生命的'刀'更锋利些，应该坚决摆脱过分保护的教育方式。"

因此，父母一定要鼓励孩子去勇敢地面对挫折、不怕挫折、克服困难，做一名生活的强者。

大胆探索勇于创新

现代社会最重视的是能力，特别是创造力。社会在变革，知识在更新，新的时代要求孩子成为思维最灵敏、判断最准确、主意最巧妙的智者。只有这样，孩子长大后才能够灵活自如地适应时代的发展需要，成为一名知识能力兼有的创新型人才。

1. 创新，时代进步的源泉

未来的社会发展，最看重的便是创造力。对于先前需要体力劳动才能完成的任务，很多都将由机械或机器人代替，一些记忆性的脑力劳动将由电脑代替。人的主要优势是创造。创新能力是一个人最重要和最有价值的一种能力。

一个孩子将来有多大成就，关键在于他的创新能力如何。作为父母，应该充分重视对孩子创新能力的培养。因为父母是孩子的第一任老师，而且父母与孩子相处的时间最长，接触的生活面最广。

2. 带孩子接触新事物

能力需要大量的知识做铺垫，假如大脑里没有多少知识，对外面的世界几乎不了解、不熟悉，即使智商很高，也是不会有创新能力的。父母要根据孩子的年龄大小和生活环境，经常利用节假日带领孩子接触新鲜事物。

住在农村的，可带孩子去城市，让他们认识城市的建筑；住在城市的，可带孩子去农村走走，让他们认识认识农作物、家畜家禽以及欣赏田园风光，了解花鸟草虫的生存特性等。

认识事物越多，想象就越宽广，就越有可能触发新的灵感，产生新的想法。如果整天把孩子关在家里，一心只想着让孩子读书背题，最终只能培养成没有创新能力的"书呆子"。

3. 鼓励孩子大胆探索

贪玩是孩子的天性，孩子越会玩往往就越聪明。父母要积极鼓励孩子进行探索性的玩耍。积极鼓励，就是要创造条件。必要时，也可能一道参与玩耍。探索性玩耍，就是要鼓励孩子玩出新的花样，尝试各种各样不同的玩法。总之，不要阻止孩子去玩耍，以有效增进孩子的智慧，培养其动手能力。

4. 正确对待孩子的提问

爱向大人提问题，是孩子进行思考和钻研的主要途径之一，是探索意识的表现。孩子从会说话起，就开始会提问。由于年龄小，所提的问题往往十分荒唐，有的可能无法回答，但不管问得怎样，孩子都是渴求得到解答的。

作为父母，都应该心平气和认真对待孩子的提问，父母有时可以直接回答，有时可以启发孩子自己去寻找答案。对于那些自己无法回答的问题，可以实话实说，与孩子一道探索。

5. 启发孩子的思考力

在日常家庭生活里，要经常去引导孩子进行多角度地看待事物和分析事物，帮助孩子逐渐养成善于思考的好习惯。其实，社会生活和家庭生活中每一个事物，都可以作为启发孩子多角度思维的内容。多角度思考问题，实际上就是进行发散性思维的训练。培养孩子学会发散性思维是促进孩子具备创新能力的前提。需要父母从小进行引导和培养。

6. 训练孩子的想象能力

想象是创造之母，假如没有想象力，就不会有创新力的出现。在日常生活中，父母要有意识地训练孩子的想象能力。

比如，平时多给孩子提供一些富有幻想色彩的书籍；进行概念的联结训练，经常出一些毫不相干的概念，让孩子通过相关的中间环节把两个毫不相干的概念联系起来；对于爱看课外书籍的孩子，可以鼓励孩子自己去想象着编制一些小故事。

着手培养孩子的创新能力，还有很多途径。家庭生活和社会生活是非常丰富的，其具体经验需要从具体的生活中获取，父母朋友们应进一步探索和总结。

习惯提示

培养孩子成为一名创造性人才，让孩子能够进行创造性思维，能够打破常规，具有敏锐的洞察力、质疑能力、辨识能力、善于思考和探索的能力。所以，培养孩子的良好习惯，并非要求孩子唯唯诺诺，不敢多走一步路，不能多说一句话。而是要鼓励孩子在遵守常规的基础上，养成一些富有个性的创造思维习惯。

父母切忌以自己的既定习惯来控制孩子的言行，限制孩子的活动空间，以致不经意间扼杀了孩子的创造性。

学会竞争敢于竞争

竞争是一种积极意识，是一种良好习惯。培养孩子从小具有一种竞争意识，就如同为孩子注入了发展的生命活力，孩子在未来的路上就会走得更稳健。

今天，竞争已成为我们生活中不可或缺的内容。不管你爱好不爱好，接受不接受，我们每天都要面对大大小小、形形色色的激烈竞争：价格竞争、成绩竞争、名额竞争、名次竞争、升学竞争、就业竞争、质量竞争、服务竞争、信誉竞争、广告竞争、信息竞争、人才竞争、综合国力竞争……当竞争成为一种习惯时，还有什么可怕的呢？

1. 尽早培养孩子的竞争能力

竞争一词在生活中并不陌生，整天说竞争，那么，到底什么是竞争呢？"竞争"一词从古就有。《庄子·齐物论》里说："有竞有争。"郭象注："并逐曰竞，对辩曰争。一言以蔽之，'竞争'就是为了自己的利益而互相争胜。"

然而，从现代竞争的本质来看，赋予了"竞争"更大的意义，其可最大限度地调动人们的潜质，调动大家学习、生活、工作的积极性，使人们不甘落后，创造积极上进的风气。

在现代社会，一个缺乏竞争能力的人将很难得到发展，或者说是寸步难行的。所以，尽早培养孩子的竞争能力，勇于竞争，善于竞争，正确竞争，成为了每一个父母面前的重要课题。

2. 让孩子学会竞争

虽然孩子从娘胎里出来时，会带一些属于自己的特质，但大部分特质都是经过后天培养的。父母可以刻意培养孩子的竞争习惯。

（1）放下自卑，胸怀自信

竞争的唯一法则就是优胜劣汰，能应对这一法则的就是"尺有所短，寸有所长"。每个人都有自己的长处，鼓励孩子扬长避短，充满自信，勇敢地接受挑战。

（2）不逃避任何竞争

现代社会是多元的，人们的价值取向也不尽相同。对于普通人来说，绝大多数也很少会有一炮走红、名闻遐迩的机缘。但这并不等于说我们不该直面竞争。

一味地回避竞争，恪守"与世无争"等古训中陈旧的东西不能适应飞速发展的社会，这是一种灰色的、黯淡的人生态度，这样的家庭教育，不利于孩子的发展。

（3）找准定位，重在挑战

有一句话："不想当元帅的士兵不是好士兵。"这句话的真正含义是告诉人们要不断争取向前，积极上进。而不是要人们都去当元帅不可。毕竟元帅只有少数位置，千军万马中只能有一位元帅，人人都当上元帅，是一件很不现实的事情。面对竞争，很多孩子都以"当元帅"为最终目标，对此父母必须指导孩子正确看待竞争，找准定位，重在挑战，防止出现不健康的竞争心理。

（4）对学生来说最大的竞争是学习方面

参与竞争，需要具有竞争的实力。临渊羡鱼，不如退而结网。我们既然生活在竞争的世界，那就要早做"结网"的准备。孩提时代的主要任务是学习知识技能，只要硬件过关，就能在竞争中大展拳脚。

（5）比竞争更重要的是合作

竞争不是处处以人为敌，拒人以千里之外，竞争也讲合作。"学会合作"现在已经被列为现代教育的四大支柱之一，父母首先要清醒地认识到这一点，培养孩子学会在合作中竞争。

有专家不无忧虑地指出，今天的孩子大多从小处于一种独立的生存状态，养尊处优，备受娇惯。他们在未来的生活中也许不乏竞争的能力，但缺少的恐怕是合作的精神。只要竞争不要合作，这对孩子在以后的生活和事业上的成功非常不利。

3. 父母眼中的竞争

有很多父母看待竞争时，都戴上了有色眼镜，他们认为竞争就是毫无原则地万事只讲一个"争"字。然而，人生在世，有些事必须争，有些事却不必争。

有很多父母对于孩子的分数、名次看得过重，往往锱铢必较，"逼"得孩子自己改成绩，模仿父母签名等。

学生，尤其是小学生的卷面成绩并不能完全反映出孩子的学习能力。我们应该透过分数看实质，多在培养孩子的素质上下功夫。另外，还有的父母怕孩子在外抬不起头来，宁愿自己吃咸菜，也不让孩子的穿戴落后于其他同学。

父母应该让孩子懂得，在物质生活上不要与同学"竞争"，那不是竞争而是盲目的攀比，真要竞争，就比比谁的学习好，谁的专业技能强。教育孩子要正确地理解和参与竞争。

4. 竞争是一种需要

生活实践告诉我们，缺乏竞争机制的生活，就如同一潭死水。而有了竞争机制，每个人都勇做奔流不息的时代大潮中的一滴水、一朵浪花，就能生机勃勃，欢快激昂，就能一泻千里，奔流到海。

我们年轻父母这一代，所处的环境处处充满了竞争。若希望孩子在今后的人生征途上搏击云海，翱翔天宇，父母必须注意培养孩子的竞争意识和竞争能力，努力净化竞争环境，营造良好的竞争氛围。使孩子们从小就学习竞争，学会竞争，在良性竞争的环境中不断成长！

习惯提示

竞争是一种厚积薄发的潜在的力量，竞争需要一种大思想和大智慧。人生中需要有竞争，竞争能够产生强大动力。孩子在幼儿园时，"竞争"就会出现在孩子的记忆中。父母要告诉孩子，在人生中结果是输是赢并不是最重要的，竞争是一种健康的生活态度，只要能享受到竞争中的乐趣和学习生活技巧就行了。

勇敢地展现自我

为了让孩子将来能适应社会生活和社会环境的变化，父母必须提高认识。转变教育观念和方法，引导孩子正确认识自我、踊跃展现自我，为将来融入充满竞争的社会打下良好的基础。

1. 展现自我，收获机会

社会是多元化的，孩子将来的发展也是多元化的。提高孩子的思想认识，引导其早点适应多元社会发展的需要，充分展现自我，促进孩子健康成长，是父母不可推卸的教育责任。

什么是展现自我？展现自我就是一种社会交往或社会互动的行为。展现自我的好处很多，诸如：大大增加了让别的孩子接受自己的机会，更容易确定孩子的社会角色；展现自我让孩子有机会练习社会交际技巧，学会与人融洽相处；展现自我让孩子有机会学习更多的社会行为规范；展现自我还让孩子变得更有吸引力，更有自信，更有竞争力。

事实上，七八岁孩子的展现自我更多的是在吸引别人的关注，特别是父母和老师的关注。刚上小学的孩子已经开始关注展现自我，引起别人的注意。如果得不到他人的肯定和表扬，心里就会郁郁寡欢。孩子只懂得爱表现并不够，还需要父母进行正确引导，让展现自我变成一种良好的处世习惯。

2. 帮助孩子正确展现自我

（1）鼓励孩子正确的展现自我，冷落调皮捣蛋式的展现自我。每个孩子都期望自己受到成人的高度关注，如果得不到，他们就会试图将大人的注意力吸引过来。比如，爸爸妈妈在讨论一件重要的事情，小孩被冷落于一旁，无人理睬。于是，孩子故意提高电视机的音量，将玩具弄出很大的声音。这时父母如果对孩子的这种不礼貌行为进行严加制止，便会将注意力转向孩子，这是一种不恰当的关注，对孩子的成长非常不利。

有时，孩子甚至会通过打闹、受伤的形式来吸引父母的注意。

比如，明明从小就认为妈妈爱哥哥胜过爱自己，于是上了小学的明明就经常在学校里与别的同学打架，当看到妈妈为自己受伤而焦急、难过的表情，他反而因此得到了极大的满足。

（2）展现自我并不是吹嘘自夸，如果孩子有这方面的自我展现，要进行正确引导。小学阶段的孩子，自夸是一种渴望展现自我的表现，也是情绪不稳定的表现。

在孩子吹嘘自夸的时候，不必介意孩子的轻微夸大，不要抹杀孩子的想象，允许孩子在他们的生活中掺杂一些虚构的成分。但是，绝不可以鼓励孩子的这种错误的行为。我们要尊重孩子的个性，不要试图改变他们的性格，要循序渐进进行正确的引导。引导孩子进行正当的展现自我，有助于孩子良好个性的养成，利于孩子健康成长。

3. 展现自我，重在引导

父母的一言一行对孩子的影响都非常大，作为父母一定要鼓励孩子勇敢地表现自己，对孩子的点滴进步都要给予表扬，让孩子树立自信心。

如果父母经常对孩子的某些表现、行为加以严厉的斥责，这就会大大挫伤孩子的自信心，使孩子变得更加胆怯，总认为自己不如别人，长此以往会对孩子良好性格的形成造成极大的影响。展现自我，重在引导。引导得当，孩子的展现自我会成为生活的动力。

在实际生活中，父母总是喜欢拿自己的孩子与其他孩子进行比较。当看到人家的孩子表现杰出时，不少父母常会埋怨自己的孩子一无是处。这样对孩子的伤害是让人无法预料的，事实上每个孩子都有潜藏的才能，要多鼓励孩子的未来。

喜欢处处表现自己，渴望自己的成绩和进步能引起别人的注意和重视，这是人的天性。对于不谙世事的儿童更是不例外，每一个表现自己的机会都不会轻易放过。

对孩子这种好表现自己的愿望，做父母的常常抱着无所谓的态度，心情好时就表扬几句，比较忙时就敷衍一下。心情坏时，不仅不鼓励孩子的行为，还对孩子大吵一番。这样的教育方式，只会抹杀了孩子的表现欲。只要是孩子特别想做的事，父母在经过权衡后应放手让他们自己去做。孩子能自己做的事情要比我们想象到的多。他们可能会需要父母的帮助、监督、鼓励和训练，而父母也必须向他们提供这些服务。

习惯提示

展现自我，是人类的一种天性。如果这种天性不尽早发挥出来的话，就会在长期的压抑中消失得无影无踪。机会对于每个人来说都是平等的，就看你是否敢于展现自我。让孩子从小就养成展现自我的习惯，因为机会从来只会青睐于敢于展现自己的人。

养成自律自强习惯

大部分孩子都是在父母的担心中长大的，但父母是否教给了孩子足够的生存能力？却很少有人认真反思。

自律自强是一种力量，这种力量可以让孩子的行为更加规范，更加适应社会的需求。父母要注意培养孩子自律自强的习惯，为以后的生活奠定基础。

自律：所谓自律是指用自身的力量来规范自己的行为。做父母的应注意对孩子进行"自律教育"，让孩子懂得自律是获得成功的基础，是为人之本。

自强：所谓自强是指一个人的自主能力。在日常生活中，父母要有意识地在孩子的心田中，播下自信、自强的种子，使孩子逐渐树立起克服困难、战胜困难的勇气和信心。

1. 先自律再自强

自律是孩子发展的基础，有了自律，孩子才会自学、自理、自护、自强。自律在人的成长中占有重要的地位。如何培养孩子的自律习惯，以下的"三结合"方法父母不妨一试：

（1）孩子的最大化发展与对他的严格要求相结合

现在的父母虽然越来越关注孩子的最大化发展，但许多最大化发展的凭据却只有"分数"，从而忽视了对孩子行为习惯的教育。在学校中，一些孩子的成绩虽然非常优秀，但其日常行为却让人不敢恭维，这与缺乏严格的家庭教育直接有关。

（2）把对孩子的严格要求与他们自己的行为体验相结合

父母必须把对孩子的严格要求化为孩子内部的一种需要。这种需要的形成要求孩子有亲身体验，比如让孩子想想，买东西时为什么要排队？不排队会造成什么样的后果？通过真实的体验，使孩子懂得要想获得自己的利益必须尊重别人的利益，树立一种对等的权利义务观念。

（3）把对孩子的严格要求与成人的以身作则相结合

孩子正处于学习做人的成长期中，大人的一切言行都会成为孩子模仿和学习的榜样。所以，在这里要提醒所有的父母要作出表率，以自身的榜样引导孩子养成良好的日常行为习惯。

2. 自强习惯的培养

自强习惯的养成，在生活的一点一滴中。有很多事情父母一定要让孩子亲自去做，如：洗脸、刷牙、穿衣、饮食、收拾整理房间、自己上洗手间等。

同时，父母还必须让孩子坚持重复与练习，这样无形中就培养了孩子自动自发地独立性，逐步养成做事井然有序、负责任守纪律、爱整洁的习性。

基本习惯的养成，和孩子的性格教育有着重要的关系。在家里，父母必须抓住孩子成长阶段的各种心理需求，顺着他的能力、兴趣和需要，以培养孩子的各种基本习惯。

习惯来自于行动上的积累，不是用嘴巴说出来的。

根据科学家的研究，一个习惯的养成需要21天，当然这只是一个平均数。养成的习惯不一样，每个人的认真程度不一样，所用的时间也不一样。

自强习惯的培养不是一天两天就可以养成的，父母要对孩子进行持之以恒的自强教育。

培养孩子良好的生活习惯是一个长期、艰巨、细致的工作，不仅要有长期计划，短期目标以及持之以恒的精神，更要有"随风潜入夜，润物细无声"的培养行为。

习惯提示

自律自强习惯的养成，需要加强孩子的社会责任感和使命感教育，使孩子由"消极型"转为"积极型"；由"放任型"转为"自律型"；由"保养型"转为"自理型"……总之，养成自律自强的习惯可以让孩子受益终生。

第五章
培养良好交往习惯

　　人是社会的动物，只有学会与人交往，才能受到欢迎，才能拥有更多的朋友，快乐的心境。

　　孩子能否拥有良好的人际交往技能，往往与家庭环境是否和谐友爱有着极大的联系。家庭人员之间能互爱、互助、互敬、互谅，分享合作，孩子耳濡目染下也能明白与人交往的重要性，从而自觉地搞好自己的人际关系。

　　同时，在学校养成良好的交友习惯，也是至关重要的，同学之间互助互爱，友好合作，决定了孩子长大后的本性和社会技能。孩子的生活里不能只有布娃娃、变形金刚之类的玩伴，他还需要友谊、友爱等大爱的氛围，这影响着孩子以后的生活习惯以及工作能力等。

感恩生活，感恩社会

高尔基曾经说过："如果你在任何时候，任何地方，你一生中留给人们的都是些美好的东西——鲜花，思想，以及对你的非常美好的回忆，那你的生活将会轻松而愉快。

那时你就会感到所有的人都需要你，这种感觉使你成为一个心灵丰富的人。你要知道，给永远比拿愉快。"

1. 感恩是一种交往的哲学

英国著名作家萨克雷说："生活就是一面镜子，你笑，它也笑；你哭，它也哭。你感谢生活，生活将赐予你灿烂的阳光；你不感谢，只知一味地怨天尤人，最终可能一无所有！"

那些不懂得感恩或者不愿意感恩的人是缺乏情感的人，是不受欢迎的人。因此，做人父母的要从小培养孩子感激他人的习惯，只有这样他才能成为一个人人欢迎、人人喜爱的人。

2. 要让孩子养成感谢的习惯

有许多父母总是习惯于将自己的苦处隐藏起来，呈现给孩子的也都是生活中最高兴、最舒适的一面，以为这是对孩子最无私的爱。

其实，他们忽略掉了一个重要的问题，那就是，孩子们将看不到生活的真实面目，从而对幸福，对父母，对他人缺少了一份理解和感激。因此，凡是明智的父母都要试着从小就培养孩子理解父母、感谢师长的习惯。

老师是授予我们知识，帮助我们打开知识宝库的人。自古以来，有很多取得巨大成就的人对老师都怀有一份感恩的心。

要想让孩子养成尊敬、感谢师长的习惯，尤其是要教育孩子以好好学习的心态和行动来回报老师的教导。

3. 要教孩子学会感谢父母

世上有很多做父母的都只知道将自己无私的爱献给孩子，为了孩子可以付出一切，却从来不知道应该教孩子感谢父母，对父母有所回报。如此一来，就养成了孩子自私的习惯。也只有那些懂得感谢父母、回报父母的孩子才能够感谢他人、回报社会。

其实，有很多孩子之所以不懂得回报父母，是因为做父母的根本不给孩子回报的机会。在这方面，父母需要训练孩子的感恩、回报意识。

每个做父母的都想将孩子培养成一个对社会有用的人，而孩子要回报社会，就需要从回报父母开始。

4. 教孩子感谢朋友

每个人的人生当中都离不开朋友。真正的朋友不仅可以同甘共苦，而且可以帮助自己解决许多人生当中的困难和麻烦。一个人的成功，是跟朋友的支持与帮助分不开的。

父母要从小就教育孩子做一个拥有朋友，感谢他人的人。

5. 教孩子感谢生活

生活对于每个人来说，都怀有一分美好和痛苦。而只有那些怀着感恩心态的人，才会跨越生活中的苦难，追逐生活中的美好。

父母要教育孩子感谢生活，感激自己所拥有的一切。即使是在遇到困难、遭到不幸的时候，仍然做到不怨天尤人，要做生活的主人。

习惯提示

"知恩不报非君子""滴水之恩当涌泉相报"这是从很早以前流传下来的古训。我们不仅应该孝敬父母，尊敬师长，而且对于曾经帮助过自己的人，也应该发自内心地感激。

那些习惯于感谢他人的人，必将得到他人的信任和喜欢。习惯于感谢生活的人，必将得到生活的眷顾和宠爱。

学会与他人分享

分享可以减少痛苦，获得快乐。生活中，常常需要与他人一起，来分享自己的痛苦和快乐。没有分享的人生，就无异于是一种惩罚。

1. 分享是一种美德，更是一种快乐

有很多父母对孩子都过于溺爱，将孩子放在家庭的主导地位。如此下去，父母看到的将是心中没有他人的孩子。他们不懂得关心父母，不懂得关心他人，更不懂得关心社会，这样的孩子是值得父母焦虑的。

现在的孩子通常会有一种"自我中心"的心理，这种自我中心的心理往往源自于父母过分的溺爱。为了不让孩子的爱心枯竭、泯灭，父母不仅要爱孩子，更重要的是让孩子学会爱。

有位教育学家说过："溺爱是父母与孩子关系上最可悲的事，用这种爱培养出来的儿童不肯把心灵献一点儿给别人。"

那么，究竟要怎样培养孩子与人分享的习惯呢？

2. 换个角度引导孩子与他人分享

有很多孩子，都养成了不愿意与人分享自己东西的习惯。但是，他却希望能够分享他人的东西。所以，从孩子刚开始接触人群开始，父母就要让孩子学着与别人分享东西。

随着孩子的成长，在餐桌上，引导他试着给长辈夹菜。鼓励孩子给父母拿东西；教孩子给客人让座……让孩子从这些力所能及的事中，品尝到有益于他人而带来的喜悦。

父母要抓住孩子的心理特征，通过互换的方式，让孩子站在他人的角度去思考问题，引导孩子与他人分享自己的东西。

3. 父母要敢于分享孩子的东西

做父母的都是不管自己再苦再累也不愿让孩子吃一点儿苦，好吃的、好玩的、好用的尽数都往孩子面前堆。但在行为上却不会与孩子分享。

所以对于父母来说，最重要的还是自己首先要学会分享。坦然地与孩子分享，成为与孩子分享的伙伴，让孩子成为分享的对象。在家里，有什么好吃的、好玩的，不要让他独享，可以让孩子为家人分苹果、分橘子等，教给他先分给爷爷奶奶等长辈，再分给爸爸妈妈，然后才分给自己。也可以跟孩子一起玩儿游戏，做错了就要受罚，不要一味地心疼和溺爱孩子。

在分东西的过程当中，孩子不仅学会了与人分享，而且还明白了应该尊敬长辈，关心父母。

习惯提示

教会孩子分享，让孩子养成分享的习惯吧！孩子可以从分享的过程中获得快乐，形成良好的品行。与别人分享好吃好玩的东西，对别人说一些关心体贴的话，同情并帮助有困难的人，不计较别人的过错，对别人能够宽容和谦让，孩子的爱心就是通过这样一次次的行为模仿和强化而逐渐形成的。

尝试与他人合作

合作是现代人生存所必备的一项基本素质与品格。一个不懂得与人合作的人，是不可能取得成功的。

1. 让孩子从小懂得合作的意义

合作并不单单只是一种人际交往，它是为了一个共同的目标结成的互助互利的双赢关系。合作的力量总是大于每个部分的总和。但是，生活中许多人却不善于与其他人进行合作。

俗话说："一个和尚挑水吃，两个和尚抬水吃，三个和尚没水吃。"因此，培养孩子与他人合作的习惯显得尤其重要。

那么，该如何来培养孩子与人合作的习惯呢？

2. 让孩子了解与人合作的重要性

日常生活中，有很多事情仅凭个人的力量是无法做到的，它必须要靠两个或两个以上的人合作才能达成。父母可以充分利用这样的机会，让孩子从中体会到无法完成的挫败感，从而懂得与人合作的重要性。

父母在日常生活中也可以跟孩子做一些合作完成的事情。比如，家里的柜子需要挪动时，父母不要帮忙让孩子一个人先来试试，孩子肯定是搬不动的，这时，父母再和孩子一块将柜子移开，这期间就可以适时对孩子讲解与人合作的重要性。

父母应该充分利用生活当中的一切机会让孩子领悟到合作的重要性。

3. 让孩子在合作的过程中体验乐趣

成功的合作可以为孩子带来良好的体验，这种体验能够让孩子产生无穷的乐趣，进而促进孩子的合作意识和合作行为。

有一位老师在讲到"合作与竞争"时，让学生们做了一个小游戏。老师在讲台上放了三个啤酒瓶，每个酒瓶里面放入两个比瓶口略小的玻璃球，这两个玻璃球都是用绳子拴住的。

之后，这位老师请了6位同学来共同玩这个游戏。这6位同学被分成了3组，每两人为一组。游戏规则是：6个人分别抓住一条绳子，当老师喊开始的时候，都必须在3秒钟内以最快的速度将玻璃球拉出来。

老师喊了"开始"后，3个组同学都开始了行动，但是，3个组的结果却是不一样的。

第一组的两个同学当听到老师喊"开始"的时候都想第一个拉出玻璃球，两人都拼命拉绳子，结果，绳子被拉断了，两个玻璃球还是留在酒瓶中。

第二组的两个同学虽然也想自己在第一时间内拉出玻璃球，但是，他们不如第一组的同学那样使劲，结果，两人没有把玻璃球拉出来，却把酒瓶子拉起来了。

第三组的两个同学是唯一在规定时间内完成游戏的，他们是一前一后地把两个玻璃球拉出了酒瓶。老师问他们为什么会成功。

其中的一位同学回答说："玻璃球只比瓶口小一点点，如果我们两个人都在同一时间用力拉，肯定都会卡在瓶口出不来。所以我想让他先把玻璃球拉出来，然后我再拉，这样我们都可以在规定时间内顺利地把玻璃球拉出来。"

这位同学深刻体会到了合作的重要性，并在游戏中体验到了合作的乐趣，在以后的生活中，他必然会更加注意与人合作。

在生活中，父母可以多为孩子设置一些合作竞赛，让孩子们通过合作去完成任务，去体会成功的愉悦。

4. 教孩子在合作中竞争，在竞争中合作

人与人之间的合作与竞争是并存的。有很多父母总是教自己的孩子要勇于与人竞争，希望自己的孩子能够超越他人。确实，竞争具有一种无形的力量，它不但可以调动孩子的积极性，还可以激发孩子的上进心。

据一项问卷调查显示，父母最关心、最注重的是孩子的学习成绩，最高兴的是孩子在班级中学习成绩名列前茅。这种片面强调智力竞争，忽视合作精神培养的现象是很有害的。其实，对孩子而言不管是竞争还是合作，都是非常重要的。如果孩子不懂得与人合作，将严重影响到他将来的发展。美国的谈判高手斯腾伯格认为：只要你有合作的精神，对手往往可以成为朋友。他总结自己的经验，认为化敌为友的方法主要有：

与分享自己价值观的人密切合作；

尽可能多地向对手学习；

创造一个合作而冲突的气氛；

在面对威胁时，表现出不畏惧；

学会聆听，习惯于沉默，避免妥协折中；

绝对不要将一个看来要失败的争论推向极端；

发展关系，而不是征服。

作为父母，要教育孩子在竞争的过程中摆正心态，要保持一个良性的竞争。竞争目的主要在于实现目标，而不在于反对其他竞争的同学。父母要让孩子明白，只能把其他同学作为学习上的竞争对手，在生活上要作为合作伙伴，千万不能一味地把他人当成竞争对手和敌人，不顾一切地与他人对立。要让孩子知道这种思想是不健康的。

父母要教孩子一些与人合作的技巧，让孩子养成与人合作的习惯，要教育孩子有集体荣誉感，要学会在关键时刻约束个人的行为，牺牲个人的利益来完成集体的利益。如果孩子没有这种意识或者精神，是很难养成与人合作的习惯的。

习惯提示

与人合作就必然有竞争，人与人之间的合作与竞争是并存的。作为父母，要教育孩子端正竞争心理。竞争目的主要在于实现目标，而不在于反对其他竞争的同学。

父母要教孩子将其他同学作为学习上的竞争对手，生活上的合作伙伴，万万不可一味地将他人当作自己的竞争对手和敌人，不顾一切地对立他人。这是一种不健康的心理。

重视与他人交往

孩子是否善于与他人交往，在群体中的人际关系如何，对他今后的学习和人生发展有着很大的影响。因此，父母要重视培养孩子与人交往的习惯。

与人交流包括关心、聆听、合作、分享等。

孩子正处在一个接受知识、了解认识社会、探索理解人生和事业的发展阶段，与同龄人之间的接触交往并建立友谊是一种正常的心理需要。在这期间如果总是封闭自己、不爱与人交往、在同龄人之间的人缘不好，都会影响孩子的交往能力，使孩子无法适应复杂多变的社会，更有甚者，会让孩子形成孤僻、抑郁、偏执等心理障碍。

每个孩子都会期盼有在思想上、学习上还是生活中志同道合的朋友，能够经常从朋友那里获得鼓励、信任和支持。

在与周围的人相处时，朋友的肯定态度总是多于否定的态度，孩子们就会感到与他人有一种休戚相关、安危与共的情感，并愿意牺牲自己的利益去为他人谋利益。

这是一种自我发展的需要。因此，父母在教育孩子的过程中对于与他人交往的问题都要给予足够的重视并对其加强正确的引导。

那么，要如何培养孩子与他人交往的习惯呢？

1. 让孩子养成一个乐观的性格

开朗乐观的孩子总是比较受欢迎的，因此要想养成善于与人交往的习惯，父母首先要让孩子摆脱自卑。自卑会使孩子感到孤独和压抑，在人际交往中缺少自信，从而产生退缩、逃避行为。

父母告诉孩子，要树立信心，让自己成为一个受人欢迎的人。乐观首先要保持一个良好的心态，父母在平时教育孩子时要让其发现事物好的一面，凡事多往好的方面想，不要总想着不好的。教孩子学会微笑，出门之前打理好自己的仪容仪表，带着愉快的心情去学校。这些都有助于孩子自信地面对同学与同学交往。

每个孩子都有着不同的经历、兴趣爱好等，要求别人都和自己一样是不实际的。父母要让孩子认识到人与人之间的差异，并教育他们怎样正确地对待差异，采取自我约束、积极适应的态度，搞好与同学的关系。

在与同学交往中，尽量少麻烦别人，多帮助别人。如果某个孩子在家娇生惯养，到了学校也就喜欢经常麻烦别人，要求别人听自己的，帮助自己做这做那，那么其他的孩子是不会喜欢他的，孩子与同学之间的关系就会变得非常糟糕。因此，孩子是否具备一个良好的个性是与父母平时的教育分不开的。

父母要引导孩子多参与集体活动，让自己融入集体生活中去，在集体活动中做一些自己能做的事情，加强与同学的交往，增加同学对自己的好感和信任。

教育孩子在面对那些对自己态度冷淡的同学时，也不必介意，要坚持以乐观的心态来应对，久而久之，同学自然会对自己热情起来。

2. 鼓励孩子带小伙伴回家

父母要支持并鼓励孩子带自己的伙伴回家，还要帮助孩子热心地招待他的小伙伴，提高孩子在朋友心目中的形象。父母的热心会让孩子的同学和朋友增加对孩子的好感，从而愿意与孩子保持良好的朋友关系。父母也可以邀请邻居家的孩子到自己家来玩，让孩子在与他人的交往中增加信心，学习人际交往的方法。

父母对于孩子的交友状况不要过于干涉，更不要规定孩子交什么类型的朋友，应该允许孩子结交一些年龄不同、性格不同或者特长不同的朋友。

例如，孩子结交了在写作、绘画或者音乐上有特长的朋友后，就等于找到了一位好老师，孩子在这方面的才能也会得到相应的提高。在与不同类型的人打交道的过程中，孩子的学习能力得到了提高，交往范围也更加广泛了。让孩子单独到朋友或邻居家去串门，也是一个锻炼孩子交际能力的机会。串门做客，牵涉到寒暄、问候、交谈和有关礼物等的问题。

孩子一个人去就成了主角，与对方的一切接触都得由自己来应酬，这无疑把孩子推到了前线，促使其考虑如何交际。如果家里来了客人，不妨试着让孩子出面接待，特别是当客人或朋友与孩子年龄相仿时，父母千万不要包办代替。父母要为孩子树立一个正确的友情观。爱因斯坦说："世界上最美好的东西，莫过于有几个头脑和心地都很正直的严正的朋友。"

3. 教给孩子一些交往的技巧

随着时代的发展，现在的孩子非常讲究个性，要想与之保持良好的关系也需要一定的技巧。父母可以教给孩子一些交往的技巧，帮助孩子得到同学的友谊。这些交往技巧有：

教育孩子使用礼貌用语，如"谢谢""再见""对不起""没关系"等，不对别人说粗话、做不礼貌的动作；

教育孩子要主动和同学打招呼问好，帮助可以打开友谊大门；

教育孩子在与同学的交往中，宽容同学的缺点和过错，不为区区小事而斤斤计较；

教育孩子与人交往要注重给予，而不凡事注重回报；

教育孩子不无故打断他人的讲话，要认真听他人说话，不心不在焉或只顾做自己的事情；

教育孩子不在背后议论他人，也不打听别人的秘密和隐私；

教育孩子真心诚意待人，讲信用，不欺骗说谎；

教育孩子不用捉弄、嘲笑等方式吸引别人注意，这样反而引起别人的反感；

教育孩子在与同学的交往中，善于发现别人的优点和长处，多赞美别人，不因为自己的某些特长而处处炫耀自己；

教育孩子与他人说话，尽量讲一些两人都感兴趣的话题，不独自一人说个不停而不考虑他人的感受；

教育孩子同学之间交往不要有过多的物质往来；

教育孩子不对自己的成绩得意忘形，要体谅他人的感情；

教育孩子学会带领其他同学参与到集体交往中来，组织大家围绕一定的主题交流。

这些交往技巧能够帮助孩子与人交往中获得他人的好感。

习惯提示

父母要鼓励孩子平时多参加一些体育锻炼。体育是一种直接与人正面接触和竞争的群体活动，总是要有两个以上的人参与才有意义，更重要的是，体育活动不但需要智慧和力量，也需要胆量。

这个胆量，乃是人际交往中所必备的一种要素。一旦孩子真的喜欢上了体育，就会主动去寻找合适的对手。这种寻找，就是交际。在体育上遇到的合适对手，通常是具有深厚友谊的伙伴，孩子多与之交往有利于提高交际能力。

养成诚信待人的品格

孩子先学会了做人，他才能更好地去做事，更好地去学习和与人交流。

所谓做人，就是培养孩子为人的正确态度和品格。假如父母对于孩子为人的态度和品格不闻不问，孩子就有可能养成一些不良的习惯，而这些习惯将直接影响到孩子与人交往。

1. 坚守信用是成功的最大关键

诚信，乃是人性一切优点的基础。世界上才华横溢的人比比皆是，但是，才华出众的人就真的值得信赖吗？只有诚信的人才值得信赖。诚信这种品质比其他任何品质更能赢得尊重和尊敬，更能取信于人。

诚信是一个人的立身之本，是一生当中最宝贵的财产，它能让孩子保持正直，挺直脊梁、光明磊落地做人，还能给孩子以力量和耐力。那么，具体要如何来培养孩子养成诚信的习惯呢？

2. 为孩子树立起诚信的榜样

孩子能否守信用，能否成为一个诚实守信的人，主要取决于父母的日常教育。对于孩子经常出现言行不一、不履行诺言的行为，父母应该多从儿童的发展认识上来找原因。

不要把孩子的这种行为看成是道德败坏而打骂孩子。如果父母能够从小就重视起孩子的诚信教育，并为孩子树立一个诚信的榜样，那孩子肯定可以养出诚信的习惯。

平时有很多父母为了让孩子"听话"，总是轻易地许诺孩子一些条件，但是事后却不能兑现。孩子的希望落空后，就会发现父母在欺骗自己，他就会从父母身上得到一些经验，那就是不守信的许诺是允许的，大人的言行也经常不一致的，说谎是允许的等。一旦父母这些不履行承诺的经验转化为孩子说谎的行为时，父母恐怕就要后悔莫及了。

教育孩子要诚信，父母就要身体力行。以诚信培养诚信，其道理是不言而喻的。

3. 父母要敢于承认自己所犯的错误

在现实生活中，许多父母都有可能不自觉地对孩子讲了一些不诚实的话，或者讲过的话没有兑现。这时候，父母一定要放下架子，以平等的身份向孩子承认错误，这样反而会赢得孩子的信任。

有一位妈妈曾经给孩子讲了一个撒谎后鼻子会变长的故事，孩子对此深信不疑。于是跟妈妈说："妈妈，以后我不会撒谎的，撒谎的人鼻子会变长的。你们也不要撒谎啊，要不也会长出长鼻子的。"这时，妈妈觉得有必要跟孩子讲讲故事情节的真实性问题了。妈妈说："孩子，其实这只是一个童话故事，在现在生活中，一个人说谎是不会长出长鼻子的，只会受到良心的谴责。"

孩子有点迷惑了："那我们是不是就可以说谎了？"

"当然不是，"妈妈回答，"一个人应该说实话，他说了谎话就会失去朋友，这比长长鼻子还要可怕。"

年幼的儿子现在才真正明白，童话故事也是虚构的，但它并不是不诚实的表现，而是以另一种方式劝人们要讲真话。

4. 不要怀疑孩子

我们经常会看到这样的父母：他们要求孩子吃完饭在房间里学

习半小时，结果却每隔5分钟进去看一下孩子是否在偷懒；他们要求孩子去买件东西，也总担心孩子把多余的钱买零食吃。

父母的这些行为，往往导致孩子用撒谎来对抗，而父母们却认为自己的怀疑是有根据的，这更加滋长了孩子的不诚信。

5. 让孩子接受诚信品质的教育

做父母的都希望自己的孩子是一个诚实守信的人，都不喜欢孩子说谎骗人。但是，现实生活中却有很多孩子说的一个样，做的另一个样；当面一个样，背后另一个样。

当父母面对孩子的这种行为时，通常都是又气又急，不停地训斥甚至是惩罚孩子。但是，这种做法却往往会促使孩子更擅长于撒谎。

其实孩子并不是天生就善于撒谎不守信，这种行为都是由后天的某种需求所引起的，比如为了满足吃、喝、玩的需要，有的时候甚至是为了逃避受批评、受惩罚。从心理学来看，儿童的道德意识和道德行为的发展是紧密相连的。

有很多孩子明知自己的行为是不对的，但由于意志力薄弱、自制力不强无法控制自己的行为，造成他们说话不算数，答应人家的事却又不做。

教育孩子是父母的职责是，当孩子答应别人什么事时，一定要教导并帮助他兑现。如果经过再三努力仍没有做到，就应该诚恳地向对方说明原因，并表示歉意。

最重要的是，教育孩子在答应别人之前一定要慎重考虑，认真考虑自己有没有能力做到，要量力而行。

如果自己的能力有限，那就不要轻易答应对方。即便自己有足够的能力做到，也要留有余地，不要轻易地夸下海口。如此一来，孩子在答应别人某件事的时候，就会有章可循，还起到了一定的规范作用。

习惯提示

孩子有很强的模仿能力，很容易受到一些不良行为的影响。如果父母言行不一，不履行承诺，孩子就会受到暗示，跟着模仿。

例如，父母答应在星期天的时候带孩子到公园去玩，那就一定要遵守约定。如果临时有事，也要先考虑事情重不重要，若不重要，就要坚守诺言。如果事情确实比较重要，一定要向孩子说明情况，并争取以后补上去公园的活动。

而且，要尽量避免将约会推迟或失约的行为，这样才能取得孩子的信任。久而久之，孩子也会成为一个讲信用的人。

要有宽容待人之心

宽容一词曾被人们无数次提及，穿梭于茫茫人海中，面对一个小小的过失，常常一个淡淡的微笑，一句轻轻的道歉，就能带来包涵谅解，这就是宽容。

在人的一生中，常常因一件小事，一句不注意的话，使人不理解或不被信任，但不要苛求任何人，以律人之心律己，以恕己之心恕人，孩子需要从小懂得以宽容待人。

1. 理解是为了宽恕

生活中，我们经常会碰到很多使人感到无奈的事。当然，这些无奈之中，肯定会伴有伤心和难过。更有时候会碰到一些恶意的、真正对不起我们的人。

现在的孩子大部分都是以自我为中心的，无论发生了什么事，他们首先想到的都是自己，而很少想到别人。对于做错事的人，根本不抱任何宽容之心，往往是逮到他人的缺点就抓着不放。

这些都是不可避免的事情。如果不学会宽容，你自己就会使自己陷入无穷无尽的烦恼之中，永无解脱之期。相反地，如果我们面对生活中每一个小小的过失，每一个微笑，每一句歉语，都带给自己宽容的包涵和谅解的话，那这种动作就是一种教诲，是一种伟大的宽容教诲。在生活中能不去苛求他人，更是一种宽容。

所以，父母要教育孩子：人生如此短暂匆忙，我们又何必把每天的时间都浪费在一些无谓的摩擦之中呢？

2. 父母要注意培养孩子宽容的美德

为人父母，要充分认识到宽容对孩子的重要性，要知道它不仅是一种待人准则，也是一种保护孩子心理健康的习惯。现代科学揭示，宽容有利于一个人的健康长寿。

那么，该怎样让孩子养成宽容待人的习惯呢？

（1）要学会对孩子宽容

在生活中，父母不仅要对他人有宽容的态度，对待自己的孩子更要有一份宽容之心。因为你的宽容能让孩子效仿。

印度民族英雄甘地在回忆自己的成长过程中曾感慨地说："是父亲那崇高的宽容态度挽救了我。"

甘地被人们尊称为"圣雄甘地"，他既是印度的国父，也是印度最伟大的政治领袖。很难想象这么一位英雄人物在小时候竟然很爱撒娇、哭鼻子。甘地从小就对周围的事物特别敏感，自尊心也很强。

如果在学校挨了批评，就会难过得受不了。少年时期，由于好奇，他染上了烟瘾，后来发展到偷兄长和家里的钱买烟抽，而且越陷越深。但是，慢慢地，他觉察到自己偷别人的钱，又背着父母抽烟的行为实在太可耻了。后来发展到只要想起来，就觉得没脸见人，更无脸来面对自己的父母，内心备受煎熬，他甚至想过要自杀。

后来他终于受不了这种痛苦的折磨了，便把自己的整个堕落过程写在了笔记本上，并鼓足勇气交给了父亲。甘地以为，父亲会狠狠地批评他，甚至惩罚他。但是，他怎么也没想到父亲看后，不但没有责备他，反而是自己流下了伤心的眼泪。

甘地是个很有上进心，也很孝顺的孩子，当他看到父亲心痛的样子时，觉得自己太对不起父亲了。从此，他痛下决心，彻底改正了错误，走上了正道。

父母的行为有时候会影响孩子的一生，所以，当孩子犯错时不要一味指责或惩罚，对孩子同样需要持有一颗宽容的心。

（2）教孩子换位思考

当我们出口伤人的时候，首先伤到的会是我们自己。当我们抓起泥巴想抛向别人时，首先弄脏的是我们自己的手。当我们拿花送给别人时，首先闻到花香的也会是我们自己。

生活中一句关怀的话，就像往别人的身上洒香水，自己也会沾到两三滴。因此，父母可以教孩子站在他人的角度来看待问题，让孩子把自己置于他人的位置，设身处地的来思考问题。

父母在教育孩子的过程中应该问一下自己："如果我处在那种情况下，我会怎么想、怎么做呢？""要为孩子做点什么，才能让他认识到自己的错误又不会太难受呢？"

平时，父母要支持并鼓励孩子接触一些有着不同的种族、宗教、文化、性别、能力和信仰的人，这有利于孩子与不同的人坦诚相待，遵从规则，平等竞争。

习惯提示

"海纳百川，有容则大。"宽容，对人对自己都可以成为一种无须投资便能获得的"精神补品"。学会宽容不仅有益于身心健康，且对赢得友谊，保持家庭和睦、婚姻美满，乃至事业的成功都是必要的。

一个人，只要学会了宽容，人与人之间就会少了很多不必要的猜疑、争吵等，关系也就不会剑拔弩张。只要孩子学会了宽容，就会离成功更近一步。因此，做父母的要教育孩子在日常生活中，无论对谁，都要有一颗宽容的心。

善待他人，不求回报

孟子曾经说过："君子莫大乎与人为善。"善待他人、不求回报是获得成功的基石。如果凡事斤斤计较，为人又自私自利，不仅找不到合作伙伴，甚至有可能成为孤家寡人。

善待他人，是人们在社会生存的过程中应该遵守的一条基本准则。在如今这个凡事都讲究合作的社会里，人与人之间更是一种互动的关系。

只有我们先表示友善，先去善待他人，善意地为他人提供帮助，才能处理好人际关系，从而获得他人的愉快合作。

1. 让孩子从小懂得善待他人

如果想让孩子成为一个幸福又快乐的成功人士，那就要从现在起教会他善待他人。也许有人会问：怎样才算是善待他人，与人为善呢？善待他人说起来简单，可是做起来却不是一件容易的事，它包括相当广泛的内容。

如：关心他人，当朋友遇到困难的时候主动伸出友谊之手；尊重他人，不去探究他人的隐私，不在背后议论他人；善于和别人沟通、交流；善于和那些与自己兴趣、性格不同的人交往；承认别人的价值，负起自己该负的责任……

总而言之，善待他人最重要的原则就是"己所不欲，勿施于人"。父母要教育孩子凡事从对方的角度来考虑，只要孩子养成了这个习惯，那将来肯定会获得许多好朋友、好伙伴。

2. 让孩子知道善待他人就是善待自己

生活中往往就是这样：对他人多一份理解和宽容，其实就是支持和帮助自己，善待他人就是善待自己。就如中国古语说的那样：授人玫瑰，手留余香。

在追求成就的过程中，任何人都离不开与他人的协作。特别是在现代社会里，倘若你想取得成就，就应该想方设法获得周围人的支持和帮助。只有你真诚地善待他人，别人才会与你真诚合作。请牢记这句话：善待他人也就是善待自己！

3. 教孩子善待他人

善待他人是一种传统美德，在生活中，即便别人错了，无礼了，你若能容忍他人，宽容他人，同样能获得信任和支持，同样能得到别人的友善相待。父母若要教育孩子善待他人，可以通过角色转换的方法让孩子摆脱以自我为中心的想法，学会心中有他人，宽容他人。父母应该教孩子对同学、同伴多一点忍让，多一份关心，这样别人也会遇事宽容自己，体谅自己，为自己着想。其实，只要孩子学会了善待他人，那他就会赢得朋友，就会真正体会生活的快乐。

只有当孩子学会了与人交往的实践，道德意识才有可能萌发。教给孩子如何对待他人，其实是一种道德学习。

在孩子的成长过程中不要让他生出人心的毒瘤：嫉妒、憎恨、敌意。要教育孩子懂得：对手固然是一种威胁，但也历练了我们，要感谢对手使我们永远不敢懈怠。教会孩子善待他人，就是为孩子健康、幸福的人生奠定了基础。

习惯提示

要教育孩子善待自己的亲人。因为孩子来到世上，最先接触的人际关系就是与周围亲人的关系。一个不懂得善待亲人的孩子，将揣着一颗自私和冷漠的心走向社会，他得到的将是孤独和冷寂；一个懂得善待亲人的孩子，将揣着一颗友爱和宽容的心走向人群，他得到的将是温暖和接纳。

帮助他人，提升自己

帮助他人就好像是自己将兜里的两块糖和大家一起分享，同时也让自己品味到了甜蜜。

一个人，不管身处在怎样的困境当中，只要他怀里揣着两块糖，一块慷慨地赠与他人，一块留下自己慢慢品尝，就自有真实的快乐如泉水涌来，自有绵绵的幸福飘逸在生活当中。

1. 帮助他人是一种内心的财富

人生最快乐的事情莫过于伸出热情而温暖的双手，尽自己所能去帮助身边的每一个人。助人乃快乐之本，我们在给他人快乐的同时也在不经意间将快乐留在了自己身边。

我们生活在社会这个大家族里，我们能接触很多需要帮助、需要关爱的人。每个人都喜欢有人关心的感觉。当我们遇到了难题都渴望得到他人的帮助，我们帮助他人的同时，也是帮助自己。

父母要教育孩子在心中时刻想着他人，和同学之间能够互助互爱，这样才能使孩子的生活变得更加美好，在未来的人生道路上才能走得更轻松。

2. 让孩子在帮助他人的过程中提升自己

如果将自己所拥有的物质分给他人一份，那自己便会少了一些，但是知识和技能却不是这样的。在你将自己所拥有的知识或技能传教给别人的同时，自己的非但不会有所减少，反而会得到进一步地强化、巩固，在无形中全面提高了自我。

因此，父母要鼓励并支持孩子在学习上多帮助他人，让孩子在帮助他人的过程中提升自己。

父母要鼓励并支持孩子多帮助他人，让他在帮助他人的过程中，自己也获得不断的成长、进步。

3. 培养孩子帮助他人的好品质

（1）要让孩子养成帮助和体贴家人的良好品行

在日常生活中，父母可以让孩子对自己工作的不易和生活的艰辛有所了解，让孩子能够理解父母，为父母分忧解愁。这样做的目的是培养孩子在享受父母关怀的同时，也细心关心父母。

但是，在很多家庭里都存在着这样的情况：当孩子看到在外面奔波了一天的父母满脸倦容的回到家，想要为他们分担一些家务时，父母总是说："不累，去做你的功课吧，好好学习就是最大的帮忙了。"

父母这样做，其实是片面地培养孩子。会让孩子错误地感觉，似乎周围所有的人都应该帮助和关心自己，而自己的任务仅仅是学习。这样会让孩子在短时间内形成一种理所应当的意识，并习惯于家庭和父母所给予的一切。如此一来，很容易滋长孩子的自私、冷漠，无视他人的快乐与痛苦的思想。

（2）为孩子创造一个和谐的生存环境

父母要与邻居间保持着友好的往来，创造一种亲切、和睦、互相关心的邻里关系。这对孩子十分重要。如今，我们所居住的基本上都是单元楼房，邻里之间有种老死不相往来的感觉，这对孩子的教育是非常不利的。

最后，要从细节着手。当带着孩子出入一些公共场所时，可以从一些细小的环节着手，培养孩子关心他人的品质。如：在公车上看到老弱病残幼和抱小孩子的人要主动让座；去逛商场，在推开弹簧门时要留意一下身后有没有人，有人时要等后面的人到门时才走开；到影剧院时不要迟到，观看的过程中不要发出声响，以免影响到他人观看；出入公共场所要讲文明；不乱丢果皮纸屑等杂物，那样不但影响到了环境卫生，也妨碍到了他人健康。

要将孩子培养成一个乐于助人的人，不是通过一时一事就能够完成的，但父母可以抓住一些实例或名人的故事来耐心引导，这样必定能取得显著的成效。

习惯提示

父母要将孩子培养成一个乐于帮助他人的人，要让孩子知道，帮助他人，其实就是在帮助自己。当一个人真心地去关心他人并能尽力去帮助别人时，这个人就会变得更加慷慨；对他人的痛苦和不幸表示关心，想尽办法去帮助别人减轻或消除痛苦和不幸，会使一个人变得更加高尚.

经常的为他人着想，不但可以丰富自己的生活，还可以增加自己的涵养。

养成文明礼貌的习惯

良好的礼仪习惯，不仅可以使一个人更具魅力，而且能够帮助一个人走向成功。从外表上看，礼貌是一种表现或交际形式。从本质上讲，礼貌反映着我们自己对他人的一种关爱之情。

所以，真正的礼貌必然是发自于内心的。约翰·洛克说："礼貌是儿童与青年所应该特别小心地养成习惯的第一件大事。"

1. 礼貌是一种行为规范

讲究礼貌是处理人际关系所不可或缺的一种行为规范。人与人之间的互相观察和了解，通常都是从礼仪开始的。

举止优雅、彬彬有礼的人，会更容易交到朋友、找到工作。有位哲人说：凡是比较明智和有礼貌的人们，他们都特别谦虚谨慎，从不装腔作势、装模作样、夸夸其谈、招摇过市。他们都是用自己的行为来证实自己的内在品性，而不是用语言。

一个有教养的孩子，都应该懂得如何礼貌待人，而这样的孩子很受他人欢迎。这就是心理学上所说的"被众人接纳的程度高"。

文明礼貌是要从小培养起来的，只有从小就重视孩子的言行，才能形成良好的习惯。

2. 为孩子树立榜样

父母要为孩子树立一个好的榜样。要知道，父母良好的行为举止是对孩子最生动、最直接、最有效的教育。父母可以利用家里来客人的时机提醒孩子该怎样做，并为孩子作出榜样。

父母要以身作则，语言和行为要文明，在家里不要讲粗话、脏话。家人之间多使用礼貌用语，说话要和气。通过自己的行为潜移默化地影响孩子，让孩子在良好的环境中养成文明礼貌的习惯。

3. 净化孩子的语言环境

要想让孩子成为一个文明礼貌的人，首先，要注意净化孩子周围的语言环境。

当父母发现孩子说脏话时，要极力找出"根源"，并清除掉一切不良"根源"让孩子远离不良的环境。

4. 培养孩子注重个人礼仪

父母在平时要有意识地向孩子强调注重个人礼仪的重要性，父母应该注意从以下几方面来培养孩子注重个人礼仪。

（1）仪容仪表

教育孩子要保持仪容仪表的整洁，要把脸、脖子、手都洗得干干净净；勤剪指甲勤洗头；早晚刷牙，饭后漱口，注意口腔卫生；经常洗澡，保证身体没有异味；衣着要干净、整洁、合体。

（2）行为举止

教育孩子的行为举止。主要从站、坐、行以及神态、动作方面提出要求。优美的站立姿态给人以挺拔、精神的感觉；身体直立、挺胸收腹、脚尖稍向外呈V字形。要避免无精打采、耸肩、塌腰，千万不能半躺半坐。走路要昂首挺胸，肩膀自然摆动，步速适中，防止内八字或者外八字脚、摇摇晃晃，或者扭捏碎步。

（3）表情神态

教育孩子要表现出对人的尊重、理解和善意，一个动作，一个神态就会影响在别人心中的位置。与人交往要面带自然微笑，千万不要出现随便剔牙、掏耳、挖鼻、搔痒、抠脚等不良习惯动作。

（4）言谈措辞

要求孩子养成使用文明礼貌用语的习惯。如"您好、谢谢、请、对不起、没关系"等。要求孩子做到态度诚恳、亲切、使用文明语言、简洁得体，既不能沉默寡言，也不能啰嗦重复。

父母向孩子强调文明礼貌的常识时，不要用教训、命令的口吻，而是要循循善诱、谆谆教导。同时，父母还要让孩子明白，人与人之间若出现互相挤撞，不要恶言恶语，要抱着理解、宽容态度；要求孩子做到行为文明，如：和人见面时主动打招呼、和别人说话时专心、爱护公共环境、遵守交通规则等。

习惯提示

父母在发现孩子没有做到礼貌待人时，千万不要强迫孩子。因为现在生活中有很多例子证明，当父母在孩子没有礼貌的时候强迫孩子讲礼貌，结果，不但得不到想要的结果，反而会让孩子产生逆反心理。这个时候，父母需要的是引导孩子，让孩子换个角度，设身处地为他人着想，这样孩子的礼貌举止才会是发自内心的。

尊重他人也是尊重自己

尊重，是一种文明的体现。

如今，由于在生活中向孩子过多地渲染父母与孩子间的朋友关系，并在孩子面前随意抱怨幼儿园老师以及其他一些孩子的长辈，而这些言行其实是在向孩子发出信号："不尊重权威是可以的"，以至在孩子的心目中也就几乎没有了"尊重"这个条目。要改变这种情况，建议父母注意以下几个方面：

1. 尊重你的孩子

有自尊的孩子都懂得尊重自己，懂得如何来维护自己的人格尊严。懂得尊重他人的孩子在说话时往往会顾及他人的感受。所以，父母在日常的生活中要做到尊重自己的孩子，进而培养孩子尊重他人的习惯。

英国著名的教育家斯宾塞曾说过："野蛮产生野蛮，仁爱产生仁爱，这就是真理。你对待儿童没有同情，他们就变得没有同情；而以应有的友情对待他们，就是一个培养他们友情的手段。"这也就是说，只有以应有的尊重来对待孩子，孩子才会懂得尊重。

父母一定要学会尊重孩子，同时，父母在家庭中要互相尊重，父母之间的尊重，会在潜移默化中给孩子以良好的影响。

2. 教育孩子尊重自己也尊重他人

有些孩子从小就养成了以自我为中心的习惯，这并不能说孩子是自私的，而是幼小的孩子还不懂得该怎样去关注除了自己以外的其他人。父母要从日常生活中的一些小事来教育孩子尊重他人，如：教育孩子在学校主动向老师同学问好，遇到熟人要打招呼，请人帮助时要用礼貌用语等。

同时，可以多向孩子讲一些亲朋好友的性格、优点，鼓励孩子学习他人的优点。此外，父母还要教育孩子谦虚谨慎，不骄傲自满，正确地对待他人的缺点和不足，不以自己的长处比他人的短处，让孩子明白"金无足赤，人无完人"的道理。

在我们的现实生活中，有些孩子不管是在说话上还是在做事，都不懂得去顾及他人的感受。如：给老师和同学取绰号、当同学遇到困难时上前去围观起哄、见到他人陷入了困境自己却表现出幸灾乐祸、上课时同学回答错了就在私底下挖苦人家、没有征求同学的同意就拿走人家的东西、不认真听取别人的意见……孩子们会这样做，有时只是因为好奇，想看热闹，有时只是想和对方开个玩笑，有时则是盲目地跟着别的孩子做。但是，不管出于哪种原因，如果一直这样下去，将会严重影响到孩子们之间的友谊，进而影响到健康成长。

对此，父母要引起高度的重视，父母如果发现孩子身上有这种情况，要先平静地问问孩子这么做的原因，然后有针对性地指出孩子这样做的坏处。

父母要让孩子设身处地体会到不受别人尊重时的感觉，要让孩子知道，有教养的孩子只会同情、帮助、尊重别人，不会嘲笑、挖苦、鄙视别人。要让孩子从小就学会如何尊重他人，养成尊重他人的习惯。尊重别人的人才会受到尊重，尊重别人就是尊重自己。

习惯提示

通常情况下，如果发现孩子有不尊重人的举动，要及时制止并给予适当的惩罚。如：制止他正在进行中的游戏，将玩具没收，不给他喜欢的零食。总之，要让他体会到不尊重他人是要付出代价的，是要受罚的。如："你今天说了不尊重人的话，今晚罚你不能看动画片。"父母在行使惩戒职能时一定要做到言出有信。

善于倾听他人的心声

有位哲人曾说过："上帝给我们两个耳朵，却只给我们一个嘴巴，意思是要我们多听少说。"外国曾有谚语："用十秒钟的时间讲，用十分钟的时间听。"

据心理学的研究显示，越是善于倾听他人意见的人，人际关系越是融洽。因为倾听本身就是对对方谈话的一种褒奖方式，你的耐心倾听，等于向对方传输"你是一个值得我倾听你讲话的人"。有人曾经这样说过："学会了如何倾听，你甚至能从谈吐笨拙的人那里得到收益。"

倾听他人的心声是孩子所必备的一种美德。孩子要与人融洽相处，交流沟通，必须要先学会倾听。倾听他人既是一个听的过程，也是一个学的过程。在倾听的过程中，孩子能够从别人的言语当中学到一些自己所没有接触过的知识，学到他人为人处世的态度与原则，进一步提升自己。

生活中，有很多孩子都非常善于表达自己，却不会耐心倾听他人。无法与人在交往中体现出真诚，甚至不愿意倾听他人的建议和忠告。其实，做父母的都要培养孩子倾听他人的习惯，因为它将会使孩子受益终生。

那么，该怎样来培养孩子倾听他人的习惯呢？

1. 父母要经常倾听孩子的心声

现实生活中，有很多父母都不善于倾听孩子心声，这也是孩子无法养成倾听他人习惯的主要因素。经常有父母这样感叹："孩子有什么话总不肯跟我说，我说什么孩子也不愿意听，真是拿他没有办法。"

其实，父母如果不懂得倾听孩子，那孩子所说的话就得不到父母的重视。时间久了，孩子便会把自己的真实想法藏起来。而且，孩子还会觉得父母是不尊重自己的，从此便会更加疏于与父母之间的沟通。如果出现这种状况，后果将是很严重的。

心理学家提示，所有为人父母的，如果不耐心听孩子说话，忽视孩子的心声，孩子长大后通常要经过多年的治疗才能恢复自尊。事实上，别看孩子还小，但是他们和成年人一样有着独立的人格尊严，他们也需要表达自己的想法和感受，父母是没有权力剥夺孩子的这些权利的。

倾听孩子的心声不仅是了解孩子心灵的有效途径，也是培养孩子倾听他人的重要方法。父母必须定期抽出专门的时间来倾听孩子的心声，让孩子感受到你对他的重视和赏识。一些有经验的父母都知道，认真倾听孩子们说话，是了解他们心中的感受的一种非常有用的方式。不论孩子提出的问题是大还是小，父母要尽可能找时间去倾听，而不要让孩子等你有了时间再说。

立即倾听孩子说话，可以让你更进一步赢得孩子的信任，还有助于培养孩子与人交往，倾听他人的好习惯。

在倾听孩子的过程中，父母的姿态一定要端正，不能摆出一副表面上倾听、实际上千方百计想出一些理由来反驳他的样子。如果完全不顾及孩子的感受，总是否定孩子的思想，这样孩子便不会再主动与父母交流了。

2. 教育孩子用心来倾听他人

有很多孩子总是在倾听他人讲话的过程中，表现出一副漫不经心的样子，不是随意摆弄东西就是左顾右盼，不是处理事情就是不时走动……这种行为最易伤人自尊，说话的人通常会觉得自己不被尊重，因此而不愿再讲，更不愿讲心里话。谈话不仅无法收到较好的效果，还会影响到双方的关系。

（1）让孩子学会体会他人说话的情绪

其实，在人际交往的过程中，孩子不仅仅要学会理解他人的情绪，而且还必须感受和体验他人的情绪。父母要让孩子知道在别人高兴的时候可以与他分享快乐，在别人痛苦、失落的时候同样要与他分担痛苦和失落，这种用心与人交往的表现必然会赢得他人的好感。

（2）父母要端正对孩子的态度

有些孩子因在家里深受到父母宠爱，所以常在大人说话的时候插嘴，不能认真听别人说话，这些不好的习惯其实都是大人造成的。

所以，父母一定要端正对孩子的态度。孩子首先是一个独立的人，其次他是一个与大人平等的人。如果孩子养成了以自我为中心的不良习惯，要想让孩子倾听他人是不太可能的。

因此，父母既不能无视孩子的自尊，也没必要把孩子当成全家的中心，什么事情都围绕孩子转。要教育孩子在听他人讲话时，一定要尊重对方，不管是坐着或者是站着，眼睛都要看着对方，不可以随便插嘴。安静地听别人将话说完，这是一种最基本的倾听他人的礼貌。

3. 教给孩子一些在倾听他人时应注意的礼仪

认真的倾听他人讲话可以使孩子获得许多好处。但是，到底要怎样才能认真地倾听他人呢？

在倾听他人讲话时最好是选择比较安静的环境，如此一来就降低了来自外界的干扰。

在与对方交谈的过程中一定要保持头脑的冷静，心态也要摆正，不要受到其他事物的影响。

交谈过程中要保持面带微笑，千万不要显出一副心不在焉或很不耐烦的样子；要让对方感到轻松自如，而不是拘束。

倾听的过程中不要总是打断对方或挑对方的毛病，不要当场就提出自己的批判性意见，更不要与对方争论，尽量避免使用否定他人的回答或评论式的回答，如"不可能""我不同意""我可不这样认为""我觉得不该这样"等。要站在对方的立场上去倾听、去理解，可以对他人的话进行重复。

倾听时要善于运用眼神、表情等非语言传播手段来表示自己在认真倾听。尽可能以柔和的目光注视着对方，并通过点头、微笑等方式及时对对方的谈话作出反应。同时也可以不时地说"好的""明白了""请继续吧""对"等语言来表示自己在认真倾听。

倘若对方所谈到的内容比较感兴趣，可以先点点头，然后再简单地表明一下自己的态度，最后再说"请继续说下去""这件事你认为怎么样呢？""还有其他想法吗？"等，这样会使对方谈兴更浓。

一定要注意倾听对方的讲话内容，最好是可以在对方讲完之后自己简单地复述一遍，这样可以让对方感到自己被认真倾听、被尊重，同时也确保理解了对方所讲的内容。

假如对对方所谈的不感兴趣，可以委婉地转换话题，比如，"我想我们是不是可以谈一下关于……的问题？"等。

习惯提示

孩子是否能够认真倾听他人讲话是一种重要的能力，父母在日常生活中要有意识地去培养孩子的这种能力。训练的形式可以是游戏，可以是活动，只要能够引起孩子的兴趣就可以。

一种良好的练习倾听的游戏就是传话法。如，妈妈先对孩子说一段话或给他讲一个故事，待孩子听完后，再要求他把这段话或者这个故事讲给爸爸听，妈妈则听听孩子讲得是否准确。这种游戏即简单又有趣味性，很受孩子欢迎，父母可以借鉴一下。

掌握交流沟通技巧

沟通与交流，是人际交往的一个重要环节，也是化解矛盾、解决问题的基础。"怎么听"和"怎么说"的问题看似简单，实际上要做到"听好"和"说好"却不太容易。生活中难免会存在着一些矛盾与悲哀，这在很大程度上是因为没有做到及时有效的沟通，没能使各自的想法或心情，很好的传达给对方，从而造成误解或矛盾。

多与孩子交流沟通可以为建立良好亲子关系打下坚实的基础。同时，在与孩子沟通与交流的过程中，不管是对父母还是对孩子都是一个不断提高的过程。良好的沟通和交流，能够提高孩子的观察能力；能够改善孩子的语言表达能力；能够加强孩子明辨是非的能力。那么，要怎么培养孩子的交流沟通能力呢？

1. 父母要帮助孩子养成交流沟通的习惯

（1）父母要与孩子保持良好的交流与沟通的习惯。

每当孩子放学回家后，父母都要空出一些时间用来创造和孩子谈话的机会。通过谈话，来了解孩子一天来在学校的表现，寻找孩子感兴趣的话题。

父母一定要当好听众，并对孩子所讲的一些事给予及时的正确的评价，帮助孩子树立正确的态度。交流的过程中，不能只是关心孩子的成绩，对于孩子感兴趣的各种话题都要耐心听，并从中了解孩子的思想动态，适时地给以指导和引导。

要用讨论的语气，少用教训的口气。在谈话的过程中还要多启发，多发现孩子的优点，并及时对其加以强化。长此以往便会形成一种习惯，父母就可以轻松掌握孩子的真实思想状态，从而为孩子的健康快乐成长提供保障。

（2）父母要支持并鼓励孩子与老师保持良好的沟通。

在孩子的成长过程中少不了老师的关爱，父母要鼓励孩子大胆地在老师面前展示自己的才华，增进老师对孩子的了解，这样对孩子的成长是十分有利的。

要教育孩子尊敬老师、体谅老师的辛苦，多为老师分忧解难。尤其上课时要专心听讲，思想要集中，眼睛要盯着老师，并积极发言。遇到不懂的问题要及时去向老师请教。要有大局意识，对老师安排的事要教育孩子尽心去完成，如果有必要，也可以帮助孩子一起完成。

要让孩子注意，如果对老师有什么不满意的事，可以找个时间单独和老师交换意见，千万不要当众和老师理论，更不能做让老师下不了台的事。倘若问题比较大，要先征得父母的意见后再找老师，也可请父母与老师进行沟通。

（3）父母要鼓励孩子多与同学、伙伴进行沟通。

首先，父母要教育孩子与同学友好相处，并支持和鼓励孩子多帮助那些有困难的同学。节假日，可以根据孩子年龄，安排孩子与同学一起游玩，让孩子交几个上进又志趣相投的同学，共同进步。

但对孩子要有所约束，比如：不能经常上网聊天、不能不经过父母同意结伴外出，不能和社会上来历不明的人交往过密等。要鼓励孩子跟同学之间要保持密切的关系，除了在一起讨论学习外，还要鼓励孩子在技能上多取长补短，要让孩子懂得合作和奉献的精神。如此一来，孩子便会在与同学的交往中找到快乐，从而共同成长进步。

2. 注重与孩子交流沟通的技巧

很多父母都会有这样的烦恼：孩子愈大反而愈难与他们沟通，甚至不知道该怎样去跟他们交流，往往说不了几句，孩子就表现得一脸不耐烦，或别过脸去，或返回自己的房间。

那么，到底要怎样才能对孩子传达友善的信息，并达到沟通的效果呢？

（1）接纳孩子

必须让孩子体会到，不管是在什么样的情况下，父母都是爱他、支持他的。不管他说了什么或做了什么，也许父母并不接纳他的行为，但依然关爱他。

有时只要简单的一句话："我儿子真棒！""真是我的好孩子！"或"我也觉得应该是这样！"就会让孩子觉得自己得到了父母的认可；有时甚至不用说话，利用身体语言如微笑、拥抱、点头等，就能让孩子感受到你是爱他、支持他的。

（2）表达感情

有些父母只在孩子还小的时候做一些亲昵的行为，但是随着孩子的成长便再也没有亲昵的举动了，改以冷淡的态度来对待，有时甚至讨厌并拒绝孩子的亲热。

然而，温暖的身体接触可令孩子切身体会到父母的关怀。此外，当孩子向你表达爱意时，千万不要拒绝他的爱意，否则将会影响到孩子日后与他人之的沟通。

（3）注意语气与态度

在与孩子沟通的过程中父母要避免过于尖锐高昂，因为这种声音带有威吓的效果。尽可能做到常对孩子微笑，以欢愉、平和的声音，显示出友善、冷静的态度。

（4）不要做价值判断

即便孩子不赞同你的观点，也不要否认孩子拥有自己想法的权利；父母可以根据孩子的理解能力，举出适当的事例以支持自己的想法，并且坦诚地分析双方的意见。如果父母不压制尊重孩子的思想，自然可以赢得孩子对你的敬重。

（5）用积极的态度来分享孩子的感受

不管孩子是向你诉苦还是报喜，你都最好能够暂停手边的事情，坐下来仔细聆听。倘若条件不允许，你只能边工作边聆听，也要对孩子的表达有所回应，并表明你的想法或感受。万万不可敷衍了事，不然孩子接收不到回应，日后就会懒于跟你分享心事。

（6）帮助孩子了解自己

有的时候，孩子对于自己的情感反应并不是太清楚，倘若父母能够表示理解和接纳，他会有更深刻的认识。当他对你说："妈妈，爷爷好偏心，给表妹买了一个绒毛小狗，都没有我的，我也要买一只玩具猫。"

妈妈可以将他的感受反映给他听："哦，你是有些嫉妒了，感到很不公平，但你要知道这是表妹的生日礼物啊，上月你的生日时，爷爷不是也送了你一个洋娃娃吗？"帮孩子了解自己，这样他很快就会释然了。

孩子具备了良好的沟通能力，有助于和父母之间建立起亲密的亲子关系，更有助于孩子日后建立起良好的人际关系。

在与孩子沟通的过程中父母要知道：孩子同样渴求平等，渴求与父母有个心灵的沟通，请不要对他们说"这里不是你发表言论的地方"。

习惯提示

父母在与孩子谈话时，要有一个正向的目的，例如提供知识信息、解决疑难、说述故事、分享情感、表达自己的意见等。父母如果能表现友善，不以强者的权威压制孩子，往往会得到孩子相对的友善。

有时候"沉默"也是一种有效的沟通，它可以避免语言冲突的伤害，更能让人冷静下来，重新从客观的角度去思考，这对维持人与人之间的良好关系有一定的帮助。

致家庭教育者

ZHI JIATING JIAOYU ZHE

好父母

不吼不叫

方士华 / 编著

民主与建设出版社

图书在版编目（ＣＩＰ）数据

好父母不吼不叫 / 方士华编著. —— 北京：民主与
建设出版社，2019.11
（致家庭教育者）
ISBN 978-7-5139-2688-1

Ⅰ.①好… Ⅱ.①方… Ⅲ.①家庭教育 Ⅳ.①G78

中国版本图书馆CIP数据核字(2019)第257800号

好父母不吼不叫

HAO FU MU BU HOU BU JIAO

出 版 人	李声笑
编 著	方士华
责任编辑	刘树民
封面设计	三石工作室
出版发行	民主与建设出版社有限责任公司
电 话	（010）59417747 59419778
社 址	北京市海淀区西三环中路10号望海楼E座7层
邮 编	100142
印 刷	三河市天润建兴印务有限公司
版 次	2019年11月第1版
印 次	2020年1月第1次印刷
开 本	880毫米×1230毫米　1/32
印 张	30
字 数	756千字
书 号	ISBN 978-7-5139-2688-1
定 价	198.00元（全六册）

注：如有印、装质量问题，请与出版社联系。

所谓家庭教育者，就是家庭里能够对孩子产生影响和教育的人，主要是指孩子的父母。家庭是孩子人生的第一站，也是孩子第一所学校。孩子在父母的抚育关怀和直接教导中学习，也从父母的一言一行中进行模仿，父母的潜移默化使孩子受到了最初的教育。因此，父母是孩子的第一任老师，也是孩子永远的老师。

著名教育家苏霍姆林斯基说过："如果没有整个社会的教育，特别首先是家庭高素质的教育，那么不管在学校老师付出了多大努力，都可能达不到完美的效果。孩子在学校里的一切问题，都会在家庭里折射出来，而学校复杂教育过程所产生一切困难的根源也都可以追溯到父母。"由此可见，父母对孩子教育的作用是多么的重要啊！

其实，所有父母都希望培养出一个优秀的孩子，都希望自己孩子从小就具有良好的品格、出众的成绩和较强的能力，长大以后更是能够出类拔萃，功成名就，集成功与荣耀于一身。

但是，愿望毕竟是愿望，要使美好的种子开花结果，就必须进行辛勤施肥和浇灌，就必须进行良好的家庭培育。因为只有把根基扎稳了，才能长出参天的大树来。

问题是每个父母都尽其所能地教育和培养自己的孩子，可为什么有的孩子能够十分优异，而有的孩子却非常平庸呢？造成孩子差别的根本原因，就在于有没有采用正确的教育方法，如果从心理学的角度来说，就是有没有根据孩子的心理特点采取针对性和适宜性地教育，这是孩子是否成才的关键。

俗话说，知子莫如父，知女莫如母，这个"知"就是指要知道孩子的心理，然后采取有的放矢的教育。如果你连自己孩子的心理都不知道，那么就枉为人父和枉为人母了，更谈不上正确的教育和培养。

那么，怎样了解孩子的心理，又怎样针对孩子的心理进行良好的教育呢？

为了帮助家庭教育者解决家庭教育的困惑，我们特地编撰了本套丛书，包括《好习惯让孩子受用终生》《父母是孩子最好的玩具》《好妈妈胜过好老师》《好父母不吼不叫》《如何说孩子会听，怎样听孩子才会说》《没有教不好的孩子，只有不会教的父母》六册书，分别讲述了作为家长如何培养孩子的良好习惯、怎样提高孩子的情商智商、如何培养孩子的学习精神、道德品质以及独立能力等问题。可以说，这些是成就孩子一生的最重要资本。

总之，本套书集针对性、指导性和实用性于一体，对于进行良好的家庭教育大有好处，每个父母都可以从中发现适宜用来教育孩子的不同方法和诸多措施，是一套家庭教育的优秀读本，适合不同年龄段孩子的父母学习和珍藏。

目 录

第一章

做会沟通的好父母

一般来说，孩子与父母心血相系，血脉相通，照理说应该是最容易沟通的一个群体。但是，由于年龄的差别，认识事物的角度不同，加上性格及其他原因，矛盾仍然不可避免，问题也时时发生。

因此，亲人间应该多沟通，多交流，应用爱心化解彼此间的误会和矛盾，努力填平两代人之间的代沟，这样才会使父母、子女亲密无间，家庭上下和谐幸福。

母爱是世间最伟大的力量

母爱就是母亲对孩子的爱，这是世界上最博大的爱。就像大地和大自然一样，母爱讲究默默地付出，却不求回报。母爱像春雨，传递给了大地；母爱像溪水，传递给了河流；母爱像友情，传递给了知己。可以说，母爱是世间最伟大的力量。

那么如何让这股力量迸发出美丽的光芒呢？心理学认为，应该注意以下方面：

树立正确的人才价值观

人才价值观念，具体指母亲对人才价值的理解，对教育和培养子女成才的认识。在我们的生活中，不同的人，对人才的认识是不一样的，有的认为知书识礼、学问高深的是人才；有的认为有权有势的是人才；有的认为赚大钱的是人才。因为人才观的不同，追求的目标就不一样，对子女的期望和要求也不一样，最后的教育效果也不一样。

做母亲的女性应该明白，人的价值在于能为社会做出贡献，是一个社会需要的人，是一个对社会、对家庭都有用的人。人类的母亲爱孩子，不能像动物那样从生存和安全的角度去保护孩子，而应该有明确的目标意识。爱是为了把家中的孩子培养成对社会有用的人、时代所需要的人。

那么什么样的人才是对社会有用、时代需要的人呢？最基本的素质是具有良好的社会道德意识、乐观健康向上的心态、积极的探索和学习的精神、良好的身体状况和社会适应性。

孩子的基本素质不是与生俱来的，而是在耳濡目染父母长期的言行举止、行为榜样与社会环境交互作用中逐渐形成的，其中母亲的人生价值观具有导向作用。

所以，母亲的情感不能盲目地付出，而应该围绕目标，有针对性和选择性，在自身的言行和对孩子的教育上选择有利于孩子发展的方式和内容，而不是我行我素。

建立良好的亲子关系

孩子究竟属于谁？心理学认为，作为母亲的女性不仅应当把孩子看成家庭中的成员、自己的骨肉，同时也应该把孩子看成是社会的人，是国家和民族的未来。所以，母亲有责任和义务把孩子培养成国家所需要的有用人才。

由于受长期封建传统思想的影响，许多母亲总把孩子看成是自己的私有财产，父母对儿女可以任意处置，打骂、娇惯全凭自己的意愿，很难用平等的态度对待孩子，要么把孩子当成宝贝过分溺爱、处处包办代替，任其为所欲为；要么对孩子寄予过高的希望，巴不得在孩子身上实现自己的所有的理想和追求，丝毫不顾及孩子的水平和能力，还美其名曰"为了孩子"。

有的母亲在理论上也知道孩子是国家的未来，但在实际行动上又完全按照自己的主观愿望来教育孩子，要求孩子完全服从自己，而自己对孩子却不尊重、不沟通，更谈不上相互学习。

要知道，在新时代，母亲和子女不仅有血缘上的联系，更重要的是一种互相依赖、互相学习、共同进步的社会联系，亲子关系是一种互爱的关系、平等的关系。

母亲和儿女之间要培养共同语言，相互沟通，要注重和孩子进行情感上的交流，取得孩子的尊重和信任，主动地了解孩子，如知道孩子的兴趣爱好、孩子的性格特点、孩子的优势和孩子的不足，还要善意地对孩子进行引导、批评。

父母培养子女是社会义务，同时也能享受子女的成功和成才带来的欢乐，但如果母亲逆社会之需要，一味按自己的愿望去塑造孩子，那么孩子今后可能跟不上时代发展的需要，缺乏自信和独立，常常受挫碰壁，家庭的温馨和快乐也会由此受到影响。

学习掌握必要的知识

大量研究表明，许多家长对儿童身心和社会性发展的相关知识了解得很少，他们非常希望培养出优秀的子女，于是强迫教育、超前教育，巴不得自己的孩子是超常儿童，常常跨越孩子的认识能力水平施加教育，"拔苗助长"最后害了孩子也苦了家庭。

母亲是家庭教育的主要承担者，在母爱的驱动下，母亲对孩子更为关注，但如果母亲不了解子女身心发展客观规律的有关知识，那么可能的结果是"爱之越深，损之越烈"，就如有些孩子的妈妈一样，牺牲自己的一切换来的却是永远的噩梦。

心理学认为，母亲应当把子女看成是具有独立人格和自尊的人，孩子有着自己身心发展的规律和特征，家长不应该把自己的思维方式和意愿强加给孩子，应当按照儿童发展、教育的规律进行家庭教育。大人应当爱孩子，鼓励和支持他们，保护和引导他们，但决不能代替他们，实际上也代替不了。

那么，怎样才能掌握子女身心发展客观规律的有关知识呢？唯一的方法就是学习，向有经验的母亲学习，向有关专家请教，向有关的书籍学习。

关于儿童教育方面的书籍、报纸、杂志很多，社区、学校也经常会组织专门的学习，作为母亲要主动参与这些学习，从中获得孩子在各个不同年龄阶段成长的规律的知识，结合自己孩子的实际，不断调整自己的认识和行为以适应孩子发展的节奏。

提高自身的素质

母爱是情感的投入，是自觉的行为。但情感和行为都是受思想支配的，而个体的思想又取决于个体的认识水平、知识结构、价值观念、行为准则等多方面，所以作为母亲要真正施与母爱，就要对自己提出很高的要求。

为什么这样说呢？因为孩子有很强的模仿能力，他们长期生活在父母的身边，就会自觉不自觉地模仿父母的一言一行，尤其母亲对孩子早期的影响更大。所以，女性要想教育出优秀的孩子，自己应当首先提升自身的精神境界。

要想让孩子讲文明礼貌，母亲就不可口出污言垢语和举止粗俗；要让孩子爱学习好读书，母亲就不能不看书读报，更不能在麻将和扑克桌上通宵达旦；要想让孩子身心健康成长，母亲首先要从自我做起，自尊、自重、自爱，并也要在"德、智、体、美、劳"等方面不断完善自己，不断提高自己为人父母的本领和素质，要有远见、识时务、严以律己、身体力行，努力使自己处处成为孩子的榜样。

除了榜样的作用，提高母亲的自身素质还有一个重要的作用，即提高家庭教育的质量。家庭教育是孩子的启蒙教育，家庭教育的成功与否直接影响孩子的成长。

高素质的母亲懂得儿童身心发展的规律，掌握相应的教育方法，能随时观察孩子的身心发展和变化，及时给予适当的关心、辅导，帮助孩子渡过一个个难关，使其顺利成长。

母爱很普通，每个人都感受过母爱；母爱很崇高，它是母亲心血和生命的精华；母爱很复杂，汇集着天性、本能、意识、希望、行动；母爱很见效，成也母爱败也母爱。

为了使我们的孩子获得更多的成功，作为新时代的现代女性要树立科学的母爱观念，学习科学的母爱知识，对孩子实施科学母爱，这样才能培养出国家需要的栋梁之材。

让博大的父爱温暖孩子

如果说母爱如水，温暖滋润，那么可以说，父爱如山，博大深沉。父爱指父亲给予孩子的爱，父爱是严肃、刚强、博大精深的。父爱同母爱一样伟大，只是父亲表达爱的方式不同而已。

现在常能听到一些父母抱怨自己的儿子缺乏男子气概，甚至有的人嘲笑这样的男孩为"娘娘腔"，男孩儿本身也很痛苦，可到底是什么原因导致的呢？

心理学专家认为，主要原因在于父亲，一些父亲由于工作关系，与家中孩子接触的机会与日俱减，从婴幼儿到青春期的成长过程中，男孩儿往往被母亲、女老师所"包围"，男子气概成了他们人格构建中的稀缺元素，女子气息过重便成为现代男孩的标志性弱点。因此，父亲一定要让孩子感受到父爱的温暖，使孩子学会父亲的坚强、坚韧和自信，让孩子更加健康地成长。

认识父爱和母爱的差别

在家庭中，父爱和母爱是有差别的，我们可以从父母与孩子的日常交往来看两者的不同。在交往的内容上，母亲常花较多的时间照顾孩子的生活或辅导孩子学习；父亲则花较多的时间与孩子游戏。在交往的方式上，母亲更多地搂抱孩子，与孩子进行一些温和的活动；父亲则更多地通过身体运动与孩子玩耍，做一些较剧烈的、冒险性的活动等。

在交往的态度上，当孩子摔倒了，母亲常用"没摔坏吧，都怪石头""以后千万别乱跑，听话就是乖宝贝"来安慰和规范孩子；而父亲常会大声地说"勇敢些，爬起来""为什么不看路，下次要注意"。可见，父亲和母亲同孩子的交往是很不一样的，带给孩子的教育影响也很不一样。培养父子感情，让父爱发挥教育作用，重要的是要让父亲将本身所具有的男性特点融入亲子交往中。

比如让父亲和孩子一起玩运动性、技术性、智能性较强的游戏，这样父亲所固有的男性特征，如坚毅、深沉、果断、独立性、进取性、合作性等会不知不觉地影响孩子，这样就有利于促进孩子身体、智能、性格的发展。

学会培养父爱的方法

爱孩子的父亲们，不仅要为家庭和孩子的成长创造物质基础，更为重要的是要参与到孩子健康成长的教育工作中去，对孩子的教育不要只停留在要求和训斥的言传之中，还要亲自上阵，对孩子进行身教，让孩子从父亲身上，学会刚强、学会坚韧、学会社会责任。

（1）要表扬孩子

父亲的肯定，最能增强孩子的自信心，让孩子有勇气去面对生活中的未知世界，敢于承受失败和挫折。

（2）多和孩子在一起

尽管很忙，每周也要安排一些时间与孩子在一起，带着孩子一起做家务，一起玩耍，让孩子与父亲有亲近的机会，沟通父亲与孩子之间的感情。

（3）多帮助孩子

在孩子遇到困难的时候，与孩子一起面对，并且协助孩子解决问题。这样一方面可以让孩子感受到来自家人的支持，另一方面也能教会孩子处理问题的技能，促进孩子成长。

（4）让孩子了解你

花一些时间与孩子进行谈话，让孩子了解你的对问题的看法和认识，花时间带孩子到你的办公室了解你一天都在做什么工作，花时间带孩子一起参加社交活动，让孩子了解你的社会交往。孩子通过近身观察，能够从你身上学到人生理想、社会责任、个人追求、为人处世等方面的知识，这对孩子的成长是大有好处的。

（5）送给孩子礼物

在孩子取得成功的日子或者特别的日子，来自父亲的祝福最能成为孩子成长的催化剂。需要注意，买礼物需要有节制，不要太过频繁，太过于贵重，只要表达父亲对孩子的祝福和肯定即可。

正确地对待独生子女的教育

独生子女，是一个家庭范畴内的概念。自20世纪80年代，我国把规定一对城市夫妇只生一个孩子，以及将优生和优育定为一项基本国策以来，全国已形成了庞大的独生子女群体。

出生人口的大量减少，缓解了衣、食、住、行、就业、资源、环境等诸多方面的社会压力，提高了人口素质，但也衍生出家庭中的独生子女问题。

所谓独生子女问题，是指在这些独生子女身上，人们发现了这样一种现象：许多独生子女或多或少都存在着自私自利、不会做家务、对父母不孝顺、好吃懒做、任性、贪图安逸等毛病，他们中甚至还出现了"零家务"，就是不做家务的孩子。所以，独生子女的教育，是一个十分重要的心理学课题，也是全社会特别关注的一个问题。

认识独生子女问题产生的原因

（1）长辈的溺爱娇宠

父母和祖辈的溺爱娇宠，使孩子变得自私，凡事先考虑自己，从不为别人着想。

（2）未养成尊重的习惯

家长对"独苗苗"百般袒护，长者不愿约束孩子。孩子在家庭这个最早加入的社会结构中，未能养成尊重长辈、遵守纪律的自觉性，而是任性骄横，家庭成员关系颠倒，走向社会也不懂得尊重别人。

（3）没有与人合作的精神

独生子女没有兄弟姐妹为伴，幼时缺少与小伙伴一起游戏的集体活动，既不易养成与他人协同合作的精神，又缺少竞争性，所以社会适应能力差，形成孤僻、缺少热情的个性倾向。

（4）易于形成依赖性

在家里，父母代劳独生子女的许多本应自理的工作，使他们逐渐形成依赖性，以致自主精神和自主能力都差，更缺少劳动自觉性。

（5）缺乏自由时间

家长望子成龙，请家庭教师，买钢琴，成天逼孩子认字、作文、弹琴、习画、学外语，没完没了。孩子缺乏应有的游戏时间，会产生厌学情绪。

其实，只要家长能发挥孩子的优势，独生子女的体格和心理都会得到很好的发挥，所以，家长应该重视对独生子女的教育问题。

应对独生子女问题的策略

家长对独生子女的正确态度，应该是爱而不宠、养而不骄。爱子女不但应体现在对孩子的生活上，更应该体现在对孩子的教育和培养上，使孩子在德、智、体、美、劳各方面健康成长，为此，对孩子要严格管教，精心培养才是爱。

（1）摆正与独生子女的关系

在家庭中，千万不要把孩子置于家庭的特殊地位，不要让孩子在思想上形成"自我中心"的意识。平时对孩子的一言一行、一举一动，尽量不要让他们产生特殊感，要使孩子感到他和其他成员的地位是平等的，要做到这一点，从日常生活中的小事做起是关键。

（2）加强独生子女之间的往来

鼓励孩子到儿童社会中去，儿童社会性的发展是要通过他们之间相互的交往而发展的。儿童良好的行为是从模仿开始的，而模仿最好的对象是儿童伙伴，这种作用是成人所代替不了的。

大多数孩子是非常喜爱集体生活的，特别是游戏，通过集体教育他们尊重他人，不执拗任性，与小朋友友好相处，互相商量、谦让。因此，家长要放心让孩子到小伙伴中去锻炼，培养他们的自主精神，这种能力将会随着他们的成长迁移到他们未来的生活和学习中去。

（3）培养孩子健全的人格

独生子女身上大多存在着娇气，克服这种娇气的办法，是在实际生活中让孩子吃一点苦。

因此，在物质方面，家长不要提供太好的条件；应督促孩子多做一些家务，特别是孩子自己的事情，尽量让孩子自己去做，有时，家长也可以有意识地设置一些障碍和困难让孩子去锻炼。

这样，孩子就容易形成自立、自强，拥有坚定的信念、坚忍不拔的毅力和良好的心理素质，这样的孩子才会勇于面对生活带来的压力，才不会被困难所击倒。

一旦孩子形成自己的主体意识，具有批判思维能力，他就敢于承担责任，表现自己，形成认识自己、肯定自己、超越自己的良性循环。完善自由的个性，健全的人格，正是将来迎接挑战的根本。

（4）对孩子的教育要一致

成人对孩子的教育要使他们感到合理，才能得到良好的效果。家长对孩子的教育要一致。从小到大要让孩子形成良好的习惯，要有原则，这样，家长的威信才会高，教育的效果才会好。

总之，我国的独生子女是在特殊的家庭生活环境中成长的，这种特殊的环境对儿童、青少年的影响作用可能是积极的，可能是消极的，要尽可能地发挥其积极作用，抑制并克服其消极作用，扬长避短，才能更好地促进独生子女身心的健康和谐发展。

善于教育与引导孩子成长

孩子的成长需要教育与引导，什么样的教育与引导才能使孩子健康成长，可能是每个家庭、每个家长都非常关心的问题。

在众多的家庭教育理论与实践中，人们越来越注意到教育孩子时家长的正确心理。因为拥有正确的心理，才能拥有正确的教育方法，反之，则可能适得其反。总之，只有善于教育与引导，才能培养孩子良好的生活习惯，帮助孩子形成健全的性格特征，从而使他们的身心得到全面发展。

认识教育孩子的常见心理

在现实中，比较常见的教育孩子的心理有哪些呢？

（1）期望心理

望子成龙、望女成凤是每个家长共同的愿望，既是人之常情，也是孩子成长的动力来源之一。适度的期望可以使孩子朝着健康的方向发展。但在现实生活中，有些家长只是不断地提出要求，而忽略了对孩子应有的鼓励，鼓励是孩子前进的"加油站"，鼓励不足甚至没有，结果造成孩子前进动力不足，久而久之，孩子就会对自己失去信心，导致停滞不前甚至朝相反方向发展。

有些家长把自己没有实现的梦想强加在孩子的身上，家长的梦想期待孩子来实现，孩子肩负着自己和家长的对于未来的向往，负重前行，使得很多孩子对于未来没有信心，对生命也没有了期待。家长应该正视这个问题，期望要适度，期望加上鼓励才能起到好的作用。

（2）替代心理

许多家长觉得在自己的成长过程中走了许多弯路，吃了许多苦头，在心中很自然地就产生了替代心态，总是不断地告诫孩子这样做不行、那样做不行，只有照其说的去做才是最佳做法。

从短期效果讲，这种做法是最好的，省略了一些探索过程中的挫折。但从孩子的成长看，这种替代孩子思考与选择的做法与家长教育的初衷是相反的。在孩子成长所需要的各种知识中，有些是可以传授的，有些则必须是要孩子体验的，就好像学骑自行车一样，只是讲而不去练，孩子永远也不知道骑自行车的感觉是什么，成长的智慧是在不断反思中形成的，而不是天生的或是哪个人教会的。

在替代心态教育下长大的孩子往往会成为一个听话的机器，一个没有个人思想的做事的人，而不是一个生活的智者。

（3）急躁心理

"十年树林，百年树人"这个道理所有的人都懂，但实际生活中急于求成的事随处可见。今天指出了孩子的问题，明天就希望孩子有一个新的变化，或是让孩子参加什么速成班的学习，希望他们早日成才。孩子的成长是一个曲折中前进的过程，在成长中出现的问题可能是成长中必须出现的，比如青春期的心理，这个过程只有当孩子走过了这个阶段，相应的成长问题才会有所好转。

还有一些问题是成长过程中积累下来的，比如不自信、撒谎、网络成瘾、上课注意力不集中、性格上的不良表现或是成绩比较差等，这既有孩子的责任也有家长的责任，因此这些问题都不是一朝一夕能改善，而是有一个漫长的过程，家长要有充分的思想准备，与孩子一起成长，任何急躁与不耐心只能给孩子的成长带来阻力。

除此之外，还有无能为力的心态、放任自流的心态和不信任的心态等，这些心态或多或少都对教育孩子的效果产生一些不良的影响。

教育孩子的正确心理

在教育孩子的过程中拥有什么样的心理才能获得良好的效果呢？

（1）尊重孩子

要想教育好孩子，首先必须尊重孩子。家长对孩子的尊重不是简单地表现在对孩子讲话客气，不打骂孩子，或是让孩子做出他自己的选择，家长一律不干涉等，而是表现在对一个生命的尊重。

教育学家罗杰斯有句话描述了这种尊重的感觉："当看着日落时，我们不会想去控制日落，不会命令太阳右侧的天空呈橘黄色，也不会命令云朵的粉红色更浓些，我们只能满怀敬畏的心情观望而已。"孩子身上有着巨大的成长潜力，这种成长潜力有着自己发展的规律与方向，作为家长只有配合着这种成长力量，孩子才能够将自己的潜力充分发挥出来。

（2）热爱孩子

提到父母对孩子的爱，每个家长都觉得自己的爱有100%，但许多孩子却感受不到这种爱，反思其原因，父母的爱有太多的条件，比如听话、考试成绩要好、不能打架、对老师要有礼貌等，这样的爱变成孩子行为的枷锁，难怪孩子们无法理解这种爱。

父母对孩子的爱应该是无条件的，它既不是为了满足自己的私欲去溺爱，因为自己不能见别人受苦或是不能见孩子受制而对孩子不加管理，也不能为了让孩子实现自己的理想而对孩子严加管教。

不论管教的严或松，不是根据家长的意志，而是根据孩子成长的需要，是出于对孩子成长规律的配合，这样的爱才有效果。

科学的教育心理是家长教育智慧的体现，这种智慧的获得也是在教育实践中不断反思才能获得的。

调皮是孩子的一种天性

在我们的生活中可以看到，很多孩子都调皮捣蛋，特别是学龄前儿童，无论在幼儿园还是家里，常常让大人们头疼不已，气急败坏。怎样看待这些调皮孩子的举动呢？

著名作家冰心曾说过："淘气的男孩是好的，调皮的女孩是巧的。"她满怀着对孩子们的挚爱，寄语父母和教师要正确看待淘气和调皮。须知，调皮是孩子的天性，贵在教育与引导。

了解孩子调皮的原因

调皮孩子是指在集体生活中经常表现出精力旺盛、活动量大、注意力不集中、自制力差，常有攻击性和破坏性行为，习惯差，喜欢恶作剧，爱发脾气且不遵守班级纪律的孩子。调皮是孩子的天性，一般说来，孩子的调皮有家庭和自身的原因。

（1）家庭教育不当

通常家长教养孩子方式有4种类型，如权威型、专断型、放纵型、忽视型。其中，造成孩子调皮的重要因素有以下几种：

第一，专断型的教养方式。这种家长往往把孩子看成私有财产，常常要求孩子无条件遵守有关规则，不给孩子发表看法的机会，对孩子违反规则行为表示愤怒，甚至采用严厉的惩罚措施。生活在这样环境下的孩子，其心理受到了压抑，产生了怨气，到了学校，其他孩子往往就成了"出气筒"，在学校表现得就非常调皮。

第二，放纵型的教养方式。持这种态度的家长往往把孩子看成是光宗耀祖的希望。他们无原则地满足孩子的各种要求，对孩子的不良行为也不加以控制和纠正，让孩子为所欲为。这样的孩子在幼儿园常表现出较高的冲动性和攻击性，而且缺乏责任感，不太顺从，行为也缺乏自制。

第三，忽视型的教养方式。持这种教养态度的家长，对孩子既缺乏爱的情感，又缺少行为的要求和控制。孩子的行为得不到及时的反馈，这就造成了幼儿不知是非和正误的毛病。在幼儿园里则常表现出好奇、好动、好问、不守纪律等特征。

（2）自身条件影响

孩子生长发育需要调皮。学龄前儿童生长发育很快，生长需要运动，运动帮助生长。孩子很多调皮现象，都是这种帮助生长的运动的表现。从这个意义上讲，调皮就成了孩子的天性，孩子需要运动，又缺乏经验，这一对矛盾就成了孩子调皮的本质。

管理调皮孩子的方法

调皮是一些孩子气质类型的外部表现。气质是表现在人的情感认识活动和语言行动中的比较稳定的动力特征。常见的气质类型有胆汁质、多血质、黏液质、抑郁质。

不同的气质类型在心理上有不同的表现，这几种气质类型中，胆汁质兴奋性较强，多血质灵活性较强，这两种气质的幼儿可能就成了天生的调皮儿童。作为家长，应该了解孩子调皮是可爱的表现，正确地引导他们，使其身心健康地成长。

（1）用欣赏的眼光看待

调皮的孩子是璞玉，父母雕琢他们最好工具不是惩罚说教，而是学会倾听他们的声音。每个孩子都渴望被尊重和赏识，调皮的孩子也一样。所以，家长要学会用欣赏的眼光看待调皮的孩子，以便发现他们的优点和长处，只有充分了解他们，才有可能去正确引导和帮扶他们。其实，有出息的孩子不是学出来的，而是长出来的。怎样长是个严肃的问题，家长的作用至关重要。

（2）给孩子多一些关爱

爱是幼儿心理健康发展的重要条件。实践证明，被成人厌弃的幼儿，常自暴自弃，形成自卑或逆反心理。比如，有些调皮的孩子，喜欢捣乱，活动时常打打闹闹，这往往是由于家长对他付出的爱及关注不够，他们中有的想通过捣乱、打架来引起家长的关注，获得我们的爱。

因此，对于调皮儿童，家长不应该吝啬自己的语言和表情，而要通过多种形式，向他们表示我们的爱。即使只是一个会心的微笑、一句关心的话语、几下亲切的抚摸，都会使他们感受到"父母还是爱我的，我应该听他们的话"。

尽管孩子年幼，但自尊心很强，尤其是调皮的儿童，要坚持用一分为二观点看待他们，尽量找出其闪光点，鼓励他们进步。

（3）提倡人性化教育

大人和孩子的观点难免不同，家长应该换位思考，多站在孩子的角度想一想。当孩子犯错时，只有让他真真切切地认识到其做法是错误的，才能达到教育的效果。家长要与孩子多沟通、多交流，千万不要采用简单粗暴的方法去打压、管教孩子。

没有一个孩子不调皮捣蛋，但不能将此作为孩子的缺点，孩子的顽皮之中往往蕴含着创造，它是孩子智慧发展的原始动力。如果每一位家长能正确地对待孩子的顽皮行为，进行科学引导，那么，在孩子成长的道路上，在顽皮之中激活和培养出的孩子的智慧，可能是孩子成才之路上的"第一桶金"。

改掉孩子贪玩的毛病

贪玩是孩子的天性，换句话说，没有孩子不贪玩。不过，任何事情都要把握一个度。超过了度就会产生负面影响。正如孩子贪玩一样，如果玩得过分，玩得沉迷，这就有害而无益了。我国古代有句话叫"玩物丧志"就是这个意思。为此，作为父母绝对不能让孩子贪玩过度。

了解孩子贪玩的原因

对孩子的贪玩，家长不要过分心急，当孩子贪玩影响了正常学习及生活时，我们做家长的则需要进行干预。研究认为，引起孩子贪玩的因素有如下几个方面：

（1）儿童多动症

这种孩子表现为整天动个不停，但兴趣爱好不持久，注意力集中时间不长久，行动没有计划性和目的性，做事有头无尾，不能有效地约束和控制自己。

（2）教育不当

家长由于工作、生活等原因，平时对孩子教育不够，孩子整日和其他孩子一起玩耍，无人加以约束和引导，使得孩子沉溺于玩耍。学龄儿童贪玩则有多种原因，例如有的孩子缺乏学习兴趣，有的因视力或听力等问题，因为看不清，听不懂导致上课做小动作和调皮捣蛋等，而教师及家长往往认为他们是贪玩。

（3）饮食因素

研究发现，儿童饮食与行为之间也存在着一定的关系。有的孩子身上似乎有使不完的力气，这可能与孩子平时多食鱼、肉、蛋等高脂肪、高蛋白饮食有关。另外，常喝含兴奋性成分的饮料以及多吃人工合成色素类食物及挑食、偏食引起缺铁性贫血等也可能引起儿童爱玩。

改变孩子贪玩的方法

孩子爱玩并不是坏事，因为在玩中同样能学习知识，增长才干。因此，我们对孩子的玩不应该一律加以强硬的干涉，而应该区别对待，正确引导，并根据孩子贪玩的原因，对症下药。

（1）培养学习的兴趣

学习兴趣是促使孩子自觉学习的原动力，兴趣是最好的老师。如果孩子对学习产生浓厚的兴趣，他们自然就不会把学习当成苦差事。

我们经常看到，有的孩子对电脑很有兴趣，愿意自觉主动地看许多计算机方面的书籍，贪玩的习性就会有很大的改善。因此，我们应不时地寻找发现孩子的兴趣所在，并加以引导和培养，促进孩子健康成才。

（2）科学严格的教育

学会引导，严格教育，注重实效。通俗地讲，就是软硬兼施，重在激励，软就是启发、激励孩子；硬就是严格教育。严格教育不是教条主义，不是管死，而是对正确的和孩子愿意做的事情，要抓紧、不放松、不打折、不妥协，抓出实效。

正确的和孩子愿意做的事情，家庭应该进行严格管教，这会形成良好的亲情关系，而溺爱孩子、放任不管才是造成不良亲情关系的重要原因。

（3）对潜能挖掘培养

挖掘潜能培养某一方面的兴趣，这对贪玩孩子的转变是很重要的。让孩子逐步学会发现和发展自己的特长和优势，孩子的知识、能力、情感、意志等某一个方面的长处得到展示，受到肯定，对孩子来说，都是他成长中的一个重要的突破性发展。

每个孩子都是有特长、有天赋、有潜能的，我们只要留心，总会找到孩子的某些天赋和特长，只要加以引导和鼓励，孩子就会兴趣大增，从而转移注意力，把玩放到次要地位。

（4）让孩子感受成功

很多孩子不爱学习，多是由于学习总是失败，考试成绩总是不如人。因此，我们要从孩子的实际出发，恰当地为孩子确定学习目标，并给予切实有效的帮助，这样孩子就能努力达到他能够实现的目标，获得成功的体验。成功的体验会激励孩子继续努力，不断进步。

（5）交爱学习的伙伴

同龄人之间的影响也是极为重要的。大部分的孩子仿效性极强，只要有一个好的榜样在身边，孩子就会产生希望变好的内在动力，逐渐喜欢学习。这种同伴的力量有时甚至比父母的说教、打骂更有效。

另外，作为父母，我们应该明白，自己的言行是孩子最好的榜样。要使孩子不贪玩，首先我们自己必须爱读书，为孩子努力营造一个良好的学习氛围。如果我们成天玩麻将、看电视、跳舞、应酬，那么要想孩子"出淤泥而不染"是绝对不可能的！

培养孩子良好的学习习惯

希望自己的孩子成才是每个父母的心愿，许多父母也都尽其所能地教育自己的孩子，然而为什么有的孩子出类拔萃，而有的孩子却非常平庸？同样是孩子，差别为什么如此之大？

大量事实证明，凡在学习上比较优秀的学生和他们良好的学习习惯是分不开的。所以，作为父母，在孩子学习中指导的重点应是从小培养孩子良好的学习习惯，这将会使孩子终身受益，这也是使孩子打开未来成功之门的金钥匙。

了解孩子不爱学习的原因

有不少孩子有厌学情绪，甚至有的优等生也不例外。求知是孩子认识世界的基本途径，而追求快乐又是孩子的天性。若孩子因求知而被剥夺快乐，在痛苦的状态下学习，就会产生厌学情绪。要改变孩子的厌学情绪，首先要弄清产生厌学情绪的原因，然后才能对症下药，让孩子快乐学习。孩子产生厌学情绪的原因主要有：

（1）父母期望过高

父母的期望过高，会使孩子心理压力大大增加，不自觉地把学习与痛苦体验联系起来。

（2）缺乏自觉性

父母陪读，使孩子缺乏学习自觉性。这会使孩子难以领悟学习的过程，难以独立地解决遇到的新问题，体验不到独立解决问题后成功的快乐。

（3）认识偏差

家长对孩子学习目的定向有偏差，将学习知识的目的定在将来而不是今天。比如，家长常对孩子说："你不好好学习，将来就找不到工作。"这样，孩子就体验不到获取知识的快乐，而只注重别人对自己的评价。对知识本身不感兴趣，自然将学习看作是苦差。

（4）不会学习

一些孩子往往学习时不集中注意力，不能把新旧知识联系起来进行学习；不能选择重要内容而抛开不重要的内容；无法将学到的知识正确、合理地表达出来。这样，面对日益繁重的课业内容，自然产生厌学情绪。

引导孩子爱学习的方法

面对孩子的厌学情绪，作为父母，该如何增强孩子的学习兴趣，培养孩子爱学习的习惯呢？心理学认为，可以从以下几个方面入手：

（1）正确引导孩子学习

父母常把学习焦点放在孩子的学习成绩上，如考试考了几分？班上排名多少？如此一来，就是教导孩子，你所有的学习，都是为了取得这些外在的肯定。

如果父母亲能教孩子，把学习焦点放在学习的成就感上，感觉就会截然不同了。其中的差别，在于不把孩子跟别人比，孩子只该跟自己比较，多学了一些知识，自己就有所进步，当然值得高兴。

如此一来，孩子可以从获得知识当中，得到很大的满足和成就感。这么做，就会培养出热爱学习的孩子。为此，培养孩子发自内心的学习热忱，孩子才能乐于学习而发挥潜力，达到他真正应有的学习水平。

（2）培养多元化教育价值观

孩子的学习动机被扼杀的原因之一，是父母亲只认为在学校考试成绩良好，才是未来有出息的保证。因此对孩子的学习成绩过分在意，而造成孩子压力过大。

然而，美国哈佛大学的心理学教授加德纳博士早在1983年就提出了"多元智力因素理论"。主张判断一个孩子是否聪明，应从八大能力来分析。

其中的前三项是传统智力因素：一是数学逻辑能力；二是语文能力；三是空间能力；另外这个划时代的创新理论，还加了五项新的能力指标，来判断一个孩子是否聪明，其中包括：体能、音乐能力、了解自己的能力、了解别人的能力、理解自然环境的能力。

这一"多元化价值观"的教育理论，影响了世界各地的教育体系。比如，一个体能很好的孩子，在校的数学成绩若不如其他孩子，以传统的眼光来看，就不是个聪明而会受重视的孩子。然而按照"多元智力因素理论"，拥有极佳的体育素质也是一大能力，这个聪明的孩子绝对值得父母亲好好培养。

所以，如果父母能用多元价值的眼光，来看待孩子的学习能力和成果，就会发觉，其实每个小孩都有他的闪光点，父母亲的职责是去发现这些闪光点，让它熠熠生辉。

（3）培养孩子学习的弹性

要让孩子永葆学习的热忱，除了让孩子真心喜欢上学习之外，还有一个很重要的能力需要培养，就是学习的弹性。

所谓"学习的弹性"指的是，一个人处理压力，面对挫折和接受挑战的能力。具有学习弹性的孩子，能有效地处理学习挫折和负面评价以及学习压力。

溺爱孩子不是真正的爱

孩子是父母的心肝宝贝，做父母的疼爱孩子理所当然，但疼爱不是溺爱，不是一味地娇惯和放纵。溺爱孩子不是真正的爱，因为溺爱不利于孩子成长。

现实生活中，有不少父母分不清什么是溺爱，更不了解自己家里有没有溺爱现象存在。所以对这个问题非常有必要进行剖析。

认识溺爱与爱护

溺爱子女是当今社会的普遍现象。生活中，我们经常可以听到这样的话："我们的童年过得很艰辛，再不能让孩子经受我们的那些磨难了。""现在条件好多了，又只有一个孩子，因此，无论如何不能让孩子吃苦受累。"

正是怀着这样的想法，我们做父母的尽其所能地从各方面满足孩子的需求，包括一些不必要的甚至是无理的要求，代替孩子完成一些理应由他们自己完成的事，如做作业、值日扫地等。

我们尽力把孩子的生活道路铺得平平坦坦的，似乎这样就能保证孩子幸福健康地成长。但是事实上，父母的这种观念会给孩子带来很大的危害。要知道，个体的成长过程就是自己成为自己的过程，爱是这一过程中最重要的因素。我们给孩子提供什么样的爱，孩子就以适应这种爱的方式而成长。

真爱以孩子的成长需要为核心，在孩子不同的发展阶段给予他不同方式的爱。2岁以前，我们可以给予孩子无条件的爱，因这个时候，孩子还完全没有自立能力。2~4岁，我们要尊重孩子自主的探索，但又在孩子需要帮助时出现在他面前。

这种以孩子的成长需要为中心的真爱会让孩子成为自爱、爱别人、有鲜明的自我意识、健康的自主人格和高度创造力的人。与真爱对应的是溺爱，很多家长都有这样的溺爱心理。这种看似是自我牺牲的爱，其实是懒惰的爱。

天真、幼小和"一张白纸"的孩子，最需要我们做父母的经常性的正确教育和引导。但是溺爱成了家庭教育和引导孩子的障碍。

孩子常常是在不知道错还是对的心理状态下干自己想干的一切。同时，溺爱使大人不能给孩子以适当的批评，不能让孩子明白对与错、能做与不能做、好与坏的区别。

2岁前，我们父母以孩子为中心，他们怎么爱都几乎不会犯错。但2～4岁，我们仍然这样做，甚至直至孩子成人了，我们也仍然一成不变地以这种方式去爱他。最终，这会导致毁灭性的结果。

消除溺爱的方法

溺就是淹没的意思，如果我们做父母的爱流横溢，泛滥起来，就会淹没孩子，这就是溺爱，当然淹没的不是人，而是孩子的优良性格。现代社会，溺爱已经成了严重的社会问题。我们该如何克服自己的溺爱心理呢？

（1）要有理智

做父母的，没有不爱孩子的，但是在爱孩子的过程中要有分寸、有原则。要自觉地控制自己的感情，克制那些无益的激情和冲动。

（2）严格要求

所谓"爱之深，责之切"，就是说，我们的严格要求正是出于深切的爱。所以，我们做父母的不应该受盲目的爱所支配，要严中有爱、爱中有严。当然，严格要求并不意味着我们对孩子动辄训斥打骂，而是要做到以合理为前提。而且，态度也应该是耐心的、循循善诱的。

（3）认清目的

我们一定要清楚孩子是一个独立的个体，是与我们一样独立的人。孩子终究是要离开我们独立生活的，生活能力和自理能力是伴随孩子一生的最基本的生存本领。我们培养孩子的主要目标是让他养成独立自主的习惯。

（4）提供机会

让孩子养成独立自主的习惯，就需要我们做父母的给孩子独立自主的机会。把孩子应该自己完成的、能够做到的事情，以及他应该承担的对自己、对父母、对家庭、对社会的责任都要还给孩子，给孩子独立面对社会的机会，让孩子成为真正意义上的独立的人。

（5）循序渐进

我们一定要注意，培养孩子的独立自主能力不能过急，要循序渐进，要随着孩子年龄的增长，逐步提出孩子力所能及的要求，不能让孩子做不能做到的事情。

学会爱护孩子的技巧

天下的父母都爱孩子，却未必会爱孩子。过分的关心溺爱，不仅会加重孩子的心理负担，同时，还剥夺了孩子面对挫折、困难和学习独立的机会。我们如何做才是真正地爱自己的孩子呢？

（1）不给孩子搞特殊

我们现在的孩子在家庭中地位高人一等，处处特殊照顾，久而久之养成了自私、没有同情心、不会关心他人等坏毛病。我们应当视孩子为家庭的普通一员，吃水果，先要给长辈吃，然后再自己吃，家里的一切都是大家享用，玩具大家玩，鼓励孩子克己利他，助人为乐。

（2）不过分关注孩子

不要让一家人时刻都围着孩子转，这样造成孩子娇气十足、没有礼貌、任性、"人来疯"等现象严重。作为家长我们不应过分去注意孩子，也不要把孩子当中心话题，鼓励、引导孩子专心做自己的事，不能妨碍大人做事与谈话。对孩子有礼貌表示尊重是必须的，客人来了不要吵闹，要有礼貌。

（3）不有求必应

对孩子的物质要求我们不应满足的就决不给予满足，要让孩子有所等待和忍耐。因为人生的追求，哪怕是一个小小的目标也不会是一帆风顺的，积极的人生，需要等待、忍耐、克服困难和努力争取才能得到。

（4）不放任自流

我们不要因忙于工作而消极地等待环境的恩施，或任凭不良的生活习惯侵蚀我们的孩子。要言传身教，建立良好的生活环境，良好的饮食习惯，养成恰到好处的看电视和按时睡眠的习惯。

（5）不乞求孩子

我们在孩子面前不要有乞求央告的态度，也不要表现出无可奈何的神情。对孩子的教育应当是严肃认真的，要求是适当的，估计孩子能做到，给予鼓励、信任、尊重，语言和语气应当是简短、坚定的，孩子做好了，给予赞许或奖励，孩子不听话，也要严肃地教育、批评。

（6）不包办一切

在孩子可以自理的时候，我们不要处处包办。否则，时间久了孩子会养成依赖心理，变得胆小、没有自信等。要鼓励孩子尽可能做力所能及的事，逐步增加孩子的劳动难度，多表扬孩子，创造劳动的愉快气氛。慢慢地，孩子的独立性、自信心就锻炼出来了。

（7）不迁就依从

在孩子哭闹时，我们要说清道理，决不迁就。既不要一哭闹就依从孩子，也不要打骂和损伤孩子的自尊心，要谈点有趣的事来转移孩子的注意力。

事后我们要给其讲道理，对其批评，甚至冷淡孩子，有时冷淡也是教育孩子听话的有效方法。家长正确处理，孩子就会变成懂事、明理、能自制和关心人的好孩子。

（8）要统一思想

有时爸爸管孩子妈妈护着，有时父母管孩子，奶奶爷爷护着，这样孩子没有是非观念，性格会扭曲，有时还会引起家庭矛盾。只有一家人统一认识、统一方法，才能把孩子教好。

家长在教育孩子时，家中成员都要给予支持，要配合默契。即使某个家长教育不当，其他人也不要当面干预，这才是真正爱孩子。我们要以科学的爱，来保护孩子健康成长。

善于将包办变为鼓励

现在的孩子是父母眼中的宝贝，老人眼中的太阳。从孩子出生到长大，所有事大人都喜欢代劳。其实，家长把一切都包办了，孩子在这样无微不至的关怀下生活，看似幸福，背后却有隐忧，过惯衣来伸手、饭来张口的日子，不利于将来的生存和发展。所以，作为父母，为了孩子的健康成长，应学会将包办变为鼓励。

认识包办与鼓励

我们现在的生活条件越来越好，父母的文化程度越来越高，对孩子的教育也就越来越重视。我们家长自己从小吃过的苦，走过的路，不希望自己的孩子再经历一次。

于是，我们有的家长打着为孩子好的旗号，包办孩子的一切。从小时候的穿衣打扮，到毕业后的工作去向，都毫无例外地替孩子做好了决定，完全不问一问孩子自己的想法，不知道孩子自己想干什么。

更有甚者，连孩子的婚姻问题都要强加干涉，要孩子完全按照自己的计划走，不考虑孩子的感受、体会孩子的心情。到最后往往闹得父母和子女之间的分歧越来越大，沟通越来越难。家长认为自己是为了孩子，而孩子却不体谅家长的苦衷，认为家长不理解他们的想法，不给他们一个自己做决定的机会。

我们家长包办孩子的一切，从家长的出发点来看是好的。以前的生活条件和现在相比有很大的差别，再加上家里兄弟姐妹又多，不管是在教育还是在其他方面，都不会有很大的满足。

所以现在的家长在自己的孩子身上好像看到了重生的希望，把自己以前想做却因为条件的限制而没有做的事情，都一股脑推到了孩子的身上。

孩子在小的时候可能会屈从父母的想法，顶多用哭闹来表示自己的不满，家长一使用暴力威吓手段，孩子就不敢再抗议了。但是等他们渐渐长大，尤其是到了初中、高中甚至是大学以后，这种迫使孩子听从自己安排的手段就不奏效了。

于是，我们家长与孩子之间的"战争"就爆发了，如果家长不及时和孩子沟通，想用冷战逼迫孩子低头的话，那就大错特错了。这样只会加剧家长和孩子之间的裂痕，让孩子的心离家长越来越远。

即使孩子屈从了，我们想过没有，孩子一直都是在自己的安排下学习和生活，甚至连婚姻和工作都不能自己决定，那等我们老了，我们的孩子将何去何从呢？

奉劝总是喜欢包办孩子一切的家长，适当地给孩子一个自由呼吸的空间，放手让孩子去实现自己的梦想，自己默默地站在孩子的背后支持他、鼓励他。

对于家长来说可能会有一些担心和不舍，但是对于孩子来说，你们的开明让他们拥有一个实现自己梦想的机会，不管将来是成功还是失败，他们都不会埋怨你们，反而会记得你们对他们的支持和鼓励。

避免包办的方法

我们事事包办，这对孩子的独立性与自信心的培养是极其不利的，而且还会严重扼杀孩子的生活自理能力、活动能力、交往能力等，一遇到困难，就不知所措，畏缩不前，从而为消沉、懒惰、无能、自卑埋下了祸根。我们该如何改变自己包办孩子一切的习惯呢?

（1）理解孩子

婴儿不到一岁就抢着抓碗筷，试图自己动手吃饭，尽管弄得满脸是饭粒，但却表明了他的愿望。

到了两三岁，随着自我意识的萌生，独立的愿望更加强烈，什么都想要自己做，自己穿衣，自己开电视。

年幼的孩子从不会做到逐渐学会做，总是在反反复复中感受着独立做事的快乐。这是一种良好的发展过程，在"我能做"的过程中，促进了孩子独立人格的形成，同时建立起自信心。

（2）学会放手

孩子需要一定的空间去成长，去试验自己的能力，去学会如何应对危险。不要为孩子做任何他自己能做的事。如果我们过多地做了，就剥夺了孩子发展自己能力的机会，也剥夺了他的自立能力及自信心。

我们家长要放手，让孩子锻炼，不要怕他们做不好，也不能求全责备，更不能包办代替。对于孩子独立去做的事，只要他们付出了努力，无论结果怎样都要给予认可和赞许，使孩子产生信心。

如果我们父母能因势利导，放手锻炼并支持、鼓励与帮助，孩子的独立性便能得到良好的发展。

（3）不能心软

为了孩子的未来，我们家长不能一见孩子哭就心软，有时需要下狠心，别管孩子，这样才能培养孩子克服困难，迎接人生各种挑战的心理素质和实际能力。当然，不是放任自流，而是建立在了解孩子的能力、尊重他的情感的基础上。

我们平时应该要求4~5岁的孩子培养自己动手的习惯，如，洗自己的手绢、袜子，整理自己的房间、玩具，倒垃圾、叠衣服等，因为这些小事正是培养孩子自立能力和精神的一个重要途径。

（4）鼓励自主

幼儿时期是各种能力初步发展的时期，我们家长应利用这个时机，耐心细致地培养和训练孩子在各个方面的能力和技能技巧，放手让他们独立完成一些力所能及的任务，给他们一定的自我决策和选择的权利，尊重他们的合理意见和要求，给他们尽可能多的自由，不过分限制他们的活动，鼓励他们提出自己的见解。

鼓励孩子的技巧

做父母的一方面要克服自己为孩子包办一切的想法和做法，另一方面，要经常鼓励自己的孩子，这样才能更好地促进孩子的成长。我们平时该如何鼓励自己的孩子呢？

（1）注意孩子的感悟力

我们不要认为孩子还小，看不出个阴晴冷暖来，其实人的感悟力和交流能力天生就存在了。也许小宝宝还不会说话，但他已经可以通过你的语音和表情来感知喜悦还是忧伤，比如笑脸和高昂快速的声音一般都代表快乐的情绪，当宝宝感受到愉悦的信息时，他也会感到快乐。

（2）多元化的表达方式

宝宝的年龄越小，我们给予他鼓励的方式就越要多元化，这样他才能从感官上得到最大程度的接受，比如鼓掌、微笑、拥抱、眼神的交流、涂鸦绘画，并且要说"你真棒"等，动作和语言相结合，效果会更好，因为宝宝会感觉到更大力度的鼓励。

（3）鼓励孩子要有诚心

虽然鼓励并不需要额外花费什么，但是请记住，所有的鼓励和赞美都要发自内心，一味地鼓励个不停并不一定都是正向的积极的鼓励，反而可能让孩子对大人产生怀疑和不信任感。

（4）满足孩子的基本需求

对于婴幼儿而言，满足他的基本需求是最重要的。生理上的需要只要马上处理，就可让宝宝立即得到满足，而心理上的需求则比较耗费时间，这就要求大人要不间断地频繁地出现在宝宝身边，随时向宝宝传递这样的信息："宝宝，我在乎你。"

（5）随时给孩子一个拥抱

当宝宝需要拥抱时，记得要随时张开双臂，全身心地将宝宝抱在怀里。要知道，宝宝要求拥抱是在寻求安全感，是想通过和爸爸妈妈的身体接触来获得一种亲密的感受。拥抱之时交流的不仅仅是体温，更重要的是无形的情感交流。

（6）摸摸孩子的小脑袋

用温暖的大手摸摸宝宝的小脑袋，这是带点溺爱意味的行为，通常这种单纯的肢体行动会伴随着语言一起出现，比如爸爸可以抚摸着宝宝的脑袋说："好，做得好！"当宝宝情绪沮丧的时候，摸摸他的头带有一种"无声胜有声"的安慰意义，宝宝肯定能真切地感受到。

（7）给孩子甜美的微笑

和宝宝亲密接触的时候，甜美的微笑能让宝宝感到快乐。当宝宝开始学习走路的时候，爸爸妈妈记得要用微笑鼓励他勇敢地迈出第一步，摔疼了，就给他安抚和呵护；跌倒了，就让他自己站起来，或者帮助他站起来，切记不要保护过度，这样不利于孩子养成坚强的性格。

（8）多让孩子自己做主

两三岁的宝宝凡事都有自己的想法和意见，在爸爸妈妈总是问他"行不行""好不好"的时候，他一般都会回答"不行"或"不好"，因为在小孩的心目中要以"否定"来肯定自己的存在。

了解了孩子的这种心理之后，我们不妨在一些小事情上让孩子来做一次主，比如玩什么玩具、画什么样的简笔画、穿什么鞋子等，在这个过程中，让宝宝自己去判断、决定一些事情，并且从中获得成就感。

（9）鼓励孩子不畏艰难

人的一生不可能一帆风顺，我们要让孩子懂得这个道理，而且学会克服困难，要让孩子不畏艰难。我们不仅让孩子经历克服困难的过程和体验战胜困难后的喜悦，同时还要让孩子经受可能失败的磨炼。

（10）鼓励孩子多说话

说话可活跃孩子的思维，为孩子提供获取许多宝贵信息和知识的机会，还可提高孩子的社交能力，由此可诱发孩子的灵感和创新能力。

（11）鼓励孩子的好奇心

好奇心将引导儿童通向智慧之门，应该好好保护孩子的好奇心。对孩子出于好奇心提出的五花八门的问题，我们家长要有问必答，或加以引导，或提出反问。

（12）鼓励孩子多动手

动手比单纯看书学习带来的益处更多，动手不仅可以避免孩子成为书呆子，培养孩子勇于探索问题，发现问题，解决问题，而且有益于身体健康。

（13）鼓励孩子多运动

运动带来的益处不单纯是身体素质上的，运动不仅可以增强个人体质，而且有助于开发孩子的智力，让孩子更有进取心。

（14）鼓励孩子爱自然

爱大自然，让孩子投身于大自然的怀抱，呼吸新鲜的空气、感受泥土的气息，既陶冶了性情，又让孩子从小培养了热爱自然、热爱生命的情感。

第二章

好孩子不是吼来的

　　和孩子建立良好的沟通是家长在教育过程中面临的主要问题。沟通是一门科学，更是一门艺术。只有掌握一定的方法和技巧，才能取得较好的效果，切忌简单化和生硬的态度将教训当成教育。

　　有效的教育，是建立在充分尊重孩子，与孩子相互沟通，获得孩子的认同和合作的基础上的。采取强制、管束等方式教育孩子，其效果是肯定不佳的，也是和时代的主体教育精神相违背的。

批评孩子时要克制冲动

有时，孩子犯的错误一时让家长接受不了，极为震怒，这时，家长最好是过一会儿再批评孩子。因为家长震怒时比较冲动，措辞一般比较激烈，很难做到冷静地选择合适的方式批评孩子，容易使孩子产生对立情绪。

孩子一旦犟起来，不但接受不了意见，还可能产生离家出走等过激行为，结果只能是把事情弄得更糟。做家长的经常会有一些错误做法，比较常见的有：

任凭自己的情绪，对孩子发火

妈妈看到孩子在厨房玩碗筷时，如果自己心情不错，就会很随和地提醒孩子注意安全，但在她很忙的时候，她就大声朝孩子嚷嚷："赶紧放下！知不知道这样很危险，会打碎的！"

几乎所有的妈妈都会有对孩子发脾气的时候，这样也最容易伤害孩子幼小的心灵。一个好妈妈在面对孩子的时候，首先应该是心情舒畅的。如果是对孩子危险的事情，要严肃地、明确地告诉孩子。

不问缘由、不分青红皂白地批评

儿子爬上椅子去拿高处的剪刀，妈妈马上对儿子说："快给我下来，你在干什么？"然后，一边责备孩子，一边把他拉到门外，"砰"的一声关上了门。

妈妈应该为孩子准备一把他专用的安全剪刀，鼓励孩子学习使用安全剪刀的方法，只要孩子在摆弄剪刀的时候，妈妈在一边看着，孩子就不会有大危险。

不分时间、场合的批评

儿子和小伙伴一起在院子里玩耍，因为急于出来忘了穿外套，被追出来的妈妈一通责骂。这种不分时间、场合的批评，让孩子很不能接受，亲子关系也因此恶化。

威吓式的批评

女儿把玩过的玩具随便一放，又去玩其他玩具了。妈妈假装要把这些乱放的玩具拿出去全扔了，对女儿说："你不整理我就全扔掉！"

整理收拾自己的东西对大人来说也不是件简单的事情，对孩子来说更是一个很难养成的习惯，妈妈应该对孩子更加耐心一些。用"扔掉"之类的威胁其实并不能起多大的作用，孩子很快就会知道，妈妈只是说说而已。

上述这些做法只会对孩子产生不好的影响，并不能从根本上解决问题。美国教育家塞勒·塞维若认为，无论在何种情况下，父母都应保持冷静的头脑、理智的思维，切忌在情绪异常的状态下轻易批评孩子。

他说："父母批评教育子女，靠强制压服是行不通的，只有给孩子充分的说话机会，他们才能剖析自己的行为，触及灵魂的最深处，才可能使其心服口服。"

家长在批评孩子之前要了解清楚事情的原因，不能偏听偏信，在没有证实、孩子没有承认的情况下草率地批评孩子，只会使孩子感到委屈。也有损家长在孩子心目中的形象。

如果孩子只是因为不小心造成了一个错误，而这错误本身并不大，比如孩子不小心碰翻了一杯奶或打碎了一个杯子，那么家长也没有必要小题大做，为这样的事情去批评孩子。

在这种情况下，家长只要淡淡地说一声："拿抹布把奶擦掉。""拿扫把把玻璃扫掉。"让孩子自己收拾残局就可以了。

除了给孩子说话的机会，还需要从孩子的角度去考虑问题。有时当孩子犯了错误时，家长不妨假设一下，如果我是孩子，我会怎么看待这一错误。

当孩子玩沙土、玩泥巴时，家长首先想到的是不卫生，想到的是这一行为会把衣服弄脏、弄破，给自己带来麻烦。而孩子却觉得这一活动给他带来了无比的快乐，这是一种百玩不厌的游戏。如果家长能换位思考，站在孩子的立场考虑问题的话，一定不愿扫孩子的兴。

如果孩子因为对某一事物好奇，抱着做试验的想法做出错事来，这种情况下也不要批评孩子，而应该引导孩子的好奇心。

比如幼儿园的一个小男孩，发现自己的毛巾上出了一根线头，他觉得很好奇，便拉了拉这线头，线头越拉越长，他想弄个究竟，就不断地往外抽线，以至于弄坏了毛巾。

老师没有批评他，问清他的动机后，给他讲述了毛巾是怎样做出来的。既保护了他的好奇心，又让他懂得了不少道理。虽然孩子可能会把事情越弄越糟，但基于孩子的动机，家长不应该批评他，而应该鼓励他做进一步的探索。

另外，家长和孩子发生了分歧，孩子坚持己见，在这种情况下家长不应该为自己的权威受到挑战而批评孩子，相反应该尊重他们的意见，让孩子有权决定他们自己可以决定的事情，如今天穿什么样的衣服；穿衣服时是先穿上衣还是先穿裤子；写字时使用红色的笔还是蓝色的笔等。

美国教育家卡尔·威特认为，对孩子的批评，最重要的是要让孩子心服口服。他认为，首先你要用孩子能够理解的道理和事例去教育他们。

给孩子讲道理的时候，要给他们说一些容易理解的道理。不能用某种高深难测的东西强行向他们灌输。书本上的道理应该给他们讲，但不能搬弄出那些晦涩的文字，那种学究式的大道理孩子是很难接受的。

作家何立伟曾经描述过这样一件事情：

> 有一天儿子告诉我说他下午不上课。我说那正好，可以看看课外书什么的。他说我都和同学约好了呀，去溜旱冰！你看看，真的，就像他妈说的，他心里头只装着一个"玩"。
>
> 我叫我儿子坐下来，我要好好同他谈谈话。我说儿子，你的成绩好不好？他沉默了一下，嗫嚅地答道：不……好……我说一个学生成绩不好有什么资格这么玩呢？他愣愣地望着我，不作声，等着下文。
>
> 我接着给他说，老爸认为这个世界上有三种学生，一种是会学不会玩的，一种是会玩不会学的，还有一种就是又会学又会玩的。你属于哪一种呢？
>
> 儿子不好意思地说：中间的那一种。我说对，你现在就是会玩不会学，所以偏颇，所以要加强学习。这样你就会成为第三种学生，也就是老爸最欣赏的人——又会学又会玩。儿子大约觉得我说得有点道理，于是搔了搔脑壳，说：那老爸，我下午还去不去溜旱冰？

我说怎么不去呢，你都和同学约好啦。你只给我记住一条，做第三种学生。

我儿子又快活又响亮地说：OK，老爸！

特别应该注意的是：批评孩子不等于惩罚孩子或把孩子当作自己的出气筒。苏联教育家赞可夫说："当你满腔怒气要发作的时候，要先克制几分钟，想想我是老师，这样你就能平静下来了。"每个父母都要永远记住：父母的一举一动、一言一行都会对孩子产生永久的影响。

另外，美国心理医学博士马文·西尔沃曼还提醒父母，在五种情况下不应该对孩子进行批评。这五种情况分别是：

当孩子同你讨论某种个人问题的时候；

当孩子看上去非常激动而又没有说到底是怎么回事的

时候；

当孩子为某件事而兴高采烈的时候；

当孩子需要人帮助他做出决定的时候；

当父母想让孩子解释或同自己讨论某件事的时候。

可见，只有客观地批评孩子，同时不要故意处罚孩子，让孩子体会到父母的尊重和诚恳，这样，孩子在接受父母意见时自然就会容易得多。

选择什么样的批评方式和时机要根据具体情况而定。要想达到理想的教育效果，就要在尊重孩子的基础上，抓住恰当的教育时机并选择适当的方式进行，做到以情感人，以理服人。

打骂训斥只会让孩子反感

"为什么你总是整天让我操心，难道你不会变得自立一些吗？"

"看看你的屋子，脏得跟猪窝一样，难道你就不会收拾一下吗？"

"你看你那样，整天只知道玩，不知道学习，我怎么生了你这样的孩子呀？"

"如果你昨天晚上不看电视，怎么会起不了床呢？你总是贪玩，不知道学习！"

……

时而，大声地训斥中还夹杂着清脆的巴掌声和惊慌的哭泣声。

这些场面每天都在不计其数的家庭中上演。许多父母在打骂孩子的时候根本没有想到，这种打骂不仅伤害了孩子的自尊心，也损害了父母在孩子心中的形象。

打骂孩子，使孩子一时表面服从，心里反感，甚至也学着以打骂对待别人。用这种方法，不但不能把孩子教育好，反而损伤孩子的自尊心，养成自卑、胆小、孤僻、撒谎等不正常的性格。

其实，生活中孩子遭遇打骂主要不是孩子该受罚，而是有些父母认为这种方法简单方便、见效快。孩子回来晚了，把水泼在地上了，作业做错了，考试考砸了，上课没注意听讲，都可能被父母打骂一顿。调查显示，有12%～18%的父母在教育孩子时，常常使用"打一顿"的方法。在某小学三年级一个班，全班43人，只有一个学生没有挨过打。那么，为什么打孩子的现象具有一定的普遍性呢？概括起来大致有以下几种原因：

受传统教养观念的影响

不可否认，传统的教养观念对许多为人父母者仍然有着潜移默化的影响，如"棍棒之下出孝子""不打不成人，不打不成才""打是亲，骂是爱，气极了，拿脚踹""三天不打，上房揭瓦"等。因为在传统观念中，父母与孩子的关系就是上对下，没有尊重孩子、与孩子平等相处的概念。

继承了上一辈的传统

有些父母自己小时候就常常挨父母的打骂，于是在教育自己孩子时继承了上一辈的"光荣"传统。尽管他们也深知被父母打骂的滋味，心里也会产生怨恨、反抗，但毕竟自己已长大成人了，于是就糊里糊涂地把打骂当成了教育孩子的一种顺理成章的措施。

认为打骂最有效

有些父母觉得教育孩子是个"苦差"，再加上工作繁忙或其他原因，懒得思考其他的方法来管孩子，认为打骂教育最方便，见效也最快。因此，一旦孩子犯了错误有了问题，就直接动棍棒，特别是脾气暴躁的父母更会容易这样做。

父母自己的生活状态

有的父母自己不成功，在社会生活中相对失落，往往会把全盘控制孩子作为一种逃避和满足，甚至把自己在社会中的压力转嫁到孩子身上，比如要求孩子一定要出人头地等。

也许有的父母打孩子，是出于一时冲动，但是，也会造成不良的后果。曾经看到过这样一个故事：

吃过晚饭后，齐齐和爸爸一起坐在沙发上看电视。刚开始他们在看双方都喜欢的晚会节目，但当晚会结束时，爸爸想看球赛转播，齐齐想看动画片，于是父子间的冲突开始了。

齐齐跳下沙发把遥控器抢在手里，立即把频道调到他熟悉的少儿节目上。爸爸觉得自己的权威受到了儿子的挑战，一伸手就把遥控器从儿子手里夺了过来，随即把频道换到了他想看的体育频道。

齐齐看到爸爸调换了频道，不让他看动画片，大哭了起来。爸爸被吵得不耐烦，同时觉得儿子用哭声抗议老子的行为，应该受到教训。

所以，爸爸站起来一边打齐齐，一边把他拉进洗手间关起来，嘴里还骂道："三天不打，上房揭瓦。"齐齐的妈妈也附和着说："就是，不听话就该打，不打不成才。"结果，从那以后，齐齐变得胆小、懦弱，再也不敢和爸爸抢着看电视了。

打不是教育孩子的好方法，不仅收不到预期的效果甚至还会适得其反。

会造成严重的亲子隔阂

孩子遭打的时候，没有心里舒坦的。皮肉之苦，使他们产生怨恨、逆反、畏惧等心理。打的结果，孩子与父母之间的亲情日益淡漠，隔阂越来越深，个别孩子甚至会产生报复心理。

会造成孩子失去自信，悲观厌世。每个孩子都有自尊，希望得到别人包括父母的尊重，而别人的尊重、信任，会使孩子产生自信，这是他们前进的重要动力。

经常挨打的孩子，自尊心受到损害，产生自卑，极容易走上自暴自弃、破罐破摔之路。父母本是孩子最亲近的人，经常遭父母的打骂，孩子会感到人世间没有温暖，活着没有意思，于是悲观厌世。

现实中，由于遭受父母打骂，出走者有之，自杀者有之，造成的家庭痛苦是难以言状的。再者，经常挨打的孩子会变得脾气暴躁，心惊胆战，产生对父母、对学校、对社会不满的情绪。比如，因为物理没考好而挨打，他便会憎恨物理知识、物理老师，甚至憎恨学校。一旦有机会，孩子可能会做出一些报复性的事情来。

导致孩子说谎

有的父母一旦发现孩子做错事就打。为了逃避挨打，往往迫使孩子违心地说谎，瞒得过就瞒，骗得过就骗，因为骗过一次，就可减少一次皮肉之苦。

但是孩子说的谎，往往站不住脚，易被父母发现。为了惩罚孩子说谎，父母态度更加强硬。为了避免再被父母暴打，孩子下一次做错事更要说谎，这样就构成了恶性循环。

促使孩子陷入孤独的深渊

经常挨打的孩子，会感到孤独无援。尤其是父母当众打孩子，会使孩子的自尊心受到伤害，往往会怀疑自己的能力，会自感"低人一等"，显得比较压抑、沉默，认为老师和小朋友都看不起自己而抬不起头来。于是这种孩子往往不愿意与父母和老师交流，不愿意和小朋友一起玩，性格上显得孤僻。

使孩子学习错误的解决问题的方式

父母打孩子绝对不是什么好的教育方法，只会是对孩子的一种个性压抑，尤其是给孩子造成一种错觉：弱者要服从于强者，暴力可以解决问题。

而且，由于孩子模仿性很强，往往从父母那里学会了"以暴制暴"，学会了"打人经验"，染上了暴力行为。在家里父母打他，到外面他就打别的孩子，尤其是比他小的孩子。

父母打孩子，实际上成了教自己的孩子去打别的孩子的坏榜样。这样孩子长大后，他很可能会以武力解决人际冲突，结果是破坏了良好的人际关系。

造成孩子人格畸形

每个做父母的都希望自己的孩子诚实、守信、善良、上进，希望自己的孩子有良好的人格。然而，经常打骂孩子，肯定会使孩子走向这种希望的反面。

从心理学角度讲，父母粗暴高压，会导致本来性格倔强的孩子产生抵抗意识、对立情绪，进而变得性情暴躁，行为粗野，甚至形成攻击型人格，对别人施暴，难以建立良好的人际关系；而性格怯懦的孩子，会产生严重的畏惧心理，表现出软弱的顺从意识，进而形成猥琐、胆小怕事的性格等，这样的后果，将影响孩子的整个人生。

天下没有哪一位父母不盼望自己的孩子能成龙成凤的，但无数事例证明，没有一个孩子是在父母的打骂中成才的。棍棒威吓可能会起作用，但只是暂时的，不会持久的。

而且，打骂孩子是对孩子正当权利的侵犯。其实，不打骂孩子一样可以教出优秀的孩子，每个父母都应该牢记这个教育理念，把孩子当朋友，这是家庭教育中的重要原则。

所以，为了使孩子能够健康地成才，现代父母必须拒绝打骂孩子，改变以打施教的教育方式，对孩子循循善诱，以理服人，给孩子的成长创造一个良好的成长环境和一片快乐的天空。

平等对待自己的孩子

中国的家长一般很少向孩子透露自己的内心世界，也很少像对待朋友那样对待自己的孩子，只习惯于做道貌岸然的训导，但反过来却要求孩子向自己暴露一切。这种不平等的要求，当然不可能取得好的效果。

你有没有注意到自己在同孩子交谈时所用的语调？孩子有时会问："您是不是生气了？"你绷着脸说："没有。"然而你脸上的表情和语调表示出你在生气，在愤怒。

孩子是非常敏感的，他们能很快地分辨出你在讲话中所要传达的真正意思和态度。而我们成年人却往往并不敏感，没有意识到自己在同孩子讲话时运用了不同的腔调，更没有考虑这种语调对孩子的行为所起的独特作用。

作为家长应当尊重孩子，与他们交流而不是训导。如果家长以平等的，像与朋友谈话的口气来与孩子交谈，而不是对他们训话，多数情况下，家长都能顺利地与自己的孩子交流思想。

星期天早上，起床后张女士做早饭，包饺子。看到饺子皮不够，于是张女士就和孩子有了下面一段对话，张说："亮亮，妈妈想让你去楼下帮我买一些饺子皮回来，可以吗？"

"我不去，我看电视不想去。"

"那我做什么，你能去呢？"

"陪我下棋，陪我下棋我就去。"

显然，大清早，张是没有时间陪他下棋的。于是张接着说："那我还能做什么，你就会去呢？如果我现在先给你煮饺子，吃完了，你帮妈妈去买，行吗？"

"那可以。"

于是孩子吃完早饭后，下楼去买饺子皮了。张女士坐在客厅等孩子回来，突然看到电视里正在播放的是NBA篮球，这不正是孩子最喜爱的节目吗？

想想他平日，他喜欢做什么事是很不容易能够让他停下来的，今天他做到了，那一定要对他进行表扬。当他一进门，张女士就说："嘿！亮亮！你今天已经做到了和心爱的东西说再见了。你做得非常好！你能放下心爱的NBA篮球，而去帮我买饺子皮，非常感谢你！也祝贺你的进步！"看得出，孩子很高兴。

到了中午休息时，孩子要和张下棋。棋下了一个小时左右，张女士觉得该停止了，他不同意，要求再玩十分钟，十分钟后，孩子仍然不能停止，于是张女士说："亮亮，你今天不是已经学会和心爱的东西说再见了吗？！"

孩子抬头看了她一眼后，立刻把棋盘收了起来。张女士为今天能够成功地和孩子沟通而感到高兴。

张女士这样的做法是值得学习的。现在的孩子是伴着"声光电"诞生并成长的，与家长年幼时候的接收系统完全不一样。如果家长还只用嗓子单声道地告诉自己的孩子应该怎么做，他们就会感觉特别枯燥没意思。

比如有个孩子抱怨说自己的母亲一天就和自己说六句话：

　　早晨说"快点快点，要不就上学迟到了"；

　　第二句是"早餐怎么也得吃点，要不上午的课顶不住"；

　　第三句是"过马路要小心，看着点车"；

　　第四句是"到了学校你千万努力"；

　　第五句是"中午学校的饭不太好吃，但你正在长身体，一定要多吃点"；

　　第六句"放学回家先写作业，别着急看电视"。

这样日复一日地说，作为孩子自然而然地会感到厌烦，结果反倒事与愿违。所以作为家长应该注意和孩子沟通的方式方法，学会设计问题，用问话的方式来和孩子沟通，尽量不要用陈述句，而要尽可能地让孩子说。

"问"在今天是一种高级的交流形式，父母的提问也应该是具有很强的技巧性的，家长在这方面应该加强。

这个并不难，因为孩子们从幼儿时期起就在无拘无束地表达自己。如果家长总在批评他们，教训他们，告诫他们，挑他们的毛病，他们会由此加深苦恼，认为是父母不爱他们，讨厌他们，无形中和父母之间有了距离，这样的话，慢慢地交流的大门就关上了。

如果家长自由地接受孩子们的思想，与他们一块儿讨论，研究可能的结果，经常问"那样的话将会有什么发生？""你会有什么感觉？""别人会有什么感觉？"这样的话，孩子就会想到，在解决人生疑难的问题上，他有了同伴。另外，父母常向孩子问一些相关的问题乃是传播思想的好办法。

父母与孩子之间很难沟通，主要是由于双方所站的角度和心态不同，如果有一方非常执着，问题就来了。有人说：家长与孩子的谈话基本有三种情况：一是只有家长说，孩子不说；二是孩子与家长顶嘴；三是大家有商量地谈话。相信大家都愿意选择第三种沟通方式，但为什么我们往往都是处在第一或第二种的交谈模式之中呢？如何才是平等的交流方式呢？

第一，不要总是批评孩子，而是引导他们。要说出错误的所在，并且提出可能解决的办法。

当你发现孩子从图书馆借来的书已经过了归还的日期时，你会怎么说呢？也许会这样："怎么搞的！书过期不按时归还，你总是拖拖拉拉的，没有责任心！"正确的引导应该这么说："书应该归还图书馆了，已经到期了。"

第二，避免使用绝对性用词，如"你必须、你应该、你一定"……当孩子听到这些"绝对性词语"时，会感觉家长在指责自己。不要以偏概全，批评孩子的时候就事论事，不要使用"你总是、从来、一向"等词语。因为这些词语否定了孩子所作的努力，很容易打击他的自信心。

第三，要注意语气。哥斯达黎加心理学家基罗斯建议说，父母和孩子交流时应平心静气，不要因为孩子与自己的想法不一样而火冒三丈，要给孩子申辩的机会，让他们说出自己的真实感受。如果双方分歧确实很大，父母不妨放弃争论，再找合适的机会和子女沟通。

还应注意，父母在批评孩子时，切忌用手指指着孩子，这样做只能适得其反，让孩子产生更强烈的逆反心理；同时不可忽视目光的交流，真诚的目光会让孩子有充分的安全感，这有助于双方的沟通取得好效果。

此外，选择一个合适的地方进行交流也很重要。基罗斯建议父母选择一个安静的房间以免被打扰。如果在谈话中就某些问题达成一致，就让孩子写在纸上，并放在一个显眼的位置，以约束双方共同遵守。基罗斯特别强调说，每次谈话结束后，父母都应该给孩子一个拥抱，这可以让孩子感受到父母的爱，对化解矛盾也有特殊效果。

最后，恰到好处的赞美是父母与孩子沟通的兴奋剂、润滑剂。家长对孩子每时每刻的了解、欣赏、赞美、鼓励会增强孩子的自尊、自信。切记：赞美鼓励使孩子进步，批评抱怨使孩子落后。

适当照顾孩子的需求

你有没有想过为什么孩子有时候一口就拒绝父母的意见或指示？答案很简单：巩固他独立自主的权益，是孩子的本能。为了避免在这一点上和孩子发生冲突，父母给孩子"提供选择"是个好办法。

举个例子，孩子要买一套运动衣，家长就可以和孩子讨论，你说："儿子，这个运动衣马上就给你买，你是买70块钱的，还是买

100块钱的。"

让他选择他可能说买100块钱的，那就买100块钱的。他可能说买70块钱的，那就买70块钱的。这种选择是比较有意义的，给他一个民主的机会，一个话语权的机会。

不让他在处理问题时独来独往，给他一个小的范围，让他在这个范围里去实施他自己的计划。这样，孩子在听话与不听话之间，用这种选择的方式教育了自己，进而他就不跟家长对抗了。

实际上，我们家长会有很多智慧的方法不让孩子和家长分庭抗礼，产生对峙的。比如，在学习方面，孩子很可能会由于各种原因造成偏科，这时候家长可以尝试新的办法来教育孩子。

一方面，让自己站在孩子的角度去理解、领悟对方的感受，平等待人。提供选择，给他转圜余地，尊重孩子的选择，给予孩子重新考虑的机会。另一方面，让自己作为孩子的学习顾问，以建议的形式探讨的语气给孩子以一定的宏观引导和帮助，告诉孩子：兴趣是学习最好的老师，兴趣应是多方面的，要培养自己广泛的兴趣爱好。

同时也让孩子明白：学习不能光凭兴趣，尤其是小学阶段，是接受基础教育的阶段，不能偏科。在生活方面，家长也可以改变以往的做法，让孩子自己选择，这样做更容易解决问题。孩子慢慢长大了，任性的花样开始层出不穷。

　　早上起来，王女士给儿子准备好黑色的袜子，他哭着就是不肯穿；换一双黄色袜子，他继续闹，仍然不肯穿进去，即使强制套到脚上，他还是使劲要脱下来。

　　闹完了，哭累了，脾气也发够，你让他自己挑，结果，他还是穿了原来那双黑色袜子。儿子天天这样，王女士苦恼不已。可幸运的是，在一次无意之中，王女士发现了孩子的秘密。

当时，为了省事，王女士预先拿好两双袜子，并没有强制给他穿上，而是询问了一句："儿子，你想先穿黑色的袜子，还是黄色的？""黄色。"儿子很干脆地回答，并没有做出往常不合作的举动。

太阳从西边出来了。儿子的合作让王女士大感纳闷儿，原本准备预留5分钟僵持的，没想到几秒钟就提前结束了。既然这么顺利，王女士就顺势多问了一句："儿子，你准备先穿左脚，还是右脚？"

"右脚。"儿子的回答依然爽快得令王女士难以置信，那天居然不费一点力气，"兵不血刃"地把"战斗"给解决了。

好的行为经常做，就可以固化为一种好的习惯；好的习惯养成了，就可以造就一种好的性格，但前提是要弄清楚这种好的行为是如何发生的。如今的孩子接触外界的机会很多，在许多事情上都开始有自己朦胧的看法与态度，包括"选择"在内的各种自我意识也渐渐萌发。

其实，孩子对黑色与黄色的袜子并没有太强烈的好恶区别，只是希望能通过选择得到大人的尊重和认同。他们潜意识里认为，大人能同意他的选择，就是尊重他，从而产生一种孩子特有的成功感和满足感。

李女士怀孕7个月左右的时候，在娘家住了大概两个月。那段时间，不到3周岁的小侄女茹茹一直跟她在一起。其间，她体会到了小孩子的教育真是挺有学问的。

每次李女士的父母带茹茹出去的时候，她肯定要求他们抱着她或背着她走，不管用什么方法，她肯定能说服爷爷奶奶乐意地为她服务。

有一次李女士带她出去，走得挺远的。但由于事先大人们都告诉过茹茹：不能让姑姑背你，姑姑肚子里有宝宝，怕累。所以她一直都没要求李女士背她，但的确是好像有点累了，她走着走着就停下了，说："姑姑，我好累啊！"

李女士知道，这家伙肯定又在打鬼注意。于是李女士也装着好累的样子说："这样啊，姑姑也好累啊，都走不动了，要不你背姑姑吧！"

李女士明显看到她的表情由惊讶变为失望，还有些难过，真的挺心疼的。于是李女士接着说："宝贝，我们先在这休息一下，然后一起加油走回去，爷爷一定会夸奖我们的！"

茹茹低头开始犹豫，李女士趁机说："看你要背姑姑回去，还是我们休息一下走回去？"

她终于说：我背不动姑姑，走回去好了。于是，两人小小地休息了一下，再一起手牵手走了回去。

一到家，她立刻跟她爷爷炫耀：我是自己走回来的，姑姑都走不动，我走得动！当然，她得到了大家的表扬，美得不行。

其实，不要小看孩子的能力，他们真的可以做得更好，只是作为大人的我们，要懂得放开手，让他们有更多锻炼的机会。不一定要骂他们打他们，给他们讲清楚坏处，让他们自己来选择。

不要小看孩子的判断力，他们绝对能选择好的，对他们成长有利的事情，只是有的时候，他们不知道某件事情的坏处到底有多坏。我们只要正确地引导，每个孩子都会凭借自己的分析，而做得更好！

李明小朋友挑食现象严重，如果不喜欢吃的东西一口也不吃。王女士对他反复劝导，他低着头看也不看王女士。

又到吃饭时间了，李明一看见满满的一碗饭、一盆鱼圆、白菜、蛋汤，眉头又皱了起来，王女士问她："是不是不要吃饭。"他摇头，"不要吃菜？"摇摇头，"不要喝汤？"

他还是摇摇头。既然要吃的，为什么摇头呢？到底是什么原因？王女士耐下性子，先喂他，可他也不肯吃。

突然王女士脑中闪过一个念头，何不换一种方法试试，比如允许他少吃一点呢？于是，王女士对李明说："这样吧，你能吃多少就吃多少吧！"

他听了她的话，马上点点头，拿起筷子吃起来，一会儿就吃下了半碗饭菜，还一边吃一边瞄王女士一眼，王女士高兴地对他拍拍肩。

从这件事中，可以醒悟到：孩子不吃饭其实是有他的想法和原因的。满满一碗饭对他是个心理负担，而我的一句提示话，给他一个选择的台阶，使他减轻心理负担，于是他就愉快轻松地进餐了。

由此联想到：孩子有他内心想法需求，而有些想法他不善于用言语表达却由行为表现出来。即使外显的行为，还会有多种不同的表现方式，而且在孩子的行为表现背后还有成人所不可理解的心结。

如果家长无法破译这份密码，就难以沟通，这样会影响孩子的发展。所以只有深入地了解孩子的内在需求，采取适当有效的对策，才有利于开启孩子的心志，培养其健康的人格。

孩子是独立的个体。而家长总是把孩子仅当作受教育的对象甚至是被动接受知识灌输的客体来对待，对孩子们只讲他们的责任，而很少提及他们的权利。

功利主义观念又促使家长自觉或不自觉地为孩子去选择道路，去设计未来，用自己的意志去控制孩子，忽视孩子本身的兴趣爱好。

遇到与孩子的意志发生冲突时，又缺乏应有的教育耐心，处理时求快求省求便，教育方法简单、粗暴，滥用权威，这样会严重挫伤孩子的主体积极性。

给孩子一些选择的机会，让孩子多一些选择的机会。如果我们只是用言语来劝告孩子这样不好，那样也不好等，也许孩子当时会照你的意愿去做，可久而久之，根本起不到什么作用。我们需要选择的机会，孩子更要选择的机会，所以请给孩子多一点选择的机会。

多站在孩子的立场想问题

随着孩子日渐成长，那些说大不大，说小不小的"顽症"却总令父母们伤透脑筋、束手无策。一些家长反映自己的孩子老是在同一件事上犯同样的错误，尽管大人百般提点、催促，他依然不改。

例如，进家门老忘穿拖鞋，每次回到家鞋一脱，光着脚丫就进屋了；做作业马虎，提醒过的错字总是一遍遍地错，似乎永远都记不住……

每当你谆谆教导，循循善诱，他虚心接受，可屡教不改，可一旦你终于狠下心决定"以武服人"时，他却先声夺人，哭声震天，而后依然我行我素。家有如此宝贝，让父母真不知该如何是好。

孩子积习难改，究其根源，是因为形成了心理惯性和心理依赖。对这种孩子，简单的痛打是无济于事的，因为打骂只是对错误的惩罚，而不是对错误的纠正。

其实每个人都是在不断地改正错误中成长起来的。当孩子犯错误时家长朋友们要充分理解孩子，多从孩子的实际需要出发，多站在孩子的立场想问题；稍有进步则要及时表扬，还要教给孩子一些改正错误或是改掉不良习惯的方法。以下的小方法，不妨一试：

首先，可以让孩子做一本记录自己童年生活的杂记簿。事无巨细，只要是在日常生活中发生的点点滴滴都可记录在案，有据可查。

您也可以清晰地看到孩子成长的过程，还可以让孩子定期写一封"回忆信"，回忆自己曾做错的事情，现在是否有所改进，以帮助他们改进，写信的周期和频率可根据孩子改进的情况来调整。

其次，可以适当地"放权"。例如，早上起床后，让孩子自己选择要穿的衬衫和裤子，罗列一些小家务让孩子选择承担，鼓励他们收拾自己的小天地等。

当孩子做出错误的决定时，您可以提醒他这些错误决定可能导致不好的后果。比如说，当他把玩具随意扔到房间的地板上时，可以告诉他这样做的后果是那些玩具在一段时间内找不到了。

然后，可以和孩子一起做一次"长辈失败研究"。不妨告诉孩子，爸爸妈妈也有失败的时候，举一个他能力范围内所能思考和分析的例子，请他来分析当时爸爸妈妈失败是什么原因，如果是自己遇到类似的情况，又该怎么处理。

最后，不妨再给孩子一次机会。人的一生就像小孩学走路的过程，尽管会摔跤，但跌倒后爬起来就是成功。孩子可能摔倒了一千次，但仍有第一千零一次站起来的可能，所以，家长一定要给孩子一个成才的机会。

现在的孩子生活在蜜罐里，与我们小时候生活的环境大不相同，所以教育孩子也不能用同样的方法。对于我们大多数人来说，因为我们从小耳濡目染，挖苦、说教、警告、谩骂、威胁的词语已经植入我们的语言当中。

所以当孩子犯错误时，我们会下意识地使用一些惩罚手段，可是，过后我们往往后悔不已，有什么办法可以代替惩罚，又能够让我们轻易做到呢？那就要注意因材施教，对待不同的孩子要用不同的方法。

下面，列举常见的几种类型孩子的表现及主要教育方法。

精力过剩的孩子

此类孩子主要表现为爱玩，爱闹，爱打架，难以管教，但他们较聪明好动，反应快，接受能力强。

教育的主要方法：首先，要与孩子建立良好的人际关系，让他们明白自己不是一个"不听话的孩子"，这样他们容易在心理上接受教育和指导。

其次，要适当放手，管教适度。管教若太严，与他们性格不对劲，就会适得其反。要给他一定自由，一定的活动时间和空间。

后，耐心教导：即耐心教育与疏导，通过讲道理，使孩子明白自己的一些"主见"并不那么好，并不那么符合社会道德与规范，从而自愿放弃自己的"主见"，克服自己的毛病，逐步走向成长之路。

上课不专心听讲的孩子

此类孩子主要表现为上课多动、好玩、爱讲话，甚至在家中学习也表现出心不在焉。对此类孩子的教育，有的家长说："那是学校的事，不该我来管，我又不能坐在孩子旁边。"

实际上，训练孩子专心听讲，要从日常生活入手，因为生活习惯和学习习惯是紧密相关的。教育的主要方法：

第一，父母要训练让孩子听一遍就马上做到；

第二，在生活中，家长可以有意识地训练孩子的听话能力，如安排三四件事，先做什么，后做什么，最后做什么，家长观察孩子是否如此；

第三，家长要有意识地训练孩子的注意力，和孩子讲话，一定要孩子看着你的脸听；

第四，家长还可以告诉孩子一些听讲的小窍门；

第五，家长应尽量要求孩子复述课堂内容，或谈上课中印象最深的问题。

追求金钱与物质享受的孩子

此类孩子主要表现为"穿要名牌，吃要精品"，讲究吃穿，有的上学要坐摩托车、三轮车。

教育的主要方法：

首先，家长自己要以身作则，艰苦朴素，告诉他们自己孩子时代的生活经历和故事；

其次，家长要把家庭收支计划告诉孩子，并适当征求孩子的意见；

最后，有效地教育孩子计划用钱，并用典型事例来教育孩子。

对长辈教育抱无所谓态度的孩子

此类孩子对父母、师长的教育，充耳不闻，当耳边风。

教育的主要方法：

一要让孩子理解父母的一片苦心，理解父母、师长的任何一种教育方法都是为了他们的健康成长；

二要在感情融洽的气氛中进行教育，消除他们的"敌意"，使他们愿意听从教导；

三要给孩子以说话的权利，让他说原因，说理由，哪怕是不正确或不真实的；

四要多一点宽容，教育之后，还会做错事，要给予改正的机会，要有耐心，要等待；

五是教育孩子的语气要坚定，父母两人说话口径要一致，有的父母嘻嘻哈哈，有的漫不经心，有的轻描淡写，有的各唱各的调，这都不利于教育。

具有严重惰性的孩子

此类孩子主要表现为学习被动，作业不完成或抄袭，造成考试交白卷或作弊，生活散漫。

教育的主要方法：

一是以平时的家务事开始训练，不要让孩子饭来张口、衣来伸手；

二是帮助孩子制订计划，并加强督促检查；

三是父母要以身作则，事事起表率作用；

四是要从孩子力所能及的日常小事上培养勤劳的习惯，并持之以恒，坚持训练。

下面再用一个案例来说明家长处理孩子屡教不改问题的方法：

王平总是不能按时回家，而妈妈认为他总是找各种各样的理由，也不遵守诺言。王平喜欢和同学放学后在操场上玩。他知道应该5：45回家，但有的时候，玩得高兴就忘了。以前他回家晚了，妈妈总是很生气。

妈妈对他大吼大叫："我已经听够你的借口了！再也不相信你了。这次你要接受惩罚。从下周开始，每天放学就回家，不能出去。也不能看电视。我不在的时候，我会让姐姐看着你。回你自己的房间吧，晚饭已经没了。"

可是这样做并没有达到预期的效果。

后来的几天王平不想让妈妈对他大发脾气。有一天他问同学几点了，同学告诉他6：15。他马上不玩了，跑回家。向妈妈解释："我真的是问时间了，但已经太晚了，我用最快的速度跑回家的。"

而妈妈也采取了不同的做法。妈妈说："你在尽力往家赶，但我还是不高兴。我不想再看到你那么急急忙忙的。我希望你说好5：45到家就能做到。我们已经吃过晚饭了。厨房也没剩什么吃的了，你要愿意就自己做个三明治。"

王平想：妈妈真生气了。从现在开始，我最好按时到家，她既然相信我，我不能让她失望……我也不想自己做三明治了。

妈妈采用这样的方法之后，王平总是能按时回家了。可见，对孩子大吼大叫的方法并不一定会起到作用，对待孩子要多一些温和，多一些理解，多一些引导。

天下没有教育不好的孩子，只有方法不对头的父母。作为家长，首先要有一个平和的心态。"人非圣贤，孰能无过"，当孩子犯了错误时，把孩子暴打一顿，表面上看是在教育孩子，其实是家长觉得丢了自己的面子。

打过之后，自己的情绪得到了发泄，但对孩子并不能起到真正的教育作用，甚至会使他自暴自弃。对待孩子犯错屡教不改的问题，应该冷静处理，站在孩子的角度考虑，多理解孩子，倾听孩子的心声，然后用引导的方法来帮助孩子改正错误。

以宽容的心态对待孩子

科威特作家穆尼尔·纳素夫曾说过："父母应从孩子的言谈中

结合家庭情况，引导他。父母的耳朵永远俯在孩子的心灵上，他们的智慧火花应该永远照耀着孩子前进之路。"

曾仕强教授在《组织行为学》视频讲座中举了一个教育孩子的例子。小孩子在墙上涂鸦，生气没有用，骂他也没用，但也不能放任。怎么办呢？曾教授的做法是这样的：

爸爸：（以欣赏的态度告诉儿子说）你画得真好啊，我怎么没发现。我们应该把这个带回去给祖父看好不好？

儿子：画在墙上怎么能带给祖父看呢？

爸爸：你真聪明啊，我怎么没想到啊？那怎么办？

儿子：画在纸上啊，就可以带过去了。

爸爸：好。（拿张纸给儿子）

儿子画完以后，爸爸下次带儿子去祖父那里时果然把画拿给祖父看，而且百分之百地获得了祖父的大力赞扬。儿子非常高兴，很有成就感，回到家里后——

爸爸：在墙上画画吧。

儿子：我不要在墙上画，要在纸上画，画了带给祖父看。

爸爸：那随便你吧。

曾教授得出结论：不能给小孩子讲道理，给孩子讲道理是讲不通的。要根据孩子的心理需求选择更好地沟通方法。

引导是一种根据孩子心理进行启发的教育方式。在教育学原理中，一直非常强调教育者要学会引导孩子，引导应该是教育的一种最主要的方法。

当孩子不会做某件事情的时候，你需要向孩子示范，引导孩子学会如何做；当孩子做错了某件事情的时候，你需要引导孩子自我反省，找到错误的地方，从而改正过来；当孩子取得一点成功的时候，你需要引导孩子看到更高更远的目标，从一个成功走向另一个成功。反之，当孩子不会做某件事情的时候，你呵斥他，孩子就会有一种受挫感；当孩子做错了某件事情的时候，你责骂他，孩子就会觉得非常委屈和无助；当孩子取得一点点成功的时候，你生硬地说道："一点点成功，有什么好骄傲的！"

孩子的情绪一下子会非常沮丧。长期生活在这种环境下的孩子，必然对父母产生了极大的怨恨，亲子关系不可能和谐。教育上有句话叫做"教育是为了不教"。

这句话的意思就是说，教育者之所以要教育他人，目的是引导他学会学习的方法，养成自我学习的能力。孩子做错事是难免的，有位哲人说："孩子是伴随着错误长大的。"做父母的责任就是不断纠正孩子的错误，让孩子从错误中学成长。

一个人总是要走向社会的，不可能永远在父母的保护和指示下生活，他必须独立地处理各种事情，因此，引导孩子养成正确处事的方法非常重要。

每个孩子都会经历第一次，第一次做一件事情总会出现这样或者那样的问题，就连父母在教育孩子的时候都会出现问题，更何况是年幼的孩子！他们身心发展不健全，动手能力差，做起事来总是"心有余而力不足"，面对精彩的世界，他们想做一点事情，或者他们想帮大人做一点事，但是，他们总是做得不太好，尽管有良好的动机，往往把好事变成坏事。

比如，孩子第一次帮父母洗碗却打碎了碗，孩子第一次帮父母做饭却把饭煮焦了，等等。面对这种情况，许多父母会呵斥："叫你不要洗你偏洗，现在把碗打碎了吧？快走开，我来洗！"

"连饭都不会煮，真是笨呀！"许多父母责问的目的是想用直接的方法让孩子自我反省，但是孩子在反省之前，往往已经在心中产生了反感及反抗的心理。

因为孩子是有自尊的，如果父母在孩子做错事的时候，对孩子严厉责备，甚至动粗打孩子，会让孩子产生逆反心理，对父母产生不满甚至是仇恨，会有意无意地做出更多的错事来，而且，孩子会失去尝试的勇气。

任何一个人都不可能生来就会做事情，在第一次做的时候必然会犯错误。当孩子有过错的时候，其内心肯定会出现自责和冲突，针对这种情况，父母要抓住时机，以宽容的心态对孩子进行正面教育，以引起孩子情感上的重视，这样反而能够让孩子学会如何做好一件事情。

有位妈妈看到孩子在洗碗的时候把碗打碎了，就和蔼地对孩子说："没关系的，打碎一只碗算什么呀？每个人第一次洗碗的时候总是会打碎碗的，妈妈第一次洗碗还打碎了两个呢！只要你像妈妈那样抓住碗的边缘，就不会掉下来了！"

这位妈妈边说边给孩子示范正确的洗碗方法，结果，孩子把剩下的碗洗得很干净，从此再也没有打碎一个碗。

高明的教育方法应该是"感化→说服→感化"，就是父母在教育孩子的时候要重视情感的沟通。比如，父母可以先夸奖孩子说："你做得不错。""你已经很努力了。"这就是前段的感化，因为这些语言对孩子来说比较容易接受。然后父母再指出孩子失败的原因，帮助孩子不断进步，这是教育的目的。

最后父母不要忘了安慰孩子："如果你再努力一些，你就能做得更好！"这样的正面教育能使孩子自动地检讨失败的原因，减少下次犯错误的机会。

正面引导是孩子比较容易接受的一种方式，当然，父母在教育孩子的时候要入情入理，注意感情的沟通，千万不能讲大道理，空洞说教，引起孩子的反感。

另外，父母还要注重引导孩子树立良好的品格。孩子良好品格的养成有赖于父母在日常生活中有意识地引导。简单的说教只会引起孩子的反感，引导则不仅能够让孩子更容易接受，而且能够让孩子明白为什么这样做的道理。

晚饭后，一家人正坐在客厅里看电视，这时，隔壁的刘奶奶带着一篮橘子来看4岁的明明。明明最爱吃橘子了，他高兴地把一篮子橘子藏到自己的身后，然后，剥开一个橘子吃了起来。

这时，爸爸走了过来，他也拿起一个橘子准备剥开吃，却被明明发现了。明明大叫起来："这是我的，不给你吃！"面对这种情况，大多数父母可能会说：

"这没良心的小祖宗，亏我对你这么好！"

"呵呵，这小鬼倒挺精的。"

"谁说这是你的！橘子上有写着你的名字吗？"

"小兔崽子，不给老子吃，老子就揍你！"

这些消极的沟通方式不会让孩子明白爱心的重要性，甚至会让孩子产生一种误解，想要获得东西，就需要通过暴力。

我们来看看明明的爸爸是怎么引导孩子的：

爸爸：为什么不给我吃呀？你每天吃的东西都是我给你买的呀？

明明：这是奶奶给我吃的，是我最喜欢吃的，你就是不能吃！

爸爸：如果别人送我许多你爱吃的东西，你想不想吃？

明明：这个……想吃！

爸爸：就是嘛，有好东西要学会与人分享，这样大家一起吃起来才高兴。而且，好孩子要有爱心，要懂礼貌，给爸爸妈妈、奶奶都剥一个。

明明：好吧。

当孩子在年幼的时候，往往以自我为中心，这并不是孩子的错，而是孩子的心理决定的。这时候，父母的引导是非常重要的。

如果父母对于孩子自私的行为视而不见，或者纵容，甚至责骂、恐吓，不仅不能引导孩子为别人着想，关心爱护他人，而且还会加剧亲子之间的隔阂。

第三章

批评孩子也有技巧

很多家长教育孩子不是打骂，就是吼叫，这种方法是非常不可取的。有些家长认为，打骂孩子是为了纠正孩子的不良行为，只要出发点是好的，就理所应当。

这种想法是不正确的。孩子也有自己的自尊，长期的打骂会伤害孩子的自尊心，打击他们的上进心，棍棒下教育出来不仅不是我们希望的好孩子，说不定还是"逆子"。因此，教育孩子一定要讲求方式、方法。

要把批评的话说得好听

法国作家拉封丹曾写过的一则寓言，讲的是北风和南风比威力，看谁能把行人身上的大衣脱掉。北风首先来一个冷风凛冽、寒冷刺骨，结果行人为了抵御北风的侵袭，便将大衣裹得紧紧的。

南风则徐徐吹动，顿时风和日丽，行人因为觉得身上暖洋洋的，始而解开纽扣，继而脱掉大衣。

这场北风和南风比威力的结果是，南风获得了胜利。这个故事被心理学家称为"南风效应"。

南风虽然无言，但却收到了胜过北风的脱人大衣之效应，是因为这徐徐吹拂的南风符合行人的心理状态，人们容易接受。而北风则不然。

同样，如果我们在批评时讲究方式方法，考虑到孩子的感受，注意不要使孩子产生抵触情绪，让忠言顺耳，孩子自然就可以听得进去，从而收到"南风效应"，达到预期效果。

爸爸、妈妈偶尔对孩子发脾气是正常的，但总结以往很多爸爸、妈妈的经验，在你想发脾气之前，请注意以下提示：

搞清事实真相再批评：不要因为我们的粗心误会了孩子。

不比较其他孩子批评：注意保护孩子的自尊心。

事发当时及时批评：让孩子知道错在何处。

事态严重要严厉批评：以此为戒、杜绝再犯。

就事论事的批评：不要扩大化、不要翻老账。

不在吃饭前、吃饭时批评：批评的目的并不是为了不让孩子吃饭。

不做全盘否定式的批评：不要使孩子感到自己一无是处。

尽量个别批评：对自尊心强的孩子这会更有效。

家人态度一致的批评：使孩子建立明确的是非观念。

不带个人情绪的批评：既避免过分伤害孩子，也避免过后你懊悔不已。

在批评孩子的时候要讲究方法，当孩子犯了错误，家长可能会比较冲动，因而批评孩子的言辞也有些过激，这样会对孩子产生不好的影响，在批评孩子之前不妨冷静一下，不要急着批评。

家长不妨试试以下几种批评方法：

延时冷却法

有时，孩子犯的错误一时让家长接受不了，极为震怒，这时，家长最好是过一会儿再批评孩子。因为家长震怒时比较冲动，措辞一般比较激烈，很难做到冷静地选择合适的方式批评孩子，容易使孩子产生对立情绪。

孩子一旦犟起来，不但接受不了意见，还可能产生离家出走等过激行为，结果只能是把事情弄得更糟。

循序渐进法

即先批评不痛不痒的小问题，使对方易于接受。并对孩子虚心接受意见的行为及时地给予肯定，然后循序渐进，深入到症结所在。孩子在受到了肯定之后，自尊心得到了满足，也就比较容易进一步地接受意见了。

搬梯下台法

有的人自尊心极强，明明知道自己错了，可是面对别人的批评，嘴上就是不肯接受，尤其当着外人的面。这时，你大可不必非要"立竿见影"才行。

只要他自己心里已明白了，你就不妨给他一个梯子下台吧。你给了孩子的面子，孩子心中自然会感激你的。这个感激就有可能化为孩子改正错误的动力。

难得糊涂法

即分明知道孩子犯了错，却装糊涂，不但不批评，反而对孩子说上几句关心的话，以间接地提醒孩子。使孩子在感动之余产生一种愧疚，从而改正错误。

这种方法适合那种初犯错误，陷得不深的孩子。比如有的孩子一时没有控制自己，玩电子游戏玩到很晚才回家，却对家长说自己是在同学家做作业，讨论难题。

这时家长不一定要立即戳穿，而是可以关心地说：你做作业做得这么晚，是个刻苦学习的好孩子，不过，下次不要做得太晚了，要注意身体等等。如果是女孩子，还可以说这么晚不安全，下次如果实在太晚了，你打电话回家，让我们去接你。

有意无意法

即看似无意，实则有意。我们常在电影中看到有这样的镜头。某个人接受不了别人的意见。

有一次，他无意中路过某个地方，听到对方正在与别人聊天，仔细一听，结果听到对方的对白，从而解开心里的疙瘩。这是因为人们都具有这样一种心态，即一个人如果认为自己是怎样的一个人，自然也就希望别人对他的印象也是如此。

如果他发现别人心目中的自己并不如自己所想象的，有可能会改正自己，以纠正别人的看法。

根据这个心理特点，你在批评、规劝别人时，不妨通过第三者"漫不经心"地向他转述你的意见，或者创造条件让他"无意中"听到批评意见，这种批评的方法，它常常能收到意想不到的效果。

在成长过程中，孩子必然会犯错误，做错事，这时父母往往会生气地责骂孩子。

其实，孩子也不愿意犯错误、做错事，他们本来已经有内疚感了，如果父母再不断地责骂孩子，孩子就会觉得非常委屈，进而对父母产生不满，影响亲子关系的和谐。

对待孩子的错误，父母一定要以宽容的心来对待，不可抓住孩子的小辫子不放，经常以此来揭孩子的伤疤。

比如，每个孩子都会在成长的过程中帮父母洗碗，当孩子不小心打破碗的时候，大部分父母往往是说下面这些话：

叫你不要洗，你不听，这碗很贵的！

你怎么这么笨？洗碗都不会！

太不小心了！你做事总是那么粗心！

走开，走开！我自己来洗！

这些话对于建立良好的亲子关系都是不利的。正确的做法应该是下面这样的：

厨房里，妈妈正在洗碗。这时，6岁的明明走进了厨房，他看到妈妈在洗碗，觉得很好玩，就缠着妈妈让他洗碗。看着好奇的儿子，妈妈决定让明明洗碗。

经过妈妈的示范，明明洗得有模有样的，妈妈忍不住夸奖了明明。当妈妈转身整理冰箱时，突然传来"砰"的一声，明明叫了起来："哇！妈妈，我打碎碗了！"

妈妈赶紧关心地问道："是吗？让妈妈看看，有没有伤到你的手？"

明明紧张地看着妈妈，说："没有。可是，碗已经破了！"

妈妈安慰道："没关系，打破一个碗不要紧。重要的是，我家的明明学会了洗碗，妈妈为你自豪。每个人要学会做一件事情都很不容易，会遇到各种困难。不要怕，妈妈把碎片收拾一下就好了，你愿意接着洗吗？"

明明不好意思地说："愿意。"

妈妈夸奖道："真是个勇敢的孩子。不过，在洗碗的时候，一定要小心，要用手抓紧碗的边沿，就像妈妈这样，知道吗？"

明明高兴地说："知道了，妈妈。"

在这里，妈妈的鼓励不仅让明明认识到了应该怎样正确地洗碗，而且鼓励了明明遇到困难时要努力克服，做一个勇敢的人。

别林斯基说过："幼儿的心灵最容易受到各种印象的影响，甚至最轻微印象的影响……常常受到强烈的惩罚而变成粗暴的人，会残忍起来，冷酷起来，不知羞耻，于是连任何惩罚对于他都很快变得无效了。"

可见，在对待孩子的问题上，父母一定要学会宽容，过多的批评往往加剧亲子关系的矛盾，而宽容则可以打开亲子关系的大门，让孩子体会到父母更多的爱。

批评孩子也要讲"艺术"

曾经有这样一个故事：

有一次，一位校长看到一个男生，用泥块砸其他的同学，就当即制止他，并让他课后到他办公室里去。

男生猜想自己要挨训了，下课后就早早地等在校长的办公室门口了。校长还没回来，男生的心里忐忑不安，在努力想着辩解的理由。

一会儿校长回来了，一见面，就拿出一块糖，送给这个男生，说："这是奖给你的，因为你按时来到，而我却迟到了。"

男生惊疑地接过糖果。没想到，校长又掏出一块糖放到他的手里，说："这块糖果也是奖给你的，因为当我不让你打时，你立即就住手了。这说明你很尊重我，我应该奖励你。"

男生更惊疑了，眼睛睁得大大的。

校长又掏出了第三块糖，塞到男生手里说："我调查过了，你用泥块砸那些男生，是因为他们不遵守游戏规则，欺负女生。说明你正直善良，我应该奖励你。"

男生感动极了，眼泪开始流了下来。他有点泣不成声地说："校……长，校长，您……打我两下吧！是我错了，我砸的不是坏人，而是自己的同学啊！"

校长满意地笑了。他随即掏出第四块糖，连同一块面巾纸，一起递给那个男生，说："擦擦眼泪吧，小伙子。再奖励你一块糖果，为你能够正确地认识错误！不过，我只有这一块糖了，看来，咱们的谈话也该结束了。"

这种批评方式是多么奇特啊！这是流传甚广的一个著名校长的故事。我想，在那个男生的记忆中，这四块糖果将使他永远难忘。

对孩子来说，直接的批评如同一剂"苦药"，让他感到很难"下咽"，甚至不能接受。而我们给批评包裹上"糖衣"，就会让批评变得容易接受。

在此也想起这个故事：

球王贝利少年时，一度染上吸烟的毛病。一次被他父亲发现了，贝利非常害怕，担心受到责骂。

可他父亲却以朋友般的态度，非常和气地对他说："你踢球很有天分，以后或许能成为一名好手。可吸烟对身体是有害的，如果因为它而没能使你成为球星，你会遗憾的。吸不吸烟由你自己决定。"

说完把自己仅有的一点儿钱给了贝利。父亲这种民主、商讨的态度使贝利悔恨不已，从此，贝利改掉了吸烟的毛病。当回想往事的时候，贝利说："如果当时父亲狠狠地揍我一顿，那么我今天很可能只是个烟鬼。"

从这里我们可以得到一些启发：如果父母在批评孩子时讲究一点艺术性和人情味，尊重孩子，努力让孩子明白父母是在爱他们、关心他们，批评的效果将大不一样。

孩子感受到父母的爱护，就能心甘情愿地接受父母的批评。即使对某个问题有不同看法，也能心平气和地讲是非论道理，而不是成心顶撞，意气用事了。

以一种商量激励的态度进行批评，也会保护孩子的自尊心，使他们自觉自愿地改正错误。

著名教育专家关鸿羽教授指出，批评是一种负强化法，家长在批评孩子时如果不讲究方式、方法，结果只能是"家长出了气、孩子不服气"，起不到应有的教育效果。

的确，家长通常采取的批评方式很有问题：唠叨、生硬、严厉，结果越批孩子越皮，反弹力越大，越对着来、顶着干。最后搞得父母筋疲力尽，却收效甚微，甚至适得其反。

其实，批评未必要义正词严，未必要话中带刺，更不能以泄愤为目的的讽刺挖苦、翻旧账、算总账。批评的目的是使孩子丢弃坏毛病，养成好习惯。基于此，家长尽可以采取灵活的方式。

兵法上说，不战而屈人之兵，为上上策，对孩子进行批评，也要讲究兵法，"心中有剑口中无剑"是批评的最高境界。我们不妨看看下面几种别致的批评方式：

我的柔情你会懂

有个智力超群的男孩特别不喜欢做作业。妈妈怎么说都不听。后来妈妈跟他说："你不写作业，妈妈就担心你基础打得不牢固，今后就会考不上好的大学。而妈妈老是担心你，就特别容易变老。"这个小男孩害怕自己年轻漂亮的妈妈变老，就乖乖做起了作业。

分析：孩子是顽皮的，但富有爱心，就看家长会不会调动。顽皮孩子被家长和老师批评了不知多少次，被批评麻木了，照样我行我素。这个时候，回避直截了当的批评，调动起孩子的满腔柔情，就可以很容易达到目的。

你怎么舍得我难过

一个淘气的男孩经常惹祸。母亲每次都大喊大叫，甚至抢起藤条抽打他，却收效甚微。有次他偷了商店的玩具，差点被送警察局。母亲及时赶到，说服店主再给他一次机会。

回家后，男孩料想等待自己的会是一场狂风暴雨，谁知道妈妈什么也没说，只是让他回自己房里去。当他无意中到厨房拿水，发现母亲独自一人，呆呆地坐在厨房的椅子上，满脸的忧伤和疲惫。

这一刻，他如遭雷击。虽然没有任何语言的指责，却让他一下子想起妈妈日常的操劳，抚育他的呕心沥血。从此以后，他痛下决心，改过自新。

分析：假如孩子每天处在打骂和训斥之中，就会变得麻木不仁，而且还会产生这样一种的想法："反正我是坏孩子，那就坏下去吧。"

父母的训斥、打骂反倒筑起一堵高墙，阻断了亲子间的情感交流，没能让孩子站在父母的立场上想问题，却增加了漠视和仇恨：

反正你们不爱我，所以也不需要你们来管教我。

而与之相反，如果关键时刻用沉默代替语言，实际上是对犯错的孩子进行无言的谴责。

在这个沉默的空间里，孩子卸除了被迫自卫的武装，有了很大的自我感受和思考的空间，并且受到强烈刺激，迫使他回想自己的所作所为，对父母的痛心和难过产生深切体会。一旦他能站在父母的立场思考问题，许多冲突就可以迎刃而解。

你是我永远的宝贝

有个小姑娘性格非常叛逆，整天跟父母对着干。妈妈什么方法都试过了，却无法扭转孩子的心。有一天，妈妈无意中翻出自己当年的育儿日记，那里面记录着女儿成长的一点一滴。

她拿出来给女儿念，从她出生时的喜悦，到她得病时妈妈的恐惧，以及对孩子的美好期望，全都包含在这几本日记里。刚开始女儿还似听非听，渐渐入了神，渐渐眼里有了泪。终于，她忍不住扑到妈妈怀里，哭着向妈妈道歉。

分析：爱可以感化一切。孩子虽然叛逆，但却不是草木，其实对父母有很深的爱。她之所以表现如此，是因为她觉得爸爸妈妈不爱她了，所以没必要听他们的话。当她明白了父母对她的爱有多深，她就会用百倍的爱来回报父母。

孩子的成长，从某种意义上说，就是不断改正错误的过程。做父母的应该努力以平心静气的心境，来随时面对孩子可能犯的大大小小的过失和错误。在批评孩子的时候，注意语言的表达，让批评裹上一层糖衣，使孩子快乐地接受。

每个孩子都需要肯定

孩子在成长过程中难免会犯一些错误，批评孩子可以说是所有为人父母者的必修课。但如果不分时间、地点，采用不适宜的方式批评孩子，甚至把批评变成对孩子的情感虐待，就有可能激起孩子的逆反心理，引起孩子和父母唱对台戏，与教育初衷背道而驰，最终造成孩子自卑、孤僻的性格。

为此，对于孩子的任何缺点和不足都不应归于长远，不能归罪于孩子本人，而应首先肯定孩子的本质是好的，他的缺点是暂时的、是外界原因造成的，这样他才有改变的可能性。

记住永远用语言来肯定孩子好的方面，引导他向好的方向发展，而不去固定他的缺点和弱点。

著名的教育家詹姆士说过一个教育孩子的诀窍：孩子们都需要肯定。这是很科学的断定，我们的平民教育家陶行知先生对学生王友打人的处理，就是实践了"肯定教育"。

现实中，很多父母在孩子犯错误的时候都会去批评和指责孩子，而批评和指责的本质都是消极暗示。

我们知道，潜意识的特性是无所甄别，照单全收的，所以，"你怎么这么笨啊"这句话就会被潜意识理解为"我笨"，并且形成自我定位；"你看看人家孩子，你再看看你"，潜意识理解为"我不如别人家孩子"；"都和你说多少次了，你怎么就是记不住"，潜意识理解为"我记不住"。

生活中，我们看到有些父母恨不能把嘴挖下来放在孩子耳朵边告诉他什么该做，什么不该做。可是，这样的孩子长大后往往很难成功。

这时，父母会很无奈地说："我已经尽力了，这些年为了这个孩子，我都不知道操了多少心，摊上这样的孩子，做家长的也只能认倒霉了"。

但是，他们哪里知道，恰恰是他们的消极暗示，造成了孩子的消极定位，使孩子丧失了追求成功的自信。而生活中恰恰还有这样一种人，他们从小很少得到父母的关爱，生活基本靠自己去谋划，虽然没有得到良好的教育，但是长大后却取得了非凡的成就。

为什么这种没怎么得到父母教育的孩子长大后能够取得成就呢？因为父母没有给他们太多的消极暗示。所以，有这样一句谚语：成人不用管，管死不成人。

为什么会有这句谚语呢？就是因为家长的方法用错了。用情绪化教育的方法，使孩子情绪激动，潜意识大门大开，然后不给孩子积极的暗示，而是把孩子的错事提了一遍又一遍，于是孩子的潜意识对错误行为的印象更加深刻，几次下来孩子被成功"引导"，成了你所说的样子。

近些年，周弘老师一直在推行的赏识教育不失为一种可行的方法。赏识教育正是运用了积极暗示这一理论，通过对孩子的肯定、相信、鼓励，使孩子产生积极的自我定位，通过积极引导将孩子带上正确的轨道。

我们再来分析赏识教育所用到的话："你已经做得非常好了，如果再加把劲你会更优秀"，潜意识会理解为"我是优秀的"；

"你已经很努力了，我相信你一定可以在下次考试中取得更好的成绩"，潜意识会理解为"我很努力"；"爸爸上次和你说的事你做得非常好，这次忘记了没关系，我相信你下次一定可以记住的"，潜意识理解为"我能记住"。这样，通过积极暗示，孩子就会有一个积极的自我定位。

而积极引导，就是给孩子一个积极的暗示之后，告诉他如果再努力一些就会做得更好。这个积极引导是教育孩子的关键。

比如说孩子对学习不感兴趣（注意，这个方法只适合刚接触正规学习的孩子，因为时间久了之后他对学习的态度已经定位，这个方法就无效了）家长可以这样引导："儿子，我发现你在学习方面非常有天赋，你用这么短的时间就背下了这首诗。这说明你非常聪明，我相信你肯定会非常热爱学习的。"

也许孩子对学习一点兴趣都没有，背这首诗用了三天时间才背下来，不过没关系，我们只是要给孩子"你能行"这样一个信息，当他有了"我能行"的自我定位的时候，就会对学习产生兴趣，并且逐渐改善自身行为并持续努力。

由于不懂教育方法，大多数的家长都会在教育的过程中否定子女，造成孩子消极的自我定位。其实每个人都有机会成为牛顿或者是爱因斯坦，但我们之所以成为普通人，一个很重要的原因就是我们的父母运用了造就普通人的方法教育了我们。"没有不好的孩子，只有不会教育子女的家长"。

父母对子女的否定主要表现在以下六个方面：

给孩子否定、消极的暗示；

当孩子提出某些建议时候，不予考虑；

给孩子设限，想当然地认为孩子不可能达到什么样的
程度；

对孩子的兴趣爱好实施打击；

当孩子表现出要做家务劳动或者回报父母的动作时，予
以制止；

对孩子的目标表示怀疑。

事实上，日常生活中父母对子女的否定不单表现在这六个方
面。父母一切消极的行为和语言都是消极暗示。

孩子的年龄越小越容易受到暗示的影响，暗示的时间越长就
会越顽固。自我定位一旦形成，就很难改变，会一直指导自己的
人生。

对孩子来说，犯错误其实是一个认识规矩与规则的过程。因
此，当孩子犯错误时，大人首先应该先弄清楚孩子是不是明白相关
的社会规则与规矩，再判断应不应该批评孩子。

父母应该针对孩子所犯的错误，用简明、扼要的话语指出他的
错误所在，并告诉他只要改正，仍然是讨人喜欢的孩子，引导孩子
朝正确、积极的方向发展。

要避免当众批评孩子。当众批评往往易伤害孩子的自尊，最容
易引起孩子的厌烦心理。有些父母认为，当着别人批评孩子，可以
更好地激发孩子的自尊心，刺激孩子改正错误。但事实上，孩子的
心灵是脆弱的，他们往往容易受到伤害。

要在肯定中批评。每个孩子都渴望得到赏识和肯定，父母批评
孩子时，也应该设法寻找孩子错误中的闪光点，肯定孩子以前的努
力和成绩。肯定中批评是最有效的批评，不仅可以督促孩子改正错

误，还可以帮孩子建立自信。

对事不对人。父母批评教育孩子时，应该尊重孩子的人格，对事不对人，不能因为一两次的小错误就否定孩子以前的努力，更不能搞大清算，把孩子以前所犯的错误一一列举出来，把孩子批评得体无完肤。

只需明白地告诉他，这件事情做得不好，错在什么地方，以后要注意改正，这就足以让孩子认识自己的错误，达到教育目的。

总之，我们要正确对待孩子的缺点和错误，先说是再说不。孩子有了错误时，不要用偏激的言辞去斥责，而要循循善诱，晓之以理，首先肯定孩子的积极方面，再和孩子一起分析事件的来龙去脉，指出孩子犯错误的原因以及造成的危害，进而帮助孩子改正错误。

一生都不犯错误的人是没有的，特别是孩子，人生观和道德观正在形成中，有缺点、错误在所难免。父母要充分理解他们、信任他们、鼓励他们，在肯定中批评，引导他们正确对待错误。

不要让你的话伤了孩子的心

一些儿童心理专家最近在调查中发现，孩子最感恐惧的是家长会对他们说出如下的话：

"傻瓜、没用的东西。"

"你简直是个废物。"

"你可真行，竟能做出这种事情。"

"住嘴！你怎么就是不听话呢？"

"我说不行就是不行！"

"我再也不管你了，随你的便好了。"

"求求你别再这样做好吗？"

"你若考了一百分，我就给你买……"

"你做这种事，真让我伤心透了。"

"你又做了错事，简直是坏透了。"

作为家长，你有没有想到过在说这些话的时候会深深地伤害自己的孩子。孩子毕竟是孩子，涉世不深，知识面窄，判断能力差，自理、自立能力有限，所以在日常生活中免不了说错话，做错事，家长也免不了要批评孩子，这是正常现象。

孩子的成长，从某种意义上说，就是不断改正错误的过程。做父母的应该努力以平心静气的心境，来随时面对孩子可能犯的大大小小的过失或错误。

孩子的心灵是脆弱的，他们希望得到支持和理解，每一句鼓励的话语，都会使孩子信心百倍。一句粗暴的呵斥，足可以使他们的尊严受到极大的伤害。

轻易地否定自己的孩子，对他们的能力表示怀疑，是非常可怕的。"傻、呆、笨、坏"，在孩子的心中是最严厉的判决，无情地将他们变成了一个家庭或学校的"另类"，在与周围环境格格不入的同时，他们的心灵世界也会变得一片灰暗。

多给孩子鼓励，多给孩子支持，在孩子遇到困难的时候，积极调动他们的自信心，引导他们鼓起勇气去面对困难，想办法去解决困难。千万不要轻易就对孩子说不。其实，往往是因为家长不经意的言语，大大打击了孩子的自信心。举个例子：

念小学二年级的童童，每次小测验，如果自己没有考好，爸爸妈妈便会很生气地说："你真没用，看看人家小强为什么每次都能考100分呢？你不好好学习长大了有什么出息。"

童童说她很不喜欢爸爸妈妈用这样命令的口气和自己讲话，其实自己学习还是很用功的。相信我们大家对这样的例子是再熟悉不过的了。

应该说，我们当中大部分人小时候或多或少因为不乖，都遭受过父母"没出息""没用""不好好学习看你以后有什么出路"等诸如此类的训斥。

面对这样的训斥，孩子的心里除了难过、沮丧，还有什么？父母是这个世界上最亲近的人，连父母都无法给自己勇气和希望，那让孩子去哪里找寻前进的动力？

也许父母没有意识到，这些对孩子否定性的言论，效果是非常糟糕的，年龄小的孩子自我认识能力差，自然会有些相信父母的话。

他们会想：我是天底下最笨的坏孩子，再努力也没用了。孩子的自尊心会受到严重的伤害，甚至攻击性行为增多，与父母冲突频繁发生，从而使父母陷入更大的烦恼之中。

其实，每个孩子在成长过程中都会出现一些问题，只是有些父母比较明智，巧妙地渡过了危机。聪明的父母在对待孩子时总是相信孩子是好的，相信孩子是聪明的。从批评中，能够让孩子体会到父母的良苦用心，从而越加的自尊自信。

台湾著名作家席慕蓉在《心中的彩虹》中讲了这样一个故事：

到了三年级，席慕蓉仍然是不受老师欢迎的迟钝学生，常常会逃学、说谎。有一次成绩单发下来是第三十五名，她在厕所用纸条贴上再用墨水涂改成第五名。

晚上，她父亲在客厅里等着姐妹们交出成绩单，两个姐姐是第一名、第二名，而当她两手发抖地交出成绩单时，她心里很清楚在场的人都知道她在作伪，奇怪的是大家都很"糊涂"。

两个姐姐都"糊涂"地站在旁边不言不语，父亲"糊涂"得用很平和的口吻说：老师怎么把成绩单搞得这么脏？你明天问一下老师再告诉我，好吗？

席慕蓉后来回忆说，她非常感谢父亲和姐姐的"糊涂"，让她在第二天晚上心甘情愿地向父亲坦白了一切。

席慕蓉的父亲在批评孩子时，就讲究策略。当初如果勃然大怒，当众将女儿训斥一回，或者发人深省、意味深长地疏导一番，或许也能起到一定的教育效果，但终究会深深伤害了孩子的自尊心，终究难以摘获甜美的教育果实。

但席慕蓉的父亲深知：被人尊重和信任的愿望是人类天性最深刻的冲动。席慕蓉父亲的委婉让女儿更加自尊、自信。

孩子的自尊心是脆弱的，他们不喜欢父母赤裸裸地批评他们。如果父母能够采取委婉的手段，通过故事、寓言、名言等方式来批评孩子，取得的效果会更好。

罗荣桓的女儿罗北捷从小娇生惯养，怕吃苦。这让罗荣桓很担心，怎样才能温和地批评女儿，使她愿意改正这个弱点呢？有一次，罗荣桓带着女儿去看电影，播放的正好是动画片《蚯蚓和蜜蜂》。故事情节主要是：

在很久很久以前，蚯蚓和蜜蜂长得差不多，身体都是圆圆的。后来，蜜蜂每天采花酿蜜，时间一长，它的身上竟然长出了两只翅膀，能够飞来飞去采蜜了。

而蚯蚓却整天躺在大树底下玩耍，饿的时候就吃些果子。冬天来了，蜜蜂酿了许多蜜，他的日子过得非常惬意，但是，蚯蚓却整天为了食物而发愁。

有一天，蜜蜂带着自己酿的蜜去看望蚯蚓。蚯蚓远远就见到蜜蜂向自己走来，感到非常羞愧．

于是，它一头扎进了泥土里。后来，蚯蚓决定每天都帮果树松松土，捉捉泥土里的虫子，改变懒惰的坏习惯。时间一长，蚯蚓圆圆的身子变得越来越细，受到了农民的赞扬。动画片的情节深深地吸引了罗北捷。看完片子后，罗荣桓问道："你愿意学小蜜蜂呢，还是学蚯蚓？"

"当然学小蜜蜂了！"罗北捷毫不犹豫地回答。

"那你说说看，小蜜蜂有哪些值得你学习的地方？"罗荣桓亲切地问道。"它爱劳动，不怕艰苦，勤学苦练。"小北捷兴奋地回答。

"你说得很对。不过，我倒觉得你不像小蜜蜂，甚至还不如知错能改的蚯蚓呢！"罗荣桓故意激一下小北捷。

听到爸爸这样说自己，小北捷自然不服气地噘起了小嘴。这时，罗荣桓温和地说道："难道我说得不对吗？你想想看，你平时是怎样对待困难的？在学习上，你不爱动脑子，遇到一点点困难就去问别人，做不出算术题时还哭鼻子呢！你想过没有，一个不会克服困难的人，学习上怎么能够打下坚实的基础呢？没有基础，你以后怎么可能飞起来呢？"

爸爸的话，正好说中了小北捷的弱点，她不好意思地低下了头。罗荣桓继续开导她："蚯蚓的精神也是值得学习的。你别看它刚开始时是个懒汉，但是，它能够知错就改，最后踏踏实实地钻到泥土里去松土，最后把身子都拉得又细又长。每个人都会有一些缺点，只要能够知错就改，还是好样的！"

听了父亲的话，小北捷点了点头，说："爸爸，我懂了。我们不仅要学习勤劳的小蜜蜂，也要学习知错就改的蚯蚓，对吗？"看到女儿认识到自己的错误，罗荣桓慈祥地笑了。

在故事中，女儿自然领悟到了其中的道理，这比父母讲大道理的效果要好得多。可见，父母要积累一些有教育意义的故事。在孩子遇到相似情况时，用这种方法来教育孩子，不仅可以避免亲子冲突的产生，而且会让孩子感受到父母的涵养，进而更加尊重父母、崇拜父母，促进亲子关系的和谐。

家长们，在教育自己孩子的时候，你们是不是准确地把握了孩子的心态，考虑了孩子的逆反心理呢？在教育自己孩子的时候，请家长们谨记：委婉，委婉，再委婉。

讲究艺术性，考虑孩子心智发展的程度，借助寓言、故事、童话，加以适当的引申发挥，从侧面对孩子进行启发诱导，用商量的口吻与孩子对话，最终达成一致意见，让孩子心悦诚服。努力做孩子的好朋友，让孩子有思考和表达的时间和机会，让你的批评成为孩子成长的动力。

教育孩子要掌握分寸

现在的孩子，已经不是20世纪五六十年代那种拘谨内向型了。他们经受改革开放的熏陶，见多识广，思维创新，性格外露，活泼开朗，反应敏捷，在父母面前不是缩手缩脚，沉默少言，而是想说就说，说干就干。因此，与孩子对话需要讲究才行，具体说要把好三关：

注重父母的人格风范

在家庭教育中，一切都应以父母的人格为依据，因为家教的力量只能从人格的活的源泉中来，任何家规家法都不能代替父母的人格作用。

为此，与孩子对话要做到面带微笑，落落大方、彬彬有礼、心胸宽广、恭敬谦让，谈吐文明，举止文雅。这是创造对话空气的前提，既可消除孩子的紧张疑惧心理，又让孩子觉得你既是长辈，又是和蔼可亲的良师。它不仅使对话在无拘无束的气氛里进行，而且在情感相互交融的关系中不知不觉地完成。

对话中如果只是严肃，而无笑容，板着面孔摆出一副高高在上的架势，或以盛气凌人的态度，就会使孩子敬而远之，产生畏惧，出现心慌，堵塞思路，伤害心灵，情感交流及思想沟通就会成为一句空话。即使你用上一千个关心，一万个爱护，也不会让孩子高兴起来。

尽可能给孩子多赞赏

赞赏孩子，是家庭教育中最基本的育人艺术，也是对话中最实惠、风险最小、最乐意被孩子接受的一种技巧。家长要善于拿起这个"武器"，在孩子着重赞赏的问题上，多一些慷慨，少一点吝啬。

比如，赞成孩子谈话的观点就点点头示意，或说一声"对"，"很有意思"，"真好"；对孩子发言有兴趣时就微微一笑，并给予恰当的评价，如用"正是这样"，"有道理"，"可行"等词语加以肯定；若出现滑稽场面则鼓鼓掌拍拍手……

通过赞赏，孩子能获得满意的感受和鼓励，激发热情，诱导他认识自我价值，建立自信和自尊，常常给对话带来欢乐与合作，也给家庭带来幸福。

对话时多用赞赏，在父子母女之间架起一座相互沟通的桥梁，孩子自然而然地把你当作最可亲近和信赖的人，他就会同你推心置腹地谈思想，拉家常，讲理想，论学习，说感受，而你的教育就容易被接受。

孩子一旦接受了你的正面教育，就会变得聪明能干，讲文明懂礼貌。与孩子对话用赞赏，对顽皮孩子尤其重要，因为顽皮孩子心灵深处最需要尊重和信任，受到赞赏后能立即引起他的内心冲动，并由心动化为行动。

所以，父母机智而敏锐地向孩子投注赞赏的目光，及时输送赞赏的信息，从而激发他的心理正反馈，有利于保证对话质量，促进教育转化，达到育人的目的。

心理学研究表明，人在满足了生理需要以后，人性中最本质的需求就是渴望得到赞赏。对于一个孩子来说，成功的体验要比失败的体验更重要。就精神生活而言，每一个幼小的生命都是为了得到赞赏而来到人间，谁也不是为了挨骂而活着。所以，给孩子赞赏比给孩子金钱更重要。

善于倾听孩子意见

善于倾听孩子的意见，是家庭是否民主的重要标志，又是父母育人的一种能力体现，也是对话获取教育信息的源泉。

无论何时何地的对话，我们要洗耳恭听孩子的发言，从孩子的言谈中试探他对家庭教育及其他方面的看法和意见，了解他下意识脱口而出的心里话，从中发现孩子的要求和志趣，寻找解决问题、发展自我、超越自我的办法或途径。

比如，孩子需要学习资料，是他自己去买，或是父母陪同他去，还是父母代替他买，事先要征求孩子的意见，购买衣裤等生活用品也是如此。

特别需要注意的是，孩子有时在对话中向父母诉苦、出气、发火，而且情绪激动，言语过度，不太讲究分寸，这时父母要有耐心，可以让他尽情地倾吐，或允许他适度发泄心中的愤懑。切忌反驳或指责，或显得不耐烦，甚至轻易下结论。

这样做会火上浇油，激发矛盾，出现对抗，不利于对话进行，又伤害感情，也有损父母形象。

与孩子的沟通应该是一个双向互动的过程，如果你讲的话，孩子无法理解，那么沟通就不是有效的。有些父母经常会一厢情愿地喋喋不休，根本不考虑孩子有没有兴趣听、能不能理解自己所讲的话，久而久之，孩子就学会了对父母的话充耳不闻。这就是因为父母没有注意用孩子能够理解的语言进行沟通。

父母在与孩子沟通时，应注意掌握一些技巧：

一是低声。父母应以低于平常说话的声音批评孩子，"低而有力"的声音，会引起孩子的注意，也容易使孩子注意倾听你说的话，这种低声的"冷处理"，往往比大声训斥的效果更好。

二是沉默。孩子一旦做错了事，总担心父母会责备他，如果正如他所想的，孩子反而会有一种"如释重负"的感觉，对待批评和自己所犯过错也就不以为然了；相反，如果父母保持沉默，孩子的心理反而会紧张，会感到"不自在"，进而反省自己的错误。

三是暗示。孩子犯有过失，如果父母能心平气和地启发孩子，不直接批评他的过失，孩子会很快明白父母的用意，愿意接受父母的批评和教育，而且这样做也保护了孩子的自尊心。

四是换个立场。当孩子惹了麻烦遭到父母的责骂时，往往会把责任推到他人身上，以逃避父母的责骂。此时最有效的方法，是当孩子强辩是别人的过错、跟自己没关系时，就回敬他一句"如果你是那个人，你会怎么解释"，这就会使孩子思考：如果自己是别人，该说些什么？并发现自己也有过错，促使他反省自己把所有责任嫁祸他人的做法。

五是适时适度。幼儿的时间观念比较差，昨天发生的事，仿佛已经过了好些天了，加上孩子天性好玩，刚犯的错误转眼就忘了。因此，父母批评孩子要趁热打铁，不能拖拉，否则就起不到应有的教育作用。下面是一个母亲教育孩子的案例：

有一位16岁男孩的母亲，以前经常在家中与儿子发生争执，自从她通过学习改变了与儿子的沟通方式后，她欣喜地发现：儿子变了！

前几天，儿子又在客厅里踢球。为这事，她多次与儿子发生过争执，可是儿子还是我行我素。这天，她改变了沟通方式，对儿子说："地板被弄脏了，我好难过。因为我过会儿又要辛辛苦苦拖地板了。"

儿子听了妈妈这番话的感受是：妈妈好辛苦，好可怜。我这样做有点对不起妈妈。于是，他不好意思地收起了球，说："妈妈，对不起噢！"同时，马上帮忙去拿拖把，要帮妈妈一起拖地板。

妈妈高兴地说："儿子长大了，真懂事，谢谢你帮助妈妈。"儿子得到了妈妈的表扬很开心，他感受到自己身上对家庭的责任。他说："妈妈，我以后再也不在客厅踢球啦！"

从上面的事例中可以看出，孩子同样的行为（在客厅踢球），由于妈妈采用了两种不同的沟通方式，产生了完全不同的沟通效果。

批评、指责让孩子感到受威胁，激发起了青春期孩子的逆反心理，产生了反抗行为；而不指责孩子，仅表达父母对孩子行为的感受和关心，并且表达相信孩子会尊重理解父母的感受。

这样的沟通方式让孩子感到被尊重，从而激发起了内心的责任意识，产生了主动承担责任的行为。聪明的父母，可以运用有效的沟通方式，来达到让孩子主动改变不良行为的效果。

永远不要伤害孩子的自尊

成功的家教与父母的言语表达息息相关。现在，不少父母都说自己的孩子越来越不听话，但是很少有父母会这样反过来想一想，自己对孩子说的话"中听"吗？

是不是有时候自己说的话让孩子产生了逆反心理，使孩子难以接受父母的好意呢？其实，这样的情况的确并不少见。

同样的一句话，用不同的方式说出来，收到的效果可能大相径庭。俗话说：良言一句三冬暖，恶语伤人六月寒。特别是对理解能力和心理承受能力还较弱的儿童来说，更要讲究教育方式，尤其是说话的艺术。

孩子难免犯这样那样的错误，也难免做出让大人不满意的事情。这时应该怎样用语言来教育孩子，让他纠正自己的行为呢？

当孩子做了错事时，最好不要生硬地对孩子说："你做得不对，你怎么又做错了？"而应该委婉地告诉孩子："你再想一想，这样做对吗？是不是还有更好的方法呢？"

"永远不要伤害孩子的自尊"这是教育工作者的忠告。如果在孩子成长的过程中，你始终用正面的、积极的思考方法对待孩子，那么孩子长大后也会以正面和积极的方式对待他人、思考人生；相反，如果孩子从小接触的就是恶意的、否定的言辞，他将来也会以负面的、消极的方式来看待生活中的人和事。

生活中常常会发现这样的现象：不同的人遇到不同的事，会以完全不同的态度去对待，最终结果也自然不同。

有的父母望子成龙心切，总是爱拿自己孩子的缺点去比别的孩子的优点。他们对孩子的教育往往是批评多、表扬少，甚至不表扬，还自以为这是对孩子的严格要求。久而久之，就会严重挫伤孩子的自尊心，孩子会认为，不管自己怎么努力，父母永远不会说自己好，从而丧失自信，甚至会激起孩子的逆反心理。

孩子画了一张非常稚拙的画，自己很得意，满怀希望想得到父母的夸奖。如果父母对他的画不屑一顾，说："你画的是什么呀，看上去乱七八糟的。比别的孩子画得差远了。"

孩子的情绪肯定会一落千丈，也许再也不想拿起画笔了。如果父母把孩子的画拿来仔细地看一看，猜猜孩子画的是什么，让孩子讲一讲自己的得意之作，表现出很感兴趣或恍然大悟的样子，并告诉孩子："你画得真不错，真有想象力，如果再把这个地方稍微改一改就更好了。"这时，孩子很可能就会听从你的建议，更加兴致盎然地画下去。

现实生活中家长对孩子的爱大多是用语言来表达出来的，父母一句鼓励的话可能会改变孩子的一生。

卡耐基小时候是一个公认的坏男孩，在继母到来之前，没有一个人称赞过他聪明。在他9岁的时候，父亲把继母娶进家门。

初次见面的时候，父亲一边向继母介绍卡耐基，一边说："亲爱的，希望你注意这个全郡最坏的男孩，他已经让我无可奈何。说不定明天早晨以前，他就会拿石头扔向你，或者做出你完全想不到的坏事。"

出乎卡耐基意料的是，继母微笑着走到他面前，托起他的头认真地看着他。接着，她对丈夫说："你错了，他不是全郡最坏的男孩，而是全郡最聪明最有创造力的男孩。只不过，他还没有找到发泄热情的地方。"

继母的话说得卡耐基心里热乎乎的，眼泪几乎滚落下来。就是凭着这一句话，他和继母开始建立友谊，并最终改变了他一生的命运。

也就是这一句话，成为激励他一生的动力，使他日后创造了成功的28项黄金法则，帮助千千万万的普通人走上成功和致富的道路。卡耐基14岁时，继母给他买了一部二手打字机，并且对他说："相信你会成为一名作家。"

卡耐基接受了继母的礼物和期望，开始向当地的一家报纸投稿。因为他了解继母的热忱，也很欣赏她的那股热忱，他亲眼看到继母如何用热忱改变了他们的家庭，所以，他不愿意辜负她。

来自继母的鼓励激发了卡耐基的想象力和创造力，帮助他和无穷的智慧发生联系，最终使他成为美国的富豪和著名作家，成为20世纪最有影响的人物之一。

因此，可以说正是从继母的这些话开始，卡耐基改变了他的一生。

做父母的应该知道一句话的重要性，而不是遇到情绪不好的时候就会和孩子大发脾气，或随口就会对孩子说："你给我站好了，脑子那么笨，5+5×2=20吗？肯定上课的时候不注意听讲，老师不喜欢你，我看是应该的。"

家长的气话对孩子起了强烈的负面作用，简单的语言把孩子的人格全部否定了。孩子的心里会想："我就是笨孩子""老师就是不喜欢我""父母的内心深处也不喜欢我"。

家长一句气头上的话语，可能会使孩子如堕五里雾中、丧失自信，选择破罐子破摔，后果可想而知。

其实孩子特别希望得到成人特别是父母的信任，所以对孩子说话时要表现出充分的信任。

有个朋友，谈到他的父亲，总是感叹父亲对自己的影响之大。其实说起来也不过是一件平常的小事。他父亲平时工作繁忙，根本没时间管他。

有一次父亲偶尔闲下来了，跟他谈话，末了说了这么一句话："我都没怎么管你，一来我忙，二来我看你也很努力，功课不错。不过呢，也要注意劳逸结合，别搞垮了身体。"

这个朋友当时正上初中，成绩中上，平时玩得特别疯。父亲这一句话，让他心里觉得愧疚不已，但是又让他感受到了一种绝对的信任。

他在心里暗暗告诉自己：一定不能辜负父亲的信任和关心。事实上，他后来也的确做到了这一点。一句话感动一个人，影响一个人，改变一个人，并不是天方夜谭。很多孩子的人生，也许就因为父母的一句话而发生意想不到的改变。

父母在教育子女时，语言的使用艺术是举足轻重的。对待孩子，要从与人为善出发、从对孩子的真诚关心出发，尽可能地从正面鼓励和引导孩子；即使孩子真的有错，也应该和颜悦色，包装好语言再开口，循循善诱，这样才能收到良好的教育效果。

第四章

孩子学习需要动力

　　每个人的生活都离不开学习，学习是人与环境保持平衡、维持生存和发展所必需的条件，也是人类适应环境的手段。尤其对孩子来说，学习就更为重要。

　　因为一个不学习的孩子，是难以适应当今及未来这个复杂多变的社会环境，更谈不上获得良好的发展。所以，对于孩子来说，学习是他们生活的重要内容。父母应该让孩子意识到学习是他们的责任，从而引导他们主动、积极地去学习。

学习是孩子必做的事情

学习是孩子们获得知识和经验的唯一途径，而知识和经验是孩子在未来社会上生存所必须具备的。

没有知识和经验，孩子是不可能懂得如何去适应环境、发展自我的。因此，父母应该及早告诉孩子：学习是你必须要做的事情。

学习是通向光明抉择

社会发展至今天，对国民素质的要求越来越高，特别是在升学、就业、务工、竞选、任职等一系列重大问题上，对知识和素质要求的门槛越来越高。

对此，很多家庭里，家长重视孩子的学习几乎已远远超出于其他方面。但孩子毕竟是孩子，况且孩子学习还需要他们自身去努力。

所以家长在重视孩子学习的同时，必须在培养和教育的方法上下功夫，要善于让孩子知道学习是每个孩子必做的事情，只有这样才能使孩子认识到学习的重要性，从而不断自主地去努力。

一个人的实力绝大部分来自学习。本领需要学习，机智与灵活反应也需要学习。健康的身心同样也是学会了健康的生活方式，特别是健康的心理活动模式的结果。

人生有许多困惑、许多悖论、许多选择，当你面临选择的痛苦的时候，你可以去学习，用学习和思想抚慰你的焦虑，缓解你的痛苦，启迪你的智慧，寻找你的答案。学习归根结底是通向真理、通向知识、通向光明的抉择。

心理学家研究表明，人的生理和心理会逐渐成熟，但是成熟并不是完全脱离外部环境和学习影响的纯自然过程，而是必须依靠孩子不断的自主学习才能获得。因此，学习是每个孩子都必须要做的事情。

引导孩子学习的方法

（1）讲述学习的意义

学习使个体生命更加完善，使人类文明得以发展，具有非常重要的意义。有人说，一个人一天不学习，不进行必要的反思就会落后他人一大步。因此，父母应该经常向孩子讲述学习的意义，指导孩子认识到学习是他们必须要做的事情。

　　陈从蓉是个四年级的女孩，今年刚10岁。陈从蓉以前非常不爱学习，写作业需要妈妈一遍又一遍地催。

　　有一天，她好奇地问妈妈："我每天学这些东西做什么啊？"

　　妈妈便告诉她："拿学习语文知识来说吧，可以培养你的语言能力，以后你在社会上便能够自如地与他人交流，你看看电视里那些叔叔阿姨说出来的话啊，如果没有丰富的词汇量和阅读水平、语言组织能力的积累，他们怎么能说出那么逻辑完整的优美语句呢？"

　　从那以后，妈妈常常跟女儿讲学习的意义，并告诉女儿："学习是你必须要做的事情，不仅现在要学习，以后你也要不断地学习，否则就永远不能进步啊！"

父母应该从小就告诉孩子，不学习人就不能独立地生存下去，更谈不上将来能够生活得更好；没有学习，人类社会就永远不能获得发展。教育孩子只有不断地学习，他们才能更好地适应不断变化的环境和纷繁复杂的社会。

（2）学生天职是学习

学习是每个孩子必须要做的事情，因为孩子还处于积累知识和经验的重要时期。如果他们这时候不学习，将来进入社会便难以适应。

父母应该告诉孩子在这个时期他们最重要的任务就是学习，只有打好坚实的知识基础，将来进入社会后才能够争取到更多的发展机会。

> 绿竹今年12岁，不太爱学习，成绩也不理想。她常常问妈妈："为什么你们要把我送到学校去呢？为什么我不能像爷爷奶奶一样每天去公园里跳舞、练太极呢？"
>
> 妈妈耐心地告诉她："你还小，知识储备不够，生活经验积累得也不多，因此，你必须学习。现在你必须掌握知识和经验，以便在将来获得更好的发展。你和爷爷奶奶是不一样的，爷爷奶奶在你这个年龄的时候，那时候条件非常艰苦，他们学习比你更刻苦、更有劲头呢。"
>
> 绿竹点了点头，便开始埋头写作业了。在以后的学习过程中，她越来越体会到了妈妈这些话的重要。

父母应该告诉孩子，学生的天职就是学习，尤其在知识经验严重不足的童年时期。为了适应将来的社会生活，孩子必须学习一定的知识，掌握一定的生活经验。

（3）不学习就会落后

不学习就会落后于他人，甚至难以在社会上生存。1972年联合国教科文组织国际教育发展委员会发表著名的题为《学会生存》的研究报告，就把学习同生存直接联系在一起，可见学习的重要性。

> 方仲永是宋朝末年的一个神童，有很强的写作天赋，很小的时候就可以写诗作对。5岁时，他的父亲让他当众作了一首诗，那首诗得到了很多人的好评。
>
> 可是，他的父亲为了炫耀，带着方仲永到处拜访，到处给人当众作诗。他认为既然孩子是神童，就没有必要让他再学习。
>
> 又过了几年，仲永已经十二三岁，著名诗人王安石去看望他，并叫他当场作一首诗，却发现其文采与辞藻都已经大不如从前。又过了7年，他已经变得和普通人一样了。

父母在平时的生活中应该多给孩子讲一讲不学习的严重后果，利用古今中外那些不认真学习导致人生失败的例子来引导孩子意识到学习的必要性和他肩上所负的责任。

（4）培养负责的意识

学习，说到底也就是孩子现阶段最重要的责任。如果孩子没有对自己负责任的意识，他就不能意识到自己肩负着学习知识、积累生活经验的重要责任，更不可能会主动、自觉地学习了。

> 李洪斌是个六年级的男孩，极具责任心，而且学习也很

努力、认真。李洪斌的妈妈从小就告诉他："你自己的事情要自己做，而且必须学会自己做。学习也是你自己的事情，因此也是你必须要做的一件事情。这是你的责任。"

在妈妈的指导下，李洪斌把学习当作自己的事，因此总是主动、积极地去学习，成绩也很好。

因此，父母要培养孩子对自己负责，对自己人生和未来负责的意识，让他们意识到现在的学习关系到以后人生的成败，努力学习是他们对自己的未来负责任的一种表现。

（5）启发孩子主动学

古今中外，很多为人类做出巨大贡献的名人都从小热爱学习，毛泽东就是一个热爱学习、刻苦读书的良好典范。为了获得更多的知识，他甚至整天待在图书馆里，废寝忘食地读书。

曾两度获得诺贝尔奖的著名科学家居里夫人，为了读书，年轻时曾背井离乡去到巴黎，不怕过着清贫的生活。

名人的榜样作用对孩子的学习影响深远。因此，父母应该经常给孩子讲讲名人热爱学习的故事，以此激发孩子主动学习的兴趣。

用奋斗目标来激励孩子

俗话说"一个确定的目标是成功的一半。"一个人只有确定了奋斗目标，才有一个努力拼搏的方向，才不会在前行中迷失自我。要相信，善于自我激励的人必然有着自己的前进目标，所以才会不断地朝着自己的奋斗目标前进。

为此，作为父母，要懂得用目标来激励孩子的学习热情。

了解目标的重要性

据有关调查表明，芸芸众生中，真正的天才与白痴都是极少数，绝大多数人的智力都相差不多。但是，这些人中有的成为赢家，有的却碌碌无为。在这些智力相近的一群人中，为何他们的成就却有天壤之别呢？

美国哈佛大学曾就这一问题对一群智力、学历、环境条件都相差无几的学生进行过一次关于人生目标的调查。调查表明，27%的人没有目标；60%的人目标模糊；10%的人有清晰但比较短期的目标；3%的人有清晰而长远的目标。

25年后，哈佛对上述对象再一次进行调查，结果令人吃惊：3%的人25年间他们朝着一个方向不懈努力，几乎都成为社会各界的成功人士，其中不乏行业领袖、社会精英。

10%的人他们的短期目标不断地实现，成为各个领域中的专业人士，大都生活在社会的中上层。60%的人他们安稳地生活与工作，但都没有什么特别成绩，几乎都生活在社会中下层；剩下27%的人他们的生活没有目标，过得很不如意，并且常常在抱怨他人、抱怨社会、抱怨这个"不肯给他们机会"的世界。

这是一个令人深思的结论。其实，他们之间的差别仅仅在于，25年前，他们中的一些孩子知道要干什么，而另一些孩子则不清楚或不很清楚。每一个立志成为赢家的人都必须明白，杰出人士与平庸之辈最根本的差别，并不在于天赋，也不在于机遇，而在于人生有无目标。

目标是人生的希望，是人生的动力。没有目标，就没有事业的成功和人生的辉煌，所有的成功者都是在执着的奋斗中，靠着顽强的信念在实践着自己的梦想与目标。

确定了自己的目标之后，一定要相信你自己，别让别人的一句话将你击倒。不管别人怎么跟你说，记住，命运在你自己的手里，而不是别人的嘴里。

孩子确定目标方法

目标，是实现人生理想阶段性的要求，人只有通过完成各个不同时期的目标，才能逐步实现人生的最大目标，即理想。果孩子没有具体的奋斗目标，或是目标过高、过低都不好，这不但不利于孩子的健康成长，还可能难以实现目标或落后于目标而直接影响到孩子实际能力的锻炼。因此，父母应善于为孩子确定目标。

（1）目标要有明确性

父母激励孩子树立奋斗的目标是孩子正确认识自我的前提。若自己的孩子比较外向，喜欢谈自己的理想、自己的未来，就算孩子有时说的不太靠谱，这时父母也不要嘲笑孩子天真烂漫的梦想，而应该对其表示鼓励孩子说出来的目标或梦想，同时引导孩子向着自己的目标努力去做。

比如一个只有几岁的孩子说自己的目标是要当世界闻名的大歌星，这时，聪明的父母不妨引导孩子把这个目标写下来，并把它当成行动的计划，去做一些能够实现目标的事情。这样一来，才能离孩子奋斗目标越来越近，才能把梦想变成现实。

家长在教育孩子时学习书本文化知识时，可以让孩子在一年内学习两册科学知识读本。当然也不能全盘否定，只有树立当歌星、科学家、艺术家之类的远大目标才有意义。目标没有高低贵贱之分，不管孩子的目标是什么，只要父母善于引导孩子、正确地教育孩子，它都是一个好目标。

（2）目标要有挑战性

作为家长，在引导孩子树立自己的奋斗目标时，不宜过高也不宜过低，应该与孩子沟通后，找出孩子对哪个方面感兴趣，并且通过孩子的努力去实现。比如说，许多女孩喜欢唱歌、跳舞，父母可以引导孩子通过这些来延伸编舞或是作曲等。

（3）目标要有针对性

兴趣是活动的源泉，是激发孩子参与活动的动力。家长在为孩子寻找目标时，并不是单一地早早帮孩子确定以后要从事的职业方向，而是帮孩子发现他本人最想得到的和最感兴趣的东西。

只有最感兴趣的东西，孩子做起来才会不觉得累，才会以饱满的精神去面对，在取得成功时才能感觉到真正地成功感。

家长是最了解孩子的人，帮助他找到自己的奋斗目标，并帮助他们去实现它则是势在必行要做的事情。而这一目标将会成为孩子生活的动力，其中也会让孩子发现自己走在一条自己所选择的道路上，所以他会很注意自己的一言一行、一举一动。因为他知道，自己今天所做的一切都是为了更好地实现远大的目标，会离目标也是越来越近。

父母在给孩子树立目标之前，不妨先与孩子面对面地、推心置腹地交流一番，然后再根据孩子的兴趣方面进行慢慢地培养。聪明的父母会从日常生活中发现孩子的兴趣、爱好，因为这些经常会在孩子的生活、玩乐中显露出来。

作为家长，应该尊重孩子的兴趣、爱好、特长，并为之感到高兴。当父母发现孩子的兴趣与自己想象的相差甚远时，父母不要打击孩子，讽刺孩子。

父母们一定要记住：只有孩子感兴趣的东西，他才会专心、用心地去做，才会取得更好的成绩。

无数的事实证明，勉强孩子去做自己不喜欢做的事情，那么其结果往往是背道而驰，费心又费时，只是蹉跎而已。如果父母发现孩子没有特别感兴趣的东西或是中间出现其他的情况时，一定要及时帮助并调整孩子的心态。

（4）目标要有创造性

每一个孩子的思维方式都各不相同。但是，也并不是与大多数不一样就是不正确的，事实证明，人云亦云的人才是没有思考能力的。

　　世界著名的作曲家莫扎特小时候曾从师于伟大的作曲家海顿。一天，年幼的莫扎特对海顿说："老师，我写了一首曲子，你肯定弹奏不了。"

　　"怎么可能呢？"海顿不以为然，"到底是什么样的曲子呢？"

　　这时，莫扎特将自己写好的曲谱递给海顿，海顿仔细看过曲谱，突然大声叫了一声道："这是什么曲子呀？乱弹琴，当两只手分别放在钢琴两端弹奏时，怎么会有一个音符出现在键盘的中间呢？这样看来，这首曲子是不能弹奏出来的。"

　　此刻，只见莫扎特在遇到键盘中间的音符时，便俯下身体，用鼻子弹了出来。海顿对此感慨不已。

为孩子实现理想创造条件时，首先在激发孩子对目标的向往，父母自身应做好一个榜样。如果连父母都不好，更何谈是年幼的孩子呢？激发孩子对目标感兴趣的事例无处不在。

（5）目标要有长远性

俗话说："一口不能吃个胖子，胖子是一口一口地吃出来的。"谁都想一步登天，实现自己的远大理想，但是又有谁能真正地做到这一点了呢？

所以，在教育孩子对感兴趣的东西树立目标也要分短期与长期的。就拿平日的月考来说吧。父母对孩子的要求越高，也就容易给孩子造成压力，易使之失去信心。

因此，家长不宜将孩子的目标定得太高，一定要拿第一或前几名。只要孩子每次的月考成绩比前几次好，哪怕是一点点的进步，父母也要不断地鼓励孩子，帮孩子树立自信心。那么，才会在考试过程中，越来越好，甚至可达到令人意想不到的效果。

要解决孩子上进心的关键，是在孩子心目中树立一个经他们努力能达到的好目标。所以，家长不妨试一下"一点点进步欣赏法"。其具体操作是把大目标形象化，从中间划分成一个又一个的不目标逐渐完成它。

（6）目标要有可行性

目标很容易，但是要想实现这个目标，却不是那么简单的事。要知道，实现目标的过程是坎坷的，如果孩子失败了，家长要及时开导他，帮他分析失败的原因，并找回勇气从头再来。

在这个过程中，父母要有足够的耐心与精力，同时也要注意言传身教的作用。

例如说，在孩子学习时，家长不看电视或不娱乐，做自己工作分内的事，和孩子一起工作，一起学习。这样的话，孩子看在眼里才会更有动力。

　　由此可以看出，制定目标也是要靠父母与孩子相互沟通交流得出的一个具体结果，并且还要在一定的家庭氛围内逐渐形成的。家长要用心去倾听孩子的心声，帮助孩子找到自己生活的目标和航向，进一步引导孩子走在他自己所期望的道路上。

不要给孩子施加太多压力

　　有些家长要孩子学习，不是根据孩子的兴趣爱好培养特长，激发学习热情，而是通过孩子来实现自己未曾实现的理想。这是家长的一种代偿心理，会给孩子造成巨大的压力。

　　日本教育学者山本光明，把从事某种活动的意愿表现为充满斗志、被强迫做、不想做、无法做四种方式。认为凡是被强迫学习的孩子都缺乏学习的主动性和动力。所以家长不要给孩子一味地施加太多压力，应以一颗平和的心态来教育孩子。

　　压力大会导致心理危害

　　现如今，有心理障碍的孩子越来越多。心理学家指出，压力过大则是导致孩子出现心理问题的一个重要因素。目前，有很多中小学生面对着学习和考试压力，这种学习压力，确确实实已大大超过了他们的心理和生理的承受能力，从而致使出现一系列的逆反心理乃至精神变异。

　　静静是小学一年级学生，只因为一次拼音测验成绩不理想，她竟背上了沉重的思想包袱，在睡梦中，发出了"我能跟上！"的呼喊。

静静的父母平时总给孩子灌输"要做最优秀的学生"的思想，对她的要求标准非常高。

自从她一入学，静静的爸爸妈妈便像大多数父母一样，开始不自觉地把考试和分数挂在嘴边，和孩子交流时也会习惯性地问："今天考试了吗？"这给孩子的心理造成了极大的压力。

所以，自从她拿回一张考的极差的试卷之后，笑容就从她稚嫩的脸上消失了，眼睛里多了一份忧伤和迷茫，睡觉不再香甜，有一次竟在睡梦中大喊："不，你们瞎说，我能跟上！我能跟上！"

静静的梦语，吓坏了她的父母，也惊醒了她的父母：他们没料到一次考试的失误竟带给孩子那么大的心理压力。"分数曾经把我们这一代压得喘不过气来，没想到如今我又将分数的压力施加在孩子身上。"

静静的父母开始和静静交流，帮助她内心已形成的压力。慢慢地灿烂的笑容再次回到了她的脸上。

众所周知，教育并不是一朝一夕就能见到成效的，而是一个循序渐进的慢过程，其中包括认知能力、自控能力、人际社交能力、生活独立自主能力等都是需要长时间的教导才能养成的。

家庭教育是一门艺术，家长最好不要给孩子树立过高的期望值，别一味关注分数，多给孩子游戏和玩耍的时间，尽量让孩子每天保持一份快乐的心情。

父母对孩子的要求过分苛刻，会让孩子因压力过大而精神受到压抑，无法释放；孩子年龄小，有时压力过大，也不会用语言的形式来表达出来，就算是表达也无法让大家听得清楚，因此，有的时候他们无法得到成人一样所期望得到的帮助。除此之外，他们也会因自身对事物不了解、对人际处世缺乏经验，独立处理问题的能力差，导致无法排解压力。

专家说，当压力过大或持续过长时，孩子就会产生抑郁症、失眠症、恐惧症等一系列的生理或心理连环反应；孩子学习压力过大，还会导致孩子在整个学习过程中思维混乱，无心学习，对问题回答时缓慢，犹豫不决，进而影响到对问题的第一认识。

另外，高压制度下往往都是反抗，让孩子更不听管教，更不爱学习，可见，这是种极不正确的教育方式。

以平和的心态看待成绩

父母在看到孩子的成绩时，首先要找出没有考好的原因；其次多让孩子做这方面的作业，避免下次再犯同样的错误。

每个父母都希望自己的孩子更优秀，比自己更有出息，但这也不是急就能急出来的。所以，家长不妨降低你的期望值，为孩子减去过重的压力负荷，让孩子可以轻松自如地前行。

家长应保持一颗平和的心态，特别是在看待孩子的成绩时，更应该保持良好的心态，因为你的心态将决定孩子在今后成绩好坏中起着至关重要的作用。与其给孩子处处施加压力，还不如给他提要求、定目标，要尽量恰如其分，帮助孩子树立一个"跳一跳，够得到"的目标。

常言道：知子莫如父母。孩子的秉性如何，其他各方面的能力如何，做父母的可谓是心如明镜。作为父母，不要一味地抱怨孩子如何不争气，不要总是不知足，不要将目标定得太高，不要时刻给孩子强调只许成功，不许失败的话语。

只有化解了这种不良的教育观念，才能减轻孩子过大的精神压力，进而坚定学习的信念。因此，只有家长的心态好，才有利于孩子学习态度的改变。

"欲速则不达""水到渠成"这些词语所表达的含义是永恒不变的真理。父母们要想提高孩子的学习质量，千万不可有急躁情绪，不能操之过急，尤其是在孩子的学习兴趣上，更不要处处施压。

如果你逼得太紧，孩子就会产生焦躁、不耐烦、潜意识产生抵触情绪。让孩子对学习产生恐惧感，那可是后患无穷。

帮助孩子消除压力要诀

为了避免给子女施加太多压力，家长很有必要注意自己的言谈举止及教育方式。对此，心理专家为广大家长提出了如下一些建议，必将对孩子的教育有良好的促进作用。

（1）谨防孩子逆反心理

一旦孩子产生了反抗心理，那么便会和家长的关系处于紧张的边沿。他讨厌家长督促、检查他的一举一动，不愿意和家长讨论有关学习的事情，更不愿意与之进行推心置腹的交流，会对家长提出的成绩及排名要求非常反感……连进取心都没有了，哪里还谈得上有学习兴趣？

（2）平等地与孩子沟通

对于这一点，相信很多父母都很难做到。正所谓"爱你没商量"是很多包括家长在内奉行的理念，但从某角度来讲，这种爱是极其自私自利的。

家长不应该把自己的意志与意愿强加于孩子的身上，放下自己所谓的经验与长辈的架子，用心去融入孩子天真无邪的纯洁世界，才能让孩子做回真正地自己。

生活中，父母很少与孩子进行心与心的交流，更多的是镇压与指责，其实家长不妨静下心来与孩子多沟通，平等地与孩子进行沟通，看他真正需要的是什么。

给孩子尝试生活，他才能发现生活，从而拥有正常生活的权利。让孩子真切地了解自己是怎么样的一个人，正确地认识自己，分析自己，找出自己的优点与缺点，从而扬长避短、战胜自我、挑战自我、超越自我，成为新我。

家长们只要跟孩子站在一起，像朋友一样去帮助孩子前进，实现目标，成就属于他自己的未来。

（3）不要与他人相比较

通常情况下，常常拿孩子与别人相提并论，往往使孩子产生厌恶心理，还没有站在起跑线上，就自动放弃比赛，放弃进取。

在生活中，我们不难听到"你怎么就这么笨呀？你看看人家，学得不但好，每次考试不是90分就是100分，而且还有特长。你说你是怎么考的呢？"这样贬低自己孩子，抬高别人孩子的做法无疑是给孩子幼小的心灵雪上加霜。

家长老是这样拿自己的孩子与他人的进行比较，会使孩子怀疑自己的能力是不是真的那么差劲，并渐渐开始给自己一种"我不行"的心理暗示。久而久之，他的自卑心理、内疚心里就越来越强。

我们知道，孩子在自己的学习成绩不好的情况下，心里本来就难免伤心，甚至是打退堂鼓。特别是那些经济条件不好的孩子，更是如此，觉得自己很对不起养育自己的父母，父母的这种做法无疑更是加重孩子不必要的心理负担，进而学习成绩也就更难上去了。

（4）多给予鼓励和赞美

一个全面发展、心灵健康的孩子，无论到哪里都是人才。作为家长，要保持一颗平常心看待孩子的学习成绩，多给孩子一些鼓励、支持和赞美，使他相信在他人生的道路上，他并不孤单。

父母的信任及鼓励也能增强孩子的自信心，对孩子的学习有极大的帮助。另外，相对宽松的环境和心态，才能激发孩子的潜能，才更有可能做得更好。

（6）及时了解学习状况

及时了解孩子的学习基本状况，对父母在教育孩子过程中所起的重要非常重要。只有充分地了解了孩子的学习基本状况，父母才能及时给予孩子帮助、鼓励和支持，特别是在发现孩子在学习以外的优点和长处时，及时表扬，不仅达到强化学习动机的目的，还能给孩子自信。

比如：孩子学习差是为什么呢？有些孩子学习差是因为他本来的底子就很差，所以在老师授课时几乎听不懂在讲些什么；也有的孩子是由于临场发挥紧张过度，导致进考场后脑子一片空白。若是这种情况父母应该帮助孩子从最基础的内容补起，同时帮助孩子树立自信心。

21世纪，如今学生的学习压力不亚于工作中的父母们，他们面临着升学、就业、家庭等诸多因素的影响，从主观上已经对孩子产生了心理的压力。

俗话说：可怜天下父母心。一语道破天下所有父母们望子成龙，望女成凤的迫切心情。所以在教育过程中，要冷静，不对孩子唠唠叨叨；要修身养性，从自己的改变做起，千万不要给孩子太多的压力，以避免物极必反、事与愿违。

让书本生活化学习游戏化

我国著名教育学家叶圣陶先生曾说："全部的课程就是全部的生活，一切生活就是一切课程。"书本中有太多的知识都是来源于生活中的点点滴滴，只是长期的、单一的应试教学模式，使原本的生活内容逐渐背离了生活。

生活犹如一个大课堂，在这个大课堂里可以让孩子学到更多的知识，并且在学习中愉悦心情。

家长做到适时事事启发孩子

生活中，大多数的家长们喜欢要孩子学这学那、背这背那，总是强逼孩子死记硬背一些公式和定理法则，其实这完全是不符合现代教育理论的。

聪明父母的做法则是启发孩子发现问题、解决问题，培养其独立处事的能力。而这种能力无论在任何情况下，都是必不缺少的。

在家里，父母们要注意给孩子创造良好的学习环境和生活空间。不管是父母教孩子整理衣物、放置物件，或是使用各种劳动工具，都要提出具体的要求，并在其过程中给予具体的指导，使他做事井井有条、有始有终，养成不达目的誓不罢休的精神。

某市有一所幼儿园，为了把数学教育书本生活化，让学习游戏化，让幼儿在生活中学习，在学习中生活，让学习服务生活、提高生活质量。

再经过幼儿园领导们的一致同意，实施了这么一个妙招。比如说，开展《认识图形》的活动，就充分挖掘周围存在的各种颜色、图形，墙上的各种图形及图形组合，通过让幼儿用不同颜色、不同形状的砖头辅路，用各种颜色、形状的亮光纸装饰墙壁，给小动物喂饼干等一系列的游戏化的活动形式，让这些天真活泼，又爱调皮捣蛋的幼儿们在轻松愉快的气氛中主动学习，巩固对图形及图形组合的认识。

另外，还有《按物体的长短、大小排列》一系列的活动，让幼儿在愉快吃点心的过程中，很自然地比食物的长短，并按长短顺序来排列。

除此之外，要数最有效的教育方式，那就是"小鱼吹泡泡"了，布置"小鱼吹泡泡"的墙饰，让幼儿喝完一杯水，就在自己做的小鱼嘴边有规律地贴上一个图片，今天喝了几杯水，小鱼嘴边就有多少个泡泡。

这个活动不仅让锻炼孩子的动手能力，还能提高孩子对数学的认识。对这一特殊的教育方式，家长们也都提出了宝贵的意见，在实施的过程中，家长也表示相当的满意。

可见，如今的教育方式绝不能局限以往的应试教育，而是越来越靠近科学教育，就是我们常常提起的"素质教育"，教育孩子全面发展。

有许多父母认为孩子只有"一心只读圣贤书，两耳不闻窗外事"整天闭门造车才是真正地"学"，当他们看到孩子玩耍时，就一脸的不高兴。现实生活中，有很多孩子在父母们的催逼下学习，其效果却没有明显的效果。

其实这并不是因为孩子笨，而是因为学习方法不佳所造成的。真实的情境带给孩子的是所见即所得、所做即所悟。

这个时候，家长要善于引导、善于发现、善于将教学中的内容融入日常生活中，做到信手拈来，创设一些生动、有趣、贴近生活的实例，并且把生活中的教学原形生动地运用到课堂上，使孩子在对待学习不再那么枯燥不安。

从而也使一改往日的厌倦心理，富有感情、具有活力地去学习。只有这样不断地丰富他们的知识面，扩展生活视野，注重培养他们的实地考察等多方面的能力，才会不断发展他们的形象思维，促进语言和抽象思维的发展。

书本生活化学习游戏化方法

让书本生活化，让学习游戏化的重要方法在于，家长应该经常引导孩子认真观察生活，从而保持在学习中愉快，在愉快中生活。

现实生活中，有很多家长常带孩子一块去公园时，这时便可以教导他，人、事物、景物，如何在脑中留下深刻的印象，介绍过后再问一下他自己简单的想法。

教育专家说，当孩子还处于发育阶段时，他的大脑就好比是一棵小树苗的成长，需要得到充分的养分与尽心尽力、方法得当的养护。因此，家长在促进孩子的智能发育上应从营养和教育这两方面入手，抓准时机、抓住根本，才能起到最佳的成效。

有关教育专家建议，为了更好地做到让书本生活化，让学习游戏化，父母还应该让孩子亲身体验和了解居住地区的发展轨迹、风土人情、自身所处的环境。

从根本上说，学习地理是为了了解我们的生存环境，并了解自身与其他同龄人之间的差距到底有多大，并在利用环境的同时，来协调融合，达到"天人合一"的目的。

家长应密切关注周围的生活现象，并适时地引入孩子的学习中，和孩子一起探究其形成发展的地理原因，从而也提高了孩子的综合知识。

特别是语文课本上的知识无疑是生活的外延，换句话来说就是等于生活，因为阅读的内容都是反映生活的，在生活中阅读，让生活的乐趣在阅读中充分得到发挥。

众所周知，中华民族历来都有将生命化作花叶的文化根基，"生如夏花之绚烂，死如秋叶之静美。"各式各样的花可以看作是人生的不同阶段，人的一生不可能一帆风顺、但有的时候却可以平平淡淡；有的时候则可以轰轰烈烈。

告诉孩子人生的每一个阶段都要活出绚烂，活出精彩，从花的淡雅高洁中感觉到人不要自暴自弃，要学会珍惜生命，珍惜学习机会。

消除孩子的考试恐惧症

与平日的学习压力一样，过分的恐惧对考试成绩的好坏有着直接的联系。

所以，在孩子备考期间，父母应尽量摆脱各种外界的干扰，经常保持比较平和的心态，这对孩子能以稳定的情绪、平和的心态去对待考试是很有意义的。

考试恐惧症产生原因

孩子对考试的恐惧已成为一个普遍存在的现象。越来越多的儿童走进咨询中心，以便在或长或短的治疗中解决与考试恐惧相关的冲突。仔细的人们也不难发现，在完全不同的社会体系中，考试及有关的理论知识和非理论知识的恐惧影响着周围的每一个人。

每逢遇到对考生具有代表性的考试时，比如说改变命运、扭转乾坤的考试，考生的心理状态就会发生一系列的异常变化。比如在考试前情绪上明显焦虑不安、烦躁、紧张，睡眠不足等。

有的孩子平时很用功，考试前也会做一系列的温习工作，积极备战，但是当真正走进考场时，就会感到头晕、恶心、手心冒出冷汗等，以至于头脑一片空白，交卷后才醒悟过来，此时已为时已晚了。

正常情况下，孩子在考试过程中，常有这么两种压力导致考试恐惧症。一种是来自于对自身的过高期望；另一种是来自于自身的知识经验准备不足，从而担心自己是否能够顺利通过考试，常常在学习中表现出焦虑不安等一些不良情绪。就算是成绩名列前茅的孩子在考试时，也会过分地担心考试结果到底如何。

他们平时成绩好，所以处处要求自己过高，争强好胜的心理也会占据上风，总想着拿第一，希望自己能考出好成绩，却不能面对考试不好的结果，越是强烈地要求自己考好，可往往事与愿违其结果总是差强人意。

众所周知孩子的学习中，面对着繁多的功课、父母的厚望以及自身对未来美好前途的强烈渴望，内心的矛盾让孩子产生害怕考试，进而到恐惧考试的心理。

期待水平是影响考生考试恐惧的重要因素。这种现象往往是考生对自己的要求，远远超过了自身所具有的水平，在考试之前没有把握而失去信心，影响效果及考试质量。有的甚至是在心烦意乱的情况下，注意力不集中，连正常的水平都得不到发挥。

燕子今年面临着中考，她不停地对妈妈说："妈妈，我希望我快点长大。"妈妈很好奇，便问她，为什么要长大，现在的生活不是很好吗？

只见燕子频频摇头，以示不愿意。细问原因之后，才知原来答案竟然那么简单明了，那就是：大人不用考试。因为燕子对考试有一定的恐惧，所以她的情绪极不稳定，生活、学习中的琐事，都相继进入了低迷期，同时成绩也是起伏不定。

这种现象给她的妈妈带来了很大的困扰，一时无措，不知如何是好？并且随着时间的推移，燕子的考试恐惧症越来越严重，让人担心不已。

燕子对考试恐惧症，只不过是生活中众多例子的一个缩影，像这样的例子比比皆是。那么，怎样解决这一问题呢？

消除考试恐惧症方法

心理专家建议，消除孩子的考试恐惧症，既要治标，又要治本。对此不妨注意如下方面：

（1）扭转自我消极

一般情况，有些孩子在考试前往往会产生焦虑的心理体验，自我威胁，自我恐惧等，完全是由于自信心不足所造成的，对自己的评价过于消极。

这时父母应做的就是教会孩子表达出自己的内心情感，扭转自我消极来克服不当的学习压力和考试恐惧。

（2）要转移注意力

平时多注意孩子的一举一动，及时引导孩子走出心理阴影。正常情况下，大部分的孩子在考试前，情绪一般都较低，这时，家长不妨把孩子不愉快的事情转移到孩子感兴趣的地方。

比如让孩子唱他最喜欢的歌，带他最想去的地方，或是重新布置一下自己的小房间……这些方法都在改善不良心理的过程中起着至关重要的作用。

在简而易做的情况下，较高的心理压力会产生奇佳的成绩；在复杂难做的情况下，较低的心理压力将产生较高的成绩。

（3）让孩子放轻松

在考试之前，细心的父母会发现，有的孩子心里非常想好好学习，可就是学不进去，尤其是对一遍又一遍地重复学习相同的知识，逐渐产生的厌倦心理；还有一些孩子越是临近考试，成绩越是提高的慢，比起以往的记忆力差之又差，为此而烦恼不堪……

这时家长要做的就是，尽力让孩子放轻松，让他把心中的郁闷、恐惧心理说出来，并结合孩子的年龄应面对的考试给予适应的准备，要让孩子明白，考试不过是检验他平时的学习状况的一个手段，不能代表未来，只有这样才能改变这种不佳的情绪状况。

如果家长一味地把分数看重，孩子就会把每次考试看重，给自己增加压力，进而对考试产生恐惧心理，这种后果非常严重。父母要明白，学习压力与考试焦虑总是结伴而行的。

第五章
好心态助孩子健康成长

心理学研究表明：人的性格基本在孩童时形成。对于大部分的孩子来说，从小主要是和父母待在一起，潜移默化影响其性格的就是父母。

因此，父母送给孩子最好的礼物不是拥有诸多的玩具，而是帮助孩子建立并形成一个良好的性格。因为良好的性格能使人受益一生。

让乐观陪伴孩子成长

乐观是一种性格，也是一种品质，乐观的人心胸宽阔，勇于面对现实，正确对待顺境和逆境，是具有多种积极素质的综合表现。乐观的态度是一个人快乐的加油站。对于孩子来说，父母只要培养他一种乐观的性格，快乐就会像泉水一样汩汩而出。

但在生活中保持乐观向上的精神面貌并不容易，需要不断地磨炼。对此，父母应善于将乐观的品质潜移默化地传给孩子，这对他们一生都有好处。

乐观是一种最可贵的性格

理想的人生应当是快乐的、向上的、幸福美满的，可以说，没有比这样的人生更令人向往，更值得追求的了。孩子正处于人生的起步阶段，每一个父母都希望自己的孩子将来人生幸福快乐，能从容地面对世间的一切，为此，就必须从小培养他们乐观的性格。因为这种性格最具有生命活力。

乐观，作为一种最为积极的性格因素之一，就是指无论在什么情况下，即使条件和环境再差也保持良好的心态，相信坏的遭遇总会过去，相信阳光总会再来的心境。

乐观的心态就是承认事物的不完整性，就是不被偶尔的挫折和磨难所感伤，因为感伤并不能把我们的命运改变。的确，生活从来不是十全十美、万事如意的，但乐观者从不怨天尤人，而总是让生活伴随着憧憬和追求。

综上所述，生活不论是遇到困难、挫折、失败、灾难还是取得成就，一个人只要拥有开朗乐观的性格，就能拥有永久的幸福。这样的人不论处于何种境况，都会拥有一种人生最宝贵的活力。

身为家长，如果想让孩子有一份乐观的心态，由此更好地主宰今后的人生，不妨注重从小对孩子乐观性格的培养。

培养孩子乐观性格的方法

（1）用自身乐观的态度感染孩子

父母是孩子的第一任老师，孩子性格的生成在很大程度上也会受到父母的影响。所以在日常的生活当中，父母在孩子面前要尽量表现出乐观来，努力营造出一种快乐的气氛。

在现代的家庭教育中，我们越来越发现，养育孩子的过程也是父母不断充实与学习的过程。所以更为重要的，是父母要拥有一颗真正乐观的心，要知道，父母乐观处事的事例对于孩子是最好的教科书。

（2）让孩子多参加有意义的活动

有资料显示，与人多交流和参加一些有意义的活动都可以增进人体的健康和人的乐观情绪。当一个人创造出了某件成果或完成了某项有意义的活动时，很自然地就会感觉到快乐。

因此可以说，快乐是伴随完成某种成就的努力而产生的，它是一种动机力量，有利于孩子的健康成长。

例如孩子在学校举办的运动会上取得了较好的名次，受到了学校的表彰和同学的羡慕，此时他内心中体验到的就是真正的快乐，因为他通过努力完成了一件事情，而且取得了成功，会有一种成就感。正是这种感觉，使他得到了充沛的力量和信心，对自己有了更加一步的肯定。

快乐不是人追求的直接结果，也就是说人不会因为想要快乐就会得到快乐，所以作为父母，我们不能教给孩子如何去快乐，而应该让孩子多参加一些有意义的活动。

孩子在与人交往和游戏的过程中，会在不知不觉中增长对自己的信心，会在活动和活动成果中得到更多的体验，更关键的是，从中孩子还可以得到对世界、对社会和他人的信心，得到对人宽容和忍耐的力量，而这些是一个人乐观的基础。

（3）不要给施加孩子太多压抑

快乐是一种基本的情绪，在人的本性中就有快乐的成分。孩子在出生后的两个月左右，就有了社会性的微笑。可是随着孩子年龄的一天天增加，父母的要求也水涨船高。

孩子还很小的时候，叫一声"爸爸、妈妈"父母就因此高兴半天，可长大了之后，为了孩子的升学、就业，父母总会一厢情愿地作出诸多安排，对于孩子个人的想法、兴趣爱好总是在各方面作出过分的限制，目的就是为了让孩子按照自己设定好的方向发展。

这样一来，孩子的天性被压抑了下去，每天只能像个木偶似的，又怎么会有快乐呢？因此，如果想让孩子得到快乐，就应该减轻他们身上的负担，给他们一个自由自在活动的空间。

（4）不要对孩子总表现感情冷淡

有关专家曾指出，一个从小就没有感情体验和感情依恋的孩子，在他长大之后也不会对他人施以爱和同情，他将生活在一种冷漠无情的氛围之中，很少体验快乐，难以与人相处，当然也就不会具备乐观的精神。

因此，不管自己的工作有多么繁忙，也要尽可能多抽出一些时间来陪陪孩子，和他一起做游戏，询问一下他觉得今天发生的那些事情是有趣的，或者就某个问题交换一下彼此的看法。对孩子的抚养不要依赖于孩子的祖父母，甚至保姆，也不要把所有教育孩子的责任都推卸给老师。

（5）让孩子要持有一颗平常心

由于现在的家庭中大多只有一个孩子，所以他们从一生下来就受到爸爸妈妈、爷爷奶奶、外公外婆的多重疼爱，可以说是在温室中长大的，没有经历过多少风雨，因此在他们的意识中根本就不知道有艰难困苦的存在，更不要说如何去面对和克服它们了。

就是因为这个原因，在日常的生活当中父母应该给孩子多一些接触各类事物的机会，当孩子接触到的事情多了，见识广博了，心胸自然也就随之开阔，悲观的思想便不容易产生了。

用一颗平常心来面对生活中遇到的各种困难，并不是一种消极的态度。在孩子开始接触事物的时候，父母可以采用暗示的方法来让孩子主动提问、主动要求、主动学习。在孩子做一件事情的过程中，父母要用表扬、奖励等方法来强化孩子的自主观念。

当孩子在行动的过程中遭受到了挫折和打击，父母要帮助孩子总结经验和教训，并且激励孩子，告诉他失败了一次不要紧，还可以重新再来一次。

一位母亲带着她的孩子乘飞机，因为天气突变最后被困在了机场。孩子因为长时间的等待哭了起来，这位母亲一边把自己的衣服披在孩子身上，一边安慰哭泣中孩子说："孩子，你不觉得，这一切，都是我们的奇遇吗？"

孩子闻言停住了哭泣，开始用疑惑的眼神打量着周围。后来，这位孩子不但不再哭了，还和母亲兴趣盎然地谈论着这个神奇的遭遇。

乐观是一种对人生的态度，是人快乐的加油站，在人一生的旅途中，谁都难免会碰到各种各样的困境，记住，让孩子随身携带好快乐的加油站。

自信是成功的第一秘诀

自信是一个人赖以成功的阶梯和不断前进的动力。在许多伟人身上，我们都可以看到超凡的自信性格。正是在这种自信的驱动下，他们敢于对自己提出更高的要求，并在失败中看到成功的希望，鼓励自己不断努力，从而获得最终的成功。

孩子的成长如果有自信同行，其成功是不难想象的。可以说，自信是成功的第一秘诀。然而，孩子的自信从何处而来呢？它需要家长对孩子从小就注重自信性格的培育和塑造。

自信对人生具有重要意义

自信性格是一种强大力量，是一种最宝贵的资源。在人生的旅途上，是自信开阔了求索的视野；是自信，催动了奋进的脚步；是自信，成就了一个又一个梦想。

可以说，没有自信，梦想只会是海市蜃楼；没有自信，生命只会是灰色基调；没有自信，再简单的事都会被认为是跨越不过去的障碍。所以自信对于孩子的成长与成功是极具重要意义的。从下列案例中我们便能获得深刻的感受。

撒切尔夫人出身于平民，但后来却当选为英国历史上第一位女首相，而且连续三届当选。她在重大国际、国内问题上，思路清晰，观点鲜明，立场强硬，做事果断，在相当长的一段时间里影响了整个英国乃至欧洲，被誉为欧洲政坛上的"铁娘子"。

然而，她绝非是天生的政治天才，她的性格、气质、兴趣等都深受父亲的影响，她人生之路的成就源自父亲为她培养起来的高度自信。

她的父亲罗伯茨经常这样教育她：要有主见，有自己的理想，特立独行和与众不同最能显示一个人的个性，随波逐流只能使个性的光辉湮没在芸芸众生之中。

这样的家庭教育培养了像撒切尔夫人这样如此的高度自信，独立不羁的个性，并使她常常有一种心理优越感。

居里夫人在法国求学的时候，艰苦的生活是常人所无法想象的，但是她并不气馁，而是以超人的毅力和勤奋，在短短的三年里，先后获得物理学和数学学士学位。

居里夫人的名言就是："我们应该有恒心，尤其要有自信！我们必须相信，我们的天赋是要用来做某种事情的，无论代价多大，这种事情必须做到。"

如此看来，一个人的家庭教育与他的成长密切相关。自信是孩子成长过程中的精神核心，是促使孩子面对困难、努力完成自己愿望的动力。

撒切尔夫人和居里夫人的成功经历也告诉父母们一个道理：鼓励能激发孩子的自信心，有了自信心，就有了战胜困难的基础。古希腊科学家阿基米德曾说过：给我一个支点，我就可以撬动地球。

即使把我放进一个核桃壳里，我也要做自己拥有无限空间的国王。这些都正是自信的表现。

自信乐观的习惯对一个人一生的发展所起的作用，无论在智力体力上，还是处事能力上，都起着基石性的支持作用。一个缺乏自信的人，便缺乏在各种能力上的主动积极性。

自信就像一个人走向成功的催化剂，将孩子的一切潜能都激活，甚至将各部分的功能推动到最佳状态。可以说，是自信造就了成功。

塑造孩子自信性格的方法

要塑造孩子的自信性格，我们家长不妨从以下几点做起。

（1）赞赏孩子的点滴进步

由于成人与孩子眼中的世界是不一样的，但是，成人的评价对孩子产生自信心至关重要。所以，家长必须注意自己对孩子的评价，多为孩子的长处而骄傲，不为孩子的短处而遗憾。

在日常生活中，家长要以正面鼓励为主，要善于发现孩子身上的闪光点，不盲目地拿自己的孩子同别人的孩子进行比较，而是多拿孩子的过去与现在进行比较，让孩子知道自己长大了，进步了，从而产生相应的自信心理。

尤其是特别要给予发展慢的孩子以更多的关怀和鼓励，让孩子懂得人人都有长处，使这些孩子逐渐树立起对自己的正确评价。

（2）创造建立自信的机会

在日常生活中，家长要为孩子提供一些他们自己能完成的任务，比如摆碗、盛饭等，他做到了就给予适当的表扬。有时也可让孩子做一些比较困难的事，如洗手绢、擦皮鞋、整理玩具上架等，会做了更要大为表扬，树立她的自信心。早上起床和晚上睡觉要让他自己脱衣服，锻炼自己的独立性。

作为家长要知道：孩子的自信心是要孩子从一点一滴中做起的，而不是抽象的。

所以，在日常生活中，要创造各种机会让孩子自己发现自己的各种能力，并在孩子取得成绩时，及时表扬，充分肯定进步，才能让孩子体验到成功的喜悦，从而产生积极愉快的情绪体验。

（3）从成功喜悦中获自信

培养孩子自信性格的条件是让孩子在不断地获得成功的体验，而过多的失败体验，就往往会使孩子对自己的能力产生怀疑。因而，家长应根据孩子发展的特点和个体差异，提出适合孩子水平的任务和要求，确立一个适当的目标，使其经过努力能完成。

他们也需要通过顺利地学会一件事来获得自信，另外，对于缺乏自信的孩子，要格外关心。如对胆小怯懦的孩子，要有意识地让他们在家里或班级上担任一定的工作，在完成任务的过程中培养大胆自信。

创造民主、和谐的家庭气氛像人类赖以生存的阳光、空气那样，无时无刻不在影响着孩子的身心健康和智力发展。

所有的小孩子都有一个共同的心理需求，那就是喜欢称赞、鼓励、赞许，不喜欢被禁止、阻抑或批评。

因此，儿童教育专家主张给孩子积极的鼓励，并指出："无论什么人，受激励而改过，是很容易的，受责骂而改过，是不太容易的，而小孩尤其喜欢听好话，而不喜欢听恶言。"

如果家长总是用消极的语言对待孩子，其结果是，孩子在改过的时候总会有抵触的情绪和逆反的心理。

孩子自信的源泉来自家长。他们往往根据家长对他们的评价来进行自我评价。家长的信任和积极评价能使孩子对自己产生积极的认识。孩子天生就具有强烈的上进心,这也包括那些缺点、毛病比较多的孩子,他们全都希望能够得到父母的肯定、鼓励和表扬。

吴佳妮从小生活在一个幸福的家庭,父母加上爷爷奶奶、姥姥姥爷的宠爱,可谓集万千宠爱于一身。

从小到大,佳妮几乎没做过什么家务活,都是奶奶替她做的,只要佳妮想做点什么时,奶奶就说:"妮妮,让奶奶来,你去一边玩吧!"

佳妮慢慢长大后,真的成了一个什么家务都不会干的孩子,为此,父母经常和佳妮的奶奶起冲突,他们也当着佳妮的面说,佳妮是一个笨孩子,什么也学不会。每次面对父母的冷言冷语,佳妮心里都很不是滋味。

在四年级的时候,在一次烹饪比赛的班队活动中,其他同学都做出了好吃、好看的菜,佳妮却连菜都洗不干净。

自从这件事以后,佳妮像是换了一个人似的,一直很消沉,老是觉得自己什么都不行,做事也越来越没有信心了。

其实,佳妮之所以会变成这样的孩子,完全与家庭教育有关,有的父母总是期许孩子可以做得更好,但却又总是忽略其本身的教育责任。

培养孩子做事果断的性格

果断是一种气质，一种性格，一种意境。果断让人感觉希望明朗，能给人更多的安全感，让人捕捉更多成功的机会。

孩子从小到大，从最初的爸爸妈妈替他们做主拿主意中慢慢长大，可孩子大了，爸爸妈妈不可能一直待在孩子身边帮其拿主意。这个时候，就需要孩子自己拿主张做决定了。

而就现实来看，当今孩子由于从温室中长大的比重成分较多，结果出现性格懦弱、做事不果断的情况也比较普遍。这对未来人生把握机遇或谋求发展无疑是有很大影响的。那么父母该如何培养孩子果断的性格呢？

果断是一种可贵的性格

人生有无数个机遇，也有许多的困惑，面对这些，该怎么办呢？是等待观望，还是决意行动？这时，果断的性格或精神便显得难能可贵。

果断的人，即使在机会不够成熟的时候，也会先行一步，赢得主动，占据有利位置。一旦时机成熟，就会出手而发，赢得全局。因此，可以说果断型性格的人是最能善于把握机遇的。

林红在一所普通的大学刚一毕业，就兴致勃勃地来到人才市场上求职。整个会场人头攒动，她转了一圈，发现唯有澳柯玛公司的展台前无人问津，这与其他展台的热闹形成了鲜明的对比。

　　百思不解的林红走过去看了一下，暗自吃了一惊。原来，招聘启事上写得很明白，所招的几名业务员点名只要名牌大学毕业生，还必须有两年以上的工作经验。条件如此苛刻，难怪大家望而却步。

　　林红转身想走，但转念一想，这工作挺有吸引力的，他们不就是招聘普通员工嘛！于是林红心一横，打算去试一试。她径直来到应聘桌前，那个主管指了指招聘启事："看过了吗？""看过了，不过有点遗憾，我一来不是名牌大学毕业；二来没有工作经验。"林红不慌不忙地回答。

　　那位主管把林红打量了好半天，才说："那你干吗还来应聘，不怕吃闭门羹吗？"

　　林红微微一笑，说："主要是因为我热爱这份工作，虽然没有工作经验，但我觉得我完全有这个工作能力。学历是能力的一种参考，但绝不是唯一的参考。经验是在过程中形成的。"林红停了停，又说："如果我具有你们所要求的那些条件，我就会来应聘像你这样的主管职位。"

　　那位主管笑了笑，竟出人意料地收下了林红的简历。更让人惊奇的是，第三天林红就接到通知，告诉她被录用了。林红问原因，主管说："那些招聘条件只不过是故意设置的门槛，谁有挑战这一门槛的勇气和果敢，谁就有可能是我们所需要的。"

　　很多时候，绊住我们脚步的，往往不是我们的实力，也不是那些所谓的条件限制，而是自己的果敢和勇气。要敢想，更要果断地敢做，这样才能脱离平庸，造就不凡。

孩子缺乏果断主要原因

孩子做事拿不定主意、犹豫不决、不果断是意志薄弱的表现。究其原因主要有以下两种：

（1）孩子依赖性强

成人出自好心，唯恐委屈了孩子，一味包办代替或过多干涉孩子的事情。这样，孩子就无独立做事的经验，一旦遇事让他拿主意时，就不知所措，祈求别人的帮助。

（2）孩子自信不足

爸爸、妈妈望子成龙心切，对待孩子往往期望过高，总是不满意孩子的表现，赞许少，批评多。有的爸爸、妈妈还让孩子做力不能及的事，又不帮助他，结果，孩子常常感到失败的痛苦，无自信，害怕做错事，更拿不定主意。

（3）孩子果断良方

第一、对因过分保护造成的，成人可从以下两方面去锻炼孩子。放手让孩子去做力所能及的事，克服依赖性。孩子的特点是好奇好动的，一般都愿意参加一些活动。成人要尽早让孩子练习一些基本生活技能，如穿衣、穿鞋、擦桌子，独立完成简单的委托任务。

凡是孩子能够做到的，成人尽量不插手，给孩子足够的时间去思考、尝试，发现自己的能力。孩子感觉自己有能力去做好某件事，就会果断地去做。

创造机会，鼓励孩子下决心。一个人在做出一个决定之前，需要考虑利弊得失后，再做出最佳选择。成人应在一定范围内给孩子充分自主的机会，让孩子有自我决策和选择的权利，凭自己的思考、能力去决定做什么事，如何做。

如到商店给孩子选购衣服，价钱由父母选定后，鼓励孩子自己拿主意选择自己喜欢的款式与花色。

第二、对因过分严格要求造成的，家长应注意以下三点。

一是正确评价孩子做的事。对孩子要求不要过高，要多鼓励、少批评。对竭尽全力也没做好的事，成人要给予理解，告诉孩子："没关系，以后再慢慢努力。爸爸小时候也常常这样。"成人正确的评价，可减轻孩子的心理压力，下次做事，他会再一次鼓起勇气去拿定主意。

二是给予孩子必要的帮助。对于较难做的事，成人应同孩子一起去做，并给予适当帮助，教孩子逐步学会一些克服困难的方法和技巧。孩子有了成功的经验，就会增强自信，做事果断。

三是让孩子做事时，成人提要求要具体、明确。尽量让孩子明白如何做。含糊不清、笼统会使孩子感到无从下手，拿不定主意。

另外，成人还可通过一些培养机敏、果断的体育、智力游戏来有意识地培养孩子的果断性。

不要让自卑笼罩孩子的心头

在父母看来，自己的孩子是最无忧无虑的，因为任何父母都会把自己的孩子照顾得很好。但事实上，孩子也有自己的苦恼，自卑性格就是其中最可怕的一种。自卑，简单地说就是自己轻视自己，自己看不起自己。这是对自我潜能的一种压抑，对他人能力的一种过高判断的心理。

自卑的孩子通常会用一种怀疑的眼光看待自己，而且对周围人的言行、态度反应也是格外的敏感。这样的孩子在生活中，往往在内心深处隐藏着永不消散的愁云。这对孩子的健康成长是十分不利的。所以家长要注重对孩子的心理教育，不要让自卑感笼罩孩子的心头。

了解自卑性格的特质与危害

所谓自卑性格，简明地说，就是指一个人严重缺乏自信，他们常常认为自己在某些方面或各个方面都不如别人，常用自己的短处和别人的长处相比，具体体现在遇事不相信自己的能力，办起事来爱前思后想，总怕把事情办错被人讥笑，且缺乏毅力，遇到困难畏缩不前。说得直接一点也就是自我评价过低，自己瞧不起自己。

自卑是一种性格上的缺陷一种失去平衡的行为状态。自卑常以一种消极的防御的形式表现出来如妒忌、猜疑、羞怯、孤僻、迁怒、自欺欺人、自暴自弃、回避竞争竞赛、焦虑等。

自卑使人变得十分敏感经不起任何刺激。一个孩子如果被自卑心理所笼罩，就会失去阳光与活力，其身心发展及交往能力将受到严重的束缚，聪明才智也得不到正常的发挥。

艳艳是一位六年级的女同学她长着一对会说话的大眼睛，头发黄黄的，稍稍有些卷曲。成绩上游，非常腼腆，性格内向，在人面前不苟言笑上课从不主动举手发言，老师提问时总是低头回答，声音很小，而且脸涨得通红。

下课除了上厕所外总是静静地坐在自己的座位上发呆，老师叫她去和同学玩，她会冲你勉强笑一下，仍坐着不动。平时总是把自己关在房里不和同学玩。遇到节假日，父母想带她一起出去玩、到朋友家做客她都不去，甚至她连外婆家也不去。

上面的现象在许多孩子身上可能都有所体现究其原因都是自卑的产物。但是，孩子的这种现象却让父母常常注意不到，即使有的父母看到了也会觉得这是孩子的自然习性，而不加以重视，这是极其错误的。自卑会对人的一生产生消极的影响，长期生活在自卑阴影中的孩子，会背上沉重的心理包袱，甚至一生都被自卑所困扰，这势必会形成孩子的心理障碍影响孩子的健康成长，这种危害无疑是极大的。

认识孩子产生自卑感的原因

孩子自卑并不是生来就有的它是在外界环境的影响下形成的。一般来说，孩子自卑的产生，主要有以下几方面的原因：

（1）对孩子期望过高

父母能力特强对孩子期望过高，往往会使孩子产生自卑。生活在这种家庭环境下，孩子总认为"爸爸妈妈什么都行我什么都比不上他们怎么努力都没用"。

能力特别强的家长，一般对孩子的要求也很高追求十全十美而孩子不可能每一件事都做得十全十美，于是就会受到家长过多的指责，使孩子对自己的能力产生怀疑逐渐失去自信产生自卑。

（2）家庭状况不完整

家庭状况不完整容易使孩子产生自卑。生活在破裂家庭中的孩子得不到父母足够的爱，觉得自己是被社会抛弃的孩子当看到别的小朋友能跟爸爸妈妈在一起时，就更加伤心，感到很自卑。

（3）专横的教育方式

父母粗暴、专横的教育方式。由于家长不能以理服人，常常对子女采取简单粗暴的棍棒教育严重地伤害了孩子的自尊心，往往使孩子产生自卑心理。

（4）父母有自卑情绪

父母自身有自卑情绪，容易使孩子产生自卑。自卑是后天形成的一种情绪如果父母遇事总说"我不行"，孩子不但会模仿父母的这种处世态度，还会认为"父母都不行我就更不行了"。因此父母的这种倾向潜移默化地影响了孩子。

学会帮助孩子消除自卑方法

孩子都需要以不断的心理上的自我肯定，来获取前进中必不可少的原动力。所以，为了帮助孩子摆脱自卑，父母应注重如下方面。

（1）善于发现闪光点

每个孩子都有一定的长处，也都有他的短处。作为家长，在生活当中要注意并善于发现孩子的优点和点滴的进步，并经常给予肯定和表扬。孩子认为自己有优点，也能取得一定的成绩，便会增强取得更大更好成绩的信心和希望了。

（2）不要总贬低孩子

我们有些家长爱用大人或"神童"的标准去要求孩子，达不到要求就以侮辱性的语言讽刺、嘲笑孩子，数落他的短处，故意贬低孩子。经常受到这种斥责的孩子往往自信心受到强烈冲击，时间久了，就会在不知不觉当中接受家长的暗示，承认自己的素质差，慢慢地就失去了信心。因此，要帮助孩子克服自卑感，家长首先要改变对孩子的看法，要用家长的信心去鼓舞孩子的信心。

（3）不做出负面判断

不管你的孩子表现如何，都不能随便做出"没有出息"之类的负面判断，也不能任意给孩子贴上"窝囊废"之类的灰色标签。

因为这非但起不到教育的作用，还会使孩子形成错误的自我认识，孩子的自尊心也会受到伤害，对孩子的健康成长十分不利。

（4）引导孩子表现欲

自我表现欲是青少年时期最主要的欲望之一。当孩子的自我表现欲受到压抑时，就会产生自卑感。但不要单纯抽象地用貌美、聪明、学习成绩好等来展现孩子的自我表现欲，而要尽可能地在具体的不同层次的其他孩子身上让自己的孩子看到自己特有的优势，从而满足自我表现欲。

（5）重视成功的经验

要教育孩子重视自己每一次的成功经验。成功的经验越多，孩子的自信心也就越强。平时要注意教导孩子无论做什么事情都要量力而行，不可好高骛远，以免挫伤成功的积极性。

（6）要注意扬长避短

要让孩子知道，只要付出，就会有收获；付出的越多，收获的就越多。同时要让孩子明白，在生活当中具有多种才华和非凡能力的人只是少数，人各有所长，又各有所短。

要采他人之长，补自己之短；要扬己之长，避己之短。这样，就能充分发挥长项，取得更大的成绩。

让孩子从胆怯的阴影中走出

在日常生活生活中，有些孩子每次家里来了客人，总闻声而逃，害怕与陌生人打招呼；临到考试就紧张；仅能在很小的范围内自由发言，如在课堂上或公共场合上总是怯场。老师一叫，就紧张得发抖，以至说不出话来……在未成年的岁月里，说不清有多少恐惧的事情。

胆怯只是个性中的最普通的一种，孩子胆小也是比较正常的。但如果孩子胆怯影响到他的生活，作为父母的就需要注意了。人人皆知，即使在成年人中，胆怯也是广泛存在的，更何况是孩子呢？

人不是一生下来什么都会的，胆大也不是通过遗传获得的，任何人面对陌生世界都有一个熟悉并主动进入的过程。为了让孩子走出胆怯的阴影，大方开朗的生活，作为父母的你，首先要有信心帮助孩子克服胆怯，教育你的孩子勇于向前，大胆与人交流。

探寻孩子的恐惧胆怯之源

有一些专家早就指出，胆怯来自对未知世界的恐惧。所以，不妨让孩子平静下来，说出都有哪些胆怯。是怕生人，还是怕考试？是怕黑暗，还是怕孤单？

另外，建议孩子将这些胆怯的东西写出来，记下来，然后，试着分析，哪些是情景性胆怯？那些是非情景性胆怯？为什么会胆怯？找出病因，再对症下药。

有时候，帮孩子分析清楚恐惧的荒谬，胆怯便会消失。比如，鲁迅从日本留学回来后，有一段时间在故乡绍兴教书时，他曾给孩子讲卫生过一个他治"鬼"的故事，从此，孩子便对黑暗及黑暗中的各种声音，少了许多恐惧。

其实，总结一下，孩子怕生、胆怯的原因无非有以下几种：

（1）生活范围小

有的孩子从出生只在很小的范围内活动，不常与外界接触，使孩子胆小怕生。

（2）教育方法不得当

如当孩子不听话时，成年人就恐吓孩子，使孩子产生恐惧感，失去安全感，从而胆小。

（3）对孩子限制过多

在日常生活中，有的家长不准孩子这，不准孩子那，如孩子摸摸茶杯，大人就嚷："别动，看，摔了！"孩子摸摸扫帚，大人就说："扎着你，多脏，快放下"……这些都易造成孩子不敢尝试、不敢实践，从而导致知识面的狭窄，直至胆怯。

父母应该知道，胆小的孩子，一般勇敢精神不足，创造性也差。其实，孩子是不是胆怯从他的言辞及动作就可以看得一清二楚。羞怯、胆怯的表现主要是冷淡、闪烁其词等，往往从他的身上一眼就可以看出"我胆怯、我害怕、我不安"等。

然而，很多的家长却并不注意这些，这使胆怯者更加迟疑不安。另外，很多的胆怯者特别注重自己留给对方的印象，为此他感到与人交谈十分困难，不敢大声交谈，不敢畅所欲言。有时，会为了不使谈语中途停止而用"是的，我同意"或"多有趣啊"来敷衍。

面对这些，家长应培养教育孩子不该做的事不做，应该做的事就要勇于尝试，不要伤害孩子的探索精神。那么具体该如何消除孩子的胆怯心理呢？

帮助孩子克服胆怯的方法

在帮助孩子克服胆怯时，家长需要做到以下几点：

（1）给孩子更多交往的机会

随着年龄的增长，逐渐扩大孩子的眼界，使之多接触生人，多认识世界。让孩子多和小朋友交往，让孩子到伙伴中去。

比如说多带孩子和别的小朋友一起玩，鼓励孩子参加别的小朋友的生日派对，鼓励孩子给好朋友打电话，组织角色扮演的游戏等，别担心孩子小会被欺负，让孩子在与人交往的过程中逐渐流露天性，变得开朗外向。其次，可以带孩子参加一些适当的社交活动，如朋友聚会、喜宴等，在不同的场合，帮助孩子与他人多交流，慢慢地孩子就不会那么胆小了。

（2）要帮助孩子树立自信心

首先，即使孩子真的胆子很小、做事畏缩、怕这怕那，父母也不要给孩子贴上胆怯的标签。比如，动不动就埋怨孩子"真没用""胆小鬼"等话是任何一个家长都不应该说的，特别是当着孩子的面，更不可在平日里对他产生隐性的消极情绪。反之，久而久之会让孩子认为自己就是这样的人。要让孩子变得勇敢大方，就应该暗示他一定不再会胆小，给他积极的期待。

其次，孩子遇到了问题时，家长要鼓励孩子积极面对，让他学着自己去解决；当孩子表现好的时候，要及时地给予表扬；平时让老师多给孩子一些克服胆怯的机会，并给他适当的帮助。

再次，如果孩子愿意，不妨带孩子到人多热闹的地方大声地朗读，如果孩子怕，就先到人较少的地方。比如说你们傍晚散步的路边草坪，公园等地，不管身边人来人往，如入无人之境。

最后，让孩子照顾比他小的孩子，或者得让带小狗去遛弯儿、让他和弟妹一起玩等，锻炼孩子，并让他从内心觉得自己是优秀的，有责任帮助他人，进而做出让人眼睛一亮的大胆举动。

（3）教育孩子的交往技巧

家长可以通过讲故事及唱儿歌的形式，教孩子简单的交往技巧，也可以通过与孩子问题的方法为孩子交往中遇到的问题出谋划策。

如小伙伴抢了自己的玩具，用什么方法要回来比较妥当；好朋友生气了，怎样和他重归于好等。有了父母的认可，孩子一定更自信，交往起来更加游刃有余。另外，家长作为孩子的第一任老师，其示范作用是极其重要的，因此在日常生活中，多给孩子做好示范。

（4）鼓励孩子探索与尝试精神

家长切记不要一个劲儿地对孩子发布禁令，说这也不行，那也不许。在生活中，不要恐吓孩子，引导孩子去自己克服胆怯心理。比如，家长可以吃饭或散步时，随意地讲讲你的童年故事，你可以针对她的弱点编造一些出来。如你可以说，"我上学的时候，我班有个同学，胆子特别小……"如此讲述一个从胆小变胆大的过程，给他一个参照，效果将比对他直说好得多。

（5）帮助孩子做好心理工作

事实上，很多孩子胆怯、担忧的根源来自对自己的不自信，他们怕自己让其他人失望，怕自己在众人面前表现不好，丢脸面。如有的孩子害怕演讲，害怕在人多的地方讲话，这时家长要告诉孩子，说错了不要紧，最坏的结果是被同学嘲笑，一般不传播，因为人人都有错的时候。从而使孩子能轻松自如地参与社交、发言……

另外，家长也不妨帮助孩子把自己划分为生活中的你和角色中的你。就是说，面对胆怯，告诉孩子假设自己此时此刻只是剧中的某一角色，只是在舞台上表演角色性格。当这样假设时，窘迫感就会减少，逐渐消失。

　　曾经有个孩子想改变自己不喜欢的"爱好"，但怕让望子成龙的父母失望，就一直压制着自己，久而久之，不但在学校里没有朋友可以说知心话，就是在家里也很少和家长交流，都是父母问他什么说什么，学习成绩由原来的前几名很快跌到了最后几名。

家长着急，可是又不晓得如何帮他。偶尔的一个机会，心理学家告诉他们，不妨和儿子进行一次深入的交流，比如父母提出的问题，他本人该如何作答等，不久，这位孩子很快克服种种顾虑，与家长交流了他思想中的各方面问题。

可见，胆怯者往往太顾及自己的言行，留给别人的印象因而难以表现出真实的自我。当一个人知道自己的角色，已准备好即将说什么，对将要进行的活动充满信心的话，就会容易消除真实角色与扮演角色的界线，从而让这种行为表达出明确意义，反映出其真实的自我。比如说，要孩子陪你去赴个约会，应先告诉孩子来客多有哪些，怎么称呼他们，他们的职业情况及兴趣爱好，应注意的细节等，并教会孩子一些待人接物的技巧，如会见一个未曾谋面的人时，应先弄清他们的背景。待开始谈话时，他便会感到自我控制能力较以往大力增强了。

善于改变孩子任性的性格

任性是孩子们的天性，孩子们几乎毫无例外的都有任性的一面。只是有的孩子能够把握任性的分寸与尺度，家长认为这是孩子的可爱与率真的表现；而有些孩子的任性则表现得肆无忌惮，令家长感到发愁与无奈。

孩子之所以无止境的任性，在很大程度上是受父母、家庭环境的影响而形成的，更是在父母的言行中不断助长的。

孩子在摸爬滚打中逐渐适应着社会生存，也逐渐试探着自己可以触及的权力范围，有了第一次任性的成功战果，孩子便长了一点本事，觉得可以一试，便侥幸的尝试第二、第三次，如果仍然屡试不爽，孩子就会认为这样是可以的，是自己的权力。从此就更加的任性，来不断地达到自己的目的。

那么，父母们应该怎样面对这样任性的孩子呢？

任性性格形成的原因

孩子任性，从心理学的角度来看，是个性偏执、意志薄弱和缺乏自我约束能力的表现。一般来说，其形成原因有如下方面：

（1）遗传的因素

从心理学的角度分析，人的性格有多血质、胆汁质、抑郁质和黏液质等类型，孩子受遗传的影响，有的天生气质就属于较兴奋的类型，情绪表现较强烈，属于那种有个性的孩子，这与家长的遗传因素有很大关系，如果后天再不注意改良，这样的孩子最容易出现任性的行为。

（2）心理反抗期

婴孩在正常发育的情况下，两三岁就开始出现心理反抗现象，出现强烈的独立需求意识。如愿意自己吃饭、自己穿衣服、上下楼梯不愿别人牵领，自己家的东西不让别人动，处处以自我为核心，遇到不满意不顺心的事情大哭大闹，劝阻和强制都不起作用，直至家长妥协，自己满意为止等。

从以上不难看出，孩子的任性是由多种因素造成的，内在的、外来的、社会的、自身生长发育期的等。作为家长应该及早发现、分析、及时纠正，运用科学的方法，根据生长发育规律进行教育。

在2岁左右时，大部分孩子思维、语言、动作已经发育的相当好，有些孩子反抗意识也逐渐表现出来，随着年龄的增长，反抗的意识越来越强烈，表现的形式也更加多样化。

家长就要抓住婴孩阶段这个有利时机迅速进行调整，如果认为孩子小一味地去迁就，任性的个性就可能越来越厉害。任性的个性一旦形成，要想从根本上改变是有相当难度的。

这对孩子以后的生活、学习和工作，都可能因性格的制约受到影响，成为事业成功的最大障碍。

任性性格形成的最主要原因是后天教养不当所造成，是溺爱的结果。在教养方式上，家长该制止的不制止，一味地迁就；该鼓励的不鼓励，使孩子分不清是非对错，认为只要哭闹就可达到自己的目的，助长了孩子的偏激与任性，最终造成了孩子性格的缺陷。

（3）后天的养成

任性与遗传因素有一定关系，与人的神经类型有关。但是，关键还是后天的教育和影响。一是家长对孩子溺爱、娇惯、放任、迁就。据调查，独生子女孩子任性率较高，达到60%左右。孩子任性往往与他们在家庭中受到百般宠爱有关。二是家长对孩子简单粗暴。有些家长教育方法简单粗暴，造成孩子的逆反心理，不管家长说的对不对，孩子都不接受，从而埋下了任性的种子。

有些家长无视孩子生理、心理的发展，无视孩子的兴趣、爱好，对孩子一味限制，要求孩子绝对服从，想出各种方法让孩子就范。这种做法不仅违背孩子的意愿，也违背孩子的身心发展规律，同时，这种做法也是孩子形成任性的重要原因。三是家长蔑视孩子的人格。有些家长总爱讽刺、挖苦、漫骂孩子，或者当着众人面数落孩子，有时家长的话虽然是对的，但刺伤了孩子的自尊心，孩子心里明白自己错了，可为了保全面子也不能接受批评，于是就"拧"来对抗。

教育任性孩子的策略

爱，也要讲科学也要有理性，爱，绝不能溺爱，不能宠；爱，也应该有限度。如果儿童任性心理长期得不到纠正的话，会妨碍孩子的心理健康和心理的正常发展。

因为任性会导致人无法正确认识和判断事物，个性固执不明事理，妨碍生活能力的发展，不善与人交往，难以适应环境，不被别人接受而陷入孤独，经不起生活的考验和挫折，对孩子健康成长极为不利，严重的还会由于易冲动而犯罪。

对此，教育任性的孩子，家长应注重如下策略：

（1）习惯法

培养孩子良好的行为习惯，能从根本上解决孩子的任性。家长让孩子从小养成良好的行为习惯，处处按要求做，孩子就能自觉地和大人保持一致。一旦孩子养成了良好的生活习惯，干什么就都有规矩，不会随意提出特殊要求。

（2）预防法

孩子的任性发作一般都是有规律的，当可能诱发孩子任性的条件临近时，要事先预测好，做好预防工作。可以事先约法三章，提出要求。

（3）严格法

孩子任性往往是抓到了家长的弱点。家长越怕孩子哭，孩子越哭个没完；家长越怕孩子满地打滚，孩子就偏在地上滚个没完。家长对孩子提出的不合理要求，不管他怎么哭，怎么闹，决不能有任何迁就的表示，态度要坚决，而且要坚持到底。

（4）转移法

转移孩子的注意力。当孩子任性的时候，可以利用孩子易于被其他新鲜的事物所吸引的心理特点，把孩子的注意力从他坚持要做的事情上转移开，从而改变孩子的任性行为。

如一个跟着母亲购物的儿童，在商场里玩得很上瘾。母亲急着赶回家，可他就是不愿意走。如果母亲说，"我们回家吧！"他可能坚持要在商场玩；如果母亲说，"走，妈妈带你去坐汽车。"他可能愉快地答应了。然后妈妈领着他坐公共汽车回家。

（5）理解法

在情绪上表示理解，但在行为上要坚持对他的约束。如吃饭的时候，孩子忽然想起爱吃的菜今天没有，就生气地拒绝吃饭。

即使冰箱里有原料，母亲也不应该迁就孩子给他做，应明确表示饭菜准备好了，就不应该随便更换。如果孩子继续闹，可以让他饿一顿等他感到饥饿时，自然会找食物吃。

（6）回避法

有些孩子的不合理要求没有得到满足就纠缠不休，这时，家长可以暂时不去理他，让他感到哭闹的方法是无效的，他就会停止。事后可以与他坦诚地交流，让他说明原因。当然，解决孩子任性的方法还很多，关键在于培养孩子认识和判断事物的能力。

（7）交往法

让孩子多和伙伴们一起玩耍，群体生活的一个重要原则就是少数服从多数，如果个人的意愿与多数人不一致，那么就会被否定。父母应该多让孩子和他的同学、伙伴一起玩耍。

而且，在群体中，那些通情达理、不任性的孩子也会在无形中给任性的孩子以示范，让他们感到任性只会遭人厌弃，而通情达理才会融入群体之中。久而久之，孩子身上任性的毛病就会逐渐淡化。

（8）知识法

孩子有时任性是因为知识少，认死理，往往把错误的行为当成正确的行为，固执己见。孩子还不易分清坚强与固执，谦让与软弱，勇敢与蛮干的界限。家长要想办法使孩子扩大视野，增长见识，孩子知识多了，就会改变自己过去一些错误的做法。

（9）诱导法

有的家长认为，自己的孩子是"生成的骨头，长成的筋，天生的拧种"，改不了！其实不然，孩子毕竟还小，只要诱导得法，完全可以改变他任性的毛病。

诱导时要多抓积极因素，用积极因素克服消极因素。每当孩子要犯拧时，家长就表扬他的优点，孩子听到表扬可能情绪就转过来了。

（10）强化法

要让孩子感到家长喜欢的是不任性的孩子。当孩子刚要任性发作时，家长可以借以前听话时的例子引导他克制自己，不任性。这样有利于调动孩子自己克服任性的积极性，提高孩子控制自己情绪的能力。

家长还可以在孩子任性时或任性后，对其任性给予一定的批评或惩罚。这样会使孩子感到家长的严格要求，使孩子认识到任性是一种错误的行为。

锻造出孩子勇敢的品性

一个人能否成功，不仅要看他掌握知识的多少，还要看他能否勇敢地面对挫折。而现在不少独生子女骄气十足，在外边在家里都是小皇帝脾气，做父母的宁可自己历尽磨难，也不忍心让孩子吃一点点苦，受一点点累，千方百计为孩子铺垫人生坦途。因此，在这样的环境中成长起来的孩子，普遍缺乏勇敢精神。对此，家长应引起必要的重视。

了解勇敢品性的特征

一般来说，具有勇敢品质的孩子，主要有如下特征：

（1）开朗直率爱发议论、

他们能与人正常交往，没有心理障碍，做事情不优柔寡断、瞻前顾后；学习效率较高；在同学老师面前，敢于发表自己的观点，比较受同学敬佩。

（2）意志坚强勇于进取

他们在困难面前，比一般的孩子显得顽强得多。有位孩子在作文中写道："摔倒了并不可怕，可怕的是摔倒后不能爬起来；惊涛骇浪不可怕，可怕的是在惊涛骇浪面前失去了镇定。要知道，在希望与失望的决斗中，如果你用勇气去面对挑战，那么胜利必属于希望。"

这是一位具有勇敢品格的孩子写的，可以看出他在学习、生活的困难面前所表现出的顽强勇气，有这样的勇气，还有什么困难不能克服的呢？

（3）思维敏捷富有才干

具有勇敢品质的孩子，往往不满足于已有的知识、成绩、现状，不墨守成规；他们的思维总是处于兴奋活跃状态，善于抓住新的知识，归纳出自己独特的见解。

一位初二学生回答老师提出的问题，老师提问：苏东坡的诗句"竹外桃花三两枝，春江水暖鸭先知"中，为何鸭子最先感受到春江水变暖呢？这位同学回答说：因为鸭子最勇敢，只有勇敢向前的人，才能做到真正的先知。

这位同学的发言受到老师同学们的赞赏，但更精彩的回答在后头。当老师问道：那么，你是否愿意做一位先知的勇敢者呢？这位同学回答道："我愿意，因为幸运喜欢光顾勇敢的人，这是达尔文的名言，我要向他学习。"

无疑，这是位具有勇敢品质的孩子，在知识的春江里，像鸭子一样，将最先感知到知识的"水暖"。

（4）明辨是非伸张正义

具有勇敢品质的孩子，在集体利益与个人利益相冲突时，能维护集体利益，表现出无私精神；在正义与邪恶相斗争时，能挺身而出、维护正义，表现出大无畏的气概；在他人遇到困难时，能见义勇为、乐于助人，表现出崇高的道德感情。他们的勇敢不同于鲁莽、粗暴、出风头，往往表现出机智、灵活、沉着、冷静，行为动作具有明确的目的性，并且雷厉风行，说干就干。

培养勇敢品性的原则

家庭教育是诸多教育渠道中的重要一环，作为家长，应该怎样培养孩子勇敢的品性呢？其实，家长只要遵守几个原则，让孩子变得勇敢就并非难事。

（1）少些无谓关心

孩子都是家中的宝贝，家长的过度关心和呵护成了培养孩子勇敢品质的一大障碍。这些无谓的关心会让孩子认为"原来这件事这么严重，我肯定会很难过！"或是觉得"原来这件事这么困难，我肯定做不到！"

这种错觉让他失去对问题和自我能力的正确把握，即使面对一些自己能够克服的困难，也会因没有自信而丧失勇敢面对的勇气。

生活中，家长应适时冷漠，给孩子独立面对困难的机会，让他认识到自己的能力可以应付所遇情况，从而克服对家长的依赖心理，锻炼独立性和自信心。

比如孩子不小心摔倒了，如果情况并不严重，家长就应鼓励孩子自己站起来。等孩子站起来后，再通过及时的夸奖来强化这种行为。这样，当孩子下次再摔倒时，就会勇敢地自己站起来了。

（2）少些威胁恐吓

孩子关于恐惧的体验是后天形成的，来自家长的威胁和恐吓是形成孩子恐惧体验的主要来源。学龄前孩子对家长的依恋性很强，如果动辄扬言"不要你了""送给别人"，孩子容易产生被遗弃的感觉，变成内向胆小的"惊弓之鸟"。

有的家长在孩子哭闹时经常用"狼来吃你了""妖怪来了"等语言吓唬孩子，也会让孩子的心理感到恐慌。

家长在教育孩子时要讲究方法，不要依靠威胁和恐吓获得孩子暂时的乖巧，应该善于发现孩子不听话的原因，然后对症下药。同时善于理解和赏识孩子，不要用过高的标准来要求他做力所不能及的事情，要站在孩子的立场，及时发现他的长处和进步。

例如孩子吃饭时总是把饭菜掉到餐桌上，家长首先要明白，孩子的精细动作和自制能力还不完善，出现这种现象是很正常的。然后通过赏识和鼓励，促使孩子改掉缺点，比如："你已经比以前好多了，继续加油，就能成为一个节约粮食的好孩子了！"

（3）多点亲身体验

孩子往往会因为对事物缺乏了解而产生恐惧，比如有的孩子害怕色彩鲜艳的东西，有的害怕突然出现的小动物等。另外，孩子对某些事物的恐惧也来自家长的影响，比如妈妈看到蟑螂时连声尖叫，孩子就会因此觉得蟑螂是件可怕的东西。

如果家长因为孩子害怕就任由他远离事物，不给他观察和接触的机会，只会让他对这些事物产生更深的恐惧心理。

孩子的这种胆怯大多是因为缺乏自信才产生的，而自信要建立在必要的知识和技能基础上。当孩子对某些事物产生恐惧时，家长应先教给孩子相关的知识，帮助他建立对事物的正确认识，让孩子明白这个事物并不可怕，然后再通过亲身示范，鼓励孩子自己去感受和体验，从而消除恐惧感。

如有的孩子害怕小动物，家长可以给孩子讲关于小动物的故事，让他建立对小动物的正确认识和良好印象，然后通过示范和这些小动物相处的方法，鼓励孩子去亲身接触，这样，孩子的恐惧就会烟消云散了。

（4）多点快乐冒险

勇敢与冒险是紧密相连的，适度的冒险是培养孩子勇敢品质的重要方法。有些家长因为怕出危险，往往忽视了对孩子冒险精神的培养，这样会让孩子滋生依赖性强、意志薄弱、责任感差等缺点，不利于孩子的成长。因此，当孩子对冒险性的活动产生兴趣时，家长千万不要毫无理由地拒绝孩子，更不要训斥和吓唬他："掉下来就没命了！""你想找死啊！"这会扼杀孩子可贵的冒险精神，使孩子变得胆小怯懦。

在有安全保障的前提下，应该鼓励孩子玩一些带有冒险成分的游戏，比如荡秋千、滑板、游泳、骑自行车等；如果条件允许，还可以尝试坐过山车、登山、跳水等。

面对孩子的冒险活动，家长要从容对待，并不失时机地给予肯定和赞赏。当然，家长一定要事先给孩子讲明活动的危险性和需要注意的事项，让孩子做好充分的心理准备；必要时，和孩子一起活动，一起冒险，给他具体的指导和必要的保护。

锻造勇敢性格的要诀

为了锻造孩子勇敢的性格，家长不妨掌握如下一些要诀：

（1）消除孩子的恐惧感

心理学家认为只有当孩子感到你承认他们害怕的东西是客观存在的时候，他才会相信你对解除他的害怕所做的解释。做父母的要正确对待孩子所害怕的事物。

一种非常有效的方法是教给孩子关于某些事物的知识。如有的孩子害怕猫、狗等小动物，父母就可以给孩子讲一些有关这些动物的小故事，并告诉他们这些动物一般不会伤害人，但要学会与它相处的方法。这样，就可以帮孩子增强安全感。

有些孩子会怕虫子，老鼠或者青蛙，父母应该找一些这些动物的图片，先让孩子看图片，然后解释某些小动物的特点。比如虫子有很多种，他们有一些可以起到保护植物的作用，使益虫，不用害怕，即使有一些是害虫，但他们都很弱小，人类可以战胜许多强有力的动物，只要有勇气，有胆量，有智慧。对儿童的恐惧心理采取逐步地减弱直至最后消退的方式。

（2）注重父母榜样力量

孩子特别爱模仿自己父母的言行，因而，父母的榜样作用对孩子影响极大，父母应该以自己无所畏惧的形象来影响孩子。另外，父母还应该坦率地承认自己也曾害怕过某些东西，但现在已经不再害怕它了。这样，孩子就会明白，他并不是世界唯一害怕这些事物的人。从你的身上他可以知道，这些事物并不那么可怕，是可以被征服的，恐惧的心理便会得到克服。

（3）了解真正害怕原因

孩子们往往言行不一地掩盖他们真正所害怕的事情。如一些孩子每当父母要外出时总是哭闹不止，不让父母出去，而实际上他是怕一个人待在屋子里。因此，要细心观察孩子的日常言行，了解他真正害怕的事情，然后对症下药加以解决。

（4）培养孩子的独立性

要鼓励孩子自己去面对困难，克服其依赖性，使他们感到自己的能力、有办法应付遇到的问题和困难。不要对孩子过分呵护，要相信他们自己能够做到很多我们认为他们难以做到的事情。

总之，要培养出勇敢的孩子，父母们就要从自身做起，并经常与孩子进行沟通，了解他们的真实想法，有意识地锻炼他们的独立性。坚持下去，你就会发现自己的孩子正渐渐成为一个勇敢、坚强独立的小家伙。

致家庭教育者
ZHI JIATING JIAOYU ZHE

如何说
孩子会听
怎样听
孩子才会说

方士华 / 编著

民主与建设出版社

图书在版编目（ＣＩＰ）数据

如何说孩子会听，怎样听孩子才会说 / 方士华编著.

-- 北京：民主与建设出版社，2019.11

（致家庭教育者）

ISBN 978-7-5139-2688-1

Ⅰ.①如… Ⅱ.①方… Ⅲ.①家庭教育 Ⅳ.①G78

中国版本图书馆CIP数据核字(2019)第257799号

如何说孩子会听，怎样听孩子才会说
RU HE SHUO HAI ZI HUI TING ZEN YANG TING HAI ZI CAI HUI SHUO

出 版 人	李声笑
编　　著	方士华
责任编辑	刘树民
封面设计	三石工作室
出版发行	民主与建设出版社有限责任公司
电　　话	（010）59417747 59419778
社　　址	北京市海淀区西三环中路10 号望海楼E 座7 层
邮　　编	100142
印　　刷	三河市天润建兴印务有限公司
版　　次	2019年11月第1版
印　　次	2020年1月第1次印刷
开　　本	880毫米×1230毫米　　　1/32
印　　张	30
字　　数	756千字
书　　号	ISBN 978-7-5139-2688-1
定　　价	198.00元（全六册）

注：如有印、装质量问题，请与出版社联系。

所谓家庭教育者，就是家庭里能够对孩子产生影响和教育的人，主要是指孩子的父母。家庭是孩子人生的第一站，也是孩子第一所学校。孩子在父母的抚育关怀和直接教导中学习，也从父母的一言一行中进行模仿，父母的潜移默化使孩子受到了最初的教育。因此，父母是孩子的第一任老师，也是孩子永远的老师。

著名教育家苏霍姆林斯基说过："如果没有整个社会的教育，特别首先是家庭高素质的教育，那么不管在学校老师付出了多大努力，都可能达不到完美的效果。孩子在学校里的一切问题，都会在家庭里折射出来，而学校复杂教育过程所产生一切困难的根源也都可以追溯到父母。"由此可见，父母对孩子教育的作用是多么的重要啊！

其实，所有父母都希望培养出一个优秀的孩子，都希望自己孩子从小就具有良好的品格、出众的成绩和较强的能力，长大以后更是能够出类拔萃，功成名就，集成功与荣耀于一身。

但是，愿望毕竟是愿望，要使美好的种子开花结果，就必须进行辛勤施肥和浇灌，就必须进行良好的家庭培育。因为只有把根基扎稳了，才能长出参天的大树来。

问题是每个父母都尽其所能地教育和培养自己的孩子，可为什么有的孩子能够十分优异，而有的孩子却非常平庸呢？造成孩子差别的根本原因，就在于有没有采用正确的教育方法，如果从心理学的角度来说，就是有没有根据孩子的心理特点采取针对性和适宜性地教育，这是孩子是否成才的关键。

俗话说，知子莫如父，知女莫如母，这个"知"就是指要知道孩子的心理，然后采取有的放矢的教育。如果你连自己孩子的心理都不知道，那么就枉为人父和枉为人母了，更谈不上正确的教育和培养。

那么，怎样了解孩子的心理，又怎样针对孩子的心理进行良好的教育呢？

为了帮助家庭教育者解决家庭教育的困惑，我们特地编撰了本套丛书，包括《好习惯让孩子受用终生》《父母是孩子最好的玩具》《好妈妈胜过好老师》《好父母不吼不叫》《如何说孩子会听，怎样听孩子才会说》《没有教不好的孩子，只有不会教的父母》六册书，分别讲述了作为家长如何培养孩子的良好习惯、怎样提高孩子的情商智商、如何培养孩子的学习精神、道德品质以及独立能力等问题。可以说，这些是成就孩子一生的最重要资本。

总之，本套书集针对性、指导性和实用性于一体，对于进行良好的家庭教育大有好处，每个父母都可以从中发现适宜用来教育孩子的不同方法和诸多措施，是一套家庭教育的优秀读本，适合不同年龄段孩子的父母学习和珍藏。

目　录

第一章
亲爱的，好性格让你一生受益

以孩子的人格成长而言，好的家庭环境能够对孩子的健康成长起到至关重要的作用。

孩子出生之后到入学之前，是性格形成的最重要阶段。在这一阶段，家庭若能对孩子付出更多的爱心和关怀，可以使孩子建立起自信和开放的性格，这不仅有助于孩子适应外界不同环境的变化，也会让孩子在未来的生活里受益无穷。

好的家庭环境，塑造好性格

家庭，它虽不是真正意义上的学校，但却是世界上最重要的教育机构。父母，虽不是教师，却是孩子最主要的启蒙教育者。所以，父母都应该重视家对孩子的影响作用，这对孩子的健康成长和品德培养非常重要。

在生活中，很多父母觉得自己给孩子一个幸福的家就可以了。其实一个幸福的家不仅仅是给孩子好的物质生活，父母应该把更多的精力放在精神生活与对孩子的性格教育上。

家庭是孩子接触的第一个"社会"。在这个社会中，父母无疑是孩子重要的老师，他们对孩子的影响是极其重大的。

家庭环境对孩子的性格有哪些影响

（1）好的家庭环境是孩子成长的基因。孩子的每一步成功都与家庭教育有着重要的联系，因为孩子无论在学习上还是其他方面的成功，首先都起步于家庭教育，又都可以因良好的家庭教育而得以继续。

好的父母应该是爱的使者；是孩子天才的发现者；是孩子人生抉择的指导者；是孩子个性的发挥者；是孩子成长过程中的榜样。而这些都是家庭教育中的重要组成部分，做好这方面的工作，就可以为孩子的成功打下一个良好的基础。

（2）坏环境能导致不良性格形成。如果家庭经常出现气氛紧张、夫妻关系不和谐，孩子常常看到的是父母烦恼不安、性情暴躁、言语粗鲁，对长辈缺少孝敬甚至虐待等，那么孩子很容易形成孤僻、自私、玩世不恭等不良心理品质。

在这样的环境中，孩子容易情绪紧张，而如果孩子长期处在这种情绪中，又缺少温暖和关爱，更容易对孩子的心理健康产生负面影响。相反，如果是一个和谐型的家庭，家庭成员之间相互尊敬、彼此体贴、关心。如有矛盾，多是心平气和地协商解决。

在这种家庭的孩子会感到家庭非常温暖，多数成绩好、思维能力强、性格开朗、待人有礼貌、遵守法纪，且有较强的上进心和较高的自觉性，比较容易接受教育。所以，每个家庭都有责任为孩子创造一个好的氛围，让孩子在这种氛围中得到健康的成长。

（3）沟通方式影响孩子性格形成。一个良好的家庭沟通方式对孩子的成长同样重要。有着良好沟通方式的家庭其孩子通常是活泼开朗的，而且敢于挑战。

一个好的父母应该给孩子两面的认识，即和蔼可亲与严肃认真。这样孩子才敢于与父母交流，敢于把自己的想法说给父母。也只有在这个基础上，父母才能更好地教育孩子。

以下这几种沟通方式，是父母应该注意的：

一是指责型。当孩子犯了错误时父母总是严肃地指责埋怨，不给孩子解释的机会，也不与孩子去寻找错误之处，问题往往在自己的指责和埋怨中不了了之。这种家庭沟通模式的结果就是：孩子要么逆来顺受，要么逆反、攻击性强。

二是迁就型。当孩子犯了错误之后，父母不去纠正而是一味地迁就。这种家庭沟通方式很容易使孩子养成一些依赖而又固执、软弱而又任性等不良性格特点。同时，孩子在这种迁就讨好的沟通模式中，很容易形成任性、什么事都觉得自己是对的性格。

如何造就一个良好的家庭环境

（1）创造和谐的家庭氛围。父母一定要当好自己的角色，最好做到恰如其分。所谓的恰如其分就是在平时要能和孩子玩到一起，让孩子感觉你是他的朋友、伙伴。

在他遇到困难的时候，又要能为他指引方向，让孩子感觉你是他的恩师；在他犯了错误的时候，又要对他进行批评、指正，让他感觉你是他的严师。同时，夫妻还要有一个和谐的关系，这样有利于孩子在一个和睦的环境中健康成长。

（2）建立良好的亲子关系。与孩子的关系除了要能和孩子游戏、学习外，还要能与他发展共同的兴趣，共享经验和成果。这样可以很好地增进自己和孩子之间的感情和相互了解。

父母要把孩子作为平等的人，尊重孩子的爱好，给他一定的自主权来决定与选择事情。当遇到事情的时候，有的可以和孩子商量，征求孩子的意见，让他觉得自己在父母心中是有地位的，也会增加他的责任感。这样的健康家庭关系有助于孩子健康心理的形成和稳定。

（3）注重亲子沟通态度与行为方式。父母在与孩子沟通的时候要多用鼓励、理解、尊重的方式，即使惩罚也要富于情感性，要伴随合理的解释。

作为父母应该成为和孩子沟通的高手，成功地引导孩子的思想、希望和信息，使父母的思想见解与信息情感，及时地传递给孩子，不仅可以达到引导孩子行为的目的，还可以培养孩子的主见和选择能力。同时，要学会尊重孩子，这样孩子才能更好地尊重自己。鼓励与理解也能让孩子更好地认识自己的错误，有利于他们积极地改正。

（4）创造互相学习的家庭环境。孩子的身上同样有值得父母学习的地方，有时即使暂时还没有，父母也要表现出向孩子学习的行为，这样更有利于增加孩子的积极性。

一个互相学习的家庭环境不仅可以促进父母与孩子的感情，还可以在很大程度上提高孩子对生活和学习的热情。

如果在一个家庭中，父母对生活充满热爱，个性品质健康向上，思想感情积极热情，观念信仰正确得体，便会使孩子生活在积极向上的心理环境之中，造就孩子的良好个性。同样，如果父母能积极地向孩子学习，也有利于孩子保持更强的上进心。

在家庭中，父母要学会把孩子看作是与自己平等的人。这不仅是互爱的一种体现，而且能够帮助孩子树立信心，明辨是非，丰富想象力和创造力。有一些所谓的自然成熟论。有这种观点的父母对孩子往往是持放任自流、概不过问的教育态度。这样的家庭环境，孩子会因为得不到关爱而产生孤独感，逐渐形成对周围的事物漠不关心、自我放荡的不良心态与品质。也就是说，家庭环境对于孩子很重要，而父母在这一环境中的作用也更大。所以，一定要给孩子一个健康、良好的家庭成长环境。

家庭环境对孩子的性格培养非常重要，而家庭环境的好坏与父母有着很大的关系。要想做一个合格的父母，就一定要给孩子一个幸福的家，给孩子最好的家庭教育。

家庭是对孩子有绝对影响力的第一学校，而父母则是孩子一辈子最贴近的"第一老师"。如果孩子在这个学校里能受到最好的教育，那么培养孩子的良好性格就不是一句空话。

妈妈，孩子人生第一任老师

在孩子的成长过程中，需要有正确的教育观念，而父亲与母亲在教育观念上是存在一定的差别。其中，父亲一般是理智型，母亲则是情感型，这两种不同的教育观念对孩子的性格成长有着很大的影响。

妈妈的作用无可替代

一个孩子的自我形象，并不是与生俱来的。在孩子一生的成长过程中，妈妈的作用无可替代。

有一位名人曾经说过："国民的命运掌握在母亲的手中。"从宏观方面看，这话说得非常正确。在婴幼儿的成长中，母教起着非常重要的作用。婴儿到儿童的这个时期，几乎所有的婴儿都是恋母的。在孩子出生后的3年时间里，对孩子进行正确的母教，可以说是影响他们一生的关键。

母亲在教育孩子的过程中，要体现出意志和性格。因为孩子在学习过程中，会受到母亲性格和品德的影响。这些影响是孩子人生最初的印象，其烙印是十分深刻的，每一位母亲都应该特别注意这个方面，不要让孩子受到负面的影响。

当孩子进入儿童期后，母亲更应注重这方面的教育。每一位母亲都知道，母亲与孩子相处的时间较多。孩子遇到问题时，通常都是向母亲提出的。受到委屈也会向母亲倾诉，孩子的生活习惯、思维方式等等，也主要是受母亲的影响。在现实生活中，那些取得伟大成就的人，在童年时期都受到良好的家庭教育，是母亲塑造了他们。

妈妈再繁忙，也应该关爱孩子，愿意去与孩子沟通。陪伴就是最好的爱，有妈妈的亲近，孩子就不会感到孤独。不妨在和孩子说话时多表露你的笑脸，不要总是摆着一副严肃的面孔，让孩子不安。

（1）妈妈要以身作则，提升自己的人格魅力。不管是外在面貌还是言行，妈妈都是孩子的第一任老师。孩子的良好习惯往往是模仿妈妈的。

如果妈妈强调饮食卫生，强调言行嘉善，强调外观整洁，那么孩子也会不自觉地往好的方面发展。如果妈妈自己每天都蓬头垢面，言行粗鄙，却不知道拾掇自己，那么，你又如何要求孩子也能做到干净整洁，讲究礼仪呢？

此外，孩子进了小学后，会不自觉地将自己的妈妈和别人的妈妈做比较，他们小小的内心，其实更希望妈妈能让自己骄傲。这并不是孩子爱攀比的表现，而是他们成长阶段的情感诉求。

（2）妈妈要尊重孩子，才能培养孩子自尊心。一般来说，孩子更为亲近妈妈。有些妈妈却因为孩子小而忽视他的存在，漠视他的情感和要求，或者把孩子当成自己的附属品，甚至是出气筒。这往往会让孩子产生挫败心理。

（3）妈妈应该学会恰当的批评技巧和表扬技巧。我们都知道过犹不及，孩子做对事就一通表扬，做错事就一通批评，往往没有理想的教育效果。

恰当的做法就是，当你表扬时还愿意再说一句"我们还有再进步的空间，要继续保持努力呢！"当你批评时还愿意再说一句"妈妈相信你能改变，因为妈妈爱你。"孩子才能在妈妈的正面评价中摸索到自我的成长方向。

（4）妈妈也要保持学习的劲头。妈妈的态度往往能影响孩子，当你面对新事物时不是拒绝，而是产生新鲜感和好奇心，那么这种做法也会带动孩子端正学习态度，愿意学习新知识。

当一个好妈妈，言传身教更加重要。所以说妈妈也是要不断成长的，努力提升自己，更能潜移默化地教育出好孩子!

妈妈应该关注孩子的一切

妈妈应该关注孩子的一切，着重培养孩子良好的生活习惯。很多时候，决定孩子人生高度的关键不是分数的高低，而是人格心灵的健康健全。

作为一个母亲，只关心孩子的身体健康，忽略孩子品德的形成和智力的发展，是绝对不行的。一个合格的母亲应该使孩子成为一个全面发展的人。

母亲勇敢和乐观的精神，会深深地影响自己的孩子。母亲应学会用坚强去武装孩子的精神，并给予他爱与智慧。只有这样，孩子才会在步入社会时，不感到害怕；遇到困难时，不会退缩；遇到失败时，不会因失望而灰心丧气。

妈妈们应该要着重培养孩子做个有礼貌有原则的人，做个有良好行为习惯的人。

在孩子的成长阶段，往往忌讳这四种妈妈类型：

金钱妈妈：认为金钱可以解决一切问题，对孩子不管不顾。结果孩子也贪恋金钱，情感淡漠。

强势妈妈：强迫命令，简单粗暴，喜欢打骂孩子。结果孩子越加反叛，或者越加自卑。

甩手妈妈：只生不教，认为孩子的教育由学校承担，对孩子的任何问题都感到束手无策，干脆放任不管。结果孩子有什么事情就自己扛，往往不加分辨，容易误入歧途。

学业妈妈：只看重孩子的学习成绩，对孩子的生活品格却不管不顾，活生生把孩子教成书呆子。

妈妈应该让孩子亲近爸爸

妈妈应该适时把孩子的教育权交给爸爸，不要让忙碌的爸爸忘记对孩子表达爱意。

很多时候爸爸是一个粗心的人，他们可能忙碌事业，可能沉迷游戏，可能天生就抗拒孩子……作为父亲，他们对孩子的关爱经常不轻易表露，所以才有"沉默的父爱"一说。

然而，孩子不到成年的时候，一般是不会懂得这种深沉的父爱的。有的孩子甚至直言"爸爸是个在家生活的陌生人"，真是令人哭笑不得。

在这个问题上，父亲切不可撒手不管或是任其发展，这是对孩子的不负责。要想让自己的孩子养成良好的性格，父亲一定要承担起自己的教育责任。

说到底，教育孩子的责任应该是爸爸和妈妈共同承担的，妈妈应该适时制造机会，让孩子亲近爸爸，也让爸爸发挥不同于妈妈的父母优势，教会孩子勇敢与坚强。

父亲，孩子成长中的教导者

由于男性与女性的社会角色和思维方式不同，从而也造就了父母对孩子教育方式的差异。如果说母亲的教育是"滴水穿石"的话，那么，父亲的教育就是"点石成金"。

父亲的教育是孩子成长不可缺少的一部分，孩子的性格成长需要父亲的关怀。因此，在培养孩子的优良个性的过程中，父亲一定要充当好自己的角色，给予孩子需要给予的。

父亲角色对孩子成长很重要

由于受传统家庭分工的影响，很多家庭教育孩子成了母亲职责的一部分，而父亲总是置身于事外。实际上，在孩子成长过程中，父亲对孩子的性格、处世态度的影响要比妈妈更重要。

（1）父亲是孩子最重要的"游戏"伙伴。现在很多家庭都是只有一个孩子，而母亲在带孩子的时候又总是以看护为主。这时父亲就不可避免地成了孩子最重要的游戏伙伴。当然，游戏只是一种方式，重要的还是在游戏过程中，更好地让孩子的个性得到发展。

通常，父亲会更多地与孩子玩兴奋、刺激、变化多样的游戏，这在一定程度上给予了孩子更丰富、更广阔的感知经验。

父亲通过与孩子共同操作、探索多种形式的活动、游戏，可以很好地培养孩子的动手操作能力、创新意识，促进孩子求知欲、好奇心的发展。这些影响对孩子以后的性格发展都非常重要。

（2）父亲是孩子积极情感的满足者。在孩子成长的过程中，父亲可以很好地满足孩子的积极情感。通常孩子和爸爸在一起时，男孩可以学习男子汉的"阳刚之气"，从而形成良好的角色心理认同。如果男孩缺乏"父爱"或与爸爸交往过少，容易导致"女性化"的倾向。

同样，对于女孩来说，通过对父母性格特征的识别，会更加强化自己的性别意识，掌握性别角色标准。这些影响对孩子良好个性品质的形成有着不可忽视的作用。

有关研究显示，父亲对孩子的教育和鼓励可以极大地提高他们的积极意识。如，教育女儿从事传统的男性活动：修车、修理家电或打球等，女儿的自信心会增强，拓宽女性素质的能力也会大大提高；鼓励儿子参加其爱好的活动或是具竞争性的活动，儿子的成绩也会较高。

（3）父亲是孩子重要的教导者。通常情况下，母亲都是会对孩子过分溺爱，所以有的时候孩子对母亲的夸奖会非常习惯。而父亲则不同，他们一般很少夸奖孩子，通常在孩子的印象中他们总是严肃的，孩子偶尔得到父亲的夸奖会显得很兴奋。

生活中，与母亲相比，孩子总是怕父亲，比较听父亲的话，在教导孩子时，父亲不让孩子做的事，孩子一般不会去做。

这就要求父亲在孩子的成长过程中，要给孩子一个正确的成长方向，告诉孩子什么是正确的，什么是错误的，应该怎样去面对困难等，这对孩子的性格成长非常重要。

父亲对孩子成长的影响

（1）独立性格。孩子在成长过程中，可以透过父亲体验到转换、分离、坚韧等，孩子常以父亲为自己坚强和独立的来源。

在和父亲的相处中，孩子能够更多地学会冒险、解决问题、独立思考，这都在很大程度上强化了他们对外在世界的控制感觉及对自我意识的认识，从而更好地培养孩子的独立性格。

（2）社交应酬能力。有关调查表明，与双亲沟通联系较好的孩子，较之单纯和母亲联系的孩子，对外界新奇的事物更有兴趣。

常和父亲在一起的孩子，会受到父亲社交应酬的影响，知道怎么与人相处，很好地处理个人与同学或是老师的关系。

（3）信心及弹性。在成长中常和父亲在一起的孩子，对新环境适应能力的弹性会很强，在面对问题时，信心也会很足。

研究显示，适应能力及信心强的父亲，其孩子遇事会比较冷静，且有信心。这是一种"仿效行为"，孩子会在与父亲的相处中内化父亲的行为及思考方式，亦即父亲解决问题的方式、使用的语汇及追求目标的信心及努力等。

（4）设身处地的特质。如果父亲在孩子的成长过程中接触较多，那么他们在长大成人后设身处地为他人着想的意识就很强。

父亲在生活中照顾他人、为他人着想的时候很多，这在一定程度上都会对孩子产生不可避免的影响，促使人们形成设身处地的特质。

父亲在家庭教育中的作用

在家庭中，父亲意味着一种雄性的力量，拥有着强健的体魄，具有威武、勇敢、进取、独立、果断的个性品质，父亲在家庭教育中比母亲更有计划性、目的性，知识面更广。

父亲的这些独特的个性品质和特点，是母亲所无法模仿的。父亲在家庭教育中的作用，也是母亲所无法替代的。

（1）父亲是孩子榜样，有着表率作用。父亲是孩子效仿的榜样，父亲的一言一行都将对孩子的性格形成产生重大影响。因此，父亲不但要给予孩子物质生活上的保障，更要努力给予孩子宝贵的精神财富。

很多时候，父亲都能够起到很好的表率作用。不管做父亲的如何忙，也要抽出一些时间和孩子在一起，多沟通，多交流，和孩子成为朋友，用自己的言行潜移默化地影响孩子，以使孩子形成良好的性格。

平时，孩子上幼儿园或上学读书的早送晚接，不应只是作为母亲的专利，父亲应尽量抽空接送。在这期间，父亲与孩子的身体接触，与孩子的言语交流，与孩子共同经历的人和事、景和物，不仅能够增进与孩子的感情，而且父亲也可以在潜移默化中教会孩子如何成人，如何做人。

一个好的父亲会将母亲生活领域之外的东西尽可能地展示在孩子面前，并成为孩子探索新领域的向导和力量的源泉。

（2）缓解母亲的压力，担当平衡作用。当父亲参与到孩子的生活和教育，必然会缓解母亲的压力和减轻母亲的负担，这无疑将增进夫妻感情，丰富夫妻生活，促进家庭的幸福和稳定，具有调适或平衡家庭关系、增进家庭感情的作用。

在那些因母亲过于关注孩子的成绩，以致得了"儿童成才焦虑症"的家庭里，父亲的平衡作用尤其关键。

当孩子因为一次考试成绩不理想而受到母亲焦急的指责后，父亲的一个微笑、一次抚摸或一句宽慰的话，都能迅速使孩子从与母亲的对立情绪中解脱出来，通过缓缓引导，使孩子受挫的羞愧转化为奋起的决心。

（3）父亲在家庭教育中的权威作用。通常情况下，父亲在家庭教育中的威信胜过母亲，这与我国的传统婚恋观密切相关：女的要找比自己高标准的，如果找到比自己低标准的，家庭结构就不那么合理。所以，在大多数家庭中，男人比女人在文明、智力等方面的水准要高一点，这个事实在家庭教育中也会表现出来。

但得注意的是，父亲在家庭教育中的权威作用，既可以在教育过程中不断强化和发展，也可能在这一过程中不断弱化甚至消亡。

良好的教养态度、方式、方法，都有助于加强父亲在家庭教育中的权威作用，从而形成一种良性循环，使家庭教育朝着和谐、健康的方向发展。

（4）父亲意味着秩序，有着传授作用。父亲这个词蕴涵着教育。在父亲与孩子的游戏中，父亲将会于无形和有形中，向孩子传授或渗透社会秩序、规范、准则，从而在潜移默化中对孩子实施人生观教育。

（5）父爱是家庭教育中的支柱，有着心理作用。一项研究表明，凡是与父亲交往机会多的孩子，其智力水平更高，其意志更加坚强。尤其男孩更是如此。

实际上，孩子生长在有父爱的家庭中，不仅智力水平会正常发展，而且心理调适能力也会健康发展。父爱是整个家庭教育中的心理支柱，是家庭的心理调适剂。倘若父亲角色缺失，很容易造成孩子性格、情感方面的缺陷。

父母共同教育，孩子健康成长

由于父母的观念不同，在教育孩子时往往会出现意见分歧的现象。在教育孩子的过程中，如果父母出现教育意见分歧，一定要双方达成一致，这样才能对孩子形成好的性格起到较大的作用。

父母教育不一致的弊端

父母双方教育孩子的观点是不尽相同的。有时候，妈妈埋怨孩子，爸爸赞成孩子。如果经常出现这样的情况，会使孩子形成比较矛盾的性格。

（1）父母态度不一致，会使孩子形成不良性格。在日常生活当中，许多父母都认为：要管教孩子，必须是一个要"严"，另一个要"慈"。也就是一个"唱红脸"，一个"唱白脸"。

一些父母以为，只有"一严一慈""一软一硬"，相互配合，"软硬兼施"，才能教育好孩子。这种说法，乍一听似乎很有道理，其实不然，这样恰恰犯了家庭教育中的大忌。

遇到这种情况，孩子通常会这样认为：谁能答应他们的要求，他们就去磨谁，并且会把父母分成谁好谁坏。一些孩子就是在这种搭配组合中钻空子，出了事只告诉护着自己的一方。这样一来，孩子会遇事都钻空子、找一个保护伞，那么最终就会使家庭教育失去约束力。

（2）父母态度不一致，会让孩子无所适从。在教育孩子出现矛盾时，父亲这样说，母亲那样说，这就不可避免地会让孩子无所适从，甚至分不清谁对谁错。

由于年龄和阅历的限制，孩子们往往不能明辨是非，他们习惯于追随胜利者的脚步。一般情况下，如果父母发生争执，往往谁在争吵中取得了胜利，孩子就会认为谁是对的，就会听从谁的观点或者安排。

事实上，争吵中失败的一方未必就是错误的，而胜利的一方也未必都是正确的。教育的根本宗旨是教会孩子明辨是非，掌握真理，而不是把孩子拉拢到哪一方的阵营当中。因此，一定要意识到"父母要保持步调一致"这一家庭重要教育方针。

父母的教育如何达成一致

（1）出现分歧时，先让步后商量。当夫妻双方的教育出现分歧时，父亲应先做出让步。这样一来可以避免双方当着孩子的面出现争执，另一方面有利于心平气和的商谈。

父母当着孩子的面出现争执，容易让孩子知道双方的分歧点，从而对其做出有利于自己的选择。所以父亲最好先做出让步，等孩子不在的场合，父亲可以心平气和地与母亲进一步商量。如果自己是正确的可以用道理说服母亲，让她遵从自己的观点。如果不知道谁对谁错可以双方说出自己的观点，最后达成一致。这样一来，就可以很好地解决教育分歧的问题。

（2）面对教育时，父母要相互配合.在自己的教育中，如果自己看出孩子有什么毛病，这时最好父母先商量，争取相互配合。这样在双方达成一致的情况下对孩子进行教育，那样孩子就会对自己的过错有一个明确的认识，更有利于他的改正。

如果，没有争取母亲的同意，那么父亲在教育的过程中，母亲很可能会有质疑的声音，这样不仅不利于教育，还会让孩子有求援的后路。所以，父母一定要争取站在同一条战线上，彻底断了孩子的后援，这样就会使纠正孩子的错误变得容易，也会杜绝孩子的不良性格的产生。

教育孩子，是父母的重要责任

家庭是孩子成长的源头，是孩子进行人生学习的第一环境，作为父母，一定要在这个第一环境中做到以身作则，言传身教。

父母对于孩子来说就是一本活"教科书"，孩子从小就会把父母看作是"模范"与"英雄"，这就要求父母在孩子面前一定要注意自己的一言一行、一举一动。这种以身作则、言传身教，可以使孩子的人格力量及精神品质得到极大的提升。

不做动辄打骂型的父母

在孩子的教育问题上，有不少父母对孩子总是动辄打骂，这种教育方式是极不科学的。生活中，很多父母教育孩子的方式是简单粗暴的命令型，更愿意动用意志让孩子绝对服从，这种说一不二的教育方式是不对的。

教育不是管理，更不是统治，它应该是循循善诱的，应该是以身作则的。只有这样，孩子的成长过程才是安全的。

如果一遇到事情，就不分青红皂白地把孩子打一顿，那样孩子就容易出问题，如偏执、倔强甚至有暴力倾向等，这都极不利于他们以后的健康发展。

在孩子小的时候，这种行为可能会让他们屈服。但随着他们慢慢长大，可能就会产生一种背叛心理，而这样的孩子会更加不好教育。

所以，当遇到事情的时候，一定要先问清楚事情的缘由。如果确实是孩子不对，可以对他们进行严厉的批评教育，不要对孩子的性格造成不良影响。

关心孩子的生活和学习

对孩子的生活和学习，父母一定不要不管不问，那样很容易让孩子形成懒散的毛病。要时刻注意孩子平时的生活和学习，在学习方面要以鼓励、表扬为主。在生活方面则要教他们学会做人的道理，如要尊敬老师，尊重长辈，团结同学，养成良好的生活习惯，自己的事情自己做，从做中学习等。

当孩子有缺点时，不要一味地批评，要摆事实，讲道理，使孩子心服口服。当孩子的生活和学习中出现问题的时候，也一定要积极地进行引导和启发。

在这一过程中，父母的言行及引导方式也会对孩子有很大的影响。父母时常关心孩子的生活和学习，不仅可以让孩子感受到父母的恩爱，还可以极大地促进孩子的上进心和热情，这些对孩子良好性格的形成都有重大作用。

做好监督者、批评者和实践者

在孩子成长的过程中，父母要对孩子的行为做好监督。这一点非常重要。一般情况下，如果孩子感觉到父母在关注着自己，他们在做事的时候就会格外地谨慎、认真而不会马马虎虎。这样有利孩子从小做好遇到的每一件事，对其以后的人生成长也有着不可忽视的影响。

这里所说的批评，是要在适当的时候做合理的批评。所谓适当的时候，就是在孩子犯下大错误的时候。

对孩子一般的错误，父母做好适当的教育就可以了。批评要把握好一个度，既要让孩子怕自己又要让孩子爱自己。一定要让孩子知道自己真的错了，而父母对自己批评也是为自己好，这样一来更有利于孩子朝着好的方向发展。

父母所谓的教育实践，就是父母的教育主导方向的实践。父母在确定自己的教育方向时，如果对孩子有效那么就可以坚持下去，如果觉得有问题也一定要及时地更正。父母这种知错能改的品质，有利于孩子的良好性格的形成。

如今在社会上，祖父母帮助带孩子是一种很普遍的现象。这就给爱偷懒的父母们找到了借口：长辈替我完成了相当一部分责任，我偷偷懒倒也无妨。而事实并非如此，父母要搞明白这样一件事情：父母的角色是不可替代的。要知道在孩子成长过程中，自己所起的是一种非常重要的作用。因此就要求这些躲在长辈背后的年轻父母们，一定要从长辈的背后走出来，去承担属于自己的那份责任。

父母发怒，影响孩子性格发展

花朵说："风雨摇曳了我的妩媚。"是的，花朵在风雨中别有一种风情，但它更多需要的是阳光和风中的盛放。有孩子说："爸爸妈妈的暴怒总是让我心惊胆战。"是的，生活中发脾气、暴躁是在所难免的，但孩子需要更多的是细语温和、耐心的父母。

孩子眼中父母发怒的样子

加拿大、英国和意大利的研究人员对经常发怒的家庭的孩子进行交流，孩子心中发怒父母的样子让所有人都感到震惊：

"爸爸发脾气的时候，我害怕的心都要碎掉，想找个地方躲起来，可是腿上却没有力气让我逃跑，也不敢逃跑躲起来，怕爸爸冲上来把我揍一顿。"

"妈妈生气的时候像变了一个人一样，披头散发地乱扔乱砸东西，像个巫婆一样让人害怕。"

"我一点都不喜欢爸爸，很讨厌他。我都要上高中了，可他还是动不动就在我面前咆哮，一点都不顾及我的感受和自尊。他觉得他这样我就能听他的话了，其实他错了，只要他肯静下来跟我平静地说话聊天，效果肯定会比他咆哮我好很多很多。"

"爸爸妈妈都是火爆脾气，老是对我吼来吼去，我就是从小被'吼大'的。上个星期几个好朋友突然不爱找我玩了，我一点都想不明白是为了什么？

后来给一个朋友打电话才知道，朋友说：'你太霸道了，他们几个都说和你一起玩不自在，你总觉得自己是老大，把别人吼来吼去的……'这估计跟我从小生活在被爸爸妈妈吼的环境里有关系吧。"

"爸爸妈妈一个人跟我发脾气的时候，我心里很害怕。可是他们两个互相发脾气的时候，我就更觉得害怕了。害怕他们会离婚，怕他们不要我。我总觉得自己很没用，我总是想，我要是哈利波特就好了，就可以在他们吵架的时候施展魔法让他们不再吵架，一家人和和气气的多好……"

父母发怒对孩子性格的影响

在很多的时候，父母总是会说，我们生气我们发脾气也都是为了孩子。有时候看见孩子笨拙的样子，就忍不住想生气。有时候看见孩子不能把事情做好，心里总是有难以控制的急躁。

殊不知，这样的父母在孩子心中是让人害怕的。父母的发怒对孩子的成长、心理和性格成长都有着很大的影响。

虽然有很多的孩子还不懂得大人们为什么争吵，也不懂得他们在争吵什么。但这并不意味着大人争吵时，激烈的感情流露对孩子的性格没有影响。

害怕，是孩子对发怒的父母的第一感觉。在父母面前，孩子不只是孩子，他更是一个弱者。本来父母与孩子之间的身份就已让孩子对父母有几分畏惧，当父母发怒时那扭曲的表情，对孩子心中造成的恐慌心理是大人难以想象的。

孩子的成长，在很大程度上都受父母的影响。他们会观察父母与别人的交往，认识并学习如何与人打交道，所谓"近墨者黑，近朱者赤"。父母与别人交流的方式，总是在潜移默化之中就影响到孩子以后的人际交流方式。

当孩子们长期生活在父母过于激烈或愤怒的情绪氛围下，不仅使孩子心理上受到伤害，而且父母的言行还会成为孩子的模仿对象。当它们学不到正确的与人交流的方式时，就会自然而然地流露出父母暴躁或愤怒的情趣，也自然而然地会以为吼叫、发怒就是与别人交流的最佳方式。而孩子以这种性格与人交往，对他自己是极其不利的。

所以，父母在孩子面前一定要注意自己的言行。当孩子遇到问题或事情时，要尽量以温和的态度来进行商量或解决。因为温和的交流，不仅有利于真正地解决问题，还能消除孩子心中的恐惧感。

父母的赞美，让孩子积极向上

沟通，是孩子与父母建立友谊的桥梁。赞美，是父母与孩子沟通的润滑剂。在孩子的成长过程中，赞美是父母与孩子沟通必不可少的方式。孩子的成长中，来自父母的赞美对他们而言是非常重要的。

如果父母对孩子每时每刻的成长，给与了解、欣赏、赞美、鼓励，那么孩子会得到很大的鼓舞，而自尊心及自信心也会得到极大的增强。同时，孩子会更愿意与父母交流，把父母当作朋友看待。所以，在孩子的成长中父母一定不要吝啬自己的语言，当孩子取得成绩时一定要对他进行及时的表扬。

父母要及时赞美孩子

在每个孩子的身上，都有自己的闪光点和优点，而许多父母往往缺少发现。所以，父母要试着去发现孩子优点，并及时地给予表扬。

许多父母习惯采用物质的奖励的方式，来表达自己对孩子取得成绩的赞扬。其实，在孩子的心里，他们往往更渴望得到来自父母的精神鼓励，哪怕只是短短的几句赞美的话。

因此，父母一定不要觉得有物质奖励就够了，一定要用语言表达出来。当然，赞美也要适当，既要针对孩子的优点，实事求是，也不要言过其实，以免适得其反，让孩子过于骄傲自满。

父母赞美孩子的方式

（1）赞美要及时。当孩子付出良好行动的时候，要及时给予肯定的赞美。如，当孩子自己把房间打扫干净的时候，父母可以不失时机地说上一句："这件事你处理得不错，真是个小小男子汉了"；当孩子在考试中取得进步时，也要对他赞美几句："这次考试进步不小，看来，你做的努力不小啊！"等。

只要孩子有好的行为、好的做法，作为父母都要及时地给予他们称赞。这既是与孩子沟通的润滑剂，也是家庭和谐的原动力，更是孩子自我成长和自我肯定的强"心"剂。

这些及时的赞美，也远比给他们一些物质的奖励更具意义。孩子在听过之后，也会因为父母的赞美而更加努力。

（2）赞美要真诚。把对孩子成长的喜悦在做到及时传达的同时，赞美还要实事求是，不能过分夸张。只有当孩子感到父母的赞美真诚时，他才能更愿意付出。

通过真诚的赞美，孩子能感受到父母对他取得成绩的肯定，能使他们有一种成就感，这样就会从中获得力量，会更加的努力向上。语言的力量不可小视，而来自父母的真诚的赞美，力量则更是不可小视。

（3）赞美要把握好度。孩子道德品质最初形成过程中，是非观念非常模糊，自制力极差。所以父母的引导、奖励和赞美，对孩子来说至关重要。父母赞美孩子的时候，一定要把握好赞美的度。恰如其分地赞美，可以让孩子正确地知道自己位置，有利于他们明白自己以后该怎么努力。

如果孩子取得一点成绩，父母就大大地赞美，那么很容易让孩子迷失自己，从而停止不前。而对孩子取得的成绩过小的赞美，又会使孩子对以后的努力充满恐惧，他们会觉得自己这么努力了，才得到这么一点赞美，以后该怎么办呢？

父母及时地赞美孩子取得的进步和成绩，能传递给孩子一种强大的精神力量。当孩子取得哪怕一点微小的成绩时，父母都不可置之不理，应该及时赞扬孩子所取得的进步。同样当孩子主动向父母展示自己取得的成就时，父母也要及时地给予孩子关注，真诚地给孩子一些赞美和鼓励："让我来看看，嗯，确实有进步！"这都可以激发孩子向上的动力，让孩子更加努力和自信。

赞美，在孩子的成长过程中是必不可少的，也是父母与孩子沟通的一种方式。及时地给予孩子的赞美，孩子会更愿意把心里的话说出来。而来自父母的一句肯定、一句鼓励、一句赞美、都会是他们积极向上的原动力。所以，每个父母在孩子取得进步时，都一定不要吝啬自己的赞美。

对孩子的爱，要有正确的认知

有很多父母习惯我行我素的溺爱孩子，原因可能就在于父母们并没有意识到，溺爱对孩子能造成多大的危害。事实上，溺爱孩子会对其以后的人生发展和性格发展产生消极影响，包括他的学习、成长、价值确立、社会交往、善待父母等方面，都是有百害而无一利。

溺爱的危害

在现实生活中，父母们都希望自己的孩子有学习能力且成绩优秀。希望自己的孩子拥有自信，长大后做个顶天立地的人。

这是所有父母的美好愿望，可是他们却对孩子实施溺爱，若一味这样去教育，只能是失去自我，缺乏独立能力，从而导致孩子能力低下。在孩子必须学会的诸多能力中，父母远远没有认识到，独立就是在开发孩子的智力。这是为什么呢？

所谓溺爱，其实就是指失去理智，直接摧残孩子身心健康的爱。作为一个需要独立生活在社会上的自然人，他连生存的本能都没有了，就根本不可能在这个社会上立足，这都是溺爱的后果。父母在一个孩子的成长过程中，无情地剥夺了很多有益于孩子的权利：

（1）剥夺了孩子的运动机会。培养运动能力，支配自己的身体，是孩子获得成功的喜悦感和自信心的重要途径。

溺爱孩子的父母却因为担心孩子的安全、卫生等问题，限制孩子外出活动，结果导致孩子运动游戏的能力差，和同龄人玩不到一起，以至于内心因此自卑孤独。

（2）剥夺了孩子动手做事的机会。溺爱孩子的父母对孩子的大小事务都一一代劳，情愿自己受累，也不肯孩子吃一点苦。

这种做法一方面使孩子产生"只有父母会做，我不会做"的自卑感，另一方面认为父母做得一切都是理所当然的，不懂得感恩。

（3）剥夺了孩子的自主权。溺爱孩子的父母大多非常专制，小到一个发卡，大到以后的人生路，都替孩子做主。

父母的做法会让孩子感觉自己就像一个被父母操控的机器人，没有自己的主见和思想。可是由于社会能力和经验不足，孩子又不敢自作主张，所以会产生对父母既抱怨又依赖的感觉。

（4）剥夺了孩子认识规则的机会。溺爱孩子的父母总是毫无原则地满足孩子的无理要求，对孩子的哭闹妥协，更不能有效制止孩子的错误行为，于是孩子的内心就无法建立遵守规则的意识。

如果孩子从小就没有遵守规则的意识，在遇到外界要求遵守规则时他就会感到愤怒，甚至无理反抗，在人际关系中成为不受欢迎的人，他也享受不到友情的快乐。

"真爱"的真谛

父母的爱都是无私的，都是深如大海的，或许没有深浅之分却有质量的差别。不是富家望门之族给予的爱就是高质量的，也不是粗茶淡饭的家庭给予的爱就是浅薄没有重量的。决定父母爱的质量，不是金钱、物质、地位，而是在日常生活中简单的细节和感知。

人生由童年开始，以后的人生道路在很大程度上也都受童年的影响。童年的爱和教育是人一生的基础，所以童年的爱的质量是很重要的。孩子不是为了"成功"或"成才"而活的，他们只是简单为了童年而活。某种意义上来说，有没有飞翔的翅膀，也全都由童年所得到的爱的质量决定着。

每一个人的生存，都不仅仅是个体的发展。所以在给予孩子爱的同时，要让孩子认识到他与万物都是有关联的，要懂得别人的处境和感受。身为父母，不要总是置别人的事情和感受不管不顾，不要觉得只有自己的情绪和事情才是最重要的。尤其是在孩子面前，不要总是急于维护自己的利益而处处显得自私狭隘，这样只会让孩子人生中真正的美好悄无声息的流逝。

在满足孩子丰富的物质之时，要让孩子懂得善良，懂得豁达，懂得理解，懂得体谅。只有高质量的爱才能使孩子拥有健全的人格和美好的品质，使孩子的成长与世界有最少的摩擦。也才能使孩子成为幸福的人，在人生的道路上坦然自若，一步步走向美好！

其实，父母与孩子的关系是建立在爱的基础之上的，高质量的爱，是让孩子懂得善良，懂得豁达，懂得理解，懂得体谅，让孩子拥有健全的人格和美好的品质。

父母，永远是孩子最好的榜样

在现实生活中，常常会有这样的场景：父母严厉指责孩子看电视的时间太长，自己却歪在沙发上按着遥控器；父母批评孩子说话不文明的时候，自己却口吐脏字；父母不明白一个小孩子为什么没有朝气的时候，却没察觉自己也经常无精打采；父母总埋怨孩子丢三落四，却不知自己做事也缺乏条理……

其实这些父母们不明白这句话：为孩子做出个好榜样，比你给他讲一百个榜样的故事，意义还要重要。

孩子具有模仿性

成长中的孩子，具有非常强的模仿性。父母的生活习惯、思想意识、作风情操，对孩子品德培养、个性特征的形成有直接影响。仔细观察一下孩子的不良行为和性格特点，往往能从父母身上找到根源。因此当问题出现在孩子身上时，首先要从父母自己身上找一下原因。

榜样的力量是无穷的

父母和孩子朝夕相处，一定要注意为孩子做好榜样。以下几点必须做到：

（1）父母要以身示教。父母可以说是孩子的第一位"教师"。当父母遇到不顺心的事时先不要着急，更不能拿孩子撒气。

比如，孩子性子急，事情一做不好就烦躁。碰到类似情况，父母可以先不做声，而是自己来做这件事，让孩子在一旁观看。父母要告诉孩子：做事之前一定要考虑好这件事该如何做，如何做使其更完美，对孩子起到示范作用。需要提醒的是，父母在示范的时候要心平气和、有条不紊，并一鼓作气把事情做完。

父母示范之后，还要鼓励孩子再做一遍，以帮助他树立信心。很多孩子都是有好胜心的，都想做好每件事。孩子在做的时候，每做完一步，父母都要适当鼓励，必要时加以引导。等事情做完以后还要让孩子明白：做任何事情都要有耐心，要相信自己可以做到！

（2）对孩子要做到"言必信，行必果"。父母承诺孩子的事一定要兑现，如果不能兑现的事就不要轻易作出承诺。

若是随口答应孩子一件事，但是因为一些原因却给忘记了，这不但会打击孩子做事的积极性，还会在某种程度上给孩子内心带来伤害。若是父母总是言出不行，说话不兑现，父母的形象就会在孩子的心里大打折扣，可信度也大大降低。

随之而来就会出现一系列的负面效应，孩子对父母的尊敬、敬仰和爱戴，就会因为父母的失信次数增加而渐渐递减，次数越多，父母的话就会被孩子完全不当一回事，又何谈教育。所以，当父母一再的言而无信，那么孩子也会对自己说出的话不负责任，久而久之就养成了一种不良习性。

总而言之，言传身教中"身教"所起到的作用影响孩子一生。所以，父母作为孩子一生的老师，应该以身垂范，给孩子做出好榜样！

孩子的心理，要去时刻留意

在对孩子进行性格塑造的过程中，父母往往比较重视孩子表面所表现出来的现象，而对于孩子的心理问题一般都不太重视，这也是心理疾病产生的原因之所在。

所以，父母在对孩子进行教育时，一定要注意孩子的心理变化，在孩子的成长过程中，心理创伤不可留。

造成孩子心理创伤的因素

造成孩子心理创伤，一般由创伤性事件引发。所谓创伤性事件是指，严重威胁孩子安全或躯体完整性的、引起灾难性反应的事件。这些创伤性事件会使孩子感觉强烈的恐惧、无助、失控和毁灭的威胁。具体分为以下三种：

（1）自然灾难。所谓自然灾难，是指由于大自然气候异常造成的那些人们无法控制的自然性灾害。如地震、洪水、飓风、泥石流等。这些虽是一些自然性的灾害，但它的强度及破坏程度会对孩子的心理留下阴影。而由于自然灾难而导致的失去亲人，则更是会给孩子的心灵造成创伤。

（2）意外灾难。所谓的意外灾难，是指在人们无法预料的情况下发生的一些突发性事件。如，在旅游途中发生的火车、地铁、汽车的运输灾难、在孩子放学回家路上遇到的道路交通事故等。

（3）人为灾难。所谓的人为灾难，是指在孩子身边人与人之间发生的一些灾难性事件。如，父母或是亲子之间的家庭暴力、孩子在黑暗中被关禁闭、家中发生抢劫事件、医疗事故等。这些人为性的事件同样会给孩子的心理造成或大或小的创伤。

孩子有心理创伤的表现

孩子一旦有心理创伤，其整个的人，包括身体、智力、情绪和行为都会有相应的改变。每个孩子都以独特的方式对创伤做出表现，这取决于创伤的细节以及当事人独特的自我经历。

常见的一些表现有以下几个方面，父母可以根据这些来判断自己的孩子是否有心理创伤，进而来确定如何治疗。

（1）生理表现。当孩子的心理造成创伤时，其生理会发生相应的变化，其具体表现为：心跳加速、血压上升、呼吸急促、晕眩、胃痛、腹泻、头痛、虚弱感、麻木感、手脚感到刺痛或沉重、过度的惊吓反射动作、疲惫感、食欲改变等。如果经历过一些事件后孩子有以上的这些生理表现，那么此时作为父母一定要注意。

（2）认知表现。如果孩子的心理造成了创伤，在认知上也会有所表现。具体如下：注意力差或记忆力有问题、理解困难、思考缓慢、看待自己及世界的方式改变、对环境的警觉性增强、与自我失去联系、闪回、噩梦等。以上这些情况也是孩子有心理创伤时的常见表现。

（3）情绪表现。孩子一般不会自我掩饰情绪，当自己的心理有创伤时，他们的情绪也会发生相应的变化。如，焦虑与恐惧、没有安全感、无助、悲伤、忧郁、心情低落、内疚、愤怒、易怒、过度亢奋、失眠、情感否认、麻木感、对什么事情都不喜欢、缺乏信心、失去自尊等。

（4）行为表现。当孩子有心理创伤时，他们的行为也会与常人或以前的自己不一样。如，退缩或远离他人、容易惊吓、回避、敌对或好攻击、沟通困难、经常与别人争论、饮食习惯改变等。

父母对待孩子心理创伤的常见误区

（1）心理影响没那么严重。在孩子受到伤害时，很多时候父母只是特别关注孩子的身体伤害，而忽略了孩子的心理伤害。

父母们往往会认为。这些事件对孩子的心理影响没有那么严重。其实在经历事件后，孩子的心理同样会遭到影响，他们在这时也急需父母，即自己的保护神的帮助。

（2）孩子小不懂事，不提事情就会过去了。在电影里经常会有这样的场面出现，当家里发生了变故，比如亲人去世，成人不会对孩子解释真实情况，只是说："某某出远门了。"

在生活中父母也往往会使用这种"鸵鸟政策"，一相情愿地认为：孩子这么小，还不懂事，也许不提，事情就会过去了。其实孩子可能表面上无动于衷，但还是会记得，以后也许什么时候就会把所有细节都描述出来。所以，作为父母，不论孩子的年龄大小，都要帮助他们理解发生了什么事情。

（3）孩子还说不清楚，所以没法进行心理治疗。有的父母觉得，孩子还小，无法把自己的想法表达清楚，所以即使受到创伤，也没法进行心理治疗。

其实，孩子虽然语言表达能力差，但内心的感受是可以通过各种方式表达出来的，在此基础上，就可以进行治疗。此外，还需要注意的是，这些问题不是作为父母应该考虑的，不管孩子是否能表达清楚，心理医生都会有他们自己的方法。

应如何对待孩子的心理创伤

（1）多给孩子一些保护。要想帮助精神受到伤害的孩子平安地渡过心理危机，作为孩子保护神的父母，要多给孩子一些保护。

比如，多接近他们、多抚摸他们，最好不要让孩子长久地一个人待着，要让孩子有安全感。

通常在有父母陪同的情况下，孩子在很大程度上会有安全感，他们往往会认为只要有父母在，自己就不用害怕什么。

（2）转移孩子的注意力。当孩子有心理创伤时，父母要设法尽量转移孩子的注意力。比如，让孩子画画、参加舞蹈班培训、踢足球等。尽量让孩子的生活丰富多彩起来。当然，在转移注意力方面最好是让孩子做他们喜欢做的事情，这样效果会更好。这样的方法可以阻止孩子回忆已经发生过的不幸，可以很好地帮助孩子缓解心理创伤。

（3）不要在孩子面前再提起恐怖事件。当某件事对孩子造成心理创伤时，家人尤其是父母最好不要在他们面前再提起这些事。父母的议论、猜测，甚至愤怒、谩骂会让孩子再次陷入其中，增加心理负担，从而强化孩子的创伤记忆，使孩子的精神一直处于紧张状态，这样很可能会给他们造成二度伤害。

（4）用爱心温暖孩子。爱心对于有心理创伤的孩子来说尤其重要。为了让孩子健康成长；父母要从热爱孩子、培养孩子的自信心、游戏疏导孩子心理这三个方面开始，从实实在在的小事做起，从孩子细微的心理表现入手，在方方面面让孩子感受到父母爱的温暖。

这样不仅可以引导孩子行为，疏导孩子心理，还可以让孩子的不良心理夭折在萌芽期。孩子如果沐浴在爱心当中，他们就会有极大的安全感，从而可以很快地从心理创伤中走出来。

（5）必要时找心理医生做心理治疗。如果孩子的心理创伤较为严重，通过家人的帮助无法治疗的时候，最好求助于心理医生。

心理医生是专门治疗心理疾病的人员，他们会对孩子的情况作出准确的分析，从而给出正确的治疗方案。在去看心理医生的时候，父亲最好陪同孩子一起去，这样孩子会比较有安全感。

挫折教育，孩子人生重要一课

丰富的人生，也许由无数的升腾与失落交织而成。正如一座石拱桥，这边是上坡，那边必然是下坡。人生之路，悠远而平凡，繁杂而肤浅。

在当今竞争激烈的社会中，在主客观因素的交互影响下，人生遭受挫折，在所难免。必须要注意的是，我们要正确认识挫折，挫折不等于失败，它只是我们前进道路上的绊脚石。

为了避免因为挫折而轻易产生精神上的挫败心理，青少年朋友们应明确定位自己，在充分评估自己综合能力的基础上，为自己制定切实的目标。要通盘考虑，正确应对在人生成长过程中所可能经历的种种挫折。

追求成功是每个人的人生目标，然而成功和挫折却像大自然的白天和黑夜、晴天和雨天一样，都是人生的组成部分。正是成功和挫折的相互作用和交替出现，才使人生变得丰富多彩，有滋有味。事实上，没有挫折的人生是不存在的。没有挫折的人生是不完整的人生，我们的生命就会显得苍白无力。

一个人处在挫折中，就像从夏日晴朗进入夜晚的黑暗一样，心里有一种异常的感觉。仰望星空，凉风吹来，思绪万千。在这种特别的心境里，应该清醒地认识到自己到底应该干什么，适合干什么，发挥心低涌起的智慧能量，走向成功的辉煌。

面对挫折时的心理

面对挫折，除具备基本的抵抗能力之外，重要的是自身心理素质与承受能力。要客观面对现实，经受挫折与失败的考验，增强心理承受能力与挫折的容忍力，把挫折当成垫脚石，从而奋起拼搏以走出困境。

有这样一个故事，农夫的一头驴掉进了农田的一口枯井里，农夫绞尽脑汁想救出驴，但几个小时过去了，驴子还在井里痛苦地哀号着。

最后，这位农夫决定放弃，他想这头驴子年纪大了，不值得大费周折去把它救出来，不过无论如何，这口井还是得填起来。于是农夫便请来左邻右舍帮忙一起将井中的驴埋了，以免除它的痛苦。农夫的邻居们人手一把铲子，开始将泥土铲进枯井中⋯⋯

当这头驴子了解到自己的处境时，刚开始叫得很凄惨。但出人意料的是，一会儿之后这头驴子就安静下来了。农夫好奇地探头往井底一看，出现在眼前的景象令他大吃一惊：

当铲进井里的泥土落在驴子的背部时，驴子的反应令人惊讶——它不断地将泥土抖落在一旁，然后反复地站到铲进的泥土堆上面。就这样，驴子将农夫们铲倒在它身上的泥土全数抖落在井底，然后再站上去。很快地，这只驴子便得意地上升到井口，然后在众人惊讶的表情中快步地跑开了。

这也许只是一个故事，事实上，你在生活中所遭遇的种种困难挫折，就是加诸在你身上的"泥沙"；然而，换个角度看，它们也是一块块的垫脚石，只要锲而不舍地将它们抖落掉，然后站上去，即使是掉落到最深的枯井，你也可安然脱困。

面对挫折时的应对

在人生的旅途中，有时真的难免会像驴子那样陷入"枯井"中，会有各式各样的"泥沙"倾倒在自己身上，而想要从这些"枯井"脱困的秘诀就是：将"泥沙"抖落掉，然后站上去！

生活中每个人都企盼着前途是一马平川，但在安逸舒适的环境下成长起来的你，能够经历生活中的风风雨雨吗？温室虽好，但里面的花朵是禁不起雨打风吹的。挫折也许正是一个帮助你成长的宝贝，更是一块试金石。只有能经历挫折的人，才能勇敢地站在时代的潮头，才能勇敢面对艰难险阻，才能在激烈的竞争中获得优胜。

如果为人生画一条曲线，成功和挫折就是那起起伏伏的每一个点。挫折是成功的垫脚石，每个人的任何一种真正的成功，都是踏着挫折一步步抵达和创造的。从这个意义上来说，没有挫折，也就不会有成功。

生活的挫折，让人的能力得到拓展，为一个人的未来留下毅力和经验的深厚的储备。文王拘而演《周易》，左丘明写《国语》，欧阳修写《醉翁亭记》，苏东坡写出气势恢弘的《念奴娇　赤壁怀古》，曹雪芹写出流芳千古的杰作《红楼梦》，都是遭遇人生重大挫折后的作品。

做一个生活的强者，在挫折面前既不抱怨命运不公，不会消极、颓废、一蹶不振，也不会听天由命、看破红尘；而是把挫折当成垫脚石，从而战胜挫折，获得新知，完善充实自己，找准挫折的突破口，走向人生的新的坦途。

走出挫折的阴影

一个勇敢和富有冒险精神的人，通常更容易在日后的学习、工作中获得成功。所以，必须克服胆小懦弱。遇到困难，你要学会自我宽慰，心怀坦荡，情绪乐观，充满自信，发奋图强，坚忍不拔，笑傲人生，勇敢地面对现实与挑战，尽快走出挫折的阴影，寻找新的起点，早日达到理想的彼岸。

一个理智的人不仅不会被挫折吓倒，而且也不会把挫折当作不存在。如果一个人被挫折吓倒，从此以后再不敢行动，不敢冒半点风险，那你的一生可能会四平八稳，也将会碌碌无为；如果把经受的挫折不当回事，不认真总结，吸取教训，粗心大意，那么挫折后面的将还会是挫折。

在遇到挫折时，青少年朋友们，你不要举头丧气，更不要在意别人的冷眼和嘲笑。要敢于面对挫折，在挫折中磨炼意志，从痛定思痛到卧薪尝胆，从挫折中吸取宝贵营养，从挫折中寻找和发现成功的智慧，披肝沥胆，奋发进取，那么挫折就必将成为通向成功台阶上的垫脚石。

勇敢地面对挫折

人的一生是奋斗的一生，青年时期更是需要努力奋斗的时期。在人生的道路上，在为理想奋斗的过程中，青少年总会遇到许许多多的挫折。面对挫折，勇敢者把它嚼碎，化成体内奔腾的能量；弱者则把它当作包袱，重压在自己的肩头。其实，挫折并不可怕，这就看你是选择强者，还是选择弱者。

生活道路漫长，挫折随处可遇，在身边常见到有的人成功了欣喜若狂，遇到困难则悲观失望。实际上，人的一生要经历许多事情，失意与挫折只是其中很小的一部分。有这样一句歌词："要生存，先把泪擦干；走过去，前面是个天。"

（1）把挫折踩在脚下

挫折，固然不尽人意，但它却也有着一种不可言喻的美丽。挫折最直接的表达方式就是失败。然而"失败是成功之母"，每一次失败都是在为成功做好准备；每一次失败都是在为成功垒实基础。

挫折有时可能会使人斗志消沉、丧失信心。但经受过挫折磨炼的人往往是意志坚强，成为勇于攀登的强者。挫折也可以是一种前进的动力，只要不畏艰难，始终如一地朝着坚定的目标前进，最终会收获努力的果实。

在人生道路上，总会遇到各种各样的挫折，无论自己怎样对待它，它都不会因此而减少一分。所以，与其无休止的痛苦，还不如勇敢去面对。

一个故事，总要留点遗憾才有令人感动的美丽；一种结局，常需存有惋惜方显无限感慨之意；一个人，往往在经受住挫折和磨难后才会变得更加成熟。

面对挫折，只要你是一位真正的勇士，勇敢地把挫折踩在脚下，那么挫折便会反过来变成动力，伴你走向光明的坦途。

（2）培养抵御挫折的能力

人若想彻底战胜挫折，就要培养自己面对挫折的勇气和抵御挫折的能力。只要拥有了这两样法宝，那么在任何困难挫折面前，就可谓是"刀枪不入"。

那么，应该怎样培养自己面对挫折的勇气和抵御挫折的能力呢？不妨从以下几点做起。

一是正视挫折。不要害怕挫折，要正视它的客观存在。你要认识到，理想是美好的，但实现理想是非常艰巨的。经受挫折是人们现实生活中的正常现象，是不可避免的。社会的进程如此，个人的成长经历也是如此。

多参加一些活动，比如故事会、报告会等等，学习名人、伟人正确对待挫折的态度，更广泛深刻地了解人生和生活的多样性。并多参加长跑、义务劳动等，增强体魄，逐渐培养自己战胜困难的勇气；平时也多做一些难题，以磨炼自己的意志。培养自己敢于竞争与善于竞争的精神，使自己在面对挫折时不气馁。

二是培养自己的自信心。自信是一个人心理健康的重要标志，也是一个人生命的灵魂，是一种无敌的精神力量。而自信心则是一个人重要的心理品质。心理学家普遍认为，自信和勤奋是一个人取得好成绩的两个重要因素，也是学生学习成长的重要心理品质。国家的富强、社会的进步需要人们具备这两个重要因素。同样个人的成长也需要这种自信。在社会激烈竞争中，这种自信尤为重要。

三是学会正确处理人际关系。和谐、融洽的人际关系，是一个人身心健康成长的保证。平时多学习人际交往方面知识，掌握人际关系的准则，和同学相互沟通、多交流，让自己在理解他人、关心、帮助他人的过程中，掌握一定的道德概念，体验一定的道德情感，实践一定的道德行为，在和谐、融洽的人际关系中健康成长。

四是培养自己的耐受力，提高心理的韧性。爱迪生曾说过："伟大人物最明显的标志就是他坚强的意志，不管环境变换到何种地步，他的初衷与希望仍不会有任何改变，而终于克服障碍以达到期望的目的。"所谓耐受力，是指当个体遇到挫折时，能积极自主地摆脱困境并使其心理和行为免于失常的能力。

积极的心理耐受力源于个体的心理韧性。所谓心理韧性是指个体认准一个目标并长期坚持向这一目标努力的能力，在此过程中，做事不虎头蛇尾，不半途而废，不达目的决不罢休。

如果你具有百折不挠的毅力、坚忍不拔的意志、矢志不移的恒心和乐观自信的精神，那么你的抗挫折能力自然就强，对挫折适应能力也强。所以，培养积极健全的心理非常重要。

　　（3）学会在挫折中成长

　　挫折对一个人来说是暂时的，但也是永远的。所以，如何面对挫折，将贯穿一个人成长的始终。但困难和挫折，对于成长中的你来说，绝对是一所最好的大学。

　　一个学生，如果在成长中没有经历过困难和挫折，那他就品味不到成功的喜悦；一个人，如果没有经历过苦难，那他就感受不到什么是幸福。

　　不管是什么人，只要他没有尝过饥与渴的滋味，他就永远体会不到食物和水的甜美，他也就不懂得生活到底是什么滋味。

　　总之，挫折纵然无情，却给人无尽的砥砺；失败固然残忍，却使人趋于顽强。当乌云压顶时，首先应该想到的是乌云过后将是一个风和日丽的新世界。不管生活赐给的是成功还是失败，是痛苦还是欢乐，都要勇敢地去面对它，而不是选择逃避和退缩。

锤炼意志，让孩子学会坚强

　　坚强是一个人一生中必不可少的精神支柱。学会坚强，你会在人生的征途上站得更稳，走得更快。学会坚强，你才能从困难和挫折的废墟中解脱出来。学会坚强，在痛苦绝望时就能给你增添生活的勇气和经验。

现在大多数青少年都是独生子女，在家娇生惯养。很多父母都一心追求高分数，为了让孩子考上一所好大学，所有的家务父母都代劳，甚至连孩子力所能及的事情也全部包办。

这种现象严重地损害了青少年独立自主的能力。衣来伸手、饭来张口的习惯，使孩子在生活中缺乏自主和坚定的信念。在学校，由于升学的压力及学校的管理过多过严，使孩子缺少自我教育及动手实践的机会。

有些青少年朋友的心理很脆弱，经不起一点挫折和打击，承受能力偏差，没有坚强的意志。如果到了新的学习环境中就难以适应新的生活，面对新的人际关系和环境感到陌生和害怕，甚至会导致严重心理问题的出现。

因此，坚强意志的培养，在生活中是非常重要的。因为，苦难是人生最大的敌人，也可以是最大的财富。不幸和挫折可能会使人沉沦，也可能造就一个人的坚强的意志，并成就一个人的辉煌人生。

锻炼坚强的意志

苦难是人生的一位良师，人生中的艰难困苦是磨炼人格的最好学校。就像古人说的："天将降大任于斯人也，必先苦其心志，劳其筋骨，饿其体肤，空乏其身"。

现代的青少年朋友都是生活在一个富有的年代，不知道什么是贫穷和艰难。父母过分的溺爱，往往使自己在困难面前束手无策。在成长的道路上，自己要学会弥补自己的缺陷，用积极的心态面对问题，养成坚强的意志，勇敢地与困难作斗争。

我国著名的生物学家童第周，出生在浙江省的一个偏僻的小山村里。由于从小他的家境贫困上不起学，所以，他一直跟着父亲学习文化知识，直至17岁那年进入学校的大门。

在上中学时，由于他自身的基础差，因此学业十分吃力，第一次考试他的平均成绩才50分。由于他的成绩较差学校命令其退学或留级。然而，他诚恳地再三请求，最后校长同意他再跟班试读一学期。如果成绩还是那么差就自动退学。

此后，童第周就为这来之不易的机会奋力学习。于是，他常常与"路灯"相伴，在路灯下读书。有时，晚上寝室灯熄后，他就来路灯下复习功课。终于，"功夫不负有心人"，在期末考试时，他的平均成绩达到75分，数学还得了100分。为此，他被批准继续上学。

后来，童第周凭着自己坚强的意志，刻苦钻研、勤奋好学，并取得了卓越的成就。

从童第周的例子可以看出来，具有坚强的意志对一个人来说是多么的重要。如果他没有坚强的意志，他就会被迫退学。所以，对于现代青少年来说，坚强的意志在成长过程中具有相当重要的作用。

在成长的道路上，青少年朋友们需要克服许多困难，抵制许多诱惑，放弃许多享受，做到这些都需要坚强意志的支持。因为，坚强的意志和一个人受到的磨难是分不开的。

所以，只有你经受住生活的考验和磨砺，才能拥有坚强的意志和顽强的毅力，才会在困难和挫折中表现得镇定自若、永不退缩。克服困难的过程，就是意志活动的过程。因此，坚强的意志就是在不断克服困难的过程中锻炼出来的。

坚强地面对生活

每个人都可以让自己快乐起来，但这是一个在心理调节中不断成长的过程。青少年要学会在这个过程中坚强面对一切挫折与困难，让自己快乐起来，让自己真正活的有价值。

学会坚强，快乐成长，可从以下几个方面做起：

（1）做到持之以恒

想要学会坚强，就先要学会从小事做起、持之以恒。在一定的条件下，要正确取舍、认真做事，坚定不移地向着自己的人生目标不懈进取。

（2）认真面对失败

爱迪生曾经说过："失败是我需要的，它和成功一样有贵重的价值。"青少年要拥有坚强的意志，在享受成功的同时也会品尝失败的滋味。

因为在人生道路上不可能是一帆风顺的，总会有许多的坎坷和困难。只有认真地面对失败，才能具备了坚强的意志力，才能克服前进道路上的种种困难。

（3）善于克制自己

要学会善于管理自己的情绪。坚持培养自身的坚强意志，把自己日常行为做个有条不紊的计划，然后，根据计划来管理或约束自己的行为，从而达到培养坚强意志的目的。

（4）在艰苦的环境中锻炼自己

著名的思想家卢梭曾说："如果人害怕痛苦，害怕疾病，害怕不测的事情，害怕生命的危险，那么，他就会什么也不能忍受的。"一个人的道德意志与品格是完全一致的，道德意志越强大，品格的形成就越快。

因此，坚强的意志是与克服困难相联系的。艰难、困苦和不幸，是生活中的磨刀石，它是力量、纪律和美德养成的源泉。所以，青少年朋友们，可以在艰苦的环境中锻炼自己，让自己学会坚强，克服困难，快乐成长。

学会坚强，就应该练就能够承重的心灵，让自己变得恬淡自然，永远保持一份快乐的心态，把生活中的所有困难都看成是一种历练。风雨愈加猛烈，个性愈加坚强。

调节好心态，坚强才是真实的。学会了隐忍，坚强才是有力的。应该相信，经过了生活的磨砺，坚强会如影相随。

善于思考，让孩子更加优秀

无论是面对书本上浩如烟海的知识，还是面对人生中丰富多彩的社会，青少年朋友们要学会思考。思考是打开知识大门的一把金钥匙，是青少年朋友们了解事物、分析事物、解决问题的必备条件。学会思考是体现智力的主导思想。

思考是一种力量的源泉，能激励一个人坚持不懈、勇往直前、攻难克艰，因此，你要想在将来成为一位出色的人首先要学会思考。

俗话说："眉头一皱，计上心来；灵机一动，难题解开。"其中的意思就是说，如果一个人会思考，那么，不管做什么事都能找到解决问题的办法。

学会思考、勤于思考，才能发现别人没有发现的问题；善于怀疑、勤于发现，才会有所进步，才能有所创新。牛顿之所以能发现万有引力，就是其善于思考和怀疑的结果。所以，在学习时，要抱着一种思考的态度去看待知识，这样才会有更大的收获，才能突破自我。

思考是成就辉煌的源泉

思考是一个艰辛而充满创造的思想劳动，它需要我们不厌其烦地反复琢磨。在学习的过程中，我们要留心一下思考能力的培养和训练，进而学会思考。因为，爱思考，勤思考，才有可能帮助你在人生的道路上取得辉煌的成就！

在学习过程中，如果只知道机械死板地读书而不深入思考其中的涵义的话，那么，就会因此迷惑而无所得；如果整天只是空想而不去学习，就会因为精神疲倦而无所得。

孔子称："学而不思则罔，思而不学则殆。"这句话蕴涵着深刻的教育和指导意义。思考始终是鲜活的，它是学习和创造的基石。从这个意义上，我们就可以看出思考是获得成功的阶梯。那些不会思考的人是很难感受到学习的乐趣和收获的。

人是有思想的高级动物，这也是人区别于其他动物主要的特征。有些人会思考，有些人不会思考，有些人思考得很深刻，有些人的思考很肤浅；有些人的思考符合客观实际，有些人的思考也会不着边际。

为什么会有这么大的差别呢？归根结底，就是看你会不会思考了。所以，青少年在学习过程中要能够从多角度去思考、能够灵活变化、能够举一反三。同时，对问题的思考过程要明确自己的目的，看看是否符合现实。这样就可以避免在学习的过程中走很多弯路。

很多时候，人们宁可让岁月淹没在仿佛很有价值的忙碌之中，却极不情愿拿出时间进行思考，以至于思维总是在低水平的层次上徘徊，最终一无所获。

不会思考，只会蛮干的人，可能会把一些事情做好，但却不可能持久、全面地取得卓有成效的业绩，只能被一些琐碎的问题和一些不相干的事物牵着鼻子走。

同样，如果不能静下心来对遇到的问题作深度思考，或者说就没有思考，那么，就不可能驾驭人生的主动权。

学会思考，找寻生活乐趣

在竞争激烈的现代社会中，渴望提高生存和竞争的能力是所有人的共同愿望。那么，什么东西才能体现出能力的高低与强弱呢？"思考"必不可少。社会中每一项伟大的成就，都是经过反复思考和实践来完成的。

拉开历史的帷幕，你就会发现，古今中外凡是有能力创造重大成就的人，卓越的思考能力都是他们身上的优秀选项。

也许有很多青少年朋友认为，只要自己加倍努力地学习，就一定会有所成就。这种想法是片面的，单纯追求学习的努力程度，只会让你的学习走入四面楚歌的困惑中。具有此种想法的青少年朋友最后只能感到迷惑、茫然。

爱因斯坦说："人要善于思考、学会思考，总之要不断地思考。我就是靠这个方法成为科学家的。"这句话明确地阐述了思考的重要性。

学会思考是人类创新的第一步，是你掘之不尽的能力宝库。当你没有思考能力时就必然会缺乏认识能力，就谈不到创新，更谈不到创造性的工作。

我们都知道蒸汽机的发明者是瓦特，如果他在幼年时看到烧开了水的壶盖被热气顶开的情景，没有仔细想，没有问几个"为什么"的话，那么，就不会有他后来的伟大发明。

正是由于瓦特对事物的细心观察和认真思考，才为他后来的成功打下了坚实的基础；由于他的好奇心使他对事物的奇特现象赋予仔细地观察、认真的思考，才使生活中那些司空见惯的现象，成为一项伟大发明的重要启示。

爱迪生说，"不下决心艰苦思考的人，便失去了生活中最大的乐趣。"因为没有深刻思考的体验，就不会滋生持久的精神层面的享受。思想是一个人的灵魂，思考是一个人灵魂的生命。青少年要想让自己成为一个有思想的人，就要在学习或生活中学会独立去思考，这样你就会在成长的道路上距离自己的人生目标越来越近。

善于思考、勤于思考。青少年朋友在一起学习、一起工作时，谁思考得多、思考得深、思考得对，坚持下去，必有大的进步。灵光一闪的顿悟是一种思考，默默地沉思是一种思考，把自己的所读所想记述下来、表达出来也是一种思考。

思考是迷途中的司南，是汪洋中的灯塔。山因势而变，水因时而变，人因思而变。在生活中要善于思考，遇到事情要勤于思考，特别是一些别人想不到的事情，我们要努力想到。别人解决不了的问题，自己可以换个思路去看待。别人不敢做的事情，自己要鼓起勇气去做。

在这个世界上，成功的机会无处不在，只是它更青睐于善于思考的人。

思考是黑暗中的灯塔，是绝境中的绿洲，这是数千年来前辈们教给我们的学习的正确道理。因此，我们要从现在开始，在勤奋努力的同时，要记得给自己多留一点时间去思考。因为，学会思考，往往会另辟蹊径，在绝处逢生，给人生开拓一片蔚蓝的天空。

第二章
亲爱的，心理健康会让你自信

　　孩子在成长过程中，虽有聪明的头脑，却不懂得控制情绪，缺少的是成熟的健康心理品质与良好的控制情绪的能力。只有呵护孩子的健康心理，才能够让孩子快乐地成长，做自己心灵的主人。

　　当孩子拥有了管理自己情绪的能力，也就随之拥有了打开成长大门的钥匙，让他们在人生成败中找到起伏的法则，也将增加他们傲然挺立的自信。

控制情绪，做个乐观少年

每个人的情绪都会时好时坏。卡耐基说："学会控制情绪是我们成功和快乐的要诀。"实际上，没有任何东西比我们的情绪更能影响我们的生活了。

因此，一个心理成熟的人，不是没有消极情绪的人，而是善于调节和控制自己情绪的人。所以，父母要让孩子慢慢学会调节和控制自己的情绪。

青少年时期，也是处于人生多梦的年龄阶段。这个时候，孩子的情绪，易于波动，变化无常，并且各类情绪的反应强度也各不相同。例如有关悲哀方面的情绪，有失望、遗憾、难过、伤心、绝望等等，这些不同的情绪反应在孩子身上都普遍存在着。每个人的情绪体验，也是千变万化相当丰富的。

坏情绪是健康的"暗中杀手"

在日常生活和学习当中，每个人不管做什么事情都是带有情感色彩的。比如，每当取得好成绩时，我们就会感到喜悦、兴奋；当失去最珍贵的东西时，我们就会感到惋惜、悲伤；如果愿望没有达到时，我们就会愤怒、失望；和陌生人接触时，我们会感到局促不安等。这些喜、怒、哀、乐等都是情绪活动。因此，青少年时期是个神奇多彩的情绪世界。

在成长的过程中，总会有挫折和烦恼。因此，随着孩子自我意识的迅速发展，情绪也增添了一些独特的光晕。比如，性格外向的孩子容易被兴奋、乐观的情绪所笼罩；性格内向的孩子则容易被悲伤和忧郁所感染。

据有关专家研究表明，孩子拥有积极健康的情绪，有助于身心健康的成长。例如愉快、欢乐、适度的紧张，可以使心脏的血液输出量增加，能促进整个身体的血液循环，可以使人的精神振奋、增强大脑的工作能力。

然而过分的伤心、悲痛、愤怒等情绪，不但能引起生理变化，还不利于身体健康。所以，对于孩子来说，要懂得情绪对心理健康的重要作用，要学会自我调节和控制情绪。

青少年时期是处于典型的烦恼增殖期，当自己闷闷不乐或者忧心忡忡时，首先是要找出原因，而不是简单的压抑或放纵自己的消极情绪。有时候，当你找到自己情绪不好的原因后，内心就会轻松许多。

著名的心理学家塞伊说："许多人都将自己的情绪变化归于外部发生的事，往往忽视了它与身体的内在的'生物节奏'有关系。"因此，孩子在产生各种不同的情绪时，是带有独特的主观体验色彩的。随着孩子的认知能力及意识水平的提高，要允许自己有情绪的变化，然后把握住自己情绪变化的规律，慢慢地学会控制自己的情绪。

用理智战胜情感

在这个世界上，没有人能够保证每一天每一刻都处于良好的情绪状态。情绪就像染色剂，它会在孩子的学习和生活中，染上各种不同的颜色。

然而，各种不同的情绪又像变速器，让人的学习和生活时不时地加速或减慢。那么，我们应如何把握和控制自己变化无常的情绪呢?

（1）保持适当的紧张和热情。紧张是情绪的一种体现，它能提高学习及做事的效率。例如：在考试时会产生的情绪紧张，能使大脑的功能发挥达到最高的工作效率；在平时上课或做某件事情时，也要保持适当的紧张度，做到张弛有度。这样，你就会觉得生活更有节奏和情趣。

（2）学会培养健康的兴趣。健康的兴趣会给人带来快乐。对学习感兴趣的孩子，在吸收新知识的同时，满足了自己好奇心和求知欲。喜欢钻研难题的孩子，因为难题的征服，使自己感受到巨大的喜悦。爱看课外书刊的孩子，使自己获得了广博的知识。对孩子来说，发展一些健康的兴趣，能使自己获得更多的快乐。

（3）具有积极乐观的生活态度。积极乐观的生活态度，有助于延长人们的寿命，也能让自己拥有一个奋发向上的心态。所以，无论遇到什么样困难和挫折，我们都要以积极、乐观的态度去面对，相信"天无绝人之路"，每个困难和挫折总会有解决的办法。

只要我们努力控制好自己的情绪，不急、不躁，勇敢地面对现实、努力进取、积极向上、勇往直前。坚持乐观的生活态度，就会产生积极向上的动力。

学会情绪的主动控制

（1）要理智的控制自己。理智能控制自己的情绪，也能约束自己的言行。我们的种种愿望和需求，都要符合自己的实际情况及道德规范，否则就要用理智打消这种念头。

歌德说过："谁若游戏人生，就会一事无成；谁不能主宰自己，永远就是一个奴隶。"所以，不要苛求不现实的愿望。要保持一颗平衡的心态，理智控制自己的情绪。

（2）要学会宣泄自己的情绪。在生活中，人难免会产生各种不良情绪，如果不采取适当的方法加以宣泄和调节，对身心都将产生消极影响。因此，如果有不愉快的事情及委屈，最好不要压在心里，而要向知心朋友和亲人说出来。倾诉，是一种发泄情绪的好办法。

这种发泄可以释放积于内心的郁闷，对于人的身心健康是有利的。当然，倾诉发泄的对象、地点、场合和方法要适当，避免影响或伤害他人。

总之，青少年时期有一个乐观而稳定的情绪，有助于孩子提高学习效率，更有利于人格的健康成长。在困难和逆境中保持乐观向上的情绪，还会增强自信心。

所以，乐观稳定的情绪是孩子心理健康的重要标志。

情绪、情感是可以把握和控制的。平时注意学会客观地看待问题，不把问题看得那么严重和极端。做到这样，才能在自己的人生道路上保持永久的青春活力。

幽默，让你的人生充满乐趣

心理学家认为，幽默是一种积极的心理防卫机制。幽默可以维持人的心理平衡，调节人的中枢神经，增强血液循环，有利于排解积郁，消除疲劳和烦恼。正如俗语所说："笑一笑，十年少；笑一笑，百病消。"

有人感叹漫漫人生何其长矣，以至于度日如年；而有人却慨叹人生如白驹过隙，转瞬即逝，因此惜时如金，只争朝夕。或许是"欢愉恨时短，烦恼苦时长"，不同心理产生了这种天壤之别。

我们都知道"吾生也有涯"，那么，何不学会幽默，使自己的生活充满阳光，同时也拥有一个亮丽多彩的生命旅程，活出真我呢？

幽默可以修身养性

幽默在交际中的重要作用，已经被越来越多的人所认同和接受。但幽默的另外一个潜在的巨大作用，似乎还有许多人没注意到。

法国老太太卡尔芒创下了122岁的长寿纪录。卡尔芒之所以能够长寿，一方面与她善于注重身体保养有关，轻松、悠闲、运动以及清淡合理的饮食习惯，是卡尔芒健康生活的必要保障；一方面这又与她乐观的人生态度分不开，幽默、开朗、豁达的性格，更是卡尔芒老太太长寿的真谛所在。

卡尔芒121岁生日时，一群记者曾经问她："您怎么能活这么大岁数？"

卡尔芒幽默地回答说："上帝把我给忘了。"

"您的长寿秘方是什么？"

"我要是有，早就卖给你们了。"

这一问一答，把卡尔芒幽默诙谐的性格表现得淋漓尽致。

从这个例子不难看出，幽默在人们的日常生活中发挥着不可低估的修身养性作用。卡尔芒老太太如果不是具有幽默、开朗、豁达的性格，而是终日郁闷寡欢，她就不会有良好的精神状态，就会影响她的身体健康，也许就不会那么长寿了。

这么说是有科学根据的。经专家研究发现，诙谐、妙趣的幽默能使人忍俊不禁，在人们笑得特别开心的时候，一些潜伏在人体内部伺机"作案"的致病因子，便被那一阵阵的笑声驱逐出"体外"。

一些研究结论认为：笑，对心脏、肺部、胃和其他器官均有益处。笑能调节过低和过高的血压，促进消化，增强活力，并延长寿命。为了在交际活动中能更加快乐得体，为了让自己的身体和心理更健康，并拥有一个良好的精神状态，应该学会幽默，而且应该从现在就开始。

幽默是心理调适剂

幽默是一种心理调适剂，它能促进身心健康。心理学研究表明，人的大脑皮层有个"快乐中枢"，那种令人觉得有趣或可笑的"幽默"，正是其最佳的刺激源之一。

大脑的这个"快乐中枢"接受适宜刺激后呈兴奋状态，能把各种美好的东西复制出来，在人的机体内发生一场"生物化学暴风雨"，激活人体机能，洗刷生理疲劳和倦怠，改善体内循环，促进人体免疫功能。因此，科学家们把"幽默"的作用，生动地比喻为"心理按摩"。

幽默是生活的润滑剂

培养幽默感，有助于一个人适应纷繁复杂的社会。当一个人发现不协调的现象时，一方面要能客观地面对现实，同时又要不使自己陷于激动的状态，最好的办法是以幽默的态度应对，这样往往可以使本来紧张的情绪变得比较轻松，使一个窘迫的场面在笑语中消逝。

幽默是人们的一种心理行为，学会幽默可以减轻心理上的挫折感，求得内心的安宁。幽默还是一种自我保护方法，对心理治疗的施行特别有帮助。幽默感强的人，其体内新陈代谢旺盛，抗病能力强，可以延缓衰老。

无论是在学校还是在生活中，幽默都是友谊的纽带。有的人由于不善幽默的言谈，性情古怪，便很难拥有更多的朋友在身边；有的人虽然嘴里喋喋不休，说个没完没了，但因为话语枯燥乏味，缺少趣味，也无法赢得更多的"听众"；有的人活泼可爱，幽默风趣，就经常能获得别人的好感，从而赢得众多的真心朋友，在社会交往活动中得心应手。

是否具有幽默感，在很大程度上决定着在交际活动中是否能够成功。生活，就像一团麻，总有解不尽的疙疙瘩瘩；生活，就像爬大山，总会有一些坑坑洼洼。如果，能够学会幽默去面对人生，那么，生活也将会充满乐趣。

强大内心，远离悲观心理

心理学上，悲观是对自己的言行或处境感到不满而产生的一种不安情绪，也就是心理上的自我指责，觉得没有一丝的安全感以及害怕面对现实等多种心理形成的混合物。

青少年时期，是个体成长过程中身体以及心理上变化最大的时期。在这个成长的过程中，会遇到很多困惑和烦恼。对于这个时期的孩子来说，如果成长的烦恼没有得到合理的宣泄和解决，那么就很容易产生挫折和失败的情绪，导致悲观心理的产生。而且，将会对身边的很多东西失去兴趣。

悲观的人，往往会先把自己打败，然后又被生活打败。像这种悲观心理在青少年时期相当普遍。比如当来到一个新的环境中时，不愿意面对新的生活和环境，就会造成对这个环境适应不良。这种消极心理，就往往会使人陷入悲观和压抑。

也可以这样说，青少年时期是人的生理和情感及对社会的认知变化最大的时期，在这个过程中，孩子面临各种各样的环境和变化，从心理上将会有很大的转变。

悲观心理有害无益

青少年在交往的过程中有取悦别人的倾向，经常承受不属于自己的过错，这就和内心的悲观心态有关。此时，自己心里感到相当痛苦和难受，所以导致孩子形成胆小怕事、怯懦、退缩、忍让等不良的习惯。

人的一生总是会经历些不如意的事，有时自己的行为表现也并非令人满意，也可能会导致自我谴责和害怕等情绪。所以有悲观情绪的孩子切忌整天沉湎于这些感受之中。要经常鼓励自己积极向上，努力克服各种磨难，做一个乐观向上、朝气蓬勃的人。

在印第安有一群村民遇到了罕见的旱灾，当时的处境非常危险。村长把村民们集中在一起，说："我有件事很重要的事情告诉大家！"在场的所有人都神色惶恐地听着。

村长说："这不是一个好消息，我们现在除了水和牛饲料以外，没有其他可以吃的东西了。"全场死一般的寂静，所有的人脸色都变得刷白。

突然，村长又神情木然地说："还有一个好消息要告诉大家。"

"真的？"这下全场一片欢呼，每个人都觉得生存的希望之火又点燃了。村长笑着说："那就是，我们还存有很多的水和牛饲料。"后来，这村子里的所有人都顽强地生存下来。

在厄运面前绝不绝望的人，最终是不会被生活打垮的人。也就是说，人生的好多次失败，最后也许并不是败给了遭遇，而是败给了悲观的自己。

消除悲观，迎接成长

悲观是人生心理状态中的一种形式，每个人都有主观意志也都有欲求和渴望。如果欲望得不到满足，那么就会有可能产生悲观失望。

尤其是心理成长期的孩子，在自信不足时，悲观的心理就会大大增加，这也是产生悲观的主要因素。它会在你的行动上带来阻碍，使你对未来产生犹豫不定的心理。

所以，孩子能否战胜悲观心理，十分重要。

（1）保持心胸豁达的乐观情绪。要主动和乐观的人做朋友，在和别人进行交往的过程中，注意学习别人看待事物的角度和思考模式，根据实际情况不断改变自己的认知和心态。而且，和乐观的人在一起容易感受到更多快乐，可以有助于自己从悲观的情绪中尽快走出来。

（2）走到户外，亲近自然。主动调整自己的心态，多到公园走走，参加户外运动、旅游等，让自己全身心投入到大自然的怀抱中。

利用外界的景物赶走心中的不愉快，让大自然的宁静给自己带来轻松的好心情。

（3）克服任性，切忌钻牛角尖。如果感觉到悲观的情绪难以自拔时，可以暂时转移注意力。比如听一些轻松的曲子，让音乐的旋律溶解内心的不良情绪，也可以尝试跑步，是自己进入另一种忘我的状态。

放弃任性和执拗，用积极态度，为自己增强自信心，脚踏实地寻求成功的方法，消除悲观的心理。

大部分人在一生中都难免有过几次失败的经历，无论是谁都无法预测到的。但未来一定将有伟大的事业等着我们去开创，纵使身处苦难中，也能够走出苦难，这才是人生成长应具有的强大心理。

适度宣泄，保持情绪健康

当人们出现了不良情绪时，总得要宣泄出来的。宣泄，可以解释为：排除不良情绪，使心理得以舒畅。宣泄是依据自己的情商调控不良情绪的方法之一。

适度宣泄，对保持人体健康是必要的，但必须要掌握适度。掌握适度有赖于人的情商高低，也即是要靠人的自身素质、气度、修养和阅历来调控。

生活中，人要学会正确释放、宣泄自己的消极情绪。一般来说，当人处于困境、逆境时容易产生不良情绪，而且当这种不良情绪不能释放、长期积蓄时，就容易产生情绪化行为。

怎么办？有效的办法是要承认现实。要认识到，环境的不适是难免的，关键是不要自己折磨自己。过度的压抑不会帮你摆脱痛苦，相反，它只会给你的生理和生活带来负面的影响。

为此，就要把这种消极情绪适时地释放、宣泄出去，譬如多找一找好朋友谈心，以自己最"拿手"的方式参与社会活动，多找一些有乐趣的事干等等，从中去寻找自己的精神安慰、精神寄托。

宣泄情绪，解决心理压力

每个人都会有情绪低落的时候。随着生活节奏的加快，学习、生活压力的增大，再加上复杂的社会关系、人际关系的影响，许多人都会感觉自己的情绪低落，好像有周期性似的。

受情绪低落的影响，自己内心郁闷无比，在外人眼里，还要强颜欢笑，的确是一件痛苦的事情。由此可知，人要学会适时发泄，调节自己的情绪，千万不可积郁于心。人若一味地压抑心中不快，并不能解决问题，还可能影响自己的健康。

在生活步调紧凑繁忙的现今社会中，人人都应该学会如何纾解自己的精神压力，如此才能活出健康豁达的人生。

从心理学的角度来讲，人要实现心理上的健康，必须完成由"小我"到"大我"的转变。所谓"小我"，就是自我的小圈子，封闭的自我。所谓"大我"，就是将自我融入自己所处的群体、环境乃至社会中，在群体和社会中多担负责任，与他人和谐相处。

人要走出"小我"，就要有一种"忘我"的精神，满怀热情与兴趣地去学习、工作、生活、交往，这种"忘我"的精神会使你忘了自己的那点痛苦、挫折、不适、得失，体验到的是愉悦、成功、自豪、充实。如此，你的许多原来看似难解的心理症结，就会在不知不觉中解决。

适时宣泄，利己利他

美国斯坦福大学专家以"宣泄"为题进行的实验研究发现，一些人头脑容易发热，脾气非常急躁，当受到批评、挫折或失败时，总爱与他人争吵。此时对他们进行即时检测，他们当中发生房颤的概率比性情温和的人要高出30%。

房颤，是心律不齐的表现，容易诱发猝死。单靠发脾气来宣泄个人的激愤情感，有害于心脏健康。有些人在发脾气后经常出现头痛或肌肉酸痛，这些人出现房颤的概率就更高。

还有些人平时性格内向、爱生闷气，患房颤的概率同样比心态平和的人要高出20%。前者属于宣泄过度，后者则是没有宣泄。可见，适时宣泄自己的情绪是非常必要的。

宣泄自己的情绪，可从以下方面做起。

（1）学会放松。当你感觉过分紧张、烦恼、恐惧时，可采用深呼吸的方法放松自己，即深深地吸气、慢慢地呼气，使自己的身心放松。也可以采用自我暗示的方法，如反复默念："我现在放松了，我的全身处于自然而然的轻松状态。"还可以用回忆过去成功的体验来鼓励自己。

（2）学会自我安慰。面对人生的失败和挫折，我们要面对现实，自己给自己一种安慰，自己给自己一种出路。李白的"天生我才必有用"是一种对人生的超脱、潇洒的态度，也是一种在精神上的自我肯定。

人生要经历无数成功和失败，要学会不沉醉于一时成功的喜悦，也不沉沦于一时失败的沮丧，要学会以一种潇洒的态度来对待人生。当一个人追求某项目标而达不到时，为了减少内心的失望，可以找一个理由来安慰自己，就如吃不到葡萄说葡萄酸一样。这不都是自欺欺人，偶尔做为缓解情绪的方法，是很有好处的。

（3）学会幽默。幽默是一种特殊的情绪表现，也是人们适应环境的工具。具有幽默感，可使人们对生活保持积极乐观的态度。

许多看似烦恼的事物，用幽默的方法应对，往往可以使不愉快的情绪荡然无存，立即变得轻松起来。

（4）学会转移自己的情绪。心理学认为：情绪反应是建立在高级神经中枢的暂时联系，当人们受到精神刺激时，大脑皮层就建立起一个兴奋点，如果有意识地再建立一个新的兴奋点，就可能使原来的兴奋点受到抑制。当火气上涌时，有意识地转移话题或做点别的事情来分散注意力，便可使情绪得到缓解。打打球、散散步、听听流行音乐，也有助于转移不愉快情绪。

（5）学会宣泄自己的情绪。心理学家认为：人们不要无限地压抑情绪，而是要使情绪得到适当的宣泄。由失败而引起的不愉快情绪在经历一段时间积蓄后，最好让这种情绪得到宣泄。

其方法是：可以向知心朋友倾诉你的苦闷，还可以把自己的不快写进日记等等。总之，要把不愉快的、压抑的情绪抛到自身之外，这会减轻精神上的负担和压力。

人生充满快乐的时光弥足珍贵，但快乐的分量极其有限，调控"情商"，适度宣泄，放松自己，快乐他人，努力让自己多彩的人生经常定格在幸福欢乐的瞬间。

控制冲动，做情感的主人

在生理学上，冲动是指神经受到刺激后产生的兴奋反应。冲动是最无力的情绪，也是最具破坏性的情绪，也就是说属于理性弱于情绪的心理现象。冲动是来源于自我保护的一种心理补偿。

孩子的情绪特征是以冲动和暴发为主的，这就叫作边界性格紊乱的心理疾病。孩子在成长的过程中常常会遇到很多不称心的事情。例如：学习时受到外界干扰，珍爱的物品被别人损坏或自尊心受到伤害等，这些都容易使其发火。

有些孩子与人相处时，往往因为一言不合就火冒三丈，在情绪冲动时做出使自己后悔不已的事情来。须知，经常发火对人对己都是不利的。因此，应该采取一些积极有效的措施，来控制自己冲动的情绪。

情绪冲动，酿成大错

有关专家说"冲动的行为对于青少年来说总是有特殊的意义，"青少年时期是迈向成熟的过渡时期，情绪和感情都极不稳定。如果不善于控制情绪，往往身受其害。

比如，有时因不值一提的小事而极度悲伤或大发脾气，有时因为成绩不理想而沮丧。还有的孩子常常被悲观、忧郁、孤独、紧张等不良情绪所困扰，导致对学习缺乏主动性和自觉性；甚至有的孩子因为成绩不好或学习压力重，就丧失了生活的勇气。由此可见，自身的情绪控制非常重要。

实践证明，调节自己的情绪最好的办法，是先把你认为非常恼火的事暂时搁在一边。等自己冷静下来后，再去处理它们。其实，一个人的情商高低，也体现在自身情绪控制的成败上。

发脾气也属于一个人性格的正常表现方式，如果你能把握住在适当的场合理智地发脾气，那也是明智的做法。因此，控制情绪不只是简单的抑制，而是在自我教育、自我评价和自我调节中进行的。

某中学生小K，今年16岁，他在家中是独生子，长这么大以来他一直是父母眼中的乖孩子。最近，小K突然发现自己变得脾气暴躁起来，有时因冲动还与其他同学吵架，事后仔细想想都是鸡毛蒜皮的小事，根本就不必要小题大做。

在家里他也经常与父母怄气，有时父母批评他几句，他就暴跳如雷、大动肝火，把父母气得直跺脚，但是也无可奈何。小K为自己的脾气感到很苦恼，他知道自己不对，可是事情一旦发生了，他又控制不住自己的情绪，过后又十分后悔。

有一次，同桌借了小K的一支钢笔，但是因不小心把笔弄坏了，小K很生气，虽然同桌诚恳地向他道歉了，但是小K还是当众对同桌发了一顿火，这一举动严重影响了他们之间的友谊。而且，小K的形象在其他同学眼中也大受损伤。

小K为此事内疚了好久，他真的搞不懂自己现在怎么那么的冲动。

上面例中的小K就是因为自己情绪冲动，一而再，再而三地失控，最终造成了不可弥补的过错。

坏情绪是健康的"暗中杀手"

在日常生活和学习当中，每个人不管做什么事情都是带有情感色彩的。比如，每当取得好成绩时，我们就会感到喜悦、兴奋；当失去最珍贵的东西时，我们就会感到惋惜、悲伤；如果愿望没有达到时，我们就会愤怒、失望；和陌生人接触时，我们会感到局促不安等。这些喜、怒、哀、乐等都是情绪活动。因此，青少年时期是个神奇多彩的情绪世界。

在成长的过程中，总会有挫折和烦恼。因此，随着青少年们自我意识的迅速发展，情绪也增添了一些独特的光晕。比如，性格外向的青少年容易被兴奋、乐观的情绪所笼罩；性格内向的青少年则容易被悲伤和忧郁所感染。

据有关专家研究表明，青少年拥有积极健康的情绪，有助于身心健康的成长。例如愉快、欢乐、适度的紧张，可以使心脏的血液输出量增加，能促进整个身体的血液循环，可以使人的精神振奋、增强大脑的工作能力。

然而过分的伤心、悲痛、愤怒等情绪，不但能引起生理变化，还不利于身体健康。所以，对于青少年来说，要懂得情绪对心理健康的重要作用，要学会自我调节和控制情绪。

青少年时期是处于典型的烦恼增殖期，当自己闷闷不乐或者忧心忡忡时，首先是要找出原因，而不是简单的压抑或放纵自己的消极情绪。有时候，当你找到自己情绪不好的原因后，内心就会轻松许多。

著名的心理学家塞伊说："许多人都将自己的情绪变化归于外

部发生的事，往往忽视了它与身体的内在的'生物节奏'有关系。"因此，青少年们在产生各种不同的情绪时，是带有独特的主观体验色彩的。随着青少年时期的认知能力及意识水平的提高，要允许自己有情绪的变化，然后把握住自己情绪变化的规律，慢慢地学会控制自己的情绪。

控制冲动，做情感的主人

每个人在生活中都会产生情绪冲动。如，遇到成功时感到欣喜若狂，受到打击时颓废和忧伤，产生不满时的暴躁和愤怒，对待失败时的紧张与不安，这些都是一些情绪冲动心理。不可否认的是，有些冲动是有益的情绪反应，如对敌人的勇敢等。

但大多数情况下，冲动的情绪对人是不利的，它是一个人修养薄弱、情感脆弱的表现。冲动是人类进行自我心理改造的最基本对象。

那么，容易冲动的人应采取哪些积极有效的方法来控制自己冲动的情绪呢？

（1）保持适当的紧张和热情

紧张是情绪的一种体现，它能提高学习及做事的效率。例如：在考试时会产生的情绪紧张，能使大脑的功能发挥达到最高的工作效率；在平时上课或做某件事情时，也要保持适当的紧张度，做到张弛有度。这样，你就会觉得生活更有节奏和情趣。

（2）要学会培养健康的兴趣

健康的兴趣会给人带来快乐。对学习感兴趣的同学，在吸收新知识的同时，满足了自己好奇心和求知欲。喜欢钻研难题的同学，因为难题的征服，使自己感受到巨大的喜悦。爱看课外书刊的同学，使自己获得了广博的知识。对青少年来说，发展一些健康的兴趣，能使自己获得更多的快乐。

（3）要具有积极乐观的生活态度

积极乐观的生活态度，有助于延长人们的寿命，也能让自己拥有一个奋发向上的心态。所以，无论遇到什么样困难和挫折，我们都要以积极、乐观的态度去面对，相信"天无绝人之路"，每个困难和挫折总会有解决的办法。

只要我们努力控制好自己的情绪，不急、不躁，勇敢地面对现实、努力进取、积极向上、勇往直前。坚持乐观的生活态度，就会产生积极向上的动力。

（4）理智地控制自己的情绪。用理智和意志来控制情绪，表面上是对自己自由的约束，其实，这种约束却能使你获得更多的自由。遇到强烈的情绪刺激时，要强迫自己冷静下来，并快速分析事情的前因后果。

然后，采取消除冲动情绪的"缓兵之计"，用理智战胜情绪上的困扰，进而使自己远离冲动、鲁莽的局面。因此，在某种意义上，青少年如果能够理智地控制自己的情绪，也意味着主宰了自己的命运。

（5）用暗示、转移注意法。生活中如果遇到了使自己生气的事，一般都触动了自己的自尊和利益，此时是很难立刻冷静下来的。

所以，如果你发现自己的情绪陷于非常激动、难以控制的危险境地时，可以采取暗示或转移注意力的方法，来尝试自我放松，鼓励自己克制冲动的情绪。

我们应该坚信，冲动并不能解决问题，自己平时要有意识地锻炼自制力，学会用转移注意力或暗示的方法来处理冲动的情绪。

（6）培养沟通的能力。在自己情绪平和的时候，去找那些经常和自己相处的人谈谈心。听听彼此间最容易使对方发怒的事情，然后，寻找一个好的沟通方式，注意控制自己的情绪不让自己无谓的冲动。你可以通过种种缓和自己情绪的方式，保持一个平衡的心态，就不会继续用毫无意义的怒气来虐待自己了。

（7）让自己冷静下来。在遇到冲突和不顺心的事时，最好不要去逃避问题，要学会正视问题，并掌握一些处理矛盾的方法。你可以考虑一下事情的前因后果，弄明白发生冲突的原因，双方分歧的关键是什么。然后，进行冷静的分析并找出一个切实可行的办法。

例如：当你被别人无聊地讽刺或嘲笑时，如果你顿显暴怒，反唇相讥，就会引起双方的强烈争执，最终可能会出现于事无补的后果。此时，如果你冷静下来，采取一些有效的对策，保持沉默不予理睬或者理性指责对方无聊，这样就会有效地避免自己冲动的情绪发生。

（8）多参加户外运动。心理学家的研究表明，运动是有效解决愤怒的方法，特别是户外运动。青少年时期正是年轻力壮的时候，要主动参加一些户外运动，例如：登山、游泳、跑步或拳击等，在健身强体的同时。也使那些不良的情绪得以宣泄。

如果你觉得自己的情绪无法控制时，可以主动做一些户外运动，让冲动的情绪随着运动一起消失。

人应该是理智的奴隶、情感的主人。一个人如果简单地为情感所左右，就等于否认了自身应具有的理智价值。我们对待情绪冲动，既要创造条件满足自己的合理需求，也要克制自己的奢望；还要加强自我修养，自觉地接受社会控制。

克服紧张，做个自信的人

紧张是人体在精神及身体两方面对外界事物反应的加强。紧张的程度常与生活变化的大小成正比。过度的紧张，会使人睡眠不安，思考力及注意力不能集中，还会在躯体上出现头痛，心悸，腹背疼痛，疲累等症状。紧张其实每个人都有，只是紧张的程度不同而已。普通的紧张都是暂时性的。突发性的紧张是一种恐惧感。

当今世界是一个竞争激烈、快节奏、高效率的社会，这就不可避免地给人带来许多紧张和压力。人们需要适度的精神紧张来应对外界的变化，因为这是人们解决问题的必要条件。

但是，过度的精神紧张，不仅不利于问题的解决，还会有损身体健康。因此，要克服紧张的心理，设法把自己从紧张的情绪中解脱出来。

过度紧张是心理上的缺陷

随着社会的不断进步，高科技的发展突飞猛进，人们的生活节奏日趋加快，社会竞争越来越激烈。我们在面对不断变化的事物时，常常会出现不知所措的紧张心理，这是我们为了适应社会和环境所不得不发生的心理状态。

但过度的紧张心理却是一种缺陷。心理学家认为，紧张是一种有效的反应方式，是应付外界刺激和困难的一种准备。有了这种准备，便可产生应付瞬息万变的力量，因此紧张并不全是坏事。然而，持续的紧张状态，则能严重扰乱身体内部的机能平衡，并导致疾病。所以，我们应该学会紧张心理的自我克服。

树立信心，克服紧张

由于自我意识的存在，我们有时非常关注自己在他人眼中的形象，在这种情况下与人交往，自然免不了产生紧张、不安和担心等情绪反应。那么，应该如何克服这种紧张的心理呢？

（1）正确估计自己，树立自信。在日常学习和生活中应多考虑我应该怎么做、我要如何进取；在各种社交场合，应顺其自然地表现自己，不要总考虑别人怎么看待自己，拘泥于自己要怎么迎合别人。

（2）保持良好的人生状态。我们的人生状态，可以分为精神状态和身体状态。首先，精神状态要尽量放松。对自己面临的事物有恐惧感的人往往吃不下，睡不着，惶惶不可终日，对自己身心健康危害极大。为防止这种现象的发生，应该在思想上不过分夸大事物与个人前途得失的关系。

另外，要保持良好的身体状况，注意不要过分疲劳，大脑过度劳累会造成头昏耳鸣，兴奋与抑制过程失调，神经活动机能减退，加剧心理紧张程度。

（3）情绪转移法。当你和别人在一起感到紧张时，可以尝试握一件东西，如一只笔，一个玩具或一只杯子等，握住这些可以产生一种较舒服和安全的心理效应，从而有助于消除紧张和羞怯感。

（4）正确看待自己。我们应客观地认识自己，正确评价自己的能力，把握好自己的方位和坐标，量力而行，发挥自己的作用，并不断在快节奏中提高自己的心理承受能力，在各种纷繁复杂的事件中努力保持自己的心理平衡。

（5）做到真诚相处。在与他人的交往中，我们应真诚坦荡，与人为善。虚伪不仅使人厌倦，而且自己也会因此而有不安全感。如，不自觉地猜想别人会不会得知真相，猜想别人是否在背后议论自己，并为此惶惶不安，导致人际关系紧张。

（6）情绪升华法。紧张的情绪也可予以升华，用于学习或工作中。当情绪突然紧张起来时，往往精力特别集中，有可能把事情做得更好。而随着任务的顺利完成，内在的紧张也得以渐渐消失。

（7）适当安排计划。若所拟的学习计划不符合实际，便会受到挫折而引起情绪紧张。有的心理学家建议，在预订学习进度表中，可安排一小段"真空时间"。在这段时间，完全"真空"不预先安排任何事情。每次到这段时间时，可利用它来完成先前未能做完的事情，或是着手下一步计划。这样既有助于完成计划又能感觉到自己能支配自己的学习，内心较为轻松。

（8）保持情绪稳定。对突如其来的事物和一些与自己关系重大的事情，我们开始面对时，生理上会发生急剧变化，心跳加快，呼吸急促，两手发抖，手心冒汗，这是由于过分焦虑和恐惧引起的。

这种过度紧张，使脑神经活动的兴奋与抑制失去平衡，从而出现难以控制的心慌、不安、紧张，使思维处于抑制状态。其实，适度的紧张对人是有一定益处的，它可以进一步调动人体的各种机能，使思维更加活泼，产生一种增力作用。

因此，在出现过度紧张时，首先要树立信心，相信自己是完全可以战胜的。进而采取做深呼吸或默默数数的方法，以此来转移注意，稳定情绪。只要我们对面临的事物有充分的思想准备和了解，对自己有正确的估计，保持精神松弛，保持良好的身体状态，以及保持稳定的情绪，就可以克服紧张心理，以使自己处于最佳的临场状态。

丢掉浮躁，成就非凡人生

在人们的心灵深处，总是有一种力量使自己茫然不安，让心灵无法宁静，这种力量叫浮躁。浮躁就是心浮气躁，是成功、幸福和快乐最大的敌人。

从某种意义上讲，浮躁不仅是人生最大的敌人，而且还是各种心理疾病的根源，它的表现形式呈现多样性，可以渗透到我们的日常生活和学习中。可以这样说，我们的青春就是一个同浮躁斗争的青春。

浮躁是指浅浮、心绪不宁、做事没有恒心、见异思迁等等，浮躁是一种病态心理表现。青少年时期是一个人从不成熟走向成熟的过渡期，这是个朝气蓬勃、充满活力的个性发展时期，这一时期也同时面临着多种危机的侵扰。

浮躁是不良情绪表现

浮躁是一种情绪表现，更是一种不良的生活态度。自古以来，中国的传统文化一直教诲人们为人处世要沉稳、含蓄，心平气和、不急不躁。浮躁现在已成为一些孩子的心理通病之一。

浮躁的日常表现为，做任何事情缺乏思考和计划；学习时心神不定、缺乏主动、恒心及毅力；整天浮想联翩，但又不愿付出行动。还有的孩子爱好转换太快，不管做什么事都忽冷忽热的，今天学弹琴，明天学古筝，三天打鱼两天晒网，最终一事难成。

值得注意的是，如果没有脚踏实地扎扎实实的人生态度，心神不定，急功近利，最终我们可能一无所获。

产生浮躁心理的原因

（1）家庭环境的影响。在知识和技能不断更新的现代社会里，很多父母自身都处于矛盾甚至无法适应的状态。于是，在自己的生活态度上往往就表现出心神不定、急功近利等急躁的心态，这种不良心态往往直接影响到孩子们的身心发育和健康。

（2）对自己的期望值过高。在学习或工作激烈竞争的氛围中，自己心中制定的目标不是太明确。于是就容易出现心神不宁、迫不及待、烦躁不安的心态。

（3）遗传基因的因素。有关心理学家研究表明，性格好强的孩子容易产生急躁、沉不住气，做事好冲动，注意力不集中等现象。

（4）攀比心理的影响。如果我们从自己的自身表现来看，攀比心理也是产生浮躁的直接原因。有句俗话说"人比人，气死人"。在心理上经常和同学攀比，对自己现有的状态不满足，于是浮躁的心理就油然而生。

（5）缺乏意志培养。在我们的日常学习和工作中，忽视了对自己自身的道德品质及意志的培养，因而造成在学习的过程中怕苦怕累，做事急于求成，缺乏应有的恒心与意志。

调整自己，战胜浮躁

著名音乐家傅聪曾在英国留学，有一段时间感到莫名的烦躁，始终静不下心来学习。他的父亲傅雷得知情况后，给他写了一封信，信中有这样一句话："要经得住外界花花绿绿的诱惑，要沉下心来，坐得住冷板凳，才能保证心灵的畅通无阻，才能让知识记在内心，印在脑海。"

浮躁心理是一种情绪冲动和盲目兴奋相交的病态心理，这种现象与艰苦学习、脚踏实地的进取精神，是刚好相反的。浮躁心理是一种不健康的心态，这对孩子身心健康有很大的危害性。

浮躁不仅会使孩子失去对自我的明确定位，还容易让孩子随波逐流、盲目行动。因为它可能导致为了侥幸成功而铤而走险，掉进人生的深渊。因此，必须对浮躁心理给予及时的克服。

（1）在攀比时要知己知彼。俗话说："有比较才有鉴别"，比较是人们获得自我认识的重要方式，然而正确的比较一定要到"知己知彼"，只有"知己知彼"了才能清楚自己的优势和短处。

（2）调节好自己的心理状态。当自己心情不好或为学习而烦躁时，可以放一曲优美、舒缓的音乐，来减轻心理上的负担。等心情平静下来了，全身地投入到学习中。这样，就会心无杂念、专注学习，慢慢地浮躁的心理自然就会消失。

（3）遇事时要善于思考。考虑问题时要从现实情况出发，不要盲目地跟着感觉走。人生目标要切合实际，在自身实践的过程中要有坚强的意志，从而脚踏实地走向成长的既定目标。

远离抱怨，你能获得幸福

许多人在遇到挫折的时候，似乎已经习惯性地要去抱怨命运对自己的不公。很少有人会想到，与其徒劳地抱怨，不如想想如何尽快找到摆脱这种困境的办法。

我们要学会接受失去的事实，不管人生有怎样的得与失，也总是得让自己的生活充满光彩，而不能总是沉陷在为过去的事抱怨、难过之中。一味地抱怨、难过，只会让自己在原地踏步，解决不了任何实际问题。

生活中，没有翻不过的山，没有过不去的坎儿，只要不抱怨，认真地寻找解决问题的办法，拥有一颗执著的心，勇敢地面对现实，面对自己的内心，面对自己的人生，那么，就一定会活出自己的精彩。

抱怨只会让人原地踏步

现实生活中，每个人的内心或多或少的都会有一些不平衡的心理。自己和自己的期望之间，自己和他人的对比之间，理想和现实的差距之间，都会产生一些或大或小的不平衡。这些不平衡的心理，会驱使着人们去努力追求新的平衡。

有些人在追求新的平衡中，能不昧良知、不损害他人，自觉接受道德的约束和限制，通过正当的努力奋斗去实现人生的自我价值，达到一种新的平衡，这是值得称道和庆幸的。而也有一些人却一味地怨天尤人，自己不但不努力，而且不择手段，甚至做出一些让人发指的事，这种做法就是很危险的了。所以，我们要学会调整自己，走出抱怨的误区，让自己始终保持一种平衡的心态。

在大多数情况下，当你责难、怒吼、怨天尤人的时候，往往是徒劳无益、于事无补的，命运绝不会因为你的斥责而改变它的方向。

可能绝大多数人都曾有这样的经历。一件事情、一个人就能令自己长时间地烦恼，使内心沉浸于懊恼和痛苦中不能自拔。特别是当那个令你烦恼的人还是一个不会体谅别人、不懂领情、不会自醒的人的时候，情况就会更加糟糕。其实，你完全不必刻意去讨好别人，也没必要一定和别人达成一致意见。甚至，你继续厌烦别人也无妨。但你一定要清楚，不能让别人制造的麻烦转变成你自己的烦恼。

无论你为此多么愤怒，如果因为他人的过错而使自己陷入无尽的烦闷悲伤之中，你就成了唯一受到伤害的人。而且，是你自己在强化这种伤害自己的深度和长度。

拥有一颗平常心，远离抱怨

在这个世界上，并不是每个人整天都是无忧无虑的。但在每个人的眼里，都会认为别人要比自己快乐。

一个国际研究组织曾对25个经济发达国家进行了一项"你是否每天都感到快乐"的调查显示，60%以上的人的回答是否定的。其中20%的人认为自己"每天都不快乐"，60%的人常常生活在抱怨中。

为什么一定要抱怨生活呢？想一想，我们是否曾迫不及待地收下它恩赐给自己的一切，但当它变得不再轻松的时候我们就立刻抱怨它。

生活本身就是由酸甜苦辣组成的，当品尝过它的甜美后，你也许就将不得不再去品尝一下它的辛酸苦辣。辛酸苦辣的味道固然不佳，却能让你意志更坚强，思想更加成熟。所以，有时辛酸与苦辣，也是一种上天恩赐给我们的礼物。

抱怨的人之所以活得太累，就是因为自己只看到自己的付出，而没有看到自己的收获；而不抱怨的人即使真的很累，也不会埋怨生活，因为他们知道，有得就有失，有失就有得，一想到自己获得了那么多，他就会感到高兴。

没有任何一种生活是完美的，也没有一种生活会让一个人完全满意。即使我们做不到从不抱怨，但应该尽量减少自己的抱怨，并用积极的心态去努力进取。因为如果抱怨成了一个人的习惯，就像搬起石头砸自己的脚，于人无益，于己不利，生活就成了牢笼一般，处处不顺，处处不满。

抱怨不如改变，只要我们改变一下自己的心态，也许就将会发现，生活竟是如此地不但不缺少美好，甚至还会给我们带来意想不到的收获。

比如，你在一个令你自己不太满意的学校学习，如果你整天在抱怨中度过，那么你什么也得不到，也许只能得到是老师的不理解。但你改变一下自己的心态，在这个学校努力学习，那么你得到的是学习的机会和成果，或者还有同学们的友情。

我们要知道，一味地抱怨不但于事无补，有时还会使事情变得更糟。所以，不管现实怎样，都不要抱怨，要靠自己的努力改变不满的现状，并获取幸福。

改变消极的依赖心理

依赖心理是青少年中普遍存在的一种心理状态。养成依赖心理的人，在自己的生活中处处依赖他人，经常需要他人的帮助和指导才能完成自己的事务，缺乏自立、自信、自主的独立精神。

作为一名成长中的青少年，跨进青春之门，进入青春期，头脑中应具备一定的独立意识，这种独立意识外在的表现首先就是要自己的事情自己做，克服对他人的依赖。

现在社会中，独生子女的家庭有许多，自幼就是在6:1的重重关怀之下成长的。也许你就是其中之一。在家里，父母、爷爷奶奶、外公外婆都视你为宝贝，自己生活的一切均由父母包揽，生活中从没有为自己的事情考虑过，全部听从父母的安排，这样就养成了自己的依赖心理。

抑或者，从小就比较自卑，认为自己不如他人，比如学习吃力、能力不强、笨嘴拙舌等等；于是，遇事往往犹豫不决，缺乏自信，总需要他人的帮助和指导，很难单独进行自己的计划或做自己的事。久而久之，也容易养成依赖心理。

依赖心理是人生第二断乳期的普遍心理

依赖心理在中小学生当中是比较普遍的现象。曾有报道说，一个孩子面对没有剥壳的鸡蛋竟不知如何下口，因为平时都是父母剥好壳送到嘴边的。

这样的说法也许有点夸张，但也从某些方面反映出当代社会中一些未成年人依赖性比较强这个事实。

跨入青春之门，就意味着我们进入了心理断乳期。在这一时期，随着身心的发展，一方面自己比以前拥有了更多的自由度，另一方面却需要担负起比以前更多的责任。然而，由于从小受到父母的过度溺爱和娇纵惯养，使得自己不懂生活的艰难。

所以，当独自面对这些责任时，你或许感到胆怯，因为自己已经养成了做事靠父母的依赖心理，缺乏独立生活和处理问题的能力。或者你由于自卑，在日常交往中，不自觉地就总把自己放在配角位置，心甘情愿地受他人的支配，这也是严重的依赖心理。总之，这些特征概括来讲就是在心理成长上不够成熟。

所以，面对人生的第二次断乳期，青少年出现的恐惧依赖心理似乎也是在情理之中。心理专家分析，中学生的依赖心理主要表现在两个方面：

第一，凡事没有主见，总觉得自己能力不足，难以独立，处事优柔寡断，遇事总希望父母或师长为自己作个决定，想个办法；

第二，总喜欢和那些独立性强的同学交朋友。因为自己希望能在他们那里找到依靠，找到寄托。

比如，在学习上，喜欢让老师给予细心指导，时时给自己提出些要求。否则，自己就会茫然不知所措。而在家里，一切都听从父母的安排，甚至连自己的穿戴也没有自己的主张和看法。

专家分析，对于青少年的这种依赖心理，如果不能得到及时纠正，发展下去就有可能形成依赖型人格障碍。因为依赖心理是一种消极的心理状态，它会对青少年个人独立人格的完善，对自主性、积极性和创造力的发展造成不利影响。

人总是要独立生活的，依赖性过强的人在需要独立时，可能对正常的生活、工作都感到很吃力，内心缺乏安全感，时常感到恐惧、焦虑、担心，很容易产生焦虑和抑郁等情绪反应，这些都会影响到身心健康。

而且，通过生活中的例子我们也发现，依赖性较强的人在成长中一旦失去了可以依赖的人，往往就会不知所措。所以，当青少年开始跨入青春之门的时候，一定要具备一种独立意识，正所谓"自己的事情自己干"。

自己的事情自己干，无需依赖他人

一个依赖别人的人，其实就意味着放弃了对自我的主宰。这样的人容易失去自我，在遇到问题时，容易人云亦云，随波逐流，这样往往就不利于自己独立人格的形成。

那么，面对自己的依赖心理，究竟该如何改正，如何做起呢？

首先，要认识到，自己依赖心理的形成是一个长期的过程，并且它是多种因素相互作用的结果。

所以一个人要想克服自己的依赖心理，也并非朝夕之事，而是应该多角度、长时间地攻克它。具体来说，应该先从以下两方面做起。

（1）正确认知自我，充分认识到依赖心理的危害

每个人都有自己优点和缺点，只有正确的认知自我，才能在发现自己的缺点和缺陷时，不把它们当成包袱背起来或是压在心头，才不会否定自己、肯定他人，对他人形成依赖。而要做到这一点，则必须先在心理上接纳自己，肯定自己，相信自己可以独立，自己的事情完全可以自己干。

（2）自己的事情自己干，逐渐增强自信心

要克服依赖心理，最重要也最为关键的一点就是：自己的事情一定要自己做。就算是自己没有做过的事情也要锻炼做。从自己决定要克服依赖心理的那一刻起，你就要纠正平时养成的依赖习惯，提高自己的动手能力。

比如平时在学校中，可以主动要求担任一些班级工作，使自己有机会面对问题，独立地去拿主意，想办法，以增强主人翁的意识。在学习上，多向独立性强的同学学习，不要什么事情都指望别人，遇到问题要做出属于自己的选择和判断，加强自主性和创造性。

（3）多参加集体活动，以增加自信心

除了学习之外，还要多参加集体活动，学会去帮助他人，以增加自信心。在家里，千万别什么都推给父母，自己能干的事情一定要自己干。

没错，生活中，我们每个人都会需要别人的帮助，但别忘了也要注意发挥自己的主观能动性，大事可征求他人意见，但那也仅供参考。

当你真正从对他人的依赖关系中解脱出来的时候，你就会有一种感觉，一种踏实的感觉，它让你感到一种自信的力量，让你享受到自主、自立给自己带来的喜悦和鼓舞；而那时，依赖心理也就无从立足了。

抑制膨胀的虚荣心理

所谓虚荣，是指表面上的风光而内心却是畸形痛苦的一种不良心理。虚荣心是一种被扭曲了的自尊心，是一种追求浮华的性格缺陷。过分的追求虚荣，是道德责任感的一种不良的心理反应。

每个人都需要自尊，都希望得到他人和社会的认可。但是，虚荣心强的人往往不是通过自己实实在在的努力，而是通过内心膨胀甚至不良手段来获取虚名的。

虚荣就如浓厚的乌云，它会挡住灿烂的阳光而使人生蒙受虚伪的阴影；虚荣如汹涌决堤的河水会冲断人生到达理想彼岸的桥梁。

如果任由虚荣这种现象滋生发展，会严重驱使自己的心理丧失生活的基础，导致被扭曲的自尊心呈现出过分的虚荣表现，这是一种性格缺陷。

虚荣心理，有害无益

人一旦有了虚荣心，就如晴天突然袭来的狂风暴雨，它会毫不留情地吹走你的谦虚谨慎、自知之明、沉着稳健以及自己那颗纯洁明净的心。

虚荣会给人带来骄傲自大和盲目追求的心理，让你的内心漂浮不定，始终找不到人生的目标

不仅如此，有着强烈虚荣心的人，总根据个人的私欲去追求一种表面的、暂时的、虚伪的效果，甚至弄虚作假、不择手段，这种行为完全毁坏了自身的存在价值，其目的就是为了取得个人荣誉和引起别人的注意，进而得到周围人的赞赏和羡慕。简单地说，虚荣就是对道德荣誉的一种负面表现。

追求虚荣的原因

（1）过分爱面子

处在经济繁华的年代，有很多青少年朋友都非常爱面子。会在朋友或同学面前说出很多不合实际的话语，也会为能实现自己的话而做出许多不合常理的事情来。这种现象严重影响了青少年的道德观。

（2）攀比的心理

攀比心理对青少年身心健康是极为不利的一种心态。盲目的和其他同学攀比，这种现象很容易使自己产生自卑、失落、嫉妒等等负面情绪，在攀比之下其心理很难以得到平衡，就会不断地埋怨自己、认为自己无能。越是这样就越掩盖自己的缺点，然而其虚荣心就越强烈。

（3）不良性格导致

比较外向的性格类型为了引起别人的注意，喜欢在公共场合中表现自己、也就是爱出风头。

而那些性格内向的青少年，由于不爱说话，但又害怕别人瞧不

起自己，于是经常说出一些虚荣的话来掩饰自己不自信的内心，为了得到他人的关注或羡慕就会做出虚荣的行为。

还有的同学因为学习成绩不好，就会用夸耀自己的家里很有钱等方式来获得心理的平衡等等，这些不良的行为严重损害了青少年朋友们的纯洁心灵。

（4）价值观的偏差

由于对道德品质认识的不够，对人格的重要性不明了的状态下。就会盲目地追求或显示自己的虚荣心，这种庸俗的思想行为往往只能贻害自己，而受不到别人的尊敬和信赖。

摆脱虚荣，完善自我

从心理学的角度上来看，虚荣心是一种追求虚荣的性格缺陷或被扭曲了的自尊心。每个人都有自尊心，并且都希望能得到别人的认可，这是正常的心理需求。

换个角度来看，虚荣心是不道德的病态心理，它常常使青少年们做出不成熟的不良行为。因此，青少年朋友克服虚荣心是非常必要的。

（1）要认识虚荣心的危害

虚荣心较强的人，在心理上往往是自私、虚伪的，这种表现与谦虚谨慎、不图虚名的美好品德是格格不入的。

虚荣心较强会不思进取，对于自身的缺点总是想方设法去遮掩，而不是去改正。他们会为此而得到的赞赏而沾沾自喜。

（2）要把握好攀比的分寸

我们要保持清醒的头脑，面对现实、实事求是，根据自己的实际情况出发，认真地处理自己的事情。摆脱那些过于虚荣的心理困惑，克服盲目攀比心理。不要因为自己的某方面不如别人就靠试图找自己的长处来掩饰，要学会正视自己的不足，要知道立足于社会不是通过个人攀比来实现的。

（3）要树立正确的荣辱观

青少年必须把对自身价值的认识建立在责任感上，对于那些荣誉、地位、得失要用理智的心态来面对。人生在世，要有一定的荣誉与地位这是正常的心理需要。但是，一定要正确理解权力、地位及荣誉的真正内涵。才能从中获取人生中最重要的东西。

（4）要有高尚的道德情操

所谓高尚情感，就是要用道德品质来规范自己的言行。自己要洁身自好，用高尚的道德品质或人格来战胜虚荣心。同时我们还要正确对待人生中的失败和挫折，必须要从失败中吸取教训，从挫折中总结经验，并通过自己的艰苦奋斗，努力克服前进道路上的困难和障碍，树立起高尚的道德情操，这样才有可能实现自己的远大理想和抱负。

要战胜虚荣心，就要不断提高自己的修养、完善自己的人格。在困难和挫折中总结经验，从而不断走向人生的高点。

对于虚荣心的克服，将使对自身的认识和塑造上升到一个新的高度。当认识到了实实在在的自己之后，就会感到自己的奋斗似乎有了更明确的方向和更充实的动力。

摒弃病态的自私心理

自私是社会中比较普遍的不良心理现象。"自"是指自我的意思；"私"是指自身的利益。这里所说的"自私"，就是只顾自身的利益，不顾、甚至损害他人、集体和社会的利益，这是一种病态的社会心理。

自私心理，损人利己

自私的人会斤斤计较个人得失，整天处于小算计之中。如此一来，就难把目光投向远大的人生目标，自然也就难成大器。也就是说自私会消磨意志，使人不会有大的作为。

自私会损害同学之间的人际关系。一个过于自私的人是不会乐于帮助别人的，因此你也往往不会得到别人的帮助，得不到群体的关心和爱护。相反，很多同学和朋友可能因为你过于自私而疏远你、蔑视你、敌视你。

这样，自己就会觉得孤立无援，就会丧失对学习、对生活的乐趣。大多数人都有不同程度的自私倾向。适度的自私是一种自我保护的本能，是一种下意识的反应。过度的自私则会酿成病态的心理现象，影响自己的人生健康成长。

自私心理的形成，有些是因家庭教育方式的不得当和社会的消极所影响，有些是自己忽视了道德品质的养成所导致的。自私也是一种没有责任感的表现。

家庭环境对青少年自私心理的产生，有着重要的影响

许多的孩子是家中唯一的子女，于是集父母关爱于一身，甚至垄断了父母的整个身心。家里有什么吃的用的好东西都先尽一个人享用，有什么要求家长就尽量满足，不知道谦让，不懂得分享。缺乏合作、分享、谦让、奉献等集体生活的经验，容易形成以自我为中心的思想观念。久而久之，自然而然地使自己养成了自私的心理习惯。

调试自私心理，拥有宽阔心态

自私是一种不健康的自我观念。自私就是站在自身的利益上考虑问题，把自己的利益和意愿放在首位，从不顾虑别人的感受，更有甚者会为了自己的利益而不惜一切代价伤害他人的利益。多表现在心理狭隘、斤斤计较、缺乏同情心和爱心等。

自私这种病态心理，严重地腐蚀着青少年的心灵。因此，在自己的成长过程中，学会调适自私的心理，至关重要。

（1）培养自身的集体荣誉感

有了自私这种心理，只为个人的前途和利益着想，往往集体观念比较弱。如果能通过自省来深刻反思自己，就可以从自己自私行为中看到不良后果和危害，从而改正自己的错误。慢慢地走出自私的心理习惯。

（2）取消自己的"特殊"地位

在日常生活中，不要父母给自己一些特殊的待遇，对于父母的关爱，只是适当地满足自己的需要即可。

在和朋友一起玩时，把自己的玩具和图书拿出来，和朋友一起分享，让自己懂得分享、谦让、合作、奉献的理念。久而久之，时间长了，就会养成团结友爱、相互谦让的好品德。彻底消除以"自我为中心"的自私心理。

（3）要学会对他人的尊重

比如，自己在享受时要先考虑长辈；别人对自己服务时要对此表示感谢；如果别人遇到困难时，自己要尽可能提供帮助。多参与一些社会公益活动，在自身的行为中纠正以前那些自私的心态，从他人的认可和赞同中获取乐趣，使自己的心灵得到净化。

总之，要克服自私的心理，就要提高自己的涵养，树立正确的人生观，遇事多考虑点别人，不要认为别人活着都是为了自己。要学会宽容别人，谅解别人，不要自以为是，对别人给自己的伤害不要总是寻机报复，而应该宽博仁爱，与人为善。

敞开消极的自闭心理

自闭是青少年进入青春期时最常见的心理现象。通常情况，自闭的人对生活中打动他们内心的人或事，表面上装作视而不见，但内心却充满了矛盾和痛苦，并又强烈地渴望得到别人的理解和信任。这种由自闭心理所产生的痛苦，远远比其他痛苦更令人难以忍受，甚至会产生消极情绪，甘于堕落。

青少年意识到成长中自己的软弱，一方面想努力掩饰它，同时又希望能找到倾吐的对象和安慰，这实质是自我意识薄弱的流露。

自闭是对自己无形的惩罚

青少年时期，由于自我意识的不断发展，开始把注意力集中在自己的内心感受上，从而意识到自己的思想、情感和不同于他人的心理特点。同时，由于社会生活经验的逐渐丰富，开始意识到人与人之间存在着心理不相容的差别。

在平时，愿意对"知心朋友"倾吐自己内心的秘密，瞧不起那些用导师的口吻说话的人，并且不愿意与这种类型的人进行交流并透露自己的内心世界，长期以来便形成了自闭心理。

因为各方面的因素造成自闭的青少年，虽然在生活上仍和过去一样，但在父母和朋友中间，却时常感到莫名的孤独。虽然感到可以与周围朋友谈论共同的话题，但对自己来说最本质的问题是谁也不能理解自己；虽然可以向父母长辈倾诉自己的困惑，但又担忧可能因此而暴露自己的内心秘密。

于是，开始把心里话"对自己说"或"对日记本说"，向同学和师长隐匿秘密。不仅如此，还往往把一切弄得都很神秘，希望有单独的房间，要有能上锁的抽屉。在夜深人静之时，在属于自己的小天地里冥思苦想，探索自己的秘密以体验新的价值，借此以满足自己的心理需要。

另外，由于青少年这段时期不仅身体上有了变化，心理也在随着身体的变化而变化。从年幼无知到身心发育，懂得了什么叫面子，什么叫自尊自爱。

人的内心世界本来是由细腻的感情凝聚而成的，而这种感情又如此脆弱，更是如水晶一样不堪一击，别人的一句话，一个动作有时都有可能给自己的心理造成巨大的伤害。产生自闭心理的原因如下：

（1）是由于逃避心理所产生的

自闭行为与生活中所受的挫折有关，因为从小在家里娇生惯养，在生活和学习遇到一点挫折和打击后，在精神上就觉得受压抑，觉得周围的环境逐渐变得陌生并不可接受。因此，为了掩饰自己的孤僻、紧张、焦虑的心理，常常远离公众场所，把自己躲在孤独的角落里，不愿与人交往从而产生自闭心理。

（2）不愿与人沟通，常常怀疑别人

这种类型的心理表现是不相信别人，对老师和同学抱着怀疑的心态，缺少信任感，存有冷漠和戒心。他尽量想方设法逃避眼前的一切，不愿意与同学打成一片，害怕与老师接触，不愿意与别人沟通，只愿意与自己交谈，比如写写日记，就这样自己把自己封锁起来。

克服自闭，放开心灵

青少年自闭心理的产生，往往让自己与家长及老师的交往之间划起了一道鸿沟，使家长和老师开始摸不清自己在想些什么，便产生了亲子关系紧张及师生关系紧张，影响学生间团结，给教育带来障碍，同时也阻碍了学生自身的心理健康发展。

那么，怎样才能帮助自己克服自闭心理呢？其方法如下：

（1）建立良好的自我意识

自我意识就是对自我以及自我与外界关系的认识，并通过自身的塑造，达到个人实现或完善的过程。其中，自我意识的具体表现便是自尊心及自信心。

有自闭心理的青少年，无法把自我认识、评价、体验与来自外界的信息比较并协调一致，难以形成正确的"自我"概念，从而对自己缺乏自信。要克服自身封闭，需要细心地观察自己平时的学习、生活及交往的情况，留意自己在某方面的不足及困难，并及时地学会关心自己。

（2）注重情感沟通

情感沟通是构架心灵的桥梁。情感可以化为巨大的力量。要努力让自己多去亲近和信赖、理解别人，经常和自己的家长或老师进行有效的良好沟通，让家长及教师对自己有充分的理解，从心理上持欢迎的态度。若在家长及教师的辅导帮助下，能够疏通自己的封闭心理，促进自己与别人之间的良好交流，便有利于消除自卑心理，从而走出自闭。

事实上，自闭本身的排他心理，使自己难以与他人进行良好的沟通，情感受到压抑。所以自己要学会融化内心深处的坚冰，引燃自己心灵的火焰，并消除对别人的戒备与敌意，从而使自闭心理慢慢地被化解掉。

（3）多进行适当的交往

自闭的心理会导致自己害怕与同学、家长、朋友、教师交往接触，因而也就缺少交往的成功经验，常常使自己处于人际关系交往中的被动局面。所以，培养自己的成功交往经验也应从注重交往开始：主动地和别人进行交流，了解别人的想法感受。有意识地去扩大交际，走出自闭。

如树立平等、互助、坦诚相待的观念，培养自己微笑、倾听、赞美、自控的技能等，以此来提高交往能力，发展个性品质，从而打开封闭心理。

第三章

亲爱的，会学习成为人生赢家

　　掌握知识是发展智力的基础，孩子智力的发展是在掌握知识的基础之上完成的。孩子掌握的知识越丰富越深刻，他的智力发展水平也就越高。

　　反之，脱离了掌握知识的基础活动，智力的发展就会成为无源之水，无本之木。父母要教育孩子打牢知识大厦的基础，使其智力的发展具有充足的原料。要会提高孩子们的各项学习能力，让他们成为未来里的人生赢家。

学习心态好，学习效率高

心理学家的研究表明，积极健康的学习心态是孩子智力活动的动力。当孩子情绪高昂时学习积极性就会高涨，就会主动地求索知识，孜孜以求，乐此不疲。在热情状态下掌握的知识会理解深入，记忆牢固，从而学习效果显著。如何调动孩子学习积极性呢？应从以下几方面入手：

教育学生做课堂的主人

入学之后，青少年的大部分学习是在课堂上进行的，课堂教学是师生的双边活动。为了完成学习任务，教师使用现代化的手段，如投影、录音、录像、电脑、多媒体等激发孩子的兴趣和求知欲。并以自身广博的知识、生动的语言、良好的人格魅力影响孩子。

但是有一点是十分明确的：教师的教是为了学生的学。学生才是学习的主体。父母和教育者应该教育孩子做课堂的主人，明确学习目的，主动参与教学过程。上课专心听讲，积极思考，主动参与学习活动中同学之间的交流、师生之间的交流。教育孩子有毅力，正确对待学习中的困难，认真完成学习任务。帮助孩子掌握学习的技能技巧，生动、活泼、主动地学习。

培养浓厚的学习兴趣

兴趣是一种积极的心理倾向。兴趣是最好的老师。孩子对学习的兴趣是学习动机中最现实、最活跃、最强烈的非智力因素。学习兴趣越浓积极性越强。培养孩子的学习兴趣可以从两个方面着手：

（1）在玩中培养兴趣。爱玩是孩子的天性，父母应充分利用这点，通过丰富多彩的活动、游戏、参观访问、外出旅游，让孩子在玩中体验乐趣，调动学习积极性，从而开阔眼界，增长见识。

（2）调动孩子的好奇心。小学生思维活跃、想象丰富，经常会向父母提出不少"为什么"。孩子这纯真的好奇心和求知兴趣是十分可贵的，这里孕育着极大的智慧潜能。

"学起于思，思源于疑"，因为孩子已经不满足于已有的知识，渴望得到新的知识。一方面，父母可以及时解答孩子的问题，使孩子得到满足；另一方面，也可以启发孩子，通过观察、比较、分析，自己去发现，在探索中获得知识。这样可以让孩子享受发现之乐、新奇之乐。

鼓励孩子亲自动手、亲手实践

父母应鼓励孩子自己动手操作，从而调动孩子的学习积极性。如配合自然课学习，父母可以跟孩子一起做些小实验，一起观察自然现象，一起饲养小动物，从中获得科学知识。

又如结合数学课，自己动手剪接、折叠、旋转认识一些几何图形的特征，推导计算公式，让孩子了解知识与实践的关系，了解知识的实用价值。孩子感到知识是有用的，无形中调动了他们学习知识的积极性。

良好心境有助于调动孩子学习积极性

从生理学的角度看，大脑皮质和网状结构参加情绪过程，形成了神经能的巨大潜力。心境能使人的机体活动和智力活动发生很大变化。

苦恼、沮丧、焦躁的心境会让孩子什么也学不进去。而平和、舒畅、无忧无虑的心境则会让孩子对什么都感兴趣。因此，父母应为孩子创造良好的心境，使孩子保持朝气蓬勃、愉快乐观，就能提高孩子学习的积极性。

会理解记忆，让学习更轻松

所谓理解记忆，就是以理解为基础，以查关键、抓概念、确定中心内容为手段的读书方法。

它的特点是充分发挥大脑逻辑思维的能力，把理解作为快速阅读的基础，用三个步骤，即抓关键词、概念、中心内容。对阅读材料进行迅速、有效的鉴别，从而达到提高阅读速度的目的。

理解记忆是通过对阅读材料的中心内容进行迅速、有效的鉴别，而收到良好的效果。这一方法适用的范围有两个方面：

一方面是对一本书、一篇文章或其他阅读材料进行全面的鉴别；另一方面，是对阅读物进行一部分、一部分的鉴别，甚至可以对一句话或几句话进行鉴别。

其具体方法主要体现在它的三个步骤上。

这三个步骤简略地说，可用挑、跳、联来表示。所谓"挑"，就是挑出关键词，这是鉴别阅读法的第一步。"跳"就是跳过那些无关紧要的内容。这两个步骤，就是抓概念与确定中心内容。靠什么办法"抓概念"呢？靠把关键词"联"起来推理。又靠什么"确定中心内容"呢？靠把概念"联"起来进行分析、思考、判断。

抓关键词

什么是关键词？从什么地方去抓关键词？关键词，是在句子中起主导作用的中心词。找关键词，首先到句子中去找，然后到句群中去找。文章是由句子组成的，句子是语言运用的基本单位，由词和词组组成。

句子能够表达一个完整的意思，是你交流思想的基本单位。在语音上句子有一定的语调，表示陈述、疑问、祈使、感叹等语气。你在连续说话中、句子与句子之间有着明显的间隔。在书面上，句子的停顿和语调是用句号、问号或感叹号来表示的。

句子中起主导作用的中心词，对句子所表达的意思起关键性作用的，往往是句子中的主干词，也就是句子中的主要成分，即句子中的主语和谓语。

谓语中的主要成分，往往就是我们要抓的关键词。

代词，只具有替代作用，因此，一般情况下也不能成为要抓的关键词；名词有具体名词和抽象名词，它表示人或事物的名称；动词有不及物动词和及物动词，它表示行为动作或发展变化；形容词有性质形容词与状态形容词。它表示人或事物的性质或状态。

这些词对句子表达的意思起关键作用，是句子中的主干成分、中心词。抓关键词更多的要从这些方面去抓。关键词除从句子中去找以外，还要注意从句群中去找。找句群关键词的方法与找句子关键词的方法大致相同。

在句群中找关键词常常出现数目较多的关键词。遇到这种情况，要进行比较、筛选，留下最能表示句群中心意思的关键词。

找准概念

不论哪篇文章或哪本书都少不了概念，没有概念，就没有文章和书的存在。那么，怎样才能找准概念呢？

概念与词语是紧密联系、互相制约、相辅相成的。同一概念可以用不同词语表达，一个词语也可以表达不同的概念。一般说来，实词中的名词、动词、形容词、量词等是表达概念的。

你找概念也要注意从这些词中去找。抓着关键词后，把它们有机联系起来，正确认识某种事物有属性的反映，这就是找到了"概念"。

确定中心内容

怎样才能迅速、有效地确定阅读物的中心内容呢？

通过阅读，抓住概念之后，再使概念有机地联系起来，对阅读物的各部分作一番追忆、思考，就能解决这一问题。

一篇文章或材料的中心内容都是有机地渗透在各个部分的。也正是如此，中心内容贯穿了文章的始终。把各部分的中心意思综合起来，便成了全篇文章或一本书的中心内容。这里的重点是要靠理解。

理解的过程是：在句子中抓住了关键词，在关键词的基础上抓住了概念，在概念的基础上把各部分的内容归结成简明的、逻辑性的若干观点，再把这些观点组成一个统一的、逻辑严密的主题思想，这也就是中心内容。速读记忆鉴别法适用于选读，选读后确立下来的阅读物仍然有必要进行精读。

记住：先易后难，先小后大，逐步提高。

写作能力，让孩子写出好文章

现在有好多孩子对写作充满了苦恼与无奈，他们很希望有个当语文老师的爸爸或妈妈来帮他们一把。要想帮助孩子解除苦恼，父母应当怎样做呢？

帮助孩子明确学习目的

作文是一项重要的学习任务，也是一种重要的语文能力。父母要引导孩子树立起完成学习任务的责任心，要让孩子明白作文的用处很大。表扬信、倡议书、发言稿、留言条……哪一样不是和作文有密切的关系呢？

当孩子们长大成人走向社会，要经常订计划，写总结，打报告……哪一样和上学时的作文没有关系呢？所以，父母要不断地告诫孩子"少壮不努力，老大徒伤悲"。要从小努力学习，提高作文的水平，掌握好这一项为社会服务的本领。

帮助孩子树立信心，掌握基本方法

父母应当教育孩子勇于克服困难，写作文"害怕"是没有用的，要努力掌握写作文的基本方法。

首先，要引导孩子善于平时留心观察。因为观察是写作的基础。而孩子们恰恰是不会观察，不善于观察。他们只对自己有兴趣的东西进行观察，他们只留意刺激性强的内容，他们只顾事情的大概……这是很不够的。要告诉孩子观察要有顺序，要抓住重点进行观察，观察时要进行分析比较，抓住事物的特点。

其次，教育孩子勤于积累。积累的目的在于丰富、充实孩子的头脑，使孩子提高认识能力，为写作文提供材料。事实证明，平时会积累与不会积累大不一样。积累时只要简短地写上时间、地点、人物、事情的经过就可以了，最后要写上一两句感受。坚持这样做便可以解决"没得写"的困难。

再次，鼓励孩子多做有益的事情。在学校，要正确对待学习。

正确对待集体，正确对待同学和老师；在家里，正确对待父母，正确对待家务劳动，正确对待邻里；在社会，正确对待"公德"，正确对待美与丑的社会现象。

要教育孩子以学生行为规范约束自己，做一个讲文明有礼貌的好孩子。这样使孩子生活得有意义，有乐趣。还可以让孩子广交良师益友，虚心向别人学习，向他人求教。这样做使孩子多方受益，充实积累，从而可以有效地解决孩子"没的写"的困难。

最后，辅导孩子要"多看，多思"。看书，看报，看优秀作文选时让孩子想一想，人家的文章是以什么样的内容说明中心的，文章是怎样开头结尾的，又是怎样衔接过渡的，用了哪些好词佳句来表达思想感情的。

经常这样做，孩子就能体会到：按照题目的要求，围绕一个中心，选择独有的材料，运用恰当的语言文字把自己听到的、看到的、想到的写出来，这就是作文。到那时，孩子就会写作文，愿意写作文了。

重视平时的说话练习

父母要经常教导孩子把他们自己看到的、听到的、想到的用自己的话清楚、连贯、准确地说出来。有时父母可以说出前半截，让孩子接说后半部分；有时父母可以先说，再让孩子复述出来；有时父母可以围绕一个意思给出几个词语，让孩子用这些词语连贯地说一段话；有时父母可以让孩子做个小游戏，然后让他复述过程；有时父母可以让孩子说出对客人的印象。

总之，这样的机会很多，只要父母有目的有计划有重点地坚持这样训练孩子，那么，孩子不仅可以积累不少的"生活中的材料"，还可以体验怎样组织和运用语言。这样做也能帮助孩子解除作文时"没的写和不会写"的苦恼了。

很多孩子对写作充满了为难之情，他们有的感到没的写，有的总写不具体；有的没兴趣，一上作文课就"头疼"；还有的说："我最'怕'写作文了。"帮助孩子解决这些困难，主要靠在校学习，努力提高写作能力。不过，如果父母利用家庭优势，辅导得法，也是大有可为的。

文学艺术源于生活，中小学生的作文也是一样。孩子和父母生活在一起的时间最长，生活内容也是丰富多彩的。当今，实行双休日，生活条件也较好，父母带孩子外出参观、游览，参加多种社会活动已是平常事了。

如此，既便于指导孩子观察、了解生活，又利于积累作文素材和辅导写作。这些都是父母辅导的优势，学校老师往往难以做到。问题是父母要善于利用这些优势辅导，才能使孩子的写作能力逐步得到提高。具体来说，父母应从下列几个方面入手。

（1）注意培养孩子的兴趣。父母要通过各种手段，调动孩子写作文的兴趣。当孩子写作文有求于父母时，不管是一个字、一个词或怎么开头结尾，都要满腔热情地给以帮助，不要因自己有事或心情不快而表现得不耐烦，使孩子扫兴。

当孩子作文有了进步时，哪怕是用了个好词、好句或某一段写得生动具体，都要给以肯定、鼓励。当孩子和父母的意见不一致时，不要坚持己见强加于孩子，而要引导、启发，实在说不通就先放一放，给孩子留有消化、理解的余地。父母要最大限度地保持、培养孩子对作文的兴趣，不使之产生厌学情绪和逆反心理。

抓住一切时机，引导孩子观察生活、捕捉作文素材。生活中的写作素材是非常丰富的，随时随地俯拾皆是。

（2）给孩子创设机会。多带孩子接触社会和大自然，使之开阔眼界、增长知识、观察生活、了解社会、发展思维、受到教育。如有的父母利用双休日，带孩子参观博物馆、观看名胜古迹，使孩子在娱乐中学到知识、提高能力、陶冶情操。

（3）要引导、指点，不要包办代替。开始，可多具体帮助，逐步放手让孩子独立完成作业，切忌让孩子总依赖父母，离开"拐棍"走不了路。更不要盲目背范文，死记条条，要引导孩子逐步学会写作文的方法和规律。

父母的职业不同，水平各异，对自己孩子的帮助，应量力而为，尽到心就可以了。总之，有能力帮助孩子的父母，还要主动配合，同老师形成合力。这样，解决孩子在作文中的困难，提高作文水平。

读书看报，开阔孩子眼界

"书是人类进步的阶梯"孩子要想成为一个对社会有用的人才，就必须通过大量的阅读，进一步增长知识、开阔眼界、陶冶情操。

父母应从思想上重视孩子的课外阅读，配合学校教师，指导孩子的读书方法，培养孩子良好的阅读习惯。父母应从家庭经济状况的实际出发，逐步给孩子建立一个小书库。在给孩子建立书库时应该注意以下几点：

应符合孩子的年龄特点和学习实际需要

低年级孩子的思维以形象思维为主，主要的学习任务是识字和掌握100以内数的认识和相关的加、减法。

学习内容比较浅显，难度低。父母应该根据孩子的实际情况，准备一些汉语拼音读物，汉语拼音与汉字混合的儿童读物。如《小朋友》、《中国儿童》、《拼拼读读》、《看图说话》……在读书时如果孩子有不认识的字，父母可以告诉他，帮助孩子解决读书中的障碍。

进入中年级以后，随着年龄的增长，孩子的眼界与知识比以前进步多了，具有了一定的阅读基础和阅读能力。阅读课外读物的兴趣更浓厚，渴望多读一些主题鲜明、趣味性强的书籍。这时，父母应该按图书分类给孩子的小书库配置书目。图书分类可以参考以下建议：

童话、寓言；小学文库；故事，含民间故事、历史故事、英雄故事、一般故事等；人物传记；科学技术；诗歌；文学作品；学习指导书……

书库配置的原则

父母给孩子购置图书不是多多益善，应该根据孩子的水平和实际情况配置。精选知识性、思想性、趣味性强的图书，使孩子读后受到感染、启发和教育。

精选读物时还要注意广泛性，只有博览群书，才能博采众长。注意选择文学性强、语言文字规范的作品。

高年级学生可以适当读一读中外名篇名著。父母在帮助孩子选购图书时，有时会遇到发行量不多、孩子目前读起来感到较深的好书。父母可以购买下来，等到适合孩子水平时再让他读。

对孩子进行必要的阅读指导，加强交流，注意激发孩子的阅读兴趣。父母辛辛苦苦给孩子逐步建立起一个小小书库，为孩子阅读提供了条件，父母应该与孩子交流。了解他们读书的情况，鼓励孩子读书的积极性，指导孩子阅读方法。让孩子尽情地在书的海洋里遨游。

读书看报丰富孩子的知识储备

古今中外，凡是对人类做出贡献的政治家、科学家、艺术家、教育家以及在工作中有成绩的人，都十分重视读书，可见读书对人的成长有着多么深远的意义，孩子更应从小培养起爱读书的习惯。父母也应为培养孩子良好的读书看报习惯，而创造一些条件。

（1）在家庭中创设一个读书看报的环境。父母经常"手不释卷"，潜移默化之中，孩子就会受到影响。每天茶余饭后或节假日，要适当安排有关读书的活动内容。

孩子生活在一种良好的读书氛围之中，自然容易对读书产生兴趣。另外在家庭布置中，一定要给孩子准备一个书橱，让孩子将自己所喜爱的书，有条理地放置好。

（2）帮助孩子选书。父母带孩子到书店去，让孩子自己选择喜欢的书，这样既符合他们的已有的知识水平和爱好程度，又可激发他们求知的积极性。有的父母愿意替孩子购书，而且所购的书多为与教材有关的辅导书，品种单一，孩子感到乏味。

小学生多喜欢童话、寓言、浅显易懂的科技知识、具有故事情节的通俗读物等方面的书籍。总之，凡是对孩子身心健康发展有益的书籍，只要适合儿童年龄特点的都可以让孩子看，要让孩子博览群书。

（3）父母应激发孩子阅读书报的兴趣。孩子的好奇心强，父母可选读一些适合孩子年龄特点的书籍，把其中某一本书的内容讲给孩子听，当孩子听得津津有味时，告诉孩子这本书的名字，让孩子自己去阅读，这样孩子就会被故事情节深深地吸引，有趣地读下去。

父母也可以同时和孩子读一本书，读后共同探讨书中的问题。孩子的好胜心强，从而促使孩子增加对课外阅读的兴趣。

父母还应帮助孩子总结阅读书、报的收获。每当孩子读完一本书。要启发孩子总结归纳读后的收获，从书中你获取了哪些知识？受到哪些教育？学到了什么写作方法？哪些内容你的感触最深？都可以让孩子说一说，或者动笔写一写。

长久下去，孩子不但能吸取到大量的知识，而且还能学会一套行而有效的读书方法。

整体记忆，提高读书质量

所谓整体阅读法，就是从一本书的全体上进行阅读。这里所说的"全体"不仅包括全部内容或全体结构，它还包括：作者是谁，出版年、月、日，印刷次数与时间，字数多少，发行量如何，外界评价怎样等。

整体阅读法不是就某个部分或几个部分进行评价，它是把涉及评价的各有关因素集中进行分析，进行总的评价。

当然，在这些因素中也有主次之分，有些因素收集得也不可能齐全。但它需要这样做，这是整体阅读法的第一个特点。

第二个特点是：整体阅读法与一般阅读法显著不同的是，一般阅读法是读后评价，整体阅读法的阅读动机就是先评价后阅读，在评价中阅读，在阅读中评价。

其实，这种作法并不稀奇，在你的生活中也常遇到这类现象。比方说道：有人向你推荐一本书，你的第一个问题很可能就是，这本书怎么样？你开始对它进行评估了！

有人说道：这本书写的可好啦!你也许就会这么说道："是吗？好在哪里？你说说吧?"你开始具体了解，由你的朋友进行具体评价了。

这一过程，就是通过评价、挑选书籍准备进入阅读的预备阶段。当你到书店去购买图书的时候，假若事先没有确定的购书目录而是现从陈列书中选购。那么，你很可能就是在对书的评价中进行挑选的。你的第一个问题仍然是：这本书怎么样？我适用吗？喜欢吗？

当你买回一本书之后，阅读开始了，对书的评价心理活动仍然没停止，你会这样想：这本书真的不错吗？让我好好看看。

整体阅读法，就是把我们阅读活动中的这些客观行为加以总结、提炼，使之成为理论化、规范化、系统化的方法，成为一种读书的科学方法。

整体阅读法第二个特点就是阅读一开始，就把对书的评价作为阅读动机诱发阅读活动，并使评价活动伴随全部阅读过程。由此，便出现了第三个特点：阅读与理解紧密联系在一起，自始至终同步进行。

离开了理解，评价无法实现。离开评价，理解缺乏内驱力和目标。因此，两者始终保持同步进行，相辅相成。

整体阅读法的作用：通过对书的总体评价，迅速有效地吸取有价值的信息。通过对书的评价，在众多的书籍中，有效地挑选你最需要的书籍，提高读书的质量与效率。

整体阅读适用的范围，就一本书来说，它适用于初读、略读，用这种方法对一本书有个总体认识，同时挑选出这本书的精华所在。

就某一类或全部图书说来，它适用于选读。在众多的书籍中迅速、有效地选出有价值的你所需要的书籍。

学习中，庞大的信息流不断向你涌来，令你眼花缭乱，应接不暇。在信息激增的形势下，一方面为你提供了大量的有用信息；另一方面，也存在信息重复甚至信息过剩现象。

信息增长速度，此时此刻不但没有减慢，而且还在加快。因此，在信息日益激增、图书以及各种媒体的出版物不断增加的情况下，学会整体阅读法，迅速有效地选择书籍和信息是非常必要的。具体方法是，从文字信息中，提取构成整体评估的各项因素。这些因素有：

书名和作者姓名，作者在某方面的知识与知名度，该书写作日期；该书出版机构、出版日期、印刷次数、印刷量、该书文字数量及价格；该书的结构，由哪些部分组成；该书的主题思想和中心内容；该书的主要部分或章节；该书写作时依据的参考资料、数据；与该书相类似的出版物主要的有哪些。

社会上对该书的评价。肯定的、否定的、争论不一致的，主要内容是什么；你认为该书具有哪些新思想、新观点或特点；该书究竟有什么实用价值或某种具体作用。这些有机联系构成一个比较完整的总体评估体系。

一次将这些因素收集全可能会有困难，要逐步完善。不过，当你阅读一本书的时候，你所采用的是整体阅读法，那么就要按要求去积累材料，并迅速、有效地作出判断，是你需要的就挑出来精读，反之就不读。

恰当培养，让孩子全面发展

孩子身心发展有一个过程，在知识增长、道德认识、情感培养、行为控制、身体素质等方面，都是随着年龄增长逐步提高的。

但近年来，出现了令教育学家十分担忧的倾向，许多父母望子成龙心切，在孩子心理生理还无法接受的年龄时，灌输了一大堆孩子无法接受的知识，并用大人的意识强加干涉，早期定向、设计各式各样的未来，而不考虑幼儿是否能够承受。

尽管父母的出发点是好的，但这种重智力轻全面发展的教育方法，往往欲速则不达，把孩子本来存在的创造潜力淹没了，有时还要付出更大的代价。

帮助孩子找准才能的生长点

学龄前是幼儿全面奠基时期，我们不仅仅要给予知识灌输，而且还要让幼儿在身心愉悦中接受知识和道理。

美国的一项调查表明，大多有成就的人，他们的意志、兴趣、爱好、理想、性格等都与幼年时父母比较尊重孩子的个性、发展孩子个性有直接影响，使幼儿从小富于好奇心、爱发问、敢于发表自己的见解，使幼儿智力因素与非智力因素同步发展。

由此看来，父母对孩子智力发展的要求，必须是可行的、高于幼儿原来水平而且经过努力还能达到，同时又要给予他们希望和信心。这就需要父母们明白这样一个目的，教育孩子不是为了他能在眼前背几首儿歌，念几句名言，而是为孩子将来能认识问题和理解问题奠定良好的基础。

　　现在的父母都很重视幼儿的早期教育，甚至不惜工本，有的让孩子参加训练班，或亲自教授，进行学前培养。应该说这是好现象，有利于孩子智力的开发。

　　但是有些父母望子成龙心切，对孩子表现出来的某些特长，如唱歌、跳舞、弹琴、绘画等，想过早进行定向培养，想让孩子将来成为文学家、艺术家、科学家……这些愿望是好的，但如此盲目给孩子设计未来，结果只能是揠苗助长。

　　对幼儿过早进行定向培养好吗？回答是否定的，因为它违背了人才成长的规律。但可以肯定的是，定向培养对一个人的成才是很重要的。人生有涯，知识无涯，一个人不可能学尽天下知识，只能在学好基础知识的基础上，选择一二种学科。

　　所以在学好基础知识的前提下，帮助孩子找准才能的生长点，尤其是最佳生长点，即孩子最适于干什么，是很有必要的。这样可以更好地发挥幼儿才能，但是这个定向，必须是在打好基础知识的前提下完成的。只有在最基本的知识上扎扎实实地下工夫，才能一步一步迈进成才之门。

不要过早定位孩子

　　人为地过早定向，将会限制孩子的发展，甚至会扼杀孩子的创造力，所以过早给孩子定向，偏科发展，其弊多利少，这样或许会一时突出，但基础不牢，其发展有限。

人类的知识，本来是一个整体，为了研究方便，才分成了不同学科，这些学科也是互相联系的。

有的父母片面地认为，自己喜欢文学，孩子将来也要向文学发展，于是对数学就不那么重视。一旦定向培养未能如愿，基础知识的底子又没打牢，岂不是毁了孩子的一生，到那时后悔晚矣。

过早地定向培养，使孩子得不到全面发展，这不仅不利于基础知识的掌握，也不利于思维的发展。因此，是不可取的。

艺术是一个高贵的殿堂，受到人们的崇尚。年轻的父母们都希望自己的孩子能被培养成艺术人才。于是，社会上一些专门培养孩子的绘画班、音乐班便应运而生，这些新事物肯定会给我们未来的艺术世界增添奇花异木，但并不是每个孩子都能成为专门的艺术人才。

正由于父母对孩子的希望太高，他们往往节衣缩食为孩子买钢琴，送训练班，创造一切优裕条件，以盼望有一天，自己的孩子会成为钢琴家、画家……可事实上，有些经过训练的孩子却长进不大，这很令父母伤心。

其实，这是很正常的。因为专业艺术家的成才中，除自身努力外，还需要有很多方面的因素影响。有些孩子具备培养成专门人才的因素，有些呢，不具备或具备不多，这是一种客观存在的事实。

人本身在智力的各组成部分上具有差异。比如记忆力，可分为直觉形象记忆和抽象记忆两种类型，前者对物体、图画、颜色、声音的记忆较好，而后者则对词、数、概念的记忆较好。在这两种类型中，前一类比较适合学习艺术，后一类比较适合学习科学知识。

著名的学者达尔文年幼的时候，家里让他去学习神学，结果学习成绩很差，被认为低能。事实上，他从小就喜欢且擅长的是动植物学，这种家庭违背孩子特长的培养方式延缓了达尔文成才的时间，因此，他50岁才写出著名的科学论著《物种起源》。

所以，在父母培养孩子才能方面，不应以父母的意愿代替孩子。首先应该观察孩子对此是否有兴趣，并了解孩子智力的特点，适不适合这方面的发展，再做出决定。这样才能有效地发展孩子的才能，使他们成才。

此外，孩子的兴趣爱好是多方面的，而且是变化的。因此，就更需要父母按人才发展的规律特点办事，应尊重孩子的意愿，不要勉强从事。

采取措施得当，孩子学习棒

调查研究表明，孩子的学习跟不上趟，既不是个别现象，形成的原因也各不相同。所以要具体问题具体分析。一般父母可以从以下几方面帮助孩子解除烦恼。

调查研究，对症下药

孩子的学习跟不上，首先要调查研究，然后再对症下药，才能见到良好的效果。我们要帮助孩子分析一下学习跟不上的原因在什么地方。

（1）认识上的不足。认识上的模糊，往往会导致行动上的盲目。有的孩子不知道学习的重要性，不知道为什么要到学校去学习。有的孩子把学习当成一种负担，有的孩子把学习看成"无所谓的事"。

父母要帮助这样的孩子提高学习上的自觉性、主动性和积极性，帮助他们明确学习的目的，端正学习态度。

在给孩子讲道理时，不能空讲大道理，要根据孩子的心理特点把道理融入一个故事、一个寓言或一个童话中，也可以给孩子讲先进人物、英雄、领袖等刻苦学习的故事，这样做，孩子才易于接受，才会明白父母所讲的道理。

（2）感情上的错位。有的孩子学习跟不上是因为情绪上的波动。凭兴趣爱好，喜欢的功课就学得好，不喜欢的功课就跟不上。对这样的孩子，我们要从培养孩子的学习兴趣入手，想方设法调动孩子的学习积极性，把孩子对待其他事情的兴趣转移到学习上来，千方百计地让孩子对不喜欢的功课也能感到成功的喜悦。只有这样做，父母才能收到预期的效果。

（3）意志上的动摇。有的孩子，学习跟不上是由于意志薄弱，是缺乏自我控制的能力。有的孩子毅力不强，害怕学习上的困难，害怕学习上的吃苦，懒惰成性。对于这种问题，父母要从锻炼孩子的意志入手，培养孩子敢于吃苦的精神，让他们明白苦尽甘来、苦中有乐的道理。

（4）习惯上的不良。有的孩子学习跟不上是由于染上了不良习惯，无意识地一而再，再而三地影响了学习。因此，我们要帮助孩子矫正不良习惯，培养他们良好的学习习惯。如，勤学好思，专注认真，珍惜时间，虚心求教，学以致用等，都是良好的学习习惯。

用发展的眼光看待孩子的学习

学习环境，父母之间的感情，班集体的风气等都能给孩子的学习带来影响。因此，父母要用发展的眼光看待孩子的学习。

不能用静止的观点去对待，要用发展的眼光看待孩子，相信孩子会吸取教训，总结成功或失败的经验，争取进步。这样，我们才能摒弃讽刺、挖苦、训斥、责打的教育方法，才能采取"动之以情，晓之以理，导之以行"的正确方法去引导孩子攀登学习上的一座又一座高峰。

（1）帮助孩子化消极因素为积极因素。孩子的学习跟不上，我们要想办法化消极因素为积极因素，要着眼于发现孩子学习上的闪光点，及时给予鼓励。如，孩子的成绩尽管不尽如人意，但比以前有所提高；孩子的学习错误率降低，正确率提高。哪怕这种变化是很小的。我们也要保护他的积极性，给以肯定。

有时，我们可以引导孩子把他的长处移到学习上也能产生良好的效果。如，有的孩子绘画好，体育好，若启发孩子把这方面的"专心、刻苦、用功"的劲头用在文化学习上，会取得意想不到的效果。

（2）对孩子提出要求要适当。孩子的学习跟不上，父母一定会给孩子提出一些具体要求，这是应当的。但要注意，向孩子提出的要求不宜过低，也不宜过高。

过低了，不用怎么努力就会实现，那么孩子的学习成绩会出现波动，出现反复，也可能会停滞不前。如果要求过高，孩子努力了也实现不了，则容易引起孩子的逆反心理。如破罐子破摔、逃避学习、甚至在父母面前撒谎等。

所以，我们对"学习跟不上"的孩子提要求要慎重，要提得合理、恰当、适度。

帮助孩子学会学习

对学习跟不上的孩子，要重视学习方法的辅导。学习方法不仅有助于理解知识，也有益于提高孩子的智力水平。智力水平提高了，当然就会促进孩子的学习，变"跟不上为跟得上"。

父母可以把学习上的重点与难点编成口诀或顺口溜，深入浅出地讲给孩子听。孩子从所背的口诀、歌谣或顺口溜中体会到并掌握了具体的方法就会轻松地跟上正常的学习水平。

好的兴趣，让孩子快乐学习

学习兴趣也称为求知欲，是一个孩子经常倾向于认识、掌握某种事物并力求参与该种活动的心理特点。良好的学习兴趣是学习活动的自觉动力。古今中外，许多杰出人物的成功都始于兴趣，正如爱因斯坦所说：兴趣、动机是最好的老师。有了良好的学习兴趣，学习会产生无穷的动力。

一般来说，兴趣可分为直接兴趣和间接兴趣。直接兴趣是对学习活动本身的兴趣，它是由学习过程本身以及知识的特点引起的。间接兴趣是对学习后果的兴趣，有时孩子对某些具体活动或学习过程并不直接感兴趣，但对学习结果感兴趣，如得高分可以得到老师、父母的表扬等等，以此促使自己坚持学习，这便是间接兴趣。

可以说，这两种学习兴趣对孩子的学习都是必要的。缺乏直接兴趣，会使学习成为枯燥无味的负担，缺乏间接兴趣又会使孩子丧失学习的恒心和毅力。所以说，培养孩子的学习兴趣应将两者有机地结合起来，激发其主动学习的积极性。

共同探讨学习中有趣的事情

孩子一开始学数学可能觉得很枯燥，但是如果这时父母与他一起探讨数学与日常生活及自然科学、社会科学的密切联系，并与孩子一起分析实例，数学就有可能变得越来越有趣。

例如，孩子在学习分数时，父母提出与孩子共同寻找日常生活中带有分数含义事物的建议，在共同探索中使孩子了解了数学，并对数学产生了浓厚的兴趣。

提高成功的概率

孩子在某一件事上如果经常获得成功，心理就会产生极大的满足感，与此同时，孩子的自信心也会大大地增强，兴趣也会与日俱增，并产生进一步学习的愿望。相反，总是体验失败会使孩子产生不愉快的心情并丧失学习兴趣。

因此，父母要不断地鼓励孩子的成就，哪怕有一点小小的进步也不忽视，同时，父母要适时适量地帮助孩子清除学习上的拦路虎，培养孩子自信、自强的良好心理品质。

鼓励孩子参加各种课外活动小组

有时孩子对学科内容的社会意义有一定程度的认识，但并不一定能产生学习的兴趣。如果让孩子到实践活动中去，承担一定的任务，这样不仅能使孩子在完成任务过程中进一步体会知识的实践意义，还会切身感到自己知识的不足，敦促其进一步学习。

因此，如果孩子对数学缺乏兴趣，我们就鼓励他去参加数学兴趣小组，多做数学趣味题，激发其学习数学的兴趣及克服困难的勇气。

利用兴趣转移

在孩子缺乏学习动力、没有明确学习目的的情况下，可以利用他对其他活动的兴趣，因势利导，转移到学习上。例如：有的孩子不喜欢数学，但喜欢做轮船模型，妈妈就可以采用以下几步转移兴趣的方法：

首先，要求孩子只有在完成作业后才能做模型，这个要求将数学学习与模型制作建立联系，孩子自然而然就会增加对自然学科的关注。

其次，当孩子做作业非常认真努力时以买新航模等做为奖赏物，激发孩子对学习数学产生间接兴趣。

最后，妈妈爸爸可以与孩子一起做模型并不断启发、诱导，使孩子明白模型制作与学习数学的关系，当孩子明白了学习数学的现实意义，就会逐渐将对模型的兴趣转移到学习数学上，自然而然产生了学好数学的愿望。

正确对待孩子的成绩

成绩比别人稍微差的孩子，如果也认定"只有自己考试成绩不好"，就会越来越讨厌学习。并且产生不安感。如何引导有这种想法的孩子，父母的作用是非常重要的。

鼓励孩子，不要抱怨

一些孩子有时会突然对学习失去兴趣，成绩也会急剧下降。这个时候，老师和父母哪怕是轻微的怨言，都会挫伤孩子的学习积极性。当孩子知道一次或两次考试失败就会失去父母和老师的信任时，不只对学习，甚至学习以外的其他事情也会变得很糟糕。这种现象已屡见不鲜。这时候无论如何批评都无济于事。

父母需要做的是信任自己的孩子，暂时帮助他们忘掉学习的烦恼，对孩子所做的一切要大加赞扬："妈妈相信你，你只要努力就会成功的。"

一些平时学习用功、成绩也相当不错的孩子，也不能保证每次考试都能得高分。即使是平常学得很好的功课，如果运气不佳，正好碰上自己感到棘手的问题，也可能会考得一塌糊涂。这时如果父母和老师只关心考试成绩而对孩子大加训斥，那么孩子就会变得垂头丧气，转而对学习失去信心。

当孩子把考得不好的成绩拿回家时，父母往往会不由得大发脾气，指责孩子："怎么才考这么点分？"这样做会刺伤孩子的心，以至于使他们在做别的事情时也显得不知所措。

其实，考得不好受打击最大的应该是本人，孩子会对自己能力不够感到内疚。如果父母这时再火上浇油的话，只能使孩子的情绪更加低落，对自己完全失去信心。

一些发展成为重大社会问题的事件，其原因与这些孩子对未来的不安和绝望密切相关。为了不使孩子对未来的希望破灭，为了使孩子感到未来不是梦，父母对孩子进行鼓励是非常重要的。

要正确看待孩子的成绩

例如，当父母看到孩子通知书上的成绩不好时应如何对待呢？专家认为这是一个非常难办的问题，希望通过下述一些考虑，采取一些不是抽象而是具体的办法去加以解决。

首先，对孩子成绩不佳不应"亦喜亦忧"，而应以"有苦就有乐"来对待。父母与孩子一起为成绩的提高而高兴，"亦喜"是可以的。但对于讨厌学习的孩子无论如何不能反复表现出"亦忧"，这样会使孩子彻底失去信心，永远无法改变讨厌学习的心情。

即使孩子的学习成绩不好，也不要过于刺激孩子，要给其留有余地。比如说"妈妈也有过成绩不好的时候，有不好的地方也有好的地方"。即不是以"亦喜亦忧"，而是以"有苦就有乐"的态度来对待孩子的成绩。如果这样能消除成绩所造成的压力，孩子也就能自己消除心理负担和自卑感了。

对于讨厌学习的孩子来说，成绩单似乎是苦恼的最大根源。因为讨厌就不学习，不学习成绩就不好，因为成绩不好就惹父母生气，因为父母生气孩子的成绩就越来越不好。这可以说是最典型的"恶性循环"。

在孩子决定是学还是不学之前，大人对成绩单的评价对孩子是一种压力。为了消除这种压力，即使孩子把成绩单拿回家，如果他自己不主动让看，父母就不要硬去看。如果大人能这样做，孩子一定会主动地把成绩单拿给父母看的。

表扬、斥责往往是在与什么对象相对比之后才进行的。一般地，被认为不能成为"表扬"依据的"坏的分数"是什么呢？当然，这也是与什么进行比较之后才认为是"坏的"。这恐怕是与班里的平均成绩或本人平时的成绩相比较，而得出的结论。

然而，这种"坏的分数"决不能说就不能再成为"表扬的对象"。比如，上次如果取得了相当好的成绩，这次很可能下降了。再者，得了满分之后，下一次不可能再取得超过前一次那样的成绩。

所以，不管取得多么"不好的分数"，如果这个孩子的成绩急剧下降，在设法对其进行鼓励的时候，也可以选择比这个分数更低的分数作为比较对象，鼓励孩子说："你总是说不好、不好，可是这与去年这个时候相比，就看出不知好了多少。"

孩子考得不好，学习受到挫折时，与其进行不高明的宽慰和鼓励，莫如对孩子谈及与其状况相同的"相同者"，这样更容易被孩子所接受。

即使孩子成绩不好也要说"下次努力"，使其把目光转向下一次机会，这是孩子的特权。可是，总是因为成绩不好不断受到责备而厌学的孩子，就只看到眼前的事。每当考试结束后回家的时候，孩子便又提心吊胆，担心这次又将受到训斥。

为了使孩子对学习产生兴趣，父母有必要消除孩子从考场回来时的心理压力，让其把目光转向今后。当选手在比赛中出现错误时，有的教练即使想发火也绝对不发火，极力忍耐着，而是对选手说"下一次努力就行了"。

如果孩子情绪低落，就对其说"这是下一次飞跃的充电期"。曾经讨厌学习的孩子一心想东山再起，如果硬拼一阵子，成绩也会迅速提高。

然而，一旦到了某种程度，就会令人难以置信地突然停止了上升，完全陷入一种停止状态。认识片面的孩子可能容易认为"不论如何努力，自己也就是这种程度"，由于这种停滞，孩子又会再次回到讨厌学习的状态，这种情况并不少见。

在心理学上称这种停滞状态为"起跳台"。这作为下一个飞跃的开端，倒可以对此予以充分肯定，即是进一步前进的一个必然阶段。如果换成孩子容易理解的话说，也可以将此解释为一种"充电期"。

所以，当孩子学习成绩停滞不前时，父母就对孩子说"因为这是走向下一次飞跃的充电期，这是必然的过程"这样让其放心。同时，对认定"只有自己不行"的孩子，父母可以说"就是你的父母，也曾有过无论如何学习成绩也上不去的时期"。

这时，父母应该想办法使孩子的目光转向他的长处，增强他的自信心。只要有了自信，那么自然而然地学习的兴趣也会很快树立起来。总之，最为重要的是，无论什么时候父母都要相信孩子的能力。

本来，孩子的才能是无穷无尽的，自己也能把握住重新开始的时机。在此之前，父母不要着急，也不要怪罪孩子，只要你能对他好好呵护，那么讨厌学习的情绪一定会立刻消失得无影无踪。

智力训练，让孩子更聪明

促进孩子智力的发展，除了教育其掌握丰富的科学文化知识，为智力的发展奠定坚实的基础之外，还可以采用一些专门的方法进行智力训练，如猜谜语、讲故事的方法训练想象力，通过反复的训练可以巩固和加强孩子的某些智力因素。

对儿童进行智能训练是一种比较细致的工作，不能盲目进行，弄得不好会适得其反。训练孩子智能应注意以下问题：

从生活兴趣培养孩子

着眼于在家庭生活中培养孩子的智力，能为其接受的训练任务和智能训练的方式很多。专业人员对儿童训练通常要用特制的器械和专门的文字材料，程序繁琐，要求过严。

父母训练孩子智能要从生活实际出发，随时随地提出问题，鼓励孩子观察、记忆、思考和想象，如有位父母为了培养孩子的观察力，要求孩子仔细观察自行车并回答如下问题：

自行车上有多少三角形；自行车上能转动的部分有哪些；自行车的车把像什么；车轮上的辐条有什么用途；车行时轮胎上沾着的水往哪个方向甩；在冰雪路面上骑车时，气打的足还是不足好。孩子们乐意接受这样的训练，他们在完成任务者过程中，心智就得到了训练。

指导孩子做智力游戏，使其在欢快的活动中发展智力。智力游戏是激发人们心智的有趣活动，它有巧连数字、巧填文字、智剪巧拼、找出隐物、找出差错、走出迷宫等种类。娱乐性的下棋、玩扑克、打桥牌等也可以被看作是智力游戏。

各种各样轻松愉快的游戏，不仅可以使孩子学到在课堂上学不到的科学知识，而且能够锻炼他的智力。

通过身体运动来培养孩子

指导孩子做益智体操，使其通过身体运动来促进智力发展。身体是脑的载体，是智力活动的生理基础。身体的运动必然影响到神经活动。身体的特定部位和脑神经细胞的某些区域关系密切，有规律地活动这些部位就会使大脑受到良性刺激，从而促进智力的发展。如做简单的"动嘴操"，它的基本动作有说话、咀嚼、朗读、大笑、漱口等。

用对话启发孩子好奇心

同孩子对话，激发孩子的思考和想象。通常由父母提出问题，让孩子来回答。提问的语气大体有三种：是什么？怎么样？为什么？

显然，前两种情况是具体的，后一种问题是抽象的。"是什么"和"怎么样"代表认识问题的启蒙阶段，而"为什么"则是问题的提高和升华。

对话，能够疏通两代人的情感脉络；对话，使孩子向父母敞开心扉；对话，也点燃了孩子智慧的火花。生活经验告诉我们，年龄大一点、智商比较高的孩子，对上述三种形式的问题，都能作出满意的回答。

　　而年龄小、智商较低的孩子，则对"为什么"的问题往往张口结舌，难以作答。父母只有根据孩子的具体情况，选择适当的提问形式进行对话，才能获得最佳效果。

　　一般，在孩子四周岁以后，就要有意识地多问他"为什么"的问题，这样可以引发孩子探究因果联系的兴趣，从而提高他们抽象思维的能力。

　　在探讨问题时，对话是由未知推导可知的一条捷径，也是启迪孩子求知欲的一个重要手段。事实证明，凡是善于向孩子提问的父母，他们的孩子对周围的事物有更强烈的好奇心，大都喜欢提出这样或那样的问题。

　　作为父母，要十分珍视这种好奇心，更要保护孩子提出问题的积极性，任何冷漠和训斥的态度，都是不明智的。

　　孩子产生的疑问越多，问话越频繁，获取的知识也就越丰富。说不定会有一颗璀璨的新星，将在质疑和对话的过程中冉冉升起，这也是每一位父母所渴盼和追求的。

第四章

亲爱的，美育让你人生更美丽

美是一种事物的表现形式，它具有使人赏心悦目，兴奋激动的功能。审美教育习惯上称美育，它是指培养孩子正确的审美观点和感受美、欣赏美、表达美、创造美的能力的教育。

审美教育是通过美的欣赏和创造，发展孩子认识世界的能力，丰富精神生活，陶冶道德情操的基本手段。它能够使孩子的未来人生更美丽多彩。

审美教育，让你明白真的美

美育要培养孩子对自然美、社会美、艺术美的感受能力、欣赏能力和表现能力、创造能力，使孩子树立高尚的审美理想，建立正确的审美观念、健康的审美情趣，造就全面发展的新人。

家庭审美教育的目标应当是多方面的，切不可把美育的目标局限于让孩子掌握一两种艺术技能。为此，父母必须注意以下几点：

全面提高孩子的审美素质

孩子某一方面艺术潜力的发展，必须建立在整体审美素质的提高上。如果孩子片面发展某一两项技能，就像在沙漠中建造大楼一样，是不可能成功的。有些父母不注意孩子整体审美素质的提高，只让孩子拼命学习一种乐器或者绘画，是培养不出来演奏家和画家的。

有心让孩子在艺术领域成才的父母，应当从传授审美知识、欣赏自然美、社会美、艺术美，用艺术表现美，在生活中创造美等多方面提高孩子的审美素质，为其将来成为艺术家奠定宽厚的基础。

慎重决定学习艺术项目

艺术是美的集中体现，大多数父母都希望自己的孩子能够掌握一两种艺术技能。那么让孩子学哪一种艺术呢？或看先学哪一种后学哪一种呢？如果父母只是把学艺术作为孩子的一般性娱乐，可以让孩子自由选择。

如果父母希望孩子学艺术达到较高水平，并成为特长的话，就应认真考虑了。首先要了解孩子智力的特点。通常直觉形象记忆发达的孩子对形状、图画、颜色、声音的记忆较好，适于学习艺术；而抽象记忆发达的孩子，对词、概念、数学、记忆较好，这类孩子的艺术潜力不大。

进一步说，在直觉形象记忆力发达的孩子中，有的偏重于听觉型，有的偏重于视觉型。前者适于学习音乐，后者适于学习美术。其次要看孩子的兴趣，有艺术潜力但没有兴趣的孩子也是学不好艺术的，因为学艺术必须付出真情，父母要设法调动起孩子学习艺术的积极性。

再者，就是家庭条件，包括父母有无艺术特长，家庭经济实力，家庭空间大小等。父母要根据上述基本条件，慎重决定孩子学习项目，必要时，应请艺术专业教师做参谋。

注意培养正确的审美观点

美既有客观性，也有主观性。我国著名美学家朱光潜认为：现实事物必须有某些产生美的客观条件，这些客观条件必须与人的世界观、生活经验等主观因素相结合，才能产生美。

由于地位、观点和情趣不同，人们对美的爱好也是有区别的。如宋朝封建贵族大多喜欢牡丹，因为牡丹象征雍容华贵；而同时期的隐士则欣赏莲花，因为莲花出淤泥而不染，象征洁身自好。

现实生活，五光十色，千奇百怪，如何去分辨事物的美和丑呢？在自然界中美丑的标准还比较容易划分，通常能引起人们赏心悦目，有利于人的身心健康的就是美。

在社会生活中区分美丑却有较大的困难，不过从总体上看，有利于社会进步，符合人民大众利益的就是美，反之为丑。父母要结合具体的事例向孩子讲述什么是美，什么是丑，纠正孩子在审美观上的一些糊涂认识。

美育的养成，需要潜移默化

美育是凭借美的事物给孩子以引导和感染，使一定的思想、观点和情感潜移默化地影响孩子的道德情操，一点一滴地渗进他们的心灵。形象地比喻为："随风潜入夜，润物细无声"。父母要掌握美育的这个特点，使孩子在美育中受到潜移默化的影响。为此，父母要注意以下几点。

增强家庭的艺术气氛

从许多艺术家的成长史中可以看到，家庭环境的熏陶是非常重要的：东汉杰出的女诗人蔡文姬"妙于音律"，同她从小生长在诗乐家庭中是分不开的；奥地利莫扎特的父亲是一个很有才华的宫廷乐师，莫扎特成为著名的作曲家，同父亲的影响有直接关系；我国著名京剧大师梅兰芳的孩子梅葆玖受父亲影响，长大后也成为京剧艺术家。

为了培养孩子的审美素质，父母应当有意识地在家中播放优美的音乐，贴挂鲜艳的书画，摆放漂亮的艺术品，使孩子和艺术生活在一起，能够不断地从中受到无形的影响。

有艺术才能的父母，可以经常在家中弹奏名曲，挥毫泼墨，这更容易使孩子激动不已，跃跃欲试。对于缺乏艺术专长的父母来说，应当趁着现在还年轻，去学习和掌握一两种艺术技能，这无论从培养孩子的角度，还是从陶冶自己的情操来说都是必要的。而且，只要用心就一定能学会。

到户外去采撷美

大自然，社会中，到处都有美的影子。

父母要经常把孩子带到五彩缤纷、气象万千的户外世界中去，在广阔天地采撷美。大自然中辽阔的原野、巍峨的山岳、葱郁的森林、碧绿的湖水、飘香的花朵、欢笑的虫鸟，都能给孩子以美的享受；社会生活中，人们每天都创造着美，整洁的街道、宏伟的建筑、夺目的广告、漂亮的服装，都能使孩子兴奋异常。

父母要充分利用美的素材去感染孩子，促进孩子多方面的发展。有的父母，深知大自然对于孩子的重要，每年夏天都要带孩子去山里或海边过几天野营生活。

在海边他们天天去拾贝壳、采集海藻、捕捉螃蟹，在沙滩上堆山、筑岛、修湾；在森林中，他们认识树木、花草，还用照相机摄下美丽的景色和花草。美的滋润使孩子健康成长，很小的年龄就能写出优美的散文，并自己配画。

要与孩子讨论美

孩子的年龄小，认识能力低，对美的感受不强，一般地听听音乐，看看绘画，逛逛公园，还不能完全达到审美的目标。父母要注意指导孩子在欣赏艺术和感受自然美、社会美的过程中仔细观察，深刻体验，大胆想象。

如观光名胜古迹时，父母要指导孩子观察这座古迹的颜色、结构、式样，还要注意观察这座古迹和周围环境相映成趣的和谐，体会它的建筑风格。

在和孩子一起观看文艺节目时，父母要启发孩子比较不同人物的语言、表情、动作、装束，说出哪些很美，哪些还存在着美中不足。事物的美没有绝对的标准，可以从不同的角度去发掘。

美育，促进孩子身心发展

美育是关于孩子认识美、爱好美和创造美的能力的教育，也称审美教育或美感教育。美育要通过各种艺术以及自然界和社会生活中美好的事物来进行。通过艺术进行的美育就是艺术教育。在人的全面发展教育中，美育占有重要地位。

美育随着人们的审美活动和艺术的产生而产生，人们的审美活动和艺术是在劳动过程中形成和发展起来的。原始人最初的歌唱就是他们的劳动号子。他们的舞蹈、壁画、雕像等，也往往是原始部落劳动生活的再现，是他们生产实践的美化形式。在原始社会中，有了原始的审美活动和艺术，也就有对年轻一代的原始审美经验的传授。

我们今天所提倡的美育，是为培育孩子心灵美、行为美服务的。它用现实生活中的美好事物和艺术形象中的美好感情来感染受教育者。美育广泛而深入地影响着孩子的情感、想象、思想、意志和性格。它能丰富孩子的文化精神生活，激起孩子的情绪体验，有助于培养高尚情操，鼓舞孩子为创造一切美好的事物而奋发向上。

美育对德育、智育、体育都有积极的影响

美育用优美感人的艺术形象，可以帮助孩子认识人们的生活、理想，使他们受到生动的思想品德教育，促进他们的政治品质、道德面貌和思想感情健康地成长。

美育同时可以发展孩子的观察能力、想象能力、形象思维能力和创造能力，还能调剂孩子的生活，提高学习效果。

美育的基本任务，在于培养孩子充分感受现实美和艺术美的能力。要求在培养他们敏锐的感觉能力的同时，发展他们高尚的审美情感，培养他们审美的比较及分析能力，以区别真善美与假丑恶。

培养孩子审美的想象和联想能力，使孩子具有理解和欣赏现实美和艺术美的知识与能力，形成他们对于美和艺术的爱好。为了使他们具有艺术修养，就要使他们掌握各门艺术的基本知识，让孩子分析和评价艺术作品和社会上的美好事物，以培养他们审美的能力。

更重要的是，美育能够激发孩子对艺术的兴趣，培养他们爱美的情感。培养和发展孩子创造现实美和艺术美的才能和兴趣。要使孩子学会按照美的法则建设生活，把美体现在生活、劳动和其他行动中，养成他们美化环境以及生活的能力和习惯。

要注意组织孩子参加各种艺术实践活动，发展他们创造艺术美的才能和兴趣，尤其要注意发展有艺术才能的孩子的特长。因此，加强学习鉴赏自然和生活美的艺术教育，对孩子素质全面发展具有重要的促进作用。

（1）审美教育可以促进孩子智力的发展。在艺术活动中，孩子在艺术美的刺激下，情感受到感染，心灵受到浸润。这时，他们的感性和理性、主体与客体处于自然协同的状态，而这正为人的创造本质力量的迸发和释放提供了最佳时机。

审美教育可以陶冶孩子的情操，提高审美情趣，而且可以减轻左半脑的负担，刺激右半脑的发达，培养孩子的创造性思维能力。

人的思维可以分为逻辑思维和形象思维两种，只有把两者有机结合起来才能形成人的高素质思维。科学工作源于形象思维，终于逻辑思维。

形象思维源于艺术，审美过程具有形象思维的特点，审美过程需要想象和创造，想象和创造是审美思维过程最基本的品质。通过艺术教育发展形象思维，通过形象思维突破某些条件的约束，实现对思维的解放，促进孩子思维的全面发展。

（2）审美教育可以促进孩子非智力因素的发展。审美教育是一种情感教育，它的教育方式生动活泼，易于启发自觉性。所以，黑格尔认为，"审美带有令人解放的性质"。审美活动又是通过审美感性通向德育理性的桥梁。

在这个意义上，正是美育辅助了德育的实施，情感教育对理性教育起了催化的作用。可见，美育传达的实际上是一种情感，审美教育是一种情感教育，可以培植人的高尚而丰富的情感，是建设充实的内心世界的利器。

审美教育可以有效地丰富和发展人的想象力和创造精神，促进孩子的大脑两半球及眼、耳、手、肢体和全部身心的协调发展，使孩子变得聪明、文明和高雅，从而得到全面和谐的成长。

积极向上的艺术作品可以陶冶孩子的心灵、情操、举止、行为、人格和道德，使孩子的外在形体和内心人格形成美的统一。

审美教育可以促进孩子创新能力的发展

一个具有创造力的人是否会有创造行为，取决于他是否具备一定的动力系统，而这一动力系统是由情感、需要、兴趣、动机等精神力量类的非理性因素提供的。

审美教育之所以能带来教育上的积极效果，是因为审美是诉诸人的情感、直觉、无意识等非理性领域的，能够激活传统教育中孩子闲置而未利用的巨大资源：非理性因素。从而使孩子的大脑进入一种舒展和机敏的良好状态。

从某种意义上可以这样说，艺术教育作用于孩子的过程，就是解放孩子情感的过程，解放无意识使之得到适当释放和文化提升的过程，从而减轻对深层次心理活动中的非理性因素的压抑与束缚，使之不断受到激发，保持旺盛的活力。

审美教育不仅可以带来积极的教育，而且还非常有助于孩子的非理性因素的发展。非理性因素被激活，事实上也就获得了充分发展的权利、机会和条件。

黑格尔说："艺术又好像处于一种较高尚的推动力，它所要满足的是一种较高的需求，有时甚至是最高的绝对的需要，因为艺术是和整个时代整个民族的一般世界观和宗教旨趣联系在一起的。"

可见，艺术是在更高层次上全面地发展和完善人自身的本质力量。审美教育通过诱发个人自发创造力，促使人格自然成长，从而培养出每个孩子本来具有的创造潜能，达到自我实现。

美育是指受教育者系统地接触和欣赏各种类型美的事物，学会认识美、发现美、感受美、理解美、评价美、表现美和创造美，提高审美能力和文化艺术素养，陶冶高尚情操，促进孩子全面和谐发展。

在素质教育中，美育相对其他方面有着不可代替的功能与作用，对提高孩子素质，促进身心发展起着积极的推动作用。

美育，让孩子变得更全面

美育，又被称之为审美教育或美感教育，是人们在对自然、社会和艺术的鉴赏中，通过情感活动的体验、选择和判断，达到对美的肯定、选取，对丑的否定、摈弃，使情感得到净化，道德得到陶冶，精神得到升华的过程。

美育之所以成为素质教育的内容之一，并具有举足轻重的地位和作用，是由美育自身的性质和特点决定的。

美育有利于陶冶人的情操

人的行动总是受一定情感支配。美育是一种相对自由的教育形态，人们有了美好的情感，再通过寓教于乐、潜移默化等过程，使人的心灵得以净化。

美与人的心灵是相通的，如康德所说，美是情感、知识与道德的桥梁。美育是运用人类社会创造的一切美，对人进行美的教育，使人具有一颗丰富而充实的灵魂。教育的关键，就是要将道德、知识等转化为人的内在的精神素质，使之成为真善美相统一的人格。

孔子说："知之者不如好之者，好之者不如乐之者。"只有从情感上真正感受到美，人们才能对某项事物心悦诚服，或者对从事某项工作感到愉快。

美育有利于培养创新精神

教育的精髓是启迪智慧，培养创新精神。美育有利于提高人的思维能力。事实证明，很多成功人士所取得的成就与他们所受到的良好美育是分不开的。因此，美育的一项社会功能就在于培养人，在于塑造美的心灵。

实施包括美育在内的素质教育，是提高国民素质的重要途径和基础工程。

人在青少年时期，生命力最旺盛，精力最充沛，思想异常活跃，如果这个时期失去了富有营养的精神哺育，不利于形成健全的人格以及高尚的情操，有的人甚至就此沉溺于低级庸俗的趣味之中，难以形成健康的精神世界。

其实，现行素质教育的教材中有着丰富的美育内容，这些内容非常注重孩子的知、情、意的全面发展，尤其是中小学语文教材中，有很多陶冶情操的篇章，很多内容都具有很好的审美教育功能，既能够让孩子受到美的熏陶，同时还可以培养孩子的审美意识和高尚的审美情趣，培养审美感知力和审美创造力。

我们应该好好利用素质教育的优势，在教材中挖掘美，在教育中体现美，真正把素质教育中的美育做好。

应大力加强对孩子的美育培养

（1）要培养孩子对美的感受力。审美不是自然现象，而是社会现象，人们对美的感受能力也不是天生的，而是后天获得的。

美存在于自然、社会、艺术和科学等客观事物以及客观的活动过程之中。生活中，美无处不在。这就需要我们引导孩子去感受，去体验，去实践。

（2）要培养孩子对美的鉴赏力。美育就是要培养孩子具有鉴别美丑的能力，使他们能正确理解和判断事物的美和丑，不断提高鉴赏美的水平，从而树立起健康的审美情趣、审美标准和审美理想，满怀激情地去追求应该追求的美。

（3）要培养孩子对美的创造力。人们认识世界是为了改造世界，同样，人们感受和鉴赏美是为了创造美，为了创造更加美好的生活。我们应积极引导孩子从现实生活的各个方面接受美的教育，更好地按照美的规律去改造客观世界和主观世界，创造更美好的生活。

实施素质教育，就是以提高国民素质为根本宗旨，以培养孩子的创新精神和实践能力为重点，造就德智体美等方面的全面发展。

美育不仅能陶冶情操、提高素养，而且有助于开发智力，对于促进孩子全面发展具有不可替代的作用。把美育纳入素质教育这一系统工程，具有重要的意义。

（4）美育是素质教育的重要组成部分。应具备的基本素质为：思想道德素质、文化科学素质、身心素质、审美素质和劳动技能素质。

所谓审美素质，包括树立崇高的审美理想，正确的审美观念和健康的审美情趣，培养和提高敏锐的审美感知能力，明晰的审美鉴赏能力，丰富的审美创造能力。而孩子审美素质的培养和提高，也主要通过美育来实施。

美育即审美教育，也称美感教育。它是感性教育、趣味教育和人格教育的综合，是一种通过升华人们的感性来引导人们的兴趣，进而促进人格完善的一种教育形式。

美育是培养、提高孩子感受人格完善的一种教育形式。它是培养、提高孩子感受美、鉴赏美和创造美的能力教育；是树立、端正孩子的审美观念、审美情趣的教育，是陶冶孩子的性情、净化孩子的情感、美化孩子的生活，使孩子更加热爱美、热爱生活的教育。

美育与德、智、体和劳技教育有着密切的联系，但又有本质的区别。

德育是规范，在规范中对人的精神起激励、净化、升华的作用，调整和规范社会中人与人、人与社会的关系。

智育主要是通过对人的培养和训练，使人们掌握文化科学知识和技能，侧重的是人与自然的关系，是"知"的开发与教育。

体育主要是通过一定的运动形式，促使孩子具有健康的体魄和饱满的情绪，侧重的是人与身体的关系。

劳技教育主要是有意识、有计划地培养孩子的生存能力和创业能力，侧重的是人与社会就业的关系。

而美育则是通过对美的鉴赏来提高人们的审美趣味，培养和锻炼人们鉴别、欣赏和创造美的能力，侧重的是人与现实的审美关系。

同思想素质、文化素质、身心素质和劳技素质不能代替审美素质一样，德育、智育、体育和劳技教育也不能代替美育，美育有它自己的特点和规律，它理应成为素质教育的一个独立的重要组成部分。

（5）美育是实施素质教育的基本路径。美育能以美辅德，提高人的思想素质。

一般来说，人的思想素质的提高，是通过德育来实现的，以德育人是根本。但思想品德教育不能干巴巴地说教，必须像春雨那样"随风潜入夜"，通过渐进的方式把德育寓于美育之中，使人在效法榜样的潜移默化之中实现思想道德教育，这实际上是一种情感教育，是动之以情，以美引善的工作。

从某种意义上说，通过美育调动人的兴趣，打动人的情感，让人受到教育。通过美育帮助孩子明辨是非，知善恶，识美丑，以"善"为美，以"有德"为美，以树立崇高的理想为美，激发他们对于美的热爱和追求，从而提高他们健康成长的自觉性，把人推向高尚的境界。

（6）美育能以美益智，提高人的文化素质。美育能够促进智育，有助于开发智力。美的诱惑力是无穷的，美育可借此来培养孩子深厚的学习兴趣，开阔他们的视野，提高智育的效果。

我们应该要把美育渗透到各科教学中去，不仅音乐、美术、体育、文学可以给孩子以美感，其他学科也可以给孩子以美感。进而影响人的情感、趣味、气质、性格、胸襟等等，并引发人的创造潜能。

美育可以培养孩子的动手、动口、动脑能力，可以丰富他们的想象力，增强他们的观察力，充分挖掘大脑潜力，有效调节脑功能，促进逻辑思维和形象思维的发展，进而培养他们的创新精神和实践能力，并由此促进科学创造与发明。

（7）美育能以美健身，提高人的身心素质。人的身心健康主要是通过体质培养和训练来实现的。体育是重在人的"身"的锻炼，美育是重在人的"心"的调节。

通过美育活动，可以使人增强自我调节能力，始终处于一种心情愉快、情绪饱满、积极向上的精神状态，保持身心健康。同时，规范的体育训练，在强身之外的另一个重要作用，是使人的肢体行为协调美观，增强求胜的信心。

美育还可以把健康的身体带进精神自由活动之中，把人体的生理、心理内在发展规律的要求，贯穿于一切体育训练活动中，使人健美。

（8）美育能以美促劳，提高人的劳技素质。美育具有自由性，孩子在学习中都乐意接受。

美育教育应该在潜移默化中帮助孩子认识劳动本身的审美属性，从而使他们明白劳动是创造快乐人生的起点，是创造美好生活的源泉，是人们生存于世界的最为神圣的活动，有助于孩子清除轻视劳动和鄙视劳动的思想。人们在劳动过程中，认识和改造了世界，显示了人的本质力量，这本身就是美。

美育还能够帮助孩子体验劳动成果的审美价值，在分享参加劳动的喜悦中，劳技教育达到了科学和艺术结合境界，充满着创造的智慧和欣喜，感受到精神的满足和享受，树立了热爱劳动的情感。

在劳技教育中渗透美育，还有助于培养孩子的承受能力和良好的社会适应能力，进而培养他们的创造精神和实践能力。

我们要深刻理解美育在人才培养以及在整个教育中的地位和作用。在全面推进素质教育的实施过程中，把美育付诸行动，贯穿始终，就一定能够培养出更多更好全面发展的孩子。

美育，培养你的高情商

在美育教育中，注重情商培养是教育"以人为本"思想的具体行动，善于发现学生的闪光点，激励和帮助孩子不断实现自己的每一个目标的"成功教育"，是经过实践证明的有效手段。

美育是一种情感艺术，美育教育需要情商培养。在美育教育中培养情商是促进孩子全面发展的需要，也是美育教育适应社会文明进步的需要。

美育对提高一个国家的整体国民素质，鼓舞和振奋民族精神，培养爱国主义情感都具有重大意义。学校美育是与德育、体育、智育、劳育等相辅并行的一种系统而规范的教育。无论美育的规范性、功能性、高效性都是学校美育优于其他美育的显著特点。

家庭是社会的细胞，父母是孩子最初的老师。在家庭生活中，父母的一言一行对孩子有着直接而巨大的影响。这是因为父母与孩子之间，不仅有着亲密的血缘关系，而且父母的言行举止，时刻都给孩子有形或无形的影响。

孩子模仿的对象首先就是父母。因此良好的家庭教育必须包含着美育。家庭美育是父母要做表率，谈吐文雅，敬老爱幼，家庭和睦，待客有礼貌等等。总之，家庭美育对孩子的成长具有十分重要的意义。

孩子在离开父母进入学校后，接触最多的就是老师。老师自然而然地成了学生的第二个模仿对象。老师既是知识的传授者，又是美的播种者。

因此，老师的言行举止，对学生有着很大的影响力。俗话说"身教胜于言教"，教师的思想之美，心灵之美，性格之美，气质风格之美都对学生有着十分重要的促进作用。

对学生而言，所谓"身正为范、学高为师"，说明了教师在学校美育中的重要性。因此，老师时刻都必须注意自己的言行和举止。

美育教育对孩子情商培养有着独特作用

实施素质教育被视为实现"科教兴国"战略的关键，美育教育也是围绕着"素质教育"这个中心所开展的。

美育已从过去单纯的技能教学，转变为全面重视和促进孩子整体素质发展的艺术教育。与人的情感有关的情商，它对人的后天发展起着极为重要的作用。而美育恰恰在孩子的情商培养方面，有着独特的作用和自身的优势。

孩子在美育的陶冶过程，实际上也是他们实现其自我完善的过程，是促进他们心理品质的形成与发展的过程，也是人的精神需要与实现自我价值的体验过程。

人们在对客观事物是否符合自己主观需要作出反应的时候，总会产生一定的情感倾向，这些不同的反映受到人的情商因素的影响，它是人们对客观事物所产生的不同态度的主观体验。

在美育教育中，孩子对作品不同的体验和主观反映，是获得心灵陶冶和学习动力的基础。情商包含了人自我情绪控制的能力、建立良好人际关系的心理品质，包含了培养自我激励的心灵动力。

在美育教育及相应活动中，影响孩子的自我发展和自我完善的情商因素包括：孩子对自然环境及艺术氛围的心理倾向；孩子对艺术作品的辨析能力和自我情绪的控制能力；孩子对艺术的心理适应能力和人与人之间相互协作的处世能力等，这些情商因素始终影响着孩子个人素质的形成。

美育教育中注重孩子的情商培养，满足孩子合理的精神需要，有利于他们身心的健康发展。人们在生活中需要艺术，也因为有了艺术，生活才变得美丽，美育教育是帮助孩子发现美、感受美、创造美的重要手段，是陶冶情操，实施美育的重要组成部分。

美育教育实际上是一种情感教育，重视孩子的情商培养，是美育教育适应教育"以人为本"的要求，满足孩子获得自我发展和自我完善的要求，服务于孩子未来生存与发展的需要。

美育教育是满足孩子心理需要的教育

人的认识过程是产生情感的前提和基础，同时人的情感对人的认识过程有动力作用，美育教育的形象性、直观性最能适应孩子的心理特点和认识需要，容易使孩子获取情感体验，并使之转化为孩子的内部动力。

因此，富有情商的美育教育能够帮助孩子获得实现成就的内因动力，能培养孩子去热爱自然、热爱生活，关爱他人。因此，从某种意义上讲，富有情商的美育教育也是一种德育手段，它还能帮助孩子克服自身先天的不足，去谋求自身最大可能的发展。

美育教育是体现"发展性"特征的教育

在教育中注意孩子的情商培养，能够使孩子增强对周围事物的兴趣，有利于孩子进行积极的观察和体验，从而激发学习的欲望，获取学习的乐趣，增强学习的动机。

教育活动中孩子的积极参与，能帮助孩子增强感受美、发现美、欣赏美、表现美的能力，有利于孩子在学习和生活中不断调节和控制自己的情绪，促进孩子形成良好的心理品质。

美育教育为孩子提供了广阔的表现空间，能激发孩子积极情感，有利于孩子积极观察、积极想象、积极表现，从而培养孩子的创造性思维，提高动手能力，为孩子将来的可持续发展打下良好基础。

美育教育是尊重素质"差异性"的教育

人的素质差异不仅表现在先天的个性差异上，还表现在后天的发展差异上。同一件美术作品，在不同的孩子心理上会产生不同的心理倾向。具有相同心理倾向的孩子在表现相同主题和相同内容的作品时，在形象、风格和表现手法上也不尽相同。

教育注重人的情商培养，能帮助孩子正确认知事物、正确认识自我、正确调节自己的心理和行为，促进孩子的健康成长。

良好的美育教育，尊重孩子，因人施教，是一个前提。承认差异，让孩子在感受中体验快乐，便于孩子的真情流露，有利于孩子心理的健康发展。

美育教育可以提高孩子的整体素质

美育教育是提高孩子整体素质教育的重要组成部分，是对孩子实施情商教育的重要内容。因此，没有美育教育的素质教育，也是不健全的素质教育。

美育教育所创造的良好的艺术氛围，能使孩子产生情感冲动，陶冶孩子的情操，有利于孩子认知过程和智力的发展，增强学习动机，能促进孩子良好思想品质的形成。有利于提高孩子的整体素质。

美育教育培养孩子情商的基本途径，有以下几方面：

（1）在美术表现中获得心理感知。美术表现是孩子使用各种形式、各种材料，通过创造性的劳动来表达自己的情感和体验，美术作品是个人情感与客观事物的介质反映。

写生、临摹都是孩子对客观事物直接或间接地感知和体验，所采用的夸张或写实，都是与孩子个人的心理倾向和表现欲有关。孩子的表现欲受孩子对事物的感知程度、技能水平、心理需要和环境氛围的制约和影响。

人在认识过程中产生了人的情感，人的情感对人的认知具有能动作用，它具有鲜明的心理指向性。

培养孩子的审美情趣，点燃审美激情，激发表现欲，培养表现能力，就要抓住孩子兴奋点，根据孩子的年龄和心理特点，满足孩子积极的心理需要，充分发挥情商的能动作用，帮助孩子正确地感知和理解客观事物。

（2）在美术欣赏中陶冶情感。欣赏是人对客体的能动性反映，并从中获取对客体的情感体验。美育欣赏的客体包括大自然及大自然中人类创造的文明成就、各种艺术作品、周围环境中人的气质和品质等。

在欣赏过程中，感情丰富的人对欣赏客体的感受面比较宽，感情细腻的人对欣赏客体的理解也比较深刻，影响孩子欣赏水平的因素，有知识水平、阅历经验、兴趣爱好、个人心理品质等。

让孩子学会欣赏，帮助孩子欣赏是教育者的任务。让孩子去亲近自然，并从中获得愉悦，在欣赏大自然中陶冶情操，为孩子提供背景知识和背景材料，指导孩子去欣赏人类的创造成就，帮助孩子获取欣赏经验。

如在指导孩子欣赏民居、桥梁的时候，先让孩子收集有关民居、桥梁的图片、照片、介绍、故事等，让孩子查资料深入了解其中自己喜欢的一二个民居和桥梁，在父母或老师的指导下由孩子进行相互介绍，并做成一个小册页，然后在引导下分类布置专题展览，这样提高了孩子参与的积极性，增长了相关的背景知识，培养了能力。

（3）在生活交流中培养情感。美育教育与孩子的生活体验相结合，不仅增加了教学的丰富性、实用性和趣味性，还使孩子增加了生活经验，获得了情感体验。

如在封面设计的教学中，让孩子为自己的日记本起个书名，从里到外设计一套封面，鼓励孩子为自己的童年保留一份美好的回忆。成绩并不重要，这种情感的交流一定能促进孩子的健康成长。

（5）让孩子在多种评价中认识自己。改变评价方法，调动孩子的积极性。把教师评定与学生自评、小组互评、全班展评、父母帮评相结合，大大增加了孩子的参与度，也使孩子在评价过程中听到多方评价的声音，以便孩子在平均交流中，更加了解自己，提高孩子的自尊心和自信心。

美育教育，是创造美的能力

美育教育属于素质教育的一部分，是培养孩子全面发展的一个重要组成部分。美育对孩子发现美、欣赏美和创造美具有重要作用。

素质教育下的美育教育，不能靠说教和死记硬背，而是要激发受教育者的情感和兴趣，使其积极地投入到各种美育实践和美育体验中去，并以此来感受、认知、理解美的含义、内容和意义，然后转化为寻找美、发现美和创造美的能力。

美育教学中，应从心理学的角度，将教学建立在受教育者的兴趣基础上，在方向上加以引导，使之不断学习，积累必要的美育知识。

在美育教育中，孩子可以通过各种方式参与美育活动，尝试各种想象与实践的过程，学习美的鉴赏方法，激发视听灵感，体验美育活动的乐趣，获得对美育学习的兴趣，借以表达自己的情感和思想，从而形成美育素养，完善人格。

美育教育与其他教育相辅相成

美育有助于孩子智力的发展，但是只靠教育者引导孩子由认知走向创造是远远不够的，必须通过美育教育和其他方面的教育共同完成。

美育教育绝不是一门孤立的学科，它与许多学科都有着密切的联系。为了加强孩子认知美和创造美的能力，美育教学中可以通过多媒体等手段激发孩子对于美的兴趣和对比认知。

注重教育理念创新

注重教育理念创新，在肯定共性的同时注重个性化培养。个性化教育是在承认孩子共性的前提下强调孩子个性的发挥，突出孩子的个体差异。

美育教育最突出的特征是它的表现性、多样性和个性化。教育者应把孩子自身的创造力尽可能地激发出来，支持他们的想法和对事物的理解及表现，充分开发孩子的潜能。创造力的激发不但需要好的主体，更需要一个好的环境。

运用多媒体技术激发孩子兴趣

运用多媒体技术，丰富教学手段，激发孩子兴趣。随着信息技术的发展，多媒体技术作为一种新的教学手段，已经逐步深入课堂，带来了"教"与"学"的重大改革。

多媒体教学通过形象生动的画面、声像同步的情境、悦耳动听的音乐，在教学中显示出它得天独厚的优势，极大地丰富了教学，扮演着十分重要的角色。美育教学应采用多元化教学形式来引起受教育者的兴趣，多媒体技术可以很好地为这一宗旨服务。

美术教育，增进孩子多项能力

美术教育是素质教育中一个重要组成部分，是增进孩子综合能力的不可缺少的课程。美术教育是促进学生德、智、体全面发展的重要课程之一。

美术教育是素质教育的重要组成部分

在小学阶段，孩子早期的智力开发就是要通过对美术的学习，使孩子更好地去认知和理解美好的东西，充分地激发自己分析问题和解决问题的能力，使孩子在观察能力、记忆能力、表现能力、想象能力和创造能力上有更大的发展和进步。

通过美术教育，对小学阶段的孩子进行早期智力开发，使他们能够自然地把自己的喜怒哀乐表现出来，充分发展他们的爱心、好奇心和幽默感，让他们更富于情感的表现，为完整的人格形成打下良好的基础。因此小学美术教育，是素质教育不可或缺的重要组成部分。

美术教育培养孩子思维能力和想象力

在小学一年级的美术课中，发展创造性应该在儿童的绘画中占重要的地位。孩子用简单的儿童画来表达他们对客观事物所看、所想、所思和感兴趣的东西，图画成了孩子们表达自己思想情感和与他人沟通的"第二语言"。同时，图画也是施展孩子们创造力和想象力的简单途径。

教学实践说明，想象活动与孩子语言之间有着必然的联系。而图画能"打开画匣子"，它能让平时沉默寡言的、非常腼腆的孩子都开口说话，尽情地流淌内心世界的艺术语言。

在小学的低年级阶段，培养孩子的观察能力必不可少，有如植物需要阳光、空气、水分一样，都是十分重要的。孩子需要理解和认知的事物越多，理解周围自然界中看到的各种关系和相互联系也就越多，从中形成了他们想要了解客观世界的强烈要求。

要努力启发孩子从平常的事物中看出不平常的东西，要他们将自己看到的事物，对自己感受的最深刻事物以图画的形式毫无修饰地表达出来，收到良好的教学效果，从而使孩子们的图画技能也得到有效训练，更重要的是培养了他们善于观察的习惯和能力。

美术教育是孩子智力开发的有效手段

素质教育的重要原则，是启发孩子提高能力，开发他们的智力。孩子通过观察大自然，表现自己的生活，设计制作各种美的作品，可以提高观察能力、概括能力、形象思维能力，更有利于培养求异创新的意识，激发他们的创造欲望。

美术课作为一种美术活动所具有的德育价值，贯穿于美术课的整个过程中。美术的特点是形象，它不是通过理论的说教与灌输，而通过具体的、有情趣的、生动的形式反映出来的。有意识地去引导孩子建立热爱生活、热爱家乡、热爱祖国的美好情感。

因此，生动、形象、有趣味、潜移默化，是在美术课中进行德育教育的特点。提高孩子素质是教育的目的，也是美术教育的重要教学目的。

从素质教育的要求出发，美术教育的目的任务，就应该是提高孩子的各方面素质。小学的美术教育，是一项基础性教育，是为了通过美术教学，发展孩子的形象思维，启迪孩子的心智，锻炼孩子的创造力和想象力，培养孩子爱心的教育，是提高孩子整体文化修养的一门课程。

美术教育效果的优劣，决不仅仅局限于获奖多少，而是每个美术教育工作者都要清楚地认识到，只有在美术课堂上，使孩子都能得到文化艺术修养、审美能力和德育素质的提高和锻炼，才能称得上是好的美术课，才能达到为素质教育服务的目的。

体现素质教育的美术教学，必须更新教学内容，开拓新的领域，必须坚持破除"绘画为中心"的旧教育模式，以提高孩子的素质，开阔孩子的文化艺术视野，提高文化素养为教学目的。

如果只注重绘画技能的训练，而把美术的众多门类排斥在外，这十分不利于培养孩子学习美术的兴趣，不利于对孩子进行审美教育，也十分不利于孩子智力的开发和培养。

比如工艺美术教学，能对孩子的实践能力、动手能力有很大的提高，对于提高孩子的学习兴趣与培养孩子美化环境的意识与能力，都有着十分重要的教育价值。比如封面设计、标志、桌案小摆设的制作设计、布贴画等，可以提高孩子的学习兴趣，拓宽教学的内容，发展孩子的智力和创造力。

另外，提高孩子的欣赏能力和审美判断力也是十分重要的。因此，重视欣赏教学就显得十分重要了。如果仅仅将美术教育看成技艺教育，忽视孩子欣赏与评价作品的能力，就不利于孩子开拓文化视野，增长各方面知识，提高评价判断力。所以，要达到素质教育的目的，就要重视调整教学内容，更新知识。

要提高孩子的素质，教学模式和教学方法也要不断改进。提高孩子学习美术的兴趣。美术课程是进行艺术教育的主要途径，教师应有为教育事业做奉献的精神感染孩子的心灵。

美术教育者进教室之前应控制住自己的情绪，排除与本课无关的情感干扰，满怀激情地进入教室。更要有敬业精神，这是提高教学质量的基本保证。只有教育者满怀热情地全身心投入时，才能真正调动孩子的情绪，感染和激发孩子的学习兴趣和学习积极性。

美术课应该注重培养孩子的实践能力。美术课既是审美教育的过程，也是美术智能的训练过程。孩子必须眼、脑、手协调动作，才能真正掌握美术的技能。因此培养孩子的实践动手能力，是美术课堂教学的重点之一。

但是美术技能的学习，不同于劳动工具使用的训练。它不仅需要更多的时间，更需要美术知识的引导，从而进行有意识、有目的、有个性的描绘与制作，才会有成效。另一方面，美术知识的学习，审美能力的提高，在一定程度上又有赖于美术技能的提高，他们之间是相辅相成的不可分割开来的。所以在美术课堂的教学的大部分时间，应用在培养孩子动手、动脑的美术实践上。

教育者应注重对孩子的个性辅导。美术老师除课堂讲授之外的功底，大部分体现在教学辅导上面。在图案设计、工艺制作、命题画创作中发展学生的个性，培养他们的创造能力。

孩子在创作过程中，老师应不断地给孩子以肯定、鼓励他们的成绩，不断启示他们的创造思维，严格要求孩子把握形态特点，一定要创新，一定要与别人不同，这是培养孩子创造能力，考验其意志力的好机会。

总之，美术教学不同于数理学科的教学，美术课不仅有知识问题，还得训练技能，特别是还有个性与创造性问题，这是艺术学科教育的重要特征。

音乐教育与素质教育的关系

音乐是人类最古老、最具普遍性和感染力的艺术形式之一。是人类通过特定的音响结构，实现思想和感情表现与交流的必不可少的重要形式，是人类精神生活的有机组成部分。

音乐与生活具有广泛、密切的联系，对人的全面发展有着深远的影响。尤其在当今科学技术和经济迅猛发展的时代，音乐教育在促进人的发展和推动社会进步方面，更显示出音乐所具有的独特功能和作用。

音乐教育是美育教育的重要组成部分

音乐教育是培养孩子正确的审美观，从而树立孩子高尚的人生观和价值观的教育途径。普通学校音乐教育的根本性质是素质教育，是面向所有孩子敞开大门的陶冶性情、滋养心灵的音乐艺术教育，是提高孩子修养，完善人格，促进孩子全面和谐发展的音乐文化教育。

音乐课是全面实行素质教育的内容和手段之一。通过音乐教育，可以开发孩子的音乐智能，使其成为孩子学习及创造的工具。

真正的素质教育，应该是德智体美劳全面发展的教育。我们应该把素质教育真正落到实处，让美育中的音乐课真正成为素质教育中不可或缺的一部分。

音乐课在孩子素质教育中的作用

音乐课对孩子的全面发展有很多益处，主要有以下五个方面：培养孩子的动手动脑的能力，为进一步学习打下基础；培养孩子的参与能力、创造能力；培养孩子的集体主义观和合作精神，塑造健康人格；培养孩子乐观、自信、豁达的生活态度；对特殊儿童教育，如自闭症儿童的教育有特殊的作用等。

音乐教育是引导孩子发现真善美的有效途径。从演唱、演奏、舞蹈、欣赏、游戏中，潜移默化地引导孩子去感受美、发现美、创造美，从而培养孩子正确审美观，树立高尚的人生观和价值观。

匈牙利著名音乐教育家柯达伊指出："音乐是人的教育的不可缺少的部分，如果不具备这方面的修养，教育就不完整，离开了音乐就谈不上是个全面发展的人。"

音乐教育是实行素质教育的途径和内容之一。通过开展音乐教育，可以有效地促进孩子综合素质的提高，促进孩子各种智能的发展，提高孩子的记忆能力、思维能力、想象能力和协调能力等。

音乐教育还可以培养孩子的审美意识和人际交往能力，促进孩子具备高尚的情操并形成健全的人格品质，促进孩子身心健康，促使孩子生动活泼、主动地发展。

音乐可以促进孩子注意力、记忆力的提高

音乐是能使人产生回忆的艺术，音乐的旋律随着乐曲进程而不断变化，结束之后使人产生无穷的回味和思考。

音乐教育中，不论是演唱、演奏或欣赏音乐，都要求人们精神专注，而且要引起记忆、想象、思维，包括形象思维与逻辑思维等一系列的心理反应，这对于培养孩子的注意力能发挥重大作用。

音乐的理解由感知和记忆组成，旋律处于不断产生之中，人们需要感受正在产生的东西，用记忆把握已产生的东西。因此，音乐学习和活动，处处要依靠记忆。优秀的音乐作品，往往使人终生难忘。音乐教育以多方面的知识丰富人们的记忆宝库。音乐教育对于培养孩子记忆力的作用是显而易见的。

一部音乐作品，无论是器乐曲还是歌曲，孩子在学会了之后，就是对旋律及其内容进行了心智加工，产生了记忆，这都是记忆力的训练和提高。旋律越美，越令人产生深刻记忆，难以忘怀。

例如，在音乐教学中，一首优美的歌曲经过传唱，不少孩子不仅学会了歌曲的旋律，而且很快记住了歌词，这其实是音乐旋律所产生的记忆作用。

在音乐教学中，教育者利用音乐作为训练孩子记忆力的工具，通过歌曲演唱、乐曲演奏、曲目欣赏等生动活泼的一些教学形式，让孩子的手、口、耳、脑等多种器官并用，训练孩子的记忆能力，提高记忆效果。

音乐有利于发展孩子的感知能力

音乐是一种听觉艺术，靠声音、节奏和旋律等来塑造艺术形象、表现意境。虽然人与人之间的理解水平有差异，但对音乐形象的总体感觉不会改变。

例如，一首轻松愉快的乐曲，总会使人感到愉悦，而不可能使人感到悲伤，这就是人类认知的共性。在音乐的教学过程中，通过让孩子欣赏乐曲，借音乐形象来唤起孩子对相关视觉形象、听觉形象及有关事物的联想，以此激发孩子的思维想象能力。

通过欣赏音乐作品，孩子对作品展开了联想与想象，从而使自己的想象力得到淋漓尽致的发挥。另外，在进行歌唱教学的时候，要引导孩子想象自己置身于歌曲所描写的情景中去，深切领会歌曲的内涵，演唱时做到以声传情，以情动人。

同时，结合欣赏著名歌唱家演唱的作品进行分析，通过这样的方法，孩子的想象力可以得到激发和提高。

音乐可以培养孩子节奏感和肢体协调能力

音乐是一门节奏性很强的学科，尤其是在敲打乐和摇滚乐中，乐手需要有较好的节奏感和肢体协调能力。如鼓手击鼓时手脚并用，钢琴、手风琴等键盘乐器需要双手很好地协调。教育者除了从听觉上训练孩子的节奏感以外，还应注意教会孩子从身体的协调动作上去感觉、体验节奏，并运用到乐理的学习中去。

增强孩子的节奏意识是音乐教学的目标之一。因为，每一首乐曲，其节奏处理的好坏，是作品是否成功的关键，因此需要通过多种方式培养孩子的节奏感。

通过演奏多种乐器，可以培养孩子的节奏感和肢体协调能力，并能促进身心健康。要积极鼓励孩子演奏各种乐器。如弹奏钢琴不仅可以陶冶人的性情，增加美的感受，而且可以达到健身强体的效果。弹奏钢琴时通过双手手指的活动，可以促进脑部血液循环，达到健身的目的。

音乐可以培养学生的人际交往能力与协作精神

我们都知道，当代社会是一个尊重个人价值的社会，更是一个需要合作、需要沟通的社会。人与人之间、个体与群体之间的关系越来越复杂多变。

因此，教会孩子热心参与、相互合作、乐于交往、善于应变的能力尤为重要。音乐教育因其独特的优势，成为孩子更好地参与团队沟通的有效途径。在教学中可以利用合唱、小组唱、重唱、自编自排小品、开展研究性学习等形式培养孩子的协作能力。

通过组织排练、参加演出、举办校园艺术节等一系列活动，不但为孩子交往能力的提高和协作精神的培养提供了良好的途径，而且还发展了学生的个性与特长，增强了集体合作意识，有利于孩子开朗性格和良好品质的形成，促使孩子生动活泼的发展。

音乐能够促进孩子智能的开发和发展

音乐智能与人类的其他智能一样，是因人而异的；有的孩子对音准、旋律、节奏等很敏感，对音乐表现出浓厚的兴趣。音乐教育对这些孩子的音乐智能应尽早开发，促使他们个人的潜能得到发挥，为将来的人生选择打好基础。

音乐教育应坚持普及与提高并重，在普及的基础上，注意发现和培养具有音乐天赋的孩子，使他们人尽其才，充分发展。音乐教育的目的不是为了把每个孩子都培养成为音乐家，但要为能够成为音乐家的孩子创造条件。

通过音乐教育，可以有效地促进孩子综合素质的提高，不仅提高孩子的记忆能力、语言表达能力、思维想象能力和协调能力，而且能够培养孩子的人际交往能力，促进学生具备高尚的情操并形成健全的人格品质。开展音乐教育，是全面落实素质教育的具体行动，能够促进孩子身心健康，促使孩子生动活泼地发展。

音乐素质，提升你的审美能力

欣赏能力的培养和提高，是音乐学科长期而又艰苦的任务。要上好音乐欣赏课，必须多听、多想、多辨、多做、多唱，这样，才能在更高的程度上感受音乐、理解音乐、欣赏音乐。

音乐教育者应省悟自己身上的重任，在音乐欣赏教学中充分利用教材提供的优秀音乐作品，精心设计欣赏活动，通过听听、想想、辨辨、做做、唱唱等教学手法，让孩子体验每一个音乐作品的美感和思想内涵，提高音乐审美的品位。

在素质教育全面推广的今天，音乐欣赏教学已越来越被音乐教育界所重视。传统的音乐欣赏教学的模式，已越来越不能适应时代的要求。因此，如何上好音乐欣赏课是摆在每位音乐教育者面前的一个重要课题。

一切教学活动，都应该围绕着使孩子真正成为审美活动的主体来开展，引导孩子全身心地投入到音乐欣赏活动中去。

作品，培养孩子感受美的能力

欣赏音乐是通过听觉来感受音乐的，要使儿童理解乐曲所塑造的音乐形象，首先强调要让孩子听。多听完整的乐曲，使孩子一开始就获得一个完整的音乐形象。

要用"听"把孩子带进乐曲的意境，从而直觉感受到乐曲的情绪。如欣赏《清澈的溪水》时，其清新，优美而抒情的旋律，丰满而轻柔的和声以及流畅的律动，展现了溪水欢快流淌的气息。

在欣赏这首乐曲时，要求孩子闭上眼睛全神贯注地聆听，之后用一段文字把自己的感受描绘出来。

又如欣赏《龟兔赛跑》时，可先让孩子听音乐，让他们感受整个音乐的情绪，领悟到"森林的早晨"是多么富有大自然的生命气息和龟兔赛跑的激烈程度，以及欢快、圆满的比赛结果等。

因此，在欣赏音乐时，通过听觉辨明音乐在我们心中激起的涟漪，就能从情、意、理、形等各方面去领略作品的美。

"想"作品，培养学生想象美的能力

"想"就是孩子在聆听音乐中，根据音乐展开丰富的想象。如听了进行曲后觉得可以做什么？跑步呢还是游泳？走路呢还是跳舞？听了摇篮曲后启发学生根据歌词去想象，比如小宝宝甜甜地睡觉时一幅美丽的图画。欣赏歌舞曲时可以先出现一幅孩子跳舞的画，要求孩子在听演唱过程中，想象孩子在怎样地跳舞，在孩子想象的基础上懂得音乐就像一幅幅美丽的图画。

"辨"作品，培养学生鉴赏美的能力

在孩子听懂了音乐所反映的内容和情绪后，通过音乐速度、力度等的变化，让孩子进一步辨别音乐所表现的形象。

比如听了摇篮曲后让学生结合音乐，想象音乐中拍娃娃或摇船的动作，使学生辨别乐曲情绪力度是如何逐渐变弱，速度逐渐变慢，动作如何随之逐渐变小而轻的变化……同样，随着活泼轻快的歌舞曲让孩子辨别其中的舞蹈动作，孩子爱怎样动就让他们随音乐自由地手舞足蹈，从中培养鉴赏美的能力。

"做"作品，培养学生表现美的能力

欣赏是听觉能力的训练，但根据孩子的年龄特征有时借助"做"，让孩子亲自动一动、做一做来加深对音乐内容及情绪的理解，这比光听的效果更好些。如欣赏进行曲可以让孩子边听边走，通过亲自做动作来体会乐曲的雄壮有力。

为了使歌舞曲更富有载歌载舞的特点，在欣赏的后阶段，老师可以与孩子一起创作一组舞蹈动作的简单组合，让孩子边歌边舞，让乐曲欢乐的情绪在孩子心中更充分地表现出来。

"唱"作品，培养学生创造美的能力

音乐欣赏是以听为主的，但唱是欣赏作品的基础，因为音乐主题是作品的核心。

为了使孩子真正掌握不同情绪歌曲与乐曲的特点，最好让孩子唱一唱，如果遇到乐曲欣赏，同样可以哼唱一些有特色的主旋律，加强孩子对乐曲的感受和记忆。

引导孩子唱出主题，更有利于孩子把握主题形象，使孩子在欣赏音乐的过程中准确辨认主题的重复和变化，使孩子的思维真正调动起来，更好地获得音响体验。歌唱的过程，也是一次获得音乐形象的过程，无形之中培养了孩子独立的感受判断能力和表现音乐的能力。

综上所述，欣赏能力的培养和提高，是音乐学科长期而又艰苦的任务。要上好音乐欣赏课，必须多听、多想、多辨、多做、多能在更高的程度上感受音乐、理解音乐、欣赏音乐。

音乐欣赏教学中，教育者要充分利用教材提供的优秀音乐作品，精心设计音乐欣赏活动，通过听听、想想、辨辨、做做、唱唱等教学手法，让孩子体验每一个音乐作品的美感和思想内涵，逐渐提高音乐审美的品位。